国家出版基金项目
NATIONAL PUBLICATION FOUNDATION

法治政府要论丛书

法治政府要论
——救济法治

On the Rule of Law Government
— Law-Based Remedy System

江国华 著

WUHAN UNIVERSITY PRESS
武汉大学出版社

图书在版编目(CIP)数据

法治政府要论:救济法治/江国华著.—武汉:武汉大学出版社,
2021.6
法治政府要论丛书
ISBN 978-7-307-21856-7

Ⅰ.法⋯　Ⅱ.江⋯　Ⅲ.社会主义法治—建设—研究—中国
Ⅳ.D920.0

中国版本图书馆 CIP 数据核字(2020)第 206206 号

责任编辑:胡　荣　　　责任校对:李孟潇　　　版式设计:韩闻锦

出版发行:**武汉大学出版社**　　(430072　武昌　珞珈山)

(电子邮箱:cbs22@ whu.edu.cn　网址:www.wdp.com.cn)

印刷:湖北金港彩印有限公司

开本:720×1000　1/16　印张:37.25　字数:586 千字　插页:2

版次:2021 年 6 月第 1 版　　2021 年 6 月第 1 次印刷

ISBN 978-7-307-21856-7　　定价:118.00 元

总　序

　　根据党的十八大精神要求，2020 年，是中国法治政府建设的收官之年，经过不懈努力，我国已经基本建成了职能科学、权责法定、执法严明、公开公正、廉洁高效、守法诚信的法治政府。

　　法治政府的内涵丰富，以马克思列宁主义、毛泽东思想、邓小平理论、"三个代表"重要思想、科学发展观、习近平新时代中国特色社会主义思想为指导，根据全面建成小康社会、全面深化改革、全面依法治国、全面从严治党的战略布局，围绕建设中国特色社会主义法治体系、建设社会主义法治国家的全面推进依法治国总目标，坚持依法治国、依法执政、依法行政共同推进，坚持法治国家、法治政府、法治社会一体建设，深入推进依法行政，建成法治政府，培育和践行社会主义核心价值观，弘扬社会主义法治精神，推进国家治理体系和治理能力现代化，为实现"两个一百年"奋斗目标、实现中华民族伟大复兴的中国梦提供有力法治保障。坚持中国共产党的领导，坚持人民主体地位，坚持法律面前人人平等，坚持依法治国和以德治国相结合，坚持从中国实际出发，坚持依宪施政、依法行政、简政放权，把政府工作全面纳入法治轨道，实行法治政府建设与创新政府、廉洁政府、服务型政府建设相结合。

　　随着法治政府的基本建成，政府职能依法全面履行，依法行政制度体系完备，行政决策科学民主合法，宪法法律严格公正实施，行政权力规范透明运行，人民权益切实有效保障，依法行政能力普遍提高，其意义重大、影响深远。本套《法治政府要论丛书》是对法治政府之原理、渊源、制度、现状的全面总结，共分为六本，分别是《法治政府要论——基本原理》《法治政府要论——组织法治》《法治政府要论——行为法治》《法治政府要论——程序法治》《法治政府要论——救济法治》和《法治政府要论——责任法治》，从行政法学的理论出发，结合中国实际国情，展开系统论述。

一、法治政府建设的十大成就

经过改革开放以来的数次行政体制改革，特别是十八大以来的行政体制改革，中国法治政府建设取得了令人瞩目的成就，圆满完成了《法治政府建设实施纲要（2015—2020年）》（以下简称《纲要》）所设定的各项基本任务，取得了伟大的成就。

其一，完善了行政机关坚持党的领导制度体系。法治政府建设是一项全面系统的工程，党的领导是建成法治政府最根本的保证。十九大确立了习近平新时代中国特色社会主义思想，明确了中国特色社会主义最本质的特征是中国共产党的领导。在实践中，由党总揽全局、协调各方，发挥各级党委领导核心作用，党的领导贯彻到了法治政府建设各方面。各级政府在党委统一领导下，谋划和落实法治政府建设的各项任务，结合本地区本部门实际，发挥牵引和突破作用，使得建设法治政府的工作全面深入开展。坚持党的领导下建成的法治政府，落实了第一责任人责任，领导干部作为"关键少数"做好表率，把好方向，带动了法治政府建设各项工作的全面深入开展，并且在党的领导下强化了考核评价和督促检查，各级党委将建设法治政府纳入了政绩考核指标体系，督促了法治政府的建设。除此之外，在党的领导下加强理论研究、典型示范和宣传引导，凝聚社会共识，营造全社会关心、支持和参与法治政府建设的良好社会氛围。这些都为法治政府的建成提供了坚实的保障。

其二，构建了法治政府建设目标体系，总体目标是基本建成职能科学、权责法定、执法严明、公开公正、廉洁高效、守法诚信的法治政府。在总体目标的指引下，针对突出问题，依次提出了依法全面履行政府职能，完善依法行政制度体系，推进行政决策科学化、民主化、法治化，坚持严格规范公正文明执法，强化对行政权力的制约和监督，依法有效化解社会矛盾纠纷，全面提高政府工作人员法治思维和依法行政能力这七个方面的主要任务，对于每方面任务都规定了更具体的目标，总目标和七个具体目标指引着法治政府建设的方向。

其三，构建了法治政府建设标准体系。法治政府有没有建成，如何评估，这非某个人说了算，而是需要有明确的标准。法治政府建成的标准要求政府职能依法全面履行、依法行政制度体系完备、行政决策科学民主合法、宪法法律严格公正实施、行政权力规范透明运行、人民权益切实有效保障、依法行政能力普遍提高。这样的标准体系涵盖了政府依法行政的方方面面，使得法治政府的建成有据可依，形成了完备的制度体系。

其四，依法全面履行了政府职能。牢固树立创新、协调、绿色、开放、共享的发展理念，坚持政企分开、政资分开、政事分开、政社分开，简政放权、放管结合、优化服务，政府与市场、政府与社会的关系基本理顺，政府职能切实转变，宏观调控、市场监管、社会管理、公共服务、环境保护等职责依法全面履行。措施是深化行政审批制度改革，大力推行权力清单、责任清单、负面清单制度并实行动态管理；优化政府组织结构；完善宏观调控；加强市场监督管理；创新社会治理；优化公共服务；强化生态环境保护。

其五，完善了依法行政制度体系。提高了政府立法质量，构建成系统完备、科学规范、运行有效的依法行政制度体系，使政府管理各方面制度更加成熟更趋向定型，为建设社会主义市场经济、民主政治、先进文化、和谐社会、生态文明，促进人的全面发展，提供有力制度保障。措施是完善政府立法体制机制；加强重点领域政府立法；提高政府立法公众参与度；加强规范性文件监督管理；建立行政法规规章和规范性文件清理长效机制。

其六，行政决策科学化、民主化、法治化。行政决策制度科学、程序正当、过程公开、责任明确，决策法定程序严格落实，决策质量显著提高，决策效率切实保证，违法决策、不当决策、拖延决策明显减少并得到及时纠正，行政决策公信力和执行力大幅提升。措施是健全依法决策机制；增强公众参与实效；提高专家论证和风险评估质量；加强合法性审查；坚持集体讨论决定；严格决策责任追究。

其七，严格规范公正文明执法。权责统一、权威高效的行政执法体制建立健全，法律法规规章得到严格实施，各类违法行为得到及时查处和制裁，公民、法人和其他组织的合法权益得到切实保障，经济社会秩序得到有效维护，行政违法或不当行为明显减少，对行政执法的社会满意度显著提高。措施是改革行政执法体制；完善行政执法程序；创新行政执法方式；全面落实行政执法责任制；健全行政执法人员管理制度；加强行政执法保障。

其八，强化了对行政权力的制约和监督。科学有效的行政权力运行制约和监督体系基本形成，惩治和预防腐败体系进一步健全，各方面监督形成合力，人民群众的知情权、参与权、表达权、监督权得到切实保障，损害公民、法人和其他组织合法权益的违法行政行为得到及时纠正，违法行政责任人依法依纪受到严肃追究。措施是健全行政权力运行制约和监督体系，自觉接受党内监督、人大监督、民主监督、司法监督，加强行政监督和审计监督；完善社会监督和舆论监督机制；全面推进政务公开；完善纠错问责机制。

其九，依法有效化解社会矛盾纠纷。公民、法人和其他组织的合法权益得到切实维护，公正、高效、便捷、成本低廉的多元化矛盾纠纷解决机制全面形成，行政机关在预防、解决行政争议和民事纠纷中的作用充分发挥，通过法定渠道解决矛盾纠纷的比率大幅提升。措施是健全依法化解纠纷机制；加强行政复议工作；完善行政调解、行政裁决、仲裁制度；加强人民调解工作；改革信访工作制度。

其十，政府工作人员法治思维和依法行政能力全面提高。政府工作人员特别是领导干部牢固树立宪法法律至上、法律面前人人平等、权由法定、权依法使等基本法治理念，恪守合法行政、合理行政、程序正当、高效便民、诚实守信、权责统一等依法行政基本要求，做尊法学法守法用法的模范，法治思维和依法行政能力明显提高，在法治轨道上全面推进政府各项工作。措施是树立重视法治素养和法治能力的用人导向；加强对政府工作人员的法治教育培训；完善政府工作人员法治能力考查测试制度；注重通过法治实践提高政府工作人员法治思维和依法行政能力。

二、中国法治政府发展趋向

目前我国的法治政府已经基本建设完成，而这远远不是终点，司法部公布的《全面深化司法行政改革纲要（2018—2022年）》中明确规定，到2022年，法治政府建设取得显著成效，行政立法的引领、规范、保障和推动作用有效发挥，行政执法体制机制改革创新不断推进，严格规范公正文明执法水平显著提高。由此可见，法治政府的基本建成只是一个开始，在基本建成后必然要面对时代的检验，也会向更高的目标迈进，支撑、推动着"基本实现社会主义现代化"这个更宏伟目标的实现。

回顾三十余年来中国行政法治路程，可以看到我们已经取得了举世瞩目的成就。而当今世界正经历百年未有之大变局，我国正处于实现"两个一百年"奋斗目标的历史交汇期，随着经济发展和社会转型，社会矛盾急剧增多，公民意识的觉醒，价值观多元，矛盾的表现形式也呈现多样化态势，这对法治政府建设提出了新的挑战。

未来，法治政府建设必须适应不断发展变化的社会对政府行政提出的新要求，在已有成绩的基础上让法治政府"更上一层楼"。要求从行政行为的源头上进一步推行行政决策科学化、民主化、法治化；进一步理顺行政立法体制；加强重点领域行政立法；确保行政立法与改革相衔接，进一步提高行政立法质量和效率；提高行政立法公众参与度；继续健全全面清理和专项清理相结合的清理机制；全面落实行政执法责任制；完善行政执法程序；加强行政执法人员资格和证件管理；加强行政执法指导监督；深化行政复议体制机制改革。

同时，法治政府建设不只是跨越了行政立法、行政执法以及行政救济与监督之间的系列问题，更是涵盖面广泛，跨越了政治、经济、社会、管理等专业学科领域背景的系列复合型问题。因此，未来进一步推进法治政府发展，也要求政府更加了解其在社会的政治、经济、社会、文化、生态等方面的职能及其定位。

法治政府基本建成后，其内涵在未来将越来越丰富。法治国家、法治政府、法治社会建设本是一体，相互促进，法治政府的建成和发展将有利于法治国家、法治社会的发展，使中国特色社会主义法治体系日益完善，全社会法治观念逐步增强，这也是全面建成小康社会的重要标志，为中国未来基本实现现代化、全面建成社会主义现代化强国的目标保驾护航，继续向实现中华民族伟大复兴的中国梦而奋勇前进。

三、本套丛书的学术志趣

古今中外政府的权力，堪称一柄锋利而危险的双刃剑，是人类社会中一种"必要的恶"。运用得当，权力可以成为促进人民福祉、推动社会进步的强大力量；任意滥用，则会成为侵犯民众利益、阻碍社会发展的恐怖工具。如果缺乏必要的约束和监督，权力势必趋向滥用和腐败。这是由人性和权力的本性所决定的，是适用任何一种政治制度的一条普遍规律。法治政府的建成绝不仅仅是让行政更有效率，而是将行政权力关进笼子里，让其在规范下妥善运行。

历史上的中国，或为家族之国，或为诸侯之国，或为一王专制之国。今日之中国，是人民的中国，在短短数十年间，科技日新月异，经济迅猛腾飞，举世震惊。外在的物质水平固然重要，内在的制度建设亦不可放松，在中华民族伟大复兴的历史长河中，法治政府的基本建成是重大而关键的一步。本套《法治政府要论》丛书着眼于大局，承历史进程之重，扬时代发展之声，深刻总结行政权力的特点，博采众言，开拓创新，究法治之理，纳社会之变，成一家之言，系统展现了法治政府的面貌。受光于庭户见一堂，受光于天下照四方，本丛书分为"基本原理、组织法治、行为法治、程序法治、救济法治、责任法治"之六本，力求从多方面展现建成法治政府的要点。

法治政府建设的理论基础是法治，强调行政权力运行中法律对政府而非公民的规制。在过去很长一段时间里，我们的政府仅仅是法制政府，而非法治政府。法制是"rule by law"，法律是治理的工具，本质上是人利用法律进行统治。而法治则是"rule of law"，法律成为了主格，任何部门、任何人都要接受法律的规范。政府工作需要全面纳入法治轨道，让政府用法治思维和法治方式履行职责，确保行政权在法治框架内运行。这也是推进国家治理体系和治理能力现代化的必然要求，行政权力的运行需要在法律框架下制度化、规范化。

组织法治是行政法基本原则在政府组织领域的具体化体现，须遵循法治原则、精简高效原则、分工协作原则以及民主集中制原则。广义的政府组织是对国家行政机关及其组成部门、派出机构等组织体系的统称，行政组织的法治化是依法行政、建成法治政府的基础，通过行政组织法对行政机构、人员、职权、财政、公产公物等的规范，从而实现我国行政组织的法治化和体系化，从统一行政组织法典的角度出发，进一步促进和保障我国法治政府和法治国家建设。

行为法治要求政府行政行为必须遵循法治。这要求行政机关"法无授权不可为、法定职责必须为"。传统的行政法体系中，行政行为在行政法和行政法学中的核心地位始终没有动摇过，但随着社会的发展，以"行政行为中心论"构建的行政法学体系面临新的挑战。大量新型行政手段，比如行政契约、行政指导、行政协商等，被广泛频繁地适用。传统上的"非行政行为"也确确实实会给公民个人或社会组织的合法权益造成事实上的损害。这对法治政府建成提出了更高的要求，将行政行为的意涵进一步扩大，让行政权力不能僭越法治框架运行。

程序法治是法治对行政程序的要求。过去我们的法治政府建设存在着重内部机制、轻外部机制，重实体设定机制、轻程序规范机制的问题。程序法治是对行政权的有力制约，规范权力的行使过程。目前我国并没有统一的程序立法，关于行政程序的规定分布在法律、法规中，正在逐步健全。一些省份和城市也出台了地方性的程序立法，相信程序法治在将来会进一步完善。

救济法治是指，相对人的权益受到行政机关损害时，法治赋予其畅通的救济途径，包括行政诉讼的救济和非行政诉讼的救济。建成法治政府，并不意味着所有行政行为就完美无缺，实践中会遇到各种各样的复杂情况，难免会有一些瑕疵，给行政相对人的权益带来损害。健全救济法治，意味着行政相对人可以通过法定渠道解决这些矛盾和纠纷，通过复议、调解、裁决、信访等多种渠道，保障相对人的正当权益，让法治政府更平稳、公正地运行。

责任法治要求政府必须依法承担责任。根据权责一致原则，我国政府是行使国家权力的机关，掌握着公共权力，理应承担政府责任。有权必有责，有责要担当，失责必追究，责任法治通过法律明确我国政府责任建设的要求，不断建立和完善我国政府责任的实现机制，强化我国的问责机制，在法治框架下通过制度建成负责任的政府。

人类历史最珍贵的成就，不是令人炫目的科技，不是大师们浩如烟海的经典著作，不是政客们天花乱坠的演讲，而是一步步对于政府权力的驯服，把权力关在笼子里。建成法治政府，为中华民族伟大复兴保驾护航，此志甚远，所含甚大，非零散文字所能概括言之。人有所忘，史有所轻，本套丛书力求系统涵盖法治政府建成的方方面面，对其伟大成就予以充分肯定，不足之处也加以指出。法治政府的建成是漫漫历史长河上浓墨重彩的一笔，需要有这样一套系统的丛书去记录，世纪交迭，万事发生，此刻的法治政府建设做了什么，意识到了什么，又期盼了什么，这其实是历史进程的长河中必不可少的工作，是一份不懈的责任。

目　　录

导　论

　　法学意义上的"救济"本质上就是权利救济。在现代社会，权利救济属于法律救济之范畴。故此，救济具有权利保障性、事后补救性和制度保障性等基本特征。在法学领域，"救济"一词通常是与"权利"联系在一起的。就其本意而言，"救济"的对象就是"权利"或者权利之损害。拉丁法谚之所谓"有权利必有救济"，讲的就是权利与救济之间的不可分割的内在关联性。不管是主观基准的行政救济，抑或是客观基准的行政救济，均以"解决纠纷"为基本职旨——通过解决纠纷，恢复或补救为纠纷所侵害之权利，从而实现"各得其所应得，各失其所应失"之正义，这种正义就是校正正义。行政救济通过定分止争、补救权利、校正行政行为实现了校正正义。

　　在现代社会，不同形式的权利救济本质上都是法律救济——在其现实意义上，既然权利由法律所赋予，并须依法而行使，那么当权利受到侵损时，亦当依法救济。在法治社会，权利救济理论唯有上升为法律规定，才能确保其自身的稳定与发展。通过法律制度予以明确和强化，绝不仅指通过某部规范性文件来具体化某一项救济途径，救济制度本身还需要系统化和体系化。

　　随着行政救济制度的发展和完善，一些国家开始以综合而全面的行政救济法典来确立其行政救济制度。制定法典是法制完备和法治建设的重要步骤，可以使根本法的原则性规定具体化，使单行法规的零散性规定系统化，保证行政救济功能的有效发挥。世界各主要国家都先后制定了行政复议、行政诉讼、国家赔偿等方面的专门性法律，这些规范性文件有待成为综合性的行政救济法典。

第一节　救济释义

法学意义上的"救济"本质上就是权利救济。在现代社会，权利救济属于法律救济之范畴。故此，救济具有权利保障性、事后补救性和制度保障性等基本特征。基于救济主体的不同，救济可以划分为公力（国家）救济、私力救济和社会救济等基本形式。其中，国家（公力）救济包括司法救济、行政救济两种基本形式。在辞源上，"救济"有"用金钱或物资进行援助"等意思。在法学上，"救济"与权利密不可分——在英美法传统中，"救济"先于权利而存在，所以有"没有救济就没有权利"之谚语。在法治社会，权利救济本质上就是法律救济。基于提供救济之主体不同，法律救济可以划分为司法救济、行政救济和社会救济等基本类型；基于权利致损纠纷之性质不同，法律救济可以划分为民事救济、行政救济和刑事救济等基本形式。在现代社会，不管是何种意义上的行政救济，其在公民权利保障方面的功能和作用均不可取代。

一、救济词源考

在构词学上，"救济"由"救"和"济"组成。其中：（1）"救"字，从攴（pū）——"攴"意为"行动""执行"，从求——"求"指皮衣。故"救"之本义即"严寒中给人送去皮衣"，即"严寒中用皮衣接济需要的人"。后引申为帮助、止困、止渴、止火、止水等意思。比如，《广雅》曰："救，助也"；《礼记·檀弓》云："扶服救之"；明代刘基《卖柑者言》有言："民困而不知救"。其中的"救"即"援救他人""给予帮助使脱离危险或解脱困难"之意。又如，《礼记》有云："知其心，然后能救其失。"其中"救"字有"纠正""校正"

之意。（2）"济"意是"过河""渡过"等意思，后引申为对困苦的人加以帮助、救助、拯救、救济、成就、停止等。比如，《楚辞·屈原·涉江》有云："济乎江湖"，唐代李白《行路难》名句"直挂云帆济沧海"，其中的"济"字就是其本意"渡过水流"之意。又如《晋书·何攀传》有云："惟以周穷济乏为事"，欧阳修之《朋党论》有曰："以之事国，则同心而共济"，《孙子兵法·九地篇》有云："夫吴人与越人相恶也，当其同舟而济，遇风，其相救也如左右手"，其中的"济"就是"帮助""救助"的意思。《淮南子·览冥训》有云："杀黑龙以济冀州"，《三国志·魏书·方技传》有曰："此近难济，恒事攻治，可延岁月"，其中之"济"字就是"拯救""救济"之意思。《尚书·周书·君陈》云："必以忍，其乃有济"，《后汉书·荀彧传》曰："故虽有困败，而终济大业"，其中的"济"就是"成就"的意思。《淮南子·时则训》曰："三月春风不济"，其中的"济"就是"停""止"的意思。

在辞源上，"救济"之本意即"用金钱或物资进行援助"的意思。[1] 比如，《三国志·吴书·吴主传》有云："思平世难，救济黎庶，上答神祇，下慰民望。"其中的"救济"即"救助""拯救"之意。在其引申意义上，"救济"指称对权利侵害的补救，即在权利可能或已经受到损害的情况下施以救助或给予补救、予以校正。比如，在法学领域中常用的"权利救济""司法救济"等，即取用"救济"之引申意义。

二、权利救济

在法学领域，"救济"一词通常是与"权利"联系在一起的。就其本意而言，"救济"的对象就是"权利"或者权利之损害。拉丁法谚之所谓"有权利必有救济"，讲的就是权利与救济之间的不可分割的内在关联性。在这个意义上，救济就是指称"权利救济"，即在公民、法人或其他社会组织的实体权利遭受侵害或者威胁时，由法定机关通过法定程序和法定方式排除威胁、消除损

---

[1]　参见《辞海》，上海辞书出版社2010年版，第2031页。

害，从而达到保全权利的制度。

（一）权利救济的一般原则

在学理上，权利救济必须遵循某些基本原则，比如，有侵害必有救济、及时救济、充分救济等。

其一，有侵害必有救济原则。权利是尊重人性的表现，任何侵害不管是否存在损害后果都是对个人尊严和价值的贬损，都必须采取救济手段加以救济。在这个意义上，有侵害必有救济乃权利救济之首要原则。

其二，及时救济原则。权利救济本质上属于矫正正义之范畴。所谓"迟来的正义非正义"，因此，任何形式的救济都必须遵循及时性原则——权利救济的及时性是法律秩序的连续性、稳定性的必然要求，权利被侵害后没有完成救济必然造成秩序链条的断裂，随时有可能导致更大的程序破坏。

其三，充分救济原则。救济的本意是对权利侵害的补救，这种补救的目的在于让权利"保值"，因此，任何形式的权利救济都必须遵循充分性原则，以确保权利不因侵害而贬损。

其四，公力救济原则。在法治社会，权利救济必须遵循公力救济制原则。就其功能而言，公力救济是人类为了自身生存和发展而必然采取的文明的解纷机制，它维持了一个相对稳定的共同体秩序，有利于人们尽快彻底摆脱冲突的束缚和影响，回到正常的生产、生活轨道，也增加了在社会控制下的补偿机制的正当性和模式化，增强了人类的尚法意识和守法意识，有利于法律文化的延续和发展。[①]

其五，司法终局原则。在所有的权利救济机制中，除法律有明确规定的之外，都需遵循司法终局之原则。在现代法治国家，司法救济居于最后防线，其要义有三：（1）司法不仅是权利救济机制，而且还充当其他救济机制的合法性审查者角色。（2）任何纠纷一旦诉诸司法，就意味着丧失了获得其他形式

[①]　陈焱光：《论公民权利救济的基本原则》，载《武汉商业服务学院学报》2006年第1期。

救济之可能性。（3）法院依法所作出的终审判决具有既判力，即指法院作出的终局判决一旦生效，当事人和法院都应当受该判决内容的拘束，当事人不得在以后的诉讼中主张与该判决相反的内容，法院也不得在以后的诉讼中作出与该判决冲突的判断。①

（二）权利救济的基本类型

权利损害的重要原因在于权力的行使，而国家权力是最典型的自上而下的强制性极强的权力，其主要的功能是通过宪法和法律来维护公民与社会组织的法定权利，社会权力则多是横向的协商性、合作性的权力。与权力的分类标准相对应，纠纷的解决方式按法律实证主义的观点可分为公力救济、私力救济与社会救济。各自有着相对独立的运作空间，并形成了纠纷解决的不同的样态。

其一，公力救济。公力救济的产生始于国家开始出面制止不法行为。公力救济是指权利受到侵害时，权利人可以请求国家机关以公权力排除侵害而实现其权利的国家保护方式。根据公权力性质的不同，公力救济有行政救济和诉讼救济等具体形式，其中以诉讼救济为主。公力救济制度使人类在文明发展上迈出了一大步，它的创立规避了同态复仇以及强者为王等社会游戏规则带来的无效率和不公平。但仍存在不完善和不公正的一面，制度失灵和腐败等问题仍未获得有效解决。如果公力救济不能较好运转，公民权利则无从实现。处于极端被动境地的人们会转而寻求私力救济，社会秩序和法治秩序将面临严峻挑战。公力救济要发挥作用，必须满足以下基本条件：一是要制定相对完备的法律体系，构建科学合理的救济体系和救济制度；二是要形成科学合理的实施体系，公权力机关必须依法履行自己的法定职责。

其二，私力救济。私力救济，是指当事人认定权利遭受侵害，在没有第三者以中立名义介入纠纷解决的情形下，不通过国家机关和法定程序，而依靠自

---

① 张卫平著：《民事诉讼法》，法律出版社 2017 年版，第 421～422 页。

身或私人力量，实现权利，解决纠纷。① （1）在人类历史的早期，权利救济主要表现为同态复仇式的"私力救济"，即所谓的"以牙还牙，以眼还眼"，这种救济方式在早期社会曾发挥着定分止争的重要作用。随着国家的建立以及随之而来的政治制度的不断构建和完善，社会成员的政治属性逐渐加强，私力救济被作为不文明的、应抑制和抛弃的纠纷解决方式。"与生产力低下、文明程度不高的人类早期社会密切联系。"② 当私力救济作为一种普遍社会现象从人类文明史中消失后，诉讼便成为遏止和解决社会冲突的主要手段。"这一现象表征着一个极有意义的社会进步：人类不再依靠冲突主体自身的报复性手段来矫正冲突的后果，尤其不再用私人暴力杀戮式的冲突来平息先前的冲突。"③（2）尽管私力救济存在诸多缺陷，如可能引发暴力，激化冲突，缺乏程序公正，但任何关注现实和历史的人们，都不可能对私力救济在纠纷解决中的作用毫无知觉。私力救济不仅是早期社会主要的纠纷解决方式，也广泛存在于现代社会。且不论交涉这种和平的私力救济形式，即便使用强力的私力救济，在现代社会的国际关系、下层民众、青年人、囚犯中也极为盛行。④ 私力救济可谓人们面对纠纷的典型反应。随着经济的迅速发展和法律的不断完善，人们的法治意识显著增强。中国正谱写着中国文化底蕴下的法治之路，我们期待不受法律保护的"私力救济"在 21 世纪的中国消失。⑤ （3）在法治社会，私力救济仍有生存空间。公力救济是需要成本的，尤其是司法救济，是一种成本颇高的纠纷解决方式，所以，设想将所有的民事纠纷都纳入司法渠道来解决是不现实的。事实上，现代社会绝大部分属于司法管辖的纠纷均是通过非司法方式予以

---

① 参见徐昕：《私力救济的正当性及其限度——一种以社会契约论为核心的解说》，载《法学家》2004 年第 2 期。

② 江伟主编：《民事诉讼法》，中国人民大学出版社 2000 年版，第 4~5 页。

③ 柴发邦主编：《体制改革与完善诉讼制度》，中国人民公安大学出版社 1991 年版，第 3 页。

④ 参见 [美] 布莱克著：《社会学视野中的司法》，郭星华等译，法律出版社 2002 年版，第 82 页。

⑤ 王培信、贾学福：《21 世纪理念下的公力救济和私力救济》，载《工会论坛》2006 年第 3 期。

解决的，其中诸如协商、谈判等私力救济的作用不可忽视。相对于司法等公力救济而言，私力救济对权利保障更直接、便利、更具实效性、成本更低、效率更高、更易吸收不满和更贴近人性。[①]

其三，社会救济。社会救济，是指依靠社会权力来对被侵害权利进行救济，主要包括民商事仲裁和人民调解。其中：（1）民商事仲裁是基于当事人双方事先约定或者协议，将双方之间可能发生的纠纷交由法院以外的第三方进行裁决，第三者居中作出对争议各方均有约束力的裁决的一种解决纠纷的制度和方式，是一种兼具契约性、自治性、民间性和准司法性的争议解决方式。（2）人民调解又称诉讼外调解，是指在人民调解委员会主持下进行的调解活动。人民调解委员会是村民委员会和居民委员会下设的调解民间纠纷的群众性自治组织，在基层人民政府和基层人民法院指导下进行工作。人民调解工作应遵循的原则有：一是必须严格遵守国家的法律、政策进行调解；二是必须在双方当事人自愿平等的前提下进行调解；三是必须在查明事实、分清是非的基础上进行调解；四是不得因未经调解或者调解不成而阻止当事人向人民法院起诉。人民调解并不需要严格的程序规范，程序的启动及运行都较诉讼程序更灵活，更随意，而且道德、习俗、法律规范等都可以用作解决争端的规范。

三、法律救济

就其性质而言，权利救济本质上就是法律救济。正是在这个意义上，法律救济被定义为"公民、法人或者其他组织认为其合法权益受到不法侵害，依照法律规定向法定机关告诉并要求予以补救，有权机关受理并作出具有法律效力之裁判的制度"。其要义有五：（1）提供救济的主体只能是法律授权的国家行政机关、人民法院和仲裁组织。（2）救济程序由法律明文规定，不管是救济主体，抑或申请救济的当事人，均不得违反法定程序，否则，必须承担法律责任。（3）基于提供救济之主体不同，法律救济可以分为司法救济、社会

[①] 徐昕：《私力救济的正当性及其限度——一种以社会契约论为核心的解说》，载《法学家》2004年第2期。

（仲裁）救济和行政救济三大基本类型，不同类型的救济机制有其固有的受案范围，超出受案范围，将导致救济不能。（4）所有形式的法律救济都有明确的期限和时效。（5）经法定程序作出的裁判具有法律效力，并由国家强制力保证执行。

就其功能而言，法律救济具有权利保障性、事后补救性和制度性等基本特征。其中：（1）权利保障性。任何形式的法律救济都是以权利保障为基本目的，因而，法律救济具有权利保障的属性——权利保障是救济的存在理由和最终追求。权利救济理论认为，有权利必有救济，无救济则不成其为权利。该理论滥觞于一则法谚，谓之"没有救济的权利不是权利"，其在后世被精炼表述为"无救济则无权利"，又作"救济先于权利"。（2）事后补救性。权利之所以需要救济，就在于权利易受到侵犯，所以，救济是一种侵权的补救机制，具有事后补救的性质——救济的内涵决定了其一般是事后行为。救济，是补救的意思。有权利受侵害，才谈得上对权利的救济。就行政救济而言，其是对行政行为造成权利缺损加以弥补的制度，因而主要是事后进行的，如通过诉讼、复议等途径撤销违法行政行为，给予国家赔偿等。① （3）制度性。法律救济是一种制度化的救济方式。② 这种制度化的救济方式应包括以下内容：一则救济主体、救济对象、救济方式和程序等均有法律明确规定；二则不同的法律救济机制有其不同的受案范围；救济机关对符合条件的案件应当受理，并依法作出裁决；三则法律救济要以看得见的方式实现，即法律救济的过程遵循公开原则；四则法定机关所作出的救济决定或裁定均需符合法律规定的形式。

四、行政救济

行政救济乃法律救济的一种基本形式——在法学上，对于"救济"的分

---

① 参见张正钊主编：《行政法与行政诉讼法》，中国人民大学出版社1999年版，第291～292页。

② 对于可以实现权利补救但没有成为法律制度的某些方式，不应视为法律之救济，如向政府领导人写信反映情况因而使问题得到解决等。政治上的解决方式，如人大代表或通过人大代表反映意见，通过游行、示威表达意见等，虽也可能使问题得到解决，但并不属于救济。参见林莉红：《行政救济基本理论问题研究》，载《中国法学》1999年第1期。

类标准通常有"主体"标准和"客体"标准。其中：（1）所谓"主体"标准，即以提供救济之主体为标准，对救济施以类型化划分。比如，司法救济就是以司法为主体的法律救济形式。相应地，行政救济就是由行政机关所提供的权利救济模式。在我国，行政救济的方式主要包括行政复议、行政调解、行政裁决、行政仲裁等。（2）所谓"客体"标准，即以"权利致害行为"之法律属性为标准，对救济施以类型化划分。比如，民事救济，就是对"由民事行为或民事纠纷所引发的权利损害"的救济，冀宗儒教授曾著有《民事救济要论》一书，由人民法院出版社于2005年出版。刑事救济，就是由"刑事犯罪所引发的权利损害"的救济，谢佑平教授曾著有《刑事救济程序研究》，由中国人民大学出版社2007年出版。相应地，行政救济就可以解释为"由行政活动或者行政纠纷所引发的权利损害"的救济——行政法上的"救济"通常与行政纠纷的解决葛藤勾连。在主观层面上，行政纠纷的解决过程，本质上就是被行政活动所侵害之权利的救济过程，在这个意义上的"行政救济"属于"权利保障机制"的范畴；在客观层面上，行政纠纷的解决是对行政行为进行纠错或者纠正的过程，在这个意义上的"行政救济"属于"行政之监督机制"的范畴。

由于"客体"标准的行政救济是以"行政纠纷的解决"为核心要件，故可以顺理成章地将行政诉讼纳入行政救济体系之中，但却合乎逻辑地将行政调解、行政裁决和行政仲裁等以解决民事纠纷或者轻微刑事纠纷为职旨的行政司法机制排除在"行政救济"体系之外——在我国，根据相关法律之规定，行政裁决是指行政机关或法定授权的组织，依照法律授权，对当事人之间发生的、与行政管理活动密切相关的、与合同无关的民事纠纷进行审查，并作出裁决的具体行政行为。行政调解，是指由我国行政机关主持，通过说服教育的方式，民事纠纷或轻微刑事案件当事人自愿达成协议，解决纠纷的一种调解制度。行政仲裁亦称"行政公断"，即行政机关以第三者身份依法对当事人之间的争议，按照法定仲裁程序予以解决的制度，是具有准司法性质的行政活动。

迄今为止，在中国行政法学界，对于行政救济的性质或者定位仍存不同观点，其中较有代表性的观点有以下几种：（1）综合救济说。该观点认为行政救济是国家为了防止或排除行政行为侵犯公民、法人和其他组织的合法权益，而采取的各种直接或间接、事先或事后法律手段或措施所构成的一种补救制度。按照这种观点，行政救济既包括行政复议、行政诉讼、行政赔偿和行政补偿等各种手段与措施，也包括行政机关上下级之间的行政监督、公务员责任、监察机关对其他行政机关的监督、立法机关对行政机关的监督等各种为确保行政行为合法和适当的手段与措施。① （2） 直接救济说。该观点认为行政救济制度是国家为防止或排除行政行为侵犯公民、法人和其他组织的合法权益，而于事先或事后采取各种直接手段或措施构成的补救制度。例如台湾学者城仲模先生就认为："行政救济，系对所有行政上救济制度之概念的统称；凡对于违法或不当之行政作用加以纠正，或对于因行政作用而使人民蒙受财产上之损害予以填补者，皆得谓为行政救济。"② 他将行政救济的类别分为简易行政救济（非正式行政救济）和一般行政救济（正式行政救济）两种。前者系指无形式或期限限制的行政救济如申请、陈情等，任何人对于任何行政上之措施均得提起，后者则指有法定救济程序的狭义行政救济如诉愿等。按照这种观点，行政救济既包括为保证行政行为的合法与适当而于事先采取的行政公正程序，也包括于事后而采取的行政复议、行政诉讼、行政赔偿和行政补偿等手段与措施。 （3） 事后补救说。该观点认为行政救济是国家为排除行政行为对公民、法人和其他组织合法权益的侵害，而采取的各种事后法律手段与措施所构成的补救制度。按照这种观点，行政复议、行政诉讼、行政补偿、请愿、声明异议、申诉及请求改正错误等排除不法行政侵权行为的事后法律手段与措施都属于行政救济的组成部分。③ （4） 特定事后补救说。该观点认为行政救济是国家为排除行政行为对公民、法人和其他组织的合法权益的侵害，而于事后采取的特定法律手段与措施所构成的补救制度。按照这种观点，行政救济主要是指行

① 参见 ［日］ 室井力主编：《日本现代行政法》，吴微译，中国政法大学出版社 1995 年版，第 186 页。

② 城仲模著：《行政法之基础理论》，台湾三民书局 1988 年版，第 629 页。

③ 参见张载宇著：《行政法要论》，台湾汉林出版社 1997 年版，第 427 页。

政复议和行政诉讼，有时也可以将行政赔偿与行政补偿包括在内。① （5） 行政补救说。该观点认为行政救济是国家为排除行政行为对公民、法人和其他组织的合法权益的侵害，而采取的特定行政法律手段与措施所构成的补救制度。按照这种观点，行政救济、行政赔偿和行政补偿等手段属于行政救济，而行政诉讼则属于司法救济。② （6） 其他观点。在更广泛、更具普适效果的层面上，行政救济的内涵又可扩展到一些相关概念之上。这种普适性的定义主要可以从各大法学类辞书中寻得踪迹。例如《行政学词典》中对行政救济作出了如下定义："行政救济是指当事人因受某一国家行政机关的违法或不当处分，而使其权益遭受损害时，依法向有关国家行政机关提出申诉的程序。行政救济的方法很多，如当事人可向国家行政机关请求改正错误，或向行政法院提起行政诉讼，要求有关行政机关给予损害赔偿和损失赔偿。"③ 又如，根据《法律大辞书》的定义，行政救济"乃指对行政命令或行政处分有违法或不当而致侵害人民之权利或利益时所设定之救济方法而言，可分为行政诉愿和行政诉讼两类"。④ 其中，行政诉愿是指人民对于中央或地方官署之违法或不当处分，致损害其权利或利益时，向原处分机关之直接上级官署所提起请求撤销或变更原处分之救济方法而言；行政诉讼是指人民对于行政官署之违法处分致损害其权利时，向原处分官署之直接上级官署提起诉愿经其决定仍有不服，而再向行政法院提起请求撤销或变更原处分或原决定之救济方法。

上述观点，尽管各有侧重，但其要义仍与上文论及的"主客体"分类基准密切相关。基于其主体标准，行政救济涵括由行政机关所提供的所有权利救济机制，包括行政复议、行政裁决、行政调解、行政仲裁乃至行政申诉、行政信访等，但排除了行政诉讼；基于其客体标准，行政救济囊括所有的以解决行政纠纷为职旨的权利救济机制——在这个意义上，行政救济被定义为：公民、法人或者其他组织认为行政机关的行政行为不当，造成自己合法权益的损害，

---

① 参见张载宇著：《行政法要论》，台湾汉林出版社 1997 年版，第 427~428 页。
② 参见王名扬著：《美国行政法》，北京大学出版社 2016 年版，第 651 页。
③ 张光博主编：《行政学词典》，吉林人民出版社 1988 年版，第 322 页。
④ 郑竞毅编著：《法律大辞书》，商务印书馆 2012 年版，第 439 页。

请求有关国家机关通过行政手段给予补救的法律制度的总称。其要义有三：（1）行政救济是国家为排除行政行为对公民、法人和其他组织的合法权益的侵害而采取的各种事后补救手段，至于国家为预防行政行为侵犯公民、法人和其他组织的合法权益而于事先采取的法律手段，是为保证行政行为合法或适当履行而设定的，不是对行政行为侵权以后进行的补救，不应称为"行政救济"。（2）行政救济是国家为排除行政行为对公民、法人和其他组织的合法权益的侵害而采取的各种事后补救手段的总和，不仅包括行政复议、行政赔偿和行政补偿等行政补救手段，也应当包括行政诉讼等司法补救手段。虽然行政诉讼具有与行政补救手段不同的性质、内容和特点，但其在行政救济制度中具有不可或缺之地位，应予纳入。（3）行政救济除了各国普遍采用的行政复议、行政诉讼、行政赔偿、行政补偿等传统的、主要的补救手段之外，还应当包括请愿、声明异议、申诉和改正错误等其他补救手段。这些手段是行政救济制度的重要补充内容，使救济体系更加丰富和多样。[1]

在理论上，主客体两种标准不可混用，否则就会造成逻辑混乱。但在实践中，我们通常是在主客体标准混用的语境中，使用"行政救济"这个概念的。正因如此，我们在日常生活中，在政府文件中，在法学教材中，会经常地看到在行政救济条目下有行政诉讼、行政复议与行政调解、行政裁决等并列之情形。本书以"行政救济"为名，将基于客体标准的行政诉讼与基于主体标准的行政复议、行政调解、行政裁决、行政仲裁等并行论述，亦采主客体标准混用模式，尽管逻辑上有混搭之弊，但亦属约定俗成。

第二节　校 正 正 义

何为正义？从古希腊到中世纪，再到现当代，关于正义的讨论从未休止。

---

[1]　参见张正钊主编：《行政法与行政诉讼法》，中国人民大学出版社 1999 年版，第291~292 页。

柏拉图认为，"各安其分，各司其职就是正义"；亚里士多德说，正义寓于"某种平等"之中，给予每个人以其应得的东西的意愿乃是正义概念的一个重要的和普遍有效的组成部分；乌尔比安认为，"正义就是给每个人以应有权利的稳定的永恒的意义"；凯尔森认为，"正义是一种主观的价值判断"；罗尔斯认为正义体现为两个原则：一是每个人对于其他人所拥有的最广泛的基本的自由体系相容的类似自由体制都应有一种平等权利；二是社会的和经济的不平等应这样安排，使它们：（1）被合理地期望适合于每一个人的利益；（2）依存于地位和职务向所有人开放；博登海默曾说过："正义有着一张普洛透斯似的脸，变幻无常，随时可呈现不同形状并具有极不相同的面貌。当我们仔细查看这张脸并试图解开隐藏其表面背后的秘密时，我们往往会深感迷惑。"① 所以，时至今日，我们并未就"正义"的确切意涵达成共识，对"校正正义"亦是如此——正如波斯纳所指出的那样："两千多年来，哲学家们对矫正正义的讨论很少，这个概念基本上还是当年亚里士多德所留下的那样。"②

一、校正正义原理

历史地看，在汗牛充栋的文献典籍中，亚里士多德在《政治学》中有关于正义问题的讨论可谓奠定了后来者的研究基础。在他看来，正义寓于"某种平等"之中，给予每个人以其应得的东西的意愿乃是正义概念的一个重要的和普遍有效的组成部分。亚里士多德为平等提出的衡量标准乃是价值与公民美德，认为正义乃是一种关注人与人之间关系的社会美德。如果甲方应得到的东西是乙方的一倍，那么他的所得份额就应当是乙方的一倍之大。分配正义与校正正义（corrective justice，也译作矫正正义）是亚里士多德正义理论的核心内容。亚里士多德关于这两者的阐述，为各人应得的归于个人的原则在政治行

---

① ［美］E. 博登海默著：《法理学：法律哲学与法律方法》，邓正来译，中国政法大学出版社 1998 年版，第 252 页。

② ［美］波斯纳著：《法理学问题》，苏力译，中国政法大学出版社 1994 年版，第 395 页。

动和社会行动中进行检验指出了主要的检验场域。①

　　就其渊源而言，"校正正义"的概念源自于古希腊哲学家亚里士多德。他在《政治学》中，将正义划分为普遍正义与个别正义，并将个别正义再分为分配正义和校（矫）正正义。其中，分配正义涉及财富、荣誉、权利等有价值的东西的分配，它要求按人的优劣进行分配，即所谓相同的人相同对待，不同的人区别对待，所以，在该领域基于合理的差别对待，即为正义；校正正义涉及对被侵害的财富、荣誉和权利的恢复和补偿，在该领域，不管谁是伤害者，也不管谁是受害者，伤害者补偿受害者，受害者从伤害者处得到补偿，即为正义。

　　在亚里士多德看来，校正正义"是在出于意愿的或违反意愿的私人交易中的公正"。② 据此，一方做了不公正的事，而另一方受到了不公正的对待时，就要施以校正，使其恢复到交往发生前的状态。在这个意义上，校正正义实际上是"对已经破坏的正义内容进行恢复和弥补"的规则和原则，其核心是对失当的责任追究。因此，亚里士多德的校正正义与法律正义密切相关，而法律正义则天然地与司法正义密切相关。他在《政治学》指出，法律上的正义是首要的，因为法律表现了全体的共同利益，是故，遵纪守法便为正义，而遵纪守法又必然关涉到矫正正义。亚里士多德认为，校正正义是由法官来实现的，法官通过剥夺不法者的利得和补偿受害者的利失恢复均等；向法官申诉就是向正义申诉，因为法官已被看作正义的化身。因此，校正正义应该把那种按功劳分配的因素排除在外，因为当事人的身份在这里无关紧要，"不论好人加害于坏人，还是坏人加害于好人，并无区别……法律则一视同仁，所注意的只是造成损害的大小。到底谁做了不公正的事，谁受到不公正的待遇，谁害了人，谁受了害，由于这类不公正是不均等的，所以裁判者就尽量让它均等。在这个意义上说，校正正义是基于平等的正义，是'各得其所应得，各失其所应失'

---

　　① 参见［美］E. 博登海默著：《法理学：法律哲学与法律方法》，邓正来译，中国政法大学出版社 2004 年版，第 278 页。

　　② ［古希腊］亚里士多德著：《尼各马可伦理学》，廖申白译，商务印书馆 2003 年版，第 136 页。

的正义。所以，波斯纳认为，亚里士多德的校正正义在字面意义上具有自然法的意味——"像我们这样的人都要求政府提供一个机构，在不公的伤害发生之后纠正不公。这机构的细节是不重要的……重要的是要有那么点东西（校正正义）。"①

二、校正正义要素

就其志趣而言，亚里士多德的校正正义旨在描述通过纠纷解决以实现"给每个人他所应得"② 状况。而司法无疑是纠纷解决最重要的途径，因此，司法正义乃最具典型意义的校正正义。在这个意义上，波斯纳将亚里士多德校正正义之根本要素概括为三条：（1）为不公行为所伤害的人应当有启动由法官管理的矫正机器的权力；（2）法官不考虑受害人和伤害者的特点和社会地位；（3）对不公伤害的救济。在这个意义上，校正正义构成司法公正之基本内核。③ 在其现代意义上，这三大要素可以做如下扩充解读：

（一）伤害事实

校正正义着眼的是救济问题，运用的是保护性规则。对某一行为进行救济的前提在于合法权利被侵犯。因此伤害行为之存在是校正之前提。这种伤害大多数情况下属违法行为，即公民或者法人违反法定义务、违反法律禁止性规定而实施的行为，包括作为和不作为，不该作而作或该作而不作。在行政领域，这种伤害行为通常是指行政机关的侵权行为。行政机关的侵权行为，有行政法上的职务侵权行为和民事法上的侵权行为，它们的认定标准和构成要件各不相同。行政侵权行为必须是具有国家行政职权的组织及其工作人员实施的职权行为，职权性是其重要特点。

---

① ［美］波斯纳著：《法理学问题》，苏力译，中国政法大学出版社 1994 年版，第405 页。

② ［英］A. J. M. 米尔恩著：《人的权利与人的多样性》，夏勇、张志铭译，中国大百科全书出版社 1995 年版，第 58 页。

③ 参见傅鹤鸣：《亚里士多德校正正义观的现代诠释》，载《兰州学刊》2003 年第 6 期。

（二）不公行为

校正正义一词若拆分来看，可以理解为"通过校正来实现正义"，而"校正"意味着有"不公"现象或行为的存在。从法治视角来看，因为法律通常被视为正义的化身，是实现正义、维护正义的最重要的手段，所以"不公"主要意味着"不法"，亦即"违法"。在这个意义上，此项要素又可表述为伤害行为须是违法行为。

那么，何为违法？违法的本质是什么？有学者认为，违法是指违反法律强制性、禁止性规定或违背公序良俗；任何人侵害他人之权利时，如无阻却事由，即为违法。① 也有学者认为，违法行为是指有社会危害性的有过错的不合法行为。② 史尚宽先生提出过判断违法的三个标准：一是权利之侵害即为违法；二是保护性法律之违反即为违法；三是违背善良风俗之故意加害亦为违法。可见，不能单纯从字面意义将违法理解为违反现行的法律法规，而应当透过现象究其本质。只有真正理解了法及其本质，才能够正确认定何为违法。这些理论观点有利于指导司法实践，以正确认定违法。

（三）因果关系

从根本上来说，"侵权法的因果关系理论来源于哲学上的因果律。因果关系，或称因果性，是客观世界事物之间普遍存在的一种规律性，即因果律"。③ 有原因必然产生一定的结果，有结果就必然有引起它产生的原因。无因之果和无果之因都是不存在的。原因与结果之间这种联系的必然性，其全部内容就是：原因的总和必然产生一定的结果。

王利明教授认为："根据过错责任原则的要求，因果关系是承担责任的基础，无因果关系，即使在故意的情况下，行为人也不负责任。因果关系要确定

① 曾世雄著：《损害赔偿法原理》，中国政法大学出版社 2001 年版，第 85 页。
② 孙国华主编：《法理学教程》，中国人民大学出版社 1994 年版，第 502~504 页。
③ 范利平：《侵权法上因果关系研究》，载《现代法学》2004 年第 3 期。

谁的行为或物件造成损害，以确定可能要负责任的主体，而过错则要确定这些可能要承担责任的主体是否在法律上必须对损害后果负责。可见过错的认定是建立在对因果关系的认定的基础之上的。如果把责任的认定过程分为几个步骤，那么，因果关系的认定是第一步，而过错的认定是第二步。在因果关系认定以后，过错不仅要确定是否负责任的问题，也是决定负多大范围责任的依据。"① 但并非每一个与损害后果有联系的行为都是原因，并非每一个与损害后果有联系的"原因"都可以归责，行为人可能因为无过错、执行公务等种种原因而被免责。因果关系的存在是过错分析的前提，是民事责任的前置条件。因此，因果关系与过错既不能相互弥补，更不可能互相替代。

因果关系的判断是承担侵权责任的基础性判断，不管确定当事人承担何种侵权责任，无过错责任也好，公平责任也好，都是侵权责任之一种，都必须首先具备因果关系这一要件。没有因果关系，就没有承担责任的前提，被告就不应当承担侵权责任。任何法律制度都不可能对与结果的发生毫无关系的人课以责任，这是一个非常基本的判断，因而因果关系的判断就必须是前提，也必须具备，才能合理分配责任。

(四) 平等救济

不公行为与伤害事实之间具有因果关系，即意味着不公行为需要被校正，受害人平等地享有获得救济的权利。此处有两层含义：一是为不公行为所伤害的人应当有启动校正机制的权利，二是受害人即使在种族、性别、财富和社会地位等因素上存在差异，也不因此而在救济过程或救济结果上受到歧视。其中：

所谓启动校正机制之权利，就是请求救济的权利，这种论述与救济背后的法理——有权利必有救济不谋而合。在行政救济中，所谓校正机器并不只有法院，还包括复议机关和作出行政行为的机关本身（作出行政行为的机关可以自行纠错）。故校正正义实现的首要前提，体现在行政救济中，就是权利人向法院提起行政诉讼、向复议机关提起行政复议和向原行为机关提出申诉之

---

① 王利明著：《民商法研究》（第 1 辑），法律出版社 2001 年版，第 749 页。

权利。

不考虑受害人和伤害者的特点和社会地位，对应着法律面前一律平等的宪法原则。值得注意的是，虽然法律面前一律平等的宪法原则在民事诉讼法和刑事诉讼法中都有体现，但因各诉讼法的功能不同，该种校正正义之特性（由不公平到公平）在行政救济法中体现得更为充分。《行政诉讼法》第 8 条规定"当事人在行政诉讼中的法律地位平等"，此处的平等与民事诉讼法和刑事诉讼法中有关平等的规定侧重点不同——民事诉讼中，在定分止争时，法院不应偏袒任何一方；刑事诉讼则更强调在定罪量刑上不因各犯罪人的政治倾向、经济情况、宗教信仰等因素而区别对待；而行政诉讼中，行政机关天然强势，相对人往往扮演的是被管理者之角色，处于服从地位，故行政诉讼法中的平等原则强调和这种角色定位上的不平等，在证据规则和庭审程序等环节通过制度设计实现双方当事人在诉讼中的"动态平衡"。

三、校正正义与行政救济

不管是主观基准的行政救济，抑或是客观基准的行政救济，均以"解决纠纷"为基本职旨——通过解决纠纷，恢复或补救为纠纷所侵害之权利，从而实现"各得其所应得，各失其所应失"之正义，这种正义就是校正正义。

（一）定分止争

《管子·七臣七主》有云："法者所以兴功惧暴也，律者所以定分止争也，令者所以令人知事也。"定分而后止争，即只有明确权属，才可以终止纷争。《慎子》以"兔"为例，曰："一兔走街，百人追之……未定分也；积兔满市，过而不顾，非不欲兔也，分定之。"秦商鞅亦云："一兔走而百人追之，非以兔为可分以为百，由名之未定也。夫卖兔者满市，盗不敢取，由名分之定也。故名分未定，尧、舜、禹、汤且皆如物而逐之；名分已定，贪盗不取。……"意思就是说，在田野上有一只野兔在蹦跶，会有很多人追着想抓住它；但在市场上有很多的兔子，却没有人去抢着要。为什么呢？因为野兔无主，即权属未定；而市场贩卖的兔子有主，即已经有了归属。

任何意义上的校正正义，都包含"定分止争"这一基本要素。而行政救济的基本宗旨正在于解决争议。在这个意义上，行政救济通过解决争议、定分止争，从而达成校正正义。以客观标准的行政救济为例，根据《行政诉讼法》和《行政复议法》之规定，其首要任务即在于解决行政纠纷——行政争议是以实施具体行政行为的国家行政机关为一方，以作为该具体行政行为相对人的公民、法人或者其他组织为另一方，针对行政机关实施的具体行政行为是否合法而引起的争议。其要义有四：（1）争议的一方必须是实施具体行政行为的行政机关，没有行政机关作为一方争议当事人的争议不是行政争议。（2）争议的一方必须是与具体行政行为有利害关系的公民、法人或者其他组织，没有相对人为一方争议当事人的争议不属于行政争议。（3）争议的对象必须是行政机关实施的具体行政行为，不是针对具体行政行为的争议不是行政争议。（4）争议的焦点是具体行政行为的合法性问题。不以合法性为争议目的的争议不是行政争议。

（二）补救权利

任何意义上的行政救济都以补救被侵损之权利为价值关怀。以行政诉讼为例，保障公民、法人和其他组织的合法权益是行政诉讼立法的基本宗旨之一。这就意味着，补救相对人被行政行为侵损之权利，系行政诉讼之基本宗旨之一。因此，在行政诉讼过程中，尽管外观上以行政行为为对象，即以对行政行为的合法性审查为标靶，但对行政行为合法性审查的目的正在于保障公民、法人和其他组织的合法权益。易言之，之所以要构建司法审查制度，其终极关怀正在于保障公民、法人和其他组织的合法权益。

校正正义的核心在于对受损权利的补救。通过行政救济达成对公民、法人和其他组织合法权益的拯救，即意味着实现了校正正义。行政诉讼，通过对被诉行政行为的合法性审查，保护原告之合法权益，从而达成校正正义；行政裁决，通过对公民、法人和其他组织民事纠纷的裁处，达到保护双方合法权利之目的，从而实现校正正义。

（三）校正行政行为

基于客体标准的行政救济，均具有监督行政机关依法行政之职旨。比如，行政复议具有行政监督制度之属性，行政诉讼则属于行政的司法控制机制，根据《行政复议法》和《行政诉讼法》第 1 条之规定，监督行政机关依法行使职权系制度设置之宗旨之一。推而论之，以解决行政争议为职旨的行政救济，在其"实施过程中是以行政行为为轴心的，救济的发端是行政行为，救济过程中的各个环节也围绕行政行为而进行，救济的结果是对行政行为的评判"。①行政救济通过校正行政违法行为或者行政不当行为，达到解决争议、保障权利之目的，即意味着实现了校正正义。

以解决行政争议为宗旨的行政救济机制，乃行政权力运行合法性控制的最后防线——现代社会中对人权最大威胁来自公权力，其中行政权由于其扩张性、主动性等特征，尤其容易造成对行政相对人权利之侵犯。因此，如何控制行政权，以确保其合法行使，乃现代法治要义所在。为此，各国均有对行政权力合法性控制的制度安排。比如，行政组织制度是保障行政组织有效性的制度安排，行政程序制度是保障行政行为合法性的制度安排，行政救济制度则属于行政权力合法性控制的事后矫正机制。如果说，行政组织制度属于第一道防线，行政程序制度属于第二道防线，那么行政救济制度则属于最后一道防线。最后一道防线之要义在于通过对违法或不当行政行为的矫正，达到保护相对人权益、监督行政机关依法行使职权之目的。此种目的的实现，就是校正正义的实现。

第三节　救济法治主义

上文已论及，在现代社会，不同形式的权利救济本质上都是法律救济——

---

　　①　关保英著：《行政法教科书之总论行政法》，中国政法大学出版社 2005 年版，第601 页。

在其现实意义上，既然权利由法律所赋予，并须依法而行使，那么当权利受到侵损时，亦当依法救济。

一、救济法治原理

在其学理层面，救济法治主义原理立基于三个基本命题：无法律即无权利，无救济即无权利，无法律即无救济。

其一，在其现实意义上，只有经过法律确认的权利才具有现实意义。从整个意义来说，无法律即无权利。公民权利的本质就是法律权利，只有经过法律确认，权利才能从应然状态转变为实然状态。所谓法律权利，就是国家通过法律规定，对法律关系主体可以自主决定为或不为某种行为的许可和保障手段。法律权利，是一个与法律义务相对应的概念，是指法律关系主体依法享有的某种权能或利益，它表现为权利享有者可以自己作出一定的行为，也可以要求他人作出或不作出一定的行为。一切法律权利都受到国家的保护，当权利受到侵害时，权利享有者有权向人民法院或者有关主管机关申诉或请求保护。其要义有四：（1）它来自法律规范的规定，得到国家的确认和保障。（2）它是保证权利人利益的法律手段。（3）它是与义务相关联的概念，离开义务就无法理解权利，它得到义务人的法律义务的保证，否则权利人的权利不可能行使。（4）它确定权利人从事法律所允许的行为范围，在这一范围内，权利人满足自己利益的行为或者要求义务人从事一定行为是合法的，而超过这一范围，则是非法的或不受法律保护的。

其二，从存在前提看来，权利实现的前提是有效救济手段的存在，即无救济即无权利。按照一般的法学理论，一种权利能否作为权利来对待主要是看其是否可以获得有效的法律救济，"无救济无权利""救济走在权利的前面"，是英国古老的法谚，也是基本的法理。"依据人权保障的一般原理，哪项权利不能提起诉讼，哪项权利就没有护卫屏障。司法救济是人权的防波堤。"[1]"当人类脱离了盲动或依附而获得了一定的权利时，也必有与之相适应的救济手段相

---

[1]　徐显明：《生存权论》，载《中国社会科学》1992年第5期。

随。没有救济可依的权利是虚假的，犹如花朵戴在人的发端是虚饰。花朵可为人类添美，但虚假的权利只能是伪善。"① 只有在保障了个人在受到侵害时能够依法享有得到补偿和救济的权利，个人的合法权益才能够真正成为权利。有权利而无救济，等于无权利，无权利、无救济的社会，人性尊严必然横遭践踏，民主自由荡然无存。也就是说，只有当公民权利遭到侵犯能够获取有效的救济时，"纸面上"的权利才能转化为"活生生"的权利，对权利的救济意义要远远超过权利的宣示本身。

其三，就其内在逻辑而言，由法律所规定的权利当然地由法律来保护。在这个意义上，无法律即无救济——未被法律所确认的权利仅有道德权利的意义，是不受法律保护的；没有法律的强力保护，权利势必经常性地面临受侵害的危险却无法获得救济。权利的法律保护是权利实现的最直接的保障手段。如果在这些权利和自由受到侵犯之后，公民无法获得有效的法律救济的话，那么法律对公民权利、自由规定得再完备、列举得再全面，都将成为一纸空文。正是在这个意义上说，无法律则无权利救济。

其四，在其规范意义上，权利的法律保护可以分为两个层次：（1）权利的国内法保护。同其他保护手段相比，此种保护具有明显优势：一是它设定了权利保护的一般标准，从而避免了其他保护（如政策）手段的随机性和相互冲突的现象；二是权利的法律保护以国家强制力为后盾，因而具有国家强制性、权威性和普遍有效性。（2）权利的国际法保护。第二次世界大战以来，人权问题不再是单纯意义上"国内问题"。人权的实现归根结底应该建立在世界各国平等合作、和睦共处的基础上。在国际上，人权的国际标准要通过国际公约来规定和体现；国际人权的实现，不能离开国际法的支持和保障。

其五，任何权利的享有都以相应的秩序为条件，而"一个法律制度若要恰当地完成其职能，就不仅要力求实现正义，而且还须致力于创造秩序"。②

---

① 程燎原、王人博著：《权利及其救济》，山东人民出版社 1998 年版，第 368 页。
② ［美］E. 博登海默著：《法理学：法律哲学与法律方法》，邓正来译，中国政法大学出版社 2017 年版，第 332 页。

在健全的法律体系中，秩序和正义这两个价值观通常是不冲突的。相反，它们通常在高层次上紧密联系和协调。如果一个法律制度不能满足司法要求，那么从长远来看，它将无法为政治实体提供秩序与和平。但是，如果没有一个有序的司法执行系统来确保相同的条件得到相同的待遇，就无法实现正义。因此，维持秩序的前提是要有一个合理而健全的法律体系，而正义需要秩序的帮助才能发挥其基本功能。这两个价值的综合体可以用这句话加以概括，即法律旨在创设一种正义的社会秩序，从而确保生活在这种秩序之中的每一个人都能过上有尊严的生活。因此，现代意义上的救济必须是法治意义上的；同理，现代意义上的法治必然具有救济功能。

二、救济法治原则

顾名思义，所谓救济法治原则就是救济必须遵循法治原则，是从整体上宏观地、抽象地指导着行政救济法的制定和修改，并规制着整个行政救济制度的实施和发展方向的基本理念。尽管学界之于行政救济概念的界定存在一定分歧，对救济法治主义与行政救济的基本原则的表述更是各有侧重。我国目前的救济制度尚不完善，对确立行政救济制度的基本原则问题加以研究，有助于立法者理性地审视现有的制度，科学地设置和完善这一制度。救济法原则主要有：

（一）权利保障原则

行政救济的本质是对当事人权利的救济。这一本质表现为行政救济的法律原则就是权利保障原则。[1] 权利为什么需要救济，这是权利理论必须回答的问题。"若每一种权利都能各按其是的轨迹运行、实现就无需救济；倘若权利的合法实现会受到来自社会不同方面的阻碍，那么消除阻碍，实现救济就是必要的。"[2] 有权利必有救济，从侵犯公民权利的行政行为分类来看，违法行政行

---

① 参见哈书菊著：《人权视域中的俄罗斯行政救济制度》，中国社会科学出版社 2009 年版，第 16 页。

② 程燎原、王人博著：《赢得神圣——权利及其救济通论》，山东人民出版社 1993 年版，第 349 页。

为、失当行政行为和合法行政行为都有可能侵犯公民的合法权益。① 因此都有救济的必要。

法国《人权宣言》宣示了这样的真理：对人权的无知、忘却或者蔑视，是公众不幸和政府腐败的唯一原因。这句话用在救济领域也不为过。权力分立或者权力分工本身都不是目的，而是达到某种目的的一种手段。确切地说，其目的在于实现权力之间的制约与平衡，以防止权力专断和暴政的发生。进一步说，制约与平衡也不是分权的根本目的，分权的根本目的是为了保障公民权利。保障公民权利，或者称为人权保障，是各国公认的宪法基本原则。行政法作为具体化了的宪法，是宪法的动态部分，由此，行政法也必须遵循权利保障这项基本原则的指导。在行政法领域，由行政救济法承担对公民权利的救济与保障。

（二）　当事人参与原则

当事人参与原则是指行政救济利害关系人，除法律有特别规定外，应当能够富有影响地参与行政救济活动。这种参与强调的是"富有影响地参与"，具有明确的目的，即争取某种结果或改变某种状态，使其按照自己的愿望发展，以达到满足自己要求的结果，而不是简单的"到场"或"参加"，静观过程的进行而无所作为。一方面，它要求行政救济相对人参与到行政救济权力的运行过程中，陈述自己的主张，发表自己的意见，并可就争议的问题进行辩论；②另一方面，它要求当事人的陈述和辩论能够对行政救济权力运行结果的形成发挥有效的作用。

当事人参与主义要求充分发挥行政相对人的主动性。在行政救济活动中，相对人不再是被动的受体，而是可以与行政救济机关以及作出行政行为的行政主体相互沟通和交流，这种互动"可以将行政意志融化为相对人意志，也可

---

① 参见林莉红著：《中国行政救济理论与实务》，武汉大学出版社 2000 年版，第 16 页。

② 王景斌、张勤琰：《论我国行政救济的原则》，载《东北师大学报（哲学社会科学版）》2008 年第 2 期。

以将相对人意志吸收到行政意志中，从而使行政法关系真正具有双方性，使相对人真正成为行政法关系的主体"①。

(三) 禁止不利变更原则

禁止不利变更原则是指行政相对人对行政主体作出的行政行为不服而提起行政救济的，或者是对初次行政救济处分不服而提起再次救济的，行政救济机关不得因此而作出比原处分更不利于行政相对人的决定。其法理基础是行政救济都是公民的权利救济机制，而非违法责任追究机制，不使当事人因寻求救济而遭受更为不利的结果，从而消除其救济权利行使的顾虑。

禁止不利变更原则是一项很重要的公法原则。该原则最早体现为刑事诉讼法的上诉不加刑原则，而后又体现为民事诉讼中的禁止上诉不利变更原则。以后该原则又在行政程序中体现为不得因相对人的陈述、申辩而对相对人作出对其更不利的决定。所以，该原则是刑事上诉、民事上诉、行政复议、行政上诉、行政程序中要遵循的一个基本准绳，是一个基本的程序原则。②

(四) 程序效率原则

为迅速而有效地处理行政救济案件，以保障行政相对人的合法权益，并使行政决定早日确定以及实现，使得与之相关的公共利益也能够得以实现，行政救济的审议与决定，应当在作出的判断合法适当的前提下，迅速地完成。程序效率原则是指行政救济应当迅速、高效地解决行政纠纷，不仅要求合法、合理地解决纠纷，保护相对人的合法权益，而且要求迅速、及时地执行行政救济程序，使纠纷在合理的时间内得到解决，以实现行政救济的高效化。一方面，程序效率原则反对拖延，要求参与行政救济的各方积极推进救济程序，行政救济应当在必要且合理的时间内终结，不得无故拖延；另一方面，程序效率原则也反对草率，强调救济的及时性，并不是一味求快，这里的及时是在实现正义的

① 叶必丰著：《行政行为原理》，商务印书馆2014年版，第19页。
② 胡建淼主编：《论公法原则》，浙江大学出版社2005年版，第487页。

前提下的及时，它不能以牺牲正义为代价。

三、行政救济法体系

在法治社会，权利救济理论唯有上升为法律规定，才能确保其自身的稳定与发展。通过法律制度予以明确和强化，绝不仅指通过某部规范性文件来具体化某一项救济途径，救济制度本身还需要系统化和体系化。

（一）行政救济法体系的特点

关于行政救济法体系的特点，英美法系国家与大陆法系国家各有不同。

英美法系国家行政救济体制具有如下特点：首先，多样化的行政内救济程序。在行政内救济程序上，英美法系国家设立了专门的行政裁决机构，并且形式多样，裁决事项的范围也十分广泛。例如，英国的专门行政裁判机构就有50余个，此外，还可以通过部长救济、议会行政监察专员等途径获得救济。美国也存在州际贸易委员会、联邦商业委员会等多个行政裁判机构。其次，普通法院受理行政诉讼案件。在诉讼救济领域，与大陆法系专门的行政法院依特别的诉讼程序审理行政案件不同的是，英美法系国家通过普通法院依普通法为当事人提供救济。最后，在损害赔偿救济方面，适用民法上的损害赔偿规则。英国的《王权诉讼法》、美国的《联邦侵权求偿法》均规定政府在承担侵权责任时，应当如同一个成年公民那样，在相同的范围内，依相同的规则承担损害赔偿责任。

大陆法系国家行政救济体制特点主要可以概括为以下两方面：首先，系统化的行政内救济程序。这种系统化的行政内救济，通常被称为行政复议制度或诉愿制度，日本称为"行政不服审查制度"。这种制度的基本特点：一是裁决行政争议的机构常规化、普遍化，即通常由作出引起行政争议的行政行为（决定）的上一级行政机关为受理机关；二是程序的统一性。通过专门的法典来规范行政内行政程序；三是各机关受理的行政争议同质化。易言之，除了因管辖事务上所决定的行政争议性质上的区别外，各机关所受理的行政争议，其类型是完全相同的。① 其次，专门化的行政法院体系和诉讼程序。传统的法国、德国等大陆法系国家都在普通法院之外建立了专门受理和审判行政争议案件的行政法院，与之相适应，大陆法系传统的国家和地区都制定了专门行政诉讼案件的行政诉讼程序法典。

（二）行政救济法体系的内容

行政救济法体系的内容是指行政救济法体系的主要制度内容。如前文所述，在法学上，对于"救济"的分类标准通常有"主体"标准和"客体"标准。所谓"主体"标准，即以提供救济之主体为标准，对救济施以类型化划分，相应地，行政救济就是由行政机关所提供的权利救济模式。在我国，行政救济的方式主要包括行政复议、行政申诉、行政调解、行政裁决、行政仲裁等。所谓"客体"标准，即以"权利致害行为"之法律属性为标准，对救济施以类型化划分，相应地，行政救济就可以解释为"由行政活动或者行政纠纷所引发的权利损害"的救济，故可以顺理成章地将行政诉讼纳入行政救济体系之中，但却合乎逻辑地将行政调解、行政裁决和行政仲裁等以解决民事纠纷或者轻微刑事纠纷为宗旨的行政司法机制排除在"行政救济"体系之外。

基于行政救济的"主体"标准，行政救济主要包括行政复议、行政申诉、行政调解、行政裁决、行政仲裁等制度。

行政复议制度作为一种舶来品，最早出现在以行政权见长的法国。到今天，一般现代法治国家都建立起不同形式和名称的行政复议制度。在德国，行政复议自 1848 年就进入行政法领域，并于 1945 年正式被纳入法律。在美国有行政上诉，基本实行复议前置机制，遵循"穷尽行政救济原则"。在英国称之为行政审查，早期建立了行政监察专员制度和数量众多、覆盖各相关领域、独立于司法体系的行政裁判所。在日本称之为行政不服审查制度，旨在简易、快速地救济国民权利。我国行政复议制度的发展也经历了波澜起伏

---

① 袁明圣、罗文燕主编：《行政救济法原理》，中国政法大学出版社 2004 年版，第26~38 页。

的过程。最早的行政复议制度出现在中华人民共和国成立初期，财政部公布的《税务复议委员会组织通则》中，第一次出现了"复议"的字眼，但由于当时我国法律制度处于初创阶段，故此行政复议实质上"有名无实"。随着"文化大革命"的动乱，行政复议制度被迫消亡。党的十一届三中全会以来，开启了我国现代法治新阶段，行政复议也随之复兴。① 经过几代行政法人的努力，《中华人民共和国行政复议法》于 1999 年横空出世，标志着行政复议制度的正式诞生。

行政申诉制度的渊源可以追溯到大陆法系的特别权力关系理论，通行于"二战"前的德国、日本等国家。在特定的行政领域，行政机关可以自行制定行政规则对特别权力关系进行调整，不适用一般情形下所遵循的法律保留和权利保护等原则，私人只能忍受特别权利人所施加的不利行为而缺乏法律救济途径。我国虽然没有明确引入和采纳特别权力关系理论，但却存在某些相似之处。随着时代进步与法制发展，行政申诉制度的出现有效弥补了该理论带来的制度漏洞。行政申诉是指遭受国家行政机关或者公共机构违法或者不当处理的当事人，向国家机关陈述事实和理由并要求给予法律补救的活动。申诉权属于公民维护自身合法权益的意愿表达权。除非法律作出限制性或者禁止性规定，申诉人表达意愿的对象可以是任何国家机关，申诉的表达方式可以是书面或者口头，申诉的提起没有时间限制。

调解，作为一种争议当事人之外的第三方居中对纠纷进行调停、劝解的活动，是解决争议的古老方式之一，为世界各国所采用。20 世纪后半叶以来，以美国为代表的西方国家出现了"诉讼爆炸"的社会现象，然而司法的高成本、低效率等缺陷使得人们开始寻求诉讼以外的解决途径。于是，以调解型第三者纠纷解决模式机制应运而生，并在西方各国民事争议、劳动争议、消费者争议、医疗争议等领域广泛使用。② 调解文化也植根于"息讼止讼"的中国传

---

① 刘平著：《行政救济的法理思辨》，学林出版社 2019 年版，第 3~4 页。

② 余军：《私法纠纷解决模式在行政法上的运用——替代性纠纷解决（ADR）之理论原型、妥当性及其影响》，载《法治研究》2007 年第 4 期。

统文化，行政调解是我国法律纠纷解决机制体系中最具特色的一种机制。行政调解一般而言坚持以行政主体和行政相对方的意思相一致为前提，充分体现公正平等，"权利本位"思想，以及现代服务性政府的本质要求。这也同时为行政调解工作奠定了其法理基础。

美国、英国、日本等法治发达国家的司法实践表明，行政裁决制度作为能有效弥补司法资源不足，缓解、分担审判机关压力，降低纠纷解决成本的制度，是一种行政有效的替代性纠纷解决方式。西方法治发达国家"行政裁决"的范围更为广泛，例如美国的行政裁决制度既包括行政机关对行政争议和民事纠纷作出的裁决，有包括行政机关对管理相对人的违法行为作出的处理决定。我国的行政裁决指的是行政主体依照法律、法规的相关规定或明确授权，以独立第三人之身份对处于平等地位的当事人之间所发生的同行政管理活动紧密相连的特定民事纠纷和行政纠纷进行审查并作出行政裁决决定的具体行政行为。

美国是最早提出替代性纠纷解决机制的国家。美国的 ADR 法是世界上第一部 ADR 法，其中就包括了用仲裁解决纠纷的机制。仲裁制度在美国应用十分广泛，上到政府、团体之间的权力纠纷，下到公民之间的简单民事纠纷，几乎都可以通过仲裁寻求解决。我国的行政仲裁是指行政机关设立的特定行政仲裁机构，依法按照仲裁程序对双方当事人之间的特定纠纷作出具有法律约束力的判断和裁决的过程。即行政主体以第三人身份对特定纠纷进行裁断的行政活动及其过程。

基于行政救济的"客体"标准，行政救济主要包括行政复议、行政诉讼等制度。

行政诉讼，从广义说，是解决与公共行政管理有关争议的诉讼。从世界范围来看，这种制度产生与发展已有二三百年的历史。"近代行政法的产生是以行政诉讼制度的建立为标志的"，而"行政诉讼制度的实质是通过法院司法权来控制行政权力从而保护公民权利"。[①] 由此，行政诉讼是指公民、法人或者

---

① 孙笑侠著：《法律对行政的控制——现代行政法的法理解释》，山东人民出版社1999 年版，第 20 页。

其他组织认为具有公共行政职权的机关和组织的具体行政行为侵犯其合法权益，向人民法院提起诉讼，人民法院由此依循行政诉讼程序对具体行政行为合法性进行审查并作出裁判，解决行政争议的活动。行政诉讼的重要特点之一在于其起因于公民、法人或者其他组织认为具体行政行为侵犯其合法权益、并向法院提起诉讼。①

（三）行政救济法体系的发展趋势

行政救济制度已成为各国行政法律制度中不容忽视的重要制度，呈现出蓬勃发展的势头，其中法典化的发展趋势十分明显。行政救济制度的形成过程，就是法律制度健全的过程，法典化是法律完善的表现，行政救济法典化就是行政救济制度发展的趋势。

随着行政救济制度的发展和完善，一些国家开始以综合而全面的行政救济法典来确立其行政救济制度。制定法典是法制完备和法治建设的重要步骤，可以使根本法的原则性规定具体化，使单行法规的零散性规定系统化，保证行政救济功能的有效发挥。世界各主要国家都先后制定了行政复议、行政诉讼、国家赔偿等方面的专门性法律，这些规范性文件有待成为综合性的行政救济法典。我国从 1989 年制定《行政诉讼法》以来，又陆续颁布了国家赔偿、行政复议等方面的法律。而行政救济法典化的趋势将会促使我国完善已有的行政救济法典，对尚未法典化的领域加快立法。

---

① 沈岿编著：《行政法与行政诉讼法》，人民法院出版社 2002 年版，第 128 页。

第一章　原理·法理·行政正义

　　"人"是一切法律关系之主体，亦是一切法律制度设计的逻辑起点。这个逻辑起点，通常被称为制度的人性基础，或者人性假设。大而化之，这种人性假设分为"性善论"与"性恶论"。"性善论"衍生出制度的教化和维权秉性，"性恶论"衍生出制度的惩戒和控权秉性。

　　人性有善恶两端，为防止人之善性被恶性所侵蚀，以至于人本身被其恶性所毁灭，建立某种形式的政府是必要的；但政府"即使在其最好的情况下，也不过是一件免不了的祸害；在其最坏的情况下，就成了不可容忍的祸害"。所以，潘恩指出，政府是由我们的罪恶产生的，因为我们不是天使，所以我们才需要政府。但政府也不是天使，因而，对待政府的权力就需要时时警惕。

　　洛克说，政府是必要的恶。之所以说政府是必要的，是因为在任何形式的社会生活中，如果没有了政府这一制度安排，人类社会可能会面临弱肉强食、自相残杀、秩序崩溃、民生凋零等一系列风险。所以，我们需要政府。不管怎样，政府"必定拥有比任何个别国民或个别公众团体更大的力量"。在现代社会，政府不仅是公共生活的基本条件，也是基本生活秩序的保障。但一切有权力的人，都具有滥用权力的天性，对于个人自由而言，因此政府所拥有的这种超越个人的力量，又是一种潜在的威胁。尽管我们可以设计各种制度，以使这些权力滥用的危险减少到最低限度，但我们绝不可能杜绝这种危险。所以，构造一套行之有效的救济制度就是与政府具有同等意义的"必要"。

如果说，抑恶扬善是政府存在的正当性基础，那么也应当成为行政正义之元点——抑恶扬善既是一个绝对的道德命令，也应当成为法律正义的基本内核。作为法律执行机关，政府既是社会资源分配的主导者，也是社会矛盾解决的参与者。因此，作为一种法律正义，行政正义兼具分配正义和矫正正义之双重属性。

第一节　行政救济之原理

所谓原理，就是具有普遍意义的规律和道理。行政救济之原理，就是行政救济制度建立的内在规律和基本道理。与所有的法律制度一样，行政救济制度的原理根植于人性。人性之恶，催生了制度存在之"必要性"的抑恶控权的一面；人性之善，铸就了制度存在之"必要性"的扬善维权的一面。基于人性善恶两端所衍生的制度两面，即行政救济制度原理之所在——它既决定了行政救济制度价值取向，也赋予了行政救济制度的基本功能。

一、人性之善

自古以来，人性善恶即为中国哲学争论不休的重大问题。在旷日持久的争辩中，大体上形成了性善论、性恶论、性无善恶论、性亦善亦恶论四大基本观点。其中，性善论对中国古代政治法律制度的影响至为深远。

（一）性善论

就其渊源而言，性善论发轫于战国时孟子的"四德""四端"说。孟子认为，人性即人之所以区别于禽兽的本质属性在于仁、义、礼、智四德；"四德"之根始在于"恻隐""羞恶""辞让""是非"四端——恻隐之心，仁之端也；羞恶之心，义之端也；辞让之心，礼之端也；是非之心，智之端也。人人均具有圣贤之本性，所异者，教化使然。故"人之有是四端也，犹其有四体也"。"凡有四端于我者，知皆扩而充之矣。若火之始然，泉之始达。苟能充之，足以保四海；苟不充之，不足以事父母。"①

孟子的性善之论，是在与荀子、告子等人的辩论中表现出来的。荀子是性恶论的代表人物，他认为，论性必先明性伪之分，不可学，不可事而在人者，谓之性；可学而能，可事而成之在人者，谓之伪。目好色，耳好声，口好味，心好利，骨体肤理好愉佚等不待事而后生的感性欲望就是人之所生而有的自然本性。礼义道德则是后天的人为。告子是性无善恶论的代表人物，他认为，"生之谓性""食色，性也"。告子是以生物本性来定义人性的，是人的与生俱来之性。按照告子的观点，人的本性是无善无恶，又可善可恶，因此仁义等品格的形成主要是后天加工造就的。孟子则认为，人与牛马皆有其食色自性，但只有人讲仁义道德，故应当以人之所以别于动物所特有的"善"来规定人性。在孟子看来，人人生而固有之四端。性善是一种实然的事实，是一个以先天的善端为本的过程。善性则是对内在本性的顺导，对善端的发挥。端是善之源，性是端之形。性之善就如水之就下一般自然而然，是人心中生而固有之念，是主体自我实现的根据。良知、良能是这种内在潜能的展开，人皆可成贤成圣，人皆可为尧舜。孟子实质上是以性善作为人的应然存在方式，以此确立了人为善向善的基石。

孟子的性善论是儒学思想史上影响重大而又深远的人性理论。自汉武帝"罢黜百家，独尊儒术"以来，中国传统文化从百家争鸣之局面走向以儒家思想为正统。性善论更是不断地被加以再诠释，成为了儒家思想的核心观点。后儒时代的人性论，虽各具形式，但大多肯定人性中具有为善的心理根据，并赋予无不善的价值规定，以为人性之根本。

（二）性善论与仁政

中国古典哲学的一个主要特点在于其"实用主义"倾向，即任何哲学观点的提出都不能脱离其在社会生活中的运用价值，而要作为社会生活的指引而

---

① 《孟子·公孙丑上》。

存在，是世界观与方法论的结合。"性善论"是社会文化长期发展积累起来的结果，作为一种世界观，它肯定了大多人内心的性善取向；与此同时，作为方法论的性善论，也成了构建善性社会的重要指导思想，为实现统治的良性运转提供了方法论。

就其世界观层面而言，人性本善的逻辑假设所导向的是"大同世界"。何谓"大同世界"？孔子说："大道之行也，天下为公。选贤与能讲信修睦，故人不独亲其亲，不独子其子，使老有所终，壮有所用，幼有所长，矜寡孤独废疾者，皆有所养。男有分，女有归。货恶其弃于地也不必藏于己；力恶其不出于身也，不必为己。是故谋闭而不兴，盗窃乱贼而不作，故外户而不闭，是谓大同。"

就其方法论层面而言，人性本善的逻辑假设导向的是仁政、爱民治国方略。"仁政"作为一种治国理政的方法论，其基础从统治阶层的角度上看，是君主之善，是君主仁爱之心的扩展，"仁"者之心被作为君主的评判标准以及国家治理的核心价值取向。而从社会阶层的角度上看，仁政的施行是对社会中"性善"传统的顺应与保护。性善论为国家治理和社会统合提供了牢不可破的纽带，政府和个人之间并非处于对立或不信任的关系，而是以"天下"为统摄的命运共同体。在性善论的基础上，"仁政"与王道政治不断得到拓展和深化。从恻隐之心到人性之善，再到贤者施仁政治理国家，形成了中国传统政治制度的道德基础。

（三）性善论与"行政救济制度"

性善论作为"仁政"理论的底色，其与现代意义上的行政救济制度也有着密不可分的联系。无论是从目的论抑或是过程论上看，性善论都为现代行政救济制度提供了理论支撑。总的来说，性善论规定了行政救济制度中的两个基本问题，即为什么要建立一套行政救济制度，以及建立一套什么样的行政救济制度。

其一，性善论的逻辑暗设决定了"为什么要建立一套行政救济制度"。就其理论涵摄而言，性善论之本质在于肯定人之本性乃是向善的，但并不否认人性之恶端，因而，对于人以及由人所组成的政府基于种种原因而产生的恶行，我们所要做的便是通过教化或者惩戒，予以纠正，尽可能地让人回归向善之本性。行政救济制度建立的目的也正是在于纠正"恶行",解决因恶行所引发的争议及其所产生的不良后果。其根本宗旨在于弘扬人们心中的善念、善德,并对人性之善端予以制度性保护。

其二,性善论的逻辑暗设决定了"建立一套什么样的行政救济制度"。如果说性善论与仁政的关系是世界观与方法论的关系,那么行政救济制度便是仁政的一种具象的表现形式,有似如孟子之所谓"为民父母行政"——孔子说:"苛政猛于虎也。"孟子说:"为民父母行政,不免于率兽食人,恶在其为民父母也?"正如为人父母对自己的子女永远不会吝惜救助,行政救济制度在我国的社会历史环境中就典型地体现了"为民父母行政"的特征。而无论是父母对子女的救济,抑或是国家对公民的救济,其根源都在于人性之本善,人对人之性善表现为人与人之间的相互扶助,而基于人组成的行政机关自然也延续了作为个体的人的人性之善,进而表现为一种博爱的救济。

二、人性之恶

在中国哲学史上的,性恶论发轫于荀子"本始材朴说"。荀子认为:"性者,本始材朴也;伪者,文理隆盛也。""性者,天之就也;情者,性之质也"。"生之所以然者谓之性","不事而自然谓之性"。"人之生也固小人。"所以,人性源于自然,它既有转化为恶的可能,也有发展为善的机会。荀子的性恶论的思想在先秦百家关于人性的论断中独树一帜,他的思想被以韩非子为代表的法家所承袭。

(一) 性恶论

在中国传统文化中,荀子是性恶论的代表人物。荀子以"人同于禽兽者"界说人性,把人的生理欲望定义为人性,亦即以人性中与动物所共同有的属性来规定人性。荀子认为,"生之所以然者谓之性,性之和所生,精合感应,不事而自然谓之性"。他认为人性除了食色之外,还包括心理和情欲,其中情欲占据主导地位,表现为好利恶害——性为恶。他从人的官能欲望之流弊也说明,若以"顺是"则会显现恶性。人在行为上,善行是与自然之欲望相反的。

人之为善行之动，并非出自于人的欲念动发处。因而人性的基础是恶的。

正如孟子的性善论一样，荀子的性恶论也正是为其礼治理想而服务的。人生来便是爱好私利的，"人之情为欲多而不欲寡"。人的欲壑难填必然导致对利益的争夺，从而造成天下大乱，因此就必然要用礼义来分配利益以满足和控制利益欲望及分配，这是礼治的必要性。礼义产生于圣人并用来教化众人之恶，这是礼治的可能性。荀子从性恶论出发，认为人的本质就在于礼，把礼同人们的社会实践联系起来，礼的产生也便完全是人类生存和发展的需要了。在荀子看来，人性只有经过礼义的规训后，人与人之间才能克服私欲。在此基础上形成的良好伦理道德场域，可以达成天下大治的太平盛世。这种性恶论观点并不彻底，只是针对孟子的"善端"而言的"恶端"，仍然相信人通过学习和自持可以进化至圣人境，从而心系天下，权为苍生。因此，"礼治"尽管被人诟病为"人治"，但其中的"规则之治"仍具有积极意义。

（二）性恶论与法治

在中国哲学书上，荀子所开创的人性恶论为法家代表人物韩非所承袭。韩非认为，人的本性是自私自利的。《韩非子·外储说左上》说："人为婴儿也，父母养之简，子长而怨。子盛壮成人，其供养薄，父母怒而谯之。子、父，至亲也，而或谯或怨者，皆挟相为而不周于为己也。"《韩非子·备内》说："医善吮人之伤，含人之血，非骨肉之亲也，利所加也。故舆人成舆，则欲人之富贵；匠人成棺，则欲人之夭死也。非舆人仁而匠人贼也，人不贵则舆不售，人不死则棺不买。情非憎人也，利在人之死也。"既然人性本恶，那么就只有接受其恶的本性，唯其如此，才合乎天意。所以韩非认为："夫安利者就之，危害者去之，此人之情也。"既然人性是自然而成的，那么所有的政治政策就必须以人的本性为依据，要因循它，而不是对它加以否定。是故，《韩非子·八经》说："凡治天下必因人情。人情者有好恶，故赏罚可用。赏罚可用则禁令可立，而治道具矣。""故明主之治国也，适其时事以致财物，论其税赋以均贫富，厚其爵禄以尽贤能，重其刑罚以禁奸邪。使民以力得富，以事致贵，以过受罪，以功致赏，而不念慈惠之赐。此帝王之政也。"

在西方文化中，占主导地位的人性理论是"性恶论"。西方文化发源于基督教，《圣经》中的首要观念就是原罪说。人类的祖先亚当与夏娃在伊甸园里偷食了禁果，违背了上帝的意志，这罪遗传给后世子孙，成为人类一切罪恶的根源，故称"原罪"。① 西方性恶论思想表明人既具有神性，即拥有理性、价值、尊严和积极向上的一面，同时又具有堕落和罪恶的本能和趋势。由于前者，人类才可能拥有共同的价值和可以遵守共同的法则，从而共营政治社会生活；正是对人的普遍的罪恶感和对人的不信任，才形成了对权力膨胀和腐败的深刻担忧以及一整套的权力制约机制。

性恶论与法治的关系同性善论与仁政的关系一样，可以概括为世界观与方法论的关系，性恶论作为世界观，让人们以一种不信任与一种危险的自觉去认识这个世界。进而在构建共同体时力图建构一种不依赖于人之本性而发挥作用的政治制度，法治方法论的产生与发展也就顺理成章了。

法治是对人性的怀疑和不信任，或者说是对人的道德取中值，评估既不过高，也不过低。执政者、掌权者不能被信任，因为人在权力场域中其人性有异化之可能。既然人人都可能成为统治者，对统治者人性的怀疑从某种程度上说即是对人性本身的怀疑。因此，在法治模式下，性恶论与控权论紧密地联系在一起。人们面对权力，准确地说是在追逐权力和具有权力时所表现出来的人性特点，尤其是弱点极易对社会造成危害，这是法治关注的焦点。

（三）性恶论与"行政救济制度"

行政救济制度是公民权利与行政公权力间的有效联结，既是对公民权利的保护又是对行政公权力的限缩与警示。而究其根本，我们同样可以从性恶论的基本假设中找到理据。

其一，权力与权利的二元对立建立在性恶论的基本假设之上。在特定社会中，能够成为权力客体的、能够为权力所利用的资源总归是一定的，而且是存在的。这些权力或权利依托于主体而存在，要么相信掌权者之德性与能力，授

---

① 孙忠诚著：《廉政哲思录》，中共中央党校出版社 2013 年版，第 4 页。

予其不加约束的权力，要么赋予公民权利以控制和约束权力。法治确立的过程，即是两种道路的权衡过程。最终后者被实践证明是最不坏的制度，成为历史的必然选择。"法治的理想是基于对人性，尤其是掌权者的本性所作的悲观、消极的假设。法治社会的预设是对掌权者的不信任。'在权力问题上，正如杰斐逊所说，不要再奢谈对人的不信任，而是要用宪法的锁链来约束他们不做坏事'。因此，法治排除了托付任何人、任何集团以无限权力的可能，不对掌权者的崇高理想和善良愿望寄以丝毫的幻想。"①

其二，行政救济制度的设立是为了对冲权力滥用的风险。法律赋予了公民广泛权利，保障其人身自由、财产权利以及参政议政等民主政治权利。对于权利的保护，一种较为激进的方案是寄希望于公民，使其自己掌握自身命运，为权利的实现而奋斗。《美国独立宣言》主要起草者杰斐逊认为，人是能自治的，只是由于暴君的残酷统治才使人民在精神上退化，从而暂时失去了自治的能力。"我从不害怕人民，在争取持久的自由的斗争中，我们所依靠的是人民而不是富人。"② 而另一种相对保守的方案则是将私力救济与革命的权利作为保护权利的底线，在其之上设置一种公力救济，而行政救济制度便是这其中的典型代表。有别于权利，公权力往往建立在合法的暴力之上，这样的公力救济无论在维持社会稳定还是在保障救济的公平性与有效性上都比私力救济更加行之有效。

三、无赖假设与矫正正义

休谟的"无赖假设"揭露了人性的普遍自利本性，基于此，在制度设计中必须假定每个人都是"无赖"，从中引出了制度设计的一项根本原则："抑恶原则。"

（一）性恶论与无赖假设

所有非道德和反道德因素与行为都与规则（制度）的非道德或反道德有

---

① 刘军宁著：《从法治国到法治》，三联书店 1997 年版，第 106 页。
② 参见朱光磊著：《以权力制约权力》，四川人民出版社 1987 年版，第 96 页。

关，一个或一群非道德的人（事实上的统治者或权力拥有者）决不会制定、执行平等而善意的制度。要实现现代民主政治的公平正义，首先要杜绝非道德现象的发生，或最大程度上减轻其影响。这正是休谟"无赖假设"这一著名政治理论提出的原因。这个命题的逻辑起点是：政治生活中，每个人都是自私自利的。实质上，人性的普遍自利只是世间俗人共同具有的最基本事实，是人性的自然流露，无所谓善恶。人性的普遍自利构成了人类文明和社会进步的最基本动力。正如休谟所言，在设计任何体制和确定该体制中的若干制约、监督机构时，必须把每个成员都设定为无赖之徒。并设想他的一切作为都是为了谋求私利，别无其他目标。我们必须利用这种个人利害来控制他，并使他与公益合作。达不到这一点的话，夸耀任何体制的优越性都会成为无益空谈，而且最终会发现我们的自由或财产除了依靠统治者的善心，别无保障，也就是根本没有保障。①

（二）抑恶原则与制度设计

权力自身的非理性会激发权力拥有者或执行者之私欲，他们会利用手中的权力，损害"公益"满足"私利"。因此，为防止这种情况发生，必须假定每个人都是"无赖"。因为只有这样，我们才能从设计系统时的最坏情况（即政治家是无赖）开始，并且我们可以全面地想象"无赖"的各个方面。这样，可以最大限度地避免"无赖"行为的发生，可以制定公正的政治制度，无论如何权力执行者都可以为"公共利益"服务。通过这种假设，休谟想揭示人性的邪恶和政治的"邪恶"，并在制度建立之初就制止它。

西方性恶论断定："人类的本性将永远倾向于贪婪与自私、逃避痛苦、追求快乐而无任何理性，人们会先考虑这些，然后才考虑到公正和善德。"② 休谟的无赖假设的直接导向是法的统治，从中引出了制度设计的一项根本原则：

---

① 参见汪芳：《从霍布斯的人性原则到休谟的无赖假定看制度设计》，载《中国商界》2008 年第 8 期。

② 法学教材编辑部、《西方法律思想史》编写组：《西方法律思想资料选编》，北京大学出版社 1983 年版，第 27 页。

"抑恶原则。"如果人人都是天使，便不需要政府，制度更是多余。政治期望不应寄托在政治家的善良与智慧上，而应托付于更为根本的制度安排。无赖原则主张可能会让圣贤受屈，却能有效防止真正的无赖为非作歹。好的政治制度应具有最重要的条件是：无论执政者的品行如何，都不会影响到制度的正常运转。规则与制度不依赖于具体之人，反而可以为人提供规范的行权环境，从而避免人存政兴、人亡政息的局面。

（三）矫正正义与行政救济制度

如果说制度的设计更多的是一套规定社会资源在社会结构中的地位、社会资源相互间关系以及具体配置的实体制度规范，那么按照亚里士多德的观点，即是一种对分配正义的追求。但即便是按照上文休谟所说的，在无赖假设之下从制度规范层面就完美地阻绝了行政机关所有作恶之可能，可事实上我们还是缺少一种惩戒与救济制度，也就是亚里士多德所说的矫正正义。一个无赖在最完备的法律面前他仍然是一个无赖。我们要做的不仅仅是告诉他不要作恶，更重要的则是在他作恶之后予以惩戒与补救。

行政救济制度是矫正正义在权力与权利的冲突中的重要体现。行政侵权行为借由行政救济制度得到矫正，被侵害的公民权利也借由行政救济制度得到恢复与补偿。在无赖正义的假设之下，无论个人抑或是公权力机关，我们不能仅仅看到其认识的无赖，即作出选择的标准是无赖的，更应该看到，其行为也是无赖的，一套完备的正义制度并不能修正其无赖的观点与行为，正义制度是目的，而并不是手段，以制度正义为标尺的矫正制度才是真正约束无赖的手段。因而，要想在真正意义上实现公民权利的保护与救济，并对公权力加以有效的限制，而并不是将公民权利的保障作为一种愿景使其停留在制度文本之中，一种行之有效的行政救济制度必不可少。

第二节　行政救济之法理

行政救济启动的前提是行政公权力对公民权利造成了不同程度的侵害与克

减。那么公民产生的政府为什么会反过来侵害公民权利呢？政府的产生是人类文明进步的重大标志，它标志着人类以一种共同体的身份统一起来，并构建一种良善的秩序，这是政府之必要，但政府同样面临着或有意（腐败与低效）或无意（政府失灵）的对公民权利的侵害倾向。所谓宪制亘古不变的核心本质就是对政府的法律限制。因此，宪制的要义就是"限政"，即控制国家，限制政府，约束官员。换言之，宪制就是要用宪法和法律条文来为政府编制一个紧箍咒。政府所提供的良政善治必须以宪制保障为前提，而"有限政府"则是宪制的核心理念。"有限政府"的思想贯穿于从"政府是必要的恶"到"诺思悖论"的种种论述当中。正是这些论述，为"有限政府"乃至宪制奠定了理论基础，也成为行政救济制度诞生的社会与理论基础。

一、政府之"恶"与行政救济之诞生

行政救济的逻辑起点在于公共权力对公民权利的实质侵害，因此这种侵害发生之不可避免性，在逻辑上就成为了行政救济制度诞生之逻辑基础。换句话说，公权力诞生之必要与公权力作恶之必然，共同构成了行政救济制度的逻辑源头。政府是一种必要的恶，这一命题包含着两层含义，首先政府是必要的，其次政府是一种恶。

（一）政府之必要

政府的必要性主要来自于对和平和安全的保障。英国著名政治思想家霍布斯用"利维坦"来比喻强有力的国家和政府，认为这对于维护社会秩序、避免"战争状态"十分必要。霍布斯进一步指出，强有力的政府是一个公民社会也即国家得以建立与存在的灵魂，是一个国家建立的标志。没有公共权力，社会不仅仅是一盘散沙，还会陷入无政府状态，和平与安全不可能实现。

霍布斯对自然状态的描述，对和平与安全等理念价值的强调，对政治权威的维护，归根结底是为了提醒人民和平和安全的重要性。尤其是提醒当时的资产阶级在安享广泛的经济与社会自由时，在忙于发财致富时，必须清醒地意识到当下的生存条件。不能光顾着用放大镜四处搜寻自己的蝇头小利，而忘记用望远镜看看周围是否和平与安全。和平与安全与其说是一种政治价值，不如说是最基本的生存条件。和平与安全如同空气那样为人的生存之所必需，但却并非如空气那样可以不通过努力而获得。霍布斯认为，和平与安全除了通过权威得以维护之外，找不到更为可靠的途径。

（二）政府之恶

"利维坦"之必要被证立，但其现实危害迫使越来越多学者开始思考此种必要之限度。洛克在《政府论》中对政府的必要性作出了进一步阐释与界定，即政府是"必要的恶"。其中"恶"指的是政府掌控着可以制约人的权力，"一切权力都易于被滥用"，从而必然会损害公众和社会的利益。他明确提出了"有限政府"的概念，强调以基本人权（生命权、财产权和自由权）来为政府行为设置"底线"，以法治和人民的"革命"权来抗击政府强权。

自洛克之后，有限政府理论得到了广泛关注，产生了诸多经典论述。例如美国思想家托马斯·潘恩认为"社会在各种情况下都是受人欢迎的，可是政府呢，即使在其最好的情况下，也不过是一件免不了的祸害；在其最坏的情况下，就成了不可容忍的祸害"，主张以宪法至上的共和制度来降低政府的"祸害"程度。德国近代著名政治思想家洪堡归纳的这样"两件事"，也就成为人类文明社会理所当然的抉择了——对于任何新的国家机构的设置，人们必须注意两件事。其中任何一件被忽视都将会造成巨大的危害：一方面，界定在民族中进行统治和提供服务的那一部分人以及界定属于真正的政府机构设置的一切东西；另一方面，政府一旦建立，界定它的活动的扩及和限制的范围。

（三）限权论与行政救济制度的诞生

历史充分证明了"政府是必要的恶"。"无政府主义"则被否定，因为对现代社会而言，政府权力尤其不可或缺且意义非凡。如果没有了政府这一制度安排，人类社会可能面临政治秩序崩溃、市场机制失灵和公共事业衰败等一系列风险。① 无政府会导致政治秩序崩坏，人们会为了权力和财产而争斗不休。市场机制也会失灵，市场配置资源需要以政府干预来弥补市场自身无法克服的缺陷。社会公共事业会走向衰败，科学、教育、文化、卫生、环境等公共事业具有非营利性和服务性，需要政府支持并妥善引导。这些必然会产生权力，权力会滋生恶。因此，"限权论"成为了现代文明的基本共识。在限权论的指导之下，一种保障公民基本权利，在实质意义上实现对政府权力进行矫正，对被侵害的公民权利予以恢复的行政救济制度便应运而生了。

二、政府之"恶"与行政救济之目的

行政救济制度通常被理解为是对行政行为的矫正与控制，是对行政权力的消极性控制，这也是行政救济之目的的当然解释。但与此同时我们还应当看到，行政救济的另一层积极目的，那便是提供政府权力之合法性。公民需要政府履行其基本职能以维持公民的秩序生活。这种秩序不仅仅涵盖公民之间的互动关系，公民与行政机关自身的互动关系也需要秩序及对此秩序的保障与修复。因此，行政救济也应当是政府职能之应有之义，也构成了政府之合法性的程序基础。

（一）行政救济为政府合法性提供背书

行政权力犹如一柄双刃剑。权力运行得当，则政府之剑起积极的建设作用。现代政府的主要职能包括以下几个方面，行政救济制度在任何一个方面都能发挥其积极的作用：一是解决政府职权与社会自治的张力问题。从政治学角度而言，政府职能的划分体现了代表国家权力的执行者适应社会管理需求的过程。在社会需要政府介入的领域，政府可以努力发挥积极影响，弥补社会自治之不足；在社会自治领域，可以积极配合自治的展开，维护公共秩序，释放社会活力。二是促进经济与社会的可持续发展。一个有效的政府至少应该具备维持国内秩序、提供基本福利和维护社会正义的能力，这也是政府的基本职能所

---

① 莫吉武著：《转型期国家治理研究》，吉林大学出版社 2015 年版，第 83 页。

在。经济、社会的可持续发展有赖于一个有效的政府，有效的政府并不简单等同于小政府。有效政府"传递出的不只是缩小政府规模的简单信号，政府需要集中更大能力提高有效性，选择做什么和不做什么是至关重要的"。① 三是妥善处理效率与公平的矛盾。在大多数现代国家，政府的宏观调控职能更加广泛，尤其体现在生态环境保护、垄断行业和金融领域等方面。宏观调控不仅要促进社会发展，还应当实现社会公平。合理的政府职能应不断提升公共服务水平，通过制定法律制度提高服务社会的能力，从而实现社会发展和人民幸福的双赢局面。

无论是政治职能、经济职能抑或是社会职能，可以看到掌握权力的政府，往往带有利益分配与权利支配的性质。那么这种分配与支配何以合法，除了通过法律的授权形成其实质合法性基础之外，还需要在程序层面找到一层合法性来源，这也是行政救济之目的。

（二）行政救济为政府之"恶"消除"恶果"

权力运行失当，则政府之剑起消极的破坏作用。对公民权利和公共利益极易造成巨大的负面影响，其中最为主要的影响是权力腐化与官员腐败。现代社会处于急剧的转型当中，腐败是国家管理和社会发展的严重障碍。其大大增加了商业流通费用，使营商环境急速恶化，对市场经济发展有着毁灭性影响。受害的不仅是国家形象、政府权威，更是广大人民的普遍权利和福祉。既然政府是必要的恶，其中"恶"的秉性很难被彻底消除，努力的方向在于政府"恶"与政府"善"二者的博弈之中尽可能增加"善"的权重，限缩"恶"的空间，使政府更好地发挥自身的职能，并随着时代发展而与时俱进，及时转变自身职能以满足时代需求。唯此，才能期待政府真正成为达致法治社会、实现人民幸福的工具和手段。行政救济之目的不在消除政府之"恶源"，而在消除政府之"恶果"。政府之"恶"按照前文所述，乃根植于权力诞生之初，恐不能完全

---

① 世界银行：《变革世界中的政府——1997年世界发展报告》，中国财政经济出版社1997年版，第4页。

消除。我们能做的便是消除政府之"恶果"——对公民权利的侵害结果。政府作恶，我们并不能因此对政府之存在加以否定，这一点已在前文"政府之必要"中予以论证。但我们能做的是通过行政救济的手段，对政府之"恶"所造成的结果予以恢复和补偿。

三、政府之"恶"与行政救济之法治属性

行政救济之运行过程，可以看作是政府权力与公民权利之间矛盾运动之过程。同样可以看作是必要的恶之中的必要性与恶性之间的矛盾运动过程，必要面是有利因素，恶性是不利因素。如何界定必要，抑制恶性，化不利为有利，是政治文明发展过程中的核心的议题。行政救济制度所代表的行政法治是现代政治文明的发展成果，也是驯服政府权力的系统性方案。

其一，行政权力运行必须恪守法治。由于行政权是政府权力的核心组成部分，它是现代国家权力中最接近于近代那种传统的、专制的、具体的、自由裁量的、某些时候综合了其他权力的一种权力。并且，行政权是国家权力中与公民交集最多的权力，它涉及范围非常广泛，包括社会经济、政治和文化生活等多个方面，一个人从出生到死亡都在与行政权力发生关系。因此行政权往往侵犯公民权利的机会最多，需要被严格予以规范。因此，行政法治、政府守法是法治的关键。我国许多法学家均有类似的观点。如应松年教授指出："依法治国的关键是依法行政，或者说，依法治国能否取得成效，主要取决于依法行政。"[1] 李步云教授指出，在一个法治国家里，老百姓当然要守法，但根本的问题是政府要依法办事。因为直接治理国家的不是"民"而是"官"。权力不受制约必然腐败，"依法治国"既治官也治民，但它的根本目的、基本价值和主要作用应当是治官。所以要对政府的权力和行为作出规定，以防止政府享有无限的权力和滥用权力。[2]

---

[1] 应松年：《依法行政论纲》，载《中国法学》1997年第1期。

[2] 参见《依法治国：我国历史上的伟大创举——著名法学家李步云教授访谈录》，载《中国律师》1997年第6期。

其二，行政救济制度是对行政权运行的合法性纠正。政府在自身的组织和建设中，在管理社会与公民发生关系时，必须遵守民主制定的法律，这是法治的首层含义。一个社会，首先有不守法的政府，而后才有不守法的公民。只要政府依法行使权力、履行职责，不守法的行为会被纠正，合法的行为将受到社会的承认和尊重，社会将处于法治状态。如果政府不守法，其危害将会远远大于公民不守法的危害。政府不守法，将会使受其管辖和影响的人们都受到不法之害。政府不守法，无异于昭示天下，法律是可以不遵守的，或者法律只是一种权力工具。在这种情况下，人民不相信法治，法治就不可能实现，法治的价值也得不到彰显。政府必须守法，这种合法性之约束，兼有授权与限权两重属性。法治既要求充分授权以便政府能够实现其法定职能，同时又要求充分限权，使政府权力合理、必要且完全服务于公共目的，此即为法治的双重功能。当社会需要行政权介入时，行政法必然得通过法律的授权给予政府权力。授权法通常给所授之权规定明确的范围、条件、目的、标准和程序。行政机关不能超越职权或滥用职权，而形成对其制约的第一道关卡。行政法在授权的同时也在进行着限权和控权，授予权力和控制权力是一体两面的关系。"凡主张授予权力的一切理由也就是主张设立保障防止滥用权力的理由。"① 因为行政机关享有的权力，必须与其存在的必要性和目的相联系，而不是漫无边际的。行政救济制度便运行在行政权力行使的边界之上，在权力行使的边界内，行政救济制度是对行政权力的保护，公民不得随意提出无理的救济；而一旦权力的行使超出边界之外，行政救济制度便成为了公民权利的保障书，以纠正政府行为，恢复公民权利。

其三，行政救济行为本身的法治化。救济行为自古有之，但正如第一节中所述，我国古代之行政救济，是一种"人治"的救济、一种权力化的救济，诞生在统治者以民众之父母的姿态自居的基础之上，这种救济与父母对子女的救济在相当程度上具有相似性，具有较大的随意性与不可确定性。是否予以救济，何时予以救济，救济的程序如何，救济的结果如何，往往取决于统治者的

---

① 转引自张树义主编：《行政法学新论》，时事出版社 1991 年版，第 241 页。

个人之意。如果一个人可以对应当进行的救济说不，那么这样的救济则更像是一种权力而非义务。对于现代行政救济制度而言，行政救济行为是行政机关的义务之所在。而这种义务来源，便是行政救济法律制度。只有将行政救济法治化，行政救济才能摆脱其施舍与权力的属性，真正成为保障公民权利的代言人。

第三节　行政救济的正义价值

对行政权力而言，行政救济制度为政府的合法性提供了背书；而对公民而言，行政救济制度为政府之"恶"消除了"恶果"。这二者也共同构成了一种状态，在这种状态下，政府实现了其产生的合法性，公民的权利得到了完满的恢复与补偿，权利与权力的矛盾冲突在行政救济制度的调节之下达成一种协调的状态，这便是一种正义的状态。有一种东西，对于人类的福利比任何其他东西都重要，那就是正义。正义是现代行政的核心价值，行政正义是行政治理的一种合理的状态，是现代行政的价值导向，也是行政救济的最高价值取向。此外，行政正义还是实现依法行政、建设法治政府、实现社会治理的重要遵循。

一、行政正义原理

西方人文主义思想对人的尊严与自由价值的重视，马克思主义经典作家对人的自由与全面发展的理论旨趣，构成了法治政府或法治行政存在的理由，那就是"人"，同时也提供了法治政府的标准——行政正义，这是法治政府的核心价值所在。既然人是目的，那么人自然就是法治政府或法治行政的终极尺度，而行政的公共性本质决定了其应当以正义为核心价值。[1] 而行政权力的运行极易损害人的合法利益，这就导致了行政的不正义。如此，只有通过行政救

---

[1]　尤春媛著：《市场经济·契约文明·法治政府》，中国政法大学出版社2012年版，第156页。

济来恢复与弥补行政不正义，使之回复至其行政正义的状态。

其一，行政权力是行政赖以存在的前提条件，同时又是行政的实质和核心。行政作为行政权力的社会表现形式，其产生和运行都体现着行政权力的内在价值追求。行政权力的价值取向原本不是目的价值，而是手段价值，它可以服务于不同的政治目的。但人类的社会历史证明，"有一种东西，对于人类的福利要比任何其他东西都更重要，那就是正义"。① 权力虽然是一种工具性价值，但与其他工具性价值不同。它不仅是一种最有力、最有效的工具价值，而且在被驯服之后必然内蕴着对正义的价值追求，具有鲜明的目的价值意蕴。

其二，在历经权力的强制性、排他性、竞争性带来的危害后，人们驯服了权力，发现了政治中的正义属性，将之作为公共行政的目的价值，以此来协调和均衡各种不同的排他性权力，实现社会的稳定和发展。故而，行政之目的就在于以行政权力这种权威的方式实现正义。正义构成了对政治权力的占有和行使以及它所提供的政治秩序是否正当之根本性追问，② 公共行政的具体运行过程从此必须经受正义价值之检验。因此，行政权力与行政正义相伴而生，权力行使者必然要竭力实现行政正义才得持续和稳固，此即为行政正义原理。

其三，为社会提供公共利益、促进社会和谐有序的公共行政必须关注行政正义之价值，明确正义乃行政权力的内在特征与价值本源。行政正义保证了行政权力的合法性和有效性，使其服务于公共利益，彰显了行政权力的公共性。"如果行政不能体现行政权力的这种内在价值，行政便会失却其正义性，行政权力也将不复存在。英国近代著名政治哲学家威廉·葛德文认为，'人们在社会生活状态中的非正义行为和暴力行为产生了对于政权的要求，能够表现出合乎功利和正义要求的政权才是合法的政权，只要集体稍一超越正义的界限，它的正当权力也就马上结束'。也就是说，政权必须合乎正义的要求才是合法的，才具有正当性。"③

---

① 周辅成编：《西方伦理学选辑（下册）》，商务印书馆1987年版，第534页。
② 麻宝斌：《政治正义的历史演进与现实要求》，载《江苏社会科学》2003年第1期。
③ 杨冬艳：《论公共权力是公共行政正义的价值基础》，载《湖北行政学院学报》2010年第6期。

二、行政正义的复合结构

行政正义由本体和价值两部分构成，其中本体结构包括行政程序正义与行政实质正义两部分；在价值上，行政正义既体现了民主社会对自由和平等价值的追求，也蕴涵着公共行政本身所具有的对公共利益的价值取向，同时也是公共行政人员德性的体现。

（一）本体复合结构

行政正义的复合结构兼具本体与价值两个方面。在本体上，行政正义分为行政程序正义与行政实质正义。

其一，行政程序正义。行政作为一种管理方式，应遵循效率原则等基本管理原则，在行政实践中，行政的程序规范对于行政的实施、保障及其价值功能的实现具有重要的作用。要想实现行政的正义价值，首先应必须保证行政程序正义的实现。行政程序正义应当体现在行政决策、行政执行和行政救济的全过程中。

其二，行政实质正义。实质正义指决定的内容或行为的结果合乎正义，实质正义旨在设置权利和义务的内容。行政实质正义是关于制定什么样的规则来妥善地界定行政主体的职权与职责，规定行政相对人的权利和义务等问题。行政要达到行政的实质正义应该满足依法行政、权责相适应、信赖保护、比例原则等子原则。

（二）价值复合结构

在价值上，行政正义作为公共行政首要的核心价值既体现了民主社会对自由和平等价值的追求，也蕴涵着公共行政本身所具有的对公共利益的价值取向，同时也是公共行政人员德性的体现。

其一，行政正义内含了公共权力的民主性和合法性要求。当代公共行政是建立在民主体制基础上的，公共行政的权力来自人民。公共行政的一切活动都是为了人、服务人，以人的自由、平等的实现作为终极目标。尤其在以交换关系逐渐取代分配关系的社会里，人民对自由、民主有着极高的然而却永远是合理的价值期待。这种自由和平等只是"交换价值的交换的一种理想化的表现"①，是民主性的必然要求。以人本身为目的之终极目标需要得到政治上的确认，需要在公共行政过程中予以深入贯彻。另外，社会发展的民主化也需要通过规范保障公民平等、自由地参与社会事务的管理，保障其参政议政的基本权利。行政正义从这个角度表现为规范的实体正义和程序正义，回应了公共权力的合法性要求。

其二，行政正义体现了公共权力的公益性要求。公共利益既是一个抽象概念，表征一种价值理念，也是一个实体概念，是指政府通过公共行政为公众所提供的公共物品和公共服务。将行政正义视为对公共利益的追求的思想可以追溯到亚里士多德。亚里士多德认为，一切社会团体建立的目的都在于实现某种"善"，城邦的善即正义，而正义"以公共利益为依归"，"以城邦整个利益以及全体公民的共同善业为依据"。② 在近代启蒙思想家看来，判断一个政府统治是否符合自然法则，是否符合正义的价值标准，最根本的一点就是看其统治的立场和出发点是不是为了公共利益。卢梭认为："公意永远是公正的，而且永远以公共利益为依归。"③ 葛德文也说："任何政府当局可以推行的惟一公正的法令也必须是最符合公共利益的。"④ 我们之所以要如此重视政府行政正义对公共利益的追求，是因为政府在向公众提供公共利益的功能方面存在风险。如果不遵守正义，结果将是公共利益供应不足，或者以公共利益名义侵犯个人合法权利。为公共利益追求政府行政正义反映了公共行政的工具价值。政府行政必须能够有效地促进人们的实际福利，并以人类的利益和幸福为目标。

其三，行政正义也是对公共行政主体的行政道德的要求，这是由公共权力

---

① 《马克思恩格斯全集》第 46 卷（上），人民出版社 1979 年版，第 197 页。
② ［古希腊］亚里士多德著：《政治学》，吴寿彭译，商务印书馆 1983 年版，第 153 页。
③ ［法］卢梭著：《社会契约论》，何兆武译，商务印书馆 2002 年版，第 39 页。
④ ［英］威廉·葛德文著：《政治正义论》第 1 卷，何慕李译，商务印书馆 1997 年版，第 81~82 页。

的公共性与私人性之间的内在矛盾决定的。政府公职能的履行不仅是单纯的"专业技能"的运用，在很大程度上还是公共行政人员德性行政的结果。"正如亚里士多德把正义作为政治生活首要的德性那样，正义也是行政主体的重要德性之一。从政就是投身公共利益，只有投身公共利益的行政行为才是正义的。行政主体必须将公共利益置于最高地位，在面对价值利益抉择时，必须在道德上保持一种反思平衡的能力，能够自觉地以行政正义价值作为决策与行动的导向，不断提升自身的道德修养，体现政府的公共精神。"①

三、行政救济制度构成行政正义之制度保障

行政正义的制度保障可以划分为授权、控权和救济三个维度。其中，救济法制尤为必要。行政救济制度是实现法治行政的重要途径，也是达致行政正义的重要制度保障。行政救济法制体系的逐步确立唤起了公众对行政权力行使之正当性的关注和判断，行政专权独断时代宣告结束，极大地推动了我国法治政府建设的进程。

其一，行政正义的制度保障可以划分为授权、控权和救济三个维度。其中授权法与控权法直接作用于行政权，以界定权限范围、规范行权过程。救济法则通过事后补救的方式，对不法或不当行政行为予以纠正，使行政权力的行使回到正确的轨道上。三个维度的制度都十分重要，缺一不可。其中，救济法制尤为必要。（1）有权利则必有救济，无救济则无权利。无论是授权还是控权，归根结底是为了保障公民权利得以顺利实现。当发生权益被侵害的结果时，必须有畅通的救济渠道予以纠正。（2）救济法是授权法和控权法的反馈机制，是检验二者是否合理的客观标准。个案救济之影响往往超出个案，及于整个权力运行机制。权力运行过程是否具备合理性与合法性，从具体个案可见一斑。（3）授权法与控权法联结了行政主体与行政相对人，救济法则在二者之间进行反向联结，使行政正义在行政权力行使过程中实现动态平衡。救济法之运行情况在此意义上可以作为评价授权法和控权法正义与否的重要指标。

---

① 杨冬艳：《西方公共行政及其正义价值》，载《伦理学研究》2007 年第 2 期。

其二，行政救济制度是实现法治行政的重要途径，也是达致行政正义的重要制度保障。在发达国家，行政救济法在行政法中的地位非常重要。很多学者都强调了行政救济法的重要性，如占德诺就认为："行政法是规范行政权之法，是规范行政组织、行政机关的构成以及人民在受到侵害时的行政救济。"①法治行政成为现代法治国家的基本理念和重要标志，行政救济则是行政法治水平的重要指标。若救济制度不健全就不能说已经进入了法治国家，例如在封建专制国家不乏刑事方面的严刑峻法，且在一些封建国家这样的法律还相当完备。但是，无论如何我们不能将这样的国家划入法治国家之列。其根本原因在于，法治行政之下，人民与行政主体的关系应当是法律上的权利义务关系。只要将行政主体与行政相对人的关系具体到行政法关系中，行政机关和行政相对人皆具有权利主体和义务主体的双重身份。这种构造使双方处于动态之平等，一方面，行政主体通过行政职权对行政相对人施以行政上法的影响，另一方面公众在受到行政主体不法行为侵害之后可以寻求救济。

其三，我国在行政诉讼等行政救济法规范出台之前并不缺乏行政法规范，如国务院组织法、地方人民政府组织法、部门行政管理法等。诸多行政法规范甚至在"五四宪法"制定之前就已存在，这些行政法规范并没有使我国进入真正意义上的法治行政时代。1989 年《行政诉讼法》是我国第一部完整的行政救济法，其通过与施行对我国行政法治产生了巨大影响。从行政系统来看，该法改变了行政权行使的方式和格局，更改变了行政系统行使行政权力的理念。"惟在实际上行政机关或人员仍不免有违法不当的措施发生，使人民受到损害。遇有此种情事发生，使受害人民适当通过行政救济制度，获得直接的申诉的机会，以揭发行政机关或人员违法滥权的行为，促使被罚者经常保持守法的警惕，对实现法治行政的目的尚能发挥重大的助益。"②

---

① 转引自张尚鷟编著：《行政法教程》，中央广播电视大学出版社 1991 年版，第 2 页。

② 张家洋著：《行政法》，台湾三民书局 1998 年版，第 730 页。

第二章　维权・控权・行政救济

　　任何制度的产生与运行都有其初衷。行政救济作为一种法律制度，其初衷就在于维护公民权利和控制公共权力，此两点乃是行政救济之根本目的，也是行政救济之基本价值所在。其一曰"维权"，权利与救济往往是相伴而行的。权利需要保障，如果没有相应的保障机制，即使法律规定公民有权利，那也等于一纸空文。随着权利的诞生，为了保障权利的实现，必然衍生出一种用以捍卫权利的权利，这种捍卫权利的权利在诞生之时可以想见地乃是掌握在分散的个人手中，每个人都天然地拥有一种捍卫自己权利的权利，或是暴力的或是道德的。但在人们组成政治共同体并形成了政府之后，基于政府无论在形式或是实质上都垄断了作为权力的暴力，甚至是道德的评价标准，这种捍卫个人权利的权利在相当一部分意义上也转移到了政府之上。而作为一种法律制度的行政救济制度，正是通过公共权力来保障公民权利，并在公民权利受到侵害时代表公民捍卫自身权利的一种法律制度。其二曰"控权"，构建权力架构的根本目的在于杜绝个人之间因为权利矛盾而产生的暴力与冲突，进而实现一种秩序目的。但毫无疑问地，即使暴力被集中在公共部门之手，其暴力的属性仍然没有改变，而只是换了一张"通用"的面孔，仍然不可避免地存在着伤害权利的倾向。行政权同其他任何公权力一样，同样具有两面性：一方面，它可以为人们提供秩序，使人们能在一个有序的环境里生产、生活，它还可以起积极地组织、协调、指导的作用，促进社会经济的发展；但另一方面，公权力可以被滥用，既会给人民的生命、自由、财产带来严重的威胁，还会阻碍以至于破坏社会经济的发展。而对公权力不加以控制和制约，就必然导致其被滥用。另外，行政权不同于其他公权力，它与公民有着更经常、更广泛、更直接的联系。因此，对于权力的控制也是行政救济制度的根本目的。

第一节　行政救济之维权价值

法谚有云："无救济则无权利。"救济乃是权利的核心要素。权利表现为人的某种要求，而救济正是这种要求得以实现的手段，也是这种要求遭到侵害而无法实现时的补偿。当法律缺位或法律失灵之时，人们无法依靠法律来保障其权利之实现，这时便需要通过私力救济来满足其要求。但是，私力救济往往无法适应社会生活中错综复杂的情况，也容易导致"以暴制暴"，破坏社会秩序。因此，法律在对权利进行规范的同时，也对救济之权力进行了垄断。从另一个角度来说，法律要规范权利，就必须同时配之以救济途径，否则人们就必然会诉诸私力救济，从而导致法律权威受到侵损。

一、救济权之人权属性

获得公平救济是人权的基本内容，法谚之"有权利就必有救济""有权利而无救济，即非权利"就是从这种意义上来理解权利的。公民救济权范围的大小、救济权的实现程度可以说是衡量一个国家人权保障机制是否完善的重要标志。

（一）救济权是"应当享有"之人权

所谓"人权"，是指人生为人依其本性所享有的权利。在其现实意义上，人权有三种存在形态：一是思想观念层面的人权，这种意义上的人权也被称为"应有人权"，是指在相应条件下权利人应该享有之权利；二是文本规范层面的人权，即"法定权利"，是权利人根据法律之规定所享有的权利，经过制宪以及立法等过程后，思想观念中的人权被写入宪法和法律，成为文本规范中的人权；三是现实实践层面的人权，即"实有人权"，是指通过具体实施宪法和法律，文本规范中的人权转化为现实生活中人们真正享有的实际权利。① 获得公平救济是人生为人所应当享有的权利，属于"应有人权"之范畴。

之所以说救济权是应有人权，是因为救济蕴含人性基础。所谓"人性"，是指人的内在本质需要在人与人、人与社会、人与环境的相互联系、相互作用中所表现出来的各种属性，它往往外在化为人的自然、社会和精神需要，由此人性便由人的自然、社会和精神属性三大要素所构成，而救济权产生与发展的历史恰恰反映了人性的这三大要素，体现了人的自然、社会乃至精神需求。② 具体有三：一是在自然需求方面，人们在交往过程中不可避免会产生纠纷，而当人的权利受到侵犯时，当人的需求无法得到满足时，他本能地会去寻求救济，这是人的自然本性的自然流露；二是在社会需求方面，人是社会的人，人的生存与发展离不开国家与社会，而当国家与社会禁止通过私力救济解决纠纷后，在逻辑上必然要求提供公力救济的有效渠道，否则社会必然倒退到"以暴制暴"的时代，因此人性中的社会需求要求国家和社会保障人的救济权；三是在精神需求层面，人的精神需求往往表现为参与的需要、诉求主张的需要、充分实现自身价值和人格尊严被公平对待与尊重的需要等，而当纠纷产生后，倘若当事人无法得到救济，其内心必然产生一种强烈的不公正感，认为自己人格尊严没有得到社会和其他人最起码的尊重与认同，因此，人的精神需求也要求救济权的存在。③

---

① 参见李步云：《论人权的三种存在形态》，载《法学研究》1991 年第 4 期。
② 参见刘志强：《人权司法保障对新行政诉讼法完善的规制》，载《学术月刊》2016 年第 12 期。
③ 参见刘志强：《人权司法保障对新行政诉讼法完善的规制》，载《学术月刊》2016 年第 12 期。

（二）救济权是"平等享有"之人权

人所享有的救济权应当是平等的，这是法律之平等原则的体现。所谓法律上的平等，是指"人或事物的地位处于同一标准或水平，都被同等对待"。①法律面前人人平等，当然意味着在适用法律的过程中不因诸如性别、年龄、职业等因素的不同而给予区别对待。因此，适用法律时一律平等是平等条款的当然之意，无须赘言。问题在于，法律面前的一律平等是否包括立法平等？

从法的起源来看，马克思主义法学理论认为，法是随着阶级社会的出现、作为统治阶级的管理工具而产生的。只要有阶级差别的存在，就有剥削和压迫，就必然有国家与法，也同时意味着不平等之存在。到了完全消灭阶级、无压迫、无剥削的共产主义社会，国家与法因为失去其存在基础，自然消亡了。故而有法律本身就意味着存在不平等——因为阶级尚未被消灭。而真正实现平等后，法律将失去其存在基础，平等之时，法律不存，又谈何立法平等？② 也有学者对马克思的法的起源之论述进行了再解读，并指出，"法律的阶级性是法律在阶级社会中的特有属性，绝非法律的根本属性，随着阶级对立的消灭，法律的阶级性就失去了其存在的基础"。法律的阶级性的消亡并不代表法律的消亡，因为阶级性只是法律的一个属性，消灭阶级后，法律的属性便完成了由阶级性向社会性的转变。"具体地说，当社会主义社会消灭了剥削阶级以后，法律的社会性在社会主义法律中便开始占据主导地位。法律的阶级性就会逐渐消失。到了共产主义社会，法律将再次实现其完全意义上的社会性，成为共产主义社会中人们行为规范的总和，并平等地保护全体社会成员的利益。"③

在当前的社会阶段，虽然无法达到完全消灭阶级性和不平等以实现社会正义，但无论如何，法律总归是为正义而设的。从不正义到形式正义再到校正正

---

① ［英］David M. Walker 著：《牛津法律大词典》，李双元等译，法律出版社 2003 年版，第 383 页。

② 参见熊继宁：《"立法平等论"的质疑》，载《中国政法大学学报》1984 年第 3 期。

③ 谢石松：《再论马克思主义关于法的起源观》，载《法学评论》1998 年第 6 期。

义，是立法价值的进化历程。立法是法律适用的前提，如果在根源上都无平等可言，哪怕在法律适用上做到了绝对平等，也只是形式上的平等而已，实质平等的美好愿景仍遥不可及。在这个意义上，权利人所享受的公平救济，不仅应包括权利人运用救济权时应被公平对待，也当然包括救济权在立法上的平等。

（三）救济权是"不可剥夺"之人权

法律与制度之存在，一个重要目的就是将权利完成由应然到法定再到实然的转变，使得权利之创设真正具有意义——服务于人，使人的生活更幸福和有尊严。迄今为止，无论哪种权利观念——自然权利观念或法定权利观念，都反映了规范与救济之间不可分的关系。"如果无人维护权利，在法律中确立权利将是毫无意义的。"① 完整意义的权利体系必然包含获得救济的权利，救济权可以使应然权利最大限度地转化为法定权利，并最终在社会中生成实然权利。

救济权是公民享有生存权和发展权的重要保障，国家应当保障救济权的实现。在国家和社会禁止通过"私力救济"解决纠纷后，一个合乎逻辑的要求是：国家和社会应为争端各方提供合法的场所，以提供其主张和意见。同时，有必要培训一批专职人员，以帮助公民解决纠纷，并按照法律程序和实质性规则恢复法律关系和社会秩序的原始状态。如果国家一方面禁止"私力救济"，另一方面又无视各种纠纷，不提供相应形式的公力救济，这无异于剥夺了各方变相提起诉讼的权利，使他们"无处可诉"。允许争端在社会中泛滥将不可避免地导致社会冲突和持续不断的争端。在没有公力救济的情况下，当事各方必须依靠自己的力量解决争端，社会将不可避免地回到"以暴力消除暴力"时代，最终将危及国家统治。所有这些显然都与人类和社会发展规律背道而驰。由此可见，救济权是一项不可剥夺的人权，国家统治与治理过程中必然要保障公民之救济权。美国著名宪法学家亨金教授也认为："一个人可先验地把法律权利界定为由正式的属于权利所有人的救济所支持的正当法律要求。"②

---

① ［美］麦基文著：《宪政古今》，翟小波译，贵州人民出版社 2004 年版，第 62 页。
② ［美］亨金著：《权利的时代》，信春鹰译，知识出版社 1997 年版，第 47 页。

二、行政救济与人权保障

行政救济是国家保障公民救济权得以实现的一种方式。对行政相对人而言，行政救济本身就是一种权利，它表现为一种救济请求权——当行政相对人认为行政主体的行政行为侵犯了其合法权益时，享有向救济机关请求予以救济的权利。

行政救济权不仅事关行政纠纷的解决，它更是行政相对人对抗行政权力的滥用、保护自己合法权利的重要武器。[①]

（一）权利之性质要求实施行政救济

权利是公民、法人和其他组织等社会主体赖以生存和正常参与社会生活、进行社会活动的重要基础。在其现实意义上，权利的存在状态有三：一是权利的授予，表现为公民享有权利的资格和可能性，是一种静态的存在状态；二是权利的实现，这是公民通过自己的行为使静态的权利得以实现、使法律上的权利变为现实的权利的过程，是一种动态的存在状态；三是权利受阻或称权利缺损，即权利的享有和行使受到妨碍或者权利受到侵害和剥夺的状态。[②] 在权利的第三种存在状态下，由于权利本身不具备强制力，它不能依靠自身直接阻止侵权行为，进而获得救济，所以在权利实现受阻的情况下，只能请求救济机关对其实施救济。在行政主体开展行政管理的实践过程当中，行政相对人的权利往往容易受到违法行政行为的侵害，而基于行政行为之公定力原理，行政相对人不能违抗行政主体的处理决定，其也不具备阻却违法行政行为之侵害的能力，所以当其权利受阻或缺损时，必须通过特定的渠道得以弥补，这一渠道便是行政救济。

(二) 权利之保障要求实施行政救济

对权利进行确认和保护是法律调整社会关系的根本宗旨，如果缺乏对权利受到侵害时的救济保障，法律所确认的权利只能是纸面的权利，而不会成为人们生活中实际享有的权利。在行政法律关系当中，尤其强调对行政相对人权利的保障，具体原因有三：一是在行政管理活动中，行政主体和行政相对人双方是一种管理与被管理、命令与服从的不平等关系，处于优势地位的行政主体往往存在侵害行政相对人合法权益的现实可能性；二是在行政权力的具体运行过程中，由于行政主体工作人员的自身素质不高、法律水平较低和主观认识有误等原因，其行使权力极有可能对行政相对人造成侵害；三是在行政管理的实践中，面对纷繁复杂的实际情况，行政主体及其工作人员难以保证一切行政行为都能做到合理合法，侵害行政相对人权利的情况难以杜绝。① 基于此，必须要建立行政救济制度，具体设定排除行政侵权行为的途径、方法和手段，这样才能够运用法律的力量来约束和控制行政权力，制止和矫正违法和不当的行政行为，恢复和补救行政相对人被损害的合法权益，真正落实"有权利必有救济"的原则。

(三) 权力之特性要求实施行政救济

控制权力与保障权利如同硬币的两面，控制国家权力以保障公民权利是民主宪政的基本要求之一。行政权力作为一种国家权力，具有国家支配力和强制力、具有执行性与公益性、具有扩张性与有限性以及腐蚀性与侵权性等特征，这些都意味着行政权力具有两面效应：一方面，它可以维护和保障公民的合法权益并且促进公共利益的实现，表现出正面效应；另一方面，它又存在侵害公民权益、侵蚀公共利益的可能性，表现出负面效应。② 行政权力的正反两面效应决定了必须对行政权的行使进行有效的规范、控制与救济，以防止其违法或不当地侵犯行政相对人的合法权益，尽可能地减少其负面效应的产生，从而尽

---

① 参见毕可志著：《论行政救济》，北京大学出版社 2005 年版，第 51~52 页。

② 毕可志著：《论行政救济》，北京大学出版社 2005 年版，第 51 页。

可能地发挥其正面效应的作用。

三、行政救济法是人权保障法

行政救济法是行政救济法制化的结果，具有鲜明的人权保障法属性——行政救济法明确规定了公民行使行政诉愿的方式，制定了一系列程序机制对救济权的行使予以规范，最终为公民实体权利的实现提供了保障。

（一）行政救济法保障救济之渠道

在其现实意义上，作为基本人权的救济权存在两种实现途径：其一曰"诉愿"，其二曰"诉权"。前者是指当事人受某一国家行政机关的违法或不当的处分以致合法权益遭受损害时，依法向原处分机关的直接上级机关提出申诉，请求撤销或变更原处分的愿望；后者是指社会权利主体按照法律预设程序，请求法院对其主张予以公正审判的权利。① 行政救济法确认了这两项救济请求权在行政纠纷化解中的主要地位，使其成为人人得以平等享有的、不可剥夺的法定权利。就其表现形式而言，行政复议法是实现行政诉愿的主要制度形式，行政诉讼法是实现行政诉权的主要制度形式。例如，我国现行《行政复议法》第2条就明确规定："公民、法人或者其他组织认为具体行政行为侵犯其合法权益，向行政机关提出行政复议申请，行政机关受理行政复议申请、作出行政复议决定，适用本法。"该条明确对公民的行政诉愿进行了确认与保障，使之成为一项法定权利。又如，我国现行《行政诉讼法》第2条第1款规定："公民、法人或者其他组织认为行政机关和行政机关工作人员的行政行为侵犯其合法权益，有权依照本法向人民法院提起诉讼。"该规定对公民之行政诉权提供了法律保障。

（二）行政救济法保障程序性权利

行政救济法的人权法属性还体现在对程序性权利的保障上。正如黑格尔所

---

① 参见薛刚凌著：《行政诉权研究》，华文出版社1999年版，第8页。

言："法律程序使当事人有机会主张他们的证据方法和法律理由，这些步骤本身就是权利。"① 救济权的行使需要程序性权利的保障，否则即便权利被法律确认，最终也难以转化为实然性权利。行政救济法规定了大量的程序性权利，包括救济启动程序、纠纷审查程序以及执行程序等方面，为救济权的实现提供了具体的、可操作性的过程，使行政救济之结果成为了"看得见的正义"。以我国现行《行政复议法》为例，在行政复议的申请方面，该法第 11 条规定："申请人申请行政复议，可以书面申请，也可以口头申请；口头申请的，行政复议机关应当当场记录申请人的基本情况、行政复议请求、申请行政复议的主要事实、理由和时间。"同时，在行政复议的审理方面，该法第 23 条第 2 款规定："申请人、第三人可以查阅被申请人提出的书面答复、作出具体行政行为的证据、依据和其他有关材料，除涉及国家秘密、商业秘密或者个人隐私外，行政复议机关不得拒绝。"这些条款都体现出我国《行政复议法》对行政复议申请人程序性权利的切实保障。

（三）行政救济法保障实体性权利

行政救济法的立法目的在于解决行政争议、保护行政相对人的合法权益和监督行政机关依法行使职权。行政救济法正是围绕行政争议展开的，行政诉愿因行政争议而启动，程序性权利为救济权的行使提供了规范的方式和步骤，行政争议得以被传递到行政救济机关并受其审查，这些制度上的建构主要指向于行政争议的解决和受损权益的恢复。行政争议的处理结果释明了行政机关和行政相对人之间的权利义务关系，相对人之实体性权利边界也得以确定。因此，行政救济法通过对救济权和程序性权利的规定，为当事人实体性权利的救济和恢复提供了法定渠道。例如，我国现行《行政诉讼法》第 69 条至第 78 条就明确对行政诉讼判决之类型及其适用情形进行了规定，包括因行政行为合法适当而驳回原告诉讼请求，对行政不作为判令限期履行，对违法或不当行政行为进行变更、撤销或确认违法，对重大明显违法行政行为确认无效，等等。这些判

---

① ［德］黑格尔著：《法哲学原理》，范扬等译，商务印书馆 1961 年版，第 231 页。

决类型的本质都在于维持行政主体正确的行政行为，纠正其错误的行政行为，最终实现对行政相对人实体性权利的确认与维护。

第二节　行政救济之控权价值

作为形成秩序的权力，在保障秩序的同时，也内在地蕴含着与秩序相伴相生的特点，失去对秩序控制的权力就如同一个没有国民的国王一样，失去了其存在的价值。然而，在权力运行的过程中，如果对权利过分地侵害，则必然引起秩序的失范，这样的结果更是作为掌握权力的公权力机关所无法接受的。因此，对于权力加以限制，不仅是出于对权利的尊重，更是权力本身的根本要求。

一、权力具有被滥用之天性

孟德斯鸠有言："一切有权力的人都容易滥用权力，这是万古不易的一条经验。"① 霍尔巴赫也曾说："掌权的人不断地想要扩大权力、无限制地行使权力并消除自己恣意胡为的道路上的一切障碍。"② 尽管权力作为一种维护社会秩序的工具而具有正面价值，但它同时也天然地具有资源性、扩张性和破坏性等特征，因而存在被滥用之倾向，直至发展成为专制特权，对公民和社会造成严重危害。

（一）权力的资源性

权力是一种社会资源，与所有的社会资源一样，权力是可以产生利益的——国家权力是维持社会秩序的一种工具，它既可以被用来为社会谋取福利，也可能被用来为掌权者谋求利益，因而对人们有一种天然的腐蚀作用，驱

---

① ［法］孟德斯鸠著：《论法的精神》（上），张雁深译，商务印书馆 1961 年版，第 154 页。

② ［法］霍尔巴赫著：《自然政治论》，陈太先、眭茂译，商务印书馆 1994 年版，第 67 页。

使着人们竭力地谋取权力。阿克顿曾言，"在所有使人类腐化堕落和道德败坏的因素中，权力是出现频率最多和最活跃的因素"，"只要条件允许，每个人都喜欢得到更多的权力，并且没有任何人愿意投票赞成一项旨在要求个人自我克制的条例"。① 权力的存在虽然是基于社会需要和公共利益，但其行使毕竟依赖于社会中的少数人，所以必然同掌权者的集团利益和个人利益相联系。同时，权力的运行过程也是社会价值和资源的分配过程，这为部分人利用手中的权力谋取私利提供了条件和机会，从而导致权力寻租的现象发生，正所谓"权力导致腐败，绝对权力导致绝对腐败"。② 故此，必须为掌权者设置行为规范，对权力加以有效控制。

（二）权力的扩张性

在其本质上，权力是一种特定的力量制约关系——权力本身是一种法定资格，权力的享有者为了实现自己的利益和意志，可以通过权力去支配他人的意志，要求他人绝对服从而无须征得他人的同意。③ 权力所具有的这种强制力，决定了掌权者内在地具有扩张权力的欲望，这种欲望表现为打破原有权力界限和范围侵犯其他权力以扩张自己的权力，最终带来权力的膨胀。阿克顿也认为："现代世界的法则，即权力趋于无限扩张，并超越任何国际国内的约束现象，直到遇上更神圣的原则，更强大的力量的阻挠才会停止下来。"④ 权力的扩张性致使超越职权和滥用职权在现实社会中不可避免地时常发生，基于此，必须通过阿克顿所谓的"更神圣的原则"，为国家权力设置行使边界，使权力的扩张特性得到有效抑制。

---

① ［英］阿克顿著：《自由与权力》，侯健、范亚峰译，商务印书馆2001年版，第342～343页。

② ［英］阿克顿著：《自由与权力》，侯健、范亚峰译，商务印书馆2001年版，第342页。

③ 参见吴育珊：《权力之制约及转移》，载《政治学》2000年第1期。

④ ［英］阿克顿著：《自由与权力》，侯健、范亚峰译，商务印书馆2001年版，第344页。

（三）权力的破坏性

权力具有一种整合力，它能够集合和调动各种资源，将分散的社会力量聚合为推动社会前进的积极力量，使社会秩序维持在权力意志的范围之内，从而为公众谋利益。① 然而，权力既可以善用整合资源，为社会大众谋利益，但也可以滥用整合资源，对社会大众造成危害，所以权力既具有建设性的一面，也具有破坏性的一面。一方面，权力具有规范性、指导性，能够促进经济社会的发展，而另一方面权力又具有破坏性和前述的扩张性、腐蚀性等劣根性，导致其一旦失去约束，超越了行使的边界，就会像脱缰的野马，产生难以预料的恶果，人民所赋予的权力就会转化为鱼肉人民的工具。换言之，权力既可按其本质规定发生作用，又可违背其本质规定，产生越轨乃至否定自身。②

二、行政救济与权力控制

基于权力的被滥用倾向，必须对权力加以控制。在行政法上，控权是指控制行政机关行使公权力，最大限度地保障公民权利的实现，并防止国家公权力对公民权利过度干预与限制。作为行政法的理论基础，"控权论"认为行政法的基本目的在于保障私人的权利和自由，为了达致这一目的，行政法的基本内容主要围绕如何规范和控制行政权力而展开。③ 从这个意义上看，"行政法本质上是一种控权法"。④ 行政救济是实现行政法控权目标的一种手段，其与权力控制的关系体现在以下几个方面。

（一）规范行政

就其最初意义而言，行政救济制度是建立在保护公民、法人和其他社会组织等行政相对人权利的基础之上的，一旦行政主体有滥用职权的行为，就会被

---

① 参见吴育珊：《权力之制约及转移》，载《政治学》2000年第1期。
② 参见刘清华：《论权力的两重性》，载《学海》1995年第3期。
③ 江国华编著：《中国行政法（总论）》，武汉大学出版社2012年版，第36页。
④ 姜明安主编：《行政法与行政诉讼法》，北京大学出版社1999年版，第78页。

诉至行政救济机关，由它们对行政行为的合法性或合理性进行审查，进而对合法合理的行政行为予以确认和维护，同时也对不合法不合理的行政行为予以撤销、变更或确认违法，进而责令行政主体赔偿行政相对人所受的损失。如此一来，行政救济机关根据宪法和法律的授权，通过对具体行政案件的审理，一方面纠正了行政主体的违法或不当的行政行为，有效地保护了行政相对人的合法利益，另一方面也有力地支持了行政主体的合法行为，保证了行政主体行使职权，使其正确的决定能及时执行，维护了行政法律秩序，从而提高了行政效率。① 因此，行政救济通过处理个别具体行政案件的形式，既实现了行政救济机关对行政权力运行的规范，同时也调动了广大群众的积极性，使之参与到对行政权力运行的监督活动中来，最终实现对行政主体依法行使行政职权的有效控制。

（二）监督行政

在行政救济中，行政救济机关会对行政行为是否合法或是否适当进行审查，这种审查能够有效促进行政主体及其工作人员正确履行职责。具体而言，其要义有四：其一，行政救济有利于掌握行政主体及其工作人员行使行政职权、作出行政行为的基本情况，便于从中及时发现问题，及时采取措施督促其依法行政，防止类似事件的再次发生；其二，行政救济有利于为已经发生的不法行政行为及时挽回影响，消除其带来的不良后果；其三，行政救济有利于促使行政主体及其工作人员反省自律，吸取教训，改进工作作风，加强内部管理与检查，积极完善各项规章制度，减少或避免不法行政行为的发生，保证行政职责的忠实履行；其四，行政救济有利于促进行政主体工作人员克服和防止敷衍拖拉、不负责任等官僚主义作风，树立"法律责任"的观念，时刻以宪法和法律约束自己，抵制不正之风的侵袭，加强依法行政，提高行政效率，促进行政管理的制度化和法律化。②

---

① 参见毕可志著：《论行政救济》，北京大学出版社 2005 年版，第 38 页。
② 参见毕可志著：《论行政救济》，北京大学出版社 2005 年版，第 38~39 页。

（三）解决争议

行政救济可以使行政相对人受违法行政行为侵害的合法权益得到恢复或弥补，这种恢复或弥补，有利于缓解行政主体及其工作人员与行政相对人之间的矛盾和对立，防止受害的行政相对人因其合法权益受损又得不到补救而采取阻挠公务活动进行的极端手段，从而保证行政权力的顺利运行。更为重要的是，行政救济可以使行政主体及其工作人员与行政相对人之间的行政争议得到及时解决，这就有利于保证行政主体及其工作人员摆脱争议干扰，尽快将精力和时间转移到执行职务的其他工作上来，不因个别争议得不到解决而影响其正常履行职责，落实国家赋予的行政职权。从这个角度来看，行政救济既能有效地防止行政主体作出违法行政行为，又能进一步确保行政主体正常合法地行使行政权力。

三、行政救济法是权力控制法

行政救济法的首要功能不是控制权力而是保护权利，但它在保护公民权利的同时，客观上也起到了控制行政权的作用。行政救济法的本质，是国家有权行政机关根据法律的授权，通过处理个别具体的行政纠纷的形式，来监督其他行政机关依法行使行政职权。国家机关要对社会实施有效的管理，必须拥有一定范围的处理权限和自由裁量的权力。但是，如果没有与之相适应的监督力量与之伴随，便难以纠正它在处理具体事务时可能发生的错误，特别是当某些滥用职权行为发生而导致损害公民、法人或其他组织合法权益难以及时处理。而行政救济法正是通过某种行政相对人经投诉的个案处理制度，调动广大群众的积极性，参与到对行政机关的监督活动中来，并进而达到促进行政机关依法行政的目的。

（一）行政行为审查法属性

一切有权之人都倾向于滥用权力，行政权力的行使者亦是如此。由于行政权力的广泛性和主动性，行政主体在实施行政行为时，总是会对行政相对人的权利形成具体的影响，因此一旦权力被滥用，往往就会表现为行政行为违法或不当，并对相对人的合法权益造成损害。在现实生活中，当行政相对人的权益被侵犯后，其可以通过行政救济渠道，请求行政救济机关对原行政机关所作出的行政行为进行审查，如果行政行为确属违法或不当，存在实体内容上的瑕疵，可由有权机关依法予以处理，撤销或改变原行政行为。行政救济法在对行政行为进行审查的过程中实现了对行政行为的控制。以我国现行《行政复议法》为例，该法第6条将行政机关的行政处罚、行政强制、行政许可、行政确认等一系列行政行为都纳入了行政复议的受案范围当中，同时根据该法第28条之规定，如若这些行政行为违法，复议机关可以对其进行撤销、变更或者确认违法，由此便实现了对行政机关合法实施行政行为的有效控制。

（二）行政程序审查法属性

行政权力的行使不仅需要符合行政实体法之规定，还要符合正当程序原则等行政程序法的要求，行政程序不仅能够提高行政效率，也是对相对人权利的一种保障。当行政机关违反行政程序法之规定作出行政行为侵犯公民合法权益时，行政相对人同样享有寻求行政救济的权利。当行政救济程序应相对人申请而启动后，有权机关将依法审查相关行政行为，确有违反程序性规定的，同样可以对其予以撤销或变更。例如，我国现行《行政诉讼法》第70条所规定的人民法院判决撤销或者部分撤销，并可以判决被告重新作出行政行为的情形，除了"主要事实不清、证据不足""适用依据错误""超越或者滥用职权""明显不当"等实体性情形外，还专门规定了"违反法定程序"这一程序违法之情形，这就体现出行政救济法不仅关注行政行为的实体层面，也关注其程序层面，不仅通过审查行政行为的实体内容以对其进行控制，也通过审查其是否符合法定程序而对其加以约束。

（三）违法责任追究法属性

行政相对人申请行政救济，救济机关不仅会对实体内容和程序内容予以审查，还会对违法不当行为进行撤销或改变，给行政相对人造成损害的还应依法予以赔偿。例如，根据我国现行《国家赔偿法》第 3 条和第 4 条之规定，当行政机关及其工作人员在行使行政职权侵犯公民人身权、财产权时，应当对受害人进行赔偿。国家和政府作为责任承担主体在承担责任后，会依法追究行政机关及其工作人员之违法责任，对存在故意或重大过失的工作人员，要追究其违纪和违法责任，构成犯罪的，追究刑事责任。国家承担赔偿责任的，还会对相关人员予以追偿。以我国现行《国家赔偿法》为例，该法第 31 条规定，赔偿义务机关在赔偿后应当向在处理案件中有贪污受贿、徇私舞弊、枉法裁判行为的工作人员追偿部分或者全部赔偿费用，并对责任人员依法给予处分，如果其构成犯罪的还应当依法追究刑事责任。行政救济法对行政机关及其工作人员的违法责任进行追究，符合权责统一的行政法原则，有利于倒逼行政机关及其工作人员依法行使职权。

第三节　行政救济法

为了满足维护公民权利与控制公共权力两大核心需求，一种既能使公民在权利受到侵害后得到救济，又能对行政机关行使行政权力加以威慑与纠正的制度应运而生，这就是行政救济法。从合目的性的角度而言，行政救济法天然地具备两重属性：一是通过事后救济的方式，对公民业已受到侵犯的权利加以补偿；二是纠正行政机关侵害公民权利的违法行为，并对行政机关的行为进行合法性的引导。

一、行政救济法之界定

对于行政救济法的界定，学界存在各种观点，例如认为行政救济法是"有关行政救济的行政法律制度"①，是"有关行政救济关系的法律规范的总

---

① 宋雅芳主编：《行政救济法学》，郑州大学出版社 2004 年版，第 18 页。

称"①，是"用以规范行政救济制度的法律规范"②，或者是"以行政救济为
内容的法律规范的总称"③，等等。这些定义并无不妥，但仅仅只是对行政救
济法之表象的概括，未能触及行政救济法的本质。所谓"本质"，是指事物最
根本的属性，如果该事物的产生与发展都围绕某个中心，那么这个中心可称为
该事物之"本质"。判断何为行政救济法的本质，就是寻找在行政救济法的产
生与发展过程中所围绕的中心或者基点。就其本质而言，行政救济法应当被界
定为通过行政救济以监督与校正行政权力，进而实现对公民权利之保障的法律
规范的总称。

（一）行政救济法是监督行政权力的法

行政救济法的实质是一种复合结构，它既包括行政机关乃至司法机关依
职权进行的审查行为，也包括个人或社会组织依救济权作出的申请行为。行
政相对人与具体受损害者在申请救济的过程中实际上充当了权力监督者的角
色，这对发现与纠正行政违法和行政不当行为至少有着两个层面上的影响：
一方面，相比立法监督、行政监督、司法监督等自上而下的、具有盲目性和
滞后性的监督方式而言，相对人的监督更容易发现行政行为的违法和不当之
处，因为相对人是行政违法或不当的直接相关者，只要行政机关作出行政行
为，必然会对相对人的利益产生影响。另一方面，"精细化与专业化成为当
代行政发展的趋势之一，与之相适应，行政活动分工日益细致，活动方式逐
渐多样"。④ 由行政救济启动的救济监督是自下而上的监督行为，有助于促
使行政机关认真对待行政相对人，这对于政府职能转型和法治政府建设也同
样具有重要价值。

---

① 袁明圣主编：《行政救济法原理》，中国政法大学出版社 2004 年版，第 11 页。
② 关保英著：《行政法教科书之总论行政法》，中国政法大学出版社 2005 年版，第
603 页。
③ 毕可志著：《论行政救济》，北京大学出版社 2005 年版，第 31 页。
④ 黄启辉著：《行政救济构造研究》，武汉大学出版社 2012 年版，第 168 页。

（二）　行政救济法是校正行政行为的法

当行政机关作出的行政行为违反公共行政的价值原则和规则制度时，行政正义在社会中的常态表达被破坏，产生了不公正的结果。行政相对人的权益被侵犯，其基于对正义的诉求，要求获得行政救济。救济的过程既是对行政行为进行评价的过程，也是对当事人合法权益进行恢复和补偿的过程。原有错误的行政行为被纠正，新的正确的常态被定义，行政正义的秩序价值得以存续。行政救济恢复并重新定义常态的过程充分显现了行政救济法之本质是基于校正正义而对行政行为所进行的校正。

（三）　行政救济法是保障公民权利的法

无论是实现校正正义还是监督行政权力，行政救济法的关键都在于如何利用政府之长处、限制其缺陷，使政府能够最大限度地为人民谋福利。① 保护公民权利，既是现代行政法制的要求，更是现代民主宪政制度的基本要求，它要求行政权力的行使必须服务于民，保障公民的合法权益。行政救济制度的建立，是落实我国《宪法》关于保护公民合法权益的需要。宪法中保障公民权利的原则性规定要真正落实，必须运用其他部门法律，特别是在国家行政管理领域运用行政救济法，建立起一套比较完整的处理行政纠纷的制度，才能使宪法的原则规定得以实现。我国建立的包括行政复议、行政诉讼、行政赔偿、行政补充等在内的行政救济制度，既是对违法或不当行使行政权造成的不良后果的补救，也是对相对人合法权益的保障。

二、行政救济法之定位

法律作为社会关系的调节器，在维持社会正常运作中发挥着不可或缺的作用。而纷繁庞杂的法律体系是由一个个部门法、一个个具体的法律制度所构成的，为使各部门法各司其职、各得其所，为明晰具体各部门法律的发展趋势和

---

①　参见宋雅芳主编：《行政救济法学》，郑州大学出版社 2004 年版，第 17 页。

完善方向，需要找准其定位。行政救济法定位的逐步阐明，需要将其进行纵向与横向两方面之比较，以明确其定位——在纵向定位上，行政救济法是宪法统领下的，作为宪法实施法的行政法中具体调整行政救济关系的法；在横向定位上，要注意行政救济法与民事救济法和刑事救济法之区分。

（一）行政救济法的纵向定位

所谓纵向的比较，是指将行政救济法与宪法和其他行政法进行比较。在"纵坐标"的确定上，需要首先明确宪法与行政法之关系。宪法与行政法都是传统公法体系中的核心内容，宪法居于核心和统领地位，我国《宪法》在序言中确立了其根本法地位，在第5条明确规定"一切法律、行政法规和地方性法规都不得同宪法相抵触"，"一切违反宪法和法律的行为，必须予以追究。任何组织或者个人都不得有超越宪法和法律的特权"，这都说明了宪法的统领与核心地位。至于行政法，我国行政法相较于民法、刑法而言，缺乏统一的法典，其法律规范散见于各种法律规范文件中，造成这一现象的原因有三：一是行政法的调整对象也即行政关系过于广泛；二是部分行政关系的稳定性低、变动性大，不宜由统一法典进行规范；三是因为行政法作为一个独立法律部门产生较晚，不具备被编纂成统一法典之条件。① 虽然行政法没有统一法典，但这并不影响我们将行政法分散的法律规范与宪法之关系作统一考虑——"宪法是行政法的基础，而行政法则是宪法的实施。行政法是宪法的一部分，并且是宪法的动态部分，没有行政法，宪法每每是一些空洞僵死的纲领和一般原则，而至少不能全部地付诸实践。反之，没有宪法作为基础，则行政法无从产生，或至多不过是一大堆凌乱的细则，而缺乏指导思想。"② 行政法是调整行政关系的、规范和控制行政权的法律规范系统，此处的行政关系包括四类：第一类是行政管理关系，第二类是行政法制监督关系，第三类是行政救济关系，第四

---

① 参见姜明安主编：《行政法与行政诉讼法》，北京大学出版社2015年版，第27页。
② 龚祥瑞著：《比较宪法与行政法》，法律出版社1985年版，第5页。

类是内部行政关系。① 行政救济法是调整第三类行政关系，即行政救济关系的法律规范。综上可知，行政救济法的纵向定位，是在宪法统领下的，作为宪法实施法的行政法中具体调整行政救济关系的法。

（二）行政救济法的横向定位

所谓横向的比较，则是将行政救济法与其他救济法进行对比，明确其侧重点。在"横坐标"的确定上，将行政救济法与其他救济法——民事领域和刑事领域的救济法进行横向对比，明确其差异，这是正确适用行政救济的前提。

其一，行政救济法与民事救济法之比较。所谓民事救济，是对平等主体间的人身关系和财产关系之纠纷的救济，其与行政救济之区分主要体现在四个方面：（1）民事救济的双方本身就处于平等地位，这是由民法的调整对象所决定的——民法调整平等主体的公民之间、法人之间、公民和法人之间的财产关系和人身关系。② 而行政救济的双方则并非一开始就处于平等地位，在纠纷受理前，行政主体处于支配、管理地位，而行政相对人处于被支配、服从地位，这样的区别要求行政救济相较于民事救济更注重于保障双方当事人之平等。（2）救济受理范围不同。民事救济受理有关侵犯人身权和财产权之纠纷，而行政救济还受理人身权和财产权以外的纠纷，例如侵犯教育权的纠纷，这是由民事救济与行政救济之当事人不同而造成的，在民事救济中，双方当事人是公民、法人或其他组织，一般不会侵犯到教育权，而在行政救济领域，高校不颁发学位证而与学生产生的纠纷比比皆是。（3）争议双方的态度不同。在民事争议中，双方为私利都希望能尽快解决纠纷，而在行政争议中，行政主体的态度往往与相对人相比更为消极，这就要求行政救济之制度设计注重调动行政主体对纠纷解决的积极性，以及对相对人回应的及时性。（4）举证责任不同。这也是双方地位不同带来的，民事争议中双方为平等主体，采用"谁主张，

---

① 参见姜明安主编：《行政法与行政诉讼法》，北京大学出版社2015年版，第18~19页。

② 马俊驹、余延满著：《民法原论》，法律出版社2010年版，第4页。

谁举证"之原则——一方主张积极事实，则承担对积极事实的举证责任，而在行政救济中，举证责任倒置，行政主体需承担证明其行为合法之举证责任，否则其行为将被推定为违法。

其二，行政救济与刑事救济之比较。所谓刑事救济，则是在公民权利遭到犯罪活动的严重侵害，需要适用刑法对犯罪人进行制裁之法律活动。刑事救济虽然与行政救济同为公力救济，但仍然存在显著区别，主要有三：（1）行政救济与民事救济一样遵循"不告不理"原则，救济受理主体一般不主动介入，但在刑事救济方面，自诉案件由被害人提起刑事救济，但对于公诉案件以及部分符合条件的自诉案件，人民检察院将主动提起刑事救济。（2）双方当事人代表的利益不同。在行政救济中，相对人所代表的一般为私人利益，而行政主体往往是出于公共利益之考虑而作出行政行为，在刑事救济的自诉案件中，双方当事人代表的均为私人利益，而在公诉案件中，检察院一方代表的则是公共利益，是在代表国家而非某个公民、法人或其他组织去追究犯罪人的刑事责任——因此，虽然刑事附带民事部分可以就赔偿数额问题进行调解，但在公诉案件中不得调解。（3）案件性质不同，刑事救济涉及的是刑事案件，而行政救济涉及的是行政案件，这要求前者更注重事实之清楚、定罪量刑之准确，在为受害人讨回公道的同时注重对犯罪嫌疑人人权的保护，不得刑讯逼供等，而后者则更注重扼制公权力之傲慢与消极。

三、行政救济法之体系

行政救济法的产生与发展，与近现代民主宪政密切相关，也与特定国家的政治法律传统、文化背景紧密相连。人民主权、人权保障、权力制约、法治原则等近代政治与法律思想催生了行政救济法体系，行政救济制度在不同的国家也呈现出不同的发展样态。

（一）我国行政救济法之体系

在我国，行政救济法是一个涵括宽泛的概念。基于客体标准，即以其所解决的争议性质为标准，行政复议法、行政诉讼法、行政赔偿法以及行政补偿法在我国行政救济法体系中，最具典型意义。

其一，行政复议法。我国的行政复议制度肇始于中华人民共和国成立之初，分散规定于有关单行法当中，例如 1950 年颁布的《中央人民政府财政部设置财政检查机构办法》和《税务复议委员会组织通则》中就已经存在"复核处理""复议"等概念。1990 年，作为行政法规的《行政复议条例》出台，自此我国开始有了对行政复议的统一规定。1999 年第九届全国人民代表大会常务委员会第九次会议审议通过了《行政复议法》，我国对于行政复议的统一规定上升到了法律的高度。据此，"行政救济的法律体系已经形成"。[①] 2007 年，国务院第 177 次常务会议审议通过了《行政复议法实施条例》，对《行政复议法》进行了细化，并规定了相关配套制度。2017 年，第十二届全国人民代表大会常务委员会第二十九次会议对《行政复议法》进行了修改，对其中的部分制度进行了优化完善，使之更加符合新时代经济社会发展与法治政府建设的需要。2018 年机构改革后，各级政府的行政复议工作由原先的政府及其职能部门的法制机构负责转由新组建的司法行政机关承担。从未来发展的角度上看，如何进一步开展行政复议体制改革、加快行政复议法的修订工作、推进完善行政复议制度，是开创我国行政复议工作新局面的新议题。

其二，行政诉讼法。我国的行政诉讼制度早在中华人民共和国成立之初就已初具雏形。1949 年《共同纲领》第 19 条规定："人民和人民团体有权向人民监督机关或者人民司法机关控告任何国家机关和任何公务人员的违法失职行为。"1954 年《宪法》第 97 条规定："中华人民共和国公民对于任何违法失职的国家机关工作人员，有向各级国家机关提出书面控告或者口头控告的权利。由于国家机关工作人员侵犯公民权利而受到损失的人，有取得赔偿的权利。"这两处规定为行政诉讼法制的建立提供了宪法原则依据。[②] 然而，随着新中国法制建设在 20 世纪 60 年代开始进入寒冬，行政诉讼制度的发展也陷入了停滞状态。20 世纪 80 年代，随着改革开放与法制建设的复苏，涉及行政诉讼的法

① 应松年：《行政救济制度之完善》，载《行政法学研究》2012 年第 2 期。
② 胡建淼：《中国行政诉讼法制百年变迁》，载《法制与社会发展》2014 年第 1 期。

律规定逐渐增多，行政诉讼案件范围不断扩展。1982年出台的《民事诉讼法（试行）》第3条第2款规定："法律规定由人民检察院审理的行政案件，适用本法规定。"其后，各级法院开始建立行政审判法庭，积累了大量的行政诉讼实践经验。在此基础上，《行政诉讼法》在1989年正式颁布，标志着我国正式确立了行政诉讼制度。为了顺应经济与社会的发展，我国《行政诉讼法》于2014年和2017年进行了两次修改，为规范行政权力、保障公民权利，为推动依法行政乃至实现依法治国作出了突出贡献。

其三，国家赔偿法。在1990年行政复议作为解决行政纠纷的救济制度得以确立后，进一步需要考虑的问题是行政机关如何承担法律责任。在这一背景之下，我国先后确立了行政赔偿法体系和行政补偿法体系。1994年，第八届全国人民代表大会常务委员会第七次会议审议通过了《国家赔偿法》，其中既包括司法赔偿相关制度，也包括行政赔偿相关制度。在《国家赔偿法》实施的初期，由于赔偿金额少，赔偿难度大，受害人的损失难以得到有效弥补，因而该法常常被戏称为"国家不赔偿法"。为适应社会之需要，回应民众的关切，全国人民代表大会常务委员会于2011年和2012年对《国家赔偿法》进行了两次密集的修改，提高了损害赔偿标准，明确了精神损害赔偿内容，完善了赔偿范围，简化了赔偿程序，确定了双方举证义务，使该法真正成为了一部能够使行政机关承担违法责任，切实保障公民合法权益的法律。

其四，行政补偿法。在行政赔偿制度之外，我国还建立了行政补偿制度。我国的行政补偿制度发端于1950年，1950年10月出台的《城市郊区土地改革条例》规定了国家对征收或征用土地时受损失的公民予以补偿。其后，由于历史原因，行政补偿制度逐渐衰落与倒退，直至改革开放重启法制建设后才迎来了春天。1982年出台的《国家建设征用土地条例》《村镇建房用地管理条例》《海洋环境保护法》，1984年颁布的《水污染防治法》，1986年施行的《矿产资源法》，1987年实施的《大气污染防治法》等都有关于行政补偿的规定。1992年至今，行政补偿立法速度进一步加快，截至目前，我国现行涉及行政补偿的法律、法规及规章已逾百部，当然，这也在另一个侧面反映了现今行政补偿制度的缺陷——立法过于分散导致补偿标准不统一、补偿制度运行混乱、补偿制度缺乏体系性等。① 因此，制定统一的行政补偿法典，是未来行政补偿制度乃至整个行政救济制度发展的重要目标。

（二）外国行政救济法之体系

在大陆法系，作为行政法母国的法国有着相对完善和先进的行政法体系，德国是继法国后又一个拥有比较完备行政法体系的国家，在这两国的行政法律制度当中，行政救济制度都是重要的组成部分。英美法系的典型代表英国和美国，也有着独具特色并占据重要地位的行政救济制度，值得我国进行比较与借鉴。此外，值得关注的是，日本由于受到德国与美国的影响，吸收了两大法系的法律制度，形成了本国法律制度特色，其行政救济制度同样具有不可忽视的参考价值。

在法国，行政救济是指行政机关对行政行为的矫正，由行政机关的行为直接引起。行政救济是当事人对于违法和不当的行政行为，向行政机关请求矫正的一种救济手段，是行政监督的一种方式，它分为两种：一是善意的救济，即行政相对人向原行政机关所申请的救济，通过该途径，申请人可以请求得到某种宽容和恩惠的救济；二是层级的救济，即向作出决定的上级机关所申请的救济，该途径往往受法律限制，甚至为其他救济形式所替代。② 同时，法国还存在另一种行政救济方式——调解专员救济，调解专员受理当事人对违法行政行为和不良行政行为的申述，调解专员是一个具有独立地位的行政机关，他的决定不具备执行力量。③ 此外，法国还有行政司法救济，又称为诉讼救济，是指由独立的行政法院受理并审理行政案件，司法救济是法国行政法上最主要的救济手段。

德国的行政救济主要是行政复议和行政诉讼。德国的行政复议又称为"异议审查"，是指由行政当局对行政行为合法性和适当性进行审查并作出决

---

① 参见辛旭东、李维汉：《我国行政补偿的发展与制度分析》，载《哈尔滨师范大学社会科学学报》2016 年第 2 期。

② 参见王名扬著：《法国行政法》，中国政法大学出版社 2016 年版，第 419~421 页。

③ 参见王名扬著：《法国行政法》，中国政法大学出版社 2016 年版，第 423 页。

定的行政程序。① 德国的行政复议并没有单独的一部行政法律加以规范，主要由《联邦行政程序法》和《联邦行政法院法》中的有关条款加以规范。"原则上，行政复议是进入撤销诉讼程序的必要条件。"② 在德国，行政复议是行政诉讼的前置程序，其审理行政争议案件的范围同行政诉讼的受案范围是一致的。行政复议为公民权利遭到政府行为侵害时提供了行政救济，与行政诉讼一道成为了公民的重要救济途径。

日本的行政救济包括行政过程中的救济和行政诉讼。行政过程中的救济，包括行政不服申诉和苦情处理两种。"行政不服申诉"是针对行政厅行使的违法行为、不当行为，行政相对人提起的行政救济，其法律依据是《行政不服审查法》。③ "苦情处理"是指行政机关听取私人的不平、不满等苦情，并对该苦情采取某种对策。④ 在行政过程中的救济之外，公民也可以选择通过行政诉讼得到救济，其法律依据主要是《行政案件诉讼法》。日本的行政诉讼案件类型有四种，包括抗告诉讼、当事人诉讼、民众诉讼和机关诉讼。行政案件诉讼救济不以行政不服申诉救济为前提条件，《行政案件诉讼法》赋予了私人自由选择行政不服申诉的权利。

英国的行政救济渠道主要有行政裁判所和司法救济。行政裁判所主要是裁决性的，通过审理针对行政决定提出的上诉，充当着法院替代者的角色，它既认定事实，也适用法律规则。⑤ 行政裁判所是由制定法所设立的独立、公正的裁决机关，负责解决因该制定法或其他制定法在同样宽泛的领域产生的争议。公民的合法权益受到政府的行政决定的侵害时，公民可以向行政裁判所对行政决定提出上诉，得到来自行政裁判所的救济。⑥ 英国的司法救济又称为"司法

① 参见于安著：《德国行政法》，清华大学出版社 1999 年版，第 167 页。
② 于安著：《德国行政法》，清华大学出版社 1999 年版，第 168 页。
③ 参见［日］盐野宏著：《行政法》，杨建顺译，法律出版社 1999 年版，第 256 页。
④ 参见［日］盐野宏著：《行政法》，杨建顺译，法律出版社 1999 年版，第 292 页。
⑤ 参见［英］彼得·莱兰、戈登·安东尼著：《英国行政法教科书》，杨伟东译，北京大学出版社 2007 年版，第 142 页。
⑥ 参见王名扬著：《英国行政法》，中国政法大学出版社 2016 年版，第 117~118 页。

审查"，是当事人可以对所有政府机关决定提出异议的一种救济方式，但其前提是当事人没有其他替代的有效的救济途径。司法审查中的所有救济都是裁量性的，这意味着虽然行政决定可能是越权或者存在权力滥用，但法院依裁量判断可以拒绝给予救济。司法审查作为法院监督行政机关行使公权力的权威机制，是公民在合法权益遭受侵害冤怨时的救济途径，也是英国传统的司法救济途径。

美国的行政救济包括行政裁决过程中的行政上诉和司法审查。美国的行政裁决是指美国行政机关的行政官员像法官那样通过法律程序，依据法律、规章和事实，对私人权利和义务作最终处分的单方具体行政活动。① "行政法官作为管制机构裁决和规则制定程序中的主持官员。"② 在行政裁决的决定程序中，行政法官作出初审裁决，当事人对行政裁决的初步决定不满意，可以提起行政上诉，由行政法官终审裁决。行政上诉是行政相对人维护自己合法权益的行政救济途径，属于行政系统内的行政救济。司法审查是指法院审查国会制定的法律是否符合宪法，以及行政机关的行为是否符合宪法及法律的司法活动。③ 行政救济中要适用的司法审查是行政行为是否合法意义上的司法审查，行政相对人对侵害个人合法权益的行政行为都能请求司法审查。不过，司法审查必须符合穷尽行政救济原则，它要求一方当事人在向法院提出争议申请司法审查前，应尝试每一项行政救济途径。司法审查是以诉讼方式对行政行为侵害的当事人的救济，是行政系统外部的行政救济途径。

典型案例 2-1：薛某某等诉 S 省人民政府土地资源管理案④

【裁判摘要】

上级单位部门文件的转发对行政相对人的权利义务不产生实质影响，故不具有可诉性。

---

① 参见胡建淼著：《比较行政法：20 国行政法评述》，法律出版社 1998 年版，第 159 页。
② 周汉华主编：《行政复议司法化：理论、实践与改革》，北京大学出版社 2005 年版，第 428 页。
③ 参见王名扬著：《美国行政法》，中国政法大学出版社 2016 年版，第 419 页。
④ 本案裁判文书详见附录 1。

【相关法条】

《中华人民共和国行政诉讼法》第 91 条

《最高人民法院关于适用〈中华人民共和国行政诉讼法〉的解释》第116 条

【基本案情】

薛某某、曾某某、张某某、王某某、李某某之父均系 X 市 C 区 W 街道办事处 F 村村民，在 F 村有宅基地和房屋。李某某父母去世后，李某某对其父的房屋享有继承权。2016 年 7 月至 9 月，薛某某等 5 人在该村的房屋被强制拆除。其通过申请政府信息公开得知 X 市人民政府作出的市国土字〔2012〕第613 号审批土地件《关于征收 C 区 W 街道办事处 F 村等有关村组集体土地和收回国有土地的批复》征收了原告的宅基地和承包地。X 市人民政府认为其作出的市国土字〔2012〕第 613 号审批土地件内容是对 S 省人民政府陕政土批〔2012〕684 号审批土地件内容的转发和对 X 市国土资源局 F 新区分局呈报的《征地补偿安置方案》的批复行为，并未对行政相对人产生实质影响。

【裁判结果】

X 市铁路中级法院于 2017 年 9 月 29 日作出〔2017〕陕 71 行初 294 号行政裁定驳回原告的起诉。S 省高级人民法院于 2018 年 6 月 5 日作出〔2018〕陕行终 99 号行政裁定，驳回上诉，维持原裁定。薛某某等不服，向最高人民法院申请再审。最高人民法院依照《最高人民法院关于适用〈中华人民共和国行政诉讼法〉的解释》第 116 条第 2 款之规定，裁定驳回再审申请人薛某某、曾某某、张某某、王某某、李某某的再审申请。

【裁判理由】

最高人民法院认为，本案的核心争议是再审申请人薛某某等 5 人对再审被申请人 X 市政府所作市国土字〔2012〕第 613 号审批土地件《关于征收 C 区 W 街道办事处 F 村等有关村组集体土地和收回国有土地的批复》提起本案诉讼是否符合法定起诉条件。经一、二审法院查明，该批复的主要内容是对 S 省人民政府陕政土批〔2012〕684 号审批土地件内容的转发和对 S 省 X 市国土资源局 F 新区分局呈报的《征地补偿安置方案》的批复同意。前项内容显然不

79

构成可诉的行政行为，后项内容是再审被申请人依据《中华人民共和国土地管理法实施条例》第 25 条第 3 款的规定行使法定职权作出。对于经市、县人民政府批准的征地补偿、安置方案不服的，可依照《中华人民共和国土地管理法实施条例》第 25 条第 3 款、《国务院法制办公室关于依法做好征地补偿安置争议行政复议工作的通知》（国法〔2011〕35 号）第 1 条、《最高人民法院关于审理涉及农村集体土地行政案件若干问题的规定》第 10 条等规定寻求权利救济，再审被申请人对 S 省 X 市国土资源局 F 新区分局呈报的《征地补偿安置方案》批复同意亦不构成可诉的行政行为。

典型案例 2-2：华某诉 W 市 L 区人力资源和社会保障局行政给付案①

【裁判摘要】

信访答复对行政相对人的权利义务不产生实质影响，不是行政诉讼的受案范围。

【相关法条】

《中华人民共和国行政诉讼法》第 86、89 条

【基本案情】

华某因要求对 1978 年 12 月到 1986 年 3 月期间在 C 区某街道所属的某蓄电池厂工作的工作年限进行确认，2016 年 5 月写信至相关行政机关要求处理。原 W 市 C 区人力资源和社会保障局（以下简称原 C 人社局）收到转办事宜后，于 2016 年 5 月 10 日依据《信访条例》的规定予以受理，并于 2016 年 5 月 12 日作出崇人社信复〔2016〕1 号《信访事项处理意见书》，认为："经查原 C 区某街道所属的某蓄电池厂，企业性质为街道集体，我市全民、集体企业是 1985 年 1 月参加养老保险，街道集体是 1989 年 1 月参加养老保险，因您在该企业参加养老保险前就离开了单位，所以诉求的 1986 年 3 月前的工作年限都不能予以计算。" 2017 年 5 月，华某向多部门写信反映其工作年限问题。

另查明，2018 年 7 月 13 日华某的《W 市企业参保人员退休（职）审批及

---

① 本案裁判文书详见附录 2。

待遇核定表》载明：出生年月 1958 年 7 月，参加工作（参保）时间 1987 年 3 月，退休（职）时间 2018 年 7 月，退休（职）年龄 60 周岁，退休审批及待遇意见栏载明"经审核，同意 2018 年 7 月办理退休"，并告知如对基本养老待遇核定结果有异议，可以在 60 日内提起行政复议或 6 个月内提起行政诉讼，该表退休审批栏中有 W 市人力资源和社会保障局（以下简称市人社局）的盖章确认。

【裁判结果】

J 省 W 市滨湖区法院作出的〔2019〕苏 0211 行初 82 号行政裁定。原告不服，向 J 省 W 市中级人民法院提起上诉。J 省 W 市中级人民法院于 2019 年 12 月 30 日作出〔2019〕苏 02 行终 399 号裁定，驳回上诉，维持原裁定。

【裁判理由】

W 中院认为，本案中，华某实际上是要求 L 人社局为其解决工龄衔接问题。根据 W 市的相关规定，L 人社局并不具有上述职责。同时，原 C 人社局作出的《信访事项处理意见书》是属地人社部门对当事人提出的诉求给予的信访答复，并非履行工龄审核的职责，该意见书不能取代《W 市企业参保人员退休（职）审批及待遇核定表》中对华某工作年限的核定意见的法律效力。因此，原 C 人社局作出的《信访事项处理意见书》对华某的权利义务不产生实质影响。华某如对工龄核定有异议，应当依法对上述核定表提起行政诉讼或者行政复议。因此，华某的原审诉讼请求缺乏法律依据。原审法院裁定驳回华某的起诉，结论正确，应予维持。

第三章　合法·合理·救济正义

　　法谚有云，有权利必有救济，无救济的权利不是真正的权利。"法治国家的任何行政行为皆必须依循依法行政原则，一旦行政行为不能符合上述原则，人民有权要求国家予以救济，称为'行政救济'。人民提起行政救济的目的，旨在对违法的行政措施能够获得修正，故行政救济制度，是具有人权保障之功用。"① 在行政法领域，通常将广义上行政法所设置的所有面向行政相对人受损权利的救济机制都划归到行政救济的阵营。由于行政救济的救济对象是行政相对人因行政行为而遭受损害的合法权利，因此行政行为是行政救济的主要致因，是进行行政救济的前提。进一步而言，行政行为又内生于行政权，前者为表，后者为里，前者是后者的外在表现。因此，行政救济制度归根结底就是对行政权违法行使的纠正或者是对行政权合法行使的弥补。对于行政救济的任何讨论，最终都应当落实到对行政权的监督层面，只有通过完善的行政权监督机制规范行政权的行使，才能从根本上减少甚至杜绝行政救济的产生可能。一般而言，在制度层面，对行政权的监督可以有两个面向，一是基于权力制衡原则，用权力来监督权力，例如立法和司法机关对行政机关的监督和制约；二是权利对权力的监督，由作为权利主体的单位或个人通过行政复议、行政诉讼、行政申诉等途径寻求行政救济。

　　法治政府要素之一在于权利救济，其须以法治为规范和保证，即救

---

　　① 　陈新民著：《行政法学总论》，台湾三民书局 2002 年版，第 573 页。

济法治。救济法治须以合法、合理为要旨，无论是制度建构还是制度实施，都必须同时满足合法与合理之双重要求。具体而言，行政机关及其工作人员在行使行政权时，既需要保证行政权在规范的轨道上运行，杜绝公权力的腐败，即行政权在国家机关与国家公职人员的施行过程中达到合法、合理两条标准；又要求在政府运行、行政治理的过程中，保证行政相对人或有关公民的合法权益，建立、运行和维护有效、稳定的救济机制，使得公民在合法权利受到不法侵害的情况下，得以通过法定程序与制度规范获得救济赔偿，从政府运行层面将错误运行的公权力矫正，由此实现法治、民主、权利的协调。综合看来，三者的关系在于，合法行政与合理行政需要权利救济机制作为制度保障，"有多大的权力，就需要承担多大的责任"，从权责一体等法哲学维度来看，符合正义的合法、合理原则在实质上包含着良性政府需要权利救济机制的内容。

与此同时，行政救济制度本身也必须符合合法与合理的双重要求，如此才能实现救济正义。救济正义之合法向度要求行政救济应当遵循行政合法性原则，也即遵循法律保留、法律优先和职权法定三个子原则，以确保行政救济的主体、权限、内容和程序均于法有据。救济正义之合理向度要求行政救济遵循行政合理性原则，做到行政公开、行政公正、比例原则、信赖保护等要求。总之，合法与合理是救济正义的两个向度，制度设计和实际操作中必须着重把握并努力实现。

第一节　行政救济的合法性

合法行政原则是行政法中最重要的一个原则，指的是行政主体行使行政权力必须依据法律，符合法律，不得与法律相抵触，否则权力主体或行为人就得承担相应的法律后果。① 相应地，行政救济制度作为公民合法权利的重要制度保

---

① 参见祁建平：《论行政合法性原则与有限政府》，载《西北民族大学学报（哲学社会科学版）》2005年第5期。

障，虽然存在非行政主体充当救济主体的情形，但制度本身的运行也必须遵从行政合法性原则，无论是救济对象、救济途径还是救济方式，都必须于法有据。

一、行政救济主体的合法性

行政救济是公民、法人或者其他组织认为行政机关的行政行为造成自己合法权益的损害，请求有关国家机关给予补救的法律制度的总称，包括对违法或不当的行政行为加以纠正，以及对于因行政行为而遭受的财产损失给予弥补等多项内容。[①] 在我国行政救济体系中，受制于法律规定的受案范围的限定，不同的行政救济主体只能提供其职能范围内的行政救济。

（一）行政机关作为行政救济主体

行政机关作为行政救济主体，是行政主体系统内部实施的行政救济。受行政体制的影响，行政机关作为行政救济主体的存在基础是上级对下级、上级机关对下级机关基于前者的领导权而对后者所作行政行为实施的救济。通常情况下，救济机关和行政行为作出的机关之间是领导与被领导的关系，但在部分情况下，指导与被指导的关系亦可作为实施行政救济行为的权力依据。具体而言，行政机关作为行政救济主体的救济机制主要包括行政复议、行政申诉、人事仲裁和行政信访四种。[②]

其一，行政复议机制。行政复议的特点是程序简便，符合效率原则；由精通业务的行政人员作出，适应行政案件的专业性特点；行政机关内部垂直系统的上下级关系便于行政案件的执行等。《行政复议法》的立法宗旨和立法目的是"防止和纠正违法的或者不当的具体行政行为，保护公民、法人和其他组织的合法权益，保障和监督行政机关依法行使职权"。该法第 2 条规定："公民、法人或者其他组织认为具体行政行为侵犯其合法权益，向行政机关提出行政复议申请，行政机关受理行政复议申请、作出行政复议决定，适用本法。"

---

① 林莉红：《行政救济基本理论问题研究》，载《中国法学》1999 年第 1 期。

② 有学者认为我国行政机关作为主体的行政救济途径还包括行政调解，参见许崇德主编：《新中国行政法学研究综述》，法律出版社 1990 年版，第 385～399 页。但行政调解一般只是作为一种措施适用于实施救济的各种途径之中。

该法具体规定了行政复议机关的职责权限，许多条文直接或间接地涉及了如何对公民实施行政救济。① 总之，《行政复议法》有着严格的程序和时效限制，是我国行政救济体系中最主要、最经常性的行政机关作为行政救济主体的行政救济机制。

其二，行政申诉机制。行政申诉是特殊的申诉制度，也称公务员申诉，是指有关行政主体根据公务员的申请，对涉及该公务员权益的人事处理决定按照法定程序予以审核并作出处理的活动。按照我国法律规定，公务员与所在机关的人事争议属于内部行政行为，原则上不可以通过诉讼途径解决，而应通过行政申诉的方式在行政系统内部寻求救济。根据《公务员法》第 95 条之规定，行政申诉所涉人事处理的种类主要有：处分；辞退或者取消录用；降职；定期考核定为不称职；免职；申请辞职、提前退休未予批准；不按照规定确定或者扣减工资、福利、保险待遇；法律、法规规定可以申诉的其他情形。至于申诉申请的处理程序，《公务员法》专设了第十五章"申诉与控告"予以规制。

其三，人事仲裁机制。人事仲裁又称人事争议仲裁，是指由独立于争议双方当事人的人事仲裁机构对法定范围内的人事争议居中调解和仲裁的活动。此前，人事仲裁主要是行政机关解决相对人之间纠纷的方式，更多地属于行政司法的范畴，因此被部分学者认为不属于行政救济的主要途径。② 但《公务员法》将人事仲裁制度加以完善。③ 在此基础上，得益于仲裁机构的中立地位，

---

① 例如《行政复议法》第 29 条规定："申请人在申请行政复议时可以一并提出行政赔偿请求，行政复议机关对符合国家赔偿法的有关规定应当给予赔偿的，在决定撤销、变更具体行政行为或者确认具体行政行为违法时，应当同时决定被申请人依法给予赔偿。申请人在申请行政复议时没有提出行政赔偿请求的，行政复议机关在依法决定撤销或者变更罚款、撤销违法集资、没收财物、征收财物、摊派费用以及对财产的查封、扣押、冻结等具体行政行为时，应当同时责令被申请人返还财产，解除对财产的查封、扣押、冻结措施，或者赔偿相应的价款。"

② 林莉红：《行政救济基本理论问题研究》，载《中国法学》1999 年第 1 期。

③ 参见《公务员法》第 105 条规定："聘任制公务员与所在机关之间因履行聘任合同发生争议的，可以自争议发生之日起六十日内申请仲裁。省级以上公务员主管部门根据需要设立人事争议仲裁委员会，受理仲裁申请。人事争议仲裁委员会由公务员主管部门的代表、聘用机关的代表、聘任制公务员的代表以及法律专家组成。当事人对仲裁裁决不服的，可以自接到仲裁裁决书之日起十五日内向人民法院提起诉讼。仲裁裁决生效后，一方当事人不履行的，另一方当事人可以申请人民法院执行。"

人事仲裁能够较为有效地协调双方利益，缓解利益冲突，从而得出双方均能接受的折中方案，这对在行政主体面前处于弱势地位的行政相对人而言无疑可以有效地救济和维护自身权益。人事争议的行政仲裁制度的确立，结束了长期以来人事争议无法律救济途径的状况。

　　其四，行政信访机制。信访是指公民采取书信、电话、走访等形式，向各级行政机关、县级以上各级人民政府所属部门反映情况，提出意见、建议和要求，依法应当由有关行政机关处理的活动。[①] 我国的信访制度作为各级人民政府同人民群众保持联系的重要手段，发挥着抒发民情、消除民怨、改善政府与群众关系的重要作用，[②] 同时也在一定程度上起到了行政救济的作用。我国信访制度包括行政信访、涉法涉诉信访和人大信访等多个信访渠道，而行政信访无疑又是信访制度中最为核心的部分。行政信访制度当下主要承担的是纠纷解决的功能，但这并非其唯一功能，其同时发挥着政策纠错、民主参与以及权力监督等其他功能。[③]《信访条例》详细规定了有关行政信访的各项处理原则和规则，为实践中有关部门了解民意、解决争端提供了较明确的指引。目前，我国行政信访救济法治化改革存在内部和外部困境，困境的成因一方面在于行政信访的纠纷性质特殊，另一方面在于司法救济机制不完善带来的不利影响。对此，行政信访救济法治化改革可以从内部和外部两条路径来实现。[④] 改革的内部路径是：国家层面的信访法律保障，将行政信访定位于权利救济的过滤机制和补充机制，权利救济功能与行政信访机构的职权设置相匹配，完善行政信访听证制度；改革的外部路径是：完善民生领域的社会立法，完善行政复议和行政诉讼救济机制，规范公权力的行使，设置行政信访救济机制对立法和公共政

---

　　① 《信访条例》第2条规定："本条例所称信访，是指公民、法人或其他组织采用书信、电子邮件、传真、电话、走访等形式，向各级人民政府、县级以上人民政府工作部门反映情况，提出建议、意见或者投诉请求，依法由有关行政机关处理的活动。"

　　② 应星：《作为特殊行政救济的信访救济》，载《法学研究》2004年第3期。

　　③ 梁迎修：《我国行政信访的制度困境及其改革逻辑》，载《政法论丛》2018年第10期。

　　④ 宋明：《行政信访救济法治化改革的困境与出路》，载《法商研究》2019年第4期。

策的参与和反馈程序。

(二) 立法机关作为行政救济主体

我国立法机关是国家权力机关，即全国人民代表大会常务委员会和地方各级人民代表大会及其常务委员会。立法机关作为行政救济主体时，其所救济的并非所有种类的行政行为，而通常局限于本级人民政府及其派出机关的抽象行政行为。在此需要注意两点：一是本级行政主体的具体行政行为一般不在立法救济之列；二是本级政府的工作部门、上下级政府及授权行政主体所作的行政行为自有其他主体予以监督和救济，无须惊动立法机关。立法救济的具体方式包括两种：一是通过事前立法行为而进行的静态救济；二是通过事后审查行为而进行的动态救济。其中，事后的动态救济是主要方式，这种救济方式以撤销为主要手段。① 需要注意的是，由于在我国立法机关履职主要是通过召开会议的形式，因此立法救济并不是经常性的法律救济机制，而是深受立法机关会期的限制。② 总之，从保护权利、设置完善的行政救济制度的角度出发，在民主与效率兼顾的前提下，如有可能，立法应规定直接实施救济的方法。

(三) 司法机关作为行政救济主体

司法救济顾名思义，就是指司法机关对行政行为的救济，不过于此处而言，司法机关应当仅限于人民法院而不包括人民检察院，又因为人民法院监督行政行为的主要途径是行政诉讼，因此司法救济实质上就是指诉讼救济。行政诉讼是由《行政诉讼法》授权，通过司法审查，监督和促进行政机关依法行政的司法行为。③ 司法机关作为行政救济主体提供的司法审查，最终目的在于通过解决行政争议，保护公民、法人或者其他组织的合法权益，监督和促进行政机关依法行政。

① 《立法法》第97条规定，全国人民代表大会常务委员会有权撤销同宪法和法律相抵触的行政法规；地方人民代表大会常务委员会有权撤销本级人民政府制定的不适当的规章。
② 参见周佑勇著：《行政法原论》，中国方正出版社2000年版，第257~258页。
③ 应松年：《行政救济制度之完善》，载《行政法学研究》2012年第2期。

其一，在司法机关作为行政救济主体对具体行政行为进行司法审查方面，① 根据《行政诉讼法》第70~78条，人民法院对被诉具体行政行为的审查和裁判结果主要有以下几种：判决撤销或者部分撤销，并可以判决被告重新作出行政行为（第70条）；判决被告在一定期限内履行（第72条）；判决被告履行给付义务（第73条）；判决确认违法，但不撤销行政行为（第74条）；判决确认无效（第75条）；判决确认违法或者无效的，可以同时判决责令被告采取补救措施；给原告造成损失的，依法判决被告承担赔偿责任（第76条）；判决变更行政处罚等行政行为对款额的确定（第77条）；判决被告承担继续履行、采取补救措施或者赔偿损失等责任（第78条）等。

其二，在司法机关作为行政救济主体对抽象行政行为进行司法审查方面，修订后的《行政诉讼法》对此作出了重大完善。② 一方面，法院可以对特定的抽象行政行为进行附带性审查；另一方面，虽然法院可以进行审查的规范性文件不包括规章，但是在"参照规章"时，必然要对规章进行合法性审查，如果发现规章与上位法相抵触而不予适用，则该规章事实上也就失去了效力。

二、行政救济方式的合法性

行政救济的方式是指救济主体在受理相对人的行政救济申请并对相关行政行为进行审查判断后，可能给出的处理结果。根据救济对象的不同，行政救济的方式可以分为程序上的救济和实体上的救济。③ 前者针对的是违法或失当的行政行为本身，旨在通过行政救济来结束违法或不当状态，从而使行政行为符

---

① 《行政诉讼法》第2条规定："公民、法人或者其他组织认为行政机关和行政机关工作人员的行政行为侵犯其合法权益，有权依照本法向人民法院提起诉讼。"因此，司法救济的客体是"行政行为"而不再仅限于"具体行政行为"。

② 《行政诉讼法》第53条规定："公民、法人或者其他组织认为行政行为所依据的国务院部门和地方人民政府及其部门制定的规范性文件不合法，在对行政行为提起诉讼时，可以一并请求对该规范性文件进行审查。前款规定的规范性文件不含规章。"另外，第63条规定："人民法院审理行政案件，以法律和行政法规、地方性法规为依据。地方性法规适用于本行政区域内发生的行政案件。人民法院审理民族自治地方的行政案件，并以该民族自治地方的自治条例和单行条例为依据。人民法院审理行政案件，参照规章。"

③ 马德才：《我国行政救济有效化之对策思考》，载《行政与法（吉林省行政学院学报）》2004年第1期。

合行政合法性原则；后者针对的是行政行为所造成的后果，旨在对后果予以补救。据此可知，程序上的救济与实体上的救济在实践中并不能截然划分开来，而是经常被同时适用或交叉适用，以便更全面地保障相对人的权益。细分来看，程序上的救济可以进一步划分为补正、撤销、责令重作、限期履行等；实体上的救济可细分为赔偿、补偿、恢复原状、赔礼道歉等。① 对不同的行政行为，救济方式可能会同时适用或者交叉适用。对大多数违法的行政行为，其救济方式是既要有程序上的救济，也要有实体上的救济，以使公民的合法权益得到充分的保护。② 行政救济方式的合法性，从整体上要求无论是程序上的救济还是实体上的救济均需符合法治原则的要求。

（一）补正

补正，即补充和改正，在实践中还存在"改正""重新办理""补正手续"等别称，其针对的是实质上合法但存在程序或形式瑕疵的行政行为。对此类行政行为之所以采用补正而非撤销手段，是因为该行为在实体上是合法的，是符合公共利益保护的要求的，因此不宜采用撤销这种全面否定的手段。但同时，程序正义越来越被公众熟知和重视，仅有实体正义并不足以满足公众的心理预期，因此需要通过补正手段来对程序瑕疵予以弥补，从而将单纯的实体正义转化为真正意义上的实质正义。补正的适用情形主要有：未依法告知、未依法补充、未依法说明理由、未依法受领、未加盖公章等。③ 补正的途径则可分为自

① 参见周佑勇著：《行政法原论》，中国方正出版社2000年版，第259~263页。
② 林莉红：《行政救济基本理论问题研究》，载《中国法学》1999年第1期。
③ 例如《行政许可法》第72条规定："行政机关及其工作人员违反本法的规定，有下列情形之一的，由其上级行政机关或者监察机关责令改正；情节严重的，对直接负责的主管人员和其他直接责任人员依法给予行政处分：（一）对符合法定条件的行政许可申请不予受理的；（二）不在办公场所公示依法应当公示的材料的；（三）在受理、审查、决定行政许可过程中，未向申请人、利害关系人履行法定告知义务的；（四）申请人提交的申请材料不齐全、不符合法定形式，不一次告知申请人必须补正的全部内容的；（五）违法披露申请人提交的商业秘密、未披露信息或者保密商务信息的；（六）以转让技术作为取得行政许可的条件，或者在实施行政许可的过程中直接或者间接地要求转让技术的；（七）未依法说明不受理行政许可申请或者不予行政许可的理由的；（八）依法应当举行听证而不举行听证的。"

行补正和责令补正，前者属于自查自纠，后者则是由有关国家机关责令作出行政行为的行政主体予以补正。

（二）限期履行

限期履行针对的是行政主体不履行或怠于履行法定职责的情况，由有权机关责令行政主体限期履行职责。我国行政诉讼和行政复议制度均规定了限期履行制度。① 在司法实践中，如在土地征用行政救济制度中，复议机关通过对复议案件的审理，认为征地机关及其工作人员没有履行法定职责的，则决定其在一定期限内履行其应当履行的法定职责。如征地机关迟延给付补偿费用，复议机关可决定其在一定期限内履行给付义务。② 适用履行这一行政救济方式，必须同时满足以下条件：其一，行政主体不作为，即应履行而怠于履行甚至不履行法定职责；其二，尚存继续履行的必要，如继续履行已无实际意义，则应通过其他方式予以救济，例如确认违法和行政赔偿。

（三）撤销和责令重作

撤销是对行政行为的全面否定，适用于违法或明显不当的行政行为。责令重作是指将某一行政行为予以撤销之后，要求行政主体重新作出新的合法的行政行为且重新作出的行政行为不得与原行政行为完全相同。③ 行政行为一经撤销，行政法律关系便恢复到初始状态，该行为视为自始不具有法律效力。而对

---

① 参见《行政复议法》第 28 条规定："行政复议机关负责法制工作的机构应当对被申请人作出的具体行政行为进行审查，提出意见，经行政复议机关的负责人同意或者集体讨论通过后，按照下列规定作出行政复议决定：……（二）被申请人不履行法定职责的，决定其在一定期限内履行；……"《行政诉讼法》第 72 条规定："人民法院经过审理，查明被告不履行法定职责的，判决被告在一定期限内履行。"

② 梁亚荣：《土地征用行政救济研究》，载《中国土地》2002 年第 12 期。

③ 参见《行政诉讼法》第 70 条规定："行政行为有下列情形之一的，人民法院判决撤销或者部分撤销，并可以判决被告重新作出行政行为：（一）主要证据不足的；（二）适用法律、法规错误的；（三）违反法定程序的；（四）超越职权的；（五）滥用职权的；（六）明显不当的。"

于该行政行为在撤销前已经产生的法律效果，则视情况区分处理：其一，相对人已经享受了权利、履行了义务，但是依法的确应当享受该权利或履行该义务的，则通过责令重作等其他行政救济方式予以补救；其二，相对人已经享受了权利但依法不应当享受该权利的，应按照不当得利予以返还或追缴；其三，相对人已经履行了义务但依法不具有该义务的，应对其进行行政赔偿。

（四）赔偿和补偿

赔偿与补偿都是对行政行为造成的不利后果的物质补救，只不过赔偿针对的是违法行政行为，补偿针对的是合法行政行为。对于赔偿，其可以与撤销、责令重作、限期履行等救济方式同时适用或交叉适用，我国《国家赔偿法》对赔偿的有关问题进行了系统规定。[①] 而对于补偿而言，实践中主要存在土地征用补偿、财产国有化补偿等，目前相关制度规定散见于单行行政管理法规中，尚无专门立法。

三、行政救济程序的正当性

遵循行政法一般规律，行政救济同样应具备程序的正当性，而且其与行政行为相比，行政救济的程序正当性要求更为严格。意即，非经法定程序提起，有关机关不主动受理救济案件，行政救济不会主动发生；非经法定程序审理，不得认定行政主体之行为违法或不当，并进而承担行政责任。[②] 我国目前在《行政复议法》《行政诉讼法》[③] 中分别对行政救济的程序加以规定。

行政救济程序的正当性与程序正义密切相关。程序正义在英国行政法中被称为"自然正义"，在美国行政法中被称为"正当法律程序"，其"是这样一种法律精神或者法律理念，即任何法律决定必须经过正当的程序，而这种程序

[①]　仇永胜：《关于行政救济制度的法律检讨》，载《学术探索》2002年第5期。

[②]　王景斌、尹奎杰：《行政救济概念范畴若干问题探析》，载《东北师大学报》1998年第6期。

[③]　例如《行政诉讼法》第91条规定："当事人的申请符合下列情形之一的，人民法院应当再审……（五）违反法律规定的诉讼程序，可能影响公正审判的……"

的正当性体现为特定的主体根据法律规定和法律授权所作出的与程序有关的行为"。① 程序正义缘起于英国古老的自然正义原则,后者被认为包含两条基本规则:一是任何人不应成为自己案件的法官。根据这一规则,行政机关实施任何行政行为,参与行为的官员如果与该行为有利害关系,或者被认为有成见或偏见,即应回避,否则,该行为无效。二是任何人在受到惩罚或其他不利处分之前,应为之提供公正的听证或者其他听取意见的机会。② 行政救济程序亦应符合程序正义的要求。程序正义从自然正义原则发展到现在,虽然具体内容在不同语境下的表述有所区别,但核心精神历久弥新,并未产生实质性的变化。具体到行政救济领域,行政救济的程序正当性主要应符合如下三个要求:

其一,行政救济中实行回避制度,自己不做自己的法官。行政救济虽然大多数情况下是由初始行政行为作出主体之外的第三方来充当行政救济主体,例如行政复议机关和人民法院,但是在部分情况下也可能涉及"同体救济",即由原行政机关实施救济,例如本级行政机关对公务员的申诉与控告的处理。因此,回避原则在行政救济中仍有适用余地。如果救济主体及其工作人员与该行政争议有利害关系,处理或裁决争议的行为可能引发公正性质疑,则相关人员应当主动回避,或者由当事人申请回避。

其二,行政救济结果需对相对人说明理由。说明理由是几乎所有国家机关在作出影响相对人权益的决定时所必须遵循的规则,非有保密要求,否则均应通过合适的方式说明理由。行政救济是对相对人权利的二次处分,如果是司法救济,则更可能是最终处分,因此救济主体在作出决定,尤其是作出对相对人产生不利影响的决定时,更应说明理由,以便相对人对此明确知悉和信服。

其三,行政救济过程中需听取相对人的陈述和申辩。随着社会公众权利意识的普遍增强,公民不再仅仅满足于传统行政社会由行政机关单方面输出信息和送达决定的模式,而是不断呼吁信息公开和官民对话。行政救济决定关乎相对人切身利益,因此救济主体更应充分尊重相对人陈述与申辩的权利。兼听则

---

① 赵旭东:《程序正义概念与标准的再认识》,载《法律科学》2003 年第 6 期。
② 参见姜明安主编:《行政法与行政诉讼法》,北京大学出版社 2015 年版,第 75 页。

明，偏听则暗，救济主体在预备作出严重影响相对人合法权益的决定时，应主动或者依申请举行听证；尤其是在司法救济中，法院应充分尊重相对人的辩论权，组织当事人双方质证和辩论，以便深入考究证据，尽可能还原事件真相，从而辨明是非对错，实现行政救济的程序正义。

典型案例 3-1：张某某、陶某等诉 S 省 J 市人民政府侵犯客运人力三轮车经营权案①

【裁判摘要】

1. 行政许可具有法定期限，行政机关在作出行政许可时，应当明确告知行政许可的期限，行政相对人也有权利知道行政许可的期限。

2. 行政相对人仅以行政机关未告知期限为由，主张行政许可没有期限限制的，人民法院不予支持。

3. 行政机关在作出行政许可时没有告知期限，事后以期限届满为由终止行政相对人行政许可权益的，属于行政程序违法，人民法院应当依法判决撤销被诉行政行为。但如果判决撤销被诉行政行为，将会给社会公共利益和行政管理秩序带来明显不利影响的，人民法院应当判决确认被诉行政行为违法。

【相关法条】

《中华人民共和国行政诉讼法》第 89 条第 1 款第 2 项

【基本案情】

1994 年 12 月 12 日，S 省 J 市人民政府（以下简称"J 市政府"）以通告的形式，对本市区范围内客运人力三轮车实行限额管理。1996 年 8 月，J 市政府对人力客运老年车改型为人力客运三轮车（240 辆）的经营者每人收取了有偿使用费 3500 元。1996 年 11 月，J 市政府对原有的 161 辆客运人力三轮车经营者每人收取了有偿使用费 2000 元。从 1996 年 11 月开始，J 市政府开始实行经营权的有偿使用，有关部门也对限额的 401 辆客运人力三轮车收取了相关的规费。1999 年 7 月 15 日、7 月 28 日，J 市政府针对有偿使用期限已届满两年

―――――――――――

① 本案裁判文书详见附录 3。

的客运人力三轮车，发布《关于整顿城区小型车辆营运秩序的公告》（以下简称《公告》）和《关于整顿城区小型车辆营运秩序的补充公告》（以下简称《补充公告》）。其中，《公告》要求"原已具有合法证照的客运人力三轮车经营者必须在 1999 年 7 月 19 日至 7 月 20 日到市交警大队办公室重新登记"；《补充公告》要求"经审查，取得经营权的登记者，每辆车按 8000 元的标准（符合《公告》第 6 条规定的每辆车按 7200 元的标准）交纳经营权有偿使用费"。张某某、陶某等 182 名客运人力三轮车经营者认为 J 市政府作出的《公告》第 6 条和《补充公告》第 2 条的规定形成重复收费，侵犯其合法经营权，向 S 省 J 市人民法院提起行政诉讼，要求判决撤销 J 市政府作出的上述《公告》和《补充公告》。

【裁判结果】

1999 年 11 月 9 日，S 省 J 市人民法院依照《中华人民共和国行政诉讼法》第 54 条第 1 项之规定，以〔1999〕J 行初字第 36 号判决维持市政府 1999 年 7 月 15 日、1999 年 7 月 28 日作出的行政行为。张某某、陶某等不服提起上诉。2000 年 3 月 2 日，S 省 Z 地区中级人民法院以〔2000〕资行终字第 6 号行政判决驳回上诉，维持原判。2001 年 6 月 13 日，S 省高级人民法院以〔2001〕川行监字第 1 号行政裁定指令 S 省 Z 市（原 Z 地区）中级人民法院进行再审。2001 年 11 月 3 日，S 省 Z 市中级人民法院以〔2001〕资行再终字第 1 号判决撤销原一审、二审判决，驳回原审原告的诉讼请求。张某某、陶某等不服，向 S 省高级人民法院提出申诉。2002 年 7 月 11 日，S 省高级人民法院作出〔2002〕川行监字第 4 号驳回再审申请通知书。张某某、陶某等不服，向最高人民法院申请再审。2016 年 3 月 23 日，最高人民法院裁定提审本案。2017 年 5 月 3 日，最高人民法院作出〔2016〕最高法行再 81 号行政判决：1. 撤销 S 省 Z 市中级人民法院〔2001〕资行再终字第 1 号判决；2. 确认 S 省 J 市人民政府作出的《关于整顿城区小型车辆营运秩序的公告》和《关于整顿城区小型车辆营运秩序的补充公告》违法。

【裁判理由】

最高人民法院认为，本案涉及以下三个主要问题：

　　关于被诉行政行为的合法性问题。从法律适用上看，《S省道路运输管理条例》第4条规定"各级交通行政主管部门负责本行政区域内营业性车辆类型的调整、数量的投放"和第24条规定"经县级以上人民政府批准，客运经营权可以实行有偿使用"。S省交通厅制定的《S省小型车辆客运管理规定》（川交运〔1994〕359号）第8条规定："各市、地、州运管部门对小型客运车辆实行额度管理时，经当地政府批准可采用营运证有偿使用的办法，但有偿使用期限一次不得超过两年。"可见，S省地方性法规已经明确对客运经营权可以实行有偿使用。S省交通厅制定的规范性文件虽然早于地方性法规，但该规范性文件对营运证实行有期限有偿使用与地方性法规并不冲突。基于行政执法和行政管理需要，客运经营权也需要设定一定的期限。从被诉的行政程序上看，程序明显不当。被诉行政行为的内容是对原已具有合法证照的客运人力三轮车经营者实行重新登记，经审查合格者支付有偿使用费，逾期未登记者自动弃权的措施。该被诉行为是对既有的已经取得合法证照的客运人力三轮车经营者收取有偿使用费，而上述客运人力三轮车经营者的权利是在1996年通过经营权许可取得的。前后两个行政行为之间存在承继和连接关系。对于1996年的经营权许可行为，行政机关作出行政许可等授益性行政行为时，应当明确告知行政许可的期限。行政机关在作出行政许可时，行政相对人也有权知晓行政许可的期限。行政机关在1996年实施人力客运三轮车经营权许可之时，未告知张某某、陶某等人人力客运三轮车两年的经营权有偿使用期限。张某某、陶某等人并不知道其经营权有偿使用的期限。J市政府1996年的经营权许可在程序上存在明显不当，直接导致与其存在前后承继关系的本案被诉行政行为的程序明显不当。

　　关于客运人力三轮车经营权的期限问题。申请人主张，因J市政府在1996年实施人力客运三轮车经营权许可时未告知许可期限，据此认为经营许可是无期限的。最高人民法院认为，J市政府实施人力客运三轮车经营权许可，目的在于规范人力客运三轮车经营秩序。人力客运三轮车是涉及公共利益的公共资源配置方式，设定一定的期限是必要的。客观上，S省交通厅制定的《S省小型车辆客运管理规定》（川交运〔1994〕359号）也明确了许可期限。J市政府没有告知许可期限，存在程序上的瑕疵，但申请人仅以此认为行政许可没有期限限制，最高人民法院不予支持。

关于张某某、陶某等人实际享受"惠民"政策的问题。J市政府根据当地实际存在的道路严重超负荷、空气和噪声污染严重、"脏、乱、差""挤、堵、窄"等问题进行整治，符合城市管理的需要，符合人民群众的意愿，其正当性应予肯定。J市政府为了解决因本案诉讼遗留的信访问题，先后作出两次"惠民"行动，为实质性化解本案争议作出了积极的努力，其后续行为也应予以肯定。本院对张某某、陶某等人接受退市营运的运力配置方案并作出承诺的事实予以确认。但是，行政机关在作出行政行为时必须恪守依法行政的原则，确保行政权力依照法定程序行使。

最高人民法院认为，J市政府作出《公告》和《补充公告》在行政程序上存在瑕疵，属于明显不当。但是，虑及本案被诉行政行为作出之后，J市城区交通秩序得到好转，城市道路运行能力得到提高，城区市容市貌持续改善，以及通过两次"惠民"行动，绝大多数原401辆三轮车已经分批次完成置换，如果判决撤销被诉行政行为，将会给行政管理秩序和社会公共利益带来明显不利影响。最高人民法院根据《最高人民法院关于执行〈中华人民共和国行政诉讼法〉若干问题的解释》第五十八条有关情况判决的规定确认被诉行政行为违法。

典型案例 3-2：张某某诉 S 市人民政府等确认行政违法案①

【裁判摘要】

行政强制执行行为必须符合法定程序。

【相关法条】

《中华人民共和国行政强制法》第 35 条、第 36 条、第 37 条、第 44 条

《中华人民共和国行政诉讼法》第 74 条

【基本案情】

2007 年 12 月 1 日，原告张某某和 N 区 M 镇 B 村签订了《养殖承包合

① 本案裁判文书详见附录 4。

同》，将老果园鸡场东查风李果树地承包给张某某，期限 30 年（承包时该果树地已被改成养鸡场）。原告在原有养鸡场的基础上开办博达养殖场，并自筹资金，在承包地上建猪舍开始养猪。2018 年 10 月 12 日，S 市人民政府下发《S 市人民政府关于开展整治江南垃圾填埋场周边违法用地的通告》，要求江南垃圾填埋场周边违法建筑限期拆除；2019 年 4 月 10 日，被告又作出了《关于限期拆除江南垃圾填埋场周边违法建筑的通知》（已提起行政复议），要求原告于 2019 年 4 月 20 日前自行拆除，逾期不拆除的由市政府组织强制拆除。2019 年 4 月 23 日由 S 市人民政府组织，N 区政府、S 市自然资源局共同参与将涉案养殖场强制拆除。

【裁判结果】

确认被告 S 市人民政府于 2019 年 4 月 23 日实施的强制拆除原告张某某养殖场的行政行为违法。

【裁判理由】

法院生效裁判认为：被告实施的拆除养殖场的行为属于行政强制执行行为，该强制执行行为应当符合《中华人民共和国行政强制法》第 35 条、第 36 条、第 37 条、第 44 条规定的法定程序，而被告 S 市政府未履行上述法律规定的"催告、听取当事人的陈述和申辩、作出行政强制决定、告知当事人享有申请行政复议或者提起行政诉讼的权利、当事人在法定期限内不申请行政复议或者提起行政诉讼，又不拆除的，方可强制拆除"法定程序，属于违法行政行为。

第二节　行政救济的合理性

1989 年罗豪才与应松年教授主编的《行政法学》将合理性原则与合法性原则并列为我国行政法的两大基本原则，并提出三项合理性判断标准："第一，行政行为的动因应符合法律的要求；第二，行政行为应建立在正当考虑的基础上；第三，行政行为的内容应符合情理。"① 合理行政原则是指行政主体在作出行政行为的过程中，应当客观公正、实事求是、平等对待所有行政相对人，行使自由裁量权时应当符合法律目的，排除不相关因素的干扰，所采取的措施和手段应当必要、适当，可以采用多种方式实现行政目的的，应当避免采用损害当事人权益的方式。② "如果说合法性原则旨在解决行政行为是否合法的问题，那么合理性原则则旨在合法的基础上进一步解决行政行为是否适当、合理的问题。"③ 合理行政原则要求行政行为在内容和形式上均实现公正性，有如下具体要求：（1）行政行为应符合法律的基本精神，符合立法宗旨或立法目的；（2）行政行为的实施者要有合理的行为动机；（3）行政行为应建立在正当考虑的基础之上，不应主观臆断，考虑不相关因素或不考虑相关因素；（4）行政行为不应反复无常；（5）行政行为不应畸轻畸重；（6）行政行为应合乎自然规律；（7）行政行为应符合社会道德准则。④ 与前文所述合法行政原则在行政救济制度中的应用相类似，行政救济缘起于行政主体实施的行政行为，所以也应当类比合理行政原则，行政救济的主体在实施行政救济的过程中必须比照合理行政原则的各项要求，合理使用自由裁量权，减少恣意、避免滥权，全面考量、审慎判断，理性抉择。

不过，虽然合理行政原则包含若干个子原则或具体要求，学者对此也见仁见智。⑤ 但对于行政救济制度而言，其既涉及复议这样的行政行为，也涉及申诉这样的行政内部行为，故为真正实现行政行为"在合法的前提下进一步做到客观、公正、适度，符合行政法的法理或精神，而不得滥用自由裁量权"，⑥

---

① 杨登峰：《从合理原则走向统一的比例原则》，载《中国法学》2016年第3期。

② 参见邢鸿飞等著：《行政法专论》，法律出版社2016年版，第72~73页。

③ 周佑勇著：《行政法原论》，中国方正出版社2000年版，第38页。

④ 杜宏伟：《行政行为应当遵循行政合理性原则》，载《中国审计报》2018年8月27日，第7版。

⑤ 例如周佑勇教授认为，行政合理性原则包含以下具体要求：其一，行政行为必须符合法定目的；其二，行政行为必须具有正当动机；其三，行政行为必须基于相关考虑；其四，行政行为必须符合公正法则。参见周佑勇著：《行政法原论》，中国方正出版社2000年版，第41~42页。

⑥ 参见周佑勇著：《行政法原论》，中国方正出版社2000年版，第38页。

其合理性基本要素与行政行为的合理性要素相关联。下文论述行政救济的合理性，主要是围绕行政救济的合目的性、合比例性、考虑相关因素和禁止不当联结四个方面展开。

一、行政救济的合目的性

行政救济的合目的性强调的是行政救济的方式与目的之间的适恰性，即行为主体所采取的行为手段必须有助于目的的达成，而不能以此种手段谋求法律规定的彼种手段才能实现的目的，更不能将国家权力用作谋取个人私欲的工具。并且，行为主体所欲达成的目的必须符合法律的规定和内在精神。

其一，在法理层面，行政救济的方式具备合目的性，要求对不同的行政行为相应设置不同的救济途径、方法和方式；反之，救济途径、方法和方式亦应与被救济的行为相适应，应根据被救济行为的不同特性设置，具有与被救济行为相适应的程序和制度。对不同的行政行为，不可能也不应该设置相同的救济途径、方法和方式。① 如果救济途径的设置与被救济行为不相适应，不仅达不到设置救济制度的目的，反而会产生负面影响。

其二，在法律规范层面，以《行政诉讼法》为例，② 就第74条第1款第2项而言，即便撤销行政行为，也无法对原告权利产生实际影响，这说明撤销这一救济手段无助于救济目的的达成。《行政诉讼法》第74条第2款所列三种情形③就更能说明问题：不具有撤销内容、原本的违法行政行为已被改变因而无须撤销、判决履行没有意义，在这三种情形下，如果法院选择撤销或判决履行作为救济手段，显然都是无法达成救济相对人权利这一最终目标的，因而也

① 林莉红：《论行政救济的原则》，载《法制与社会发展》1999年第4期。
② 《行政诉讼法》第74条第1款规定："行政行为有下列情形之一的，人民法院判决确认违法，但不撤销行政行为：（一）行政行为依法应当撤销，但撤销会给国家利益、社会公共利益造成重大损害的；（二）行政行为程序轻微违法，但对原告权利不产生实际影响的。"
③ 《行政诉讼法》第74条第2款规定："行政行为有下列情形之一，不需要撤销或者判决履行的，人民法院判决确认违法：（一）行政行为违法，但不具有可撤销内容的；（二）被告改变原违法行政行为，原告仍要求确认原行政行为违法的；（三）被告不履行或者拖延履行法定职责，判决履行没有意义的。"

就违背了行政救济方式合目的性这一原则。

二、行政救济的合比例性

行政救济的合比例性是比例原则的内在要求。比例原则是指"行政机关实施行政行为应兼顾行政目标的实现和适当性手段的选择、保障公共利益和相对人权益的均衡，如为实现行政目标可能对行政相对人权益造成某种不利影响时，应当将这种不利影响限制在尽可能小的范围和限度内，保持二者处于适度的比例"。① 一般说来，"宪政意义上的比例原则是调整国家权力和公民个人权利之间关系应坚持的一项基本准则，泛指国家权力行使要妥当、必要、均衡、不过度、符合比例，不得对公民个人权利造成非法侵犯"。② 行政救济虽然是对国家与公民权利义务关系的二次处理，是对行政相对人受损权利的补救，但是行政救济行为本身也应当恪守比例原则，既不能包庇违法或恣意行使国家公权力的行为，也不能罔顾事实，一味偏向行政相对人，而是应当客观分析，权衡各方利益，从而实现公共利益与私人利益的平衡。

其一，在法理层面，作为现代行政法的两大基本原则，比例原则和合理性原则都可以作为法院对行政机关的行政行为进行司法审查的标准，都追求着一种实质的正义，两者均建立在一种"更重要、更科学的关于行使自由裁量权的目的、方法、理由及效力关系的基础之上"。③ 比例原则之核心在于"比例"二字，要求在不同利益之间实现均衡，也就是符合均衡性原则这一子原则。均衡原则又称"狭义比例原则"，其基本含义是指国家机关在行使公权力时，必须进行利益衡量，确保在私人利益与公共利益之间保持恰当的比例关系，而这种比例关系在理想状态下应当确保产出利益大于投入成本。进一步而言，由于我国是社会主义国家，集体利益原则上高于个人利益，因此在许多情况下，狭义比例原则即是要求行为对公共利益造成的损害必须小于对个人利益的补救。具体到行政救济领域，行政救济实质上是对行政主体所代表的公共利

---

① 姜明安主编：《行政法与行政诉讼法》，北京大学出版社 2015 年版，第 73 页。
② 郝银钟、席作立：《宪政视角下的比例原则》，载《法商研究》2004 年第 6 期。
③ 王名扬、冯俊波：《论比例原则》，载《时代法学》2005 年第 4 期。

益和行政相对人所代表的私人利益的二次分配，在多数情况下是纠正违法行政行为，从而增加私人利益的权重。但这种对私人利益的保护和补救同样不得过度。

其二，在法律规范层面，以《行政诉讼法》第 74 条为例，① 法条之所以规定上述情况下行政行为虽然依法应撤销，法院却只能确认违法而不予撤销的主要原因就在于撤销该行政行为"会给国家利益、社会公共利益造成重大损害"。于此，我们可以发现，该规定实际上就是在贯彻狭义比例原则，即撤销之救济手段虽有利于补救行政相对人的受损权利，但是因撤销行为所导致的公共利益受损却会远远大于补救回来的私人利益。因此，在适用比例原则时，亦应防止比例原则适用范围的拓展演变成宣扬一种简单的"合比例"思想或将比例原则视为"公平正义"之化身的趋势，避免比例原则丧失其特色和独立性。② 否则无疑在"用大炮打麻雀"，导致国家利益与个人利益的失衡，得不偿失，因而法院不宜选择撤销手段。

三、行政救济需考虑相关因素

行政合理原则在适用于行政救济的同时也要兼顾适用于整个行政救济过程。从法律的发展进程来看，行政合理原则包括的不单单只是结果选择的合理性，也包含了裁量时的动机纯正，是否严格按照法律要求进行执行处理等其他方面因素。③ 考虑到行政救济，行政救济的实施需考虑相关因素。如救济行为主体应当在法定期限内或合理期限内履行职责，行政救济亦应考虑效能因素；④ 在均能达致目标的诸多手段中，救济行为主体应当选择对公民权利限制最小的手段等。

---

① 《行政诉讼法》第 74 条第 1 款第 1 项规定："行政行为有下列情形之一的，人民法院判决确认违法，但不撤销行政行为：（一）行政行为依法应当撤销，但撤销会给国家利益、社会公共利益造成重大损害的；……"

② 梅扬：《比例原则的适用范围与限度》，载《法学研究》2020 年第 2 期。

③ 杨俊峰：《行政法中合理原则的应用》，载《云南警官学院学报》2013 年第 3 期。

④ 关于行政法上效能原则的讨论目前学界存在一定争议，但行政行为的行使、行政救济的实施在一定程度上也需考虑效能。参见沈岿：《论行政法上的效能原则》，载《清华法学》2019 年第 4 期。

其一，在法理层面，考虑相关因素被认为是行政合理性原则包含的内容和合理性的标准之一。有学者认为，"行政合理性原则的内容有以下四项组成：行政行为必须符合法律的目的；行政行为必须具有合理的动机；行政行为必须考虑相关的因素；行政行为必须符合公正法则。"① 其中，考虑相关因素旨在规范和限制救济行为主体的自由裁量权，确保行为主体能够全面比较、多方考虑、多中选优。前文已经指出，行政救济存在补正、限期履行、撤销和责令重作、赔偿和补偿等多种救济手段，然而，选择的多样化并不意味着可以不顾个案的特殊性而随意选择。救济手段的必要性要求救济主体结合个案情况，全面、认真梳理行政纠纷，在不同救济手段之间进行优劣比较，最终抉择出相对而言更有利于制度目的达成，也就是更有利于公民权利保障的手段。

其二，在法律规范层面，考虑相关因素也同样适用于法院对行政行为进行的司法审查。② 以《行政诉讼法》为例，③ 法院可判决撤销的行政行为之一是"明显不当"，此处的"明显不当"之"明显"两字就赋予了法院较大的自由裁量权。何谓"明显"？法律并未给出明确的判断标准，但是根据必要性原则，法院只能纠正严重违反比例原则的行政行为，而并不是只要私人权利因行政行为遭受损害，就运用撤销之救济手段。对于同一事项，如果行政主体有多种选择，结果却并没有选择对行政相对人权益造成"最小侵害"的手段，而且行政主体实际采取的手段与理应采取的"最小侵害"手段之间差距悬殊，相对人因此遭受无谓的巨大损失，则在这种情况下，法院便可认定为"明显不当"，进而考虑撤销或部分撤销该行政行为。

四、行政救济禁止不当联结

我国的行政合理原则有德国比例原则的痕迹，也有英国合理性原则的影子，更有中国的特色，但不可否认的是，行政合理原则内含对禁止不当联结的

---

① 王连昌主编：《行政法学》，中国政法大学出版社 1994 年版，第 54~57 页。
② 王名扬：《论比例原则》，载《时代法学》2005 年第 4 期。
③ 《行政诉讼法》第 70 条规定："行政行为有下列情形之一的，人民法院判决撤销或者部分撤销，并可以判决被告重新作出行政行为：……（六）明显不当的。"

要求。有学者认为，"行政行为的内容要客观、适度、合乎理性。具体内容可衍生为：应符合立法目的，基于正当考虑基础、不得考虑不相关因素，平等适用法律、不得差别对待，符合自然规律，符合社会道德、职业道德"。① 有学者认为，"我国的合理性原则大体可以概括为行政决定的内容应当有合理的基本规则，主要包括平等对待、比例原则和正常判断三个方面"。② 在行政救济领域，行政救济需满足行政合理原则之禁止不当联结的要求。

其一，在法理层面，禁止不当联结原则起源于德国行政法，在我国台湾地区得到充分重视和广泛研究。不当联结主要有三类：第一种类型应当是基于行政附款的不当联结，第二种类型为基于行政合同的不当联结，第三种类型则是基于不相关考虑的不当联结。基于行政附款的不当联结指的是行政机关以一种附加的意思表示的形式，要求相对人承担额外的义务或不利益。基于行政合同的不当联结指的是行政机关利用其主体优势地位，迫使相对人负担与行政目的不相符的对待给付。基于不相关因素考虑的不当联结指的是行政机关作出行政决定特别是处罚决定时，受其他因素的干扰而为相对人设定不相关的义务负担。行政救济对禁止不当联结进行认定，即应从以上三种类型加以认定。

其二，在司法实践层面，禁止不当联结有利于保障个案公正。③ 我国大陆地区没有禁止不当联结原则的相关规定，仅有少数学者在理论层面上进行了系统研究。但是，实践中的不当联结行为屡见不鲜，公民在权利受到侵犯之后也难以依据现行法律来保障自身合法权益。从德国行政程序法和台湾地区"行政程序法"来看，如果行政主体要求行政相对人的给付、负担或者不利益与其所追求的行政目的不一致，行政主体之行政行为与公民、法人和其他组织的对待给付之间缺乏实质内在关联时，则属于不当联结。不当联结可能有诸多原因：或者没有严格遵循法治和公正的理念；或者在行政执法过程中缺乏执法手段、执法成本较高；或者行政人员在主观上存在恶意情形等。不当联结有多种

① 汪燕：《行政合理性原则与失当行政行为》，载《法学评论》2014 年第 5 期。
② 叶必丰：《行政合理性原则的比较与实证研究》，载《江海学刊》2002 年第 6 期。
③ 曾哲、雷雨薇：《比例原则的法律适用评析与重塑》，载《湖南社会科学》2018 年第 2 期。

表现形式，例如目的与手段之间的不合理联结，对待给付无实质关联，考虑不相关因素等。① 因此，在行政救济中，认定不当联结一般遵循三步骤：首先确定行政目的，其次判断对待给付的属性，最后考察对待给付和行政目的之间的关联性。

典型案例 3-3：D 市某某蛋鸡养殖专业合作社诉 D 市人民政府不履行法定职责案②

【裁判摘要】

公民基于对政府的信赖利益遭受损失时，理应获得相应的行政补偿，但要根据客观实际情况，符合行政合理性原则。

【相关法条】

《中华人民共和国行政诉讼法》第 89 条第 1 款

《中华人民共和国畜牧法》第 40 条

《中华人民共和国动物防疫法》第 19 条

《中华人民共和国水污染防治法》第 17 条

【基本案情】

2012 年 8 月 22 日，原告在 D 市工商行政管理局登记成立。2018 年 6 月 8 日，D 市人民政府发布《关于畜禽养殖禁养区养殖户关闭或搬迁的通告》，规定禁养区内养殖户需在 2018 年 6 月 30 日前自行关闭或搬迁，根据畜禽存栏量不同给予资金补助。同日，D 市环境保护督查反馈问题整改工作领导小组通过《D 市畜禽养殖禁养区规模养殖户关闭或搬迁工作实施方案》，其中规定了禁养区划定的原则、范围、关闭或搬迁原则，明确了奖励标准，明确依法依规、适当奖励。此后，原告法定代表人李某某的妻子丁某某与 D 市 C 镇政府签订《养殖业户关闭或搬迁协议书》，奖励原告 2.04 万元。丁某某于 2018 年 8 月

---

① 王月：《论行政法领域的禁止不当联结原则》，中共江苏省委党校 2019 年硕士论文。

② 本案裁判文书详见附录 5。

20 日签订承诺书，表示市政府给予了 2.04 万元奖励补助金，保证不再恢复养殖。对该养殖场蛋鸡存栏情况、奖励情况，C 镇政府于 2018 年 9 月 6 日予以公示。原告认为该款项系奖励款，D 市政府应再依据《畜禽规模养殖污染防治条例》第 25 条之规定给予补偿。原告于 2019 年 1 月 8 日向 D 市政府提交了行政补偿申请。D 市政府收到申请书后，未给予答复。养殖场于 2019 年 5 月 17 日提起诉讼。

【裁判结果】

J 省 C 市中级人民法院作出的〔2019〕吉 01 行赔 8 号行政判决。原告不服，向 J 省高级人民法院提起上诉。J 省高级人民法院于 2019 年 12 月 30 日作出〔2019〕吉行赔终 12 号判决，驳回上诉，维持原判。

一审宣判并送达后，原被告双方均未提出上诉，本判决已发生法律效力。

【裁判理由】

人民法院生效裁判认为：2006 年 7 月 1 日实施的《中华人民共和国畜牧法》第 40 条规定，禁止在生活饮用水的水源保护区建设畜禽养殖场、养殖小区。2008 年 1 月 1 日实施的《中华人民共和国动物防疫法》第 19 条规定，动物饲养场（养殖小区）场所位置与居民生活区、生活饮用水源地、学校、医院等公共场所的距离符合国务院兽医主管部门规定的标准。根据国务院兽医主管部门规定距离至少为 500 米。第 20 条规定，兴办动物饲养场应当向县级以上人民政府兽医主管部门提出申请，经审查合格，发给动物防疫条件合格证。2008 年 6 月 1 日实施的《中华人民共和国水污染防治法》第 17 条规定："新建、改建、扩建直接或者间接向水体排放污染物的建设项目和其他水上设施，应当依法进行环境影响评价。"本案上诉人的养殖场于 2012 年取得工商登记进行经营，但其没有办理环评手续，违反了上述规定。营业损失补偿应当以合法经营为前提，养殖场在禁养区养殖畜禽，没有进行环境影响评价，养殖场主张其为合法经营者，应当由 D 市政府对其预期经营损失等予以补偿的请求，不予支持。尽管上诉人养殖行为并不完全符合环境保护规定，但其中有对政府的信赖利益和客观经营利益，关闭养殖场必然会有一定客观损失。《畜禽规模养殖污染防治条例》第 25 条规定了县级以上地方人民政府依法对养殖者进行补偿，但未对补偿标准及条件进行明确规定，现《D市畜禽养殖禁养区规模养殖户关闭或搬迁工作实施方案》中明确给予适当奖励，应视为D市政府在养殖场不完全符合环保法律法规的情况下，鉴于其客观损失而给予的适当补偿，符合行政合理性原则。关于养殖场所主张的鸡舍、鸡笼、机械设备损失的问题，因案涉养殖场为自行关闭，政府未对其基础设施进行拆除，在此情况下，养殖场主张的上述损失，于法无据，本院不予支持。

典型案例3-4：高某诉Q市公安局S分局公安行政管理案①

【裁判摘要】

行政主体在法律规定的裁量幅度内行使行政职权不会构成"明显不当"。

【相关法条】

《中华人民共和国行政诉讼法》第89条第1款第1项

【基本案情】

2018年5月9日14时左右，原告高某与他人通过S路19号蓝石海景公寓人员通道门口时，因案外人田帅阻止，双方发生言语冲突，之后原告将蓝石海景公寓设置的挡车杆掰弯（掰了两次）从车辆通道进入。被告S公安分局下属Y路派出所接到110指令后，于当日进行行政案件受案登记并在当日16时对原告进行询问，原告称其公司在蓝石海景公寓院内，需要通过该公寓人员通道门进入公司，因田帅阻拦其进入，原告自另一侧掰弯挡车杆后进入。2018年5月10日19时，被告S公安分局因原告涉嫌故意损毁财物，通过口头传唤对原告进行询问。2018年5月10日，被告S公安分局作出青南公（云）行罚决字〔2018〕268号《行政处罚决定书》，认为原告故意损毁财物违法行为成立，决定给予行政拘留七日的行政处罚，该拘留决定已于2018年5月17日执行完毕。原告不服，于2018年5月21日向被告S区政府提出复议申请。2018年5月23日，被告S区政府作出《受理通知书》《提出答复通知书》，受理原告申请并要求被告S公安分局提出答复。2018年5月28日，被告S公安分局

---

① 本案裁判文书详见附录6。

作出《行政复议答复书》并提交相关证据材料。2018年7月3日，被告S区政府作出青南政复决字〔2018〕19号《行政复议决定书》，维持了被告S公安分局的行政处罚决定，以上文书皆送达各方当事人。原告不服，遂提起行政诉讼。

【裁判结果】

Q市S区人民法院作出〔2018〕鲁0202行初159号行政判决。高某不服提起上诉。2019年12月30日，S省Q市中级人民法院以〔2019〕鲁02行终700号行政判决驳回上诉，维持原判。

【裁判理由】

人民法院生效裁判认为：《中华人民共和国治安管理处罚法》第49条规定："盗窃、诈骗、哄抢、抢夺、敲诈勒索或者故意损毁公私财物的，处五日以上十日以下拘留，可以并处五百元以下罚款；情节较重的，处十日以上十五日以下拘留，可以并处一千元以下罚款。"本案中，上诉人设立的公司与蓝石海景公寓分列在涉案无名道路的两侧，上诉人及其工作人员到公司上班虽有两条通道，但从涉案无名道路上通行更为便捷。事发当日，虽然蓝石海景公寓物业人员在该小区于涉案无名道路上设置的人员通道门及挡车杆处阻拦了上诉人及同行人员进入，但上诉人在受到该案外人阻拦后，未通过法定途径解决，却采取自行掰弯挡车杆的措施后从车辆通道进入，处理方式不适当，且具有损毁公私财物的主观故意，因此上诉人的该行为已经构成上述法律规定的"故意损毁公私财物"的违法情形，被上诉人S公安分局据此作出被诉行政处罚决定事实清楚，适用法律正确。关于被诉行政处罚决定的处罚幅度问题，上诉人主张被上诉人S公安分局作出拘留七日的处罚明显不当。对此，本院认为，根据《中华人民共和国治安管理处罚法》第49条规定，只要故意损毁财物的事实成立，公安机关即可作出处五日以上十日以下的拘留，且可并处罚款，本案中，被上诉人S公安分局仅对上诉人作出拘留七日的行政处罚，而未处以罚款，系在上述法律规定的裁量幅度内。因此，上诉人主张被上诉人S公安分局存在"明显不当"证据不足。

第三节 救济正义

法律作为法治国家重要的社会治理工具，旨在规范和调整社会关系、维护社会之公平正义。① 古今中外，学者们对"正义"的内涵进行了全方位的挖掘，给出了各种定义，例如古罗马法学家乌尔比安将其界定为"正义乃是使每个人获得其应得的东西的永恒不变的意志"；西塞罗也曾将正义概括为"使每个人获得其应得的东西的人类精神取向"。② 正如"一千个读者心中就有一千个哈姆雷特"，不同的学者基于各自的身份、环境、视角等不同因素，自然会给出不同的答案。但总体而言，学者们普遍强调正义的主观向度，即认为正义实质上是人类精神上的某种态度、一种公平的意愿和一种承认他人的要求和想法的意向。正义的立法者会努力实现多方利益均衡，正义的法官会避免偏私与误判。正义的主观向度决定了正义有着一张普罗修斯似的脸，变幻无常，随时可以呈现出不同的形状并具有极不相同的面貌。具体到行政救济领域，救济正义是"正义"概念的具体表现，其同样并非单指行政救济过程中某一方面的平等公正，而是有着多元面向，要求各环节、各阶段均努力符合正义的要求。总体而言，救济正义存在个案、制度和道德正当性三个面向，即行政救济的个案正义、行政救济的制度正义、行政救济的道德正当性三者共同构成了救济正义的主要内容。

一、行政救济的个案正义

行政救济的个案正义偏重于实体正义，追求的是一种实质正义、结果正义，是指制度设计的终极目标得到实现。就行政救济而言，其终极目的就在于

---

① 赵迪：《形式正义到实质正义：法律适用理念的理论论争与应然选择》，载《东岳论丛》2020 年第 5 期。

② 参见［美］E. 博登海默著：《法理学：法律哲学与法律方法》，邓正来译，中国政法大学出版社 1999 年版，第 264 页。

补救行政相对人因行政行为所遭受的合法权利损害，是故，行政救济的个案正义即是指相对人的权利最终成功得到了补救。又由于相对人得到行政救济的权利可以统称为救济权，因此行政救济的个案正义其实就是要求实现相对人的救济权。

行政救济的个案正义，在理想状态下应当同时实现对相对人的实效性权利保护和无漏洞权利保护。[1] "救济权"是"原权"的对称，又称"第二权"，指在原权受侵害时所生的权利，如恢复原状请求权、损害赔偿请求权等。行政救济的全部功能在于权利保护。权利意识作为人自我保护的一种本能反应，因此正常情况下人们都会趋于争取新权利、捍卫既有权利。然而，在我国，人们经常不愿意行使权利。"人不愿意行使权利的根本原因不是人的权利意识淡薄、丧失，而是国家围绕权利所建立起来的行政救济制度不能吸引人们去向国家行使权利保护的请求权。"[2] 救济权可以有效保障公民权利。救济权由宪法与法律确立并予以制度化，以调节与平复个体之间的利益纠纷，满足社会发展的现实需求。对个人而言，普遍性的赋权规则并不能完全保证权利的实现。所以，必须设置对这种"权利否定"的矫正和救济机制，让受到侵害的权利能及时获得补救、弥补。具体而言，实现行政救济的个案正义，需从实效性权利保护、无漏洞权利保护两方面出发。

（一）实效性权利保护

实效性权利保护包括两个层面：一是"能得好处"，二是"免予恐惧"。

其一，就"能得好处"而言，在经过了正当的行政救济程序以后，如果行政主体的行政行为被确认违法且已经损害了行政相对人的合法权益，行政相对人若此种情况下"能得好处"，则满足了救济正义的要求。这里所指的"能得好处"，不仅指行政相对人获得了针对其受损权利而作出的行政赔偿，还包

---

① 参见［美］E. 博登海默著：《法理学：法律哲学与法律方法》，邓正来译，中国政法大学出版社 1999 年版，第 328~331 页。

② 章剑生著：《现代行政法总论》，法律出版社 2014 年版，第 329 页。

括行政相对人为了拿到赔偿而付出的物质成本和时间成本，例如因提起行政诉讼而支出的起诉费、律师费。

其二，就"免予恐惧"而言，其要求在行政相对人因寻求行政救济而得到好处以后，应当享有免予行政机关威胁和报复的制度性保护。这一要求根源于自古以来就存在的官民力量悬殊、公民被"秋后算账"的现象，能够有效预防和避免行政相对人被权力机关打击报复。实践中，"免予恐惧"的保护性制度主要在各法律文件的"法律责任"一章中有所体现。①

（二）无漏洞权利保护

无漏洞权利保护包含两个维度：一是"告状有门"，二是"容易进门"。

其一，行政相对人"告状"权利的依据是《宪法》第41条。② 由于基本权利具有"主观权利"和"客观法"的双重性质，国家负有保障基本权利实现的义务，因此宪法的规定就为国家义务的履行指明了方向，要求国家以制定法形式为公民提供法律保障，保证行政相对人在行使申诉、控告、检举等基本权利时"告状有门"，也就是无漏洞权利保护。对此，既有的权利救济之"门"是《行政复议法》和《行政诉讼法》，如果在某些情况下，现有的行政救济制度无法为行政相对人提供权利救济，则国家有义务提供其他性质的救济制度。总之，国家必须尽可能为行政相对人"告状有门"创造各种途径和条件，断断不可让受到行政权侵害的公民权利徘徊于权利救济之"门"外。

其二，行政救济制度不仅要确保行政相对人"告状有门"，还要使其"容易进门"，换言之，行政救济的启动门槛不应虚高，当行政相对人有获取行政

---

① 例如《行政监察法》第47条规定："对申诉人、控告人、检举人或监察人员进行报复陷害的，依法给予处分；构成犯罪的，依法追究刑事责任。"

② 《宪法》第41条规定："中华人民共和国公民对于任何国家机关和国家工作人员，有提出批评和建议的权利；对于任何国家机关和国家工作人员的违法失职行为，有向有关国家机关提出申诉、控告或者检举的权利，但是不得捏造或者歪曲事实进行诬告陷害。对于公民的申诉、控告或者检举，有关国家机关必须查清事实，负责处理。任何人不得压制和打击报复。由于国家机关和国家工作人员侵犯公民权利而受到损失的人，有依照法律规定取得赔偿的权利。"

救济的需求时，法院、检察院等应在法律允许的范围内为其提供便利，以保障行政相对人的行政救济申请权或者诉权。实践中，典型例子是立案登记制改革①，即改革法院案件受理制度，变立案审查制为立案登记制，以充分保障当事人诉权，切实解决人民群众反映的"立案难"问题。

二、行政救济的制度正义

罗尔斯的正义论是制度的正义论，他明确指出，正义的对象是社会的基本结构，即用来分配公民的基本权利和义务，划分由社会合作产生的利益和负担的主要制度。② 行政救济的制度正义体现于救济制度的完整性、有效性。构建完整、有效的行政救济制度，实现制度正义，关涉秩序和正义两个方面。其中，秩序侧重于社会制度和法律制度的形式结构，而正义强调的是法律规范和制度性安排的内容。"正义的关注点可以被认为是一个群体的秩序或一个社会的制度是否适合于实现其基本的目标。"③ 虽然二者存在侧重点和表现形式等方面的不同，但是二者的密切关联同样是不容忽视的。

在一个健全的法律制度中，秩序与正义这两个价值通常不会发生冲突，相反，它们往往会在一个较高的层面上紧密相连、融洽一致。一个法律制度若不能满足正义的要求，那么从长远的角度来看，它就无力为政治实体提供秩序与和平。但是，如果没有一个有序的司法执行制度来确保相同情况获得相同待遇，那么正义也不可能实现。因此，秩序的维续在某种程度上是以存在着一个合理的健全的法律制度为条件的，而正义则需要秩序的帮助才能发挥它的一些基本作用。④ 概言之，法律旨在创设一种正义的社会秩序，也就是说，一个法

---

① 《行政诉讼法》第51条规定："人民法院在接到起诉状时对符合本法规定的起诉条件的，应当登记立案。"

② 参见［美］约翰·罗尔斯著：《正义论》，何怀宏等译，中国社会科学出版社1998年版，第287页。

③ 参见［美］E. 博登海默著：《法理学：法律哲学与法律方法》，邓正来译，中国政法大学出版社1999年版，第252页。

④ 参见［美］E. 博登海默著：《法理学：法律哲学与法律方法》，邓正来译，中国政法大学出版社1999年版，第318页。

律制度若要恰当地完成其职能，就不仅要力求实现正义，而且还必须致力于创造秩序。

制度正义是制度的正义性与制度化的正义的统一。[①] 具体到行政救济领域，由于人类社会的井然有序大多数情况下是由掌权者通过构建和实施一系列制度来予以实现的，因此，秩序与正义的关系实际上就表现为制度与正义的关系，于此就自然表现为既有的行政救济制度与救济正义之间的关系。理想的关系状态应当是：行政救济制度是救济正义的载体；救济正义是行政救济制度的灵魂和内在价值。我国当前的行政救济体系是以行政诉讼、行政复议为中心，以其他行政救济方式为补充的多样化行政救济制度体系。这一制度体系能否在行政救济领域创设一种正义的行政救济秩序，能否实现行政救济的制度正义，主要取决于制度的设立及其运行是否满足如下两项条件。

其一，行政救济制度内容完整，体系规范，制度的设计必须符合正义的要求。"良法善治"，"良法"是"善治"的前提和基础，因此行政救济制度本身应当最大限度地体现社会的价值诉求。这在实践中主要是要求制度设计者也就是立法者在立法过程中，必须尽可能地吸纳公众参与，吸收公众意见，从而使所立之法最大限度地体现最广大人民的根本利益，最大限度地涵盖公平、正义等重要价值。

其二，行政救济制度运行之有效性，行政救济制度应当彰显正义价值。"徒法不足以自行"，再好的制度设计如果不能付诸实践，那注定只能成为水中月镜中花，无法发挥应有的作用。行政救济制度牵涉到行政复议机关、行政诉讼机关、行政仲裁机构等多方国家机关，因此必得这些相关主体同频共振、齐心合力，才有可能将制度规定转化为制度正义。

三、行政救济的道德正当性

法治秩序的建立及其持续再生产不可或缺法治文化。[②] 行政救济的道德正

---

① 王展渊：《制度正义之逻辑建构》，载《学术论坛》2005 年第 3 期。
② 高兆明：《法治文化与法治秩序：从罗尔斯思想实验说起》，载《东南大学学报（哲学社会科学版）》2018 年第 3 期。

当性偏重于对行政救济制度以及创设制度之法律的正当性之反思。具体而言，一方面，行政救济制度的创设，有助于控制行政权力滥用，有助于维护政府与人民之间的信赖关系，有助于彰显程序正义;① 另一方面，创设行政救济制度的诸多法律规范也基于其实现依法行政、保障公民权利的立法目的而具备其正当性。

其一，行政救济的道德正当性充分体现于行政制度的创设。一是控制行政权力的滥用。行政控权要求行政权依法行使，按照法律所设定的步骤、方式、程序与时限行使权力。一旦权力行使者违反法定程序就构成违法，并应当承担相应的法律后果。行政救济制度的创设解决了行政违法的处理问题，有效加强了对行政权力的控制，以更好保护公民权利不受侵害，促使行政机关真正做到依法行政。二是维护政府与人民之间的信赖关系。在现代民主社会越来越强调平等的历史发展趋势下，行政权力的暴力性和强制性作用在减弱，越来越起作用的是相对人内心的信赖，这也是权力文明的标志。因此，在行政法上，诚实信用原则的基本内涵是要求行政机关恪守人民授权之宗旨，忠实维护与促进社会之公益，真诚尊重与维护公民之权益。而其本质乃在于维系与增进政府与人民之间的信赖关系。行政救济是对违背人民意志、侵害公民权利的行政行为作出处理，有效保护了行政相对人的合法权益。三是彰显程序正义。程序正义理论就是通过用正义的程序来保护公民合法权益和公共利益，进而做到对权力进行制约，这是行政法最主要的目标之一。程序合法是行政行为合法的重要内容，行政行为的合法首先应当做到程序合法，即要求行政主体作出行政行为时不能缺乏法定的步骤、颠倒法定的顺序或者超过法定期限。② "公正的法治秩序是正义的基本要求，而法治取决于一定形式的正当过程，正当过程又主要通

---

① 江晓波：《行政迟延行为的行政救济与制度完善》，载《学习与实践》2018 年第 1 期。

② 江晓波：《行政迟延行为的行政救济与制度完善》，载《学习与实践》2018 年第 1 期。

过程序来体现。"① 行政救济制度的创设符合我国的"依法行政""建设法治国家"理念，有助于和谐社会的建设。

其二，就创设行政救济制度的诸多法律规范而言，目前我国已建构了以行政诉讼、行政复议为中心，以其他行政救济方式为补充的多样化行政救济制度体系。但在行政补偿之救济方面仍有待深入研究。法律意义上的救济对应于权利，是权利实现的重要保障。行政补偿是国家救济制度的重要组成部分，行政补偿的救济作为"救济的救济"对保障私人权利、稳定社会关系具有重要作用。应加强行政补偿救济的理论研究，充分借鉴域外在行政和司法两种管道上强化行政补偿救济的有益经验，客观分析我国行政补偿救济的现状与不足，引入社会力量建立中立、客观的价值评估体系。② 由此，构筑相对独立的行政补偿争议裁判制度，完善补偿争议诉讼的相关立法及程序，大力提升司法救济力度，推动我国行政补偿救济制度的完善。

其三，应当着力实现社会本位行政救济体系的价值重构，和谐理念下行政救济机制之间的有效衔接，法治意识形态下行政救济的理性运行与适时终局，以及诚信价值滋养下行政救济的官民真诚互动、文明表达和理性对话。③ 基于此，通过对行政救济制度以及创设制度之法律的正当性之反思，行政救济的道德正当性得以真正彰显。

---

① 参见［美］约翰·罗尔斯著：《正义论》，何怀宏等译，中国社会科学出版社 1998 年版，第 225 页。
② 董加伟：《论行政补偿的救济》，载《公安海警学院学报》2018 年第 6 期。
③ 倪洪涛：《社会主义核心价值观融通行政救济法治初论》，载《时代法学》2019 年第 3 期。

第四章 类型·域外样本·中国模式

　　无论是从历史纵向还是空间横向的维度来看，不同国家或法域的行政救济制度不可能千篇一律。"世界上不存在完全相同的政治制度，也不存在适用于一切国家的政治制度模式。'物之不齐，物之情也。'各国国情不同，每个国家的政治制度都是独特的，都是由这个国家的人民决定的，都是在这个国家历史传承、文化传统、经济社会发展的基础上长期发展、渐进改进、内生性演化的结果。"① 以不同主体力量所主导的模式差异为基础，行政救济大致可分为三种模式：（1）行政主导型，即主要由行政复议等以行政权自身运行作为救济制度依托的模式；（2）司法主导型，即以西方权力分立理论或我国国家权力分工合作理论为基础的、以行政权力之外类型的国家权力作为主导、裁决救济的模式，即行政诉讼（含司法审查等模型）；（3）以前两种为参考的混合模式救济。

　　行政救济之考察宜从纵向分析可参考的模型，"我们需要借鉴国外政治文明有益成果……对丰富多彩的世界，我们应该秉持兼容并蓄的态度，虚心学习他人的好东西，在独立自主的立场上把他人的好东西加以消化吸收，化成我们自己的好东西。"美国专门的行政救济制度包含行政裁判制度、司法复审制度和行政侵权赔偿责任制度；德国的行政救济制度主要由异议审查、行政诉讼和行政赔偿构成；兼有大陆法系和英美法系的特点的日本的行政救济制度主要包括行政不服申诉制度、行政案

---

① 习近平 2014 年 9 月 15 日在庆祝全国人民代表大会成立 60 周年大会上的讲话。

件诉讼制度、行政上的损害赔偿制度和行政上的损失补偿制度。这些经验都为当前中国法治政府进程中行政救济法治化建设提供了启示。

我们需要认识到，当前我国的行政救济模式是一种双轨并行的"混合模式"，当行政行为损害相对人合法权益，我国当前的救济途径往往可以涵盖行政救济与私法救济、内部救济与外部救济、公法救济与私法救济等领域。这种多层次的行政救济法律制度，也体现了《行政诉讼法》《行政复议法》等行政救济法组成部分的立法目的，即保护公民、法人和其他组织的合法权益不受行政机关非法侵害。

第一节 行政救济法之基本类型

根据行使行政救济权的主体不同，可以把行政救济划分为行政主导型、司法主导型和混合型。这种划分的意义在于明确不同机关之间的救济权限及性质，从而进一步确定各种救济方式得以依据的法律原则和制度、适用的范围和途径等。在当前"实质法治"与"行政法治"的价值引领下，① 多样的救济类型为我国的救济法治提供了参考范本。

一、行政主导型

行政主导型救济是行政救济法的主要救济方式，其适用范围广泛，救济手段灵活。按照前述导论所介绍的"主体"分类标准，行政主导型救济主要有行政复议、行政裁决、行政仲裁、行政调解等制度形式。

其一，行政主导型救济是指运用行政权纠纷解决行政争议的机制，通过行政救济手段解决行政纠纷。由于作出违法或不当行为的机关和救济机关同属于

---

① 徐继敏：《中国行政法发展：现状、瓶颈与思路》，载《法治研究》2012 年第 5 期。

行政体系，所以行政主导型救济是行政体系内的自我纠错。西方国家对于行政纠纷并非首先考虑通过司法途径进行救济，而是优先选择通过行政救济方式进行，即穷尽行政救济程序。尽管这些国家行政救济的名称各不相同，譬如行政复议、行政裁判、苦情处理等，但是其作用基本是相同的，即通过行政救济手段，尽可能把大量的行政争议化解在行政救济程序范围之内，而不是把大量行政纠纷交由法院处理。这样一方面可以对公民的合法权益作出及时、有效的救济，另一方面也能大大提高行政效率，节约司法资源。在我国，行政主导型行政救济主要指行政复议、行政裁决、行政仲裁、行政调解等为一体的纠纷解决机制。

其二，行政主导型救济在救济的适用范围和救济手段的灵活运用方面，有着其他救济形式无法比拟的条件。（1）行政主导型救济具有广泛性，凡是行政行为侵犯相对人合法权益的，除了法律另有规定的外，相对人都可申请此种救济。（2）行政主导型救济具有效率高、成本低的优势，行政主导型救济具有及时性，能够及时纠正行政违法行为和不当行为；而且，其救济程序手续简便，可以迅速对行政违法和不当行为作出调整和纠正。（3）行政主导型救济具有很强的监督性，能及时纠正下级行政机关工作的失误，而且使上级行政机关对下级行政机关的工作有深入的了解，有利于对下级行政机关及其工作人员的监督和考核。①

其三，在我国，行政主导型救济主要包括行政复议、行政裁决、行政仲裁、行政调解等基本类型。其中：（1）行政复议是指公民、法人或其他组织认为行政机关的行政行为侵犯其合法权益、依法向有复议权的行政机关申请复议、复审的法律制度。行政复议是我国特有的概念，兼具行政性和准司法性。行政复议具有明显的优点：作为一种行政监督制度，其受理案件的范围远较诉讼广泛；较之诉讼程序，行政复议的程序相对简便快捷；行政复议一般都不收费；可减轻法院负担；行政复议是行政机关的一种自我纠错机制，如能公正处

---

① 夏至文：《受教育权救济问题研究》，2008年苏州大学博士论文。

理行政争议，必将大大增强政府的公信形象。① 行政复议脱胎于诉愿制度，台湾目前实行的行政诉愿制度，是仿效日本第二次世界大战前的诉愿制度建立的。日本早在 1876 年便公布了诉愿规则，1932 年又进行了修改，公布了新诉愿法。台湾目前的"诉愿法"在许多内容上都沿袭了日本过去的诉愿法。（2）行政裁决意指行政主体依照法律授权，对平等主体之间发生的、与行政管理活动密切相关的、特定的民事纠纷或争议进行审查，并作出裁决的活动及其过程。行政裁决是"根据社会需要在行政权与司法权充分分立的基础上所做的理性选择"②，其本质体现了行政主体对民事争议的干预，因此行政裁决具有行政性、民事性和准司法性三重特征。在美国，行政裁决是行政机关对行政争议作出决定的行为，是行政机关行使司法权的行为。行政裁决是美国行政机关通过行政法官，像法官那样通过法律程序，依据法律、规章和事实，对私人权利和义务作最终处分的单方具体行政活动。③ 行政裁决就其采取的程序正规化程度不同而言，可以分为正式程序裁决和非正式程序裁决。前者是指行政机关通过审判型的正式听证，对具体事件作出决定的行为；后者则是指行政机关作出具体决定时，在程序上有较大的自由，不适用审判型的正式听证程序。行政机关大部分裁决属于非正式程序裁决。（3）行政仲裁意指行政行政机关设立的特定行政仲裁机构，依法按照仲裁程序对双方当事人之间的特定纠纷作出具有法律约束力的判断和裁决的活动。行政仲裁具有仲裁主体的行政性、对象的特定性以及结果的非终局性等特征。行政仲裁制度在我国有较长的存在发展历史，早在井冈山革命斗争时期，政府就已采用行政仲裁的方式解决劳动争议；中华人民共和国成立后，我们逐渐建立起以行政仲裁为主要内容的仲裁制度。随着市场经济的发展，1994 年颁布的《仲裁法》促使行政仲裁向民间仲裁的改革和转轨，但这并不意味着行政仲裁制度的消失——它仅仅意味着行政仲裁

---

① 应松年：《把行政复议制度建设成为我国解决行政争议的主渠道》，载《法学论坛》2011 年第 5 期。

② 王名扬著：《美国行政法》（上），中国法制出版社 1995 年版，第 311 页。

③ 胡建淼著：《十国行政法——比较研究》，中国政法大学出版社 1993 年版，第 73 页。

之内涵和外延发生了较大的变化。① （4）行政调解是指由行政主体主持，以国家法律、法规和政策为依据，遵循合法、自愿的原则，通过说服教育等方法促使当事人平等协商、互谅互让。从而达成协议，以便解决民事争议或特定行政争议的活动。行政调解具有行政性、非强制性以及非终局性。美国的调解发轫于 20 世纪初期的劳工纠纷解决，经过 20 世纪中叶的蓬勃发展后，已扩展至社区纠纷和民商事纠纷的调解，并在 20 世纪 80 年代以后得以制度化。② 日本行政上的苦情处理制度，广义上是指行政机关受理国民对行政的不满、不服等的苦情申诉，并为谋求对此的解决而采取的必要措施。狭义上是指特别设立的苦情处理机关根据来自国民的苦情申诉，在进行必要的调查的基础上，将苦情内容通知有关机关，并为谋求其解决而采取劝告、调停等必要的措施。③ 在日本，行政上的苦情处理制度是正式的法律上的争讼制度的补偿形式，有利于发挥行政救济的职能。可见，法治发达国家对行政纠纷的处理重视纠纷双方的和解，通过和解来化解矛盾。

二、司法主导型

众所周知，司法是国家与社会正义的最后一道防线。置身于当今社会，由于行政国家的兴起，法治发达国家正在由"立法主导"的法治向"司法主导"的法治转变，德沃金形象地称"法院是法律帝国的首都，法官是帝国的王侯"。④ 有鉴于此，司法程序对于法治建设和法治理论之研究都有着非常重大的意义。

其一，"法律的真实生命应当而且永远存在于司法实践中"，现代法治已

---

① 江国华著：《中国行政法（总论）》，武汉大学出版社 2017 年版，第 267 页。

② Jerome T. Barrett, Joseph P. Barrett, A History of Alternative Dispute Resolution: the Story of a Political, Culture, and Social Movement, San Francisco: Jossey-Bass, A Wiley Imprint, 2004, pp. 111-208.

③ ［日］室井力主编：《日本现代行政法》，吴微译，中国政法大学出版社 1995 年版，第 210 页。

④ ［美］德沃金著：《法律的帝国》，李常青译，中国大百科全书出版社 1996 年版，第 364 页。

经步入司法主导之时代——司法之于行政的控制既是司法主导型法治的基本标志，也是司法主导型法治的决定性因素。司法主导意味着通过司法权对行政行为进行审查，司法主导型救济是行政救济法的重要补充。美国学者盖尔霍恩·利文认为："法院对机关行动或不行动的审查构成对行政行为的一套重要控制。司法审查与政治控制不同——而司法审查则系统规律地为那些因具体的机关决定而遭受损害的个人提供救济——司法审查试图通过要求有关机关提出能起支持作用的事实及合理的解释，来促进合乎情理的决策。"司法最终原则能较好诠释司法主导型救济的意涵，即在解决行政纠纷过程中，法院的救济是最终救济。这里面包含两层含义：一是不能因为给予当事人行政救济，就限制或剥夺当事人进一步请求司法救济的权利；二是法院的裁判是最终的，是具有执行效力的生效裁判，行政纠纷在经过司法救济后也就到此为止，案了事也了，不能再寻求司法救济之外的其他救济。

其二，司法主导型救济在行政救济领域主要表现为行政诉讼制度。行政诉讼与民事诉讼、刑事诉讼并列为传统的三大基本诉讼制度，其首先具有诉讼的性质和特征。但是行政诉讼又不仅仅属于诉讼范畴，它同时是行政法制监督和行政法律救济机制的环节，具有行政法制监督和行政法律救济的性质和特征。因此，行政诉讼身兼三重属性：解决行政争议、审查行政行为、对受损权益进行救济。① 其诉讼属性使行政诉讼较之于行政复议、行政申诉等制度，程序更为严格、立场更中立、裁决最权威，具有终局性。其监督属性主要体现在对行政行为的审查上，行政诉讼仅限于具体行政行为，在特定条件下也附带审查抽象行为；诉讼过程中的审查属于司法监督，具有被动性，应当事人申请启动。在其救济属性上，行政诉讼虽不能直接改变或作出行政行为，但可以撤销原违法行政行为，责令原行政机关重新作出。

其三，"司法审查"是英美法系国家特有的一个概念和一项制度。在英美法系国家，不承认公法与私法的划分，即公权力的行使与私权利的行使都由普通司法机关进行判断。同时，法院的地位非常崇高，法官也具有无比的尊严，

---

① 姜明安著：《行政诉讼法》，法律出版社 2007 年版，第 72~73 页。

法官对所有的在案件审理过程中所要适用之"法"都具有解释权，包括宪法和法律。法院对宪法和法律的解释权属于司法权的范畴，并不需要宪法的另行授权。因此，普通司法机关对公权力的行使具有判断的可能性和基本条件。[1]美国首开世界司法审查制度的先河。美国司法审查制度是指法院审查国会制定的法律是否符合宪法，以及行政机关的行为是否符合宪法及法律的制度。通过司法审查制度，美国大量的行政纠纷得以解决，它是美国一项非常重要的权利救济制度。而在大陆法系国家，存在公法与私法的划分，认为公权力的行使存在一定的特殊性，普通司法机关不得对公权力的行使进行判断，只审理普通的法律案件。这一点在作为大陆法系国家典型代表的法国体现最为明显。法国成立了专门的独立于普通司法系统的行政法院，由行政法院审理行政案件，判断行政行为的合法性。法国行政审判的范围仅限于行政机关的行为，不是行政机关的行为，则不属于行政审判的范围，比如私人的行为、立法机关的行为、司法机关的行为、政府行为。[2]德国行政法院是在19世纪下半叶才开始出现的，其形成晚于法国，当时各邦分别在司法系统的普通法院之外，设置了不同于普通法院的行政法院。不同于法国行政法院，德国行政法院属于司法机关，而法国行政法院则属于行政机关系统。我国采取了大陆法系国家的行政诉讼模式，但没有另设行政法院系统，我国的行政诉讼将在本书第六章第三节详述。

三、混合型救济

混合型救济包含两层含义，首先是指主导上的混合，即双重主导，意指既有行政主导型救济也有司法主导型救济，两种模式"双轨并立"。其次是指具体的救济类型，是救济性质上的混合，既有行政性，也有司法性。下面主要就第二层含义进行分析。

其一，罗豪才教授认为，未来权利救济制度的发展，除了既有权利救济方式的功能将得到更进一步地发挥外，一种新的权利救济方式——行政裁判制

---

[1]　胡锦光：《论中国司法审查的空间》，载《河南社会科学》2006年第5期。
[2]　王名扬著：《法国行政法》，中国政法大学出版社1988年版，第568~571页。

度，应在我国逐步建立。行政裁判机构是由国家在法院之外建立的具有较强独立性的行政裁判机构，它的组成人员包括法律专家、技术专家和行政事务方面的专家，其功能在于对行政行为的合法性进行审查，有的裁判所还同时裁决民事争议。由于行政裁判机构同时具有法律与行业两方面的专业知识，因此，它就能够更加有效地发挥监督行政权、救济行政相对方权利的功效；而且，由于行政裁判程序相对较为简便，有助于高效率地化解行政争议（以及部分与行政相关的民事争议），因此，行政裁判制度将会引起更多重视。①

其二，行政裁判制度的特征介于行政复议制度与行政诉讼制度之间，与行政复议有很多相似之处，它们都是对行政争议进行裁决，可以说行政裁判是一种特殊的行政复议制度，它与一般行政复议制度不同之处在于：行政裁判机构的独立性较强，其组成人员不只是行政机关内部的工作人员，而是由法律专家、行政事务专家及各方利益代表组成。所裁判的行政争议的专业性、技术性较强或政策性较强等。行政裁判与行政诉讼解决的都是行政争议，但解决争议的机关不同，行政裁判是由专门的行政裁判机构主持解决行政争议；而行政诉讼是由法院主持解决行政争议。我国的行政裁判机构属于行政系统，而不是审判机关，但其对行政的独立性较强，其裁判活动具有准司法性。某些专业性、技术性或政策性较强的行政争议发生后，一般可先经过行政裁判，但裁判决定不具有最终的法律效力，相对人对裁判决定不服，仍可以提起行政诉讼。

其三，英国在进入20世纪以后设立了大量的行政裁判所，作为司法体系的补充。英国的行政裁判所是指在一般法院以外，由法律规定设立的用于解决行政上的争端，以及公民相互间某些与社会政策有密切联系的争端的特别裁判机构。有时用于更广的意义，也包括某些团体根据法律规定或团体成员契约而设立的用以维持团体纪律的内部裁判机构在内。由于英国的行政裁判所的组成人员具有法律知识和专门的行政业务知识，裁判的程序简便，适用法律灵活，处理案件迅速，所需费用低廉，符合社会立法需要等，行政裁判所已成为英国整个行政和司法机制中的一个重要环节，在英国行政法中占有重要地位，并对

---

① 罗豪才：《现代行政法制的发展趋势》，载《国家行政学院学报》2001年第5期。

其他国家产生了一定的影响。① 这些裁判所受理由行政活动所引起的争议,它不属于普通法院系统,在组织上与行政机关联系,在活动上保持独立性质。

其四,我国可以借鉴英国的经验,结合我国的实际情况,建立专门的行政裁判制度,科学合理地设立一些行政裁判所来解决行政机关与相对人之间发生的专业性、技术性较强的行政争议,以及解决非政府公共组织与其成员之间发生的有关的行政争议。尽管诉讼是解决争议的最终途径和最后屏障,但并不意味着所有的行政争议都必然要进入行政诉讼中去才能得到解决。在诉讼外建立专门的行政裁判制度,简便灵活、迅速及时地裁判争议,这既能缓解法院的审判压力,又能减少当事人的诉累,起到降低化解纠纷的成本,增进社会效益的作用。在英国,行政裁判所的成员随裁判所工作对象不同而有很大差别,但一种经常采取的方式是使裁判所的成员能够平衡各方面的利益。裁判所成员大多代表各方面的利益,或者是各方面的专家。为了使裁判所能够独立工作不受与它有关的部门的影响,裁判所的成员一般具有独立性,且在裁判纠纷时遵循公开、公平和无偏私的原则。我国应对现有的专门行政裁判机构进行改造,增强其独立性与裁判结果的公正性。同时还应根据需要设立一些新的行政裁判机构,有效发挥其在解决纠纷、保护相对人合法权益方面的作用。

第二节　域外行政救济制度样本

由于行政管理所涉及的范围日益广泛,以至于行政纠纷层出不穷。行政纠纷数量多,涉及面广,内容也纷繁复杂,如果在处理过程中稍加不慎,不仅会严重影响行政管理的效率,更甚至有可能引发国民对国家的不满以至于阻滞法治政府、法治国家、法治社会的建设。因此,世界各国都十分重视行政纠纷解决机制的建立,能够制定及时妥善处理行政纠纷解决的办法。

---

① 王名扬著:《英国行政法》,中国政法大学出版社 1987 年版,第 135~139 页。

一、美国行政救济制度

在美国，专门的行政救济制度主要是行政裁判制度、司法复审制度和行政侵权赔偿责任制度。

（一）美国行政裁判制度

美国的行政裁判制度是指当事人不服行政机关的行政处理决定，向有关行政机关申请复核，有关行政机关根据行政程序法规定的听证程序对原行政处理决定进行审查并作出裁决的法律制度。美国自从 1887 年根据州际贸易法创制了"州际贸易委员会"后，出现了英国式的行政裁判所——独立管制机构，目前在联邦政府中约有 50 个这种机构。1946 年《联邦行政程序法》第 557 条第 2 款规定："如果主持雇员作出了初步决定，而且在规章规定的期限内无人提出要求该机关复议的申诉或动议，该初步决定则无须经过其他程序便可成为该机关的决定。机关在受理当事人对初步决定的申诉或对初步决定进行复议时，享有作出初步决定所应有的一切权力，但根据通知或章程限制的事项除外。"因而，在美国，几乎所有的行政争议在诉诸法院解决之前，都必须经过行政机关的审查并作出裁决，这在美国称为"行政裁判"。[1]

另外，美国有行政法官制度，本称"听证审查官"，1972 年之后，改称为"行政法官"，美国的行政法官是行政系统内的官员，其主要职责是主持行政机关作出裁决之前的听证，并按听证记录作出初步的裁决。如果当事人不再要求行政机关首长复议或向法院提起诉讼，则行政法官的裁决就是该行政机关的最终裁决。但如当事人以正当程序为由，可以要求司法审查。[2] 美国学者认为，行政法主要是关于程序和救济的法，而非实体法。[3]

---

[1]　参见毕可志著：《论行政救济》，北京大学出版社 2005 年版，第 119~121 页。

[2]　参见胡建淼著：《比较行政法：20 国行政法评述》，法律出版社 1998 年版，第 165~166 页。

[3]　Kenneth F. Warren, Administrative Law in the Political System, Westview Press, 2011, p. 15.

（二）　美国司法复审制度

在美国，实质意义上的行政诉讼被称为司法复审，[1] 是司法机关对行政行为加以审查，从而纠正不法或不当行政行为，对特定行政决定的被害人提供救济的基本措施。同时，美国法院也考虑行政的实际需要，在保证行政权的有效运作的同时又有力地牵制行政权，保护个人权利和自由不受不法侵害。

（三）　美国行政侵权赔偿制度

在赔偿制度上，联邦与州以及各州之间，在赔偿范围、方式、标准、程序上各具特色，它们共同形成了美国的国家赔偿制度。1946 年制定的《联邦行政侵权求偿法》，作为美国联邦侵权责任制度的基本法，实质上是一个国家赔偿法。[2] 作为国家赔偿制度的重要组成部分的行政侵权赔偿责任制度，应遵从《联邦行政侵权求偿法》的规定。

联邦行政侵权赔偿责任制度，美国称之为"政府责任"或"政府侵权责任"，是指联邦政府及其官员的职务行为违法，侵害了公民和组织的权益，而由联邦政府承担赔偿责任的制度，[3] 主要由《联邦行政侵权求偿法》以及行政侵权特别法规定。依《联邦行政侵权求偿法》的规定，联邦政府的任何人员在其职务范围内因过失、不法行为或不行为致公民财产、人身损害，若依行为地法，被侵权人应得到联邦政府的赔偿，则联邦政府如处于私人地位，于同等方式与限度内，与私人一样地负民事责任。所以美国联邦政府负赔偿责任必须有以下条件：（1）侵权主体必须是联邦政府的人员；（2）侵权行为必须是职务范围内的过失行为、不法行为或不行为；（3）公务员主观上有过错；（4）必须是侵权行为在客观上造成了公民财产或人身的损害；（5）侵权行为与损

---

[1]　Wallace, Chloe, Comparative Judical Review, International & Comparative Law Quartely, Vol. 68, No. 2, 2019.

[2]　王连昌、吴中林主编：《行政执法概论》，中国人民公安大学出版社 1992 年版，第 324 页。

[3]　Christopher Enright, Federal Administrative Law, The Federation Press, Sydney, 2000.

害之间有直接的因果关系；（6）必须同时符合《联邦行政侵权求偿法》与侵权行为发生的所在州的赔偿法的规定。[①]

二、德国行政救济制度

德国的行政救济制度主要是由异议审查、行政诉讼和行政赔偿构成，有关这方面的法律主要包括《基本法》《行政程序法》《行政法院法》等。

（一）德国异议审查制度

行政申诉是德国行政法的重要组成部分，指的是行政相对人控告行政主体行政行为的一种制度。当相对人认为其合法权益受到行政主体行政行为的侵犯时，可向行政"主管机关"提出申诉，即异议审查制度。异议审查制度是作为一种"诉讼前程序"存在的，依据《行政法院法》规定，当事人向行政法院提起撤销之诉和承担义务之诉之前，必须经过异议审查程序。当事人只有在异议审查阶段得不到权利救济时，才可适用行政诉讼救济。

（二）德国行政诉讼制度

行政诉讼制度是德国行政救济制度的重要组成部分，它是指相对人不服行政机关的行政行为向行政法院提起诉讼以求司法救济的法律制度，[②] 德国的行政诉讼具有公开审理、审问式诉讼、处理原则、公益代表人的特点。

德国法律对当事人提起行政诉讼的条件有严格的要求。当事人提起一个有效的行政诉讼，必须同时具备以下几个条件：（1）起诉内容属于行政诉讼的范围；（2）向有管辖权的行政复议机关起诉；（3）原告必须具有起诉的资格；（4）必须竭尽行政救济；（5）必须选择正确的诉种及形式；（6）必须符合行政诉讼的时效；（7）所诉行为没有处于审判过程之中。当行政行为出现无权

[①]　Peter H. Schuck, Suing Government, Citizen Remedies for Official Wrongs, 1983.

[②]　Hesse, Grundzuege des Verfassungarechts der Bundesrepublik Deutschland, 20. Aufl. 1995, Rn. 336, 202.

限、超越管辖权、实体瑕疵、违反程序和形式、超越自由裁量权、滥用自由裁量权的情形时，德国行政法院将有理由来控制行政行为。

（三）德国行政赔偿制度

德国是世界上最早提出和实行国家赔偿责任的国家之一，但是目前德国尚无统一的国家赔偿法典，其国家赔偿制度仍由《联邦基本法》《德国民法典》和散布于各种法律、法规中的有关规范及法院有关判例所确定。这种行政赔偿责任制度有三个显著的特点：行政赔偿和民事赔偿合一、行政赔偿程序和民事赔偿程序合一、特别牺牲责任在行政赔偿中占据一定的地位。

德国行政赔偿的理论渊源主要有两条；一是公务员在执行公务期间的任何侵权行为，都应承担赔偿责任，并反对国家责任；[1] 二是为了社会利益，国家或行政机关对于强加给个人的不平等义务和特别牺牲负有赔偿义务。因而德国的行政赔偿范围既包括对公务员一般侵权责任的赔偿，也包括对不平等义务和特别牺牲责任的赔偿。[2]

三、日本行政救济制度

日本在行政救济制度方面，兼有大陆法系和英美法系的特点，形成了其特有的行政救济制度。现今日本的行政救济制度主要包括；行政不服申诉制度、行政案件诉讼制度、行政上的损害赔偿制度和行政上的损失补偿制度。

（一）日本行政申诉制度

行政不服申诉，是指国民向行政厅请求撤销或采取其他方法纠正违法或不当的处分及其他行使公权力的行为。它是日本重要的行政法制度，具体包括行政不服审查、行政裁判和苦情处理。

---

① Vgl. Fritz Osseubuehl, Staathaftungsrecht, C. H. Becksche Verlagbuchhandlung Muenchen, 1998, s. 8f.

② 参见毕可志著：《论行政救济》，北京大学出版社 2005 年版，第 121~128 页。

其一，行政不服审查。行政不服审查是指国民认为行政厅的行政处分行为或其他事实行为违法或不当特向有关行政厅提出请求，以求得改变或撤销被诉行政行为结果的法律制度。日本行政不服审查种类，依《行政不服审查法》规定，共有三种：审查请求、异议申诉、再审查请求。所谓审查请求，是指当事人向处分厅以外的行政厅提出不服申诉；异议申诉是指当事人向原处分厅提出的不服申诉；再审查请求则是指当事人经过审查请求裁决后提出的不服申诉。其中审查请求和异议申诉是日本行政不服申诉制度的核心。

日本行政不服审查的事项，即当事人可以提出行政不服审查的对象范围，依《行政不服审查法》的规定，原则上适用一般概括主义，即对行政厅的一切处分行为均可以提出审查请求和异议申诉。但是具体来说可以成为不服审查的对象包括：（1）处分行为；（2）事实行为；（3）不作为。①

其二，行政裁判。日本的行政裁判是指由独立于一般行政机关之外的行政委员会或相当的行政机关，依照准司法程序处理某些特定争议的法律制度。它具有如下的特点：（1）行政裁判的机关是行政委员会或相当的行政机关，实行合议制，比通常行政机关享有一定组织上、职务上的相对独立性。（2）行政裁判适用一套比较完整的准司法程序（即相当于司法程序的行政程序）。（3）行政裁判采用"实质性证据法则"，即行政委员会认定的事实，具有实质性证据时，该事实对法院有约束力。（4）对行政裁判的行政诉讼管辖的第一审法院级别较高。

日本行政裁判制度没有可适用的基本法，仅依赖分散的具体规定。从现行法律规范来看，日本的行政裁判主要有两类：一类是为解决私人之间的纠纷进行的行政裁判，这是一种事后救济程序；另一类是为审查对行政行为不服进行的行政裁判，这是作为事前程序的行政裁判。②

其三，苦情处理。"苦情"主要是指国民或团体对行政行为或不作为的不

---

① 参见［日］南方博著：《行政法》，1981 年日文版。
② 参见曾繁正等编译：《西方主要国家行政法、行政诉讼法》，红旗出版社 1998 年版，第 258 页。

满或不服。行政机关为解决不满或不服所发生的争议所采取的措施，称为广义的苦情处理。由专门机关负责解决这种不满或不服的称为狭义的苦情处理。设置苦情处理制度的目的在于避免将一般的行政争议纳入诉讼程序，从而可以避免国民与行政机关的直接对抗，也可以防止争议的激化，以便迅速简便地解决行政争议。苦情处理制度更加灵活、具有弹性，没有严格的程序限制，主要由第三者（苦情处理机构）从中进行斡旋调停。其特点包括：（1）苦情处理机关不能自行取消行政处分；（2）不是严格依照法律的规定来解决争议；（3）苦情处理机关是独立于作出行政处分机关以外的第三者。①

（二）日本行政诉讼制度

日本的行政案件诉讼，是指"因行政机关进行违法行为，或者违法地进行某种行为，导致国民的具体权利利益受到侵害时，国民向法院提起诉讼，要求审理行政厅的作为或不作为的合法性，排除违法状态，进行权利利益救济的诉讼程序"。②

日本行政诉讼制度的理论根据是三权分立原则和法治原则。按照德国学者罗伯特·阿列克西的说法，原则也是一种规范，"这种规范要求某一法益在法律与事实的可能范围内尽最大可能性加以实现"，是"最佳实现之诫命"。③根据三权分立原则，行政权必须受司法权的制约，要实现这一制约就得要求国家通过司法程序对行政行为进行监督。同时根据法治原则，一切行政行为都必须合法，对不合法的行政行为都可以通过司法程序进行处理。行政诉讼法制度是矫正行政违法的一种主要的法律手段。日本宪法规定只有具体的法律上的争讼才能作为司法审查的对象。但也有例外，如具有高度政治性的国家行为尽管具体，但也不能作为司法审查对象。理论上称这类行为为统治行为，因统治行

---

① 参见毕可志著：《论行政救济》，北京大学出版社 2005 年版，第 167~168 页。
② 杨建顺著：《日本行政法通论》，中国法制出版社 1998 年版，第 707 页。
③ Robert Alexy, A Theory of Constitutional Right, Oxford University Press, 2002, pp. 47-48.

为所发生的争议不能适用行政诉讼。①

（三）日本行政赔偿制度

一般认为，国家赔偿制度，是指对由于国家或其工作人员的不法行为而产生的损害由国家负责赔偿的制度。② 所以，行政赔偿制度是国家赔偿制度的重要组成部分，要服从于国家赔偿制度的有关规定。

根据 1947 年《国家赔偿法》的规定，日本行政赔偿的范围大体包括以下几个方面：（1）公务员行使公权力行为所引起的赔偿；（2）公共营造物设置和管理瑕疵所引起的赔偿；（3）私经济作用所引起的赔偿。在日本，针对不同事项有不同的归责原则和构成要件，使行政赔偿的归责原则和构成要件显得较为复杂。关于公务员行使公权力的行为所造成的国家赔偿，采用过错责任原则；关于公共营造物设置和管理瑕疵所造成的国家赔偿，采用无过错责任原则。另外，根据 1947 年《国家赔偿法》的规定，国家机关及其工作人员其他行为所造成的国家赔偿适用民法，应符合民法所要求的归责原则与构成要件。

（四）日本行政补偿制度

日本《宪法》第 29 条第 3 款规定："私有财产在正当补偿之下，可用于公共目的。"该条款是请求国家补偿的依据，是国家补偿的宪法基础。国家补偿是对合法公权力行使所致损失进行的补偿，一般只适用于国家的合法行为所造成的财产损失，但也有个别情况下对提供劳务进行补偿。对于补偿并没有专门的一般性法律，而是在各种法令中以各种名目规定了损失补偿的原则，其根本法律依据是《宪法》。对决定补偿数额的程序，法律没有统一规定，有的由行政厅自行决定，有的则要求征求特定审议机关或鉴定人意见后再做决定。对

---

① 张卫平：《日本的行政诉讼制度》，载《法学杂志》1987 年第 1 期。
② 参见宪法比较研究课题组编：《宪法比较研究文集》，南京大学出版社 1993 年版，第 288 页。

于损失补偿的方式，原则上采取金钱补偿，但土地征用由于在取得换地方面有明显的困难，所以土地征用法特别规定了实务补偿方法。

第三节 行政救济法之中国模式

我国为了保护公民、法人和其他组织的合法权益不受行政机关非法侵害，设立了多层次的行政救济法律制度。公民在权利受到侵犯后，一般来说既可以申请行政复议，也可以直接提起行政诉讼。此外，还可以通过行政申诉、行政信访和国家赔偿等制度请求对受损权利予以救济。[1] 总体来说，行政救济法之中国模式可以从以下三个方面予以概括。

一、双轨并立

我国行政救济制度具有行政救济和司法救济双轨并立的特点。[2] 根据导论中所论述的"主体"标准，即以提供救济之主体为标准，对救济施以类型化划分。司法救济就是以司法为主体的法律救济形式。相应地，行政救济就是由行政机关所提供的权利救济模式。

(一) 行政救济

行政救济是行政救济制度的主要救济方式，其本质在于利用行政权解决行政争议。这一救济方式既有利于当事人及时便捷地寻求救济，也有利于充分发挥行政机关的专业性优势，使争议尽快得到解决，减少对当事人的合法权益造成的损害。由于救济机关与原行政行为作出机关同属于行政体系，所以行政救济的审查范围较广，其审查既包括合法性审查也包括合理性审查。由于上下级

---

[1] 王景斌、张勤琰：《论我国行政救济的原则》，载《东北师大学报（哲学社会科学版）》2008 年第 2 期。

[2] 刘莘、刘红星：《行政纠纷解决机制研究》，载《行政法学研究》2016 年第 4 期。

行政机关之间具有隶属关系，所以行政救济结果的执行也更为简易。

我国行政救济方式主要有行政复议、行政调解、行政裁决、行政仲裁等，其中行政复议是最主要的行政救济方式。我国《行政复议法》于 1999 年 4 月 29 日由全国人民代表大会常务委员会通过，于 1999 年 10 月 1 日起施行，而后分别于 2009 年和 2017 年获得修正。该法第 2 条规定："公民、法人或者其他组织认为具体行政行为侵犯其合法权益，向行政机关提出行政复议申请，行政机关受理行政复议申请、作出行政复议决定，适用本法。"这标志着我国正式确立了行政复议制度。随着我国社会主义核心价值观的不断深入，以行政复议为典型形式、尊重行政职权运行规律、更为有效解决行政争议的行政救济模式逐渐占据主导。[1]

（二）司法救济

司法救济是我国行政救济法的重要组成部分，其主要制度形式是行政诉讼制度。我国《行政诉讼法》第 1 条即明确行政诉讼旨在"保护公民、法人和其他组织的合法权益，监督行政机关依法行使职权"。第 2 条则直接明确规定："公民、法人或者其他组织认为行政机关和行政机关工作人员的行政行为侵犯其合法权益，有权依照本法向人民法院提起诉讼。"行政诉讼较之于其他行政救济形式而言，在裁判过程中具有中立立场，其裁判结果更具权威性，有利于行政争议的解决。并且，行政诉讼的本质在于通过司法权对行政行为进行合法性审查，有利于弥补行政救济之局限性，也有利于法律的贯彻和实施，监督行政机关依法行使职权。关于行政诉讼的内容，将在本书第六章第三节中详细论述。

二、内外兼济

内外兼济，即内部行政救济与外部行政救济并举。以程序正义出发，一般

---

[1] 倪洪涛：《社会主义核心价值观融通行政救济法治初论》，载《时代法学》2019 年第 3 期。

情况下，"任何人都不能做自己的法官"，① 但由于行政权的运行具有其特殊性，为有效率地完成管理职能，为社会经济发展与社会成员的生活提供稳定秩序，必须及时解决行政争议，故而相对人可以通过申诉、举报、信访等途径以决定机关、上级机关、所属机关作为再次裁决之主体寻求救济。同时，在内部救济之外，必须坚持保留司法等外部救济的监督机制，对行政权力的运行予以规制，对公民合法权利予以保障。

（一）内部救济

内部救济是指因内部行政行为违法或不当而发生的救济。内部行政行为是指行政主体在行政组织内部管理中所作出的针对行政自主内部发生法律效力的行政行为，内部行政行为的发生主要是基于行政组织内部上下级管理关系，其表现形式如行政处分、人事变动或者上级对下级所辖的命令等。内部行政行为的相对人主要是国家公务员和下级行政机关，内部救济主要处理行政机关与其所属的国家公务员之间的权益纠纷，目的在于维护国家公务员的合法权益。

（二）外部救济

外部救济是针对外部行政行为的救济。外部行政行为是指享有行政权能的组织运用行政权力对行政相对人所作的法律行为。② 外部行政行为是行政主体为履行行政管理职能实现行政管理目标依行政权而作出的法律行为。外部行政行为的相对人是公民或组织，当然也包括作为行政相对人身份出现在行政管理关系中的国家公务员和行政机关。因此，外部救济是行政机关及其工作人员的违法或不当行政行为侵害公民或法人之权益时发起的救济。外部行政救济是行政救济的主要表现形式，如行政复议、行政诉讼、行政信访等。如我国《行政复议法》第 12 条规定："对县级以上地方各级人民政府工作部门的具体行政行为不服的，由申请人选择，可以向该部门的本级人民政府申请行政复议，

---

① 周佑勇：《行政法的正当程序原则》，载《中国社会科学》2004 年第 4 期。

② 姜明安主编：《行政法与行政诉讼法》，北京大学出版社 1999 年版，第 141 页。

也可以向上一级主管部门申请行政复议。"

三、公私交织

公私交织意味着对于行政行为的救济不仅包括传统的公法规制，当前我国正处于建设法治政府、法治社会、法治国家的伟大改革进程，法治社会更多地强调了良性的自我治理，这就意味着私法也在行政救济中扮演着重要角色，公私交织的行政救济法模式日渐形成。

（一）公法救济

公私二分理论是许多国家法律制度构建的基础，是指根据需要调整法律关系的性质，划分出公法和私法两种不同的法律体系。"公法救济"涉及"公法"和"救济"两个方面的内容。公法通常是指调整国家公权力和公共事务的法律部门，主要涉及宪法、行政法和刑事法。可以视为是公法救济范畴的现实法律制度包括：行政诉讼、行政复议、国家赔偿、行政补偿等制度。①

（二）私法救济

传统公私二分法割断了公法、私法之间的联系，但是随着福利国家的兴起，公法和私法逐渐融合，催生了以私法方式完成行政任务的行政私法行为。② 域外对于行政私法的概念界定主要集中在手段的私法性，而我国学者对其定义则以权力因素的强弱为基础。一般认为，行政私法是行政主体为一方当事人，以实现公共利益为目的，以私法方式直接完成行政任务的一种新型非权力行政方式。

私法法律关系由民商法等私法调整，行政私法行为，首先要受民事程序之约束。由于行政机关可能会通过私法人身份来执行行政私法任务，而行政机关在这种情况下仅承担担保给付义务。因此，（1）行政机关应当遵守民事法律

---

① 杨寅：《我国公法救济的体系与完善》，载《北方法学》2009 年第 6 期。
② 李亚旗：《行政私法行为探析》，载《中共南宁市委党校学报》2015 年第 3 期。

规则，但这种民事法律规则是经过公法原则修正的。（2）民事实体法上的规定同样也应当适用于行政私法行为。在私法手段的选择方面，行政主体有裁量的范围，但应当以所选择的手段能够实现行政目的为限。① （3）在权利救济上，可以通过考察行政私法行为目的的行政性和手段私法性之间的关系和比重，并由占主导地位的性质决定该争议的诉讼路径，如果手段私法性占主导地位，可以将此引发的纠纷纳入民事诉讼。②

---

① 张昌瑞、李家宝：《行政私法行为研究》，载《山西青年管理干部学院学报》2013年第 1 期。

② 王太高、邹焕聪：《论给付行政中行政私法行为的法律约束》，载《南京大学法律评论》2008 年第 1 期。

第五章　诉愿·自主·行政复议

　　由于行政权本身所具有的侵略性，行政侵权在行政机关履行行政职责的过程中难以避免。对于法治政府建设来说，要保障行政权力的行使过程和监督机制都在法治的轨道上运行，因此，为了应对潜在的侵权风险，提供必要的救济途径显得尤为重要。目前，世界上存在的行政救济模式主要有行政机关的内部救济、司法救济以及专门监察机关的救济等模式。在此之中，公民诉愿、行政自主与行政复议制度共同实现了现代行政的内部救济途径。

　　公民诉愿是公民对与行政机关的违法或不当的行政处分行为，或者行政机关的不作为向行政机关提出的权利救济请求。我国的诉愿制度可以追溯到民国时期。诉愿是公民的一项权利，是生活在社会中的自然人的法律资格的扩展。诉愿权的确立意味着公民个人有对公权力的侵害进行反抗的资格；反过来，公民诉愿的实现也体现出了政府对公民法律地位的尊重。相对于封建社会中人民对政府的绝对服从关系来讲，诉愿不仅在法律上构建了公民与政府二元对立结构，也是国家行政治理进入现代化的重要表征。从另一个层面上讲，公民的诉愿权，也即公民对公权力侵害的意见表达权利，是宪法赋予的公民基本权利。诉愿制度的实施，是实现对行政权力制约的重要手段，是国家进行人权保障的重要措施。

　　如果说诉愿是公民得以实现行政侵害救济活动的基本前提，那么行政自主就是内部行政救济途径的理论基础。行政机关在行使行政权的过程中具有一定的自主性，也即是说行政机关在宪法和法律赋予其职权的

136

限定内可以自由地决定行政事项的处理。行政自主是基于国家总体行政权力运行的维度而言的，是行政权的固有属性，在横向上体现为行政机关处理行政事务的自由裁量权，在纵向上体现为上级行政机关对下级行政机关及其事务的绝对领导。正是由于行政权具有自主性，行政机关才得以对自己或下级行政机关作出的行政行为进行改变或撤销，进而对行政侵权行为进行纠正。法治政府要求权责同一，行政机关对行政事务的自主性不仅表现为处理行政事务上的自由裁量，同时也意味着行政机关对其自主决定的事项所应承担的责任，是行政责任能力的一种侧面体现。

公民诉愿与行政自主共同衍生出了行政复议制度。行政复议作为一种具体的行政法制度，是公民实现其诉愿权的制度保障，是行政自主的在行政侵权救济中的作用。在我国，行政复议是一种重要的行政争议解决方式，是行政机关对其行政行为的自我纠正过程，其制度构建与实施的效果，是建设法治政府的关键环节。与行政诉讼不同，行政复议是行政机关处理行政争议的内部性方法，行政复议与行政诉讼共同构成了我国多元化的行政争议解决机制。

第一节　公民诉愿

在当代中国法学语境中，"诉愿"一词并不常见，但却普遍存在于德国、韩国以及我国台湾地区的法律著作中。就其性质而言，诉愿制度是现代民主、法治的产物，在防止行政行为的违法或不当，在维护法律尊严、保障公民权利和实现法治目的等方面具有重要作用。目前，世界各国普遍推行诉愿制度。在历史上，我国也曾经建立过诉愿制度——1914年北京政府修订《民国约法》，规定了公民"诉愿权"，并且制定了诉愿条例。① 在我国现行立法中，尽管没

① 张文郁：《我国台湾地区诉愿制度之过去、现在与未来》，载《行政法学研究》2015年第3期。

有明文规定"诉愿制度",但就其性质而言,我国的行政复议制度即具有"诉愿制度"的典型特质。

一、公民诉愿之意涵

在法学语境中,"公民诉愿"有多重含义。在人权层面上,"诉愿"意指公民对国家公权力之侵害表达诉求之权利;在制度层面上,"诉愿"意指公民在自己的合法权益受到损害后,向原处分机关之上级机关或该机关提起的请求审查该处分是否正当并作出一定决定的行政救济方式。

其一,诉愿是指当事人受某一国家行政机关的违法或不当的处分以致合法权益遭受损害时,依法向原处分机关的直接上级机关提出申诉,请求撤销或变更原处分的愿望。在现代法治原则下,行政机关作出的行政行为违法或不当损害行政相对人之权益,宪法和法律应当赋予当事人表达利益诉求的权利。当事人就此行政争议向行政机关提请审查,行政机关依据行政权予以处理,此种制度即为诉愿制度。诉愿制度是行政机关自我审查的救济方式,是行政救济制度的重要组成部分。

其二,诉愿的具体含义有广义和狭义之分。广义上的诉愿泛指行政相对人对政府的申诉行为,也称为任意的诉愿。当事人所作的申诉陈情或者声明异议也属于广义诉愿的范畴。狭义上的诉愿,也称正式诉愿,是指诉愿人因行政机关的违法不当措施,遭受权益损害时,依据诉愿法规范向原处分机关或其上级机关请求审查该处分,并获得救济的方法。[①] 其要义有三:(1)受理诉愿请求的机关是行政机关;(2)行政机关裁处诉愿行为系应申请之行为,行政机关不能主动为之;(3)诉愿裁处只能在行政机关主管事项范围内进行。

其三,诉愿起源于公民请愿权,但与一般的申诉、请愿不同,诉愿从其主体、提起的条件,特别是受理机关、处理的程序、处理结果的法律意义等都有法律的具体规范。实际上,诉愿是申诉、请愿的程序化、制度化和法律化。诉

---

① 任万兴、崔巍岚、折喜芳著:《台湾行政法论》,甘肃人民出版社 2006 年版,第65 页。

愿制度使相对人认为具体行政处分侵害其权利和利益，请求国家救济的意思表示获得了法律化的外形。① 诉愿权即是公民诉愿在诉愿法律制度中的集中体现。

其四，诉愿权与诉权虽然都是救济权，存在着明显的不同。（1）诉权是公民向法院提起诉讼，因为其遭受的不法侵害而请求公正裁判的权利；诉愿权大多时候是向行政机关请求救济。（2）诉愿权指向国家机关以及其工作人员，是对公权力而言的；诉权则比较广泛，个人、政府均可能涉及，范围上也可涵盖刑事诉讼、民事诉讼、行政诉讼等内容。（3）诉愿权的实现是通过向行政机关申诉或控告而实现；诉权却包括起诉、抗诉、上诉、申诉等内容。

二、公民诉愿的表达

公民诉愿即当事人受某一国家行政机关的违法或不当的处分以致合法权益遭受损害时，依法向原处分机关的直接上级机关提出申诉，请求撤销或变更原处分的愿望。赋予公民诉愿权的本质则在于保障公民权利受损后能够向有权机关表达诉求。而诉愿的真正表达才最终决定着公民诉愿的实现。公民诉愿表达的方式是多种多样的，如通过上访、信访等正规、合法的渠道进行反映，在两会期间通过人民代表大会代表、政协委员的议案进行表达。但相比于信访等不具有正式法律程序的表达方式而言，行政诉愿、宪法诉愿以及国际法上的个人诉愿制度等具有明确程序规定的表达方式更能被公民采纳，也能更好地帮助公民表达其诉愿并在一定期限内受到相关国家机关的解决与答复。

其一，行政诉愿。行政诉愿制度是行政相对人因不服行政机关作出的行政行为，向原行政机关的上级机关提出申诉的制度。在 20 世纪中期，奥地利的一般行政手续法就规定行政诉愿是行政手续中最重要的法律救济方法。② 其初衷旨在保障行政相对人的权利，通过高效、便捷的监督让行政相对人受侵害的

---

① 参见汪鑫胜：《宪法诉愿研究》，武汉大学 2010 年博士学位论文。
② 杨五湖、刘明波主编：《世界行政监督大辞典》，法律出版社 1990 年版，第 707 页。

权益最大程度地恢复到原始状态。当事人认为行政处分违法或者不当时，均可以启动行政诉愿制度，向有关机关表达自己的诉愿，行政诉愿制度是当事人诉愿表达的最重要的方式之一。在奥地利，只有当事人可以通过这一制度表达自己的诉愿，而利害关系人则不可，同时当事人不可就单纯涉及程序的命令向有关机关表达自己的诉愿。当然诉愿的表达不以自然人为限，法人或其他团体也可以通过行政诉愿制度表达自己的诉愿。① 行政诉愿的受理机关一般是原行政机关的上级机关。因为在行政法律关系中，行政相对人本身就处于相对弱势的地位，无法与行政机关的权力抗衡。为了保障行政相对人的权利，如果让作出对相对人不利决定的原行政机关对其决定进行审查，从而推翻其原有行政行为以达到救济行政相对人的目的，是不太可能的。而且这样的制度设定会导致原行政机关既是当事人，又当裁判者，违背了"任何人不得成为自己案件的法官"这一自然正义理论的要求。因此，公民行政诉愿表达后的受理机关一般是原行政机关的上级机关。行政机关上下级之间存在业务上的指导和行政上的领导双重关系，这既为公民诉愿的实效表达提供了良好的基础，又有利于提高纠纷解决效率，简化诉愿的表达与受理程序，促使行政相对人受损的合法权益尽快得到处理和恢复。

其二，宪法诉愿。宪法诉愿是个人通过宪法诉愿程序寻求基本权利救济的制度，有力地扩大公民基本权利的保障范围。宪法诉愿制度作为"公民被赋予的用以对抗公权力对其基本权利进行侵犯的特别的法律救济方式"，② 它是公民诉愿表达的重要途径，它发挥着促进公民诉愿顺利表达，保障公民基本权利最终落实的重要作用。各国宪法普遍对公民的基本权利和自由作了不同形式的规定，但宪法诉愿制度仅在少数国家有明确之规定。德国《基本法》第93条第1款第4a项规定，任何人的基本权利或是由本法第20条第4款、第33条、第38条、第101条、第103条和第104条所保障的权利受到公权机关侵

---

① 王健刚、孙荣、楼宇生等编：《简明行政管理学辞典》，上海交通大学出版社1987年版，第213页。

② ［德］克劳斯·施莱希、斯特凡·科里奥特著：《德国联邦宪法法院：地位、程序与裁判》，刘飞译，法律出版社2007年版，第198页。

犯时都可以提起宪法诉愿。也即当宪法赋予公民的权利受到侵害时，公民都可以通过宪法诉愿制度来表达自己的诉愿。同时，德国《联邦宪法法院法》中关于宪法诉愿的规定较具有代表性，其为了界定宪法诉愿与其他法律保护方式的关系确定了两个基本规则；一是必须穷尽法律途径，采取了所有可能的救济手段后才能提出宪法诉愿；二是只能针对基本权利的损害提出宪法诉愿，宪法法院不会审查其他法院关于案件的法律适用问题。这一限制既避免了宪法诉愿的滥用，还使得其保障基本权利和宪法实施的功能更为明确和突出。① 宪法诉愿与行政诉愿存在着明显不同。（1）两者性质不同。宪法诉愿是一种特别的、例外的基本权利宪法直接救济程序。行政诉愿是一种行政法上的权利或利益受到行政机关的损害时，依法向有管辖权的机关提出请求撤销或变更原处分的一种行政救济方法。（2）两者针对的对象范围不同。宪法诉愿针对的对象不仅有行政机关侵害基本权利的行为，而且包括立法机关的违宪立法行为和司法机关的侵害基本权利的裁判行为。行政诉愿针对的则只能限于国家行政机关的违法或不当处分。（3）两者的审查结果的效力不同。宪法诉愿审查的结果具有最终的效力，诉愿人即使对结果不满意也无权再寻求其他救济方法。行政诉愿审查的结果并不具有这样的效力，当事人对行政诉愿审查结果不服，仍可向法院提起行政诉讼谋求救济。②

其三，个人诉愿。作为一种国际人权保护机制的个人诉愿制度在国际人权法体系中占据着重要地位——相对于行政诉愿和宪法诉愿而言，个人诉愿的主体资格有了极大的拓展。行政诉愿是行政相对人对行政违法或不当行为提出异议，宪法诉愿是公民因宪法基本权利受损提出的申请，个人诉愿是个人因国际人权公约规定的人权受损提出的申诉。个人诉愿制度已为许多全球性和区域性人权条约所承认。在传统国际法上，个人不被视为是国际法主体，因此不能直接依据国际法享受权利、承担义务，而个人诉愿制度的建立以及被广泛承认与

---

① 张卉林：《论基本权利在民事权利保护中的作用》，载《齐鲁学刊》2013 年第 3 期。

② 汪鑫胜：《宪法诉愿研究》，武汉大学 2010 年博士学位论文。

适用表明个人在国家人权程序法上享有依据国际法规范表达自己诉愿的权利，成为个人表达自己诉愿重要方式。根据《欧洲人权公约》，法院有权审查个人诉愿，任何人、非政府组织，或由个人组成的团体均有资格向法院提出诉愿，诉愿人的年龄也不受限制，这意味着即使是儿童在国际法上也具有一条能够顺畅表达自己诉愿的路径。当然《欧洲人权公约》也对个人诉愿制度提出了一定的条件规定：（1）得用尽国内一切救济措施；（2）诉愿得在国内机构作出最后决定之日起6个月内提交；（3）诉愿不得匿名；（4）诉愿的事项不得是被其他国际程序已经审查的；（5）诉愿不得是"明显地没有理由"的。① 此外，美洲人权制度也规定了广泛的诉愿权，为个人诉愿的表达提供了渠道：任何个人、个人团体或非政府组织，不管诉愿人是否为受害者均可向委员会提起诉愿。

三、公民诉愿与行政复议

世界各主要国家都存在行政诉愿制度，只是在称谓和制度细节上存在不同。例如英国是行政裁判所制度，美国是行政法法官制度，日本是行政不服审查制度，韩国是行政审判制度，而在中国这主要体现为行政复议制度，但中国台湾地区是诉愿制度。

其一，行政复议承载公民诉愿。公民诉愿制度针对的是所有可能对公民基本权利及其他利益造成侵害的公权力，其中包括立法权、司法权、行政权等。行政复议制度作为行政救济的一种，是行政机关通过审查监督有关行政机关的行政行为的合法性来保护公民权利。《行政复议法》第6条规定："有下列情形之一的，公民、法人或者其他组织可以依照本法申请行政复议：（一）对行政机关作出的警告、罚款、没收违法所得、没收非法财物、责令停产停业、暂扣或者吊销许可证、暂扣或者吊销执照、行政拘留等行政处罚决定不服的；（二）对行政机关作出的限制人身自由或者查封、扣押、冻结财产等行政强制措施决定不服的；（三）对行政机关作出的有关许可证、执照、资质证、资格

---

① 李双元、李良才：《论国际法上的个人诉愿制度》，载《法学评论》2005年第1期。

证等证书变更、中止、撤销的决定不服的；（四）对行政机关作出的关于确认土地、矿藏、水流、森林、山岭、草原、荒地、滩涂、海域等自然资源的所有权或者使用权的决定不服的；（五）认为行政机关侵犯合法的经营自主权的；（六）认为行政机关变更或者废止农业承包合同，侵犯其合法权益的；（七）认为行政机关违法集资、征收财物、摊派费用或者违法要求履行其他义务的；（八）认为符合法定条件，申请行政机关颁发许可证、执照、资质证、资格证等证书，或者申请行政机关审批、登记有关事项，行政机关没有依法办理的；（九）申请行政机关履行保护人身权利、财产权利、受教育权利的法定职责，行政机关没有依法履行的；（十）申请行政机关依法发放抚恤金、社会保险金或者最低生活保障费，行政机关没有依法发放的；（十一）认为行政机关的其他具体行政行为侵犯其合法权益的。"可见，行政复议制度在监督可能对公民权利造成侵害的行政权方面发挥着重要的作用，这也是公民诉愿制度在行政权侵权时所意图达成的目的。行政复议制度对诉愿权的行使、行政行为的合法性与合理性审查以及最终救济形式等公民诉愿过程作出了明确的制度安排，为公民诉愿功能的实现提供了法律保障。

其二，如前所说，诉愿是指当事人受某一国家行政机关的违法或不当的处分以致合法权益遭受损害时，依法向原处分机关的直接上级机关提出申诉，请求撤销或变更原处分的愿望。这是公民希望自己的权利得到保护的体现，是现代社会权利本位理念发展的起源，也是许多国家行政复议制度建立完善的初衷。如在德国，异议审查制度是一种重要的行政法律救济，是在废除德国原有诉愿制度的基础上建立的。在我国，行政复议制度建设以作为公民诉愿制度基本理念的权利本位为终极目的。公民诉愿是指任何公民认为某项法律侵犯了宪法所规定的公民权利后，向有关国家机关提出异议的愿望，是一种对公民所受侵害的补救。《法律辞典》认为"宪法诉愿是一种宪法监督方式，指公民个人因宪法所保障的基本权利受到侵害而向宪法法院提出控诉"。① 可见，公民诉

---

① 转引自孙浩林：《宪法诉愿制度与民主、法治的关系》，载《净月学刊》2014年第3期。

愿体现了公民权利本位的理念，当公权力的作为或不作为而使公民的基本权利受到直接的、实际的侵害时，由有权机关对该项权利进行审查，可以有效地保障公民权利。我国《行政复议法》第 1 条规定："为了防止和纠正违法的或者不当的具体行政行为，保护公民、法人和其他组织的合法权益，保障和监督行政机关依法行使职权，根据宪法，制定本法。"第 2 条规定，"公民、法人或者其他组织认为具体行政行为侵犯其合法权益，向行政机关提出行政复议申请，行政机关受理行政复议申请、作出行政复议决定，适用本法。"可知，行政复议制度的主要目的在于保护公民、法人和其他组织的合法权益。公民、法人或者其他组织认为具体行政行为侵犯其合法权益，向行政机关提出行政复议申请的制度设计与公民行政诉愿制度吻合。

其三，行政复议具备诉愿制度的所有功能。一般认为，诉愿的功能可以概括为五项：撤销违法或不当行政行为，保护公民权利；审查行政行为的合法性，维护行政法秩序；审查行政行为之合理性，实现行政实质正义；保持行政行为前后连贯、协调一致，实现平等原则、信赖利益保护原则；减轻法院负担，节省司法资源。我国台湾学者对诉愿功能有较多讨论，有的认为诉愿具有修正行政统制、国民权益保护、分担司法等功能。[1] 有的认为，"诉愿制度之功能，在于防止行政机关的违法处分或不当处分，以维护法规的尊严，保障人民的权利，而达到法治国的目的"。[2] 有的认为，"诉愿是行政争讼的一环，自然具有行政争讼的四项功能——解决公法上争议、保障人民权益、维持法规正确适用以及塑造行政措施之合法化。同时诉愿还有行政诉讼所没有的两项功能，即审查行政处分之正当否，减轻行政法院负担"。[3] 尽管学术界对我国行政复议制度的功能定位存在争议。但在其现实意义上，行政复议制度正在有效地发挥其解决行政争议、保护公民法人和其他社会组织合法权益、监督行政机关依法行使职权等三大基本功能。而这三大基本功能，完全可以涵摄诉愿制度

---

① 参见李惠宗著：《行政法要义》，台湾五南图书出版公司 2002 年版，第 585~586 页。
② 林纪东著：《诉愿及行政诉讼》，台湾正中书局 1983 年版，第 19 页。
③ 参见吴庚著：《行政争讼法论》，台湾三民书局 1999 年版，第 283~284 页。

的基本功能。

第二节 行 政 自 主

行政自主（Administrative Autonomy），又称为行政自主性或行政自主权，是指在国家的权力运行机制中，应该给行政权的运行留下必要的空间。随着行政职业化、技术化程度的提升，尊重行政自主，既是立法机关在制度安排中必须考虑的问题，也是司法机关在裁处涉及行政诉争所应当遵循之原则。

一、行政自主之内在逻辑

按照行政法理论，行政权内在涵摄合法、合理、效率等基本属性，行政权的运行要求行政机关在履行其职能的时候具有一定的自主权力。一方面，法律应该给行政权留有空间，使得政府行政行为符合效率原则的要求；另一方面，行政自主并非绝对意义上的为所欲为，而应该将其限定在一定的范围之内。具体而言，行政自主体现出如下特征：

（一）行政自主与政府能力

在其一般意义上，自主性是行为主体按自己意愿行事的动机、能力或特性，是哲学、政治学、伦理学、法学等多个学科领域都涉及的一个论题，不同的论域赋予了这一论题不尽相同的内涵。

在哲学上，"自主性"是一个与"主体性"密切相关的概念——"自主性"构成"主体性"的基本内核。主体性既是人作为主体所具有的性质，又是人作为主体的根据和条件；自主性是人的品格特性，是人的素质的基本内核。作为一个社会的人，这种基本素质体现在自身特性与社会特性两个方面。个体自身特性方面有主体性、主动性、上进心、判断力、独创性、自信心等；社会特性方面有自我控制、自律性、责任感等。在自主性发展的过程中，这些特性都融会在自主性态度和自主性行为之中，构成一个人的统一的品格特点。

"行政主体"理论内嵌的正是"行政的自主性"——行政自主性是把政府（包括中央政府和地方政府两个层次）视作一个权力主体，其自主性就体现在，通过行政权力的作用实现对公共利益的追求和维护。行政自主性的结构要素是政府的行动和能力的体现，其中政府能力内在地包括汲取能力——集中表现为对财政资源和人力资源的汲取能力;① 控制能力——集中体现为政治和经济两个方面的控制力；合法化能力——指政府形成一种有效信仰和价值体系的能力，它用来解决行政秩序是否和为什么应该获得其成员的忠诚的问题；创新能力——集中表现为制度和技术创新能力；责任能力——集中表现为政府对自身角色的识辨能力和行为后果的救济能力。政府能力的实现取决于"自主的行动"，并通过行动得以展现。

在其现代意义上，如果我们希望有一个"有能力的政府"，那么就必须尊重"行政的自主性"；同样的，如果我们希望有一个"有能力且负责任的政府"，那么就必须尊重"行政的自主性"。

（二）行政自主与公共行政之目的

行政以社会公共事务为对象和范围，而社会公共事务与公共利益直接相关，这决定了行政必须以公共利益作为出发点。追求公共利益、维护公共秩序成为行政的目的，这就是行政公共性的基础。行政公共性要求行政主体排除不当干扰，以公共利益为目标和立场，自主运作以实现其职能。

现代公共行政尤其要避免两个方面的制约。首先我们必须避免对行政的政治控制。政治运作与行政运作在所追求的具体目标上存在差异。政治追求的目标是稳定和发展，行政追求的目标是效率和正义。当行政管理的政治控制超出一定限度时，会妨碍行政运作的自主性，影响行政目的的实现。其次要避免行政系统的部门利益干扰行政自主性。行政部门利益包括行政机关的利益和行政

---

① "汲取能力（extractive capacity）和现代国家在很大程度上是一对密不可分的双胞胎。"参见王绍光：《国家汲取能力的建设——中华人民共和国成立初期的经验》，载《中国社会科学》2002年第1期。

机关中公务人员的利益。这些特殊利益的价值偏好具有较大的主观性和随意性，容易忽视现存制度规范的限制，影响行政决策与执行，出现背离行政法原则以及行政宗旨的现象。①

（三）行政自主与行政规律

行政自主的必要性，是由行政权的属性、政府职能的转变和社会事务的特性等因素共同决定的，其必然符合行政规律，亦可说，行政自主是行政符合其运行规律的必然要求。

其一，行政自主符合行政权的主动性特征。行政权的行使具有主动性。虽然行政机关必须依法行政，但是法律规范不可能精细到规制行政的所有细节。法律只是构成了行政的框架，行政机关要在此框架内积极地、创造性地塑造社会秩序，促进社会正义，增进公共利益。因此，行政必须要有一定的灵活性、便宜性和机动性。② 而且，法律的滞后性也决定了其不能对行政的所有方面作出规定，从而导致行政机关大量活动并没有法律的依据，或者缺乏法律的规范，必须根据客观的经济社会形势，合目的性地进行行政活动。

其二，行政自主符合政府公共服务职能的要求。20 世纪以前，面对行政权的扩张，路易·亨金曾提出："宪法告诉政府不要做什么，而不是它必须做什么。制定者认为，政府的目的是充当警察和卫士，而不是提供衣食住行。"随着时代变化和发展之需要，国家突破了"守夜人"限定，在社会生活中扮演着越来越重要的角色。我国作为一个社会主义国家，随着经济、社会的高速发展，政府在社会财产分配、基础设施建设等方面发挥着越来越重要的作用。可以说，行政权力的触角早已渗入社会生活的每一个角落，伴随着每个公民从出生到死亡。尤其是"服务型政府"和"福利国家"的建设，要求政府在基础设施建设、公共服务等领域必须有更多更好的作为。

---

① 赵永行：《论行政的公共性和运作的自主性》，载《中共四川省委党校学报》1999年第 1 期。

② 李洪雷著：《行政法释义学：行政法学理的更新》，中国人民大学出版社 2014 年版，第 72 页。

其三，行政权的技术性和专业性决定了行政自主的必然性。在现代社会，行政权急剧扩张，社会事务日益繁杂，行政活动也呈现出复杂性和动态性的特点。这给行政机关带来了巨大压力的同时，也促进了行政权行使的专业化、技术化和精细化。随着社会的发展和进步，行政权不断被赋予新的内涵。因此德国著名行政法学家福斯特霍夫曾有一个著名的断言："行政只能描述，而不可定义。"[1]

二、行政自主之限度

行政自主之范围主要限定在行政机关的内部行为和行政职权性行为两个方面，具体包括行政内部事务决定权、行政自由裁量权与行政首次判断权三种。

（一）行政内部事务决定权

行政内部事务决定权是行政主体基于行政隶属关系而享有的用以处理机构与机构之间、机构与工作人员之间关系的权力，如行政组织法、公务员法等法律中赋予行政机关的权力，它包括上级机关基于层级隶属关系对下级的命令、指示所作出的任免、考核、调动等。它主要区别于对行政相对人作出产生外部法律效力的行政行为所依据的行政权。[2]

行政内部事务决定权所涉及的主体是制度严明的领导和隶属关系，具有命令和服从性质。其处理的事务主要涉及的是国家利益、机关利益和部门利益，不包括私人利益的成分。所以内部机构或公务员对行政内部事务决定权的运作结果不服，一般只能通过行政体制内部的救济办法来寻求救济。[3]

行政内部事务决定权属于完全的行政自主权，其法律效果排除了司法审查和外部救济。这是我国当下主流行政法学理论的共识，也为我国行政救济制度的既有框架所确认。

---

① 转引自李洪雷著：《行政法释义学：行政法学理的更新》，中国人民大学出版社2014年版，第16页。

② 江国华著：《中国行政法（总论）》，武汉大学出版社2017年版，第145页。

③ 谢晖著：《行政权探索》，云南人民出版社1995年版，第52~53页。

行政内部事务决定不适用行政诉讼救济途径，这并不意味着无法救济。我国现行的行政救济制度为此类特别权力关系中的权利救济提供了申诉等内部救济渠道。

（二）行政自由裁量权

行政自由裁量权，即法律对行政主体作用的对象与范围、内容与方式等未作详尽规定，由行政主体依情势自由裁断，或者仅作了一定程度的概括性规定，由行政主体在法定程度内，因时、因地、因事及因人而裁判等，自由裁量权又称为便宜裁量权。总而言之，裁量乃行政的基本方式。在某种意义上说，无裁量即无行政。因此，行政裁量权决定了行政权基本特色——正是这种行政裁量权，使得现代行政充满活力，并决定了其多样性、灵活性、适应性等品质。①

行政自由裁量权是与羁束权限相对的一对概念，它是行政自主与法治政府相互作用的产物。羁束权限是指，在具备一定的事实的情形下，行政机关有义务作出相应的决定，而没有在数个决定中进行选择的自由，其行为已经为法律规则事先指定。②

行政法对行政自由裁量权的认可是出于实用主义的需要。正如前文所说，行政权虽然是一种执行权，但行政机关并不是按照程序进行工作的机器。依法行政也不是行政的唯一目的，合理行政、高效便民也是我国建立法治政府所要追求的重要价值。拥有裁量权，换个角度来说就是行政机关拥有了对其所采取的行政手段合理性进行自我衡量和评价的自由。行政机关作出决定时，其对合理性的考量取决于很多具体因素，尤其是它对公共利益的考量，无论立法机关还是司法机关，均不可能像行政机关一样有效地预见这些因素并进行仔细而精确的审查。

---

① 江国华著：《中国行政法（总论）》，武汉大学出版社 2017 年版，第 47~48 页。
② 朱新力著：《法治社会与行政裁量的基本准则研究》，法律出版社 2007 年版，第 132~136 页。

行政自由裁量权，是在依法行政原则指导下的行政自主，而不是完全的不遵循任何准则的行政恣意裁量权。正如没有绝对恣意的自由裁量权，也没有完全不留给行政机关任何评价余地的羁束权限。对于一个行政行为，根据它的相对人、时间、地点等具体内容不同，行政机关可能在某些方面受到羁束，而在其他方面享有自由裁量权。而且，合法性和合理性的界限，也不是泾渭分明的。要准确地把握具体案件的合理性，行政机关的执法经验和专业技术能力是司法机关所不能比拟的。"根据贝尔纳齐克的观点，立法者将裁量权赋予行政机关的理由在于，在'何者与公益一致'的判断上，与一般的第三者相比，行政机关能更好地作出判断。也就是说，在裁量领域，行政机关对事态的技术性评价优于立法者和法官。由于行政机关是作为这种情况下的专家作出判断，处于第三者地位的行政法院法官没有能力审理其是否公正。当然，也有如萨尔维一样的相反观点认为，虽然说是法官，但也并非机器，即使是单纯的适用过程中也需要精神活动，没有主观性判断就不能进行任何裁判活动，将行政机关的裁量权排除在法院审理之外，实际上是因为其技术性。"①

行政自由裁量权的存在，是法律规范局限性的必然要求，也能最大限度地减小法律规范局限性带来的不利影响，从而促进立法目的实现。由于社会的发展性和立法者认识的有限性，任何法律都不可能涵盖现实和未来社会中的所有状况，所以立法自然是滞后和不全面的，这就会带来立法和执法需要之间的脱节。同时，由于法律稳定性的需要，决定了法律是针对一般主体和行为的普遍性规范，因此法律的条文具有高度的抽象性和概括性，甚至是含混模糊的。然而，执法是一个从一般法律规定到具体法律适用的过程，抽象的、普遍的法律规范需要被适用到具体的、特殊的案件中，这要求必须对法律的内涵加以明确，这个明确法律规范并将其运用到具体案件的过程，就是执法的过程，这其中充满了行政机关对案件事实和法律规范的判断。因此，正如戴维斯所言："一代或二代以前，法治原则的拥护者或鼓吹者太认真了，他们试图反对一切

---

①　[日] 田村悦一著：《自由裁量及其界限》，李哲范译，中国政法大学出版社2016版，第16~17页。

自有裁量权力，他们太认真了、太过分了，他们失败了。"①

（三）行政首次判断权

行政首次判断权，是指法院在司法审查的过程中，应尊重行政机关对行政事务优先判断及处理的权力；对于行政机关职权范围内未予判断处理的事项，法院不得代替行政机关作出决定，需待行政机关处理后，法院再对其作出的行为是否合法进行审查。行政首次判断权理论与行政行为公定力理论、特别权力关系理论等同属于传统行政法中的行政优越权理论。行政首次判断权理论涉及的主要问题是行政诉讼中司法权与行政权的关系问题，也可以说是司法权介入行政权的边界问题。它强调司法权对行政权的尊重，对行政机关职权范围内的事项，法院一般只能在行政机关进行首次判断之后，才能进行事后的第二次审查判断。②

行政首次判断权理论，来源于美国司法实践中的行政首先管辖权原则和案件成熟原则，后者显示了美国立法、司法和行政三权的分立和制衡。"二战"后，日本在吸收和借鉴美国相关原则的基础上发展出了首次判断权理论。近年来，我国学界开始引进相关理论，虽然理论研究的成果还较少，但我国的行政诉讼法在立案、审理和裁判各阶段的规定中，都有体现这一理论的规定，其也逐渐被运用到我国的司法实践之中。"行政权是执行法律权，其行使具有积极主动性和塑造性的特点。司法权是适用法律权，消极被动实现，具有确认性。虽然于个案中司法权能对行政权行使之合法性加以审查已经成为共识，但是这种审查的基础、审查范围与力度，却一直备受质疑。"③

三、行政自主与行政复议

行政自主与行政复议并非同一个层次的概念，行政自主是行政权力运行所

---

①　转引自刘善春著：《行政诉讼价值论》，法律出版社 1998 年版，第 21 页。

②　黄先雄：《行政首次判断权理论及其适用》，载《行政法学研究》2017 年第 5 期。

③　黄启辉：《行政救济构造研究——以司法权与行政权之关系为路径》，武汉大学出版社 2012 年版，第 28 页。

表现出的状态、特性，行政复议则是具体的行政权的内部救济制度——行政争议由行政来解决，正是行政自主性的制度模式。

其一，行政复议制度具有多元功能已经得到越来越多学者的认同，根据我国《行政复议法》第 1 条规定可知，① 其中行政复议的救济功能与监督功能仍是最为重要的两大功能。《行政复议法实施条例》专门设置了行政复议指导与监督章，其中第 57 条规定了行政复议意见书制度和行政复议建议书制度。日本学者尹龙泽认为这较好地反映了行政复议兼顾行政自我约束功能、国民权利救济功能的本质，耐人寻味。② 行政自主，强调行政机关在行政职权的行使中充分享有对内部事务的决定权，对外部行政的自由裁量权和对行政事务的首次判断权。要实现行政权行使的高效便捷，离不开对行政自主的保障。而对行政自主这一权力的保障，也不能脱离对行政权力的监督。行政权是极具侵犯性的权力，行政自主权则是行政权中最具侵犯性的权力，它的存在必然要受到来自各方面的严格监督，如若缺乏监督，行政自主权乃至全部行政权都将失去控制，而行政自主权的存在也将面临巨大的质疑。行政复议制度是行政自我监督的重要方式，这一制度的设立为行政救济之自主性提供了可能性。虽然行政复议由公民提起，但是复议审查权仍然属于行政权的延伸。因此，具有对行政权力进行监督的功能的行政复议制度是行政自主权得以正常运行与长久存续的重要保障。目前世界各个国家和地区的行政救济体系，无论是大陆法系还是英美法系，虽然权力的架构不同，但其在行政救济制度的构建上都充分体现着行政自主这一原则。在行政自主原则的影响下，行政复议制度具有不可替代之功效。

其二，行政自主原则是由权力分工衍生出来的一个子原则，根据权力分工原则，法院和行政机关各有一定的职权范围，在行政机关的职权范围内，行政

---

① 参见《行政复议法》第 1 条规定：为了防止和纠正违法的或者不当的具体行政行为，保护公民、法人和其他组织的合法权益，保障和监督行政机关依法行使职权，根据宪法，制定本法。

② ［日］尹龙泽：《东亚法比较视野下的日本行政复议法之修改》，肖军译，载《时代法学》2009 年第 5 期。

机关有权自主决定有关事项，法院对行政行为的审查如果涉及行政机关有权自主决定的事项时，要受到范围上的严格限制。① 行政复议制度是行政救济的一种方式，它在节省申请人诉讼成本、敦促当事人及时履行补偿协议等方面具有独特的优势，行政复议制度虽带有一定的司法色彩，但在现有体制下，它仍属于行政行为的范畴。在当前的行政复议制度中，一般以上级行政机关为行政复议机关，而正是因为行政自主性，上级行政机关才能审查下级行政机关行政行为的合法性与合理性与否，行政机关才得以对自己或下级行政机关作出的行政行为进行改变或撤销，进而对行政侵权行为进行纠正。因而，是行政自主为行政复议制度的产生理顺了思路并催生了行政复议制度。

其三，行政复议能够更灵活地、更有效率地解决纠纷——行政复议正是迎合了行政权主动性、积极与灵活性、高效性的特征。法律不是万能的，它无法事无巨细地对社会现象进行规定，因此行政机关必须灵活地运用行政权来履行自己的职责，维护社会秩序，如此才能实现行政权力运行的高效。正是基于行政权运行需要灵活性、高效性的要求，行政自主权一直存在于行政权的运行过程中。行政复议制度的产生与发展也深受行政自主权灵活性、高效性的影响，相比行政诉讼、信访、上访等途径，行政复议更能高效、灵活地处理行政纠纷，从而达到保护当事人权利、监督行政权力运行的目的。行政复议的受理机关一般为被申请机关的上级机关，由于上下级行政机关具有领导与被领导的隶属关系，因此当下级行政机关违法行使行政权侵害行政相对人的合法权益，行政相对人向上级行政机关申请行政复议时，由上级行政机关对下级行政机关作出的行政行为进行审查，不存在权力性质和范围上的限制。这样的审查能促进行政体系内的自纠、自查，具有及时性，可以有效防止行政权力失范，提高行政监督效率。在当前服务型建设过程中以及行政权急剧扩张的背景下，单纯依靠司法权对违法行政行为进行救济，在及时性和灵活性等方面都力有不逮。大量的行政争议不可能也不必要全部通过司法途径来解决，因此产生了行政复议制度，行政复议制度对于纠纷解决的灵活性与高效性展露无遗。

---

① 刘东亮著：《行政诉讼程序的改革与完善》，中国法制出版社 2010 年版，第 9 页。

其四，行政复议能够更好地实现纠纷解决的技术性和专业性。一方面，行政复议的审查范围既包括行政行为的合法性，也包括其合理性，还可以包括行政行为所依据的抽象行政行为。这是行政复议作为一种行政监督相较于司法审查而言的重要优势。通常情况下，司法机关只能对行政行为的合法性进行审查，对于其合理性是无权审查的。另一方面，随着权力分工走向专业化和精细化，行政权涉及的专业领域十分广泛，这对司法机关的审查范围和审查能力提出了严峻的挑战。很多行政纠纷涉及的事项司法机关并不了解，再加之实践中情况复杂多变，实际操作与理论并不完全一致。而行政机关系统内具有相关领域的高素质的专业人员，而且当前我国《行政复议法》对行政复议工作人员的任职资格增加了通过国家统一法律职业资格考试的要求，进一步提高了行政复议工作人员的素质与专职化。因此，行政机关作为管理国家和社会事务的主要机关，对行政纠纷的关键性事实、争议焦点等都具有最为专业的判断。

其五，行政复议制度能够排除不当干扰，以自主运作实现其职能。行政复议是一个类似司法机关的裁决制度，需要裁决者以中立、审慎的态度去衡量纠纷行为的事实，决定适用的程序以及法律依据。[1]（1）在国家权力分工的背景下，行政机关自我纠错能避免司法权在司法审查过程中僭越行政权。（2）当前行政复议改革过程中建立的相对独立、统一的行政复议机关，如行政复议委员会、行政复议局等，这些复议机关部分能够以自己的名义作出复议决定，而不是以原来的政府名义或上级主管部门名义对外行使职权，这使得复议机关在作出复议决定时不必过分考虑上级主管部门的意志，使得行政复议的审查主体与决定主体归一，行政复议机关的权力与责任也更加协调，充分加强了行政复议机关在审查行政机关行政行为过程中的公平公正。

第三节　行　政　复　议

行政复议制度是我国行政解纷机制的重要组成部分，其运用行政系统内部

---

[1] 田巍：《论行政复议机关的独立性：兼与英国行政裁判所制度比较》，载《内蒙古农业大学学报（社会科学版）》2009 年第 6 期。

的层级监督关系纠正违法和不当的行政行为，具有成本低廉、程序便捷等独特优势。我国目前关于行政复议的法律规范主要有《行政复议法》及《行政复议法实施条例》（本章以下简称《实施条例》）。

一、行政复议的意涵

"'复'即重新或再次，'议'即审议并决定。前冠'行政'，表明由行政机关对行政争议进行复核、审查，是为行政复议。"① 行政复议作为行政侵权的一种救济制度，在世界多数国家和地区普遍得到建立和实行，只是在名称及规则方面有一定差异，如我国香港地区的行政上诉制度、我国台湾地区的行政诉愿制度、法国的行政救济制度、德国的声明异议制度、日本的行政不服审查制度等。

在我国，行政复议指公民、法人和其他组织认为行政主体的行政行为侵犯其合法权益，依法向法定复议机关提出申请，由行政复议机关据此对被申请的行政行为是否合法与合理进行审查并作出决定的一种法律制度。其要义有三：（1）行政复议是依申请的行政行为。行政复议的发生是基于行政相对人认为行政行为侵犯其合法权益而向行政复议机关提出申请。因此，行政复议是一种被动的、依申请而产生的行为。（2）行政复议的对象是行政争议。行政复议只解决公民、法人和其他组织认为的行政主体行政行为侵犯其合法权益而引起的行政争议，不解决民事争议及其他争议。（3）行政复议的程序是准司法程序。行政复议制度的目的是为了解决行政争议，而复议的公正性需要借助严密的程序。行政复议从提出、受理到审理直至复议决定的作出，都体现出准司法程序的特点，因而与一般的行政行为有明显的区别。

二、行政复议的基本构造与程序

（一）行政复议之原则

行政复议的基本原则是指行政复议机关在履行行政复议职责时应遵循的基

---

① 应松年、刘莘主编：《中华人民共和国行政复议法讲话》，中国方正出版社1999年版，第1页。

本行为准则，它集中体现了《行政复议法》的基本精神和实质。

其一，合法原则。合法原则要求复议机关依法履行复议职责，具体内容包括行政复议的主体合法、审理复议案件的依据合法、审理复议案件的程序合法。主体合法要求行政复议申请人和被申请人以及行政复议机关都必须具有法定资格；而依据合法则要求行政复议必须遵循相应的法律、法规和规章的规定。程序合法则要求无论是行政复议申请人的申请行为，还是行政复议机关的审理行为，都必须遵守法定程序，不能简化、放弃、颠倒法定程序，不能违背法定的时效。

其二，公正与公开原则。作为行政复议之原则，公正与公开彼此交叉，但又具有独立性。其中：（1）公正原则有两个方面的要求：从程序上讲，行政复议机关作为裁判者处理行政争议，要求其必须站在公正的立场，平等、无偏私地对待复议双方当事人，不得偏袒任何一方；从实体上讲，复议机关应当对合法性和合理性进行全面审查，尤其是对行政行为是否合理、适当地运用了裁量权进行判断，以作出合法、合理的复议决定。（2）公开原则反映了行政活动的透明度，是行政活动公开化在行政程序上的体现。它要求除涉及国家秘密、商业秘密和个人隐私不得公开外，行政复议活动应向当事人和社会公众公开，以使其知晓并有效参与。复议过程公开要求行政复议机关最大限度地为申请人、被申请人和第三人提供参与行政复议程序的条件，应当尽可能听取申请人、被申请人和第三人的意见，让他们更多地介入到行政复议程序中；依据和决定公开是确保申请人和第三人有效参与行政复议过程、实现行政公正的重要保障。

其三，及时与便民原则。从某种意义上说，便民原则包含了及时原则；但及时原则与便民原则的侧重点有所不同。其中：（1）及时原则要求复议机关应在法定期限内，及时审查复议案件并作出决定，它要求行政复议机关在受理、审查行政复议案件的各个环节中都能在法定期限内履行职责，是对行政复议机关效率的要求。（2）便民原则要求复议机关应尽可能为复议双方特别是复议申请人提供便利条件，以保证其选择行政复议目的的实现。行政复议机关应当为申请人、第三人查阅资料提供必要条件；对共同行政行为、派出机构实施的行为等较为特殊情况的管辖问题，规定了申请人也可以向行政行为发生地的县级地方人民政府提出行政复议申请，由接受申请的县级地方人民政府依法转交等。近些年来，我国开始在部分省份推行行政复议委员会试点改革，由各级政府内设行政复议委员会，统一负责所辖范围内的行政复议案件，这也是便民原则的一种体现。①

其四，全面审查原则。行政复议的全面审查原则有两个方面的意涵：从范围上讲，行政复议机关既对具体行政行为进行审查，也对特定的抽象行政行为进行审查；就其内容而言，行政复议机关既对具体行政行为的合法性进行审查，也对其合理性进行审查。②

(二) 行政复议之主管

行政复议之主管包含两层意思：一是行政复议向谁提出，或者由谁受理——对于可申请复议的事项，相对人应向哪一机关提出复议申请；二是行政复议受理主体之权限范围，即通常所说的行政复议之受理范围。

其一，行政复议受理主体主要包括行政复议机关和行政复议机构两种。（1）行政复议机关是指依照法律规定，受理行政复议申请，依法对行政行为的合法性与适当性进行审查并作出决定的行政机关。（2）行政复议机构是指行政复议机关内部设立的专门负责具体办理行政复议工作的机构（《行政复议实施条例》第2条）。行政复议机构不具有独立的法人地位，而是行政复议机关的一个内部工作机构。随着行政复议制度改革的深化，复议机构逐渐演变形成了中国特色的行政复议委员会——自2008年国务院在全国范围内推行行政复议改革试点起，行政委员会试点已从12个省份、95个单位扩展到21个省份。③ 行政复议委员会

---

① 沈福俊：《行政复议委员会体制的实践与制度构建》，载《政治与法律》2011年第9期。

② 毕可志著：《论行政救济》，北京大学出版社2005年版，第191页。

③ 2011年国务院行政复议委员会工作座谈会上宣布：当时的试点省份是12个，单位是95个，另有7个省、13个单位自行组织开展了试点。2014年国务院复议司副司长方军撰文说，复议委员会试点已经扩大到21个省份。

早在 1997 年就已经开始出现，北京市设立了北京市国有资产管理局国有资产产权纠纷调处委员会和行政复议委员会来处理相关的复议纠纷和诉讼工作。后大连市地方税务局也成立了大连市地方税务局税务行政复议委员会处理该部门的复议纠纷。2008 年国务院正式下发《国务院法制办公室关于在部分省、直辖市开展行政复议委员会试点工作的通知》，并在部分地区进行行政复议委员会试点工作。该通知提出："探索建立政府主导、社会专家学者参与的行政复议工作机制。行政复议委员会可以由主任委员、副主任委员和一般委员组成。主任委员原则上应当由本级政府领导担任，副主任委员由本级政府法制机构负责人担任，一般委员可以由经遴选的专职行政复议人员和专业人士、专家学者等外部人员担任。"当前，行政复议委员会在全国范围内基本上得到了运用，当然各地试点的侧重点不同。① 如哈尔滨模式下的行政复议委员会改革是法制机构的复议职能为行政复议委员会吸收，复议案件按照事实情况的难易程度在程序上分别以简易程序和一般程序进行处理。其中简易程序的复议案件由复议委员会办公室负责处理。北京模式中，行政复议委员会则更接近于一种咨询机构，只有遇到事实不清、法律适用困难的重大疑难案件时，才由行政复议委员会出具审理意见书，供行政复议机关参考。在广东、上海等地区则更为接近北京模式。这一制度大大提高了行政复议制度的正当性、合法性与科学性，目前各级政府也正在进一步推进与完善行政复议委员会制度，积极探索与明确行政复议委员会的性质，进一步朝着将行政复议委员会与政府法制工作部门分别开来，避免一套人马两块牌子，赋予其独立作出复议决定的权力，保障其向公正性、独立性的道路前进，这也进一步实现了行政复议委员会改革的初衷。但也正因为各地复审委员会的体制、地位与作用和具体制度不尽相同，因此在试点成熟之时还需要借助新的法律规范的出台或对复议法进一步的修订加以明确。

　　其二，行政复议范围，是指行政相对人认为行政机关作出的行政行为侵犯其合法权益，依法可以向行政复议机关请求重新审查的行政行为的范围。确立

---

　　① 刘莘、陈悦：《行政复议制度改革成效与路径分析——行政复议制度调研报告》，载《行政法学研究》2016 年第 5 期。

行政复议范围，是有效地开展行政复议活动的前提，是申诉人提请复议、复议机关受理复议申请的基本前提。目前，规定行政复议范围之立法例主要有概括式、列举式和混合式三种。总的来说，根据行政复议的立法精神，只要属于关涉相对人权益的具体行政行为、相关法律法规有没有作排除规定的，原则上都可以申请行政复议。

其三，行政复议还可对其他事项进行附带审查。所谓"附带审查"，是指行政相对人不能直接就此提请复议审查，必须在申请复议某一具体行政行为时要求一并审查该事项。附带审查更多的是一种行政内"纠错"机制，旨在对可能抵触法律、法规、规章的层级较低的规范进行及时的纠正，"扩大了行政相对人可以参与监督的行政领域，强化了行政复议对行政权的监督和救济功能"。①

(三) 行政复议之管辖

行政复议的管辖，是指不同行政复议机关之间受理行政复议案件的权限和分工，即对行政机关复议的主管范围内的行政争议由哪一个行政机关来受理。② 根据《行政复议法》第12～15条的规定，行政复议的管辖机关包括县级以上各级人民政府及其工作部门，复议机关多而分散。在近年来的集中管辖改革中，也极大地改善了行政复议机关多而分散的情况。

其一，采取行政复议委员会。近年来，在行政复议的管辖上，有很多学者都认为，应当推行以"块块管辖"为主、"条条管辖"为辅的模式。换言之，也即行政复议委员会制度的推行，就是在各级人民政府内部设立行政复议委员会，统一管辖本区域范围内的行政复议案件，但是实行垂直领导的机关则在本机关内部设立行政复议委员会，主要负责针对下级机关的行政复议案件。行政复议委员会一般由专职委员和非专职委员组成，其中专职委员是指政府工作人员，非专职人员是指各方面的社会专家，非专职委员的比例不得低于总人数的

---

① 周佑勇：《完善对行政规范的复议审查制度》，载《法学研究》2004年第2期。
② 胡建淼主编：《行政法与行政诉讼法》，清华大学出版社2008年版，第384页。

二分之一。①

其二，将政府各工作部门的行政复议管辖权收归本级人民政府。改革后的集中管辖权就是将复议管辖权收归政府，而不再分散于各政府部门。其中将行政复议管辖权收归政府法制办的做法日益广泛。如上海在自贸区内将涉及自贸区管委会、浦东新区政府、市政府工作部门及其派驻自贸试验区的机构等复议案件收归上海市政府法制办办理。涉及浦东新区政府工作部门及其管理的法律法规受权组织，市级行政机关垂直领导的浦东新区相关机构的复议案件收归浦东新区法制办。广东省佛山市则建立起佛山市法制局，专门管辖佛山市政府相关部门的行政复议案件，从而实现将政府部门的行政复议职权收归政府法制局统一行使的集中管辖目的。

其三，建立行政复议局。自 2015 年起，浙江省创新性地在四个试点地方分别成立"行政复议局"，挂牌在法制办并设置相应内设机构，统一办理本级政府的复议案件。2015 年义乌市成立全国首个具有实体意义的行政复议局，除实行垂直管理领导的行政机关和国家安全机关外，金华市与义乌市政府的行政工作部门不再受理行政复议案件。此外，上级政府对口主管部门原则上也不再受理对义乌市相应部门提出的行政复议申请。义乌市行政复议局采取集中办公的形式，所有的行政复议手续都可以在一个楼层解决。全国其他地方也纷纷效仿。2017 年黄冈市政府发布《市人民政府办公室关于黄冈市行政复议委员会改革的意见》（黄政办发〔2017〕55 号）将黄冈市行政复议委员会办公室更名为行政复议局，统一受理、审理行政复议案件，实现"一窗受理、一局办理、一体负责"，自 2018 年 1 月 1 日起，市政府将不再受理、审理、决定以县（市区）人民政府工作部门为被申请人的行政复议案件。2019 年 5 月 28 日，浙江省宁波市行政复议局在宁波市行政中心挂牌成立，自 2019 年 6 月 1 日起，除涉及海关、金融、外汇等实行国家垂直领导的行政机关和国家安全机

---

①　具体可参见余凌云：《论行政复议法的修改》，载《清华法学》2013 年第 4 期；湛中乐：《论我国〈行政复议法〉修改的若干问题》，载《行政法学研究》2013 年第 1 期；王万华：《〈行政复议法〉修改的几个重大问题》，载《行政法学研究》2011 年第 4 期。

关的行政复议案件外，宁波市政府工作部门原则上不再受理行政复议申请。将
宁波市政府工作部门作为复议机关的行政复议案件交由宁波市行政复议局统一
受理、统一审理、统一决定，从而实现一级政府行政复议工作以"一个口子"
对外。这是宁波市贯彻落实十九大精神、深化行政复议体制改革的重大举措，
也标志着宁波市依法治市和法治政府建设迈出了一大步。

（四）行政复议基本程序

行政复议程序是行政复议申请人向行政复议机关申请行政复议以及行政复
议机关作出行政复议决定的各项步骤、形式、顺序和时限的总和。根据我国
《行政复议法》的相关规定，行政复议程序主要有：

其一，申请。公民、法人或者其他组织认为具体行政行为侵犯其合法权益
的，可以自知道该具体行政行为之日起向行政复议机关提出行政复议申请。

其二，受理。行政复议机关收到行政复议申请后，应当在五日内进行审
查，对不符合本法规定的行政复议申请，决定不予受理，并书面告知申请人；
对符合本法规定，但是不属于本机关受理的行政复议申请，应当告知申请人向
有关行政复议机关提出。

其三，审查。复议机关受理行政复议申请后应当及时进行审查。行政复议
原则上采取书面审查的办法，但是申请人提出要求或者行政复议机关负责法制
工作的机构认为有必要时，可以向有关组织和人员调查情况，听取申请人、被
申请人和第三人的意见。

其四，听证。在传统上，行政复议以书面审查为原则，但在实践中，许多
地方将听证程序引入复议程序之中。比如，2009 年北京市出台《北京市行政
复议听证规则》，对行政复议听证程序的原则、程序、当事人在听证中的权利
等进行了规定。2013 年湖南省长沙市出台《长沙市行政复议听证程序规定》，
列举了 5 种可以举行听证的情形：涉及人数众多或者群体性利益的；具有涉外
因素或者涉及港澳台地区的；社会影响较大的；案件事实和法律关系较复杂
的；行政复议机构认为有必要组织听证的其他情形。同时明确规定，行政复议
机构根据案件审查需要可以举行听证；当事人申请听证的，由行政复议机构按

有关规定决定。2015 年开始广东也开始着手推进各市行政复议庭的建设，进行庭审直播；2016 年广东省出台全省的复议庭审规则，要求涉及行政规划、土地征收等行政复议案件一律开庭审理。

其五，调解与和解。尽管在法律上，调解与和解并非行政复议的必经程序，但在实践中，调解与和解却被内嵌于行政复议程序之中——复议是为了解决行政争议，构建和谐社会，和解、调解就是不可或缺的手段。① 许多地方也出台相关规定，将调解与和解糅合进行政复议程序之中。比如，2011 年湖南省发布《湖南省公安机关行政复议案件调解和解工作规定》，其中第 4 条规定："有下列情形之一的，公安行政复议机关可以进行调解：（一）公民、法人或者其他组织对公安机关行使法律、法规、规章规定的自由裁量权作出的具体行政行为不服申请行政复议的；（二）当事人之间的行政赔偿或者行政补偿纠纷。"第 5 条规定，"除下列情形外，行政复议调解应当公开进行：（一）涉及国家秘密、商业秘密、个人隐私的；（二）行政复议申请人或第三人要求不公开调解的。"此后，浙江省相继出台《行政复议案件调解处理规则》《浙江省行政复议听证规则（试行）》等法律规范，积极推进行政复议案件听证程序的发展与调解机制的运用。

其六，决定。行政复议机关应当在审查清楚案件事实的基础上作出复议决定。行政复议机关作出行政复议决定，应当制作行政复议决定书，并加盖印章。行政复议决定书一经送达，即发生法律效力。

三、行政复议在法治政府中的定位

在法治政府建设过程中，行政复议承担着公民诉愿和公民权利保障机制、行政纠纷自主化解机制以及行政行为监督机制等三重功效。

其一，诉愿和权利保障机制。行政权的配置和运作是自上而下的放射状态，每一个细微的扩张都会给相关组织和相对人带来极大的影响，同时也易造成对公民合法权益的严重侵犯以及权利义务关系的严重失衡。从理论上讲，凡

---

① 应松年：《对〈行政复议法〉修改的意见》，载《行政法学研究》2019 年第 2 期。

是违法的或不当的行政行为都是无效的，也是不应该出现的，但现实中违法或不当的行政行为出现在所难免。问题的关键在一旦出现了违法或不当的行政行为，有没有及时纠正和挽回的机制，以确保公民、法人和其他组织的合法权益不受侵犯。行政复议正是这样一种纠错机制，因而，它的设立加强了公民诉愿和公民权利的保障力度。

其二，行政纠纷自主化解机制。行政复议作为解决行政争议的重要渠道，为化解社会矛盾、推进政府依法行政，维护社会和谐稳定，作出了重要贡献。一方面，行政复议有利于防止和纠正违法或不当行政行为；另一方面，行政复议对于保护公民、法人和其他组织的合法权益与保障监督行政机关行使职权有重要作用。①

其三，行政行为监督机制。"一切有权力的人都易滥用权力，这是万古不易的一条经验，有权力的人们使用权力一直到遇有界限的地方才休止。"② 因此在法治政府建设中，权力监督十分重要。作为行政权力与行政行为的监督机制，行政复议不仅赋予了公民、法人和其他组织对权力制约机制的启动权，而且赋予了制约的范围，包括全部具体行政行为和部分抽象行政行为。

典型案例 5-1：梅某某诉 C 市生态环境局、C 市人民政府行政复议案③

【裁判摘要】

行政复议程序合法并不必然导致结果合法。

【相关法条】

《中华人民共和国行政复议法》第 31 条

《中华人民共和国行政诉讼法》第 89 条第 1 款第 2 项

【基本案情】

梅某某于 2019 年 2 月 27 日向 C 市生态环境局书面申请公开"位于北塘河

---

① 参见孙琬钟、江必新主编：《行政管理相对人的权益保护》，人民法院出版社 2003 年版，第 228 页。

② ［法］孟德斯鸠著：《论法的精神》，张雁深译，商务印书馆 1961 年版，第 154 页。

③ 本案裁判文书详见附录 7。

路南侧、丁塘港路东侧的天宁智造园的环评审批手续"。C市生态环境局同日收到前述申请，于2019年3月15日作出书面答复并送达申请人，该答复的主要内容为"原T区环保局于2017年2月8日审批通过《C麒祥健康管理有限公司元其大健康产业园项目（一期）建设项目环境影响报告表》，其环评批复文件可由申请人持合法证件到C市某某环保局（原T区环保局）查阅或复印。主要建设内容为：厂房6幢、门卫2个、水泵房1个。待厂房具体实施内容确定后，另行办理环保审批手续"。梅某某不服前述答复，于2019年5月14日向C市人民政府申请行政复议，复议机关于2019年5月15日受理。2019年8月28日，复议机关C市人民政府作出维持原行政机关的上述答复。

【裁判结果】

C市X区人民法院作出〔2019〕苏0411行初117号行政判决。梅某某不服提起上诉。2020年1月21日，J省C市中级人民法院以〔2019〕苏04行终309号行政判决：1. 撤销C市X区人民法院〔2019〕苏0411行初117号行政判决；2. 撤销C市生态环境局于2019年3月15日作出的常环依〔2019〕3号政府信息公开告知书；3. 撤销C市人民政府于2019年8月8日作出的〔2019〕常行复第073号行政复议决定；4. C市生态环境局自收到本判决书之日起20个工作日内重新作出答复。

【裁判理由】

本案中，梅某某于2019年2月27日向C市生态环境局书面申请公开"位于北塘河路南侧、丁塘港路东侧的天宁智造园的环评审批手续"。C市生态环境局答复梅某某"原T区环保局于2017年2月8日审批通过《C麒祥健康管理有限公司元其大健康产业园项目（一期）建设项目环境影响报告表》，其环评批复文件可由申请人持合法证件到C市T环保局（原T区环保局）查阅或复印"。本院认为，C市生态环境局答复的信息与梅某某申请公开的信息之间的关系问题C市生态环境局未进行说明，并且原T区环保局根据常政办发〔2018〕7号文件的规定自2018年1月19日起已经调整为C市环境保护局的派出机构，由C市环境保护局直接管理。2019年机构改革后C市环境保护局改名为C市生态环境局。因此，C市生态环境局答复梅某某向其派出机构查阅或复印涉案信息不妥当。复议机关 C 市人民政府于 2019 年 5 月 15 日受理上诉人提出的行政复议申请后向当事人送达行政复议申请受理通知书、行政复议答复通知书，经审查后依法延期，并于 2019 年 8 月 28 日作出涉案被诉行政复议决定书并送达各方当事人，其作出涉案行政复议决定的程序符合《中华人民共和国行政复议法》第 31 条的规定，但是复议机关作出的涉案复议决定结果不符合法律规定。

典型案例 5-2：姚某某诉 S 市公安局 P 分局行政复议案①

【裁判摘要】

超出请求行政复议期限，且无不可抗力或者正当事由，复议机关不予受理行政复议。

【相关法条】

《中华人民共和国行政复议法》第 9 条

《中华人民共和国行政诉讼法》第 89 条第 1 款第 1 项

【基本案情】

2016 年 11 月 12 日，姚某某向 S 市公安局 P 分局（以下简称"P 公安分局"）下属 H 派出所报警称被五人殴打，H 派出所予以受案处理。2019 年 6 月 2 日，姚某某就要求派出所履职一事向 P 公安分局提出行政复议申请，P 公安分局于次日收悉。P 公安分局经审查，于 2019 年 6 月 5 日作出编号为沪公（浦）复不受字〔2019〕第 547 号行政复议申请不予受理决定书，认定姚某某的行政复议申请的提出已超过行政复议申请期限，根据《中华人民共和国行政复议法》第 9 条第 1 款、第 17 条第 1 款之规定，决定不予受理。

【裁判结果】

S 市 J 区人民法院作出〔2019〕沪 0106 行初 539 号行政判决，姚某某不服提起上诉。2020 年 1 月 10 日，S 市第二中级人民法院以〔2019〕沪 02 行终 408 号行政判决驳回上诉，维持原判。

---

① 本案裁判文书详见附录 8。

【裁判理由】

根据《行政复议法》第 12 条规定，被上诉人 P 公安分局具有对行政复议事项进行审查，并作出处理的职权。根据《行政复议法》第 9 条的规定，行政复议的申请期限应为申请人知道侵犯合法权益的行政行为之日起的 60 日内。同理，履行法定职责案件的复议申请期限应为行政机关的法定履职期限届满后的 60 日内。本案中，上诉人自述于 2016 年 11 月 12 日报警，其于 2019 年 6 月 3 日向被上诉人提出要求 H 派出所履行法定职责的请求，已经超过了《行政复议法》第 9 条规定的申请期限，且无不可抗力或者正当理由，被上诉人据此于 2019 年 6 月 5 日作出被诉行政复议不予受理决定，认定事实清楚，适用法律正确，执法程序合法。上诉人以《中华人民共和国行政诉讼法》中关于起诉期限的规定作为上诉理由，系对法律规定的误解。原审判决驳回上诉人的诉讼请求并无不当。

第六章　诉权·司法终裁·行政诉讼

法治政府意在最大限度地保护公民权利免受政府的侵害。行政诉讼是行政侵权的司法救济途径，是通过法院对行政侵权行为进行的审查，属于司法权之于行政权的规约。行政诉讼制度之设计以公民诉权理论和司法终裁职能为支撑。

公民诉权的存在是行政诉讼的逻辑前提，行政诉讼秉承不告不理的司法理念，行政诉权的运用，是行政诉讼启动的程序要件。从公民角度而言，诉权是一项基本人权，是人类法治社会的基本要素。没有诉权，就不可能启动合理的争端解决程序，法治也将不复存在，对于法治社会来说，诉权是最重要、最基础的权利。诉权使公民为维护自身权利所作的努力与法官的行为相关联起来。只有行使诉权，公民才能获得走进法院的资格，法官才能为此去保障基本人权，维护正当的权利。只有行使诉权，公民才能获得司法权的支持，具备足以对抗行政公权力的能力；只有行使诉权，公民才能启动行政诉讼程序，获得司法救济的可能。

司法终裁权，是将司法作为解决纠纷的最后手段，是定分止争最有效、最权威，也是最终的救济途径，也是维护社会公平正义的最后一道防线。司法终裁具有终局性、中立性、交涉性、权威性和专业性等基本属性。司法终裁的本质是以一种公权力撤销另一种违法的公权力，并可以直接实施法律制裁，这能有效地限制政府权力的恣意和膨胀，保护公民的合法权益。行政争议的司法终裁不仅有其必要性意义，也有客观的可实施条件。对于行政诉讼来说，司法终裁贯彻于行政诉讼当中，司法终裁为行政诉讼提供了重要的理论价值支撑，而行政诉讼对其予以制度化保障，二者统一于法治政府的基本要求。

公民行政诉权的实现和司法终裁的落实共同孕育了行政之诉。行政诉讼制度是行政之诉的一种具体表现形式，大陆法系的行政诉讼与英美法系的司法审查都属于行政之诉的范畴。我国的行政诉讼制度严格按照《中华人民共和国行政诉讼法》所确立的规则实施。它具备特定的诉讼参加人、明确的宗旨与原则以及独特的制度构造。在法治政府的建设过程中，要明确行政诉讼矫正功能的基本定位，发挥其纠正违法行政行为、监督行政权、化解行政纠纷的作用，保障政府的法治建设始终在宪法和法律所确定的轨道上进行。现代法治已经步入司法主导时代，在法治政府建设的背景下，对行政侵权的司法救济不仅是司法主导型法治的基本标志，也是政府法治实现程度的决定性因素。

第一节　公 民 诉 权

对于法治社会来说，诉权是首要的权利，没有诉权，法律就无法正常运作，因而就谈不上法治。从诉权在权利体系中的地位来看，诉权是一项基础性的权利。诉权保障是人权保障的重要内容，是社会走向法治的重要表征。

一、诉权的概念

诉权是法学理论的一个基础概念，历来在法学界受到学者们的尊崇，任何有关诉讼的研究似乎都以诉权为逻辑起点。虽然，对于诉权的研究由来已久，但是时至今日也无法对诉权进行周延的定义。正如法国学者所言，不论法律界如何，不论法律界对于"诉权"这一术语如何熟悉，它却仍然是一个在性质与特点上，都会引起激烈争论的概念。①

---

① [法] 让·文森、塞尔日·金沙尔著：《法国民事诉讼法要义》，罗结珍译，中国法制出版社 2001 年版，第 115 页。

"诉权"一词最早可以追溯到罗马法中的"action",罗马最高裁判官享有至高无上的权力,有权决定提供法律保护的前提条件,① 即决定诉权是否存在。发展到19世纪,德国法学家萨维尼认为"action"是"请求权和诉权的结合",他在构建诉权理论时继承了罗马法中"请求权"的概念,强调诉权的私法性质,形成了"私法诉权说"。私法诉权说的积极意义在于强调诉权对民事权益的保护,而不足之处在于认为实体权利的存在是诉讼程序开始的前提,以致颠倒了诉讼前提与诉讼结果的关系。随后,在法治国思想的浸润下,开始寻求国家的公力救济,在"私法诉权说"的基础上形成了"公法诉权说"。"公法诉权说"又可以分为"抽象诉权说"和"具体诉权说",前者认为,诉权的内容在于请求法院作出裁判,是以起诉获得诉讼开始的权利,并不考虑具体的权利内容,因而任何人无条件地享有诉权。而具体诉权说批判抽象诉权说与诉讼结果没有关联,流于空泛,故进行了修正。其认为诉权的根据在于保护请求权,这是个人要求国家通过民事诉讼进行权利保护的请求权。提起诉讼是人格权的发展,所以任何人都可能根据诉讼法的规定提起诉讼。诉权的存在需要具备权利保护的要件,包括实体要件和诉讼要件。其中实体要件是指原告主张的实体法上的权利是存在的,诉讼要件是指当事人适格要件和法律上正当利益要件。苏联学者顾尔维奇在对三大诉权说批判继承的基础上又发展出二元诉权说,即诉权分为实体意义上的诉权和程序意义上的诉权,实体意义上的诉权是指处于成熟状态的民事权利,程序意义上的诉权就是起诉权,二者统一于诉讼法律制度中。② 二元诉权说的积极意义在于强调诉权既与诉讼程序相连,又与实体权利相关,能够较为统筹地理解诉权,然而将诉讼程序的启动与实体请求切割开来并不利于诉权研究的进步与发展。

我国对于诉权的研究始于清末权利概念的引入,但是,直到20世纪80年代对诉权的研究基本没有创造性的成果。1984年出版的《中国大百科全书·法学》对"诉权"词条的解释沿用了苏联学者对诉权的定义,即"向法院对

---

① 参见 [苏] 顾尔维奇著:《诉权》,中国人民大学出版社1958年版,第5页。
② 参见吴英姿:《诉权理论重构》,载《南京大学法律评论》2001年第1期。

一定的人提出诉这种请求的权利，叫做诉权"。同时，也说明了诉权又可分为程序意义上的诉权和实体意义上的诉权。① 然而，在诉讼制度发展并不完备的20世纪，对于诉权进行程序与实体上的区分，也许有利于诉权的学理辨析，但是，当今法治背景之下，实体意义上的诉权必须要通过一定的程序来实现，而程序意义上的诉权也必须要以实体诉权为基础，二者很难割裂开来。程序与实体更加表现为诉权的两个方面，而非两种形态，对它们强行区分不但缺乏实际意义，而且还会弱化人们对诉权概念的认知。相比而言，《牛津法律大辞典》的定义可能更加直观简练："诉权（right of action）是提起诉讼的权利，一个人是否享有诉权取决于他是否具有向他人要求给予救济或补偿的、可强制执行的权利。"②

在对诉权概念进行探究的过程中，我们应当抓住主要矛盾，认清诉权的功能与特征。其一，诉权作为一项权利，有别于我们通常所说的权利。当我们说到权利的时候，它经常代表的是一种利益，包括人身或财产利益，而诉权却并不直接体现这样的利益。只有当权利主体的实体法权利遭受侵害的时候，需要启动法律程序予以救济时，诉权才通过实体法权利与利益产生关联。因此，虽然诉权也具有一定的利益指向，但它更像是一座连接权利主体与实体法律之通道。其二，从各国对诉权定义的描述，我们不难发现一个共性的特征——诉权实质上所表达的就是权利主体寻求法律救济的资格。在现代法治社会，法律已经渗透到国家和社会生活的方方面面，寻求法律救济已然成为社会纠纷解决的主要方式。社会成员对于法律救济途径的需求是普遍的，因此，诉权的主体也应当是广泛的。其三，诉权的实现应当是无条件的。无诉权即无诉讼，诉讼是现代社会权利主体寻求权利救济、利益补偿，实现公平对待的终极途径。对于社会各主体的实体法权利义务的处分都要通过法律的程序，诉权作为法律程序启动之匙，不能够被轻易地剥夺。一旦诉权被附加上各种限制，社会成员对法律的追求之路也必然在开始时就充满阻碍，法治就会沦为空中楼阁，正义自然

① 周永坤：《诉权法理研究论纲》，载《中国法学》2004年第5期。
② 《牛津法律大辞典》，光明日报出版社1988年中译版，第775页。

也就无从谈起。同时,诉权并非胜诉权,它仅是启动诉讼的资格,而具体的诉讼内容则是由法官通过法律规定的诉讼程序进行裁决的,在不具备证据优势的条件下,法院可以剥夺主体的胜诉权利,然而却无法拒绝提供诉讼的机会。因而,不能以任何形式的附加条件对社会主体的诉权进行任何形式的限制。综上所述,诉权概念的论述应当聚焦其本质,回归淳朴,将诉权所代表广泛的主体与权利的基础性涵盖进来。由此,我们可以将诉权表述为社会权利主体请求法院对其主张予以审判的权利。这一陈述,不仅准确地概括了诉权的含义,也使得诉权的概念更加直观且便于理解。

二、诉权之基本人权属性

人权,是指人为了其生存、发展和进步,在政治、经济、社会和文化等各方面应当受到尊重和保障而享有的权利和自由,基本人权就是指这些权利中的基本权利。[1] 人类的发展历经了漫长的历史过程,在原始社会时期,弱肉强食就是人类生存的法则,人与人之间的矛盾只能够诉诸武力予以解决。这时候,并不需要第三方的主体去判断是非曲直,纠纷的双方仅依靠自身的条件就能够实现问题的解决。然而,随着人类社会的逐渐发展和国家的出现,人们不再需要一个充斥着武力且动荡不安的社会。相反,政治、经济的发展需要一个相对稳固的状态。维护社会秩序的稳定成为国家的重要职责,社会成员也都应按照一定的规则进行活动。由于资源分配不均的现实状况以及社会成员个体的差异,此时的社会纠纷仅依靠社会成员个人难以得到有效的解决,且如果放任社会成员之间采取个人的方法肆意处理纠纷,一定会造成社会秩序的紊乱,影响社会乃至整个人类的发展。因此,为了维护社会秩序,国家作为第三方参与到纠纷解决的活动中,为社会成员的利益救助提供了新的途径。可以说,社会的发展需要国家提供特定的救济途径,反过来,国家通过社会规则的适用而提供的公力救济成为保障人类发展的必要条件。

---

[1] 韩荣和、关今华、关山虹:《简论基本人权》,载《福建师范大学学报(哲学社会科学版)》2010年第4期。

　　公力救济的产生为诉权人权化提供了土壤。公力救济方式的出现使纠纷解决的义务主体成为了国家，并逐渐形成了公法上的权利，这意味着一旦公民向国家提起诉讼，就有权得到由特定的组织按照相应的程序，解决争议纠纷并作出的裁判。在现代法治的语境下，法院作为处理诉讼的专门机关，依靠适用法律的司法过程去裁决社会纠纷，化解社会矛盾。因此，人类为了实现发展所需要的公力救济，也可以称之为人们接受法院公正审判的权利。第二次世界大战极大地践踏了人们生存与发展的自由，基于对此的反思，人权理论在"二战"后得到了前所未有的发展。① 人权的内容得到了国际化的定型，形成了包括接受法院公正审判权在内的基本人权体系。至此，基本人权的重要性已经被国际社会所普遍接受，无论是在国际条约抑或是各国的国内法中，属于基本人权的权利都得到了各国的司法保障。然而，能够接受法院公正审判的前提是当事人能够获得司法的救济，也即诉权能够得以实现。也就是说，当事人先要行使诉权启动司法救济程序，在纠纷进入诉讼程序当中才可以讨论最后处理结果的公正性问题。② 基本人权理论使得人们接受公正审判的需求，成为了宪法保护的对象。而诉权作为人们接受公正审判的制度现实化的纽带，也成为涉及人类生存和发展的基本人权的一部分。

　　同时，诉权在制度上体现为救济权的基本人权。作为公权的诉权表现为程序性上的权利，公民的程序权利既包括在国家行政活动中享有的程序权，如听证权、知情权、申请政府信息公开等权利，也包括请求司法程序维护自身合法权益的权利，即诉权。诉权既是纠纷当事人向法院请求裁判的权利，也是宪法所保障的公民基本权利之一。③ 国家的权力来自于人民，这是现代国家的本质。保障公民的安全、自由与发展是国家义不容辞的义务和责任，诉权正是公民在自身合法权益受到侵害时应当运用的权利，它的存在有效地保障了基本人

---

　　① 吴英姿：《论诉权的人权属性——以历史演进为视角》，载《中国社会科学》2015年第6期。

　　② 沈亚萍：《民事诉讼受案范围与基本人权保护——以诉权保障为中心》，载《武汉大学学报（哲学社会科学版）》2014年第2期。

　　③ 江伟等著：《民事诉权研究》，法律出版社2002年版，第4~5页。

权运转，故其作为公民的一项基本权利，理应受到法律的认可，从而承担起保障人权、维护公民合法权益的使命。从立法例来看，《世界人权宣言》第 8 条规定："任何人当宪法或法律所赋予他的基本权利遭受侵害时，有权由合格的国家法庭对这种侵害行为作有效的补救。"2012 年中国发布了《国家人权行动计划（2012—2015 年）》，也将民众获得公正审判的权利作为人权的重要内容纳入宪法保护的范畴。诉权入宪和被写入国际条约不仅是人权从自然法进入实在法的证据之一，也标志着诉权完成了从"特权"到人权的蜕变。①

三、公民的行政诉权

根据权利内容所涉及的部门法律关系的不同，诉权可以分为刑事诉权、民事诉权与行政诉权。其中行政诉权就是指权利内容涉及行政法律关系的诉权。从诉权理论的发展历程来看，民事诉权是最先确立的。公民权利公力救济的出现，以及诉讼制度和法院的产生直接催生了民事诉权，而行政诉权的出现则稍微滞后。现代宪政理论的发展诱发了对国家与公民关系的重新反思，进而构造了国家公权力与公民私权利的新格局。由此，国家宪法的主要功能转向了对公权力与私权利的配置与调节。随着"二战"后人权宪法化的实现，作为基本人权的诉权得到了不断重视，在宪法对公民私权利免受国家公权力侵犯之保护的背景下，行政诉讼制度应运而生，为行政诉权的制度化提供了可能，行政诉权也得以成为公民的基本权能之一。

（一）行政诉权代表了公民行政司法救济的资格

"无救济即无权利"，从概率学的角度讲，在社会生活中任何的权利都有被侵害的可能性，而在权利受到侵害之后，如果无法得到有效的补救，公民的权利将难以实现，宪法对于权利的宣示也将形同虚设。在行政法律关系当中，行政主体与公民个体的地位并不平等，国家公权力相对于公民个人的私权利而

---

① 参见吴英姿：《论诉权的人权属性——以历史演进为视角》，载《中国社会科学》2015 年第 6 期。

言也具有压制性的优势，政府所支配的社会资源也远远超过公民个人就能够享有的资源数量，同时，行政权本身就带有极强的扩张性。因此，政府在行使国家行政权力的时候，极容易对公民的权利造成侵犯，一旦公民的利益受到政府的损害，他们很难通过一己之力向政府讨回公道，因而必定要借助国家的公力救济方式实现自身利益的恢复或补偿。在公民与政府的行政法律关系中，能够将对公民权利的保护与司法公力救济连接一起的，只有行政诉权。行政诉权为公民提供了走进法院的资格，公民认为行政主体的行政行为对自己的权利产生损害的时候，能够依据行政诉权将行政机关告上法庭，并与之对簿公堂，进而得到公正的审判。公民行使行政诉权的动因是其权利受到了行政主体的侵害，而行政诉权也应由公民据此启动相关司法程序，而且，行政诉权在实现公民权利救济上具有不可替代的意义。无论公民的权利究竟来源于何处，既然宪法赋予了公民的权利，那么就应该对公民的权利进行保护，当他们的合法利益受到侵害时，也应当提供相应的救济措施。从这个意义上讲，只要社会主体具备公民资格，依法享有公民所应获得的权利，那么他就应当具有寻求救济的资格。简言之，公民应享有权利而具有司法救济的资格。在行政法律关系中，行政诉权正是这样一种资格的表征。因此，行政诉权被视为现代行政法治体系下的第一性权利，要求国家承担无限的保护责任，而这种保护责任，不仅是可能的，也是现实的。①

（二）行政诉权为公民提供了对抗行政权力的能力

行政诉权不仅是公民权利的救济权，也代表了公民与行政权力相抗衡的能力。在行政法律关系中，公民与行政主体的地位并不平等，国家行政公权力所具有的行政强制力和权威性都是公民私权利所不具备的。在这样的力量悬殊之下，公民即便拥有了权利救济的资格，也并不具备与公权力对抗的能力，权利救济的实现更无从谈起。因此，行政诉讼程序的设计就是将司法机关引入公民与政府的纠纷关系当中，以同为国家公权力的司法权作为对抗行政权的手段，

---

① 莫纪宏：《论人权的司法救济》，载《法商研究》2000年第5期。

从而使公民获得了对抗行政权力的能力。具体而言，包括两方面的内容。

一方面，公民能够依靠行政诉权实现对行政行为的司法审查。在理论上，行政诉权的结构有别于其他类型的诉权，呈现出二阶一体的特性。虽然诉权仅以能否启动诉讼为实现标准，而与实体法权利的处分结果无关，但是诉讼是完全依托于法院进行的一种特定程序，诉讼程序的成功启动，蕴含了法院能够对所涉及的实体法权利作出处理的意思，如果法院无权对所涉标的进行裁判，那么诉讼程序也就无从谈起。在民事诉讼中，双方均为地位平等的私权主体，对属于私权利的具体权利义务的裁判和处分原本就是法院审判权的内在职责，因此并无异议可言。然而，与民事诉讼不同，行政诉讼的参与主体不仅包括个人，也包括行政主体，所涉及的权利类型不仅包括私权利，也包括公权力。司法权与行政权同属于国家公权力的组成部分，二者在性质上并无高低之分，只有权利内容和所司职责的区别。行政诉权的行使已经牵扯到了司法权和行政权的互动与博弈。① 它们是宪法对国家权力配置的结果，一方对另一方的介入只能由宪法进行调节。因此，行政诉权在结构上体现出了两个阶段，它的实现不仅要求公民具备行政权利救济的资格，还需要宪法对司法权之于行政权的干预作出安排。同时，这两个阶段又是不能分割的，缺少了任何一个都会造成行政诉权的实现不能，进而使其存在变得毫无意义。而恰恰是这样的一体性，使得公民在具备行政权利救济资格时能够启动司法权对行政权的干预措施，而在效果上忽略二阶性带来的断层。也就是说，公民经过刑事行政诉权能够根据自己的意志启动对行政行为的司法审查。

另一方面，公民依靠行政诉权能够实现对行政权运行的监督。权力需要制约，缺乏有效的监督手段就一定会造成权力的滥用，这已经成为一个众所周知的常识。在当前发展背景下，社会主体日益多元，社会关系日渐复杂，社会事物也变得繁多，政府的行政管理范围也越来越广，行政权力的触及面也越来越大，牵扯的利益也越来越多。在这样的情形下，行政权力的面临的腐败和滥用

---

① 梁君瑜：《行政诉权进化史比较考察及其启示》，载《上海政法学院学报（法治论丛）》2018 年第 3 期。

的风险也前所未有，对行政权力进行有效的监督显得尤为重要。虽然，对行政权存在着多种监督方式，但是，依靠公民应当是最有效的。公民是社会组成的基本单位，也是最广泛的社会主体，同时，行政主体行使行政权力的对象往往就是公民本身，因此，他们最具备行使行政权力的条件，也是行政权监督的最大受益者。行政诉权使得公民能够实现行政行为的司法审查，这其实就是对行政行为的事后监督方式。反过来，当行政权力的行使者，认识到公民具有这样的能力时，他们就会在行为时有所顾忌，以避免权力的滥用承担不利的法律后果的风险，这在客观上起到了事前震慑的效果。由此，公民的行政诉权使得他们真正具备了对抗行政权力的能力。

（三）行政诉权的行使是公民行政诉讼的途径

公民行政诉权的救济性和对抗能力是对行政诉权的抽象性质的描述，属于本体论的范畴；而从行政诉讼的角度讨论行政诉权则是对行政诉权的现实制度的分析，属于方法论的内容。公民的行政诉权的行使是其启动诉讼程序的必要途径，行政诉讼法为行政诉权之行使提供了制度保障，行政诉权之意涵形塑了行政诉讼制度，决定了行政诉讼的目的、功能以及具体制度的建构。

行政诉讼保障行政诉权，是行政诉权制度化的体现。诉权是诉讼存在的基础，没有诉权，就不可能有诉讼。而行政之诉就是公民通过行使诉权对法院提出请求，请求法院对侵犯自身合法权益的行政行为作出公正的裁判，是一种重要的诉讼行为。公民行政诉权的存在是行政诉讼的逻辑前提，行政诉讼是公民行政诉权最集中的表达。行政诉权的行使以诉权为载体，行使行政诉权所追求的效果与行政诉讼的裁决结果息息相关。行政诉权及其衍生权利，同样贯穿于行政诉讼全过程，起诉、上诉、应诉等都属于诉权的具体体现。行政诉讼的形成、发展和结束就是行政诉权及其衍生权利实现效果的过程。虽然行政诉权是行政诉讼的基础，但却需要行政诉讼制度来保证其实现，如若没有完备的行政诉讼制度，行政诉权只能流于形式，只能是一种理论上的权利。一方面，行政诉讼立法为行政诉权的实现提供了合法性依据。通过行政诉讼程序法的创立，诉权得以被人们从外观上所观察。虽然，诉权所涉及的多为诉讼前的内容，但是整个行政诉讼程序都可以视为对行政诉权的制度化回应。诉权的实现也因为行政程序法的规定而具备了合法性基础。另一方面，行政诉讼的司法实践为行政诉权的实现提供了现实素材。构建再完美的上层法律制度，如果不付诸实践也终究是徒有其名，只会使其束之高阁。行政诉讼的司法实践过程就是行政诉权从理论到实践的过程。在现实中，诉权不可能离开诉讼程序而单独存在，公民诉权的行使状况和制度保障效果，只能通过行政诉讼的运行情况得以体现。因此，行政诉讼的实践为行政诉权提供了源源不断的素材，检视着诉权理论的发展状态，促进着行政诉权的不断完善。

行政诉权决定了行政诉讼的目的和功能。公民行使行政诉权对公民自身、政府、国家均具有一定程度上的意义和影响。一是解决行政纠纷，行政机关在行使行政管理职权的过程中不可避免地会与行政相对人产生行政争议。行政诉讼通过法院的居中公正裁判可以弥补内部救济机制之不足，使争议最终获得解决。二是保护公民权利，行政诉讼是实施权利救济最为重要的途径，是对行政诉权最为有力、最为有效的回应。三是监督行政机关，国家行政机关基于行使行政职权之需要，必须拥有一定范围和程度的自由裁量权和处理权。当相对人认为行政机关作出的具体行政行为违法时，可以通过行使行政诉权请求法院作出公正的审理和裁判，从而促进行政机关依法行政。① 同时，行政诉权决定着行政诉讼具体制度的构建。行政诉讼的类型、受案范围以及行政审判方式的设计等无一不受到行政诉权之影响。只有对行政诉权进行准确的定位，行政诉讼具体制度的构建才会更加契合人民的需求。我国 2015 年 5 月的立案登记制改革将以往的审查立案模式转变为登记立案模式，降低了立案门槛，减少了当事人立案的程序，在一定程度上缓解了立案难的困局，对公民诉权的行使提供了有力的保障。然而，在行政诉讼中，诉权保障与滥诉多发之间有时会形成一个张力，即愈是强调诉权保障，滥诉行为愈呈现多发趋势。② 因此，诉讼制度的

---

① 林莉红著：《行政诉讼法学》，武汉大学出版社 2015 年版，第 21~23 页。
② 王华伟：《行政诉讼立案登记制源流及实施效果再思考》，载《湖北社会科学》2018 年第 11 期。

涉及必须兼顾诉权保障和防止诉权滥用，这样才能更好地发挥出诉权的价值，保障人权的实现。

第二节　司 法 终 裁

司法终裁是以司法的方式对社会纠纷进行处理，它代表了国家和社会对法律的尊重和对法律崇高地位的维护。司法仲裁是国家司法权力运行的表征，为司法权与立法权、行政权的连接打通了路径。正是由于司法之终裁效能，才使得司法权对行政权的制约成为可能。在西方三权分立的系统下，司法权与行政权的联系体现为二者相互制约的平衡发展。而在我国的国家性质和权力配置结构下，司法权与行政权的分工合作，统一于中国特色社会主义法治体系。司法终裁对行政权运行的影响方式具化为行政诉讼制度。通过行政诉讼程序，法院能够对行政机关依法行政的情况进行监督，对行政机关的行为结果进行法律评价，进而纠正违法的行政行为。可以说，司法终裁是行政诉讼制度的理论基础，为行政诉讼的运行提供了正当性依据。

一、司法终裁的基本意涵

所谓司法终裁，意指人民法院在依法独立行使审判权的过程中，遵循"司法最终干预原则"，对刑事、民事、经济、行政、海事等法律关系享有最终审查、最终评断、最终裁判的权力。① 司法终裁原则发源于西方，在法治思想的长期浸润下、在宪法实施的不断进步中孕育而生。在三权分立的体制下，为了以司法权制衡行政权和立法权，司法触及国家和社会生活的方方面面，任何纠纷最终都能够以司法裁判的形式予以解决。司法终裁的核心要义在于一个"终"字，一方面，它意味着司法作为一种纠纷解决方式具有最终性，是一切社会纠纷解决的最后手段；另一方面，司法作为纠纷解决的最终手段，承担着

---

① 王荣清、姜彬：《论司法终裁权及其完善》，载《现代法学》1995 年第 2 期。

维护社会公平正义最后一道防线的职责。司法通过对个案的裁判实现社会的矫正正义。

（一）司法裁判之终局性

司法终裁的终局性是指司法机关对其案件的生效裁决即为对此案件所涉纠纷的最终处理结果，除非发现在司法处理中发生了违法行为，根据法律的特别规定启动的纠正程序，任何机构都不能对此纠纷进行再处理。终局性包含了三个方面的内容。首先，对审判机关内部而言，要遵循"一事不再理"的原则。法院对某一案件审理终结，并且其所作出的裁判生效以后，审理此案的法院和其他地域、其他级别的法院不能够再受理当事人基于同样的纠纷提起的诉讼。也就是说，针对同一个纠纷，只能够接受一次司法裁判。其次，对审判机关外部而言，纠纷一经审判机关受理，其他任何机构和个人都不能再独立地对此纠纷进行处理。审判机关的最终处理意见即为此纠纷的最终解决方式，在司法审判之后不存在其他形式的解决途径。最后，司法裁决具有严格的程序性。司法审判活动是由不同的司法程序组合而成，可以说，程序是司法过程的基本单位，而司法程序具有定向性，其运行不可逆转。司法程序的定向性表现在法律所规定的不同时限上，司法审判并不是无期限的活动，法律为其每一个环节都规定了严格的时间限制，如审理期限、举证期限、追诉时效等，一旦超过时限就会进入下一个环节，直到走向最终程序。在形式上，这一过程是沿着一个方向进行的，没有倒退的可能性。因此，对司法审判活动的参与者来讲，每一个环节都是最终的、一次性的，不可能重来一遍。在我国，诉讼活动采取人民法院两审终审制，由最高人民法院一审审判的案件为一审终审。两审终审制并不代表对已决案件没有任何救济方式，如最高人民法院的死刑复核程序、法律规定的再审程序都是对法院裁判的纠正机制，但是这并不影响司法终裁的终局性，相反，正是这些措施进一步保障了司法裁判的正确性，确保了司法终局的生命力。

（二）司法是维护社会公平正义的最后一道防线

在中国共产党第十八届四中全会上，习近平总书记提出了"司法是维护社会公平正义的最后一道防线"的论断。① 司法是纠纷解决之权威,权利救济之终极,规则生长之源泉,秩序维持之后盾。② 司法始终是维护社会公平正义的最后一道防线,是定分止争最有效、最权威,也是最终的救济手段。具体而言:

其一,司法具有定分止争之功能。亚里士多德曾经说过:"在争论不休的时候,人们就诉诸裁判者,去找裁判者就是找公正。裁判者被当作公正的化身。"③ 司法的过程就是依据法律所确定的规则对司法案件的事实以及所涉及的法律问题的识别、判断和选择。在当事人将纠纷提交到司法机关的时候,法官就成为了裁判人,他必须按照司法程序,以事实为依据,以法律为准绳,依靠自身的认知和常识,按照严密的逻辑推理,对诉讼两造的主张进行评价,并以最终的裁决结束纠纷。

其二,司法以公正为核心价值导向。司法定分止争的功能使得司法肩负着判断是非曲直的神圣使命,司法的最终裁决往往成为人们必须遵照执行的最后结果,司法之后不再有任何救济。因此,司法必须要恪守公平正义。可以说,公平正义是司法的出发点,也是司法的落脚点。虽然在司法制度化的过程中,司法还包含着对效率、人权等其他因素的价值,但是对公平正义的追求始终是其核心价值,其他任何价值都是为了最大限度地实现公平正义。在司法审判中,通过对正当程序原则的恪守来维护程序正义,通过对法律的准确适用来达到实体正义,进而实现形式和实质正义的统一。④

其三,司法通过个案审理实现社会的矫正正义。社会正义的实现可以分为

---

① 《习近平:司法是维护社会公平正义的最后防线》,载人民网,http://politics.people.com.cn/n/2014/1028/c1001-25926188.html,2014 年 10 月 28 日发布,2020 年 5 月 20 日最后访问。

② 徐昕著:《纠纷解决与社会冲突》,法律出版社 2006 年版,第 1 页。

③ 转引自李龙:《司法是维护社会公平正义的最后一道防线》,载人民网,http://theory.people.com.cn/n1/2017/0804/c40531-29450244.html,2017 年 8 月 4 日发布,2020 年 5 月 20 日最后访问。

④ 朱新林:《如何理解"司法是维护社会公平正义的最后一道防线"》,载《人民法治》2018 年第 17 期。

分配正义和矫正正义。立法者通过制定体现民主意愿的法律确定社会资源的分配规则，执法者通过对法律确定规则的执行来实现社会资源的分配，这就现实了第一维度的正义，即分配正义。然而，一方面，分配正义难以面面俱到；另一方面，社会活动具有自发性，不可能永远按照计划进行。由此就会产生非正义的具体社会活动，比如公民之间的权利侵犯和公权力对私权利的侵害，这些活动就会演化为一个个社会纠纷。司法作为守护公平正义的防线，就是要以个案的形式对一个个社会纠纷进行处理，通过剥夺不法者的利益和补偿受害者的利失，来恢复到立法所确定的"度量分界"，以此来对社会的非正义活动进行矫正。① 从这个意义上讲，司法并不是正义的实施者，而是不正义的阻止者，对不正义的阻止又反过来创造了正义。② 总之，司法作为社会公平正义的最后一道防线意味着国家和公民将维护社会公平正义的重任交到了对法律进行适用的司法机关身上，国家、社会的任何纠纷最终都要面临法律的评判，并根据法律的评价结果行事，可以说，将司法定位于维护社会公平正义的最后一道防线正是中国特色社会主义法治的集中体现。

二、司法终裁之法理基础

顾名思义，"终裁"意味着最终的裁决，也就是说，一个纠纷在经过司法机关裁决以后，除非法律特别规定，其他任何机构不得以任何方式对此纠纷再进行处理。从社会治理体系的角度来讲，司法终裁作为一种社会纠纷的处理手段，体现出了其独特的内在属性，正是由于司法不同于其他纠纷解决方式的这些特性，才使得司法能够成为终极的救济途径。

其一，司法具有中立性。中立性是司法最基本的性质，在处理纠纷时只有裁判者保持居中的位置和姿态，才能够不偏不倚地适用法律，解决问题。司法机关的中立是司法保持公正性的基础，是一切司法活动的前提。具体而言：

---

① 江国华：《司法改革方法论》，载《湖北社会科学》2019 年第 7 期。
② 李林：《司法如何成为"最后一道防线"》，载《学习时报》2015 年 11 月 5 日，第 4 版。

（1）在世界范围内，负责司法裁决活动的机构都是国家的专门机关，一般而言是法院。目前，各国宪法都普遍确立了由法院行使审判权，法院成为专职审判的国家机关。我国《宪法》第128条规定："中华人民共和国人民法院是国家的审判机关。"（2）法律是司法裁判者处理纠纷的唯一依据。司法也即法律的适用，司法审判就是将法律运用于事实进而解决纠纷、处理矛盾的过程。在任何纠纷的处理中，用以对是非作出判断的依据十分重要，它不仅影响着裁判者的价值取向，更会对裁判结果产生本质的影响。法院在进行个案审判时并非依据法官个人的主观臆断，而是以事实为依据，以法律为准绳。法律是国家意志的体现，尤其是在我国，法律由代表人民共同利益的权力机关制定发布，其集中体现了最广大人民的意志和社会最普遍的价值。以法律为依据进行的裁判，对诉讼双方来讲是中立的，不仅是对纠纷所体现的主观意愿的客观判断，也是对争议的公正审视。（3）司法裁决的形式为司法机关的居中裁判。任何纠纷想要得到公正的处理，首先就需要将其提交独立于当事各方的中立者进行裁判。反过来，司法裁判者想要在裁决中做到中立，就需要相当的独立性，就必须在案件的处理中摆脱其他方面的干扰和制约。根据"三权分立"理论，司法权是与立法权、行政权相并列的国家权力，行使此项权力的法院是独立于立法机关、行政机关的专门司法机关。法院在行使司法权的过程中需要保持其独立性，非但不受行政机关的干涉，也独立于立法机关进行个案审理。我国《宪法》也对法院的独立地位进行了设定，第131条规定："人民法院依照法律规定独立行使审判权，不受行政机关、社会团体和个人的干涉。"

其二，司法具有交涉性。在词典中，"交涉"一词是指与对方商量解决有关的问题。①"商量"意味着信息和态度的披露与交流，"解决有关问题"则意指纠纷的化解。"交涉"的内涵完整地体现在司法过程中。一者，司法审判建立在发现案件事实的基础上。在个案审判中，法官要做的首要事情就是发现案件事实，事实是法律适用的对象，也是纠纷解决的指向。司法个案就

---

① 《现代汉语词典（第五版）》，商务印书馆2009年版，第680页。

是纠纷之事实披上法律之程序，归根结底，法律适用的结果还必须作用于事实才有意义。案件的当事人是案件事实的亲历者，掌握着反映案件事实的诸多信息，他们通过举证活动来向法官披露所掌握的信息。法官只能够通过诉讼参与人所提供的信息对案件事实进行发现，并以此作为适用法律的依据。二者，司法裁决建立在当事人的辩论原则上。一方面，当事人将纠纷提交法院审理，就是希望能够在法院这一中立裁判者的主持下充分表达自己的意见和主张，能够主动地参与到案件的审理过程中。从这个角度讲，在诉讼中，双方当事人的表达权利就是其诉权的一个派生权利。司法审判是一个开放性的过程，当事人之间，当事人与法官之间的交流都有可能对最后的裁判结果产生影响。可以说，司法裁决就是当事人与法官共同作用的结果，也正因如此，才使得当事人对于司法裁判更加能够接受。另一方面，在大多数情况下，法官据以发现事实的信息并不完全，有时还存在矛盾或者虚假。因此，法官需要进一步对相关信息进行甄别，才能保证事实发现的准确性。反过来，当事人需要对证据进行质证才能证明自己所主张之信息的可靠性。俗话说"理越辩越明"，没有充分的辩论与对质，就不可能发现真相，更不可能作出正确的裁判。三者，司法的程序建立在对交涉活动的规范上。司法程序是司法活动的特定方式、步骤，意在约束法官与其他诉讼参加者的诉讼活动方式，进而保障程序正义。在诉讼活动中，司法程序的外在表现就是在法官引导下的诉讼参与人之间的交流，本质上就是一种规范性的交涉方式。司法程序将原生交涉活动的自发性限定在一定的范围之内，使得各方意见得以有序表达。行政权与此不同，行政关系中角色单一，行政行为多是单项的命令，鲜有双向的交流，因此，司法权运行方式的交涉性特征与行政权运行方式的主导性特征形成鲜明对比。①

其三，司法具有权威性。如果说中立性和终局性是司法对于事实的审视态度，那么司法的权威性就是司法对事实产生的影响和效力。司法的权威性源自于对公平正义的追求，体现于司法判决的最高效力。司法裁决一旦产生，就会

---

① 刘瑞华：《司法权的基本特征》，载《现代法学》2003 年第 3 期。

对事实产生拘束力。一方面，对于司法个案的当事人而言，从他们将争议提交法院解决之时起，就意味着他们必须对法院的裁决结果无条件地接受，他们既不能更改判决的内容，也不能作出部分的选择，而是完整地接受。法院的判决书可以对他们的相关权利义务进行处分，这种处分会改变或者重塑他们的社会关系，能够直接对他们的生活产生影响。另一方面，司法裁判的拘束力是一种普遍的制约，它不仅约束司法案件的当事方，也及于其他一切社会组织和个人。行政机关应当尊重司法裁判的权威，承认行政相对人以司法裁判内容确立的权利义务关系，并为司法裁判的实现积极创造条件，提供便利。同时，其他社会组织和个人也不能阻碍司法裁判的执行。司法裁决的权威性源于其公定力和确定力。从其效力的外观来看，司法是正义的化身，它与生俱来地具有令人信服的品质。司法是社会纠纷的最后处理方式，不仅是法律严守的红线，同时也是社会道德所应遵循的底线。法院依照法律对社会纠纷进行处理，就是对社会公平正义的彰显。杰克逊曾经说道："我们是终审并非因为我们不犯错误，我们不犯错误仅仅因为我们是终审。"① 再者，从司法裁决的实质内容来看，法官对争议的处理是确定的。司法判决对所涉各方权利义务的安排和划分并非选择性的，而是唯一的。对于任何纠纷而言，司法裁决最终一锤定音，因此，它的这种确定性要求司法裁判应该是程序合法、结果公正的，是能够经受公众考验的。② 除此之外，司法裁决的效力以国家强制力保证实施。司法是法律的适用，法律的国家强制性直接地体现在了对司法结果的执行上。对于已经生效的司法裁决，任何社会组织和个人都有主动履行的义务，如果拒绝履行或者阻碍履行，都将会受到国家的强制执行，对于某些情节严重的，甚至还要面临国家的暴力惩戒措施。

其四，司法具有专业性。司法是司法机关依照法定职权和合法的程序适用法律处理诉讼案件的一种专业化的活动。③ 正如爱德华所说："法律是一门艺

---

① 转引自苏力：《送法下乡》，中国政法大学出版社 2001 年版，第 161 页。
② 贺日开：《终局性：我国司法的制度性缺失与完善》，载《法学》2002 年第 12 期。
③ 江国华著：《中国司法学》，武汉大学出版社 2016 年版，第 17 页。

术，它需经长期的学习和实践才能掌握，在未达到这一水平前，任何人都不能从事案件的审判工作。"① 从宏观上看，司法的专业性包括两方面内容。一方面，法律是一门独立的知识体系，它与常识性知识有所区别，其中包含大量的专门的术语和特殊的研究方法，如果不经过系统的学习，不可能对法律拥有系统的认知和理解；另一方面，法律的适用不是孤立的个案处理，而是国家层面的统一体系。司法的公平性要求法律的适用应当具有统一的尺度，同一个法制体现下，相似的司法案件应当能够得出相似的裁判结果。从微观上看，司法审判是一项技术性极强的工作。一方面，刑事、民事、行政等诉讼程序各有其特点，对庭审技巧的掌控也需要实践的培养，可以说，审理案件的法官需要掌握许多专门的审判技能；另一方面，司法工作的特殊性对司法工作人员提出了较高的要求。在个案中，法律的适用工作并没有看上去那样简单，它有赖于法官的知识结构、审判经验和常识认知。它是法官将法律的规则与具体的案件事实有机结合的过程，并且在这一过程中充斥着价值判断。在美国，法官的候选人必须从具备法律专业知识，并且拥有丰富的司法经验的律师中挑选。我国对法律职业的从业人员，也设定了统一的全国性的职业考试门槛。在员额制改革完成以后，我国法官选任制度也向高度专业化迈出了重要的一步，《中华人民共和国法官法》第 12 条规定了担任法官的相关条件，其中对法官资格的学历，从事法律工作的时间，以及通过法律职业资格等事项都做了明确的要求。这些措施都是为了使司法工作更具专业化，从而保证司法的公正性。总之，正是因为司法的中立性、交涉性、权威性和专业性，才使得司法具备其他纠纷解决手段所不具备的独特优势，使得司法的公正性得到更好的保障，能够承担起"终裁"的职责。

三、行政争议的司法终裁

行政争议是指行政主体在履行行政职责的过程中，与公民、法人或其他社

---

① 转引自 ［美］罗斯科·庞德著：《普通法的精神》，唐前宏等译，法律出版社 2001 年版，第 42 页。

会组织之间产生的利益纠纷。古往今来，只要有人类的活动，就一定会产生争议，只要存在国家的行政管理行为，行政争议也无可避免。尤其是在社会经济繁荣发展的今天，社会关系的复杂性和社会活动的多样性对政府的行政治理能力也提出了更高要求，行政的触手已经伸向了社会生活的方方面面，这必将造成行政争议的大量增加。面对行政争议，我们应当采取理性的态度，一方面，要认识到行政争议存在的客观性；另一方面，也要采取积极的措施，预防还未产生的行政争议，解决已经产生的行政争议。行政争议的解决有着多种渠道，然而，从宏观上讲，行政争议最终只能由司法来终结。

（一）行政争议司法终裁的必要性

对行政争议的司法解决是必要的，行政争议不同于刑事民事争议，它有着自身的特点，行政争议所体现的特殊性需要司法手段予以对治，同时，从国家权力配置的角度来讲，行政权的运行需要司法权的监督。具体而言：

行政争议的特点反映了其对司法解决方式的需求。行政争议的特点包括：（1）争议双方地位的不平等。行政争议产生于行政主体和公民、法人及其他社会组织之间。具有行政主体资格的一般都是国家机关或者法律授权的组织，它们往往代表着国家行事，是国家行政权力的执行者。而与之相对的公民以及社会组织，一般来说都属于"民间力量"，代表的仅是个人权利。行政主体所掌握的社会资源以及行动的效力都远远超过公民个人，二者的对抗力量悬殊，地位差异较大。（2）行政争议的内容是行政主体对公民及其他社会组织的管理行为。行政争议产生于国家行政权的运行，具体来说是由行政主体的行政管理活动所引起的。具体的行政行为是产生行政争议的前提，行政行为往往涉及对公民、法人和其他社会组织的权利义务的处分，行政主体运用手中的权力，对行政相对人的行为进行约束，对其权利和义务进行处分，然而处分结果却不能够为行政相对人所接受，这样便产生了行政争议。在民事、刑事争议中，争议的内容都是双方的实体权利和义务，而行政争议的内容却是一种对公民权利的处分行为。（3）行政争议涉及多种类型的利益。一般来讲，"争议"都会涉及利益之争，行政争议也不例外。然而，行政争议产生于行政主体对社会事务的管理。根据现代国家理论，国家实施行政管理，意在维护一定的社会秩序，保证公共利益。因此，行政管理不仅涉及公民个人的利益，同时也涉及国家利益和社会公共利益，而国家利益、社会公共利益以及个人利益分别属于不同的维度，由它们之间的对抗关系构成的行政争议也必然不同于其他涉及利益类型单一的争议。① 由此，双方地位的不平等需要一个中立者作为第三方对争议进行处理，管理行为作为争议的内容也需要严格根据法律规则进行裁判，而争议所涉及的多种类型的利益更是需要具有全局视野的裁判者进行衡平。因此，司法终裁的特征恰好能够对行政争议所体现出的特殊性进行回应。

行政争议的司法终裁是对行政权的监督。从理论层面讲，有权力就要有制约。权力是由"人"行使的，人的私欲很难从根本上克服，而私欲又是贪婪的、无止境的。因此，权力一旦失去了约束，行使权力者就容易将权力变为自己夺取利益的工具，肆意而为。因此，权力与制约必然是一对相生的概念。行政权是国家权力的重要组成部分，肩负着执行法律、维护社会秩序、分配社会资源的重要职责，行政权力如果缺乏有效的制约，就会直接损害公民的合法利益，甚至造成社会秩序的紊乱。而行政权作为一项公权力很难通过个人私权予以抗衡，需要地位效力相当的权利类型才可实现约束。从这个角度上讲，司法权作为以公平正义为追求的另一项国家权力，能够对行政权进行有效的监督。从实践来看，将公共权利分为立法权、行政权与司法权并配置给合适的机关行使是世界各国的通行做法。三者在权力性质和特点上各不相同：立法权是一种创制权，行政权是一种管理权，司法权是一种判断权。正是由于这三种权力的差异，才使得它们在国家治理体系中各有一席之地，各自发挥着其功能和价值。② 在西方三权分立的国家体制下，立法权、行政权与司法权三者之间体现为相互分立与相互制约。国家和社会秩序的维持就是依赖于立法、行政、司法权力间的博弈与平衡。在我国人民民主的社会主义制度下，立法机关、行政机

① 贺荣：《行政纠纷解决机制研究》，中国政法大学 2006 年博士学位论文。
② 孙笑侠：《司法权的本质是判断权——司法权与行政权的十大区别》，载《法学》1998 年第 8 期。

关与司法机关的关系体现为党和人民领导下的彼此分工与相互协作。然而，司法权的本质属性除了具有法律性之外，还具有政治性与人民性。司法权运行除了要服务于公平正义，还需要配合党和国家的工作大局，积极主动贯彻落实党和国家的路线、方针、政策，参与社会治理。在这个过程中，司法权对行政权的监督就在人民解决行政争议的司法需求上得到了体现。

（二）行政争议的司法终裁具有可行性

行政争议的司法终裁不仅具有必要性，在实施上也具备可行性，具体而言体现在两个方面。一方面，行政诉权的产生为行政争议的司法解决提供了理论支持。在国家权力的架构上，行政权和司法权分属两种截然不同的权力，它们根据各自的性质和职责独立运行，一般情况下，不会出现交叉。然而，人类的社会活动是复杂的，权力的类型划分并不能时刻应对纷繁复杂的社会问题，常常会出现同一件事情涉及两种甚至三种权力的情况，这时候权力之间的交叉就在所难免。譬如，行政机关的执法行为本身是对国家法律的执行，但是对法律的评判确是司法机关的专属权力，如果在执法活动中出现了合法性的歧义，那么只能由法院来进行判别。此外，权力通过制度具体运行，制度不是万能的，也不是永恒的，制度一旦产生了问题，就会影响权力的良好运行。然而，有些制度问题恰恰是权力自身属性的映射，如果不跳出权力自身的桎梏，依靠其他权力，问题就很难得到解决。依然以行政执法活动为例，对行政执法行为的正当性的审查，如果仅在行政体系内部进行，无异于自说自话，审查结果必定不能令人信服，因此，在制度设计上就不得不考虑外部的监督方式。由此，权力的运行总会出现交叉，而诉权理论的产生就是对这样的现实需求的回应。反过来，行政诉权的出现，将行政争议的解决与司法的裁决连接在一起，使行政争议得以走进法院的大门，行政相对人也获得了足以同行政权力相对抗的司法力量。

另一方面，行政诉讼为行政争议的司法终裁提供了制度保障。理论需要具化为制度才能得以实现，行政诉权的行使需要以行政诉讼为途径，行政诉讼为行政争议的司法裁判提供了程序载体。司法机关的审判活动必须严格按照法定程序进行，这是程序性司法的显著特点之一。我国目前共有刑事、民事、行政三类司法活动形式，它们分别对应着刑事诉讼、民事诉讼、行政诉讼程序，行政争议的司法审判要严格依照行政诉讼程序进行。行政诉讼在本质上是司法机关对行政机关具体行为的司法审查，这一过程必须按照特定的程序进行，这些程序的正义性构成了司法审判正当性的前提。同时，司法审判蕴含着价值判断，包含了法官的主观因素，通过设定一定的程序规则，可以对法官的主观思考进行限制，通过程序体现出的价值导向，能够引导法官最终作出合理的判断。正如日本学者谷口平安所说：“法院不应当把诉讼审理过程作为只是为了达到裁判而必需的准备阶段，而应把这一过程本身作为诉讼自己应有的目的来把握。只有正当的程序才是使裁判获得正当性的源泉。”[1] 可以说，行政争议的司法终裁是程序正义和实体正义的统一，没有正义的行政诉讼程序，就没有行政争议的公正解决。

（三）行政争议的司法终裁是法治政府的建设要求

建设法治政府就是要达到政府的各种行为都依照法律进行，都由法律约束，不存在法外政府的状态。因而，法治政府不仅要求政府依法设立、依法行政，还要接受法律的评价，而法律的这种评价应该是全面的、终极的。从这个意义上讲，在法治的前提下，行政争议必须面对法律的评价，并且最终的裁决只能由负责法律适用的司法机关作出。正如汉密尔顿所说，国家与其成员之间产生的纠纷只能诉诸法庭，其他方案均不合理。任何个人权利的救济以及国家公权力和社会权力的运行都应该坚持司法最终审查，以司法裁判作为化解冲突和矛盾的终极手段。司法是权利救济体系的最后保障，“所有涉及个人自由、财产、隐私甚至生命的事项，不论是属于程序性的还是实体性的，都必须由司法机构通过亲自‘听审’或者‘聆讯’作出裁判，而且这种程序性裁判和实体性裁判具有最终的权威性”。[2] 行政权力有着天然的膨胀性和恣意性，其必须受到监督和制约，司法审查是法院监督行政机关依法行政的有效途径，是保障个人自由和权利的需要，也是统一适用法律的要求。原则上所有行政行为都

---

① 转引自胡肖华：《行政诉讼目的论》，载《中国法学》2001年第6期。
② 陈瑞华著：《刑事诉讼的前沿问题》，中国人民大学出版社2000年版，第225页。

应当接受司法审查与司法监督，这是司法权的性质决定的。受司法终裁影响，行政诉讼的审查效力是终局结论。对于一些专业性、技术性较强的行政行为，即使坚持"穷尽行政救济原则"，首先通过行政机关内部存在的、最近的和最简便的救济途径，以尊重行政机关的自主性，但是倘若当事人对处理结果不服，仍然可以通过行政诉讼予以救济。即使有些行政行为被排除在司法审查之外，但是这种排除司法审查的行为受到了司法终裁原则的严格限制。传统上，国防外交等国家行为以及抽象行政行为、内部行政行为等特定行政行为被排除于司法审查之外，随着时代的发展，这一限制被逐渐减轻，以最大限度地追求通过行政诉讼的方式解决行政争议。各主要国家法治实践中都出现了这种趋势，比如英国的"越权无效"原则将许多本来排除司法审查的行政行为又重新纳入司法审查的范围中，终极的价值追求依然是最大程度保护公民合法权益，限制行政权力的滥用。① 总之，行政与司法统一于法治的实施和法治政府的建立，在行政争议的解决机制中，要依靠司法终裁，发挥司法维护社会公平正义最后防线的作用，实现行政争议的圆满解决。

第三节 行 政 诉 讼

我国的行政诉讼是指作为行政相对人的公民、法人或其他组织认为作为行政主体的行政机关或法律、法规、规章授权的组织所实施的行政行为侵犯其合法权益，依法向人民法院起诉，人民法院依法对被诉行政行为的合法性进行审查，并依法作出裁决的活动。②

一、行政之诉

行政诉讼理论中的"诉"，意指公民、法人或者其他组织认为其合法权益

---

① 王雪梅：《司法最终原则——从行政最终裁决谈起》，载《行政法学研究》2001年第4期。

② 姜明安著：《行政诉讼法》，北京大学出版社2016年版，第75页。

受到侵犯而向法院提起司法保护之请求；行政之诉就是公民、法人或其他组织对行政主体行使职权的行为不服而提起的诉讼。[①]

　　行政之诉由诉之主体、诉讼标的、诉讼请求及理由三要素所构成。（1）诉之主体即诉讼当事人，没有当事人，即无所谓"诉"。当事人是因行政争议，以自己的名义参加诉讼的主体，法律对当事人是否具备参加诉讼的资格，以及以何种形式参加作出了明确的规定。在行政之诉中，当事人的地位具有特定性。原告只能是被认为其权利受到行政侵犯的公民、法人或其他组织，被告只能是实施行政行为的行政机关或者法律、法规以及规章授权的组织，原告与被告的位置一般不得进行互换，同时，被告不享有反诉的权利。（2）行政诉讼的诉讼标的即被诉行政行为，由原告具体的请求内容决定。行政诉讼的标的范围普遍被认为是有限的，世界各国的通行做法是对行政诉讼的标的进行限制。以我国为例，《中华人民共和国行政诉讼法》（以下简称《行政诉讼法》）第12、13条采用列举加排除的方式对行政诉讼的标的范围进行了规定，明确将国家行为、抽象行政行为、行政内部行为等排除在外。（3）诉讼请求，也称诉请，是指当事人基于自己对法律和事实的理解，向人民法院提出的如何处理的主张，只能希望通过诉讼所达到的效果。为支持其诉讼请求，当事人通常会提供相关的事实根据，此即诉讼理由，简称为诉由。"诉由"是为"诉请"而存在的。无诉请，诉由没有存在的意义；反之，无诉由，诉请则无以为据。故此，一般学者都倾向于将诉请与诉由并称为诉之一个要素。诉的种类是以诉的请求内容为标准进行划分的。诉是诉讼请求的形式，诉讼请求是诉的内容，诉讼请求的不同决定了诉的不同。根据现行法律的规定，我国行政诉讼的种类有确认之诉、撤销之诉、变更之诉、赔偿之诉和履行之诉等五类。[②]

　　在世界范围内，基于不同的历史文化因素和法制传统，行政之诉在不同的国家表现为不同的制度形式。在大陆法系国家，行政之诉称为行政诉讼或行政

　　① 江国华著：《中国行政法（总论）》（第二版），武汉大学出版社2017年版，第355页。

　　② 江国华著：《中国行政法（总论）》（第二版），武汉大学出版社2017年版，第356~357页。

审判，它是由专门设立的法院机构通过独立的行政法体系解决行政争议的司法过程。而在英美法系国家，则一般没有行政诉讼的概念，取而代之的是由普通法院对行政机关的行政行为进行审查和裁判的司法审查制度。二者的区别在于，前者解决行政争议的法院一般具有专门性，而且法院对行政争议的解决适用特殊的法律规则，而后者则将行政争议直接纳入一般的法制体系中。我国采用了行政诉讼的制度设计，全国各级人民法院都设有专门的行政审判庭，并且对行政争议的处理要严格依照《中华人民共和国行政诉讼法》规定的程序进行。①

二、行政诉讼参加人

行政诉讼参加人意指因起诉、应诉或与被诉具体行为有法律上之利害关系，而参加行政诉讼活动，并享有一定诉讼权利承担一定诉讼义务的司法人员以外的公民或组织。其范围包括诉讼参加人和其他诉讼参与人。

其一，行政诉讼的当事人，意指因遭受行政主体行政行为侵害，以自己的名义向人民法院提起诉讼，并受人民法院裁判约束的公民、法人或者其他组织。其要义有三：（1）行政诉讼当事人须具有诉讼权利能力，即具有享有行政诉讼权利和承担行政诉讼义务的法律资格。（2）行政诉讼当事人有广义和狭义之分，其中广义的当事人包括原告、被告、共同诉讼人及第三人；狭义的当事人仅指原告和被告。（3）在行政诉讼的不同阶段，当事人有不同称谓，其中在第一审程序中，称为原告和被告；在第二审程序中，称为上诉人和被上诉人；在审判监督程序中，称为申诉人和被申诉人；在执行程序中，称为申请执行人和被申请执行人。

其二，诉讼代理人，基于法律规定或者当事人、法定代理人之委托，以被代理人之名义所进行的诉讼活动及其过程，是为诉讼代理。据此，诉讼代理人即依据法律规定或者当事人、法定代理人之委托，以被代理人之名义，在代理

---

① 应松年主编：《行政法与行政诉讼法学》（第二版），法律出版社 2009 年版，第439～442 页。

权限范围内进行诉讼活动的自然人。其要义有三：（1）诉讼代理人只能以被代理人之名义而非以自己名义从事诉讼活动。（2）诉讼代理人参加诉讼之目的在于维护被代理人之合法权益。（3）诉讼代理人在代理权限范围内实施的诉讼行为，其法律后果由被代理人承担。基于其代理权产生之不同，行政诉讼代理人被分为法定代理人、指定代理人和委托代理人。

其三，其他诉讼参与人。诉讼中还存在诉讼参与人，根据《行政诉讼法》之规定，还包括其他诉讼参与人，即是为履行其法律职责而参与到诉讼过程之中的自然人，包括证人、鉴定人、勘验人员和翻译人员，他们与案件本身并无实体上的利害关系，其参与行政诉讼活动只是为了协助人民法院和当事人查明行政案件的事实，而不是为了维护自身的权益。其中：（1）证人意指知道案件有关事实并据此向法院陈述的诉讼参与人。其要义有二：凡是知道案件情况并有作证能力的人，都可以作为证人；证人只能是当事人以外知道案件情况的人，他具有不可替代性。（2）鉴定人意指受公、检、法机关指派或者聘请，运用其专门知识或技能，对案件中的专门性问题进行分析判断并提出科学意见的自然人。其要义有三：必须是具有解决案件中某些专门性问题的知识和技能的自然人；与本案没有利害关系；鉴定人应由司法机关指派或聘请。（3）勘验人意指基于当事人申请由人民法院指派或者聘请的勘验物证或现场的自然人。其要义有二：勘验人必须由人民法院指派或者聘请，他可以是人民法院内部的专职的勘验人，也可以是审判庭成员，还可以是在特殊技术领域内聘请的其他成员；其基本职能在于取证或固定证据。（4）翻译人员意指行政诉讼中接受公、检、法机关的指派或聘请，为参与诉讼活动的外国人、少数民族人员、聋人、哑人等进行语言、文字或手势翻译的人员。翻译人员应当是与本案没有利害关系的人，否则，当事人有权申请其回避。

三、行政诉讼之宗旨与基本原则

制度是一种具备显而易见的社会职能，服务于显而易见的社会目的的人为规范。① 行政诉讼作为一种制度设计，在运行中必然秉持着一定的宗旨，恪守

---

① ［英］卡尔·波普尔著：《猜想与反驳——科学知识的增长》，傅季重、纪树立、周昌忠、蒋戈为译，上海译文出版社 2005 年版，第 190 页。

着一定的原则，以使其实现制度职能，达到相应的社会目的。

（一）行政诉讼的宗旨

行政诉讼的宗旨也即行政诉讼制度设置的主导思想和目的。行政诉讼的内涵复杂，包含多方主体，涉及多重关系。因此，其秉持的宗旨也不可能是单一的，而表现为多元的。对于行政诉讼的目的，有学者认为可以从公民权利救济、监督行政权力行使、解决行政纠纷等方面进行分析；① 也有学者主张从程序正义、利益平衡、促进合作、道德成本最低化等层面来阐述。② 然而，从实证的角度来看，不同的国家，根据本国客观状况的不同，在涉及行政诉讼制度时对其宗旨的选择也不尽相同。我国《行政诉讼法》第 1 条规定："为保证人民法院公正、及时审理行政案件，解决行政争议，保护公民、法人和其他组织的合法权益，监督行政机关依法行使职权，根据宪法，制定本法。"根据本条的表述，规范行政审判权、解决争议、保障权利、监督行政被普遍认为是我国行政诉讼所要遵循的宗旨。

其一，规范行政审判权。行政诉讼对法院行使行政审判权的规范主要体现在对审判效果的公正和审判时效的要求上。公平正义是司法的内在要求，是任何司法制度所要追求的核心目标。对行政案件的公正审理，包括在程序上严格遵守《行政诉讼法》的各项规定，恪守正当程序的要求，实现程序的正义；也包括在具体个案中查明案件事实，正确适用行政法律规则，实现实体的正义。对审判工作的时效要求体现为对行政案件的及时处理。迟到的正义非正义，一方面，行政诉讼程序对行政案件审理工作中的各个环节都进行了时限的要求，法院在审理案件时不得违反时效规定；另一方面，在遵守时限要求的前提下，法院应当尽量提高工作效率，尽快完成审判工作，使当事人的权利尽早得到保障。

---

① 应松年主编：《行政法与行政诉讼法学》（第二版），法律出版社 2009 年版，第 446 页。

② 胡肖华：《行政诉讼目的论》，载《中国法学》2001 年第 6 期。

其二，解决争议。争议提交法院处理是诉讼的应有之义，当事人认为自己的权益受到了行政机关的侵害，而将行政机关告上法庭，法院依据相关法律法规对当事人提交的行政争议进行裁判，这是行政诉讼最基本的功能。可以说解决行政争议是行政诉讼的直接目的。然而，争议的解决不仅要求在形式上使诉讼程序终结，也强调在实质上争议得到真正解决。这对司法机关的行政审判工作提出了更高的要求，法官在进行行政案件审理的时候，要注重法律效果和社会效果的统一，真正做到"案结事了"，充分发挥司法"定分止争"的功能。

其三，保障权利。权利保障是行政诉讼的核心目的，我国《行政诉讼法》正是以权利保障为本位的。行政诉讼的原告是处于行政相对人地位的公民、法人和其他组织，他们相对于行政主体而言，具有天然的弱势。因此，在权利受到侵害时，很难进行有效的自力救济，必须通过行政诉讼依靠司法的力量实现权利的救济。行政诉讼中权利的保障是针对作为原告的行政相对人，而非对行政主体行政行为的维护。需要注意的是，我国《行政诉讼法》第98条规定了外国人和无国籍人参加行政诉讼的情况，由此，这里的公民应当做扩充解释，包括外国人和无国籍人，这也进一步说明了我国行政诉讼保护主体的广泛性。

其四，监督行政。行政诉讼制度将司法权和行政权联系在一起，法院通过行政诉讼对行政主体的行政行为进行合法性的审查，对违法的行政行为作出撤销、变更、履行等内容的判决，这在客观上起到了监督行政机关行使行政权的作用。与民事诉讼和刑事诉讼相比，对行政的监督是行政诉讼特有的宗旨。

（二）行政诉讼的基本原则

行政诉讼的基本原则，意指由宪法和法律规定的，对行政诉讼整个过程具有普遍指导意义，体现并反映着行政诉讼本质特征、客观规律的基本精神和准则。① 在我国，一般学者将其作二分：一般原则，即三大诉讼共有之原则；特有原则，即行政诉讼所特有的原则。受基本原则之拘束，《行政诉讼法》规定

---

① 杨临宏主编：《新行政诉讼法教程》，云南大学出版社2015年版，第25页。

了一系列的基本制度，这些制度包括回避与延期审理、撤诉以及财产保全等。

根据《行政诉讼法》总则之规定，行政诉讼之一般性原则，即与民事诉讼、行政诉讼所共有的原则主要包括：人民法院独立行使审判权原则，以事实为依据、以法律为准绳原则，当事人法律地位平等原则，使用民族语言文字原则，辩论原则，合议、回避、公开审判原则和两审终审原则，人民检察院实行法律监督原则等。行政诉讼特有原则概括为被告出庭应诉原则、选择复议原则、合法性审查原则、不因诉讼而停止执行原则、不适用调解原则、被告负举证责任原则和司法变更权有限原则。行政诉讼之一般性原则属于三大诉讼共有原则，学界对其论述的文献较多，此处不再展开阐述。由于本章的主题为行政诉讼，在此仅聚焦行政诉讼特有之原则。

其一，被告出庭应诉原则。虽然根据"法律面前人人平等"的基本原则，任何人在面对司法审判的时候都具有平等的法律地位，然而，行政诉讼的被告为行政主体，其在机构性质上与审理案件的司法机关属于同一位阶，加之有些行政机关的工作人员甚至是负责人法治意识淡薄，"官本位"思想严重，造成在实践中行政机关有时会怠于出庭应诉。因此，为了保证司法的公平和行政诉讼的顺利进行，我国《行政诉讼法》明确了被告出庭应诉原则。《行政诉讼法》第3条规定，行政机关及其工作人员不得干预、阻碍人民法院受理行政案件，被诉行政机关负责人应当出庭应诉。不能出庭的，应当委托行政机关相应的工作人员出庭。

其二，当事人选择复议原则。行政复议与行政诉讼均属于行政争议的解决机制。在一些国家，行政复议前置是一项基本原则，它要求在司法救济之前要穷尽一切救济手段。然而，在我国，根据《行政诉讼法》第44条之规定，原则上行政相对人可以选择将行政争议提交上级行政机关或者法律、法规规定的机关申请复议，对复议决定不服的，再向人民法院提起行政诉；同时，也可以不经行政复议而直接向人民法院提起诉讼。由此，可以选择在行政诉讼前是否进行行政复议。

其三，合法性审查原则。合法性审查原则是行政诉讼特有的原则。前文已经论述，行政诉讼涉及司法权和行政权的交叉，行政权是一项重要的公共权力，对维护社会秩序具有不可替代的作用，司法权需要对行政权保持一定的尊重，对属于行政裁量权的部分司法权不可过度地干预，以维护行政权的权威。但是，即使行政机关享有行政裁量权，其在行使行政权力的时候，仍然要以符合法律规定为行为底线。据此，在行政诉讼中，法院对行政行为的审查侧重于其合法性，而对属于行政机关是否恰当运用裁量权的合理性部分则保持相当的谦抑。《行政诉讼法》第 6 条规定了人民法院审理行政案件，对行政行为是否合法进行审查。需要注意的是，虽然，《行政诉讼法》第 77 条规定了关于行政处罚明显不当，或者其他行政行为涉及对款额的确定、认定确有错误的，人民法院可以判决变更。但是，行政处罚与款额的确定属于行政行为的关键性要素。这两者一旦出现错误，可能映射出行政行为已经偏离了法律的规定。因此，第 77 条规定的内容实质上仍然属于合法性审查的范畴。

其四，不因诉讼而停止执行原则。效率是行政所追求的目标之一，行政机关使用法律，实施管理行为时，无论是作出抽象行政行为，还是具体行政行为，或是事实行为，都要分析成本效益，避免资源的浪费。[1] 在市场经济中，行政机关对社会的管理应当从管理型向服务型转变，行政机关要为相对人提供便捷、高效和优质的服务。[2] 行政诉讼是对违法行政行为的纠正，而对合法的行政行为无权干涉，因此，在法院没有裁决行政行为是否违法的情况下，行政诉讼不能够阻碍行政行为的实施。《行政诉讼法》第 56 条规定，除非满足法律规定的情形，否则诉讼期间，不停止行政行为的执行。[3]

---

[1]　马怀德主编：《行政法学》（第二版），中国政法大学出版社 2009 年版，第 63 页。

[2]　应松年主编：《行政法与行政诉讼法学》（第二版），法律出版社 2009 年版，第 44 页。

[3]　《中华人民共和国行政诉讼法》第 56 条规定："诉讼期间，不停止行政行为的执行。但有下列情形之一的，裁定停止执行：（一）被告认为需要停止执行的；（二）原告或者利害关系人申请停止执行，人民法院认为该行政行为的执行会造成难以弥补的损失，并且停止执行不损害国家利益、社会公共利益的；（三）人民法院认为该行政行为的执行会给国家利益、社会公共利益造成重大损害的；（四）法律、法规规定停止执行的。当事人对停止执行或者不停止执行的裁定不服的，可以申请复议一次。"

其五，不适用调解原则。行政诉讼所针对的是行政行为的合法性审查，法院对于合法性问题必须给予明确的判定，因此调解原则上不适用于行政诉讼案件。但是，行政赔偿、补偿以及行政机关行使法律、法规规定的自由裁量权的案件，可以调解。① 不适用调解原则，并非禁止行政诉讼中双方的交涉与和解。如果在行政诉讼中，当事人双方达成和解，可以撤诉方式终结诉讼。

其六，被告负举证责任原则。虽然"谁主张谁举证"是确定举证责任的一般性原则。但是，在行政诉讼当中，胜诉的关键在于对行政行为合法性的证明，只要证明行政行为有合法性依据，就可以认定原告败诉，反之，原告胜诉。相比而言，由行政机关证明其行政行为为有合法性依据比由原告证明行政行为为没有合法性依据，更具实际可操作性。因此，《行政诉讼法》第 34 条规定，被告对其作出的行政行为的合法性负有举证责任，应当提供相应的证据和所依据的规范性文件，被告不提供或无正当理由逾期提供的视为没有提供。此时，如果法院无法查明案件的事实，则被告承担不利后果。

其七，司法变更权有限原则。出于司法权对行政权的尊重，法院在行政诉讼当中，一般以撤销或确认行政行为的方式作出裁判，而不直接对行政行为进行变更。仅在《行政诉讼法》第 77 条第 1 款规定的两种情形下，人民法院才可以判决变更。②

四、行政诉讼制度的基本构造

行政诉讼制度的基本构造是争议双方和居中裁判的法院，此外，还有第三人等。③ 以下将详述行政诉讼制度的基本构造的主管与管辖、审理程序以及行政判决的执行问题。

---

① 《中华人民共和国行政诉讼法》第 60 条规定："人民法院审理行政案件，不适用调解。但是，行政赔偿、补偿以及行政机关行使法律、法规规定的自由裁量权的案件可以调解。调解应当遵循自愿、合法原则，不得损害国家利益、社会公共利益和他人合法权益。"

② 《中华人民共和国行政诉讼法》第 77 条第 1 款："行政处罚明显不当，或者其他行政行为涉及对款额的确定、认定确有错误的，人民法院可以判决变更。"

③ 林鸿潮著：《行政法入门》，中国法制出版社 2012 年版，第 124 页。

（一）行政诉讼之主管

行政诉讼主管意指法院受理行政案件的权限范围——确定行政诉讼主管，也就是划定法院在行政诉讼中的受案范围。明确哪些纠纷属于法院行政审判权的范围，哪些纠纷不属于行政审判权的范围，从而解决法院和其他国家机关、社会组织在解决行政纠纷上的分工和权限问题。行政审判组织，是指在行政诉讼中享有行政审判权，对行政案件进行审理并作出裁判的国家司法组织。人民法院是受理行政诉讼的唯一机关，其内设的行政审判庭是审查行政案件的专门机关。审判委员会是行政审判组织内部对审判工作实行集体领导的一种组织形式，其任务是总结审判经验，讨论重大的或者疑难的案件和其他有关审判工作的问题。

就其性质而言，司法审查之范围即行政审判权之范围，亦行政诉讼之受案范围；它涉及三个基本问题：（1）法院与其他国家机关在处理行政案件上的权限划分。（2）哪些行政争议能够成为司法裁判的对象——从法院的角度而言，它指涉法院受理行政案件的范围。[1]（3）行政活动接受司法审查的强度与限度——对公民、法人或其他组织而言，意味着其权益受行政主体侵犯时寻求司法保护的范围。[2] 一般而言，司法审查之范围"不是立法者的一种偶然选择，它是一个国家的政治、经济、文化及法治状况的综合反映"[3]。

（二）行政诉讼之管辖

行政诉讼管辖即人民法院在审理第一审行政案件上的权限与分工——鉴于我国实行的是两审终审制，只要确定了案件的第一审法院，二审法院便也随着确定。一般而言，管辖所要解决的问题有二：（1）案件由哪一级别法院或者哪一地方法院审理；（2）相对人向哪个法院提起诉讼。在我国，行政诉讼中

---

[1] 陈天本：《行政诉讼的受案范围》，载《行政法学研究》2001年第4期。
[2] 杨伟东著：《行政行为司法审查强度研究——行政审判权纵向范围分析》，中国人民大学出版社2003年版，第76页。
[3] 姜明安主编：《行政法与行政诉讼法》，北京大学出版社、高等教育出版社2007年版，第469页。

的管辖主要有级别管辖、地域管辖和裁定管辖等基本制度。

其一，级别管辖意指行政案件的第一审受理与裁判权在各级人民法院之间的分配机制；其所要解决的问题是具体的行政案件由哪个级别的人民法院首次受理与裁判。我国设有最高人民法院、高级人民法院、中级人民法院和基层人民法院四级。根据《行政诉讼法》第 14～17 条之规定，第一审行政案件管辖权在各级人民法院之间的分配情况如下：根据《行政诉讼法》第 14 条之规定，行政案件一般由基层人民法院管辖，但法律规定由上级人民法院管辖的第一审行政案件除外。鉴于基层人民法院一般距当事人较近，便于当事人参加诉讼；而且一般也是行政争议的发生地，便于法院调查取证和执行。因此，法律规定行政案件多由基层人民法院承担。根据《行政诉讼法》第 15 条之规定，中级人民法院对下列行政案件享有一审管辖权：（1）对国务院部门或县级以上人民政府所作的行政行为提起诉讼的案件；（2）海关处理的案件；（3）本辖区内重大、复杂的案件。根据《行政诉讼法》第 16 条之规定，高级人民法院对本辖区内重大、复杂的行政案件享有一审管辖权。鉴于高级人民法院的主要任务是监督和指导辖区内基层人民法院和中级人民法院的审判工作、审理当事人不服中级人民法院裁判的上诉案件，因此其通常不管辖第一审行政案件，除了案件属于在本辖区内重大、复杂的情形。根据《行政诉讼法》第 17 条之规定，最高人民法院管辖全国范围内重大、复杂的行政案件享有一审管辖权。鉴于最高人民法院的主要任务是对全国各级各类法院的审判工作进行监督指导，对审判工作中所涉及法律具体应用问题进行司法解释以及审理不服各高级人民法院裁判的上诉案件，因此其所管辖的第一审行政案件范围是在全国范围内重大、复杂的案件。

其二，地域管辖，又称"区域管辖""土地管辖"，意指行政案件的一审管辖权在不同地域的同级人民法院之间的分配机制。根据《行政诉讼法》第 18～21 条之规定，地域管辖分为一般地域管辖和特殊地域管辖。其中：（1）一般地域管辖，又称"普通地域管辖"，即依照"原告就被告"之原则，以最初作出行政行为的行政主体所在地为准则，确立行政案件一审管辖权的法律机制。（2）特殊地域管辖，又称"特别管辖"，意指根据行政行为的特殊性或者标的所在地等特殊法律因素来确立行政案件一审管辖权归属的法律机制。根据《行政诉讼法》相关规定，特殊地域管辖又可分为专属管辖和共同管辖。（1）专属管辖意指法律将某些行政案件的一审管辖权直接授予给特定人民法院的管辖权分配机制。为便于受诉法院调查、勘验、收集证据等，根据《行政诉讼法》第20条之规定："因不动产提起的行政诉讼，由不动产所在地人民法院管辖。"其中所谓不动产意指位置不能移动，或者位置移动将引起性质、状态或价值改变的财产，一般指土地及其附着物。（2）共同管辖，也可称为"原告选择管辖"，意指依据法律规定，两个或者两个以上的人民法院对同一行政案件均具有一审管辖权，由原告根据实际需要任选其一作为管辖法院的法律机制。根据《行政诉讼法》第21条之规定，两个以上人民法院都有管辖权的案件，原告可以选择其中一个人民法院提起诉讼；原告向两个以上有管辖权的人民法院提起诉讼的，由最先立案的人民法院管辖。具体可分为如下几种情形：一是经复议的案件，也可以由复议机关所在地人民法院管辖；二是对限制人身自由的行政强制措施不服提起诉讼的，依法由被告所在地或者原告所在地人民法院管辖——这里的"原告所在地"，包括原告的户籍所在地、经常居住地和被限制人身自由地。①

其三，裁定管辖，人民法院以裁定的方式确定案件的管辖，称为裁定管辖。它是对法定管辖的补充和变通，它既可以弥补法定管辖的不足，又可以解决因管辖问题发生的争议，以便适应司法实践中复杂多变的情况。《行政诉讼法》规定的移送管辖、指定管辖、管辖权的转移，都是通过裁定的方式来确定管辖法院的，都属于裁定管辖之范畴。其中，移送管辖，意指法院发现自己对已受理的案件无管辖权时，将案件移送到认为对此有管辖权的法院。其要件有三：一是移送法院已经受理了案件；二是移送法院经审查，发现对该案件确无管辖权；三是受移送的人民法院依法对该案具有管辖权。受移送的法院对所移送的案件应当受理，不得再自行移送；若受移送的法院认为受移送的案件依法不属本法院管辖的，应当报请上级法院指定管辖。

---

① 马怀德主编：《行政诉讼法学》，北京大学出版社2004年版，第102~103页。

其四，指定管辖，是指上级人民法院以裁定的方式，将案件交由某一下级人民法院审理。根据《行政诉讼法》第 23 条的规定，指定管辖之情形有二：一是有管辖权的人民法院由于特殊原因不能行使管辖权的，由上级人民法院指定管辖；这里的"特殊原因"包括法律原因和事实原因。二是人民法院对管辖权发生争议，由争议双方协商解决；协商不成的，报其共同上级人民法院指定管辖。

其五，管辖权转移，是指经上级人民法院决定或同意，将案件管辖权由上级人民法院移交给下级人民法院或者由下级人民法院移交给上级人民法院的制度；其要件有三：一是拟移交的管辖权必须是针对人民法院已经受理的案件；二是移交的人民法院对案件有管辖权；三是作为移交方与接受移交方的人民法院必须具有直接的上下级关系。

（三）行政诉讼之审理程序

行政诉讼审理程序，即人民法院在审理行政案件过程中所适用的法律程序。审理程序是具体保障当事人及人民法院进行诉讼活动的制度设计，对于人民法院公正、高效地行使审判权从而保障当事人权益发挥着重要作用。根据我国《行政诉讼法》的规定，行政诉讼的审理程序包括第一审程序、第二审程序和审判监督程序。[1]

其一，行政诉讼第一审程序。第一审程序是从人民法院裁定受理行政案件到作出一审裁判时适用的诉讼程序，是最基础的审理程序，二审以及再审程序都是在此基础上进行设计的。（1）起诉。起诉是公民、法人或其他组织认为行政主体的行政行为侵犯其合法权益时，依法向人民法院提起诉讼、寻求司法救济的行为，是行政诉讼活动的起点。（2）立案。立案是法院对公民、法人或其他组织的起诉行为进行审查，对符合法定条件的案件决定立案审理的行为。起诉须与立案结合才构成诉讼程序的开始。对当事人依法提起的行政诉讼，人民法院应当根据《行政诉讼法》第 51 条的规定，一律接收起诉状。能

---

[1]　江国华著：《中国行政法（总论）》，武汉大学出版社 2017 年版，第 382 页。

够判断符合起诉条件的,应当当场登记立案。(3)审理前的准备。审理前的准备,是指法院案件受理后至开庭审理前,由审判人员进行的一系列准备工作,以保证审判顺利进行。此阶段的活动主要包括以下内容:一是组成合议庭。二是交换诉讼文书。三是处理管辖争议。四是审查诉讼材料和调查收集证据。通过对起诉状、答辩状及各种证据材料进行审查,合议庭可全面了解案情。若发现证据材料不全,应当通知当事人补充;对当事人不能收集的证据材料,人民法院可以依职权主动调取。五是审查其他内容,如决定诉的合并与分离、确定审理方式、开庭审理的时间和地点、是否停止执行行政行为等内容。(4)开庭审理。庭审是受诉法院在双方当事人及其他诉讼参与人的参加下,依法定程序在法庭上对案件进行审理的诉讼活动,是保证人民法院完成审判任务的中心环节。人民法院审理第一审行政案件,应当实行开庭审理,不得进行书面审理。在开庭审理时应遵循公开审理和不适用调解之原则。完整的庭审程序一般包括开庭准备、宣布开庭、法庭调查、法庭辩论、合议庭评议、宣读判决裁定等内容。(5)裁判。行政诉讼之裁判涉及法律适用、判决、裁定与决定等内容。行政诉讼的判决,是人民法院通过对行政案件的审理,依法对当事人争议的实体问题所作的最后决断。一审判决主要有以下类型:驳回诉讼请求判决、撤销判决、履行判决、确认判决、赔偿判决和变更判决。

其二,行政诉讼第二审程序。第二审程序,亦称上诉审程序,其目的在于通过对初审裁判合法性的判断和处理来实现对当事人合法权益保障的诉讼目的。(1)上诉之提起。上诉,是指当事人对原审人民法院尚未发生法律效力的判决或者裁定,于法定期限内请求上一级人民法院对案件进行审理的诉讼行为。当事人既可向原审人民法院提出也可向上一级人民法院提出,但须符合以下条件:一是上诉人适格。凡原审原告、被告、第三人及其法定代理人、经特别授权的委托代理人均可提起。二是上诉人所不服的一审判决、裁定须可上诉,包括一审尚未发生法律效力的判决和对不予受理、驳回起诉、管辖异议所作出的裁定。三是上诉须在法定期限内提出。不服一审判决的,自判决书送达之日起15日内提起上诉;不服原审裁定的,自裁定书送达之日起10日内提起上诉。四是上诉须提交相关材料。根据相关规定,当事人提出上诉,应当按照其他当事人或者诉讼代表人的人数提出上诉状副本。（2）上诉之受理。根据相关规定，原审人民法院收到上诉状，应在 5 日内将上诉状副本送达其他当事人，对方当事人应当在收到上诉状副本之日起 10 日内提交答辩状；原审人民法院应当在收到答辩状之日起 5 日内将副本送达当事人；原审人民法院收到上诉状、答辩状，应当在 5 日内连同全部案卷和证据，报送第二审人民法院；已经预收诉讼费用的，一并报送。（3）上诉案件之审理。法院受理上诉案件后，应当由审判员组成合议庭审理。（4）上诉案件之裁判人民法院审理上诉案件，按照下列情形，分别处理：一是原判决、裁定认定事实清楚，适用法律、法规正确的，判决或者裁定驳回上诉，维持原判决、裁定；二是原判决、裁定认定事实错误或者适用法律、法规错误的，依法改判、撤销或者变更；三是原判决认定基本事实不清、证据不足的，发回原审人民法院重审，或者查清事实后改判；四是原判决遗漏当事人或者违法缺席判决等严重违反法定程序的，裁定撤销原判决，发回原审法院重审。另外，值得强调的是，原审人民法院对发回重审的案件作出判决后，当事人提起上诉的，第二审人民法院不得再次发回重审。人民法院审理上诉案件，需要改变原审判决的，应当同时对被诉行政行为作出判决。

其三，行政诉讼再审程序。审判监督程序也称再审程序，是指人民法院根据当事人的申请、检察机关的抗诉或人民法院自己发现已经发生法律效力的判决、裁定确有错误，依法对案件进行再审的过程。（1）再审程序之启动。启动再审程序的条件有二：一是提起审判监督程序的主体须是有审判监督权的组织或人员，其具体范围将在提起程序部分中进行阐述。二是提起审判监督程序须具备法定理由。引起审判监督程序的根本原因是发现已发生法律效力的判决或裁定存有违法情形。（2）由于提起审判监督程序主体的不同，其程序也不同。主要情形有三：一是审判委员会讨论决定再审；二是上级人民法院提审或指令再审；三是人民检察院有权提出抗诉。值得注意的是，当事人的再审申请可能但不必然引起审判监督程序的启动。

其四，再审案件之裁判。关于再审认为原判决事实认定清楚、适用法律正确、符合法定程序的情形，应判决维持原判决、裁定，原中止执行的裁定自行失效。认为原生效判决、裁定确有错误，在撤销原生效判决或者裁定的同时，可以对生效判决、裁定的内容作出相应裁判，也可以裁定撤销生效判决或者裁定，发回作出生效判决、裁定的法院重新审判。

（四）行政判决执行

行政诉讼的裁判，是指人民法院运用国家审判权对行政案件中的争议作出判决、裁定或决定的行为。裁判是诉讼中又一关键阶段，包括判决、裁定及决定等形式，适用于不同情形。在一审、二审及再审案件中裁判的类型也有所不同。作出裁判后若出现不履行的情形，则涉及执行的问题。行政诉讼的执行，是指人民法院和依法拥有强制执行权的行政主体依法使当事人履行人民法院生效裁判的行为。

其一，行政判决执行制度之构造。行政判决的执行，是指人民法院和依法拥有强制执行权的行政主体依照法定程序和措施使行政诉讼当事人履行人民法院已生效裁判的行为。《行政诉讼法》除了规定行政诉讼的执行，还规定了非诉行政行为的执行。（1）执行机关，执行机关包括人民法院和依法拥有强制执行权的行政主体。（2）执行根据。执行根据一般为发生法律效力的行政判决书、行政裁定书以及调解书。（3）执行管辖。执行管辖机关一般为第一审人民法院。

其二，行政诉讼执行之程序。（1）执行程序的提起，包括申请执行和移交执行两种方式。申请执行是指当事人在法定期限内请求一审人民法院执行已经发生法律效力的判决、裁定、调解书；移交执行则指人民法院的审判人员直接将生效的判决、裁定、调解书移交给本院执行人员执行。（2）执行之实施。行政机关拒绝履行判决、裁定、调解书的，第一审人民法院可以采取划拨、罚款、公告、提出司法建议、拘留、追究刑事责任等措施。相对人拒绝履行判决、裁定的，适用《民事诉讼法》及相关司法解释的规定，主要有以下执行措施：扣留、提取被执行人的收入；查询、冻结、划拨存款；查封、扣押、冻结、拍卖、变卖被执行人的财产；强制迁出房屋或强制退出土地。

其三，非诉行政决定之执行。非诉行政决定的执行，是指公民、法人或其他组织既不向人民法院提起行政诉讼，又不履行行政机关生效的具体行政行为时，人民法院或者拥有强制执行权的行政机关对行政行为进行强制执行的制度。对此，《行政诉讼法》第 97 条规定："公民、法人或者其他组织对行政行为在法定期限内不提起诉讼又不履行的，行政机关可以申请人民法院强制执行，或者依法强制执行。"

五、行政诉讼在法治政府中的定位

2004 年，国务院《全面推进依法行政实施纲要》明确要求全面推进依法行政，建设法治政府。国务院《法治政府实施纲要（2015—2020）》将法治政府的衡量标准概括为：政府职能依法全面履行，依法行政制度体系完备，行政决策科学民主合法，宪法法律严格公正实施，行政权力规范透明运行，人民权益切实有效保障，依法行政能力普遍提高。从法学理论的角度看，"法治政府"表征了法律和政府的关系，一方面，政府由法律统治，服从于法律，即法律至上原则；另一方面，政府依法行政，依法施政，即依法行政原则。简言之，法治政府，就是由法律统治并依法行政的政府形态。① 政府与法律关系的明确，使得政府的行政行为不得不面临法律的评价。司法机关作为法律适用的专门机构，必然会对政府产生一定的干预。行政诉讼是连接司法权与行政权的制度设计，是司法机关干预政府的具体方式。因此，行政诉讼制度必然在法治政府的建设中发挥重要作用。立法对法治政府的建设框架和方向作出了安排，而司法则保障立法安排的正确实施。行政诉讼作为具体的司法制度，在法治政府建设中应当发挥矫正的作用，对偏离法治政府要求的行为予以纠正。具体而言：

（一）行政诉讼作为行政违法行为的纠正机制

行政诉讼作为行政违法行为的纠正机制，应侧重于对违法行政行为的撤销，并以此来实现对公民权利的保障。依法行政是法治政府的基本要求，反过来，政府行政行为的合法性，是建设法治政府的前提条件。从政府的角度讲，

---

① 杨小军：《论法治政府新要求》，载《行政法学研究》2014 年第 1 期。

严格按照法律的要求履行职责，根据法律的规定进行行政行为，是依法行政的应有之义。然而，行政行为的行使主体是"人"，无论是从主观上还是从客观上，"人"的错误是难以避免的，因此，违法行政行为不可完全避免；事实上，因为各种各样的原因，违法行政行为时有出现。但这与依法行政的要求相悖，违法行政行为必须得到纠正。"西方依法行政的历史从某种意义上来说就是依法行政的救济制度逐步完善的历史。现代西方各国无不建立了较为完备的依法行政救济体系。"① 行政诉讼制度是建设法治政府不可或缺的纠错机制。（1）行政诉讼是针对行政行为的合法性审查。法院作为法律适用的专门机关，对某一行为的合法与否的判别，只能由法院来进行。《行政诉讼法》第 6 条规定："人民法院审理行政案件，对行政行为是否合法进行审查。"这表明，在我国的行政诉讼中，人民法院有权对行政机关实施的行政行为进行审查，并且，这一审查严格围绕着行政行为是否合法来进行。人民法院根据公民、法人和其他组织对某项具体行政行为提出的意义，而对该被诉行政行为进行审查，并对合法性进行判别。（2）行政诉讼能够对违法行政行为进行处理。在行政诉讼中，人民法院可以依法对认定违法的行政行为进行撤销或变更。《行政诉讼法》第 70 条明确列举了六种行政违法情形，并规定人民法院在此情形下可以对行政行为判决全部撤销或者部分撤销。撤销是人民法院对行政行为效力的全部或部分的否定，是司法机关纠正违法行政行为的有效手段。同时，为了防止被告败诉后不真正履行裁判规定的义务，而通过重做相同的行为对人民法院裁判进行规避。《行政诉讼法》第 71 条还规定，人民法院判决被告重新作出行政行为的，被告不得以统一的事实和理由作出与原行政行为基本相同的行政行为。《行政诉讼法》还规定了在两种情形下，人民法院可以对行政行为直接进行变更。② （3）行政诉讼通过对违法行政行为的纠正保障了行政相对人的合

---

① 袁曙宏、赵永伟：《西方国家依法行政比较研究——兼论对我国依法行政的启示》，载《中国法学》2000 年第 5 期。

② 有观点认为《行政诉讼法》第 77 条规定的对行政行为的变更判决，属于对行政行为合理性的有限审查。本书认为，在实质上这种情形仍然属于对行政行为合法性的审查范畴，详见本章前文行政诉讼法的基本原则中合法性原则部分的论述。

法权益。违法的行政行为必定会造成公民权益的损害。公民、法人和其他组织等行政相对人在行政关系中处于弱者的地位，一旦遭遇违法行政行为，将很难通过自身的力量，实现权利的救济，这也是行政诉讼制度存在的直接原因。对行政相对人而言，行政诉讼为他们提供了权利救济的渠道，人民法院对违法行政行为的纠正，在客观上也使他们的合法权益得到了保障。

（二）行政诉讼作为行政权的监督机制

行政诉讼作为行政权的监督机制，应侧重于诉讼裁决对行政机关行使行政权力的影响。正如孟德斯鸠所言："要防止滥用权力，就必须以权力约束权力。"[1] 行政诉讼制度的建立实质是建立了司法权对行政权的制约和监督，促使行政机关依法行政，审慎地行使自由裁量权而遏制行政恣意行为。"行政诉讼在一定程度上以法的形式确认了国家、社会与个人的界限与对峙，把司法权树立为行政权的一种对峙力量，从而使行政法治成为现实的原则。"[2] 司法权对行政权的监督完全契合权力分立与制衡的宪法精神和宪政体制，有利于促进政府依法行政。从世界范围来看，以行政诉讼制度作为司法权对行政权监督机制具有丰富的实证素材。行政诉讼起源于被誉为行政法母国的法国，其首创了以行政法院为核心的司法审查制度。大陆法系国家的行政诉讼制度，英美法系国家的司法审查制度，都是通过司法程序实现司法权对行政权的监督。

在我国，1990 年 10 月 1 日起正式实施的《中华人民共和国行政诉讼法》标志着行政诉讼制度的建立，行政诉讼制度的诞生是我国法治建设工作的里程碑，是我国建设法治政府、法治社会和法治国家的巨大跨越，具有划时代的意义。姜明安教授认为，它的颁布促进了行政法的立法，促进了行政机关依法执法，它的实施增强了公民的权利意识和民主法制观念。[3] 具体而言，行政诉讼

---

[1]　［法］孟德斯鸠著：《论法的精神》（上册），张雁深译，商务印书馆 1961 年版，第 154 页。

[2]　陈瑞洪：《对峙——从行政诉讼看中国的宪政思路》，载《中外法学》1995 年第 4 期。

[3]　姜明安：《行政法治探索》，载《中央政法管理干部学报》1997 年第 5 期。

对行政权的监督体现在两个方面：一方面，行政诉讼对行政违法行为的纠正功能本身就是对行政权行使合法性的一种事后监督手段。在人民法院对违法行政行为作出判决后，还要保证判决的有效执行，将监督的结果落到实处。另一方面，通过行政诉讼个案，人民法院可以将司法机关对于某些行政行为方式的态度彰宣于众，发挥司法的指引作用。尤其是一些典型的行政诉讼案件，在成为指导性案例后，不但会对全国各级人民法院的行政法律适用工作产生影响，而且还会产生极大的社会影响力。这就使得行政机关在作出行政行为时，不得不考虑将要面对的法律后果，这在客观上达到了倒逼行政机关严格依法行政的效果。

（三）行政诉讼作为行政纠纷解决机制

行政诉讼作为行政纠纷解决机制，侧重于发挥司法的定分止争作用，实现法律效果和社会效果的统一。化解矛盾、维护社会秩序是政府的职能之一，建设法治政府就是要更好地发挥政府的职能。《中国法治政府评估报告（2013）》将社会矛盾化解与行政争议解决作为法治政府建设的主要方面和重点领域设置为一级指标。① 诉讼制度自诞生之初，其最朴素的直接要旨及目标追求即在于化解纠纷，可以说，行政诉讼对于化解行政纠纷具有不可替代的作用。纠纷需要及时解决，如果放任纠纷的发展，会使纠纷集聚，引发社会矛盾，扰乱社会秩序，甚至引发大规模的社会冲突。由于行政纠纷的多样性，行政纠纷的解决途径也是多样的，例如行政复议、行政信访等。然而，行政诉讼作为行政争议的最终解决手段具有不可替代性。一方面，运用司法解决纠纷是人类历史发展的文明成果，也是各国解决纠纷的根本之策。强化法律在维护群众权益、化解社会矛盾中的权威地位必然要树立人民法院在纠纷解决中的权威。在纠纷解决制度体系中，各种制度都要充分发挥其作用，但是必须有一种最终的纠纷

---

① 中国政法大学法治政府研究院编：《中国法治政府评估报告（2013）》，载《行政法学研究》2014 年第 1 期。

解决制度和一个负责最终解决纠纷的主体。这个最终的纠纷解决制度就是诉讼制度。① 另一方面，司法公平正义的价值导向以及对程序正义和实体正义的统一追求，使得作为第三方中立裁判者的司法机关作出的裁决对各方都更具可接受性。司法终裁之原则要求行政诉讼担负起化解行政纠纷最后一道防线的职责。

行政诉讼要想真正发挥行政纠纷解决机制的效用，在审判工作中必须做到"案结事了"，注重法律效果和社会效果的统一。司法是法律实现的途径，法律的实现效果程度体现了司法的有效程度。在行政诉讼中，人民法院通过审判工作，将行政法律规则确立的行政法律秩序落实在对当事人的权利义务之处分或分配之上。可以说，行政法律规则的实现是行政诉讼的首要目的。同时，司法的正义体现为程序正义和实体正义，而有时程序的正义并不必然带来实体的正义。行政诉讼程序的终结也不必然等同于行政纠纷的解决。法律产生于社会，是社会规则的一种，法律产生效果必然以社会为基本场域，由此，法律适用必须要以社会为导向；而纠纷同样产生于社会，是某种社会关系不可调和的产物，因此，纠纷的解决不得不注重社会效果。行政纠纷归根结底也是一种社会纠纷，行政诉讼对行政纠纷的解决本质上就是社会问题的解决。行政诉讼必须在法律规则的基础之上，综合考虑人情事理、国家政策等多重社会因素，紧紧围绕当事人的现实需求进行统一的裁判考量。② 只有行政诉讼的裁判结果达到了法律效果和社会效果的统一，能够为当事人和社会公众所接受，才能在真正意义上化解行政纠纷，解决社会问题。总而言之，法治政府建设任重道远，利国利民，不仅是全面实现依法治国的重要组成部分，也是时代前进的必然选择。在法治政府的建设过程中，要坚持行政诉讼纠正违法行为，监督行政权力，化解行政纠纷的基本定位，保障法治政府的建设始终在宪法和法律的轨道上进行。

---

① 刘莘、刘红星：《行政纠纷解决机制研究》，载《行政法学研究》2016年第4期。
② 江国华著：《常识与理性：走向实践主义的司法哲学》，三联书店2017年版，第150页。

典型案例 6-1：何某诉 B 市 F 区人民政府案①

【裁判摘要】

　　法律的溯及力，也称法律溯及既往的效力，是指法律对其生效以前的事件和行为是否适用。"法不溯及既往"是一项基本的法治原则，意指新法不得适用于其施行前已终结的事实和法律关系。它是法的安定性和人民信赖利益的基本保障，因而也是现代法治原则不可或缺的重要内涵。

【相关法条】

　　《中华人民共和国行政诉讼法》第 69 条、第 79 条

　　《中华人民共和国立法法》第 93 条

　　《〈B 市见义勇为人员奖励和保护条例〉实施办法》

【基本案情】

　　2010 年 2 月 21 日晚 10 时许，何某在重庆—B 西站 L102 次长途列车上，听到列车喇叭上响起求救声称有人需要医治。何某作为医务工作者义不容辞上前援救。病人是一名 30 岁左右男子，重度腰痛，无法起身。何某通过一系列的救治，男子病情得到缓解。此时何某已筋疲力尽，后回到自己座位上。喇叭第二次响起，依然是有人求助，因何某之前的救人举动，列车长带着病人家属亲自来到何某座位前请求何某再次相救。虽然何某因为之前 1 个多小时的救助，已全身湿透、身体状态欠佳，但看到病人家属的求助眼神，何某不顾自己的身体状况再次上前援救。那名女乘客情况危急，好多旅客劝何某不要救助以免担责，何某依然出手救助。何某运用多年累积的经验全力抢救病人，并一直守在病人身边不敢离开，并用自己的防寒物给病人升温。7 个多小时后，列车到站，病人已脱离危险，何某却因心力交瘁、劳累过度，高烧 43 度。何某的朋友帮忙向 F 区政府反映此事，并于 2010 年 3 月 13 日向 F 区民政局申请认定见义勇为，但 F 区民政局不接受申请，称不是海啸和火烧救援就不属于见义勇为且不属于 F 区管辖范围。此次救援导致何某两年不能行走，2012 年国家给何某颁发了四级残疾证，何某的两个孩子当年

———————

　　① 本案裁判文书详见附录 9。

停学，未完成学业。请求法院撤销被诉告知书和被诉复议决定书。

【裁判结果】

B 市 F 区人民法院于 2019 年 10 月 23 日作出〔2019〕京 0106 行初 407 号行政判决，驳回原告何某的诉讼请求。何某不服一审判决提起上诉。B 市第二中级人民法院经审理，于 2020 年 3 月 24 日作出〔2020〕京 02 行终 213 号行政判决，驳回上诉，维持一审判决。

【裁判理由】

法院生效裁判认为：依据《中华人民共和国立法法》第 93 条所确立的法不溯及既往原则，新法不得适用于其施行前已终结的事实和法律关系。本案中，何某于 2019 年 5 月向 F 区民政局提出见义勇为认定申请，请求将其 2010 年在火车上救助病人的行为认定为见义勇为。但依据 2010 年有效实施的《〈B 市见义勇为人员奖励和保护条例〉实施办法》第 6 条之规定，申请人反映见义勇为情况或者申请确认见义勇为，应当在行为发生之日起 30 个工作日内，携有关线索或者证明材料，向行为发生地的区、县民政部门提出。故何某所提此次申请，超出前述 30 个工作日的申请期限。F 区民政局作出被诉告知书对其进行告知，认定事实清楚，适用法律正确，程序合法，并无不当。F 区政府收到何某的行政复议申请后，依法履行复议职责，所作被诉复议决定书合法，本院予以认可。

典型案例 6-2：C 市某某生态陵园有限责任公司与 A 省 C 市人民政府、A 省 C 市民政局不履行行政协议案①

【裁判摘要】

1. 针对行政协议提起的诉讼，不但可以适用行政法律规范，还可以适用不违反行政法和行政诉讼法强制性规定的民事法律规范。

2. 行政机关被撤销或者职权变更的，继续行使其职权的行政机关是被告。

---

① 本案裁判文书详见附录 10。

【相关法条】

《中华人民共和国行政诉讼法》第 26 条第 6 款

《最高人民法院关于适用〈中华人民共和国行政诉讼法〉的解释》第 109 条第 1 款

【基本案情】

2006 年 5 月 30 日,原 C 市 J 区人民政府向社会公众发布《J 区殡仪馆及西山公墓迁址扩建工程项目招商简介》(以下简称《招商简介》),声明 J 区殡仪馆及西山公墓迁址扩建工程项目已经通过 J 区发改委批准立项,并经规划许可,该项目为 J 区重点招商项目,并作出相应承诺和要求。同日,由政府及下属多部门人员组成的 C 市 J 区殡仪馆及西山公墓迁址扩建工程指挥部向社会公众发布《J 区某某生态陵园工程项目招商说明》(以下简称《招商说明》),承诺:项目规划面积约 350 亩及甲方暂定地方工作费用的起始价为 3.5 万元/亩,其余主要事项与上述招商简介一致。某某陵园公司依据上述招商简介和招商说明内容投标后中标。2006 年 9 月 14 日,原 C 市 J 区人民政府授权原 C 市 J 区民政局作为甲方与某某陵园公司作为乙方签订了《J 区某某生态陵园建设协议书》,原 C 市 J 区人民政府以鉴证单位名义在该协议上盖章。2006 年 10 月 18 日,原 C 市 J 区人民政府下达《关于同意兴建 J 区某某生态陵园的批复》,要求严格按照规划设计的方案进行建设,确保项目如期建成,并尽快发挥效益。2006 年 11 月 15 日,A 省民政厅下达《关于同意 C 市 J 区某某陵园立项的批复》,同意 J 区某某陵园的立项计划,项目占地 230 亩,C 市 J 区某某陵园由原 C 市 J 区民政局主管。2007 年 4 月 21 日,由原 C 市 J 区人民政府及其民政局、财政局、国土资源局、夏阁镇政府委派人员参加的 C 市 J 区人民政府区长办公会会议纪要中关于某某陵园项目情况议案载明:鉴于投资方已预交 900 万元费用到项目指挥部,土地出让金缴纳事宜由夏阁镇按照有关规定操作,不足部分由投资方补齐,契税按照实际成交价缴纳,高于标的价 3.5 万元/亩部分返还给投资方,报批等规费按照协议约定处理。2007 年 4 月 26 日,某某陵园公司与原 C 市 J 区国土资源局签订了《国有土地使用权出让合同》,约定某某陵园公司受让夏阁镇竹柯

村 84821 平方米（127.23 亩）土地，土地条件达到三通，土地出让金为
158.4 元/平方米，主体建筑物性质为陵园建设。2007 年 5 月 20 日，C 市夏
阁镇人民政府向当时的原 J 区建设局报送《关于请求批准 C 市某某生态陵园
详细规划的报告》，请求区建设局对该详细规划予以批准；6 月 3 日，J 区建
设局向夏阁镇政府作出《关于同意 C 市某某生态陵园详细规划的批复》，同
意了该详细规划，并要求督促某某陵园公司制定实施方案，严格按照规划组
织建设。此后，某某陵园公司履行了《J 区某某生态陵园建设协议书》约定
的付款义务，按照协议约定内容投资项目建设，如期完成协议约定的墓穴建
设数量和正常经营目标。截至目前某某陵园公司已向本项目投入建设资金
102991887.68 元，经投入大量的人力、物力，现该项目基本趋于成熟。然
而，原 J 区政府和区民政局向某某陵园公司实际交付 300 亩陵园项目用地
后，仅由国土局为公司办理了第一批 127.13 亩土地使用权证，但未为公司
申请办理陵园项目后续土地证手续。2017 年 2 月 10 日，某某陵园公司向现
C 市人民政府提交《关于要求办理某某生态陵园土地证的申请》，要求 C 市
政府履行协议约定的义务和承诺，将余下的土地使用权证办理至某某陵园公
司名下，以便本案陵园项目能够顺利实施。C 市政府收悉上述申请后，于
2017 年 5 月 11 日由 C 市常务副市长夏群山批示"请国土局本着尊重历史，
实事求是的原则，解决好此历史遗留问题"。然而，此后 C 市政府未给予公
司任何书面答复。2018 年 5 月 25 日，C 市民政局向某某陵园公司发出《关
于终止履行〈J 区某某陵园建设协议书〉部分条款的函》称，鉴于近年来 C
市发展规划发生重大调整，后期 102.64 亩无法继续供地，《J 区某某陵园建
设协议书》第一条失去继续履行的条件，C 市民政局作为协议一方当事人，
自 2018 年 5 月 25 日起不再履行此款规定的义务。某某陵园公司认为，C 市
政府及其组建的公墓迁址指挥部发布的《招商简介》和《招商说明》载明
了本案陵园项目的供地亩数、供地价格、项目完成时间、墓地经营期限以及
费用承担等具体内容，该《招商简介》和《招商说明》中约定的甲方的权
利和义务，与公司与 C 市民政局签订的《C 市 J 区某某生态陵园建设协议
书》中甲方的权利义务一致，因此，该《招商简介》和《招商说明》应为 J

区政府及其组建的指挥部发出的要约，而原告某某陵园公司通过竞标的方式进行了承诺后中标，双方的合同成立并生效。原J区政府发布的上述《招商简介》和《招商说明》，是政府对涉案陵园项目建设实施行政管理的行为，该陵园项目具有社会公益性质。C市民政局作为陵园项目的主管单位，其受C市政府委托实际操作陵园招商建设，并与某某陵园公司签订建设协议，代为C市政府履行该协议约定的各项义务。某某陵园公司和C市政府、C市民政局均应受《C市J区某某生态陵园建设协议书》的约束，协议双方均应严格履行协议。某某陵园项目经政府及政府各部门审批并报送上级主管部门审核并批准立项，该项目合法合规。某某陵园公司与C市政府及其所属行政机关签订的各份合同亦为双方真实意思表示，内容不违反法律或行政法规的强制性规定，均为合法有效，项目招标方C市政府和协议各方当事人均应严格履行合同义务。根据《招商说明》和涉案陵园建设协议书第1条约定，C市政府和C市民政局，应当分批为某某陵园公司报批陵园项目建设所需土地使用权手续，使公司取得国有土地使用权证。但是，自2007年后，两被告拒不履行陵园项目使用土地的报批义务，致使某某陵园公司对其使用的300亩土地仅办理127.13亩土地证，尚有172.87亩土地至今未能取得土地证。C市政府、C市民政局这一行为已构成违约。

【裁判结果】

A省H市中级人民法院于2018年11月29日作出〔2018〕皖01行初205号行政裁定，驳回原告C市某某生态陵园有限责任公司的起诉。A省高级人民法院于2019年4月3日作出〔2019〕皖行终99号行政裁定，撤销A省H市中级人民法院〔2018〕皖01行初205号行政裁定；指令A省H市中级人民法院继续审理。

【裁判理由】

法院生效裁判认为：本案上诉人某某陵园公司系针对行政协议提起诉讼，故本案不但可以适用行政法律规范，还可以适用不违反行政法和行政诉讼法强制性规定的民事法律规范。根据《中华人民共和国合同法》《中华人民共和国招标投标法》的相关规定，原C市J区人民政府及其成立的公墓迁址指挥部对外发布的案涉《招商简介》《招商说明》属于要约邀请的范畴，某某陵园公司据此予以投标，系向原 C 市 J 区人民政府发出要约，后该公司中标，即该公司被招标人原 C 市 J 区人民政府选定为中标人，是该政府对某某陵园公司发出的要约所作出的承诺，此时，双方合同关系即已成立。C 市民政局与某某陵园公司签订《协议书》只是具体落实上述合同关系内容的行为，故原 C 市 J 区人民政府是本案涉案协议的相对方之一。再者，从《协议书》约定内容看，一是该协议部分内容与《招商简介》《招商说明》主要内容基本一致，二是协议中约定的除墓地管理等属于 C 市民政局法定职责范围内的事项外，其他约定的有关征地拆迁、出让土地等权利义务，均超出了该民政局权限范围，其也无法实际履行涉案协议该部分内容。综上，在原 C 市 J 区人民政府被撤销后，C 市人民政府继续行使其职权的情况下，某某陵园公司以 C 市人民政府、C 市民政局为被告，提起本案诉讼，不仅符合合同相对性原则、职权法定性原则，而且符合《中华人民共和国行政诉讼法》第 26 条第 6 款"行政机关被撤销或者职权变更的，继续行使其职权的行政机关是被告"的规定。故一审裁定虽认定事实清楚，但裁定驳回上诉人某某陵园公司的起诉不当。某某陵园公司的上诉理由能够成立，本院予以支持。依照《最高人民法院关于适用〈中华人民共和国行政诉讼法〉的解释》第 109 条第 1 款之规定，裁定如下：

一、撤销 A 省 H 市中级人民法院〔2018〕皖 01 行初 205 号行政裁定；

二、本案指令 A 省 H 市中级人民法院继续审理。

本裁定为终审裁定。

第七章　申诉权·特别权力关系·行政申诉

　　行政申诉是公民或组织成员依照法律或者组织章程享有的权益受到侵害时，依照法定程序向行政机关投诉，行政机关受理并作出处理决定的行政行为。① 作为一种区别与行政诉讼、行政复议、信访的独立行政救济途径，旨在应对政府行政权力滥用之危。其相关法理基础有二：一是申诉权理论，二是特别权力关系理论。前者揭示了行政相对人申诉的正当性基础，申诉权作为一项受宪法保护的基本权利，用以抑制权力滥用，在道德伦理上与权力恣意是"正对不正"的关系。后者则阐明了行政申诉的适用范畴，对一项制度的法律基础探究，除了为其找到制度的正当性依据以外，也须明白制度运行之机理，而特别权力关系可以解释行政申诉的特别性，及其救济运行机制之逻辑。

　　此处对申诉权、特别权力关系、行政申诉的研究落脚于法治政府建设主题，反映现代社会的民主与法治观念。其中，申诉权突出了民主社会中，个人与公权力组织之间存在以个人利益与组织利益为核心的对立统一关系；特别权力关系基于法治观念，在具体的个人与政府的行为交互过程中，保证个人申诉权的同时，应为法定的特别权力关系之展开提供现实可能。总之，为处理公民和政府的两种关系状态，宪法、法律赋予政府一定行政权力的同时，也为保护公民合法正当利益而预设了权利侵害救济途径。行政申诉作为公民行政救济途径之一，

---

　　① 朱应平：《行政申诉制度的法理和实务研究》，载《2013 政府法制研究》（会议论文集），上海，2013 年 1 月，第 116 页。

其价值归宿为在个体权益与组织利益之间寻求平衡，兼顾保障公民基本权利和公权力组织的内部自治空间。

第一节　申诉与申诉权

申诉权是行政申诉活动得以展开的核心要素，它为行政相对人的申诉提供了正当性基础。本书试图从申诉权相关的行为、权利、制度三个纬度，即申诉、申诉权、申诉制度的基本内涵探究行政申诉的正当性所在。首先，公民行使申诉权的外观是申诉行为的展开，通过对申诉的内涵探讨或可触及申诉权的目的正当性。其次，公民行使申诉权的内在是法律世界对权利位阶、权利边界的客观考量，这些皆有赖于权利性质的确定，对申诉权相关法律的考察，实质是借由法律论证申诉权的正当性。最后，公民行使申诉权的基础是存在一个公平完善的申诉制度为公民权利救济提供保障，其中着重于程序性制度规则，以最大化实现公民和政府之间的结果正当。

一、申诉

根据《大辞海》解释，申诉是公民就有关问题向国家机关申述意见，请求处理的行为，包括诉讼上的申诉和非诉讼申诉。① 此外，申诉行为本身可解构为"申述意见"和"请求处理"两个部分，申诉主体所申述意见内容，以及请求处理是区别诉讼上的申诉和非诉讼申诉的关键所在。同时，也可以就两种行为判断申诉主体的目的是否正当。具体分析如下：

其一，诉讼上的申诉是指当事人或有关公民对已发生法律效力的判决或裁定不服的，依法向审判机关、检察机关提出。其要义有四：（1）诉讼上

---

① 曹建明、何勤华主编：《大辞海·法学卷》（修订版），上海辞书出版社 2015 年版，第 439 页。

的申诉主体即诉讼当事人或其他公民，其发生场域为司法领域，其义务主体是审判机关和检察机关。（2）诉讼上的申诉一般不受时间限制，可以口头申诉，也可以书面申诉。（3）诉讼上的申诉是人民法院再审案件的根据之一，但在人民法院未作出再审决定以前，不能停止判决、裁定的执行。（4）诉讼上的申诉意在防止司法裁判错误，及时保障公民的合法利益和司法正义。

其二，非诉讼的申诉又称为行政申诉，它是当事人认为自己的权利或利益因国家行政机关违法行为或处分不当而遭受损害时依法向原处分机关的直接上级机关提出制止违法行为、撤销变更原处分、赔偿损失的请求。① 比如，在选举人民代表时，公民对公布的选民名单有不同意见，可以向选举委员会提请重新审查的申诉。对于公民的申诉，有关国家机关必须查清事实，负责处理，任何人不得压制和打击报复。对打击报复者要追究法律责任。

其三，诉讼和非诉讼类申诉的区别主要体现为申述意见与请求处理的内容的不同。前者涉及的申述意见须为相关当事人在具体诉讼程序中所遇到的司法问题，并且其请求处理内容通常与原司法活动中涉及的具体权利、义务有关。后者的申述意见关乎国家机关的权力行使是否公正的问题，该申述意见提出主体不限于直接利益相关者，个体可就公共事务提出申述意见。由此可知，诉讼与非诉讼上的申诉在目的正当性上有所不同：诉讼上的申诉多以维护个案中当事人的权益，其目的正当性源于对自身合法权益的维护，以及对司法相关的法律规则的承认，表现出对个别正义的追求；非诉讼的申诉的目的正当性源于宪法、法律对申诉主体权利利益的认可，以及民主社会中公民对权力组织行使权力的当然的监督。

二、申诉权

申诉权是一项基本人权，属于救济权之范畴，具有反制公权力侵犯，防

---

① 曹建明、何勤华主编：《大辞海·法学卷》（修订版），上海辞书出版社2015年版，第50页。

止权力恣意与滥用，减少腐败，维护公正等功能。迄今为止，许多国际人权文件或公约中都明确规定要保障社会成员的申诉权，我国宪法以及相关法律法规对保障公民的申诉权作出了明确规定。

其一，对申诉权相关法律的考察，实质是借由法律论证申诉权的正当性。这是因为无法律规则便无法律权利存在之依据，法律权利所表示的行为正当性源于法律的确认。① 其要义有三：（1）申诉权的正当性源于申诉目的的正当性，它是现代社会公民为维护自身合法权益或不服某一行政行为时的适当的救济。（2）申诉权的正当性源于其权利规则本身的正当性，即借由法律规则解释申诉行为的正当性，申诉权作为宪法、法律规定的公民基本权利，符合法律规则的申诉即具有行为正当性。（3）申诉主体的申诉行为所追求的结果应具有正当性，这种正当性只有借由完善的法律制度实现，该制度通过申诉程序规则、申诉保护规则、申诉禁限规则等，客观上排除了目的不正当（如诬告、陷害）、行为不正当（不符程序），以最大程度确保结果正当。而所谓的结果正当实际是借法律规则在行政管理活动中，实现行政主体和行政相对人之间的利益平衡，因为申诉权除了维护自身合法权益以外，其外溢效果是对相关机构治理权恣意状况的矫治，实现公共正义。

其二，根据被申诉主体及其相关法律规则将申诉权分为如下三类：（1）对国家机关的申诉权。我国《宪法》第41条之规定，中华人民共和国公民"对于任何国家机关和国家工作人员的违法失职行为，有向有关国家机关提出申诉、控告或者检举的权利"，"对于公民的申诉、控告或者检举，有关国家机关必须查清事实，负责处理"。《宪法》所指的"申诉权"是指公民对因行政机关或司法机关的错误或违法的决定、判决，或者因国家工作人员的违法失职行为，致使他或他的亲属的合法权益受到损害时，有权向有关国家机关申述理由，提出改正或撤销决定、判决或赔偿损失的请求。其中，申诉主体应当是受到直接侵权之利害关系人，而申诉条件必须是国家机关和国家工作人员的违法失职行为直接侵害申诉主体之合法利益。申诉人只要主观

① 参见张恒山著：《法理要论》（第二版），北京大学出版社2006年版，第340页。

上"认为"其合法权益受到侵害即可提出申诉,[①] 至于是否实际受到侵害则由申诉受理机关负责查明事实。（2）社会组织中个体的申诉权。其多以相关利益主体为限，即申诉主体无须从公共利益出发，仅以救济私益的角度即可提出申诉。其优越性在于节约公共资源，保障公民私益救济途径的同时，间接扩展了公民影响公共决策、反馈民声的渠道。如《教育法》第43条第4项将申诉权作为受教育者的权利："对学校给予的处分不服向有关部门提出申诉，对学校、教师侵犯其人身权、财产权等合法权益，提出申诉或者依法提起诉讼"；《教师法》第39条规定："教师对学校或者其他教育机构侵犯其合法权益的，或者对学校或者其他教育机构作出的处理不服的，可以向教育行政部门提出申诉，教育行政部门应当在接到申诉的三十日内，作出处理。教师认为当地人民政府有关行政部门侵犯其根据本法规定享有的权利的，可以向同级人民政府或者上一级人民政府有关部门提出申诉，同级人民政府或者上一级人民政府有关部门应当作出处理。"（3）党组织内部的成员的申诉权。我国《中国共产党章程》《中国共产党党员领导干部廉洁从政若干准则》《中国共产党纪律处分条例》也明确规定申诉权是共产党员享有的一项权利："在党组织讨论决定对党员的党纪处分或作出鉴定时，本人有权参加和进行申辩，其他党员可以为他作证和辩护"，"向党的上级组织直至中央提出请求、申诉和控告，并要求有关组织给以负责的答复"。可以说，申诉权在这里的含义是党员被人揭发或犯了错误，受到审查、处理，本人不同意组织决定或处理意见，认为不符合事实，处分不妥时，向上级党组织直至中央提请重新处理的陈述权利。其中，申诉主体应当是中国共产党党员，申诉条件限定为党组织就其特定行为作出的决定和处理意见存有事实错误、处分不当的情况。

其三，申诉权属于宪法、法律确定的公民基本权利中的消极受助权[②]，

---

① 参见茅铭晨：《论宪法申诉权的落实和发展》，载《现代法学》2002年第6期。

② 参见邓联繁：《基本权利学理分类的意义与方法研究》，载《武汉大学学报（哲学社会科学版）》2008年第4期。

即救济权。上述三类申诉权都以法律确定的方式限定了申诉权的性质及其边界。其中：（1）宪法的宣言性立法表达，对申诉权的边界作了原则性规定，对申诉主体和申诉对象规定为公民和有关国家机关。① 据此，公民是申诉权主体，国家机关是申诉权的义务主体；但二者之间并无映射关系，即非国家机关的其他社会组织和个人是否可以成为申诉对象。（2）法律在宪法既定的权利框架中，对申诉权的主体和对象，以及适用条件等都有其各自具体规定，可以说这些法律规则具有确定申诉权边界的作用。（3）除了相关法律对申诉权适用条件限制以外，权利位阶原理同样具有划定申诉权边界之功效：法律赋予特定利益以优先地位，而他种利益相对必须作一定程度退让，以此规整个人或团体间的被类型化的利益冲突。对此，对申诉权与其他基本权利，以及不同类型申诉权的位阶，应当以其所在法律体系为基准。

三、申诉制度

如前所言，申诉权作为我国宪法确定的救济权，相关人员依法提起申诉的，受理申诉的机关有义务对此进行审查并作出决定。同样，其所依托的申诉制度也应在运行过程中重视公民的诉求表达，认真对待公民的合法合理诉求，具有保障公民合法权益，稳定社会秩序，维护法律权威等价值。我国申诉制度依据申诉程序可分为诉讼相关申诉制度与非诉讼申诉制度；非诉讼申诉制度根据申诉对象不同可分为公务员申诉、教师申诉、受教育者申诉、党员干部申诉、士兵申诉等。其中公务员申诉制度、教师申诉制度、受教育者申诉制度最具典型意义。

其一，公务员申诉制度。我国尚未有公务员申诉制度的专门立法，相关规则散见于《公务员法》《公职人员政务处分法》等法律、行政法规、国务院部门规章和其他有关国家规定。其中尤以《公务员法》的相关规定最为翔实。我国的公务员制度大致包括主体、客体、适用条件、适用时效、适用

---

① 参见彭君、王小红：《作为基本权利的申诉权及其完善》，载《法律适用》2013年第 11 期。

保护、适用违反等内容：（1）公务员申诉制度主体包括申诉主体和受理申诉的主体：申诉主体为依法履行公职、纳入国家行政编制、由国家财政负担工资福利的工作人员；受理申诉主体为同级公务员主管部门或作出该人事处理的机关的上一级机关。（2）公务员申诉客体即申诉主体的申诉行为相对的客观行政事项，根据《公务员法》第 95 条的规定主要包括：公务员所在机关对其给予的处分；辞退、取消录用；降职；定期考核定为不称职；免职；申请辞职、提前退休未予批准；不按照规定确定或减扣工资、福利、保险待遇；法律、法规规定可以申诉的其他情形等。（3）适用条件具有主体性特征：首先是申诉主体须与申诉客体具有相关性，仅限涉及本人的行政行为；其次是申诉主体对行政机关作出的行政行为具有排斥和不服从的主观心理状态。（4）适用时效分为两个阶段：首先是申述意见时效，公务员应当自接到关于人事处理复核决定之日起 15 日内依法提出申诉；其次是请求处理阶段的限期，受理公务员申诉的机关应当自受理之日起 60 日内作出处理决定；案情复杂的，可以适当延长，但延长时间不得超过 30 日。（5）适用保护即法律对提出申诉的公务员提供一定的保护措施的规则，以保障其利益，如再申诉规则、受理机关成立申诉公正委员会规则、申诉加重处理禁止规则、打击报复禁止规则等。（6）适用违反是针对申诉主体违反申诉相关法律规定及其背后立法精神的禁止规定。如公务员提出申诉应当尊重事实，不得捏造事实，诬告、陷害他人。对捏造事实，诬告、陷害他人的，一律追究法律责任。

其二，教师申诉制度。教师申诉制度被归置于行政申诉制度中，虽然学校为事业单位，教师也不属于公务员，但根据法律规定，教师申诉的受理主体为教育行政部门，由于申诉制度主体包括行政部门，因此根据制度主体可将之归类为行政申诉制度中。2011 年《全国人民代表大会教育科学文化卫生委员会关于第十一届全国人民代表大会第四次会议主席团交付审议的代表提出的议案审议结果的报告》中提到有 166 人提出修订《教师法》，以完善教师申诉制度，教师申诉制度被认为是保障教师权益的重要手段。目前我国有关教师申诉的制度仍处于完善过程中，有关教师申诉制度的法律规定主要依据 2009 年修订的《教师法》第 39 条规定："教师对学校或者其他教育机构侵犯其合法权益的，或者对学校或者其他教育机构作出的处理不服的，可以向教育行政部门提出申诉，教育行政部门应当在接到申诉的三十日内，作出处理。教师认为当地人民政府有关行政部门侵犯其根据本法规定享有的权利的，可以向同级人民政府或者上一级人民政府有关部门提出申诉，同级人民政府或者上一级人民政府有关部门应当作出处理。"对此，教师申诉制度的主要内容依据被申诉主体的性质可分为两个部分：（1）在教师对教育机构的申诉制度中，被申诉主体是教育机构，需要注意的是法律并未对教育机构的社会性质作出明确规定，由此推之凡经相关行政部门批准，具有教学资质的组织，不论公立学校还是民办教育机构都可成为教师申诉制度主体；在申诉客体方面，教师申诉事项为学校、其他教育机构的侵权行为，以及对教师本人作出的人事处理决定；在申诉条件方面，教师申诉适用须满足关联性和不服从性两个主体性特征；在时效方面，《教育法》没有限制教师申诉时间，但对与申诉受理主体的处理时效作出明示，教育行政部门应当在接到申诉的 30 日内。（2）在教师对政府相关行政部门的申诉制度中，被申诉主体通常为教师所在地的教育行政部门；申诉客体是政府相关行政部门对教师的侵权行为，且限于《教育法》所规定的教师权利。

其三，受教育者申诉制度。受教育者虽和教师同处于教育体系内，但二者在学校内所担任角色不同，因此权利义务也有所不同，学校针对两者的权利、责任内容亦有所分殊。因此受教育者申诉可独立成为行政申诉制度的子类。我国《教育法》确定了受教育者申诉制度。该法第 43 条第 4 项规定，受教育者享有"对学校给予的处分不服向有关部门提出申诉，对学校、教师侵犯其人身权、财产权等合法权益，提出申诉或者依法提起诉讼"的权利。据此，因申诉客体不同，受教育者申诉制度的内容分为处分与侵权行为两部分。其中：（1）在受教育者就学校处分提起的申诉中，学校对受教育者的处分权源于《教育法》第 29 条的规定，赋予学校及其他教育机构一定的自主管理权，以及与之配适的奖励权和处分权。但受教育者针对学校处分的申诉制度包括申诉主体、申诉客体、申诉条件等。申诉制度主体方面，申诉主体是受教育者，有学者脱离《教育法》第 2、9 条的规定，将作为申诉主体的受教育者范畴局限于学生，① 但其并不限于学生，它是指接受学校教育的公民；② 被申请主体是受教育者所在学校或其他教育机构。申诉制度的客体方面，法律虽然明确学校有奖励和处分权，但受教育者只能以学校和其他教育机构的处分为申诉客体，对于不适当的奖励行为并不能提出申诉。尤其是在存有竞争关系的奖励规则中，校方的不公平裁量行为，所影响的主体并不局限于受奖励主体，对于最有资格但实际未获得奖励的受教育者，理应给予其救济途径。申诉制度的适用条件方面，笔者对于申诉制度的相关性有所质疑，尽管《教育法》仅规定受教育者对校方给予的处分不服可提出申诉的规定，表明受处分主体与申诉主体一体，但应考虑特殊受教育主体的客观存在，如年龄、智力等限制，申诉主体的相关性应当扩大解释，包含受教育主体的监护人等。（2）在受教育者就学校、教师侵权提起的申诉中，相关受教育者申诉制度的内容包括申诉制度主体、申诉客体、申诉条件等。申诉制度主体方面，申诉主体仍是受教育者，但其另一身份由受处分主体转为受侵害主体；受教育者被申诉主体除学校以外，还包括教师。申诉客体方面，申诉行为所针对内容为学校、教师对其基本权利的侵害，这与具有主观性的"不服处分"相区别，它是对客观侵害事实行为提出的申述意见和请求处理。申诉条件方面，包括主体相关性，以及申诉权所涉及的原生权益的合法性限制。

第二节　特别权力关系

特别权力关系又称特别服从关系，是指基于特殊法律规定，为实现公法

---

① 参见袁兵喜：《我国行政申诉制度的构建及完善》，载《河北法学》2010 年第 10 期。

② 参见荆月新：《受教育者申诉制度的立法探新》，载《行政与法》2006 年第 6 期。

特定目的，行政主体在必要的范围内对相对人具有概括的支配权利。① 相关理论大致经历了概念源起、传统理论发展、现代理论破旧革新三个阶段的流变。作为一般权力关系的对称，特别权力关系的"特别性"主要体现在它的构成要素，即特别权力构造、组织成员义务、内部规则之中，并最终呈现为法治与自治兼具之特征。在我国，符合该特征的权力关系主要分为：国家机关和公务员之间的特别权力关系；公共事业单位与其附属成员的特别权力关系；政党组织与党员的特别权力关系；其他社会组织及其成员的特别权力关系。对于上述特别权力关系的救济机制又可分为：内部救济机制、替代性纠纷解决机制、有限司法审查三种。与申诉权相比，特别权力关系以区别于申诉权（公民基本权利）的视角，从特别权力出发为行政申诉提供又一理论基础。

一、特别权力关系理论的流变

特别权力关系理论起源于保尔·拉班德的国家法理论，继而为奥托·迈耶借鉴吸收进行政法范畴，最初指的是出于公共管理的特定目的、为所有参与到这个特别的相互关系中来的人而设立的具有更强依赖性的权力关系。但随着传统特别权力关系理论不断受到人权保障理念和实质法治理论的冲击，又发展出新的理论趋势。

（一）特别权力关系概念的起源

特别权力关系的雏形为德意志中古时期领主与家臣之间的支配关系，而后至 19 世纪扩展为德意志君主立宪时代君主与官僚的统合关系。② 但对于"特别权力关系"概念的出现存在两种观点，一是认为由德国学者 Nikolaus Thaddaus Gonmer 在其著作《由法律与国民经济之观点论国家勤务》所提出，

---

① 参见伍劲松：《论特别权力关系》，载《华南师范大学学报（社会科学版）》2004 年第 4 期。

② 参见徐小庆：《论"特别权力关系理论视角下"执政党组织与党员的关系》，载《政治学研究》2015 年第 6 期。

为摆脱私法对官吏的控制，而建立管理与国家之间的特别权力关系；① 二是认为"特别权力关系"的概念最早由德国法学家保尔·拉班德（Paul Laband）提出，是指基于特别的法律上的原因，为达成公法上的特定目的，在必要范围内，一方取得支配权，另一方负有服从义务。② 在其《德意志帝国之国法》中，人民与国家之间的关系被分为：（1）基于私法产生的关系；（2）纯粹基于权力关系而产生的关系；（3）基于自由意志与权力关系结合产生的关系。暂不论特别权力关系存在之雏形，还是特别权力关系概念之明确起源何处，可以确定的是特别权力关系在诞生之初便具有一定的"支配—服从"意涵。

（二）传统特别权力关系理论

普遍认为传统特别权力关系理论的集大成者是德国行政法学鼻祖奥托·迈耶（Otto Mayer），他在保尔·拉班德的概念及理论之上，拓展了特别权力关系的范畴，对特别权力关系理论加以完善。③ 他主张的特别权力关系仍在国家与人民之间，但又对保尔·拉班德的国家与人民关系作出了更为具体的分类：（1）公法上的勤务关系；（2）公法上的营造物利用关系；（3）公法上的特别监督关系。在这些一般的权力关系中，特别权力关系是一种为了特定行政目的而具有更高程度的"支配—服从"特征的关系，这种关系排斥法律保留原则、依法行政原则，给予权力主体高度的任意性，权力行使不受干扰。

德国的特别权力关系理论在大陆法系国家产生了深远影响，维护了君主和高阶官吏阶层特权，以及官僚主义行政优越性。④ 其中日本在军国主义发展中

---

①　参见杨临宏：《特别权力关系理论研究》，载《法学论坛》2001 年第 4 期。

②　参见孙首灿：《论特别权力关系在中国之体现及破除》，载《云南行政学院学报》2016 年第 1 期。

③　参见吴小龙、王族臻：《特别权力关系理论与我国的"引进"》，载《法学》2005 年第 4 期。

④　参见黎军：《从特别权力关系理论的变迁谈我国对公务员救济制度的完善》，载《行政法学研究》2000 年第 1 期。

对德国特别权力关系理论加以继承，并进一步扩大其范围。例如，在日本学者美浓部达吉的特别权力关系理论中，特别权力关系范围在奥托·迈耶的基础上增加了特别的保护关系、特别监视关系、公共合作与社员关系。①

总之，传统特别权力关系理论具有如下特征：（1）特别权力关系主体的法律地位不平等，权力人对相对人享有概括性的命令支配权，而相对人只能承担事先无法预知的附随义务。（2）排除法律保留原则的适用，即在特别权力关系中，即使没有明确的法律规定或授权，权力人也可以通过制定内部规范的形式来对相对人的权利进行限制，并对未履行或未完全履行义务的相对人施以惩戒。（3）排除司法救济，在特别权力关系领域，权力人与相对人之间产生的纠纷，仅能通过内部途径寻求救济，即相对人被剥夺了提请国家机关特别是司法机关救济的权利。

（三）现代特别权力关系理论

现代特别权力关系理论与传统特别权力关系理论以"二战"为分界点。"二战"以后，传统特别权力关系理论开始受到人权保障理念和实质法治理论的冲击。② 首先，世界人民在经历了诸多磨难的洗礼后，再次掀起了对于民主、平等、人格尊严等的关注，随后一大批有关人权的国际宣言、国内法律相继问世，如1948年通过的《世界人权宣言》等。而在整个世界宣扬保障人权的思潮中，传统特别权力关系理论所表现出来的对相对人基本权利的漠视则受到了诸多批判。其次，"二战"以后，世界各国逐渐发现了形式法治因容忍个人、机构或集团处于法律之上或法律之外，而存有专制之危险，因而强调运用法律手段严格限制公权力，保障私权利，重视事实上的平等而非追求形式平等。而传统特别权力关系理论中所包含的排除法律保留原则、司法审查原则的适用则显得与实质法治原则格格不入。

---

① 参见吴小龙、王族臻：《特别权力关系理论与我国的"引进"》，载《法学》2005年第4期。

② 参见杜祥平：《论行政法上的特别权力关系理论》，载《四川行政学院学报》2009年第1期。

1956 年德国著名公法学家乌勒提出了通过区分"基础关系和管理关系"来修正传统特别权力关系的理论。① 但乌勒的学说并没有从根本上解决传统特别权力关系理论排除法律保留和司法审查原则约束的问题。直至 1972 年，德国宪法法院通过一个判决确立了"重要性理论"。该理论认为凡是涉及公民基本权利的重要性事项，均必须由立法者通过立法的方式予以限制。与此同时，日本以及我国台湾地区等也相继对传统的特别权力关系理论进行了修正，日本将特别权力关系的行为区分为内部行为和外部行为，规定对于涉及个人权利义务的外部行为，法院可以进行司法审查。

随着时代的进步以及上述学说理论的流变来看，特别权力关系理论的发展趋势主要可以概括为以下三点：（1）适用范围的变化，特别权力关系在当代排除了私法确定的绝对权力关系，代之以具有特定的公共目的法律确定的特别权力关系，如：国家与其公务人员、军人之间，学生与学校之间，以及监狱与囚犯之间。②（2）依法行政原则的全面认可，以及部分适用法律保留原则，虽然权力人可以出于行政目的之需要，对相对人的权利予以限制，但是涉及公民基本权利的事项，仍应依据法律的明确规定，而不能由权力人自由裁量；并且这种自由裁量权本身受到法律的限定。（3）特别权力关系救济的扩大，如司法审查的范围不断扩大，对于特别权力关系领域哪些事项应当接受司法审查，各国虽未达成共识，但如前所述，德国提出对于重要性事项进行司法审查，日本提出对于外部事项适用司法审查，有限的司法审查介入已经成为人们的共识。

二、特别权力关系构成要素的"特别性"

特别权力关系围绕"支配—服从"，其构成大致包括特别权力构造、组织成员义务、内部规范依据三个要素。对特别权力关系构成要素特别性的分析有

---

① 参见杨解君：《特别法律关系论——特别权力关系论的扬弃》，载《南京社会科学》2006 年第 7 期。

② 参见林雅：《行政法上特别权力关系理论之历史沿革》，载《河南师范大学学报（哲学社会科学版）》2005 年第 4 期。

助于区别一般权力关系与特别权力关系的同时，易于理解申诉与行政申诉的关联与差异。

（一）特别权力构造的"特别性"

特别权力构造，即特别权力关系中与特别权力直接相关条件的有机结合。在特别权力关系中，特别权力构造主要包括权力主体、权力相对人、权力内容、权力发生场域等。与一般权力关系相比较，特别权力构造的"特别性"体现为如下几个方面：

其一，特别权力关系产生场域为特定组织内部，即权力主体与权力相对人隶属于同一组织，或权力相对人隶属于权力主体。以学校、教师、学生为例，教师与学生的特别权力关系属于第一种权力主体与权力相对人隶属于同一教育机构的情况；学校与教师，或学校与学生的特别权力关系属于第二种学校作为权力主体，而学生或教师作为隶属学校的权力相对人；并依组织内部身份差别而具有不同的权力、责任、权利、义务。在一般权力关系中则不要求权力主体与权力相对人存在人事隶属关系。

其二，特别权力关系中，对权力主体的权力内容判断除法律明确规定以外，还可以通过权力主体的身份或其所隶属组织的组织目的推定。但对于明显超越该组织内部范畴的行为或活动，或权力主体身份的行为不能当然视作特别权力行使。例如，被社会媒体曝光的学校强迫在校学生签订劳动合同，进行与专业无关的社会实践，校方行为与学生行为超越了组织内部的身份范畴，不属于特别权力关系中的特别权力内容。在一般权力关系中，单纯以法律规范界定权力内容及其边界，权力主体应遵守权力法定原则，做到法无明文规定不可为。

（二）组织成员义务的"特别性"

组织中的特别义务成员，亦指特别权力关系中的权力相对人。由于特别权力关系发生场域为特定组织内部，因此义务来源于相对人所隶属的组织或组织内其他成员。相较于一般权力关系，组织成员义务的"特别性"主要表现在两个方面：

其一，组织成员义务具有不确定性。在特别权力关系下，特别权力主体对义务主体具有概括性的命令支配权，只要是出于达成行政目的的，即使法律法规没有明确规定，也可以为相对人设定各种行政法上的义务。以《教育法》第 26 条关于学校及其他教育机构的权力规定为例，法律赋予了特别权力主体一定的人事管理权和奖励、处分权。这些权力皆可看作是法律赋予的对内自治权，与之对应的是，特别权力主体可以根据该权力、组织目的、客观情势，对义务主体、义务内容、义务实行情况作出较为灵活的决策，因此特别权力相对人的义务具有不确定性。而一般权力关系中，权力内容法定致使义务也具有确定性。

其二，特别权力关系中对组织成员的忠诚义务和容忍义务的特别强调。特别权力关系对忠诚义务和容忍义务的重视可能缘于组织自身的特殊社会属性或组织活动的风险。尤其当组织成员对义务内容产生质疑，认定特别权力主体决策错误时，基于忠诚义务和容忍义务，组织成员应继续履行义务。如《公务员法》第 60 条规定："公务员执行公务时，认为上级的决定或者命令有错误的，可以向上级提出改正或者撤销该决定或者命令的意见；上级不改变该决定或者命令，或者要求立即执行的，公务员应当执行该决定或者命令，执行的后果由上级负责，公务员不承担责任。"

（三）内部规范作用的"特别性"

其一，在特别权力关系中，内部规范中的特别权力主体的价值大于一般权力关系中的权力主体。权利主体可以内部规则的形式限制权力相对人的自由权利，并享有对相对人的惩戒权。但一般权力关系中，权力主体应以明确的法律规范，不能以内部规范的形式，或者以相对人承诺的方式限制其自由或承担惩戒。

其二，在特别权力关系中，内部规范制定、颁布的权力分为法律规范授权，以及意定确权两种。前者是指基于法律授权而制定的组织管理规范，后者强调在遵守法律前提下主体基于自愿达成协议成立特别权力关系。这是对传统特别权力关系理论的改良。传统特别权力关系的成立基础是相对人的同意，即相对人自愿放弃行使其基本权利，由此特别权力人享有概括的支配权，而无须法律的规定或授权。但出于人权保障的目的，现代特别权力关系受到法律的限制，不得与法律的原则精神、具体规范相抵触，以及不得就法律对公民权利的限制作扩张性解释。例如，对于权力关系严重不平等的契约或涉及人身安全免责的条款无效。在此框架下，内部自治规则对特别权力关系的成立影响通常限于组织内部身份、资格的成立。

三、特别权力关系的救济

特别权力关系的救济机制分为替代性纠纷解决机制、司法审查机制。由于特别权力关系兼具法治和自治特征，并且同一般权力关系相比，权力主体对内享有高度自治空间。因此，考虑到特别权力关系的特别性，对于特别权力关系的救济一般以替代性救济为主，有限适用司法审查。[1]

（一）替代性救济

替代性救济，又称替代性纠纷解决机制（ADR），为纠纷双方提供非诉讼的解决办法，具有程序简约、提高效率、节约司法资源、和平解决纠纷等优越性。同时，在特别权力关系中为尊重特别权力关系的价值、防止司法权对自治权的不当干预，替代性救济有其重要价值。根据实践和法律规范，特别权力关系的替代性救济主要包括：

其一，行政申诉。作为特别权力关系最重要的法律救济制度，当特别权力相对人认为自己的合法权益受到特别权力主体侵害时，有权向相关机关提出制止违法行为、撤销或变更原处分，或赔偿损失的请求。[2]

其二，行政复议。作为常与行政申诉比较的救济制度，因二者的适用条件

---

[1] 参见李升元：《关于特别权力关系的救济问题》，载《理论探索》2005 年第 1 期。

[2] 参见曹建明、何勤华主编：《大辞海·法学卷》（修订版），上海辞书出版社 2015 年版，第 50 页。

相似,都是特别权力相对人认为自己的合法权益受到特别权力主体侵害时,有权向相关机关提出权利救济请求。但根据《行政复议法》第 6 条关于行政复议范围的规定可知,行政复议更侧重于一般权力关系的救济,适用于特别权力关系的情况仅限于该条款的第 9、10 项。①

其三,信访。在特别权力关系救济中,信访是指特别权力相对人,向人民政府信访部门反映特别权力主体侵害合法权益的情况,并提出意见、建议和要求,有关行政机关及时处理的救济方式。

其四,行政调解。在特别权力关系中,国家行政机关为解决行政争议和纠纷,依据自己的职权范围,对特殊权力关系主体之间进行调解。② 调解后,由特别权力关系主体和政府调解机构在调解协议上签名盖章,就重要案件可由仲裁机构制作调解书,它与终裁决定书具有同等效力。

(二) 有限司法审查

根据《行政诉讼法》的相关规定,在行政法层面上的司法审查是指人民法院依法对行政行为的合法性进行审查的司法活动。在特别权力关系中,所谓有限司法审查,即对司法审查加以条件性适用。

其一,针对特别权力关系的司法审查范围应当明确。对于特别权力关系产生、消灭行为,侵犯特别权力相对人合法财产权益的行为,限制或侵害特别权力相对人人身自由等其他公民基本权利的行为,人民法院应当依法介入,对特别权力主体的行为合法性进行审查。③

其二,针对特别权力关系的司法审查强度应当适当。我国采取的行政司法审查为合法性审查,对于司法审查强度的把握,应当结合实际的替代性救济机

---

① 《行政复议法》第 6 条第 9 项:"申请行政机关履行保护人身权利、财产权利、受教育权利的法定职责,行政机关没有依法履行的";第 10 项:"申请行政机关依法发放抚恤金、社会保险金或者最低生活保障费,行政机关没有依法发放的"。

② 陆雄文、徐明雅主编:《大辞海·管理学卷》(修订版),上海辞书出版社 2015 年版,第 422 页。

③ 参见黄学贤、周春华:《特别权力关系法治化研究》,载《江南社会学院学报》2007 年第 1 期。

制特点，体现其弥补替代性救济的功能。具体而言，替代性救济虽具有省时、高效、便民的特征，但由于相关法律规范多止于概括性规则，导致相关程序性规定模糊，公平正义难以保障。因此，对于特别权力关系的司法审查强度应重程序性审查，兼顾实体性审查。

其三，针对特别权力关系的有限司法审查不能由司法机关主动适用。它实际上是法律规范在公民权利与组织权力之间的平衡，既要实现对行政权的监督约束，又要避免对行政权的过度干预。行政法的司法审查属于个案审查，虽说具有权力制约之效果，但其主要目的是对特别权力相对人的基本权利和其他合法利益的最大可能保障。因此，司法审查在特别权力关系的救济属于一种对个人权利救济途径的补充，是公民权利与组织权力间角力的结果，是替代性救济在个案中有不容忽视的缺陷时，对特别权力相对人的最后选择。

第三节　行政申诉

申诉制度是指特定的组织机构依照法律的规定，对公民、法人因行政机关的违法或者不当行为而提起的申诉进行调查，并作出处理的一种制度。① 行政申诉是指当事人认为自己的权益或利益因国家行政机关违法行为或处分不当而遭受损害时，依法向特定的申诉机关提出制止违法行为、撤销或变更处分或赔偿损失的请求。②

一、行政申诉的基本宗旨

信访案件频频出现表明了我国现阶段的纠纷解决机制还存在显著的不足，行政复议、行政诉讼制度对于受案范围以外的案件也爱莫能助。而行政申诉制度对于保障公民的合法权益、监督政府权力以及完善行政救济体系起到了至关

---

① 江国华著：《中国行政法（总论）》，武汉大学出版社 2017 年版，第 338 页。
② 辞海编辑委员会编：《辞海》，上海辞书出版社 1989 年版，第 2087 页。

重要的作用。

（一）保障公民的合法权益

受特别权力关系理论的影响，我国在涉及公务员、教师、学生等相关案件领域时一定程度地排除了司法审查原则的适用。在这些领域，当事人不能通过司法途径来保障自身的合法权益。然而"有权利必有救济"，特别权力关系理论虽然主张特别权力行为游离于司法审查之外，但是出于对相对人权利保障的考量，其补充性地规定了相对人可以通过内部的行政途径来寻求救济，这构成了我国行政申诉制度建立的理论基础。① 除了受特别权力关系理论的影响外，我国长期以来形成的政府主导思想也导致了公民更倾向于寻求行政救济而非司法救济。因此，建立行政申诉的宗旨之一，就是在排除司法审查的领域为公民权益的保障提供一个有效的救济途径。对公民合法权益尤其是基本权利的保障，有力地促进了规范权利向实然权利的转化，有利于实质正义之实现。

（二）监督政府权力

行政申诉制度是行政机关内部监督的方式之一，其通过相对人的申请，迫使上级行政机关对下级行政机关的行为或处分进行审查，如认为原行为正确的，维持原行为；原行为所依据的事实不存在的，撤销原行为或者建议下级行政机关撤销原行为；原行为所列事实不清楚，证据不足，或者违反规定程序的，建议下级行政机关重新处理；原行为适用法律、法规、政策不当或者处理明显不当的，直接变更原行为或者建议下级行政机构予以变更。如此通过上级行政机关的介入，可以更加有效地监督政府权力的行使。

对政府权力的有效监督是构建法治政府的关键问题，而行政机关的内部监督又是权力监督的重要一环。由行政机关监督和救济行政内部争议具有以下优势：（1）由于我国的行政机关上下级之间是领导与被领导的关系，因此由行

---

① 朱应平：《行政申诉制度的法理和实务研究》，载《政府法制》2013 年第 3 期。

政机关内部的上级对下级的工作进行监督，更具有便利条件，也更直接高效①。（2）特别权力关系主要是行政系统内部的人事关系，属于行政内部事务决定权范畴。这一问题交由行政机关内部申诉处理，有利于充分保障行政自主。

（三）弥补外部救济之缺漏

在行政法上，目前我国公民权利的救济途径主要包括两种，一是行政复议，二是行政诉讼。

尽管行政复议制度因其高效便捷的优势，在保障公民合法权益方面发挥了重要作用，但是从我国《行政复议法》第 6 条有关行政复议受案范围的规定可以看出，其基本排除了对行政内部行为的审查。行政申诉制度恰好能够弥补这些领域中对当事人权利救济的不足。除此之外，行政复议机关了解案件事实情况的方式主要是靠双方举证，而不会主动调查，因此很可能导致相对人因为举证不能而使权益受损，但行政申诉机关则可以主动介入，从而更加有利于保障裁量的公正性。②

行政诉讼制度是公民权益受到行政机关侵害时最权威的救济手段，但其同样存在着受案范围的限制。诸多行政行为如行政内部行为被排除出司法审查范围，相对人很难通过行政诉讼的方式获得权益救济。此外，行政诉讼还面临着起诉难、撤诉率高以及执行难等诸多问题。③

行政申诉制度相较于诉讼制度而言，程序更为简单，仅需要相对人向申诉机关提出申请即可，无须承担申诉费用，也无须经历较长时间的审判过程，因此更为高效便捷。同时由于申诉机关一般设立在行政机关内部，因此其不会陷入难以执行的尴尬境地。行政申诉制度对行政救济体系有着重要的补充作用，为特定领域内公民基本权利的保障提供了合法救济渠道，避免公民因权利无法

---

① 戴钦祥、蔡雨龙主编：《监督工作手册》，中共中央党校出版社 1990 年版，第 87 页。
② 李伟：《建立行政申诉制度的意义及其制度设计》，载《广州大学学报（社会科学版）》2006 年第 11 期。
③ 袁兵喜：《我国行政申诉制度的构建及完善》，载《河北法学》2010 年第 10 期。

救济而转向不服从的公然对抗，维护了法秩序之统一。

二、行政申诉的基本构造

行政申诉的基本构造主要包括行政申诉的管辖、受案范围以及法定程序等三个方面。

（一）行政申诉之管辖

行政申诉的管辖是指各个行政申诉机关对行政申诉案件在受理上的分工和权限。由于我国目前并没有关于行政申诉的统一立法，因此根据各部门立法，目前我国法定的行政申诉之管辖主要可分为公务员申诉的管辖以及教育行政申诉的管辖。

其一，公务员申诉的管辖。（1）对人事处理不服的管辖。公务员对本人所在机关作出的人事处理不服的申诉，由同级公务员主管部门管辖；县级以下机关公务员对县级、乡镇党委和人民政府作出的人事处理不服的申诉，由上一级公务员主管部门管辖；垂直管理部门省级以下机关公务员对人事处理不服的申诉，由上一级机关管辖。（2）对再申诉的管辖。公务员对同级公务员主管部门作出的申诉处理决定不服的再申诉，由本级党委、人民政府或者上一级公务员主管部门管辖。其中，对省、自治区、直辖市公务员主管部门作出的申诉处理决定不服的再申诉，按照管理权限由省、自治区、直辖市党委和人民政府管辖；垂直管理部门的公务员对申诉处理决定不服的再申诉，由作出申诉处理决定的机关的上一级机关管辖；对省垂直管理机关作出的申诉处理决定不服的再申诉，由省、自治区、直辖市人民政府管辖。①

其二，教育行政申诉的管辖。（1）校外行政申诉管辖，是指由申诉人向其所隶属的教育行政部门或者政府提出申诉。（2）校内行政申诉管辖，是指由申诉人向校内教师或学生申诉委员会提出申请，要求复查和裁决的行为。

---

① 江国华著：《中国行政法（总论）》，武汉大学出版社 2017 年版，第 338 页。

（二）行政申诉之受案范围

行政申诉的受案范围是指行政申诉机关受理行政申诉案件的范围。根据行政申诉的概念可以看出，行政申诉的受案范围包括国家行政机关的违法行为或不当处分。但在我国的法治实践中行政申诉机关主要受理的是被行政复议以及行政诉讼排除在外的行政内部行为。①

其一，行政内部行为。受特别权力关系理论的影响，行政内部行为一般情况下是排除司法审查的，即当相对人的合法权益受到行政内部行为的侵害时，其一般仅能向特别权力人所框定的内部机构来寻求救济。如我国2019年新出台的《中华人民共和国公务员法》就将其申诉的受案范围设定为具体的内部人事处理行为以及行政处分行为。具体包括对公务员的处分、辞退或取消录用、降职、考核、免职、申请辞职、提前退休和工资福利保险待遇等作出的处理决定。而且，人事处理决定必须已经生效。再如根据我国《教师法》的有关规定，可以看出教师申诉的受案范围主要包括：教师认为学校或其他教育机构侵犯其《教师法》规定的合法权益；教师对学校或其他教育机构作出的处理决定不服；教师认为当地人民政府的有关部门侵犯其合法权益。学校或教育机构作出的处理决定被视为行政内部行为的一种类型。

其二，行政申诉不予受理的行为。如前所述，特别权力关系中的相对人因行政内部行为权益受到损害时，是不能提起行政复议或者行政诉讼的，而仅能通过行政申诉的途径寻求救济，但这并不意味着当其因外部行政行为权益受损时，因为能够提起行政诉讼或行政复议，就排除其提起行政申诉的权利。也就是说，行政申诉的受案范围也包括行政机关的外部违法行为或不当行为。然而，以下四种行为是被排除在行政申诉的受案范围之外的：（1）国家行为。因为国家行为具有主权性、整体性、政治性等特点，其监督救济途径具有特殊性，所以不在行政申诉的受案范围之内。（2）调解行为以及法律规定的仲裁

---

① 申艳红著：《社会危机防治行政法律规制研究》，武汉大学出版社2013年版，第260页。

行为。由于两者都在一定程度上体现了当事人的意思自治，因此一般不通过行政申诉来对相对人的权利予以救济。（3）重复申诉行为。出于保证行政法律关系稳定的考虑，行政申诉机关一般不会受理业已确定的行政行为。（4）对公民、法人或其他组织的权利义务不产生实际影响的行为。进行行政申诉的重要宗旨就是排除违法或不当行政行为对相对人权益的侵害，如果某一行为并未对相对人的权利义务产生不利影响，那么提起行政申诉也就没有实际意义。①

三、行政申诉在法治政府中的定位

法治政府的总体目标就是要维护社会秩序，监督公权力，保障私权利，行政申诉制度确立的基本宗旨与法治政府建设的总体目标是完全相符的。行政申诉为法治政府建设提供了公民申诉权保障机制、内部行政正义解决机制和行政内部行为规范机制。

（一）公民申诉权保障机制

申诉权是我国公民的一项基本宪法权利，指公民对国家机关作出的决定不服，可向有关国家机关提出请求，要求重新审查处理的权利。申诉权在宪法中属于救济性权利，"现行法律体系也是将当事人行使的申诉权作为救济权的层面来使用"。②

目前我国法律明确规定的申诉制度主要有公务员申诉、教师申诉和学生申诉。这些申诉制度基于宪法申诉权之规定，将特别权力关系领域的相对人（公务员、教师以及学生）的申诉权利予以具体化。明晰了申诉的受理主体、管辖、时限以及效力等内容。如若没有明确的法律规定和制度保障，行政机关在维护公民申诉权时，总不可避免地具有的一定的弹性和随意性。所以为了保障公民的合法申诉权能够得到充分的实现和保障，我国通过法律的形式将公务

---

① 姜明安著：《行政法与行政诉讼法》，北京大学出版社、高等教育出版社 2015 年版，第 421~429 页。

② 彭君、王小红：《作为基本权利的申诉权及其完善》，载《法律适用》2013 年第 11 期。

员、教师以及学生的申诉权利具体化为法律制度。除此之外，我国还应进一步完善行政申诉制度，将行政申诉制度的保障人群扩展到除公务员、教师等特殊人群以外的其他普通公民，使其真正成为公民申诉权的制度保障机制。

（二）内部行政争议解决机制

行政争议是以实施具体行政行为的国家行政机关为一方，以该具体行政行为相对人为另一方，针对行政机关实施的具体行政行为是否合法（包括适当）而引起的争议。我国正处于社会转型的关键时刻，随着各项改革的不断深入，行政争议的数量日益增多，那么如何切实解决好这些争议，维护好社会公众的合法权益就成为关系到社会秩序的和谐稳定，关系到法治政府的稳步发展的主要问题。根据我国法律规定，行政争议主要通过行政复议和行政诉讼途径予以解决。但正如上文所言，行政复议与行政诉讼还存在着受案范围狭窄、程序繁琐等诸多问题。因此确立行政申诉制度作为一种独立的解决行政争议制度是十分有必要的。尤其是内部行政争议的解决，在法治政府建设中，往往缺乏公开且合法的救济途径，行政申诉制度为这一领域提供了重要救济渠道。

行政申诉与其他解决行政争议的制度相比，其具有不可替代性：（1）行政申诉的受案范围更加宽泛，可以解决目前还不能提起行政复议或行政诉讼的行政争议。如公务员对所在机关作出的人事处理决定不服所引起的行政争议，教师认为学校、其他教育机构或者人民政府的有关部门侵犯其合法权益所引起的争议等。（2）尽管行政申诉与行政复议制度均属于行政机关内部解决行政争议的方式，但是行政申诉制度的受理机关相较于行政复议则更为中立，如我国公务员申诉制度中规定由公务员主管部门作为申诉的受理机关，教师申诉制度中规定申诉的受理机关为教育行政部门，而行政复议制度中的复议机关则一般为原处理机关的上一级主管机关或本级人民政府。由此可见，行政申诉制度中的受理机关作为独立于原处理机关的特定机关，会更加具有独立性，从而也就更加能够保障处理决定的公正客观。（3）行政申诉制度还能够保证一部分的行政争议在基层解决，其可以作为行政诉讼的前置程序，从而避免司法资源的浪费，节约司法成本。①

（三）行政内部行为规范机制

当今世界已经进入法治时代，2015 年 12 月 27 日，中共中央、国务院印发了《法治政府建设实施纲要(2015—2020 年)》，纲要提出到 2020 年要基本建成职能科学、权责法定、执法严明、公开公正、廉洁高效、守法诚信的法治政府。

推进行政申诉的法治化可以规范行政机关的内部事权。传统行政过程中，对内部行政争议的处理习惯于依赖人治思维，往往直接以批示或者命令等方式对下级作出指令或处分，任意性和独断性较为严重，这种形式的用权极有可能出现滥权、专权的现象。因此确立行政申诉制度就是要通过对违法行为的救济来监督其内部事权的行使，从而提升相关人员的依法行政意识，使他们养成遵法、守法、用法的习惯，从而最终推动法治政府的建设。

典型案例 7-1：刘某某诉 J 省人民政府人事处理行政申诉及行政复议案②

【裁判摘要】

行政复议机关受理后发现受理前已经履行法定职责的，应当决定驳回行政复议申请。

【相关法条】

《中华人民共和国行政诉讼法》第 89 条第 1 款第 1 项

《中华人民共和国行政复议法实施条例》第 48 条第 1 款第 1 项

【基本案情】

刘某某原系 J 省体育运动学校在编人员，其不服 J 省体育运动学校于 2015 年 9 月 18 日对其作出的按"自动离职处理"的口头通知，向 J 省体育局提出申诉。因 J 省体育局超期未予答复，2016 年 10 月 8 日刘某某认为 J 省体育局不作为侵犯其合法权益，向 J 省人民政府邮寄了《行政申诉申请书》，要求 J

---

① 袁兵喜：《我国行政申诉制度的构建及完善》，载《河北法学》2010 年第 10 期。
② 本案裁判文书详见附录 11。

省人民政府作出行政调查处理决定。J省人民政府收到刘某某的行政申诉申请后，按照内部程序转交给J省信访局办理。因2016年5月刘某某提出过相同的申诉内容，J省信访局曾于2016年5月11日作出《信访事项不予受理告知单》，故J省信访局不再受理刘某某提出的相同内容申诉，J省信访局于2016年10月18日在信访信息系统登记后电话告知了刘某某。刘某某认为J省人民政府未履行法定职责，于2016年12月14日向其提出行政复议申请，要求J省人民政府限期履行《中华人民共和国教师法》第39条第2款规定的法定职责，对刘某某提出的行政申诉申请作出处理。J省人民政府受理其行政复议申请后，作出吉政复决字〔2017〕4号《驳回行政复议申请决定书》，该决定认为刘某某申请行政复议的事项是要求J省人民政府履行相关职责，J省人民政府受理后发现J省信访局已经在本案受理前对刘某某的申诉作出处理，属于《中华人民共和国行政复议法实施条例》第48条第1款第1项规定的情形，故驳回了刘某某的行政复议申请。

【裁判结果】

J省C市中级人民法院作出〔2017〕吉01行初字21号行政判决，驳回原告的诉讼请求。J省高级人民法院于2017年9月20日作出〔2017〕吉行终字205号行政判决，驳回上诉，维持原判。

【裁判理由】

法院生效裁判认为：刘某某向J省人民政府提出申诉，J省人民政府在收到刘某某提出的申诉申请后，将其转交至信访部门处理，是内部行政行为，对刘某某的实体权利不产生影响。信访部门因刘某某曾提出过相同内容的申诉，不再受理本次申诉，并对其告知，并无不当。刘某某认为J省人民政府未履行法定职责缺乏事实根据，本院对其主张不予支持。《中华人民共和国行政复议法实施条例》第48条第1款第1项规定："有下列情形之一的，行政复议机关应当决定驳回行政复议申请：（一）申请人认为行政机关不履行法定职责申请行政复议，行政复议机关受理后发现该行政机关没有相应法定职责或者在受理前已经履行法定职责的……"本案中，J省人民政府受理行政复议后发现，J省信访局已经在本案受理前对刘某某的申诉作出处理，故作出复议决定驳回了刘某某的行政复议请求，认定事实清楚，符合法定程序，并无不当。

典型案例 7-2：何某某诉 H 大学拒绝授予学位案①

【裁判要点】

1. 具有学位授予权的高等学校，有权对学位申请人提出的学位授予申请进行审查并决定是否授予其学位。申请人对高等学校不授予其学位的决定不服提起行政诉讼的，人民法院应当依法受理。

2. 高等学校依照《中华人民共和国学位条例暂行实施办法》的有关规定，在学术自治范围内制定的授予学位的学术水平标准，以及据此标准作出的是否授予学位的决定，人民法院应予支持。

【相关法条】

《中华人民共和国学位条例》第 4 条、第 8 条第 1 款

《中华人民共和国学位条例暂行实施办法》第 25 条

【基本案情】

原告何某某系第三人 H 大学 W 分校（以下简称 W 分校）2003 级通信工程专业的本科毕业生。W 分校是独立的事业单位法人，无学士学位授予资格。根据国家对民办高校学士学位授予的相关规定和双方协议约定，被告 H 大学同意对 W 分校符合学士学位条件的本科毕业生授予学士学位，并在协议附件载明《H 大学 W 分校授予本科毕业生学士学位实施细则》（以下简称《实施细则》）。其中第 2 条规定："凡具有我校学籍的本科毕业生，符合本《实施细则》中授予条件者，均可向 H 大学学位评定委员会申请授予学士学位。"第 3 条规定："……达到下述水平和要求，经学术评定委员会审核通过者，可授予学士学位。……（三）通过全国大学英语四级统考。"2006 年 12 月，H 大学作出《关于 W 分校、文华学院申请学士学位的规定》，规定通过全国大学外语四级考试是非外国语专业学生申请学士学位的必备条件之一。

2007 年 6 月 30 日，何某某获得 W 分校颁发的普通高等学校毕业证书，由

---

① 本案裁判文书详见附录 12。

于其本科学习期间未通过全国大学英语四级考试，W分校根据上述《实施细则》，未向H大学推荐其申请学士学位。8月26日，何某某向H大学和W分校提出授予工学学士学位的申请。2008年5月21日，W分校作出书面答复，因何某某没有通过全国大学英语四级考试，不符合授予条件，H大学不能授予其学士学位。

【裁判结果】

H省W市H区人民法院于2008年12月18日作出〔2008〕洪行初字第81号行政判决，驳回原告何某某要求被告H大学为其颁发工学学士学位的诉讼请求。H省W市中级人民法院于2009年5月31日作出〔2009〕武行终字第61号行政判决，驳回上诉，维持原判。

【裁判理由】

法院生效裁判认为：本案争议焦点主要涉及被诉行政行为是否可诉、是否合法以及司法审查的范围问题。

1. 被诉行政行为具有可诉性。根据《中华人民共和国学位条例》等法律、行政法规的授权，被告H大学具有审查授予普通高校学士学位的法定职权。依据《中华人民共和国学位条例暂行实施办法》第4条第2款"非授予学士学位的高等院校，对达到学士学术水平的本科毕业生，应当由系向学校提出名单，经学校同意后，由学校就近向本系统、本地区的授予学士学位的高等院校推荐。授予学士学位的高等学校有关的系，对非授予学士学位的高等学校推荐的本科毕业生进行审查考核，认为符合本暂行办法第三条及有关规定的，可向学校学位评定委员会提名，列入学士学位获得者的名单"，以及国家促进民办高校办学政策的相关规定，H大学有权按照与民办高校的协议，对于符合本校学士学位授予条件的民办高校本科毕业生经审查合格授予普通高校学士学位。

本案中，第三人W分校是未取得学士学位授予资格的民办高校，该院校与H大学签订合作办学协议约定，W分校对该校达到学士学术水平的本科毕业生，向H大学推荐，由H大学审核是否授予学士学位。依据《中华人民共和国学位条例暂行实施办法》的规定和H大学与W分校之间合作办学协议，H大学具有对W分校推荐的应届本科毕业生进行审查和决定是否颁发学士学位的法定职责。W 分校的本科毕业生何某某以 H 大学在收到申请之日起 60 日内未授予其工学学士学位，向人民法院提起行政诉讼，符合《最高人民法院关于执行〈中华人民共和国行政诉讼法〉若干问题的解释》第 39 条第 1 款的规定。因此，H 大学是本案适格的被告，何某某对 H 大学不授予其学士学位不服提起诉讼的，人民法院应当依法受理。

2. 被告制定的《H 大学 W 分校授予本科毕业生学士学位实施细则》第 3 条的规定符合上位法规定。《中华人民共和国学位条例》第 4 条规定："高等学校本科毕业生，成绩优良，达到下述学术水平者，授予学士学位：（一）较好地掌握本门学科的基础理论、专门知识和基本技能……"《中华人民共和国学位条例暂行实施办法》第 25 条规定："学位授予单位可根据本暂行实施办法，制定本单位授予学位的工作细则。"该办法赋予学位授予单位在不违反《中华人民共和国学位条例》所规定授予学士学位基本原则的基础上，在学术自治范围内制定学士学位授予标准的权力和职责，H 大学在此授权范围内将全国大学英语四级考试成绩与学士学位挂钩，属于学术自治的范畴。高等学校依法行使教学自主权，自行对其所培养的本科生教育质量和学术水平作出具体的规定和要求，是对授予学士学位的标准的细化，并没有违反《中华人民共和国学位条例》第 4 条和《中华人民共和国学位条例暂行实施办法》第 25 条的原则性规定。因此，何某某因未通过全国大学英语四级考试不符合 H 大学学士学位的授予条件，W 分校未向 H 大学推荐其申请授予学士学位，故 H 大学并不存在不作为的事实，对何某某的诉讼请求不予支持。

3. 对学校授予学位行为的司法审查以合法性审查为原则。各高等学校根据自身的教学水平和实际情况在法定的基本原则范围内确定各自学士学位授予的学术水平衡量标准，是学术自治原则在高等学校办学过程中的具体体现。在符合法律法规规定的学位授予条件前提下，确定较高的学士学位授予学术标准或适当放宽学士学位授予学术标准，均应由各高等学校根据各自的办学理念、教学实际情况和对学术水平的理想追求自行决定。对学士学位授予的司法审查不能干涉和影响高等学校的学术自治原则，学位授予类行政诉讼案件司法审查的范围应当以合法性审查为基本原则。

第八章　伸冤·弱者保护·行政信访

多元的侵害救济机制是中国特色社会主义法治在行政法治建设方面的一个显著特点，在我国，除了行政复议和行政诉讼，还存在着行政信访这一独创性救济制度。相对于前两者，行政信访有着成本低、程序简便、受案范围广等优势，已经成为实践当中运用较多的行政侵害救济方式。行政信访制度在我国的建立既是对我国古代伸冤等历史文化传统的继承，又是对现代弱者保护的人道主义共识的积极响应，体现了我国法治政府建设的历史性与实践性的统一。

伸冤在我国由来已久，尤其是在公民权利的概念进入我国之前，伸冤作为百姓寻求官府侵害救济的最主要渠道，历朝历代都对伸冤有所规定，唐代以后形成了比较完善的伸冤制度。然而，伸冤的正当性并非来自于百姓所享有的私人权利，"冤"一词更多的是对遭受了严重的不公对待和情感上的义愤难平的表述。由此，一方面，伸冤反映了在封建社会制度下百姓与官府的关系是绝对的服从，并不存在所谓的私权利与公权力的对抗；另一方面，伸冤也反映出尽管是在此种情况下，对公平正义的追求依然是中华文明的重要组成部分。

弱者保护是实现社会分配正义的必然要求，当前已经在世界范围内形成了对弱者进行特殊照顾的人道主义共识。在行政关系中，公民私权利与强大的国家公权力的对抗本身就使得个人相对于政府而言处在弱势的位置。加之，在经济社会发展过程中，由于经济、专业知识以及信息的缺乏，会造成社会中一定的弱势群体的出现。他们更加容易遭受公权力的侵害，而且一旦遭受侵害，往往难以通过传统的行政救济方法实现其权利。因此，基于弱势群体的特殊性，需要在制度上对他们予以特殊照顾，以实现社会的矫正正义。

伸冤和弱者保护共同构成了我国行政信访制度的理论渊源。行政信访为行政争议中处于不利地位的当事人提供了相较于行政诉讼和行政复议而言更为便捷的救济渠道，为确有困难而无法进行诉讼和复议的弱者提供了更多的选择空间，成为一种替代性的纠纷解决机制。同时，它是独立于司法救济以外的另一种行政救济方式，在客观上具备矫正司法的功能，为公平正义的实现提供了更多的可能性。目前，我国尚无制定统一的《信访法》，但是，信访制度已经纳入法治化的改革。2014 年 10 月，中国共产党第十八届四中全会通过了《中共中央关于全面推进依法治国若干重大问题的决定》，其中明确提出："把信访纳入法治化轨道，保障合理合法诉求依照法律规定和程序就能得到合理合法的结果。"信访制度的法治化是法治政府建设的重要部分，以法治的视角审视信访目前存在的问题，才能明确信访制度的定位与取向，才能够在政府法治中发挥行政信访的功能，保持其生命力。

第一节　伸　　冤

"冤"多指"无辜而受到迫害"。一般而言，这种迫害主要来源于两个方面：一是个人人身财产遭到其他个人、组织的无端侵害；二是这种迫害没有得到司法机关的公正决断。如果产生了冤情，就必然会产生诉说冤情的制度，也就是伸冤。

一、伸冤的法律属性

伸冤同申冤，《现代汉语词典》对"伸冤"解释是"洗雪冤屈"，语出宋代沈括《梦溪笔谈·器用》："按《秋官·大司寇》'以肺石达穷民'，原其义，乃伸冤者击之。"需要指出的是，民间往往把"冤"当作利益冲突的一种修辞手段和诉讼技巧，如不把打官司称作告状或诉讼，而是称作喊冤或诉冤。①

（一）伸冤之性质是民意表达权

一般来说，权利包括利益、主张、资格、力量以及自由五个要素：利益的存在是权利存在的前提条件，没有利益，权利也就失去了其存在的基础；主张又可以被认为是要求，只有利益而没有要求就构不成权利，因为权利是动态的，而利益是静态的，只有人们站出来伸张利益，利益才能成为权利；资格是利益主张背后的正当理由；力量意味着权利主体具备享有和实现其利益的实际能力或手段；自由指的是主体可以按照自己的意志行使或放弃该要求。② 伸冤符合权利的上述构成要素，伸冤是因利益受损而启动的，暗含了伸冤主体的主张，人享有伸冤之资格、力量与自由，因此，伸冤是一种权利。

由于伸冤是对"冤情"的意见表达，所以从人权的角度看，其属于意见表达权。意见表达权脱胎于言论自由权利，又不仅仅是言论自由权。因为言论自由强调的是按照自己的本性来表达自己的思想并且与他人交流的权利，意见表达不仅仅需要国家消极不干涉，更需要公共组织积极主动创造条件、提供机会来予以实现。

个人的意见表达与公共意志之间相互影响，在这一过程中个人实现了对国家权力运行过程的参与和影响。个体与个体、个体与共同体，以及共同体之间的交互会产生冲突，解决过程即是意见表达的过程，解决的结果则是形成认同与共识。正常情况之下，所有人都需要寻求认同，意见表达是寻求认同的主要途径。③ 意见表达权在促进社会沟通、控制矛盾进一步升级、反映个体诉求等

---

① 郭建主编：《中国法律思想史》，复旦大学出版社 2007 年版，第 192 页。
② 夏勇著：《人权概念起源》，中国政法大学出版社 1992 年版，第 45 页。
③ 张千帆主编：《宪法学（第三版）》，法律出版社 2014 年版，第 197 页。

方面发挥着重要作用。

（二）伸冤之内容为权利要求

日本著名学者高足寺田浩认为，传统中国的民众参与到诉讼之中乃是出于"伸冤"之目的，而非出于"权利"之诉求。① 也就是说，对原告来讲，他之所以起诉，是因为被告"欺人太甚"，而非为了维护自己的合法权利。那么，伸冤到底是否蕴含了公民的权利意识，或言之，伸冤到底是出于何种目的？

西方学者普遍认为，中国不存在依法成立的权利。在传统政治伦理中，争夺权益不被鼓励，洗清冤屈可获支持。所以传统上倾向于将诉讼称作伸冤，许多中国学者也认为中国传统文化中并不具备诞生于西方法律文化中的"权利本位"思想，中国人持有的是国家本位、家族本位、伦理本位以及道德本位的思想。实际上，在纠纷的争讼中，双方之间仍存在你我之分。这可以视为中国古代中关于"权利"的本土称谓，不符合西方的权利理论并不代表绝无权利产生之可能。② 而且，无论是依权利提起的诉讼还是依礼法进行的伸冤，其精神内涵都在于依据正义观念寻求个人理所应得之利益。

自近代以来，在传统文化和西方法律文明的交织影响下，受到冤屈要进行伸冤仍然是民族之心理惯性，但伸冤不再是一种朴素的正义诉愿，而是公民在宪法和法律赋予的权利受到侵犯后，依照相关法律制度进行的权利救济活动。伸冤的内容是主体之权利要求。

（三）伸冤之权利为国家所确认

"权利是国家通过法加以规定并且体现在法关系中的、人们在统治阶级的根本利益或社会普遍利益范围内做出选择、获得利益的一种手段。"③ 权利赋予主体在一定范围内自由活动，国家应当通过立法予以规定并加以保障。伸冤

---

① 参见梁治平、王亚新等编译：《明清时期的民事审判与民间契约》，法律出版社1998年版，第191页。

② 徐忠明：《权利与伸冤》，载《中山大学学报（社会科学版）》2004年第6期。

③ 张文显著：《权利与人权》，法律出版社2011年版，第147页。

是权利受损后的救济，是救济权利的权利。国家为此提供了明确的法律依据，并通过制度化形式保障伸冤的进行。受冤者可以依法向有关部门伸张冤屈，受理机关必须依法受理伸冤者的请求，展开调查、作出处置，以救济受损之权益。伸冤或者说申诉辩解的权利为各主要国家所确认，体现为不同的制度形式。中国信访制度专门为公民表达意见而设立，是为民伸冤的重要渠道，受冤者可以通过这一合法途径维护自身权益。

二、伸冤制度的源流

中国的伸冤制度源远流长，蕴含着中华文化传统中对实质正义的追求。历朝历代都十分重视冤情的表达，先秦时期是伸冤制度的起源，秦朝至隋朝伸冤制度不断发展，唐朝以后基本确立了较为完善的伸冤制度。其中，"主要的伸冤制度有上书伸冤、击鼓诉冤、拦驾喊冤和临刑叫冤这几种"。① 在此仅对伸冤制度的历史做一个精要的梳理。

（一）先秦时期的伸冤制度

古代中国最早的伸冤制度产生于三皇五帝时期。《淮南子·主术训》："尧置敢谏之鼓，舜立诽谤之木。"何为诽谤之木？即在交通要道的关卡处，立起一根大木柱，派人看守，一旦有人前来讲述想法，都会受到接待。可以看出尧舜十分重视冤情民意。汉代以后，由于"诽谤"逐渐变成了贬义词，"诽谤木"就变成了"华表木"，其材料也从"以横木交柱头"的木质"诽谤木"逐渐演变成了石质"华表"。

商周时期尤其是西周，伸冤制度的形式更加官方化。从《周礼·天官冢宰·小宰》的记述中可以发现，周朝设有小宰这一官职，其主要职责是维护礼治，约束百官。小宰不仅是审判官，更是百姓伸冤的对象。

春秋战国时期礼乐逐渐崩坏，官方设立的伸冤渠道不能满足人民群众的要

---

① 郑学富：《从梁武帝"接访"看古人伸冤渠道》，载《人民法院报》2017 年 9 月 15 日，第 7 版。

求，私力救济盛行。虽然存在一定程度上的道义约束，但是私力救济仍会带来秩序破坏和社会动荡。韩非子曾言："儒以文乱法，侠以武犯禁。"当社会动荡不安、政治腐败无能时，公力救济往往形同虚设，处于弱势的百姓就会转向私力救济，希望有侠客义士降临以匡扶正义。

（二）秦至隋朝时期的伸冤制度

秦朝完成统一之后建立了一套完备的官制，专设御史制度以纠举百官，巩固中央集权。御史作为监察官，负有受理百姓诉冤的职责。但是，伸冤并非易事，其存在种种严苛的限制。例如1975年湖北云梦地区出土的《睡虎地秦墓竹简》发现了一条禁止臣民投匿名书信的法律："有投书，勿发，见辄燔之；能捕者购臣妾二人，毄（繫）投书者鞠审谳之。"

汉代伸冤制度在承袭秦制的基础上，又有了进一步的发展，负责管理冤情的官制主要在中央，御史台是专门的监察机构，其地位很高，与尚书台、谒者台并称"三台"，可以独立行事。《汉书》中有很多关于汉朝伸冤制度的记载。汉朝主要的伸冤渠道被称为"诣阙上书"，即受冤者到刺史等高级官员处上书伸冤，其中最为著名的例子就是"缇萦上述书"。

魏晋南北朝时期的伸冤形式主要有击鼓诉冤、拦驾喊冤和临刑叫冤等。南梁发生过一起击鼓伸冤上访事件，年仅15岁的男孩吉翂"挝登闻鼓，乞代父命"，为父亲鸣冤。梁武帝即位初年，吉翂的父亲上任吴兴原乡县令，其父为人刚正不阿，为官清正廉洁，因此招致了一些人的不满。为打击报复吉翂的父亲，一些人便罗织罪名，向朝廷举报。由此，吉翂的父亲被押送到京城建康审判，被屈打成招，朝廷判定其死刑。吉翂闻知后，悲愤异常，他决心进京上访告御状。于是，吉翂来到皇宫前，敲响了立于殿前的登闻鼓，一时鼓声如雷。一阵阵的鼓声惊动了梁武帝，梁武帝问明情况后，十分赞叹他的忠义之举，下令廷尉彻查此案。

（三）唐朝以后的伸冤制度

唐朝的伸冤制度可以说在伸冤制度史上起到了承前启后的重要作用，其首先继承了五代十国及隋朝的伸冤制度，而后宋元明清基本承继了唐朝的伸冤制度。唐朝的伸冤制度别具一格，以禁止越级伸冤制度为原则，以禁止越级伸冤的豁免制度为例外；以法典规定为原则，以君主下查为例外。

　　唐朝的禁止越级伸冤制度其实是对隋朝伸冤制度的一种继承。在隋朝，隋文帝要求百姓伸冤必须先到县级衙门，而后依顺序到州，再到省级衙门。唐代《唐六典》中有言："凡有冤滞不申欲诉理者，先由本司本贯或路远而踬碍者，随近官司断决之。即不伏，当请给不理状，至尚书省左右丞为申详之。又不伏，复给不理状，经三司陈诉。又不伏者，上表。"《唐律疏议》解释道："诸越诉及受者，各笞四十。"疏议曰："凡诸辞诉，皆从下始，从下至上，令有明文。谓应经县而越向州、府、省之类，其越诉及官司受者，各笞四十。"从上述法条的表述看来，唐朝的禁止越级上诉制度基本情况如下：首先是冤屈须由基层官府处理为原则，以案发地就近处理为例外；其次是上诉伸冤必须以书表形式进行；最后是对越级上访者规定了笞四十的刑罚。与隋朝相比，唐朝的禁止越级上访被纳入法典且规定了明确的处罚制度。

　　凡事有原则皆有例外。唐朝禁止越级上访制度也存在一定的豁免情形。唐朝统治者意识到，如果出现重大或是群体性的冤屈仍然采取逐级申诉的制度可能会导致社会动荡，故此《唐律疏议》特别规定："有人邀车驾及挝登闻鼓，若上表申诉者，主司即须为受，不即受者，加罪一等，谓不受一条杖六十，四条杖七十，十条杖一百。"但是如前文所述，邀车驾及登闻鼓的前提是有重大冤屈且地方官员对冤屈不作为。最著名的直接申诉制度是武则天创立的"匦函"制度。《资治通鉴》对此解释道："延恩匦"为求仕进者投之，"招谏匦"为言朝政得失者投之，"申冤匦"为有冤抑者投之，"通玄匦"为言天象灾变及军机秘计者投之。由此我们可以推断出匦函的一大用途就是为给百姓伸冤提供方便。当然有很多史学家认为匦函的主要目的是告密或者收集情报，但是其实这并不妨碍它的伸冤功能。另据史书记载，武则天为配合这一制度的实施，专门设立了知匦使，权力较大。知匦史在收到伸冤文书之后要进行分类，情况紧急的需立即处理，其他的则上呈皇帝。

　　唐朝的很多君主都敬畏天灾天象，他们认为很多天灾天象与冤情有关。

《全唐文》就记载了一个实例，唐太宗李世民在位时，有一年降雨量十分稀少，导致大面积干旱，唐太宗就马上派官员到各州县排查监狱案情而不是修渠引水。由此可见，君主下察民情也是百姓伸冤的重要渠道。

宋朝基本沿袭了唐朝的伸冤制度，北宋的伸冤如唐朝一样需要逐级上诉，但南宋建立以后便废除了"禁止越级上诉"制度。《庆元条法事类》中有一条规定："诸奉行手诏及宽恤事件违戾者，许人越诉。"那么是何原因导致了越级伸冤制度走向开放呢？宋朝建立以后文臣群体的政治地位不断提高，文官队伍成为政治的中坚力量，独具特色的文臣士大夫政治体制得以确立。但是这也带来了一些问题：地方上州郡的文官权力被逐级放大，国家法律被架空而刑罚轻重全由官员自己做主。南宋建立以后，鉴于前朝灭亡的教训以及对于官员专权现象的警惕就放开了越诉制度。侍御史周方崇认为，民间词诉，"苟情理大有屈抑，官司敢为容隐，乃设越诉之法"。南宋准许越诉的范围很广泛，凡是官吏不奉行诏令，不依法办事，不重视民事，不宽恤民力，都准许越级诉讼。① 另外关于"冤"字的一则有趣的故事也发生在宋朝，《兔戴帽》讲述了清官包拯为民平反的故事："包公奉旨巡行天下，来到湖广，历至武昌府。是夜详览案卷，阅至此案，偶尔精神困倦，隐几而卧。梦见一兔头戴了帽，奔走案前。既觉，心中思忖：'梦兔戴帽，乃是'冤'字……'"

明朝于洪武十年（1377 年）设置了通政使司。需要指出的是明朝对越级上诉处罚得更加严重，但是对越诉者如果查证冤抑属实则可以直接免罪。《大明律》规定："凡军民词讼，皆须自下而上陈告，若越本管官司，辄赴上司称诉者，笞五十。若迎车驾及击登闻鼓申诉而不实者，杖一百；事重者，从重论；得实者免罪。"

在清朝，面对百姓伸冤，统治者采取了直接承袭明朝法律的方式。如《大清律例》参照《大明律》，同样规定了"越上本管官司，笞五十"。同时，清朝也设立了通政使司。

---

① 郭东：《南宋的越诉之法》，载《河北大学学报（哲学社会科学版）》1988 年第 3 期。

　　总之，历朝历代对伸冤都有不同的制度设计，伸冤制度也随着历史的发展而不断地完善。整体而言，古代伸冤制度具有以下特征：（1）古代伸冤制度主要是为了笼络民心，防止社会矛盾积累，从而达到维护统治秩序的目的。（2）君主通过设置专门的机构，听取民众意见，在一定程度上回应了民众申控冤抑的主观愿望。（3）客观上消除了一定数量的冤假错案和贪腐问题，但是受社会发展程度等历史局限性影响，封建社会的伸冤制度并不能真正满足群众伸冤之需求。

三、伸冤与行政信访

　　伸冤与行政信访是古今中国在冤屈表达和权利诉求上的行为模式和制度形式，行政信访制度为公民伸冤行为提供了现代意义上的规范表达，伸冤制度则为行政信访提供了历史视角的检验路径。

（一）行政信访规范伸冤

　　我国传统文化中存在十分强烈的伸冤意识。在古代因为地缘关系形成的熟人社会中，一旦涉诉败诉对个人以及家族的信誉名声会产生很大的负面影响。如果因为官员不公或者己方证据不足等原因败诉，则这种颜面扫地的结果就会转化为伸冤的动力。即使到今天，很多人仍然将伸冤作为表达权利诉求的重要方式。

　　中华人民共和国成立以后，伸冤的历史习惯与现实需要催生了信访制度。"信访是一项具有中国特色的法律制度，起源于革命根据地时期，初衷是便于群众遇到问题时到国家机关走访，反映情况。"① 信访的受案范围有四类，分别是：立法建议类信访、执法类信访、司法类信访以及综合类信访。而执法类信访也称为行政信访，是信访制度的重要组成部分。行政信访规范了伸冤行为，为其实现提供了制度化保障。

---

　　① 王周户主编：《行政法学（第 2 版）》，中国政法大学出版社 2015 年版，第 472 页。

（二）伸冤检验行政信访

行政信访与我国古代伸冤制度存在一定联系，但又有着本质的区别。其联系主要体现在制度功能上，无论是伸冤制度还是行政信访，其本质都在于加强官僚体系下的信息交流。

二者的区别则是由社会性质决定的。信访制度是社会主义国家的权力救济制度，其核心目标是救济和保障人权。行政信访制度体现了共产党人"密切联系群众，从群众中来，到群众中去"的群众路线，也与《宪法》规定的"人民是国家主人"的原则相契合。对普通公民而言，行政信访制度不仅是权利救济的途径，更是参与国家政治生活的制度化途径，其表现在人民群众参与政府管理、促进政府决策、监督政府行为等多个方面。

伸冤制度是封建王朝的统治手段，其根本意义在于维护专制统治。在"司法行政一体"的体制下，行政权与司法权并未分立。封建衙门具有双重职能，既是基层政府又是基层法庭，司法事务与行政事务一并成为上级政府考核下级的重要政绩指标。① 在官官相护的治理背景之下，即使"肺石""诣阙""登闻鼓""瓯函"等制度为百姓提供了救济渠道，使之可以据此表达不满、申明冤屈，但其实质上的权益保障能力有限。伸冤制度从本质上讲，只是古代统治者宣扬仁政、巩固统治的一种手段，其目的在于根据民怨加强对官员的监督和控制，缓和专制集权和高压统治下的社会矛盾，维护社会秩序。

因此，相较于伸冤，行政信访制度须经受得住以下考验：一是制度目的是维护统治秩序还是真正意义上保障公民权利；二是行政信访能否认真对待公民的冤情，积极回应其利益诉求，合法有效地化解争议；三是行政信访能否通过对冤情的处理，明晰民众的主张和建议，从而保障民众参与国家治理，保障人民当家作主的地位。

---

① 暴景升著：《当代中国县政改革研究》，天津人民出版社 2007 年版，第 68 页。

第二节 社会弱者的特别保护

加强对社会弱者的保护，补充特定社会群体权利的不足，以满足其与其他社会群体平等共生、公平竞争和获得大致相等的生存和发展机会，是法治政府建设的重要一环。对老年人、妇女、残疾人等特定群体的各项社会权利提供综合性保护，是法治文明进步的重要表征。

一、社会弱者特别保护的法理

社会弱者的特质表明弱者需要特别保护，社会弱者的生存权要求得到特别对待，对社会弱者的特别保护也符合分配正义之要求，这是社会弱者特别保护的法理所在。

(一) 社会弱者的界定

"社会弱者"一词在不同领域有着不同的意涵。普通人谈及社会弱者，一般是指老人、儿童、妇女及残疾人等社会弱势群体。在学界，不同学科也提出了各自的界定方式。(1) 经济学观点。著名社会学家郑杭生教授认为，"社会弱势群体是指凭借自身力量难以维持一般社会生活标准的困难者群体"。[1] (2) 社会学观点。胡玉鸿教授认为，"弱者是由于自然的、社会的、政治的、法律的剥夺，形成在心理上、生理上、能力上、机会上、境遇上处于相对劣势地位的人"。[2] (3) 心理学观点。心理学侧重从弱者心态上来定义社会弱者，朱力在《脆弱者群体与社会支持》一文中就提出脆弱者群体不仅仅是经济上的低收入者，还具有一些综合特征，除经济生活压力大外，心理压力也比一般

---

[1] 郑杭生等著：《转型中的中国社会和中国社会的转型》，首都师范大学出版社 1996 年版，第 320 页。

[2] 胡玉鸿：《弱者之类型：一项法社会学的考察》，载《江苏行政学院学报》2008 年第 3 期。

人大，没有职业安全感，经济收入不稳定或过低，常有衣食之忧，对前途悲观。① 以上的定义从不同侧面揭示了"社会弱者"的特点。

从法学上看，社会弱者是指在法律上处于弱势地位，需要通过规则上的倾斜以实现动态平等的个人或群体。在法律关系中，居支配地位或优势地位的称之为"强"，居被支配地位或不利地位的称之为"弱"。所以，是否属于弱者取决于与对立者或同位者的比较，而不是直接抽象出人的某种属性将之规定为弱。例如，在行政机关与行政相对人的关系中，行政相对人就属于弱者。在强弱差异产生后，法律受正义价值之指引，需要加以调整和矫正。

（二）社会弱者与生存权

对社会弱者进行特别保护是基于生存权的考量。生存权是人的基础性权利，是任何人固有的不可或缺、不可替代、不可转让的权利。人作为自然生命要存续和发展，必须以生存权为基础。生存权作为基本权利不能被剥夺或丧失，即使个体处于弱势的情况下都不容否定。这种权利的剥夺或丧失意味着对主体之人格与存在的否定。生存权以外的其他权利均应以生存权作为基础，只有在生存权存在的情况下，人的尊严和自由等其他基本人权才有存在的意义。

人的生命没有高低贵贱之分，生存权意味着社会上的每个个体（包括弱者）都有权从社会上获得物质用以延续生命。即使在人类早期物质极其匮乏的时代，人们也已经十分清楚通过实行平均分配来维持基本生存。格老秀斯提道："在极度必需的时候，关于诸物的使用的原理可复活为原始权利，这时候物的状态是共有的。因为人类法派生的一切财产法都是把极穷状态排除在外的。"② 这就意味着生存权作为一种原始道德的权利是先于法律的产生而产生的。卢梭也认为："人性的首要法则，是要维护自身的生存，人性的首要关怀，是对其自身所应有的关怀。"1919 年《魏玛宪法》以根本法的方式强调了社会一切成员都有尊严地生存的权利，并且赋予了生存权以具体的内涵。由于

---

① 朱力：《脆弱群体与社会支持》，载《江苏社会科学》1995 年第 6 期。
② 徐显明：《生存权论》，载《中国社会科学》1992 年第 5 期。

社会弱者在生存问题上面临更大的压力，所以对生存权的保障意味着尤其要注意保护弱者的权益。

（三）社会弱者与分配正义

对弱者进行特别保护是"分配正义"的必然要求。分配正义与公平在很多语境下是共通的，哈特在《法律的概念》中通过分析人们使用正义或不正义的情形，发现人们通常是在公平或不公平的意义上使用正义或不正义来评价事物。哈特认为："当我们关注的不是单个人的行为，而是个人组成的阶层被对待的方式时，以及当某种负担或利益在他们中间分配时。所以，典型意义的公平或不公平就是'份额'。"① "份额"的划分主要有以下三种情况：一是指得到与付出相等或相对应，如权利与义务、罪与罚、功过与奖惩之间，相对等就是正义，不相对等就不正义。无论是好的还是不好的，都应该得所应得；二是指按同一原则或标准对待处于相同情况的人与事，也就是通常所说的一视同仁；三是指不同的人或不同的活动成果应当按照适当比例原则而得到不同的对待，即差别恰当，比值合理。② 由此构成了分配正义的评判基础。

关于社会弱者的对待，分配正义呈现出前后两种不同的立场。第一种立场是在古典自由主义和功利主义影响下，政府保护弱者的方式在于提高社会整体保障水平，而不作特别之保护。例如，古典经济学家亚当·斯密认为，分配正义首先要保障起点的公平，即政府只出台立法来确认每个人的权利机会平等。解决贫困的主要方式是靠市场机制来扩大社会的整体财富，将社会物质水平提高到一个较高的基础之上。从功利主义角度看来，正义原则是从属于功利原则的，只有功利原则才能够最为合理地解决社会正义问题。③ 功利主义认为，社

---

① ［英］哈特著：《法律的概念》，张文显、郑成良译，中国大百科全书出版社1996年版，第157页。

② 庞永红著：《分配正义与转型期弱势群体研究》，中央编译出版社2016年版，第21页。

③ ［英］约翰·穆勒著：《功利主义》，徐大建译，上海人民出版社2008年版，第56页。

会的幸福是以最大多数人的最大幸福来衡量的，如果通过分配可以增进社会福利，则这种分配就是正义的。但问题是如果因为总体利益而侵犯弱者的利益被允许，恰恰有违保护社会弱者和实现分配正义的初衷。古典自由主义和功利主义都主张以资源配置效率作为衡量分配正义的尺度，这实质上不利于对社会弱者的保护。第二种立场集中体现在罗尔斯的分配正义思想上。罗尔斯注重弱者的分配正义，他将社会弱者称为"最不利者"。罗尔斯批评了功利主义，他认为，"每一个人都拥有一种基于正义的不可侵犯性，即使作为整体的社会福利也不能逾越"。他正面否定了为了整体利益而牺牲弱者利益的行为。同时，罗尔斯提出了"无知之幕"的假设，当所有社会成员都不能判定自己是否处于社会的最高层或最底层时，人们的首要共识是同意保护弱者。由此，罗尔斯得出了两个正义分配原则：一是平等自由原则，平等自由原则要求人们首先有形式上的平等，要享有与其他所有人同样的待遇；二是"最不利者受惠"原则，应通过某种补偿或再分配使一个社会的所有成员都处于一种平等的地位。

在社会弱者保护问题上，分配正义经历了从慈善救助到权利请求、从个人道德同情到国家法定义务、从不平等到完全平等再到有条件的不完全平等的历程。这些分配正义思想中所蕴含的弱者关怀思想观，为弱者法理思考提供了重要的维度。在行政救济问题上，对弱者进行保护的主要方式是通过法律途径赋予弱者一些特定的权利。对于他们而言，每项权利都是抵抗非正义、保护自身权益的武器。正如黑格尔所言："法的命令是：成为一个人，并尊敬他人为人。"①

二、社会弱者特别保护的价值

保护与救济社会弱势群体是实现社会公正和法律实质正义的基本要求，是构建和谐社会的题中应有之义。对社会弱者进行特别保护具有促进社会平等、

---

① ［德］黑格尔著：《法哲学原理》，范扬、张企泰译，商务印书馆1961年版，第46页。

保障基本人权以及推动实质法治的重大意义。

（一）促进社会平等

从法学意义上说，平等权是很早就被写进宪法性文件的一项权利，其承认人人皆有相同的意志自由。平等原则不仅限于形式平等，即赋予每个人相同的权利义务，同时禁止根据不合理的理由进行区别对待。① 还应强调实质意义上的平等。因为"法律虽然在表面上平等，但是对不同类别的公民隐含着歧视目的或者歧视效果"。② 如果将社会弱者与正常群体赋予形式上相同的权利，则弱者被赋予的权利只是规范意义上的抽象性权利，并不是所有人都享有实现这些权利的手段。对社会弱者予以特别保护有利于克服形式平等的缺陷，实现实质平等。所以正如哈贝马斯所说，只有当福利国家的补偿确立了平等利用法律保障的行动能力的时候，对事实不平等的生活状况和权力地位的补偿，才有助于实现法律平等。

（二）保障基本人权

从一般意义上说，人权是人之价值的社会认同，是人区别于动物观念上的、道德的、政治的、法律的标准。③ 德沃金肯定个人权利的正当性："当集体目标也不足以成为否认个人希望做事情的理由时，或者当集体目标不足以成为支持对个人所加的损失或者伤害理由时，个人就有了权利。"④ 社会上所有的人，包括社会弱者都有满足自己需要的基本权利。弱势群体作为社会的成员，有权利享有与强势群体平等的基本权利，有权利分享经济和社会发展带来的成果。英国学者米尔恩认为这是一种基于人的属性而享有的、不可剥夺的、

---

① ［日］三浦隆著：《实践宪法学》，李力、白云海译，中国人民公安大学出版社2002年版，第104页。

② 张千帆著：《宪法学导论》，法律出版社2014年版，第197页。

③ 张文显主编：《法理学（第四版）》，高等教育出版社2011年版，第277页。

④ ［美］罗纳德・德沃金著：《认真对待权利》，信春鹰、吴玉章译，中国大百科全书出版社1988年版，第88页。

不可转让的基本权利。① 通过一些特别立法对处于不利地位的社会群体给予特别关照或救助，完全符合人权保障之要求。

（三）推动实质法治

法治可以分为形式法治和实质法治。形式法治偏重强调法律的权威要素，形式法治主张恶法亦法，法律只要符合形式上或体制上的要求，就必须执行，而实质法治首先要强调正当性，它要求只有最高民意机关才有能制定法律，也就是要强调实体标准和价值标准，所以恶法不应该得到执行承认和执行。亚里士多德曾对实质法治做过经典论述："法治应包含两重意义：已成立的法律获得普遍的服从，而大家所服从的法律又应该是制定得良好的法律。"② 可见，实质法治必须包含法律正当性和法律权威性两个要素。

世界各主要国家都在推进实质法治的实现，社会弱者保护成为重要的立法方向。例如美国政府为社会弱者提供了积极的补偿，其按照法律要求在就业升学或者住房方面给予特定的少数民族或者种族予以优待。这些法定类别的弱势群体可以享受广泛的政府福利，包括就业、升学、奖学金、保险等，目的就是补偿美国历史上遗留下来的种族问题。单就社会阶层或种族而言，不同阶层之间存在特定的弱势群体。值得注意的是，所有阶层组成的社会相对国家而言也是弱势群体。因为国家对内享有最高统治权，政府是其中最为强力的主体。从这一角度出发，对社会弱者进行特殊的法律保护，有利于实现实质法治和实质正义。

三、社会弱者特别保护与行政信访

信访救济是弱者保护体系中一个重要的环节，为社会弱者反映情况、表达诉求提供了便捷渠道。行政信访在为社会弱者受损权利提供救济方面具有显著

---

① ［英］米尔恩著：《人的权利与人的多样性》，夏勇、张志铭译，中国社会大百科全书出版社 1995 年版，第 153 页。

② 转引自云书海、秦娟：《弱势群体权利保护的价值诉求》，载《中国青年政治学院学报》2010 年第 3 期。

的优势，行政救济社会弱者要寻求保护可依托于信访机制。

（一）行政信访便于保护弱者

对社会弱势群体保护的形式是多种多样的，包括福利基金、社会保障以及红十字协会救助等方式。在行政机关与行政相对人的关系中，行政相对人也是居于弱者地位，信访制度也可以为行政相对人提供补充性的救济制度保障。

行政信访适合也便于为弱者提供保护，具体来说有以下优势：（1）行政信访机关在收到社会弱者表达的建议、意见或者投诉之后，能够依法进行处理，可通过内部渠道协调不同部门以化解矛盾争议，为解决行政机关与行政相对人的矛盾冲突提供了一种有效渠道，是行政复议制度和行政诉讼制度的有机补充。（2）在行政信访机关处理信访案件时，可以通过对争议的处理，审查与评估案件中涉及的行政行为，及时发现问题，纠正行政机关违法或不当行政行为，为社会弱者受损权利提供救济。（3）行政信访程序十分简易便捷，受理范围十分宽泛，只要是针对政府部门提出的意见都可以反馈，有利于社会弱势群体及时表达诉求。

在社会生活中，行政信访涉及的纠纷主要有以下几类：一是乱收费、乱摊派问题；二是土地征收补偿及安置问题；三是劳动社会保障问题；四是国企改制后下岗工人安置问题；五是生活困难要求补偿问题；六是环境污染问题；七是交通事故问题；八是医疗纠纷问题；九是行政公职人员作风问题；十是商业经济纠纷问题。实践充分表明，大部分行政信访纠纷都与社会弱者保护切实相关。

（二）弱者保护依托行政信访

行政信访属于行政救济制度，社会弱者要寻求保护可依托于信访机制。弱者保护对行政信访制度的建构和完善提出了人权保障之价值要求。

其一，行政信访在保护公民权益的同时尤其要注意对社会弱者权益的保护，这是由弱者群体在社会生活的劣势地位决定的。

其二，我国《宪法》规定，国家尊重和保障人权。由于社会弱者抵御风险能力较差，在与行政部门的对抗中处于绝对劣势，在此情况下尤其要强调保护社会弱者之权益。要严格追究引发信访问题的行政机关及其工作人员的责任，从源头上防止决策不当造成群众利益受损。同时还要加大解决信访问题的力度，及时纠正行政不当，对利益受损的公民和群体给予相应的救济和补偿。

其三，为了保障其生存和发展权利，实现社会分配正义，行政信访工作需要不断完善。要利用科学技术不断更新救济方式、简化申请流程，畅通书信、电子邮件、传真、电话、走访等表达渠道，实现救济的便捷与高效。还要不断完善相关法律法规，提升行政信访的规范化和专业化水平。

其四，要明确信访行为应当遵循的规范要求。社会弱者在享有信访权利的同时也不能滥用权利，要合法合规行使信访权，信访事项必须要客观真实，不得捏造、歪曲事实，不能够诬陷他人。在信访的过程中不得损害国家集体利益和他人合法权利，更不得扰乱公共秩序、妨害国家和公共安全。只有良好的信访制度环境才能保障信访机制的正常运行，才能真正实现社会弱者权益的特别保护。

第三节　行政信访

一、信访制度的历史沿革

信访制度是新中国的一项重要的制度创新，其历史演进过程可划分为产生阶段、恢复阶段、发展阶段以及法治阶段四个阶段。

（一）信访制度的产生

1951 年政务院发布《关于处理人民来信和接见人民工作的决定》（以下简称《决定》）标志着信访制度产生。《决定》第 1 条规定："县（市）以上各级人民政府，均须责成一定部门，在原编制内指定专人，负责处理人民群众来信，并设立问事处或接待室，接见人民群众，领导人应经常地进行检查和指导。"

《决定》发布以后，全国各地迅速将信访制度建设起来。以北京市为例，1952年9月20日，北京市人民委员会发布《关于机关工作中几项制度的规定》，其中第5条规定：“各单位必须设专人负责处理群众来信，设接待室接待群众，并应切实建立登记、研究、转办、检查、催办、存档等制度，各单位首长每半月对处理群众来信和接见群众工作必须检查一次，着重检查是否处理和处理结果；报纸上刊物上所载人民群众的批评和意见，各有关机关或工作人员须认真研究处理，并应在报刊上做出公开的答复或检讨。本府秘书厅和直属各单位对处理群众来信和接见群众工作每半年必须总结一次。”

这一阶段的信访规范虽然较为简略疏阔，但具有开创性意义，极大地改变了行政机关此前对民众来信来访因人、因事、因地而异的随意散漫的处置方式，推动了信访机构设置的正式化和普及化以及信访工作的制度化。

（二）信访制度的恢复

在“文化大革命”中，信访制度几乎成为“四人帮”用来收集黑材料的工具，中央机关人民来访联合接待室被改为串联学生接待室，信访工作的正常秩序遭到了破坏。“文化大革命”结束后，各种社会矛盾迅速涌现出来。十一届三中全会后，于1978年9月15日召开了全国第二次信访工作会议。当时会议的主题是“解放思想，拨乱反正，实事求是的平反冤假错案”。这次会议被公认是信访工作拨乱反正、信访制度恢复重建的历史起点。① 由此进入了信访制度的恢复阶段。

会议的召开成为引爆信访热潮的导火索。统计显示，1979—1982年，处理上访问题的机构人员为历史之最，也是上访问题最多的时期。② 1979年每天到北京上访的群众都达到上万人，一些人直接到天安门静坐，向他人散发传单，联系外国媒体，甚至用暴力方式表达诉求。在这种复杂的情况下，中央直

---

① 冯仕政：《中国信访制度的历史变迁》，载《社会发展研究》2018年第5期
② 刁杰成编著：《人民信访史略1949—1995》，北京经济学院出版社1996年版，第261页。

接成立了处理上访问题领导小组，从各个单位抽调人手到各个省市落实信访工作。

（三）信访制度的发展

1992 年，市场经济快速发展。邓小平同志在南方讲话后，加快推进了市场化改革。在此期间大量国企职工下岗，全国信访数量急剧上升。为了应对信访潮的巨大压力，1995 年 10 月 28 日《信访条例》颁布，这是我新中国第一部行政法规，标志着行政信访制度实现了法制化。

2000 年，国务院办公厅信访局改名为国家信访局。2005 年，国务院颁布新修订的《信访条例》。新条例特征鲜明，它要求提高信访机构工作效能，保障人民信访权利及强化政府效能。各省纷纷颁布地方性法规用以配套实施新《信访条例》。比较著名的有《河南省信访条例》，其明确规定了信访者所拥有的权利，还规定了信访工作的领导责任制，将信访责任落实到各级政府领导。这些信访工作的改革与发展标志着信访制度迎来了新的发展阶段。

（四）信访制度的法治化

在信访实践中，信访出现了过度"行政化"的倾向。对群众反映的问题往往通过行政方式予以短平快地解决，这使得信访工作中"人治"思想过于浓厚。2013 年，党的十八届三中全会《中共中央关于全面深化改革若干重大问题的决定》指出"把涉法涉诉信访纳入法治化轨道解决"。紧接着党的十八届四中全会决定提出："把信访纳入法治化轨道，保障合理合法诉求依照法律规定和程序就能得到合理合法的结果"，其目的是要将所有种类的信访工作纳入法治化轨道。信访法治化与"全面依法治国"方略相符，有利于促使信访问题解决方式从行政手段向法律治理转变。此外，国务院已于 2016 年将《信访法》列入了立法预备计划，在不久的将来，《信访条例》也将从行政法规升格为法律，以进一步提升信访制度的法治化水平。

二、行政信访的基本宗旨

行政信访的基本宗旨是指行政信访行为应该遵循的基本理念和行为方式。《信访条例》第 1 条规定："为了保持各级人民政府同人民群众的密切联系，保护信访人的合法权益，维护信访秩序，制定本条例。"可见，信访工作应当遵循的基本宗旨主要包括密切联系群众、公民权利保障和维护信访秩序这三项。

（一）密切联系群众

1951 年周总理在主持政务院处理信访问题时秉持的基本立场就是全心全意为人民服务，2017 年习总书记也对信访工作作出了重要指示，他强调信访干部必须要有一颗心系群众之心，时刻为群众着想，一切从群众利益出发，想群众之所想，急群众之所急。这些指示与《信访条例》规定的宗旨相印证，行政信访工作要实现全心全意为人民服务，一切从群众利益出发，首先应当以密切联系群众为宗旨。

公民在权益受到侵犯之后，或者对于国家政治经济活动有疑问的时候，都可以进行信访，而且时间地点方式不受限制。坚持信访的简便性和群众性有利于查明群众之诉求和冤屈。这一宗旨背后的原理在于我国是人民当家做主的社会主义国家，人民居于国家主人翁地位，群众事无小事。党和政府应当坚持群众路线，密切联系群众。

（二）救济公民权利

"信访是实现宪法所赋予公民批评、建议、申诉、控告和检举等权利的制度之一，我国信访功能的确定应以保障宪法赋予的公民权利为基础。"[①] 公民权利保护和救济包括程序权利和实体权利两个方面。信访人向各级政府信访部门反映情况的权利属于程序性权利，具体诉求表达属于实体性权利主张，例如

---

① 徐继敏：《行政信访的功能分析》，载《河南财经政法大学学报》2013 年第 5 期。

生活贫困需要救济、征地用地需要更加合理的补偿、下岗职工生活困难需要安置等。行政信访通过保障程序性权利、了解公民实体权利要求并依法予以处理，对公民权利予以一并保护。

信访机关对信访人的信访要求进行审查，对符合法律规定的，予以支持，并监督行政机关执行。其意义不仅体现为对信访人合法权益之维护，而且也体现为人民群众对政府行政行为之监督。目前，相当一部分信访问题是由于决策不当和越权、滥用行政权力损害群众切身利益而引发的。所以信访工作坚持公民权利救济为宗旨既是理论和规范之要求，也符合现实之期待。保障和救济公民权利赋予信访工作以生命力，使国家和公民之间的信息交流更为及时、密切，有利于国家与公民之间的关系在动态中达致平衡。

（三）维护信访秩序

信访需求和信访行为是先于信访制度存在的，行政信访制度之宗旨还在于规范信访行为，维护信访秩序。维护信访秩序涉及对待群众诉求、规范群众诉求和解决群众诉求等全过程。

《信访条例》规定，在对待群众诉求上，要认真处理来信、接待来访，倾听人民群众意见，努力为人民群众服务，并且不得打击报复信访人。由此可见，对群众反映的各种问题，不管有理还是无理，政府机构都应当耐心倾听，依法受理。推诿搪塞反而会使问题被搁置或激化，影响社会和谐与稳定。

在规范群众诉求方面，要求信访人依法依规行使信访权利。要确保材料内容的真实性，不得损害国家、社会、集体的利益和其他公民的合法权利。要自觉维护社会公共秩序和信访秩序。

在解决群众诉求方面，由县级以上人民政府建立统一领导、部门协调，统筹兼顾、标本兼治，各负其责、齐抓共管的信访工作格局，通过联席会议、建立排查调处机制、建立信访督查工作制度等方式，及时化解矛盾和纠纷。

三、行政信访的基本构造

从《信访条例》对于行政信访的规定可以看出，信访是一个互动性活动，从静态上看它主要涉及行政信访人、行政信访机构以及行政被信访人等主要构成要素；从动态上看它主要是处理行政信访事项的机制。

（一）行政信访人

广义上的信访是指公民通过写信或上访，向党政机关、司法机关等单位提出意见、建议等，以表达其利益诉求的制度。狭义的信访即指行政信访，是指公民、法人和其他组织采取书信、走访、电话、电子邮件等方式向各级人民政府及信访部门反映情况，提出意见、建议和要求，依法由相关行政机关处理的活动。行政信访是在土地征收、房屋拆迁、职工权益等领域寻求纠纷解决的重要途径。

《信访条例》规定信访人包括"公民、法人或者其他组织"。信访人必须具备两个条件：一是行为具有信访活动的内容；二是采用规定形式从事信访活动，公民、法人或者其他组织，出于表达意愿、提出要求的目的，采取游行、示威等均不能被视为信访。[1] 行政信访对信访人规定了一系列义务。例如《信访条例》第16、18、19条提及信访人提出信访事项要客观真实，不得捏造、歪曲事实。

另外，《信访条例》也对于"走访"式的行政信访作出了特别规定：（1）多人走访反映相同问题时应当推选代表。代表人数不能超过5人，超过人数不得随同。（2）信访人要逐级上访提出信访事项，信访人应首先向本级行政机关提出信访要求，对处理的决定不服的可向上一级行政机关提出。不提倡直接越级信访扰乱信访活动秩序。（3）信访事项正在受理或者正在办理的时候，信访人直接向办理机关的上级机关提出重复的信访要求的，上级机关不予受理。

（二）行政信访机构

行政信访机构是指接受信访人的来信、来访并作出相应处理的机关。根据

---

① 肖萍、刘冬京著：《信访制度的法理研究》，群众出版社2012年版，第25页。

《信访条例》的规定，信访机构是指县级以上人民政府负责信访工作的行政机构。信访机构主要有以下职权：（1）受理、交办、转送信访人提出的信访事项；（2）承办上级和本级政府交由处理的信访事项；（3）协调处理重要信访事项；（4）督促检查信访事项的处理；（5）研究、分析信访情况，开展调查研究，及时向本级政府提出完善政策和改进工作的建议；（6）指导本级政府开展其他工作部门和下级信访机构的信访工作，定期向下级信访机构通报转送情况；（7）对于信访人反映的有关政策性问题，应当及时向本级政府报告，并提出完善政策、解决问题的建议；（8）对在信访工作中推诿、敷衍、拖延、弄虚作假造成严重后果的行政机关工作人员，可以向有关行政机关提出给予行政处分的建议；（9）向本级政府定期提交信访数据及分析报告。① 明确规定信访机构的职权是其合法履职的前提。

（三）行政被访人

行政被访人，是指其行政行为可能或者已经影响到信访人的合法权益，经信访人提起信访，受理人依法作出处理，并由其承担相应法律责任的行政机关、其他组织或个人；或者由于其工作方面的原因，而由信访人提出意见或建议的机构和个人。② 行政被访人是行政信访法律关系中的当事方之一。

《信访条例》规定了五类被访对象：（1）行政机关及其工作人员。即各级人民政府、县级及县级以上政府职能部门。（2）法律、法规授权的具有管理公共事务职能的组织及其工作人员。主要包括法律、行政法规以及地方性法规授权的一些具有公共职能的事业单位及其工作人员。（3）提供公共服务的企业、事业单位及其工作人员。这里主要是指一些提供公共服务的企业、事业单位，这些单位是由行政机关委托的，但是本身并在行政机关序列之中。（4）社会团体或者其他企业、事业单位中由国家行政机关任命、派出的人员。这里的"派出和任命"应有任命状等法律文件。（5）村民委员会、居民委员会及

---

① 江国华编著：《中国行政法（总论）》，武汉大学出版社2012年版，第459页。
② 江国华编著：《中国行政法（总论）》，武汉大学出版社2012年版，第459页。

其成员。以上单位及工作人员在履行职务行为过程中均可能作为行政被访人。履行职务行为则是指履行本单位职责或者是法定义务的行为，而不是个人行为或者是其他事实行为。

四、行政信访在法治政府中的定位

行政信访在法治政府中的定位与行政信访之制度优势密切相关，行政信访在法治政府建设中可以充当密切联系群众机制、社会弱者保护机制和行政内部协调机制。

（一）密切联系群众机制

行政信访机构是我国行政体系中的重要组成部分。中央政府设有国家信访局，其负责管理国家的行政信访工作，在工作上主要负责向党中央、国务院及中共中央办公厅、国务院办公厅反映来信来电来访中提出的重要建议、意见和问题以及承担协调处理群众集体来京上访和非正常上访的责任，综合协调处理跨地区、跨部门的重要信访问题。根据国发〔2018〕7号《国务院关于部委管理的国家局设置的通知》要求，国家信访局由国务院办公厅管理；但是国家信访局并不是国务院办公厅的内设司局，它也要接受中共中央办公厅的领导。在基层政府乡政府层面，《信访条例》也要求确定负责信访工作的机构和人员。行政信访机构从最高行政机关到基层政府都已经设立完善。行政信访工作也配备了大量专职人员。而且法律、行政法规及地方政府授权行使公共管理职能的事业单位中均设有信访办事机构，可以说做到所有公共单位全覆盖。

这意味着信访工作已然成为政府工作的重要一环。根据国务院《信访条例》第6条之规定，行政信访机构属于政府一个职能部门，专门负责处理信访事项。在法治政府建设过程中，要了解群众诉求，保障群众权益，接受群众监督，采纳合理建议。行政信访制度为法治政府建设提供了密切联系群众的高效机制。

（二）社会弱者保护机制

行政信访在我国公民权利救济制度中处于一种补充的地位。如果信访人投诉的请求可以通过诉讼、仲裁、行政复议等法定途径解决，则信访工作机构对此类请求无权处理，即信访作机构只有在信访人无法通过其他法定途径获得救济的前提下，才能对信访人提出的投诉请求予以解决。从这种意义上而言，信访制度是信访人在法定救济途径已穷尽后的最后权利保护渠道。现行信访制度在实践中存在诸多问题，其救济功能需要重新调整。要实现救济类信访和非救济类信访分类受理，救济类信访只受理行政失当行为相关的事项，受理主体仅限于行政机关。①

法治化的信访渠道对社会弱者的保护有着重要价值。由于社会弱者在社会中抵御风险能力较差、维权能力不足，当被排除出诉讼、仲裁和复议范围的违法或不当行政行为造成权益损害时，这一群体生存和发展的权利将面临极大考验。对法治政府而言，保护弱者是义不容辞之责任，也是现代政治和法律文明的题中之意。行政信访制度为社会弱者申明冤屈提供了便利渠道，是重要的社会弱者保护机制。

（三）行政内部协调机制

行政信访制度中采用的是一种准司法的纠纷解决模式，其同样依据依法裁判的原则，坚持以事实为依据，以法律为准绳进行裁决。② 许多信访案件中，行政部门的行为符合相应的法律政策，具有形式上和程序上的合法性。信访人有异议的并非行政行为的形式合法问题，而是所依据的规范与政策之正当性问题。对于政府部门而言，其很难满足信访人的要求，因为按照依法行政的原则，法无授权不可为。信访人的诉求如果没有法律依据、缺乏请求权基础，那么政府机关就无法予以满足。③ 这也体现了信访制度的法治性。

但是，行政信访之所以存在，是因为能够倾听群众诉求，保护社会弱势群

---

① 参见石佑启、夏金莱著：《社会矛盾化解与信访法治化问题研究》，广东教育出版社 2016 年版，第 1 页。

② 刘国乾：《行政信访处理纠纷的预设模式检讨》，载《法学研究》2014 年第 4 期。

③ 梁迎修：《我国行政信访的制度困境及其改革逻辑》，载《政法论丛》2018 年第 5 期。

体。从这一价值出发，行政信访必须尽力解决群众反映的困难，其可以通过传达群众反馈的信息，在行政体系内部发挥协调作用。其主要在两个方面发挥协调作用：一是对于建议类信访件和行政失当行为信访件，积极调查核实后属实的，应当通报相关部门，对涉及多个部门的，要从中协调，行政裁量范围内能够解决的要妥善予以解决。二是对于涉及行政行为所依据的法律、政策的，应当及时向法律和政策制定部门反馈。可以进一步完善信访信息筛选和信息共享机制、强化社会矛盾和政策问题的研究诊断机制、健全信访工作对公共政策的约束机制、强化信访工作的公共政策协调机制以及整合促进政策调整的信访工作机制等。① 不过，无论信访制度如何完善，都不能脱离法治化路径。

法治政府意味着行政内部协调统一，行政行为连贯适当，法律和政策能够真实有效地调整社会关系。作为民意窗口的行政信访制度应当努力实现群众诉求在行政体系内部的传递，居中联系和协调各行政部门，在法律的框架内充分保障群众参与政治和申明冤屈的需要。

典型案例 8-1：成某某诉 H 省 T 县人民政府不履行信访答复法定职责案②
【裁判摘要】

信访是公民、法人和其他组织通过信函、电话等方式反映问题、表达诉求的一种重要方式。由于信访工作本身并不设定、改变相对人的权利义务，故信访事项一般不属于行政诉讼的受案范围。

【相关法条】

《中华人民共和国行政诉讼法》第 89 条第 1 款第 1 项

《信访条例》第 35 条、第 36 条

【基本案情】

成某某等人因 H 省 T 县 Y 乡某柑橘场有关问题多年上访。T 县 Y 乡信访

---

① 王浦劬、龚宏龄：《行政信访的公共政策功能分析》，载《政治学研究》2012 年第 2 期。

② 本案裁判文书详见附录 13。

办公室、Y 乡人民政府、T 县政府法制办公室分别于 2010 年至 2015 年期间，对其反映的问题作出了书面回复。成某某自 2010 年起至 2015 年期间，多次向 T 县信访局及 T 县政府县长以快递方式寄送复查申请书，请求进行信访复查并书面答复，但一直未收到 T 县政府作出的书面复查意见。成某某认为 T 县人民政府未履行法定职责，遂提起诉讼。

【裁判结果】

H 省高级人民法院作出〔2016〕鄂行终 557 号行政裁定，驳回原告起诉。最高人民法院于 2016 年 12 月 28 日作出〔2016〕最高法行申 5105 号行政裁定，驳回申请人成某某的再审申请。

【裁判理由】

人民法院生效裁判认为：信访是公民、法人和其他组织通过信函、电话等方式反映问题、表达诉求的一种重要方式。由于信访工作本身并不设定、改变相对人的权利义务，故信访事项一般不属于行政诉讼的受案范围。本案中，成某某以 T 县政府不履行信访复查与书面回复职责为由提起行政诉讼，不属于行政诉讼的受案范围。根据《信访条例》第 35 条、第 36 条的规定，信访人对行政机关作出的信访事项处理意见不服的，可以请求原办理行政机关的上一级行政机关复查；对复查意见不服的，可以向复查机关的上一级行政机关请求复核。据此，成某某若对行政机关处理信访相关事项不服的，应当按照《信访条例》的规定向有关行政机关提出。原审法院裁定驳回成某某的起诉并无不当。

典型案例 8-2：黄某某诉 P 县人民政府行政登记案①

【裁判摘要】

农村土地承包经营权证是农村土地承包合同生效后，国家依法确认承包方享有土地承包经营权的法律凭证。该权证未经有权机关依法撤销前，具有法律效力，受法律保护。

---

① 本案裁判文书详见附录 14。

【相关法条】

《中华人民共和国行政诉讼法》第 89 条第 1 款第 1 项

《农村土地承包经营权证管理办法》第 2 条第 1 款

【基本案情】

黄某某为 P 县 S 镇（原楼东乡）沙坝村一组村民，因向家坝水电站的建设成为了库区移民。2011 年黄某某与 S 镇（原楼东乡）人民政府签订《向家坝水电站 P 库区农村移民搬迁安置协议》。2012 年，黄某某履行协议完成了搬迁。2014 年年底，P 县人民政府根据 Y 市人民政府《关于印发向家坝水电站 P 库区农村移民安置暂行办法的通知》等文件规定，在向家坝水库淹没线上本村民小组剩余土地中调整 5.25 亩作为黄某某承包土地。2015 年 2 月 10 日，黄某某与 P 县 S 镇沙坝村一组签订了《农村土地承包经营权合同》，之后经沙坝村村委、S 镇人民政府、P 县农业农村局逐级审核进行确权登记。2015 年 3 月 3 日，P 县人民政府向黄某某颁发农村土地经营权证。黄某某认为，按照 P 县委办公室、P 县人民政府办公室《关于开展农村土地承包经营权确权登记工作的意见》，P 县人民政府应当在 2014 年内全面完成确权登记工作，但 P 县人民政府至今没有按照上述规定执行，故请求判决 P 县人民政府对黄某某土地承包经营权依法确权登记，并颁发农村土地经营权证。

【裁判结果】

S 省 P 县人民法院作出〔2019〕川 1529 行初 28 号行政判决，驳回原告诉讼请求。S 省 Y 市中级人民法院于 2020 年 1 月 15 日作出〔2020〕川 15 行终 9 号行政判决，驳回上诉，维持原判。

【裁判理由】

人民法院生效裁判认为，根据《农村土地承包经营权证管理办法》第 2 条第 1 款的规定，农村土地承包经营权证是农村土地承包合同生效后，国家依法确认承包方享有土地承包经营权的法律凭证。本案中，P 县人民政府根据黄某某与村组签订的《农村土地承包经营合同》，于 2015 年 3 月 3 日颁发了屏府农地承包权证〔2015〕第×××××××××××××号农村土地承包经营权证，对其承包的 7.24 亩土地进行了确权登记，同时结合土地承包经营权证登记簿、农村土地承包合同等证据，可以证明 P 县人民政府已经履行了相应的确权颁证义务。黄某某请求颁发中华人民共和国农村土地经营权证实际是要求以现有农村土地承包经营权证、土地承包合同、集体土地所有权为基础予以细化，明确权属，解决争议。由于黄某某现有农村土地承包经营权证是 P 县人民政府确认其土地承包经营权的凭证，虽与其诉请颁发的中华人民共和国农村土地经营权证存在新旧版本不同的情形，但在效力上并无差别，该证未经有权机关依法撤销前，均具有法律效力，受法律平等保护。根据《中华人民共和国物权法》第 125 条"土地承包经营权人依法对其承包经营的耕地、林地、草地等享有占有、使用和收益的权利，有权从事种植业、林业、畜牧业等农业生产"和第 127 条"土地承包经营权自土地承包经营权合同生效时设立。县级以上地方人民政府应当向土地承包经营权人发放土地承包经营权证、林权证、草原使用权证，并登记造册，确认土地承包经营权"的规定，黄某某所享有的本案土地承包经营权自其与 S 镇沙坝村一组签订的土地承包经营权合同生效时就已设立，依法受《中华人民共和国物权法》保护。本案的争议实质是承包地耕作纠纷，如黄某某认为案外人对其合法承包地具有强占、抢收抢种等侵权行为，可以通过民事诉讼等途径主张权益。综上所述，P 县人民政府已经履行了确权颁证义务，一审判决认定事实清楚，适用法律法规正确。黄某某的上诉理由不能成立，其上诉请求本院不予支持。

第九章　调解·裁决·仲裁

　　过去单纯依靠司法途径解决纠纷的方式已经无法满足大量的民事和行政纠纷的需求，不能对公民合法权益给予充分有效的救济，必须通过构建新的纠纷解决机制才能够缓解纠纷给司法所带来的巨大压力，人们开始寻求诉讼外的纠纷解决机制。于是乎，行政调解、行政裁决、行政仲裁等制度应运而生，成为了我国行政法学领域当中非常重要的制度，其不仅强调司法的优位性，又关注制度的灵活性以及实用性，适应了社会主义市场经济制度之下人们对于高效、便利的权利救济途径的需求，成为了越来越多的人选择用以解决纠纷的替代性纠纷解决机制。这类制度是现代经济社会发展之产物，同时也是法治政府行政管理方式变革的必然结果。

　　本书在导论中曾论及行政救济有"主体"标准与"客体"标准之分，在理论上，主客体两种标准不可混用，否则就会造成逻辑混乱。但在实践中，我们通常是在主客体标准混用的语境中，使用行政救济这个概念的。正因如此，我们在日常生活中，在政府文件中，在法学教材中，会经常地看到在行政救济条目下有行政诉讼、行政复议与行政调解、行政裁决等并列之情形。本书以行政救济为名，将基于客体标准的行政诉讼与基于主体标准的行政复议、行政调解、行政裁决、行政仲裁等并行论述，亦采主客体标准混用模式，尽管逻辑上有混搭之弊，但亦属约定俗成。鉴于已有专章论述行政复议、行政诉讼等主要的行政救济途径，为使体系上保持完整，将在本章着重介绍行政调解、行政裁决以及行政仲裁等最具典型意义的行政司法法。

第一节　行政调解

行政调解是指由行政主体主持，以国家法律、法规和政策为依据，遵循合法、自愿原则，通过说服教育等方法促使当事人平等协商、互谅互让，从而达成协议，以便解决民事或特定行政争议的活动。① 罗豪才教授提出，现代行政法的发展证明，行政权的强制作用不是万能的，它会因为相对方有形或无形的抵制而大大降低功效。行政主体还可以运用一些权力色彩较弱的行政手段来使对方主动参与实现行政目的，或自觉服从行政机关的意志。行政调解是现代社会行政主体管理社会公共事务，及时化解矛盾和纠纷不可缺少的行政手段。当前影响社会和谐稳定的主要矛盾、纠纷，如劳资纠纷、征地拆迁纠纷、民办教育纠纷等往往具有相关性、复杂性、多样性，而行政调解具有专业性、综合性、高效性、主动性和权威性等特有优势，体现了"和为贵"的传统观念和现代非强制行政的基本理念，在解决纠纷、化解矛盾、维护稳定中有着其他组织和方式难以替代的作用。② 行政调解必须以当事人自愿为原则，不得变相强制是行政调解的重要特征。行政调解在我国当前的经济和社会生活中得到了广泛的运用，并被西方人称为"东方经验"之一加以推崇。

一、行政调解制度的法理基础

行政调解是我国法律纠纷解决机制体系中最具特色的一种机制。行政调解一般而言坚持以行政主体和行政相对方的意思相一致为前提，充分体现公正平等原则和"权利本位"思想，以及现代服务性政府的本质要求。这也同时为行政调解工作奠定了其法理基础。

---

① 　江国华著：《中国行政法（总论）》，武汉大学出版社 2017 年版，第 285 页。
② 　朱最新：《社会转型中的行政调解制度》，载《行政法学研究》2006 年第 2 期。

（一）公正平等原则

正义理论所追求的理想以其特有的品格内含着人类所追求的最高价值与意义。① 在社会生活中正义一般包括两个方面的内容：一是按照同一原则或标准对待处于相同情况的人与事，即"一视同仁"，同样的情况同等对待，包含着平等的意义；二是指所得的与所付出的相称或相适应，如贡献与报酬、功过与惩奖之间，相适应的就是公正，不相适应的就是不公，亦即所谓"得所得当"，公正表现在社会生活的各个方面，如交换、分配、惩奖、执法、用人等。② 平等较正义而言更具有实然层面的内容，是更能被操作，更能被看得见的。公正与平等是密不可分的，正义蕴含着平等，平等无时无刻不体现着正义。公正与平等都是人们长期追求的、最为重要的价值目标，公正与平等都是现代社会不可缺少的理念支柱。③ 作为内含人类最高价值追求的公正，作为与公正密不可分的平等原则，自然也都是法的基本价值，是我们建设法治社会的应然价值追求，更是行政调解所追求并能较好实现的核心价值。行政调解制度能够提供一种机制，使争议双方在花钱少、精神压力小、比较短的时间内获得一个最为平等、最可以被接受的解决结果，这就是公平公正。

在我国，行政机构对于公民争议具有一定的裁决能力，无论何种争议解决机制，其主要目的都在于公正平等地解决当事人的纠纷，如果不是给予一个公正平等的出发点，则必然在利益的处理中有失偏颇，这为社会埋下了不安定的种子，这种隐性矛盾一旦激发则纠纷更难得到解决。而在诸多行政争议解决机制中，行政调解无疑是最能使当事人双方争议得到公正平等解决的纠纷解决机制。一方面，行政调解能最大程度实现程序上的正义与平等。首先，英国的自然公正原则告诉我们，任何人都不能做自己的法官，任何一方的诉求都要被听

---

① 胡海波著：《正义的追求——人类发展的理想境界》，东北师范大学出版社1997年版，第34页。

② 朱贻庭主编：《伦理学大辞典》，上海辞书出版社2002年版，第45页。

③ 杨宝国著：《公平正义观的历史·传承·发展》，学习出版社2015年版，第374页。

取。在行政调解过程中，当事人双方的意见与诉求能够被最大程度地吸纳。其次，双方当事人地位平等，且与行政调解机关处于一个平等状态。另一方面，行政调解能最大程度地实现实体上的正义与平等。当事人自己最清楚纠纷的真相和自己的利益所在，经过自愿选择的处理结果应当是最符合自己的利益的，也是最接近当事人所追求的实体公正与平等的。

(二)"权利本位"思想

学者诺锡克认为个人权利是绝对至上的，国家不得随意干涉。如他所说："每个人都享有权利。任何他人或团体都不能对他们做某些事情，否则就侵犯其权利。"① 权利本位的意义在于其尊重权利的民主理念，这种理念包括执法者应当从权利保障的角度出发实施法律，权利保障应当成为法的价值取向。② 权力来源于人民，我国《宪法》第 2 条明确规定："中华人民共和国的一切权力属于人民。……人民依照法律规定，通过各种途径和形式，管理国家事务，管理经济和文化事业，管理社会事务。"法律必须立法为民，恶法非法，行政法学的根本宗旨依然首先是保护人民的合法权益。

西方的自由主义认为，在公权力和私人领域之间应该有一条起码的界限，私人领域应当具备不受公权干预的最低限度，而这就是现代自由的题中之意，也是"权利本位"思想在自由领域中的具体表现。行政调解充分尊重当事人的意思，尊重当事人的自治与选择权，通过协商合意的方式消除纠纷争议，这是行政法学的民主性、服务性的具体体现。③ 这更是"权利本位"思想的运用。行政调解制度的基本特征中自主性是重要的一个方面，自治也是现代法治的一个重要方面。行政调解赋予纠纷双方当事人充分的选择权，行政调解制度被广泛运用于行政裁决作出的过程中，是一种理想型纠纷解决方式，但该制度并不具有任何强制性，而是赋予当事人完全的选择权，对于是否接受调解等当

---

① Nozick, Anarchy, State, and Utopia, Harvard University Press, 1974, p. 14.

② 孙笑侠著：《法的现象与观念——中国法的两仪相对关系》，光明日报出版社 2018 年版，第 105 页。

③ 王伟民著：《行政调解概论》，安徽人民出版社 2016 年版，第 23～24 页。

事人享有充分的选择权。尤其是对于协议达成的内容、执行情况等，在行政调解中，行政调解协议的达成完全依赖纠纷当事人的自觉，纠纷当事人可以自由地选择口头或书面形式达成调解协议。在调解协议达成后，并不立即成为纠纷当事人的责任和负担，具体履行时也不涉及对当事人自由意志的直接强制。行政调解制度使社会主体在不违反国家法律、社会公共利益的基础上自由处分自己的合法权益得到了尊重与保护。

（三）现代政府—私主体合作理念

党的十七大正式提出"加快行政管理体制改革，建设服务型政府"。构建服务型政府是当今中国政府体制改革的主要目标。[①] 政府存在的基础就是为公众服务，当前政府行政行为不再限于基本的维持社会管理秩序，更包括促进经济繁荣，改善人民生活，保障人权发展多元化的内容，政府行政越来越强调积极行政、服务行政、责任政府。同时，现代国家中国家、社会事务越来越多，政府逐渐走向与社会合作的发展道路，通过与私组织之间的合作来更好地履行政府职责，更好地为社会服务。就我国当前政治与行政背景而言，我国法治政府建设正在日益建成。现代法治政府是服务的政府，是以人民为主，强调与人民合作进行社会管理的政府，公民行政参与也逐渐得到加深。

行政调解是政府创新社会管理的一种方式，目的在于及时高效地解决社会纠纷，维护社会稳定，它所构建的是一项国家法律制度，但它规范的却是私人之间的活动。社会主义和谐社会的构建一度是我国社会发展的主旋律，和谐社会的建立就是通过构建一系列调整各项社会关系的机制，在人与人之间形成一种稳定性、确定性和规则性的良好状态。[②] 我国行政调解体现了政府与公众"服务—合作"的关系，一方面，它增强公民对行政的参与，有助于行政决定更好地为当事人认可，真正做到为人民服务，以人民利益为出发点，消减官民

---

① 曾慧华：《依法行政——服务型政府法治构建的路径选择》，载《四川行政学院学报》2016 年第 6 期。

② 陈永革、肖伟：《行政体调解：内涵界定、法理基础和应然价值》，载《甘肃行政学院学报》2011 年第 3 期。

关系，促进社会和谐。另一方面，行政调解的依据一般为不违反国家法律、法规和政策等，将合法性定义为不违法，并鼓励在调解过程中采用双方当事人都认同的民间规则等，进一步加强了政府与社会之间的合作。行政调解是现代行政不断发展的产物，是政府积极行政，以服务人民为主要出发点的一种表现，也是公民参与行政决策的一种途径，更是政府与私主体之间重要的合作方式。

二、行政调解制度的形式

我国目前的行政调解主要集中于公安行政、医疗卫生行政、劳动行政、自然资源行政、环境保护行政、公共交通行政、计量行政、邮政行政及民政行政等领域。在行政机关依法行使政府职能的过程中，所遇到的纠纷大部分可以进行调解，在行政机关作出裁决或进行仲裁过程中大多可以先行调解。这是符合现代国家行政法治、以人民为中心，为民服务的基本原则的。在我国当前的政府治理过程中，我国行政机关可以进行的行政调解形式有很多，根据不同的分类标准可以分为不同的调解形式，具体有以下几种：

（一）政府调解、政府部门调解与法律法规授权组织调解

行政调解的主体具有特定性，不同于司法调解中的法院或人民调解中的群众自治组织，它是行政机关和法律法规授权的组织，根据现行涉及行政调解的法律规范，我国行政调解主体主要有三类：基层政府、政府工作部门与被授权组织。[①] 根据行政调解主持者的不同可以分为政府调解、政府部门调解与法律法规授权组织调解。

政府调解主要是指由各级政府进行的行政调解。例如《中华人民共和国矿产资源法》第 49 条规定："矿山企业之间的矿区范围的争议，由当事人协商解决，协商不成的，由有关县级以上人民政府根据依法核定的矿区范围处理；跨省、自治区、直辖市的矿区范围的争议，由有关省、自治区、直辖市人民政府协商解决，协商不成的，由国务院处理。"《中华人民共和国水法》第

---

① 江国华著：《中国行政法（总论）》，武汉大学出版社 2017 年版，第 577 页。

57 条规定："单位之间、个人之间、单位与个人之间发生的水事纠纷，应当协商解决；当事人不愿协商或者协商不成的，可以申请县级以上地方人民政府或者其授权的部门调解，也可以直接向人民法院提起民事诉讼。县级以上地方人民政府或者其授权的部门调解不成的，当事人可以向人民法院提起民事诉讼。"《中华人民共和国水污染防治法》第 31 条规定："跨行政区域的水污染纠纷，由有关地方人民政府协商解决，或者由其共同的上级人民政府协调解决。"司法部《民间纠纷处理办法》第 2 条规定："司法助理员是基层人民政府的司法行政工作人员，具体负责处理民间纠纷的工作。"《中华人民共和国妇女权益保障法》第 55 条规定："违反本法规定，以妇女未婚、结婚、离婚、丧偶等为由，侵害妇女在农村集体经济组织中的各项权益的，或者因结婚男方到女方住所落户，侵害男方和子女享有与所在地农村集体经济组织成员平等权益的，由乡镇人民政府依法调解；受害人也可以依法向农村土地承包仲裁机构申请仲裁，或者向人民法院起诉，人民法院应当依法受理。"《中华人民共和国土地管理法》第 14 条规定："土地所有权和使用权争议，由当事人协商解决；协商不成的，由人民政府处理。单位之间的争议，由县级以上人民政府处理；个人之间、个人与单位之间的争议，由乡级人民政府或者县级以上人民政府处理。"

政府部门调解则主要是指对特定行政领域或特定行政事务有管理权限的机关在其行政职责范围内，对有关的民事纠纷或行政纠纷进行的调解。如《治安管理处罚法》第 9 条规定："对于因民间纠纷引起的打架斗殴或者损毁他人财物等违反治安管理行为，情节较轻的，公安机关可以调解处理。"《中华人民共和国专利法》第 65 条规定："未经专利权人许可，实施其专利，即侵犯其专利权，引起纠纷的，由当事人协商解决；不愿协商或者协商不成的，专利权人或者利害关系人可以向人民法院起诉，也可以请求管理专利工作的部门处理。……进行处理的管理专利工作的部门应当事人的请求，可以就侵犯专利权的赔偿数额进行调解；调解不成的，当事人可以依照《中华人民共和国民事诉讼法》向人民法院起诉。"《中华人民共和国商标法》第 60 条规定："有本法第五十七条所列侵犯注册商标专用权行为之一，引起纠纷的，由当事人协商解决；不愿协商或者协商不成的，商标注册人或者利害关系人可以向人民法院起诉，也可以请求工商行政管理部门处理。……对侵犯商标专用权的赔偿数额的争议，当事人可以请求进行处理的工商行政管理部门调解，也可以依照《中华人民共和国民事诉讼法》向人民法院起诉。经工商行政管理部门调解，当事人未达成协议或者调解书生效后不履行的，当事人可以依照《中华人民共和国民事诉讼法》向人民法院起诉。"此外还有交通管理部门对交通肇事造成他人损害案件的调解，民政部门自身或会同其他部门对于行政区域边界争议的调解，劳动行政部门对于劳动纠纷的调解等。

此外，我国还存在由法律法规授权的组织主持的行政调解。行政调解主要是拥有行政管理职权的机关运用调解这种管理方式来处理某种纠纷，所以行政调解的主体应该是指那些拥有行政管理职权的机关，随着我国社会主义市场经济的发展和服务型政府的建立，本来由行政机关掌握的行政管理权也正逐渐交由社会组织，因而法律法规授权的组织当然就是行政调解的主体。[1] 这类行政调解形式主要有两种。[2] 一种是法律法规授权的行政机关内部机构、派出机构以及临时机构，如商标评审委员会对于商标权纠纷的调解；另一种则是法律法规授权的企业单位、社会组织、团体、行业协会等进行的相应的行政调解，如证券业协会对证券业务纠纷进行的调解。

（二）外部管理机关调解与内部管理机关调解

根据行政机关的管理对象不同可以划分为外部管理机关调解与内部管理机关调解。[3] 外部管理机关调解是指行政机关对管理对象是外部行政相对人的个人之间、组织之间及其相互之间发生的争议进行的调解，内部管理机关调解是指行政机关对于其所属成员之间以及行政机关所属成员与其他单位成员之间的

---

① 朱强和：《行政调解制度的法治化》，载《黑龙江省政法管理干部学院学报》2016年第1期。
② 王伟民主编：《行政调解概论》，安徽人民出版社2016年版，第17~18页。
③ 王秋兰著：《我国调解的立法、理论与实践问题研究》，中国政法大学出版社2014年版，第24页。

民事纠纷所进行的调解。前述政府与政府部门对于民间纠纷、劳动争议以及行政纠纷进行的调解均为外部管理的行政调解。行政机关工作人员认为行政机关侵犯其合法权益的，行政机关之间以及行政机关与所属工作人员之间发生的其他行政争议事项，这些争议可以向有管辖权的上级行政机关申请行政调解，也可以在向上级行政机关提出申诉的同时申请行政调解。①

（三）正式调解与非正式调解

根据行政调解的效力，行政调解可以分为正式调解与非正式调解。正式调解是指调解协议生效后便具有强制执行力。非正式调解则是指调解协议生效后不具有强制执行力，需要当事人自觉履行。我国大部分行政调解都是非正式的行政调解。但根据法律、法规的规定，劳动争议由专门的行政仲裁机关进行调解，所达成的调解协议具有强制执行力，这类行政调解才属于正式的行政调解。

三、行政调解的程序

我国当前并没有一部统一的行政调解程序法，在《行政诉讼法》等法律中也并没有规定行政调解的程序问题。在大多数涉及行政调解的法律、法规、规章等文件中，通常只用一两个条款对行政调解予以规定，有关人大立法和行政立法呈现分散倾向，但在许多规范性文件中作出了更多的制度创新努力。②据有关学者统计，涉及行政调解的法律有近 40 部，行政法规约 60 部，行政规章约 18 部，地方法规约 70 部，地方规章约 45 部，另有大量规范性文件。③各法律、法规等对于行政调解的侧重点虽不同，但主要程序基本相似。④

---

① 王伟民主编：《行政调解概论》，安徽人民出版社 2016 年版，第 18 页。
② 莫于川：《我国行政调解程序法律制度发展路径选择》，载《南都学坛》2014 年第 2 期。
③ 邱星美、王秋兰著：《调解法学》，厦门大学出版社 2008 年版，第 193 页。
④ 孙赟峰主编：《如何做好调解工作——调解实务技巧与案例》，中国法制出版社 2013 年版，第 51 页。

（一）申请

行政机关可以根据当事人的申请启动行政调解程序。一般而言，申请应当符合以下条件：（1）申请人是与本案有直接利害关系的当事人；（2）有明确的被申请人；（3）有具体的调解请求和事实根据；（4）申请事项属于受案范围。当事人申请行政调解可以书面申请也可以口头申请。当事人口头申请行政调解的，行政机关应当制作口头申请笔录。行政机关应当主动调解矛盾纠纷。行政机关在告知各方权利义务并征得各方当事人同意后，启动行政调解程序并及时告知当事人。2015 年实施的《广州市行政调解规定》第 8 条规定，行政调解事项应当符合下列条件：（1）有明确的各方当事人；（2）当事人与申请调解的争议纠纷有利害关系；（3）有具体的调解请求、事实和理由；（4）各方当事人同意调解。第 12 条规定，当事人可以以书面方式或者口头方式提出行政调解申请。口头提出申请的，行政机关应当记录当事人的基本情况与申请调解的请求、事实和理由。行政机关可以制作标准格式的行政调解申请书，供当事人选择使用。2018 年《武汉市行政调解暂行办法》第 11 条规定，对本办法第 10 条规定的民事纠纷，当事人可以申请法律、法规、规章规定的行政机关进行调解。当事人申请调解民事纠纷应当有明确具体的调解请求、事实和理由，并提供相应的证据。2019 年上海市卫生健康委员会关于印发《上海市医疗纠纷行政调解实施办法（试行）》第 6 条规定，申请医疗纠纷行政调解的，由医患双方共同向医疗纠纷发生地的区卫生主管部门提出申请，并提交行政调解申请书等申请材料。医、患任一方申请调解的，区卫生主管部门在征得另一方同意后进行调解，另一方明确拒绝调解的，不得调解。

（二）受理

行政机关收到行政调解申请后，应当认真审查有关材料符合条件的，迅速启动行政调解程序并及时告知申请人。对被申请人不同意行政调解或者不属于行政调解范畴的，应当书面通知申请人不予受理并说明理由，同时告知当事人相应的救济途径。《广州市行政调解规定》第 13 条规定，行政机关收到行政调解申请后，应当审查有关材料，符合条件的，应当在 5 日内决定是否受理。行政机关决定受理的，应当向当事人发出调解通知，告知调解的日期、地点和注意事项等；不予受理的，应当向当事人说明理由。2018 年《武汉市行政调解暂行办法》第 11 条规定，行政机关应当自当事人申请之日起 5 个工作日内征求对方当事人意见，并决定是否受理。2019 年上海市卫生健康委员会关于印发《上海市医疗纠纷行政调解实施办法（试行）》第 9 条、第 10 条规定，区卫生主管部门受理本行政区域内医疗机构发生的医疗纠纷行政调解申请。区卫生主管部门应当自收到医疗纠纷行政调解申请之日起 5 个工作日内作出是否受理的决定。对材料齐全、符合规定的，应书面通知申请人予以受理并出具受理通知书；对审核不合格的，出具不予受理决定书并说明理由。

（三）纠纷调解

受理调解申请后应当指定 1~2 名行政人员进行调解，简单的案件可以派出调解员就地调解。在当事人双方同意行政调解，行政机关已经受理，申明相关权利义务，并处理回避事项之后，行政机关应当积极查明事实，听取双方当事人的意见与主张，依据双方提交的事实证据，找准纠纷的焦点和各方利益的连接点，采取灵活多样的方式耐心开展疏导工作，使各方当事人互谅互让、互相理解并最终达成调解协议。《广州市行政调解规定》第 20 条规定，行政调解工作人员应当根据争议纠纷的不同情况，听取当事人的陈述，查明事实，分清责任，讲解有关法律、法规、规章和政策，耐心疏导，引导当事人自愿达成调解协议。此外该规定还对调解活动中各方的权利义务、调解工作人员的责任等进行了具体规定。《武汉市行政调解暂行办法》第 13 条、第 14 条规定，经当事人同意，行政机关也可以采取网络、电话、信函等方式进行行政调解。当事人可以委托 1~2 名代理人参加调解；一方当事人人数超过 5 名的，应当推选不超过 5 名的代表人参加调解。当事人应当向行政机关如实提供证据，并对所提供证据的真实性负责；行政机关也可以依申请在其职权范围内进行调查取证或者依职权主动进行调查，核实证据。2019 年上海市卫生健康委员会关于印发《上海市医疗纠纷行政调解实施办法（试行）》第 12~18 条对纠纷的调解进行了规定，对调解形式、调解会通知、行政调解员、调解会工作要求、专家咨询等进行了具体规定。

（四）调解终结

在行政调解机关的疏导下，双方当事人就纷争能够达成一致意见的，由双方当事人达成行政调解协议书。调解协议书由双方各保留一份，调解机关存档一份。行政调解协议书的内容不得违反法律规定。行政调解协议书自各方当事人签字之日起生效。行政调解协议书应当写明以下事项：各方当事人的基本情况，纠纷事实、争议焦点及各方责任，各方当事人的权利和义务，履行义务的方式、地点、期限，当事人签名，行政调解人员签字，并加盖调解委员会印章。调解不成或当事人不履行调解协议书的，调解机关应告知当事人有权申请仲裁或向法院起诉。《广州市行政调解规定》第 28、29 条规定，行政调解工作人员在依法查明事实、分清责任的基础上，可以建议当事人在平等协商、互谅互让的前提下，提出调解协议；行政调解工作人员也可以提出调解建议方案，供当事人协商。行政调解达成协议的，行政机关可以制作行政调解协议书。《武汉市行政调解暂行办法》第 21 条经调解达成协议的，行政机关应当制作民事纠纷行政调解协议书；民事纠纷行政调解协议书应当由当事人签名或者盖章，并加盖行政机关印章，当事人各执一份，行政机关留存一份。当事人认为无须制作民事纠纷行政调解协议书的，可以采取口头协议方式，行政调解人员应当记录协议内容，并经当事人签名或者盖章。2019 年上海市卫生健康委员会关于印发《上海市医疗纠纷行政调解实施办法（试行）》第 19 条规定，医患双方经行政调解达成协议的，由区卫生主管部门制作《行政调解协议书》，协议书应当包括以下内容：（1）医患双方的姓名或者单位名称，法定代表人姓名、职务；（2）争议的案由及主要情况；（3）医患双方协议的内容和调解结果；（4）履行协议的方式、地点、期限；（5）医患双方签名、调解员签名，加盖医疗纠纷行政调解专用章。行政调解协议书自医患双方签字之日起生效，对所调解的医患双方具有同等约束力。制作行政调解协议书应当一式三份，由医患双方和区卫生主管部门共同保存。医患双方应当自觉履行调解协议书，对调解协议书的履行或者调解协议书的内容发生争议的，可以向人民法院提起诉讼。

除了行政机关对于民事纠纷的调解，2018 年实施的《武汉市行政调解暂行办法》对于行政争议的调解程序也作了与民事纠纷调解类似的规定。此外，2010 年《北京市行政调解办法》也对行政调解程序作出了一定的规定，其第31 条规定，行政机关应当建立行政调解工作档案，将记载调解申请、受理、过程、协议等内容的相关材料立卷归档。2017 年《阆中市行政调解工作规定》规定了申请人申请、受理、行政调解的进行以及调解协议书的达成等程序作出了具体的规定。《海上交通事故调查处理条例》《公安机关治安调解工作规范》等少数法律文件对于行政调解程序作了专章规定。例如《公安机关治安调解工作规范》规定了现场调解、主动调查收集证据、调解的次数和期限、调解协议书等。《劳动争议行政调解仲裁法》对劳动争议行政调解的申请、调解的进行以及调解协议书的达成作出了基本的规定。《农村土地承包经营纠纷调解仲裁法》第二章专章对调解的申请、农村土地承包经营纠纷调解的进行、调解协议书的达成作出了规定。2015 年《辽宁省行政调解规定》、2008 年《湖南省行政程序规定》、2006 年《河北省劳动局和社会保障厅关于成立劳动保障纠纷行政调解机构建立行政调解工作规则的通知》等规定均对各地行政调解程序作出了申请、受理、纠纷调解、协议达成四步走的基本规定，形成了当前行政调解的基本程序。

第二节　行　政　裁　决

20 世纪以来，随着我国社会主义市场经济体制的飞速发展和不断完善，公民的权利意识得到很大的提升，但与此同时，社会当中的纠纷也日益增多。无论是行政权的内容还是行政权的范围以及其行使方式均发生了巨大的变化。过去单纯依靠司法途径解决纠纷的方式已经无法满足大量的民事和行政纠纷的需求，不能对其给予充分有效的救济，必须通过构建新的纠纷解决机制才能够缓解纠纷给司法所带来的巨大压力，人们开始寻求诉讼外的纠纷解决机制。由此，行政裁决制度应运而生，成为我国行政法学领域当中一项非常重要的制度，其不仅强调司法的优位性，又关注制度的灵活性以及实用性，适应了社会主义市场经济制度之下人们对于高效、便利的权利救济途径的需求，成为了越来越多的人选择用以解决纠纷的替代性纠纷解决机制。党的十八大后，以习近平同志为核心的党中央对完善矛盾纠纷多元化解机制高度重视。党的十八届四中全会提出，健全社会矛盾纠纷预防化解机制，健全行政裁决制度，强化行政机关解决同行政管理活动密切相关的民事纠纷功能。《法治政府建设实施纲要（2015—2020）》规定："有关行政机关要依法开展行政调解、行政裁决工作，及时有效化解矛盾纠纷。"行政裁决这一项制度是现代经济社会发展之产物，同时也是法治政府行政管理方式变革的必然结果。2019 年中共中央办公厅、国务院办公厅印发《关于健全行政裁决制度加强行政裁决工作的意见》（以下简称《意见》）。为了保障行政裁决制度与民事诉讼、民事仲裁等一系列民事矛盾纠纷解决机制的衔接与协调，《意见》中还明确规定了四项制度与机制：建立行政裁决告知制度、健全行政裁决救济程序的衔接机制、加强行政裁决调解工作以及搭建"一站式"纠纷解决服务平台。

一、行政裁决的意涵

作为一项重要的行政救济制度，行政裁决以其专业技术性强以及程序快捷简便等优势而存在，是对传统的行政诉讼、行政复议等制度的重要补充。行政裁决适用于与行政管理事项相关的民事纠纷，如专利、商标、环保等，具有很强的专业性色彩，只有交由具备相关专业领域知识的人员负责才能使纠纷得到妥善处理，而行政机关拥有专门的调查机构以及通晓专业技术的行政机关工作人员，在纠纷的处理上具有很强的优势。在现代法治国家当中，无论是出于维护当事人自身利益考量还是站在保护社会公共利益的角度上，构建多元化的纠纷解决机制都是一种合理的抉择。行政裁决程序作为行政程序的一种，相较于司法程序而言最大的优势就是迅速。我国的实际情况表明，基于诉讼的长时限以及高成本等劣势，在发生纠纷之后，当事人往往倾向于寻找诉讼之外的途径进行解决，正所谓"迟到的正义非正义"，纠纷解决的效率对案件的正义性能产生直接的影响，有利于保障当事人的合法权益，有利于行政机关快速解决纠纷，有利于减轻法院的负担以及实现国家的宏观调控。

（一）行政裁决的概念

行政裁决在不同的法学著作以及法律规范当中，其内涵以及外延均存在差异。关于行政裁决的概念，我国理论界一直处于不断争论的状态，在这个争论过程当中也形成了几种不同的观点，包括最广义、广义以及狭义三种。"最广义的行政裁决是指行政机关依照某种特定程序（准司法程序），对特定人权利、义务做出具有法律效力决定的活动，这种行政裁决除了解决民事、行政纠纷外，还直接运用准司法程序对相对人实施制裁，提供救济。"① 在此种观点之下，行政处罚和行政复议等活动都被纳入了行政裁决的范畴当中。"广义的行政裁决是指一种行政司法，即行政机关作为第三方解决民事纠纷、行政争议的活动，其对象既包括民事纠纷，也包括行政争议。"② 狭义的行政裁决仅指行政机关解决民事纠纷的活动。但是基于认识角度上存在的差异，学者们对于狭义行政裁决的概念又存在着不同的描述。如："行政裁决是行政机关对法定民事争议依法进行裁决的行政处理。"③ "行政裁决，是行政机关依照法律授权，对特定民事争议进行审理并做出裁决的行政行为。"④ "行政裁决是指行政主体依照法律授权，以中间人身份，对特定民事纠纷进行审理和公断的具体行政行为。"⑤ "行政裁决是针对法定的（与行政管理密切相关）民事纠纷而由行政主体以中立者的身份做出的一种具体行政行为。"⑥ "行政裁决，是指依法

---

① 马怀德：《行政裁决辨析》，载《法学研究》1990 年第 6 期。

② 龙强：《刍议行政裁决行为》，载《法学与实践》1992 年第 6 期。

③ 朱新力、金伟峰、汤明良著：《行政法学》，清华大学出版社 2005 年版，第 245 页。

④ 应松年、袁曙宏主编：《走向法治政府》，法律出版社 2001 年版，第 277 页。

⑤ 吴卫军、樊斌等著：《现状与走向：和谐社会中的纠纷解决机制》，中国检察出版社 2006 年版，第 324 页。

⑥ 胡建淼主编：《公法研究》（第一辑），商务印书馆 2002 年版，第 160~172 页。

由行政机关依照法律授权，对当事人之间发生的，与行政管理活动密切相关的，与合同无关的民事纠纷进行审查，并做出裁决的行为。"① "行政裁决是指行政主体依照法律的明确授权，以第三者身份根据一定的程序，对平等主体之间发生的、与行政管理活动密切相关的特定民事争议进行审查并裁决的具体行政行为。"② 行政裁决系学术上的概念，"是指依法由行政机关依照法律授权，对当事人之间发生的、与行政管理活动密切相关的、与合同无关的民事纠纷进行审查，并作出裁决的行政行为"。③ "行政裁决的产生和发展适应和满足了社会经济发展的需要，是对国家职能分工的调整和完善，也是历史发展的一种趋势。"④ 作为一项行政机关居中解决民事纠纷的制度，行政裁决的应用范围较广，行政机关对于行政裁决权的有效、公正行使对依法行政有着重大影响。在我国的法律文件当中，通常都是使用"裁决"一词进行表述，而较少使用"行政裁决"。日本公法学者美浓部达吉指出，行政机关能否主动对私法上的争议进行裁决或者在未形成争议的情况下就先介入，反映了行政权对私法上的干预强度。行政裁决不仅仅是对民事纠纷的裁决，同时也是对行政纠纷的裁决。因此，行政裁决是行政机关依法运用行政权处理特定民事纠纷以及不动产行政纠纷的单方行政行为。基于此，本书认为：行政裁决指的是行政主体依照法律、法规的相关规定或明确授权，以独立第三人之身份对处于平等地位的当事人之间所发生的同行政管理活动紧密相连的特定民事纠纷和行政纠纷进行审查并作出行政裁决决定的具体行政行为。

（二）行政裁决的性质

作为法律规定由行政机关用以解决相关争议的一种纠纷解决机制，确定行政裁决行为究竟具备怎样的性质是首要问题。行政裁决究其本质而言是一种国

---

① 姜明安主编：《行政法与行政诉讼法》，北京大学出版社、高等教育出版社1999年版，第198~199页。

② 马怀德主编：《行政法与行政诉讼法》，中国法制出版社2007年版，第249页。

③ 姜明安主编：《行政法与行政诉讼法》，北京大学出版社、高等教育出版社1999年版，第202页。

④ 罗豪才主编：《行政法学》，北京大学出版社2000年版，第219页。

家公权力，它以国家强权为后盾，同时具备法律上的强制性以及权威性。与其他行政行为相区别的是，行政机关及相应的机构在行使这一权力时是以中间人的身份对平等主体的双方当事人之间的纠纷进行居间裁决，而非作为纠纷的一方当事人。在行政裁决制度发展比较典型的英国，早在1932年的《部长权力委员会报告》中，就将行政机关的决定分为"司法性""准司法性""行政性"三种类型。① 其后，伴随着行政裁决的发展，行政裁判所被视为纠纷解决的补充机构，且具备司法救济属性。在此种观点下，行政裁判所被视为是由议会进行统领的审判机关而并非行政机关，但其并不能够与法院对等，只是在整个司法体系当中起到补充作用。《里盖特委员会报告》当中也表明了行政裁决具备司法性质的主张。我国在《行政诉讼法》实施之前一直将行政裁决当成民事行为的一种。关于行政裁决的性质，在与行政诉讼相关的司法解释将行政裁决纳入受案范围当中后，我国行政法学理论界的主流观点便将其视为行政行为的一种形式，但是在学界中，学者的认识并未达成一致，主要存在以下三种不同的看法：

其一，具体行政行为说。持此观点的学者认为，行政裁决是行政主体依法作出的单方行政行为，纠纷的双方当事人在纠纷的裁决问题方面，包括是否进行裁决以及怎样进行裁决方面均无法进行干涉，只能由行政主体依法作出决定。虽然行政机关作出行政裁决决定的目的是解决纠纷，其具备司法裁判之形式要件，然而作出行政裁决的主体并非司法机关，而是行政机关及其工作人员；行政机关作出行政裁决所遵循的是行政机关的办案程序，而非人民法院处理民事纠纷所适用的司法程序；行政裁决作出之后所产生的结果与其他具体行政行为具备相同或者类似的结果，行政裁决的决定一经作出即具备行政行为的强制力、执行力和存续力等相关法律效果。行政裁决是一种具体行政行为，行使的是执行权能。② 此种观点当中体现出了行政裁决的行政属性，但是却否定

---

① ［英］卡罗尔·哈洛、理查德·罗林斯著：《法律与行政》，杨伟东等译，商务印书馆2004年版，第84页。

② 杜一超、王霁霞等编著：《典型行政案例改判案例精析》，中国法制出版社2005年版，第13页。

了行政裁决所具备的司法特征，忽视了行政裁决行为与其他具体行政行为，如行政处罚以及行政许可等之间存在的差异，行政裁决是行政机关以独立第三方的身份对平等民事主体之间的民事纠纷进行的居中裁断，其由行政机关行使了本应当由人民法院行使的司法裁判权，具备行政司法的权力性质。

其二，司法行为说。持这种观点的学者主要认为，行政裁决是行政主体依据行政法律法规，并通过运用多样的行政程序，从而对那些与行政管理活动有关的相对人之间的民事纠纷进行裁决的行为。该裁决一经作出便具备法律意义上的效力，即产生公定力，行政裁决的相对人只得服从。但行政裁决通常不是对纠纷产生的最终决断，行政裁决所指向纠纷之当事人若对行政机关作出的行政裁决不服，通常可以依照法律的相关规定向人民法院提起诉讼。行政裁决从本质上而言是一种纠纷解决机制，其同人民法院处理案件纠纷之间高度一致，只是将相应的纠纷解决程序从法院内部转移到了行政领域，不能够仅仅因为法律将行政裁决的权力赋予行政机关或者是基于名称上"行政"二字的出现而将行政裁决认定为是行政机关所作出的行政行为，依照行政机关行使行政裁决权的本质属性进行评判，行政裁决行为应当归属于司法行为。但此种观点却忽略了行政机关在进行行政裁决的过程中所产生的积极作用，没有注意到原本在平等主体之间产生的民事纠纷经过行政机关的裁决之后已经具备了民事性和行政性双重属性，倘若行政裁决的当事人对行政裁决机关所作出的行政裁决结果存在异议，可根据《行政诉讼法》的相关规定采取申请行政复议或者提起行政诉讼的方式对自身的合法权益进行救济。从总的层面来说，行政裁决行为在我国现行的法律制度以及司法实践活动当中被普遍认定为一种行政行为。当然，现实当中也有将某种类型的行政裁决行为认定为民事行为的例外，但目前为止，还没有出现将行政裁决行为当作司法行为的情形。

其三，准司法行为说。持此观点的学者认为，行政裁决乃行政主体行使法律所授予之行政权力的一种方式，同其他行政行为相区别的是在行为方式上存在变革，然而其实质内容并未发生变化，行政裁决的本质属性仍然为具体行政行为，属于行政机关行政权能的一部分，相较于其他的行政行为，行政裁决又更多地要求裁决的过程应当遵循司法程序的公正性和独立性，具备司法的属性。所以，行政裁决机关行使行政裁决权作出行政裁决是其行政权力与司法权力的集中体现，既具备行政属性又具备司法属性，属于准司法行为。虽然在行政裁决的过程当中存在着许多与其他行政行为相区别之处，比如，在行政裁决当中，行政机关通过充当独立的裁判者角色对当事人的纠纷进行裁断；行政裁决所裁决的纠纷并不涉及行政机关自身；行政裁决当中涉及三方关系，而非传统行政行为当中的行政主体和行政相对人之间的双方关系等，但这些差异的存在并不能否认行政裁决在本质上属于行政权的行使方式。除此之外，行政裁决主体具备独立性，对当事人之间的民事争议进行居中裁判，将行政裁决行为认定为准司法行为有利于防止行政权对司法权进行不当干预，使得行政裁决的程序更加规范化，从而为当事人提供更加有效的权利救济。这种观点不仅兼顾了行政裁决的双重属性，同时认识到了行政机关行政裁决权的本质是一种行政权力。行政机关一旦作出行政裁决的决定，那么就会产生同其他具体行政行为相同的法律后果，行政裁决的决定一旦生效就会产生执行力，除非经过行政机关或者是人民法院依法撤销。这也符合行政司法之内涵："行政机关根据法律授权，按照准司法程序审理和裁决有关争议或纠纷，以影响当事人之间的权利义务关系，从而具有相应法律效力的行为。"① 此外，行政裁决决定是由行政机关作出的，而非司法机关，因此需要与司法行为相区别，即使其行使的是委任司法之权力，然此权力应当受限于满足行政权行使以及进行行政管理活动的需要。因此，基于其形成行政行为之后果而又必须满足司法之办案程序和方式，将其定义为准司法行为是恰当的。

总之，关于行政裁决的性质，在学界当中之所以会产生这些不同的观点，主要是基于行政裁决是行政机关对民事争议作出的处理，是一种特殊性的行为。现实社会当中，人们普遍认为民事争议应当交由司法机关进行处理，行政机关处理的应当是行政纠纷，绝大多数人对于由行政主体对民事纠纷进行处理的做法表示不能认同，认为这属于行政权对司法权的入侵。持这种观点的人认

---

① 文正邦：《论行政司法行为》，载司法部法规教育司编：《政法论丛》，法律出版社1997 年版。

为行政权与司法权各自是完全独立的，这实际上属于对三权分立学说以及司法至上理论之误解。但是，伴随着法治社会的不断发展，现代国家的权力运行机制也随之改变。"行政权和司法权之间不单单是分立和制约的关系，已经出现了一定程度的融合，而这种融合的典型代表就是由行政机关解决部分民事争议以及行政解决争议司法化的现象。"① 行政裁决这一新的纠纷解决机制的出现标志着行政权的司法化，具备深刻的时代发展背景和多重客观原因，在符合法理的基础之上迎合了社会发展的趋势。其中，"准司法"是我国行政法理论在描述行政裁决争议时常用的一个词，意指带有司法的某些特征但又非完全的司法性质。行政裁决是行政机关或者行政机关附设的机构居间裁决私法上争议的行为，在行政裁决法律关系中存在三方主体，行政裁决主体处于居间裁断的地位，这使行政裁决区别于一般行政行为，而带有司法行为的某些特征。我国行政法理论上通常用"准司法性"对采用行政裁决的方式解决争议进行描述，指的是行政裁决行为既具备司法的某些特征但是又并非完全具备司法的性质。行政裁决作为行政主体依法对私法上的某些争议进行裁决的行为，在其法律关系当中存在三方法律关系主体，即平等主体的双方当事人和居间裁判的行政裁决主体，从而使行政裁决具备某些司法行为之特征而与一般的行政行为相区别。通过对行政裁决行为的性质进行分析，我们不难发现行政裁决是行政和司法这两种属性的有机结合，是一种具备浓厚司法色彩的行政行为。究其本质而言，行政裁决是一种具有"准司法性质"的行政行为。

（三）行政裁决的特征

行政裁决指的是行政机关在受理当事人的申请之后，依照法律法规的授权，以中间人的身份对于同行政管理事务紧密相关的民事纠纷进行决断。作为行政主体对民事争议进行裁断的具体行政行为，其既不同于其他的具体行政行为又与司法行为相区别。随着经济社会的不断发展和进步，行政裁决在此当中

---

① 张树义主编：《纠纷的行政解决机制——以行政裁决为中心》，中国政法大学出版社 2006 年版，第 33 页。

所扮演的角色日渐重要，明晰行政裁决的概念及其特征，对行政裁决之内涵进行精准把握有助于对其开展更加深入的研究，准确定位行政裁决制度在我国行政法律制度当中的地位与作用具有重要意义；对进一步分析行政裁决制度当前尚存在的相关问题，并进一步发展行政裁决制度以达到完善行政裁决法律制度的目的起着决定性的作用。

行政裁决基于其高效、便捷、专业等特点，在加速了矛盾纠纷解决的同时对繁杂的民事纠纷解决也起到了分流的作用。行政裁决与民事仲裁、民事诉讼一样，同为民事纠纷解决手段，然而基于行政机关的自身属性，行政裁决又具有其独特性。

其一，主体的行政性。与传统的民事纠纷解决仲裁机构以及民事诉讼的受诉人民法院相区别，作出行政裁决的主体是经过法律、法规授权的国家行政机关，只有特定的国家行政机关才能够运用国家行政权充当行政裁决的主体。通过对上述行政裁决的概念分析可知行政裁决从本质上而言是一种行政行为，与立法机关的立法行为和司法机关的司法性行为不同，行政裁决具有相应的行政属性。

其二，裁决对象的特定性。从行政裁决的适用范围进行分析，行政裁决是经过法律、法规授权的特定的行政机关对特定的主体之间的特定纠纷进行裁断。这种特定行政机关的裁决行为在理论上与具体行政行为的相关规定类似，不同于抽象行政行为，属于具体行政行为当中的一种。然而并非所有的具体行政行为都能够适用行政裁决的方式进行解决，《中华人民共和国民事诉讼法》第124条第1款第3项规定："依照法律规定，应当由其他机关处理的争议，告知原告向有关机关申请解决。"这条规定为我国行政机关解决民事纠纷提供了法律依据。但大部分具体行政行为均不属于行政裁决的受案范围，只有某些特定的民事纠纷才能够依照法律的规定采用行政裁决的手段加以解决。这些特定的民事纠纷都发生于平等主体之间，必须同行政管理活动具有紧密联系，主要集中在自然资源权属争议、知识产权侵权纠纷和补偿争议、政府采购活动争议等方面，传统的民事纠纷如合同纠纷等不属于行政裁决的受理范围。

其三，裁决的居中性。基于以上分析，我们将行政裁决归类于具体行政行为中，然而，我们可以发现相较于其他具体行政行为而言，行政裁决与其尚且存在较大的区别。通常来说，在行政机关的行政管理活动当中只会存在两方面的法律关系，由行政机关作为其中的一方主体并在此法律关系当中充当着管理者的角色。但在行政裁决当中却存在着三方法律关系，其中，行政主体并不是一方当事人，而是通过充当居间的第三人角色对发生于平等主体的双方当事人之间的与行政主体所进行的行政管理活动紧密联系的民事纠纷进行决断。它所拥有的是一个居间裁判的身份，显然与一般情况下的具体行政行为相区别。

其四，裁决结果的非终局性。与民事仲裁之一裁终局以及民事诉讼两审终审的纠纷解决制度不同，对于行政机关依法作出的行政裁决，除法律规定不能向人民法院再提起行政诉讼的外，倘若民事纠纷的当事人不认可或者不服的，可依据法律的相关规定向具有管辖权的人民法院提起诉讼。

二、行政裁决的基本原则

行政裁决的基本原则是对行政机关作出行政裁决的实际操作进行指导和规范的基础性规范，体现了行政裁决制度所追求的基本价值理念。通过借鉴国外有关行政裁决的经验并结合我国行政法治的实践情况，在行政裁决制度以及行政裁决的过程当中应当确立并遵循以下基本原则。

（一）合法性原则

合法性原则不仅是我国依法治国的必然要求，同时也是依法行政的内在体现。它保证了行政机关作出行政裁决能够符合法律的相关规定，防止其违法乱裁，使得行政机关所拥有的行政裁决权能够正确有效行使。

行政主体行使行政裁决权必须要按照法律的相关规定或者具备法律的授权，不能超过既定的范围。行政裁决的合法性不仅仅指的是行政裁决结果的合法性，同时也包含了行政裁决从受理、调查、取证到裁决结果作出的整个过程都需要受到法律法规的监督，每一步都要符合合法性的要求，做到合理合法、依法进行。合法性原则要求行政裁决同时满足行政领域和民商事领域相关实体法和程序法之规定。除此之外，合法性原则作为行政裁决制度当中一项最基本的原则，也应当深入行政裁决的执行过程当中，保障行政裁决结果的依法落实。行政裁决机关作为国家行政机关，其一切行为均应当以法律为准绳，合法性原则不仅是作出行政裁决行为的前提，也是行政机关作出其他行政行为应当满足的首要条件。

（二）公平、公正、公开原则

公平、公正、公开原则是行政程序应当遵循的基本原则，倘若将合法性原则视为作出行政裁决之前提，那么公平、公正、公开原则就是保障行政裁决得以顺利进行的强心针。行政裁决作为行政主体运用国家行政权以独立中间人的身份对平等主体所发生的民事争议进行裁断的"准司法"行为，其目的在于对双方当事人的合法权利进行全面的保护。公平、公正、公开三者之间并非独立的，而是相互关联的。公正即意味着公平和正义，而平等又是公平的核心要求，正义的实现立足于公平、公开的基础之上，倘若没有公平和公开，正义的目标将难以实现。正如著名的丹宁法官所言："不仅要主持正义，而且要人们明确无误地、毫不怀疑地看到是谁在主持正义，这一点不仅是重要的，而且是极为重要的。"[1] 行政主体在合法的前提下公平、公正、公开地行使裁决权，要求行政裁决主体站在独立第三方的角度以中立的身份作出裁决行为，同时做到在裁决的过程中，除法律规定的特别事项以外，其他有关的事项应当一律向双方当事人以及社会公开，这不仅是对裁判结果的公正之社会监督的实现，同时也促使拥有行政裁决权的行政主体对行政裁决进行谨慎对待，做到客观公正，从而防止权力滥用的现象发生。公正原则要求作出行政裁决的行政主体必须客观了解案情，对于证据的搜集秉持公正的态度，正确地适用相关法律解决纠纷。公平原则要求裁决主体在作出行政裁决的过程中保持中立的态度，平等地对待双方当事人，不得偏袒其中任何一方。公开原则要求行政裁决主体将与争议案件有关的文书以及其他材料进行公开，从而为当事人或者社会公众提供查阅的机会，其作为一种调解手段有利于保障裁决的功能及价值不受其他因素

---

① ［英］丹宁勋爵：《法律的训诫》，杨百揆等译，法律出版社1999年版，第98页。

影响，体现了行政裁决这种纠纷解决方式的优越性。

（三）效率原则

效率是行政裁决过程中首要的价值追求，因此，应当作为行政裁决制度中的一项基本原则。与传统行政诉讼程序比较而言，行政裁决程序具有高效便捷的优点，可以使争议双方尽早化解纠纷。行政主体在行使法律规定或授权的行政裁决权对相关民事纠纷进行裁决的过程中除了应当依照法律的规定公平公正裁决案件之外，还应当在规定的裁决时限内尽可能地提升行政裁决的效率并达到最为理想的裁决效果，使当事人能够真切实际地感受到行政裁决程序的高效。裁决的效率是相关民事争议的当事人选择行政裁决的方式解决纠纷至关重要的因素，对于行政裁决而言具有重要的意义，能够促进行政裁决朝着更好的方向发展。不仅如此，只有尽可能地提高行政主体作出行政裁决的效率，才能够充分发挥行政机关在行政管理过程中的优势。因此，在行政裁决的过程中及时迅速地处理民事争议是行政机关在实施行政管理过程中的一个重要发展方向。将效率原则贯穿于行政裁决的始终，保障当事人的合法权益及时得到保障，做到合法、公平、高效的有机统一。在实践中，我们可以通过采取限定行政机关在行政裁决过程中各个阶段所用时间以及尽量简化行政裁决程序之手段对效率原则进行贯彻，监督和促进行政机关及时行政、高效裁决。

（四）调解原则

由于受到中国的法律传统以及历史文化背景之影响，我国民事纠纷的当事人在解决纠纷的过程中多不希望采取对簿公堂之方式。无论是从政治哲学角度，还是法理的角度，或是宪法和诉讼法的角度审视，都应当推崇调解制度。① 调解制度的出现为争议的双方当事人友好地解决纠纷搭建了一个很好的平台。行政调解作为一种新型的纠纷解决方式在解决纠纷的过程中具有其独特的作用。基于行政主体的引导，使得纠纷的双方当事人之间能够进行有效沟

---

① 参见解志勇著：《行政诉讼调解》，中国政法大学出版社 2012 年版，第 1 页。

通，彼此相互宽容和信任，共同协商妥善解决纠纷，从而能够节约司法资源、节省诉讼费用，避免造成不必要的诉讼负担，在缓解社会矛盾的同时使得社会更加和谐安定。从某种意义上来说，调解原则也是效率原则的具体化，通过采用调解的手段处理一些社会影响较小的纠纷，提高行政裁决的效率，同时又节省了行政机关的办案资源，起到了一举两得的作用。倘若争议的双方当事人之间协商自愿采取调解作为纠纷解决的方式，那么行政机关应当依法进行调解。调解这一纠纷解决方式在中国的发展中蕴含着无穷的生命力，将调解与行政裁决进行有效衔接对行政裁决的发展及推广具有深远的影响。

三、行政裁决的类型

行政裁决作为一种特殊的行政制度，究竟行政机关能够在何种类型之民事争议上行使行政裁决权呢？针对这个问题，不同的学者有不同的看法。有的学者将之分为：权属纠纷、损害赔偿纠纷、侵权纠纷。① 对于行政裁决的分类有很多标准，基于本书研究的需要，在此主要以行政裁决的内容为标准，从实然与应然的角度对行政裁决进行分类，将其分为以下五种类型。

（一）损害赔偿行政裁决

此种行政裁决是指经过法律授权的行政机关或者其相关部门依照法律的规定对平等民事主体之间所发生的相关损害赔偿争议所作出的裁决。此类争议在1991年《最高人民法院关于贯彻执行〈中华人民共和国行政诉讼法〉若干问题的意见（试行）》（以下简称为《意见（试行）》）出台之前一直被当作民事行为。直至《意见（试行）》出台后，才将这一类的行政裁决行为定性为行政行为的。自此，对于赔偿争议类行政裁决的性质基本形成了一致的认识。裁决的纠纷往往因侵权引起。如1995年7月7日《最高人民法院关于不服专利管理机关对专利申请权纠纷、专利侵权纠纷的处理决定提起诉讼，人民法院应作何种案件受

---

① ［日］中村英郎著：《新民事诉讼讲义》，林剑锋等译，法律出版社 2000 年版，第31 页。

理问题的答复》中指出:"专利管理机关依据《中华人民共和国专利法》第 60 条①的规定,作出责令侵权人停止侵权行为,并赔偿损失的处理决定,若当事人一方或双方对专利管理机关作出的处理决定不服,以专利管理机关为被告提起诉讼的,人民法院应作为行政案件受理。"这进一步明确了赔偿争议类行政裁决的行政行为性质。

(二) 补偿争议行政裁决

针对补偿协议的行政裁决指的是当平等主体的民事争议双方当事人因为某一项权利的行使或者放弃行使无法达成统一的意见而产生相应的纠纷时,由法律授权的行政机关充当居中的第三人角色进行裁断,从而解决纠纷的方式。如《意见(试行)》规定:"公民、法人或者其他组织对行政机关依照职权作出的强制性补偿决定不服的,可以依法提起行政诉讼。"这将补偿争议类行政裁决明确认定为行政行为的一种。虽然在之后的实践过程中这种观点一直存在争议,但是就目前司法领域的做法来说,其还是将补偿类行政裁决认定为一种行政行为。除此之外,《专利法》第 62 条规定:"取得实施强制许可的单位或者个人应当付给专利权人合理的使用费……其数额由双方协商;双方不能达成协议的,由国务院专利行政部门裁决。"《〈土地管理法〉实施条例》第 25 条规定:"对补偿标准有争议的,由县级以上地方人民政府协调;协调不成的,由批准征用土地的人民政府裁决。"《城市房屋拆迁管理条例》第 16 条规定:"拆迁人与被拆迁人或者拆迁人、被拆迁人与房屋承租人达不成拆迁补偿安置协议的,经当事人申请,由房屋拆迁管理部门裁决……当事人对裁决不服的,可以自裁决书送达之日起 3 个月内向人民法院起诉。"这都是对补偿争议类行政裁决进行的规定。

(三) 侵权纠纷行政裁决

这一类型的行政裁决所指的是在民事法律关系当中,一方当事人因对另一

---

① 根据《中华人民共和国专利法》第四次修正的情况,该条现为第 65 条。

方当事人的合法权益造成侵害，当事人一方向行政机关或者是相关部门提出申请，请求其对相应的因侵权而产生的争议作出裁决的行为。如《专利法》第65条规定："未经专利权人许可，实施其专利，即侵犯其专利权，引起纠纷的，由当事人协商解决；不愿协商或者协商不成的，专利权人或者利害关系人可以向人民法院起诉，也可以请求管理专利工作的部门处理。管理专利工作的部门处理时，认定侵权行为成立的，可以责令侵权人立即停止侵权行为，当事人不服的，可以自收到处理通知之日起15日内依照《中华人民共和国行政诉讼法》向人民法院起诉；侵权人期满不起诉又不停止侵权行为的，管理专利工作的部门可以申请人民法院强制执行。进行处理的管理专利工作的部门应当事人的请求，可以就侵犯专利权的赔偿数额进行调解；调解不成的，当事人可以依照《中华人民共和国民事诉讼法》向人民法院起诉。"其中作出的排除危害、赔偿损失以及责令侵权人立即停止侵权行为就属于此类的行政裁决，这种类型的行政裁决具备预防以及减轻侵权行为可能的作用。我国当前的《著作权法》《商标法》《计算机软件保护条例》也都对此种类型的侵权纠纷作出行政裁决进行了规定。

（四）权属纠纷行政裁决

因权属纠纷而作出的行政裁决指的是民事领域作为平等主体的双方当事人基于对同行政管理行为相关的资源或财产之所有权与使用权发生分歧、产生争议，由与之相关的行政机关或者部门依照法律的规定作出裁决。如我国《土地管理法》第14条规定："土地所有权和使用权争议，由当事人协商解决；协商不成的，由人民政府处理。"《草原法》第16条规定："草原所有权、使用权的争议，由当事人协商解决；协商不成的，由有关人民政府处理。单位之间的争议，由县级以上人民政府处理；个人之间、个人与单位之间的争议，由乡（镇）人民政府或者县级以上人民政府处理。当事人对有关人民政府的处理决定不服的，可以依法向人民法院起诉。"《矿产资源法》第49条规定："矿山企业之间的矿区范围的争议，由当事人协商解决，协商不成的，由有关县级以上地方人民政府根据依法核定的矿区范围处理；跨省、自治区、直辖市的矿区范围的争议，由有关省、自治区、直辖市人民政府协商解决，协商不成的，由国务院处理。"在我国诸多法律当中均针对相关的自然资源或者财产的权属纠纷进行行政裁决作出了相关规定，一直以来，此类行政裁决行为在司法实践的过程中均被作为行政行为进行对待。

（五）民间纠纷行政裁决

此处所指的民间纠纷主要涵盖了平等主体的公民之间因人身、财产以及其他相关权益而产生的日常纠纷，在这类纠纷中，绝大部分属于赔偿类的行政裁决，其中也有一些归于一般情况下的权属纠纷行政裁决。但基于此类纠纷的裁决所适用的是专门的法律文件，同时，司法部颁布了《民事纠纷处理办法》，规定人民政府可以对民间纠纷进行裁决，基层人民政府对民间纠纷应当以处理决定书的形式作出处理决定，对于处理决定，当事人必须执行。倘若当事人对处理决定存在异议，可以在处理决定作出后就原纠纷向人民法院起诉。但是有一些学者并不认同将这些纠纷纳入行政裁决的范围之内。

四、行政裁决程序

在现代社会当中，追求正当法律程序的法治观念已经深入人心，公正和效率原则要求权力的行使必须通过完善的程序进行保障和制约。英国的"自然正义"要求未经法律的正当程序，对任何财产和身份的拥有者一律不得剥夺其土地或住所，不得逮捕或监禁，不得剥夺其继承权和生命。① 遵循相应的程序是权力运用所必须满足的，倘若没有程序进行保障，权力就会处于失控的状态，将会对广大公民的权利和自由造成无法规避的威胁。要想实现行政裁决效果的公正，应当对行政裁决适用准司法化的程序。因而形成合理、公正和高效的行政裁决程序制度对行政裁决制度的构建和完善产生着关键作用，同时，合理高效的行政裁决程序对实现行政裁决结果的公正具有重要意义，是正当法律

---

① ［英］丹宁勋爵著：《法律的正当程序》，李克强等译，法律出版社 1999 年版，第 1 页。

程序的必然要求。依法治国的核心内容是依法行政，此处的"法"不仅仅包含实体上的法律，也包含程序法的内容，由于受到我国传统"重实体，轻程序"的思想之影响，与行政程序相关的立法呈现出较为滞后的状态，与行政程序相关的许多规定都被夹杂在行政实体法当中。"行政程序是行政主体作出行政行为依法必须经过的过程、次序和步骤。"① 也有人认为："行政程序就是行政行为的方式、步骤和时间顺序构成的行政行为过程。"② 作为行政程序中的一种，行政裁决程序指的是行政主体行使行政裁决权对纠纷进行裁定的过程中应当遵循的方式、方法、步骤和时限等。依法行政包含着程序合法，要通过立法规定行政裁决的程序。行政实体法更多的是赋予行政主体公权力，限制私权利，而行政程序法恰恰相反，它对行政主体的活动设置一些约束性规范，限制公权力，保障相对人的私权利，通过程序法使公权力与私权利达到平衡。

行政裁决作为一种纠纷解决的手段，其程序的正当化显然具有重要意义。"行政程序本身指行政权力运行的步骤、顺序、方式、时限等规则，是一个不含任何价值取向的中性概念，当其成为立法者需借助法律加以规制的内容，成为行政机关自我约束和规范的要素，成为司法机关审查的对象时，必然融入各类主体的价值判断和标准设定。"③ "行政程序是行政行为的表现形式。这意味着只要有行政行为，就一定会有行政程序。只不过我们以前不太重视行政程序问题，尤其是没有充分认识到行政程序的相对独立价值，因而对行政程序缺乏制度上的规范，由此导致行政行为不同程度的恣意。"④ 倘若缺乏程序对公民的权利进行保障，那么行政权力就会被滥用，从而导致公民权利受到威胁，使得法律丧失本应具备的公信力和威严。行政程序这一概念的出现是社会公众所追求的社会公正从司法层面走向行政层面的扩张。这一现象表明，当今社会，"人们在要求司法程序正义的同时也开始要求行政程序正义。民主、公正、科

---

① 叶必丰著：《行政法学》，武汉大学出版社 1996 年版，第 118 页。

② 罗豪才主编：《行政法学》，中国政法大学出版社 1999 年版，第 264 页。

③ 江必新：《论行政程序的正当性及其监督》，载《法学研究》2011 年第 1 期。

④ 胡平仁：《行政程序法治化》，载东方法眼，http://www.dffy.com/faxuejieti/xz200311/20031119083056.htm，2003 年 11 月 19 日发表。

学的行政程序不仅是行政行为实体公正、准确的保障，而且其本身也是现代文明的标志，在现代化中有其自身的独立价值"。① "行政裁决是行政主体运用公权力对私权利的重新分配，使私权利恢复到受法律保护的状态。所以，行政主体必须在合法的前提下公开、公正、合理地裁决。行政裁决的公正包括立法的公正和适用法律的公正，但无论是立法的公正还是适用法律的公正，都包含着实体上的公正和程序上的公正。"② 正当程序原则是现代民主法治当中的重要支柱，是权力运行过程当中应当遵循的一项基本准则，任何权力的行使都应当受到程序的保障和制约。

伴随着我国社会经济的发展以及经济体制的转变，行政裁决这一纠纷解决方式开始得以被人们所重视，根据初步统计的结果，我国当前共有十几部法律、行政法规以及部门规章对行政裁决问题的相关问题进行了规定。这些立法初步形成了我国的行政裁决制度，其中以行政法规设定居多，而地方性法规和规章以及行政规范性文件中则并没有相关内容。就目前法律规定的情况而言，尚未制定统一的行政程序法对行政裁决的相关程序进行明确的规定。行政主体在作出行政裁决时应当遵循的程序可以分成以下几种情况：（1）法律、法规并未在授予行政机关裁决权的同时专门规定其权力行使应当遵循的具体程序，而只是进行了比较零散的规定，并且仅仅规定了行政机关所享有的权力而忽视或者甚少提及纠纷当事人在行政裁决的过程中所拥有的权利。（2）法律、法规仅对行政机关行使行政裁量权进行了规定而并未涉及其权力运行的程序问题。（3）对于那些行政裁决案件数量比较多的行政机关，通常采用规章或者规范性文件的形式对本机关所进行的行政裁决活动所应当遵循的程序予以确立。在实践过程中，各个行政机关都是根据各自具体的行政管理相关工作的特点，依照一般的行政程序或者是自行创立一套行政裁决程序进行行政裁决，抑或是借鉴相关司法程序与国外的相关做法实施行政裁决活动。行政机关通常依据案件的现实需要对行政裁决活动所应当适用的程序进行自由裁量。

---

① 姜明安：《行政的现代化与行政程序制度》，载《中外法学》1998 年第 1 期。

② 张学慧：《论行政裁决之法律救济》，载《沧桑》2007 年第 1 期。

（一）行政裁决一般程序

当前我国行政主体作出行政裁决一般应当遵循以下程序：

其一，申请。指的是民事争议的一方或双方当事人在争议发生之后，依照法律的相关规定向有管辖权且具有行政裁决权的行政机关提出要求解决纠纷的请求。行政裁决申请一般应具备以下条件：（1）申请人必须是民事权益发生争议的当事人或其法定代理人；（2）行政裁决申请必须向与民事争议有关的行政主体提出；（3）所提起的行政裁决申请应当符合法律规定的形式要求，如按照法律的规定提交申请书以及其他相关的文书；（4）当事人应当在法定的期限内提交行政裁决申请。

其二，立案。行政裁决机构在收到当事人申请书后，应当对申请进行审查，审核当事人所提交的证件以及与案件相关的材料，并根据法律的相关规定决定是否受理当事人的裁决请求。对符合条件的应当受理，并履行裁决前法定期限内通知另一方当事人的义务，包括通知其书面或口头答辩、陈述与争议相关的情况以及参加听证等；对不符合条件的，行政裁决机构不予受理并应通知申请人并告知其不予受理的理由；对于申请材料不齐全需要补充相关材料的，应当在一定的期限内一次性告知申请人，可以现场补正的，应当现场补正。

其三，通知。主持行政裁决的行政机关受理当事人提交的行政裁决申请，在对相关民事争议立案后，应当通知民事争议的申请人及对方当事人，并要求另一方当事人在法定的期限内提交进行裁决所需的有关材料等。

其四，答辩。行政裁决机关在受理行政裁决申请之后，首先应当听取当事人的陈述和申辩，给予当事人展示纠纷事实和相关证据的机会，包括书面形式和口头形式两种，因此，民事争议当事人在收到裁决申请后，应当在规定的期限内提交答辩书及有关证据材料。答辩在行政裁决程序中极为重要，它一方面可以帮助对方当事人了解申请人申请争议的事实与理由，以便进行辩解，维护自身的合法权益；另一方面使得纠纷事实的真相和证据、理由得以充分呈现，有利于裁决机构了解真相、查清事实，作出正确裁决。对方不答辩的，行政机关可径行裁决。这一程序不仅能够使得行政裁决主体理性、正确地作出裁决，同时又能够使整个行政裁决程序体现出公平正义。

其五，调查。行政裁决机关收到答辩书后，对争议的事实、证据材料进行审查，在双方当事人进行举证、质证的过程中，也许可能出现无法举证或者仅凭当事人的力量难以进行举证的情况。此时，行政机关可以根据行政裁决的需要，依照当事人的申请或者是主动进行相关的补充调查或鉴定。进行调查、勘验或鉴定，对交通事故、医疗事故、环境污染、产品质量等技术性争议是必不可少的。这也正是行政裁决与法院裁判案件相区别之处，尽管人民法院在审理案件的过程中也拥有一定的调查取证权，但依法具有行政裁决权的行政机关所拥有的调查权限应当比法院的范围更加宽泛，只有如此，才能保证行政机关更好地解决民事争议，发挥行政裁决程序简便、高效之优势。但行政裁决机关的调查权受到相关法律规范的限制，必须遵循相应的程序，且对于行政裁决机关经调查所获取的证据或其他相关信息应当允许与裁决结果存在利害关系的当事人或第三人进行反驳或提出异议。除此之外，行政裁决机关将所有的事实、证据材料进行综合分析研究，如果尚有疑问或经当事人请求，可举行公开听证，由当事人双方当面陈述案情，相互辩论、举证、质证，以查明案情。

其六，裁决。行政裁决机关在审理后，根据事实和法律、法规作出裁决。但不管是采用口头形式还是书面形式作出裁决，任何一个裁决都应当附上裁决机关作出此裁决的理由，用以证明行政裁决的结果是行政裁决机关在对所争议的事实和相关证据进行具体分析和确认的基础之上，依据法律的相关规定所作出的，而不是滥用行政裁决权或者违法乱裁。作出行政裁决之后，行政裁决机关应当制作书面的行政裁决书并依法向争议的双方当事人送达。行政裁决书中应当明确记载双方当事人姓名、地址，所涉争议的内容，行政裁决机关对争议作出的裁定及其理由和法律根据，并注明是否为终局裁决。倘若行政裁决机关所作出的裁决非终局裁决，则应写明若当事人对行政裁决结果不服，提起行政复议或者诉讼的期限和受理机关。目前，我国主要有以下法律对行政机关的最终裁决权进行了相关的规定：《商标法》第 35 条明确规定，商标评审委员会对注册商标争议所作出的行政复议决定为最终裁决；《中华人民共和国外国人入境出境管理法》第 29 条规定，公安机关对于受罚款或者拘留处罚的外国人不服提起的行政复议所作出的行政复议决定为最终裁决，且对于该行政复议决定不能向人民法院提起行政诉讼；《中华人民共和国公民出境入境管理法》第15条规定，中国公民对公安机关依据该法作出的行政拘留处罚不服而向上一级公安机关申请行政复议的，上一级公安机关所作出的行政复议决定为最终裁决，且对于该裁决决定不能够向人民法院提起行政诉讼；《中华人民共和国集会游行示威法》第13条规定："集会、游行、示威的负责人对主管机关不许可的决定不服的，可以自接到决定通知之日起三日内，向同级人民政府申请复议。"尽管在法律条文的表述之上并未说明对于不许可集会、游行、示威所作出的行政复议决定属于最终裁决，但该法并未规定对该行政复议决定能够提起行政诉讼且该法规定，对于行政拘留的行政复议决定可以向人民法院提起行政诉讼，可知，对于不许可集会、游行、示威所作出的行政复议决定属于最终裁决。除了以上几部法律的相关规定之外，我国《行政复议法》中也对行政机关作出的行政复议决定的最终裁决进行了相关规定，其中，第14条规定："对国务院部门或者省、自治区、直辖市人民政府的具体行政行为不服的，向作出该具体行政行为的国务院部门或者省、自治区、直辖市人民政府申请行政复议。对行政复议决定不服的，可以向人民法院提起行政诉讼；也可以向国务院申请裁决，国务院依照本法的规定作出最终裁决。"第30条规定："根据国务院或者省、自治区、直辖市人民政府对行政区划的勘定、调整或者征收土地的决定，省、自治区、直辖市人民政府确认土地、矿藏、水流、森林、山岭、草原、荒地、滩涂、海域等自然资源的所有权或者使用权的行政复议决定为最终裁决。"

其七，执行。行政裁决经依法作出并以合理的方式送达双方当事人之后，裁决生效，争议的双方当事人都应当自觉履行；若当事人不履行生效的行政裁决书内容，则另一方当事人可依照法定程序申请拥有强制执行权的行政裁决机关强制执行或向人民法院提出申请强制执行。倘若当事人提起行政复议或者行政诉讼的，其可向负责执行的行政机关或人民法院提出暂停执行行政裁决决定的申请。

（二）行政裁决特定程序

与一般的行政裁决程序相区别，我国根据行政裁决所涉及事项的专业性和技术性等进行划分，形成了几种较为详细、专门的行政裁决程序，具体包括商标争议裁决程序、专利争议裁决程序、城市房屋拆迁裁决程序和土地权属争议裁决程序这几类。

其一，商标争议裁决程序。国务院工商行政管理部门专门设立商标评审委员会负责对商标争议进行处理，《中华人民共和国商标法》（以下简称为《商标法》）第45条规定："商标评审委员会收到宣告注册商标无效的申请后，应当书面通知有关当事人，并限期提出答辩。商标评审委员会应当自收到申请之日起十二个月内作出维持注册商标或者宣告注册商标无效的裁定，并书面通知当事人。有特殊情况需要延长的，经国务院工商行政管理部门批准，可以延长六个月。当事人对商标评审委员会的裁定不服的，可以自收到通知之日起三十日内向人民法院起诉。人民法院应当通知商标裁定程序的对方当事人作为第三人参加诉讼。"另外，依据《商标法》及其实施细则的相关规定，商标争议行政裁决的申请人应当向商标评审委员会提交《注册商标争议裁定申请书》一式两份，并且应当提出产生争议的理由。商标评审委员会在收到裁定申请书之后，将其副本转交给商标争议的另一方当事人并指定其在一定的时间之内以书面形式提交答辩。商标评审委员会在认真听取并充分考虑争议双方当事人所阐述的事实和理由之后依据认定的事实并参照法律的相关规定作出行政裁决决定。争议的理由成立的，依法撤销所争议的商标，否则维持所争议的商标。商标评审委员会所作出的终局裁定应当以书面的形式送达商标争议的双方当事人并送交商标局。对于依法撤销的商标，应当责令相关当事人限期交回商标注册证，由商标局办理相关手续并公告。

其二，专利争议裁决程序。专利行政裁决指的是在专利法的授权范围之内，国家知识产权局专利复审委员会以及省、自治区、直辖市所设置的专利管理部门依照法律规定的程序对相关的专利争议进行裁决的具体行政行为。为了进一步加强对专利权的保护，提高进行专利侵权纠纷行政裁决工作的效率和水平，2019 年 12 月 26 日，国家知识产权局印发《专利侵权纠纷行政裁决办案指南》（以下简称为《指南》）。《指南》包括正文以及办案文书表格两个部分，正文部分分为五章分别对专利侵权纠纷行政裁决的基本概念以及管辖、回避、代理、送达等，案件受理与审查、证据调查、案件审理等办案程序，专利侵权行为的认定，证据基本概念与一般规则、典型证据的审核认定的细化，各种类型专利的侵权判定以及侵权判定的相关原则作出了具体的规定和解释。《指南》在立足于办理专利侵权纠纷相关执法实践的基础之上，对专利侵权纠纷行政裁决的办案程序以及相关实体标准进行了深入的细化和完善，对于强化知识产权的保护以及优化营商环境具有非常重要的影响。

其三，城市房屋拆迁裁决程序。城市房屋拆迁裁决指的是依照法律法规的相关规定，房屋拆迁主管部门对房屋拆迁人和被拆迁人之间基于房屋拆迁补偿协议的形式、补偿金额、安置用房的面积与地点、搬迁过渡的方式以及过渡期限等与拆迁相关的事项作出的与拆迁人和被拆迁人之间权利义务紧密相连的具体行政行为。中华人民共和国建设部（现住房和城乡建设部）2003 年印发了《城市房屋拆迁行政裁决工作规程》（以下简称为《规程》），对城市房屋拆迁过程中拆迁人与被拆迁人之间因拆迁期限、补偿方式、标准以及拆迁过渡方式、期限等所产生争议的行政裁决程序作出了规定，包括行政裁决的申请、受理、调解、审理以及行政裁决决定书的作出与送达等环节，并对行政裁决过程中导致行政裁决程序的中止或终结的情形进行了规定，除此以外，《规程》还规定了回避制度、听证制度以及权利救济制度等相关内容。除建设部印发的《规程》之外，各省、自治区和直辖市也对城市房屋拆迁裁决程序作出了相关的规定，如：北京市国土资源和房屋管理局于 2002 年依据北京市人民政府令第 87 号《北京市城市房屋拆迁管理办法》制定了《北京市城市房屋拆迁裁决程序规定》；江苏省根据国务院《城市房屋拆迁管理条例》《江苏省城市房屋拆迁管理条例》和建设部《城市房屋拆迁行政裁决工作规程》于 2006 年发布《江苏省城市房屋拆迁行政裁决工作规程》等。

其四，土地权属争议裁决程序。土地行政裁决指的是土地管理机关根据法律的相关规定，依照相应的程序，对当事人之间因土地所有权或者使用权而产生的民事纠纷进行裁决的具体行政行为。根据我国《土地管理法》第 14 条的规定，土地所有权和使用权争议，单位之间的由县级以上人民政府处理；个人之间、个人与单位之间的由乡级人民政府或者县级人民政府处理。通过对土地行政裁决的概念以及行政裁决所具备的特征进行分析可知，《土地管理法》第 14 条所规定的"人民政府对土地所有权和使用权进行处理"的行为与《行政复议法》及其司法解释中将人民政府行使该种职权表述为"确认"实则是人民政府对土地权属争议所作出的行政裁决行为。同时，根据国土资源部 2003 年发布的《土地权属争议调查处理办法》第 4 条以及林业部 1996 年发布的《林木林地权属争议处理办法》第 4 条第 2 款之规定，有权对土地权属争议作出处理决定的机关为县级以上人民政府。《土地权属争议调查处理办法》从土地权属争议案件的受案范围出发，对土地权属争议的调查处理申请、受理、调解、调查、审查、调查处理意见的作出以及救济措施等程序进行了具体的规定。除此之外，《土地权属争议调查处理办法》还规定了代理制度、证据规则等相关内容。

我国目前的行政裁决程序中存在的问题主要包括：行政裁决制度中并未规定明确统一的行政裁决程序，行政裁决程序缺乏对听证、公开回避、期限等反映法律程序和自然公正原则的程序规定，对行政裁决的准司法程序特征重视不够，行政裁决的效力不统一。[1] 除了上述几种具体的争议行政裁决制度对裁决程序作出了详细的规定之外，对于其他事项的行政裁决制度，我国法律至今为止尚未形成明确统一程序，一旦纠纷产生则由行政机关进行自由裁量，有的法律、法规甚至根本没有对行政裁决程序进行规定，这个状况一方面使行政机关处理民事纠纷的权威性、严肃性、公正性受到影响，另一方面行政裁决没有法定程序做保障，在实际执行中就难免出现各自为政、各行其是、杂乱无序的状态。[2]

行政裁决作为法律赋予行政机关对民事纠纷进行居中裁判的制度，其应用

---

① 王小红著：《行政裁决制度研究》，知识产权出版社 2011 年版，第 88 页。

② 马怀德主编：《行政法与行政诉讼法》，中国法制出版社 2007 年版，第 254 页。

范围较为广泛，行政裁决的有效性及其公正对于依法行政来说具备重大的影响，从国外的相关经验来看，英国和美国都是通过制定专门的行政程序法来对行政裁决机关的行政裁决行为进行规制的。我国在行政裁决领域缺乏专门的相关程序规定，使得行政裁决制度的功能无法充分发挥，故而，我国应当着力对当前的行政裁决程序进行完善。

第三节　行　政　仲　裁

一、行政仲裁的基本意涵

行政仲裁意指行政主体以第三人身份对特定纠纷进行裁断的行政活动及其过程。据此，行政仲裁法即规范或规制行政仲裁权及其运行过程、监督审查等法律规范之总称。由于我国并没有出台统一的行政仲裁法，行政仲裁的有关规范分布于单行的法律、法规和规章之中。

（一）行政仲裁的概念

行政仲裁制度在我国有较长的历史。早在井冈山革命斗争时期，政府就已采用行政仲裁方式解决劳动争议；中华人民共和国成立后，我们逐渐建立起以行政仲裁为主要内容的仲裁制度，主要借鉴苏联经验。然而以 1994 年颁布的《仲裁法》为分野，行政仲裁制度发生了较大的变化。1994 年之前，在计划经济体制的影响下，仲裁主要是以行政的方式来体现计划经济的要求。[1] 此前仲裁即指行政仲裁，而不存在民间仲裁；随着市场经济的发展，1994 年颁布的《仲裁法》促使行政仲裁向民间仲裁改革和转轨，但这并不意味着行政仲裁制度的消失——它仅仅意味着行政仲裁之内涵和外延发生了较大的变化。

---

① 李正华：《中国仲裁制度研究》，载《当代法学》2003 年第 3 期。

其一，行政仲裁的多重解读。《仲裁法》实施前的国内仲裁主要为行政仲裁，彼时它是行政机关或附设于行政机关的专门机关依职权对纠纷进行居中裁判，其特征表现为：仲裁机关设在行政机关内部，仲裁机关负责人、工作人员和生效裁判书都出自行政机关。① 1994 年颁布《仲裁法》后，主张仲裁去行政化，该法主要规制民商事仲裁，行政仲裁缺失直接的法律依据，行政仲裁适用空间急剧压缩。此后，随着多元化纠纷解决机制的研究，对行政仲裁的探讨又复苏。学界对行政仲裁含义的理解主要有以下观点：（1）有的学者从当事人角度出发，认为"行政仲裁亦称行政公断，是指双方当事人自愿地把争议提交第三者居中裁判，由其作出判断或裁决，以解决行政管理相对人之间发生的争议"。② （2）有的学者主张行政仲裁就是行政裁决，"行政仲裁与其说是'仲裁'倒不如说是行政裁决，是行政机关进行行政管理、解决社会纠纷的一种方式"。③ （3）还有一种观点以客体为标准定义，认为行政仲裁是对行政争议进行的仲裁，如对劳动争议、人事争议、土地争议等的仲裁。④ 在其现实意义上，对行政仲裁的理解取决于将"民间仲裁"与"行政仲裁"相区别。1994 年《仲裁法》出台前民商事纠纷和其他法律纠纷都由行政主管部门仲裁；该法颁布实施后，我国的仲裁制度发生了重大变化。《仲裁法》的调整范围是"平等主体的公民、法人和其他组织之间发生的合同纠纷和其他财产权益纠纷"⑤，继而在地市级以上设立了相应的仲裁委员会，对上述民商事纠纷进行仲裁。人们习惯性地通过对仲裁委员会民间性法律身份的判断，⑥ 将《仲裁

① 罗楚湘：《仲裁行政化及其克服》，载《江西社会科学》2012 年第 3 期。
② 王连昌主编：《行政法学》，四川人民出版社 1990 年版，第 227 页。
③ 张树义主编：《寻求行政诉讼制度发展的良性循环——行政诉讼法司法解释释评》，中国政法大学出版社 2000 年版，第 14 页。
④ 张尚鷟主编：《走出低谷的中国行政法学》，中国政法大学出版社 1991 年版，第 282 页。
⑤ 根据《仲裁法》第 2 条之规定，平等主体的公民、法人和其他组织之间发生的合同纠纷和其他财产权益的纠纷，可以仲裁。
⑥ 根据《仲裁法》第 14 条之规定，仲裁委员会独立于行政机关，与行政机关没有隶属关系。

法》规定的仲裁称为"民间仲裁"。① 因此，行政仲裁是指行政机关设立的特定行政仲裁机构，依法按照仲裁程序对双方当事人之间的特定纠纷作出具有法律约束力的判断和裁决的活动。

其二，行政仲裁之秉性。根据行政仲裁的概念，行政仲裁既不同于民间仲裁也不同于行政裁决，具有其独特的秉性。（1）仲裁主体的行政性。行政仲裁的主体是由行政机关所设立的专门的行政性组织，仲裁主体在组织、工作等方面依附于行政机关。如劳动人事争议仲裁委员会下设实体化的办事机构，该办事机构系劳动人事争议仲裁院，设在人力资源社会保障行政部门。② 民间仲裁是指民间仲裁机构根据仲裁协议依法解决当事人纠纷的活动。这是行政仲裁与民间仲裁的区分。（2）仲裁程序的独立性。行政仲裁的程序具有独立性，行政仲裁按照法律规定的独立程序进行。行政裁决作为解决特定民事纠纷的一种方式，我国目前没有统一的法定程序，各种裁决适用的程序主要靠各裁决机构取舍，随意性较大。这是行政仲裁与行政裁决相区别的主要标志之一。（3）仲裁对象的特定性。行政仲裁的对象既不属于行政争议，也不同于一般的民事纠纷，而具有一定的特殊性。具体而言，我国行政仲裁的范围主要是劳动人事争议和农村土地承包合同争议。（4）仲裁结果的非终局性。对绝大部分行政仲裁而言，当事人如果对结果不服，都可以通过司法途径获得救济。

（二）行政仲裁制度的功能与价值

作为一项特殊的行政救济制度和特殊的仲裁机制，行政仲裁有其不可替代的功能和价值。

其一，行政仲裁制度之功能。行政仲裁的影响虽在 1994 年《仲裁法》颁布后大幅减弱，但在法治政府的环境中仍有其存在的必要性。（1）诉讼分流。最高人民法院于 2016 年发布的《关于进一步推进案件繁简分流优化司法资源

---

① 陆伟明：《服务型政府的行政裁决职能及其规制》，载《西南政法大学学报》2009年第 2 期。

② 根据《劳动人事争议仲裁组织规则》第 9 条规定，仲裁委员会下设实体化的办事机构，具体承担争议调解仲裁等日常工作。办事机构称为劳动人事争议仲裁院，设在人力资源社会保障行政部门。仲裁院对仲裁委员会负责并报告工作。

配置的若干意见》第 20 条规定："完善多元化纠纷解决机制。推动综治组织、行政机关、人民调解组织、商事调解组织、行业调解组织、仲裁机构、公证机构等各类治理主体发挥预防与化解矛盾纠纷作用……促进纠纷的诉前分流……"行政仲裁作为当事人之间化解纠纷的方式之一，其高效性和灵活性契合当事人解决纠纷的实际需要，能够实现诉讼分流的效果。（2）行政仲裁有利于维护弱势一方当事人利益。以现有的行政仲裁涉及的劳动人事争议与农村土地承包经营领域的案件来看，仲裁案件双方当事人在地位上往往难以达到平等。在这种情况下，弱势一方当事人往往难以通过达成民事仲裁而维护自身合法利益，而行政仲裁便提供了一条较为简易的救济途径。行政仲裁仅需一方当事人提出仲裁申请便可受理，且在制度设计中多处体现着对弱者利益的保护。从宏观层面来看，行政机关作为公共管理机关，可"以个别的纠纷处理为起点，通过自己的管理权限进一步发掘问题和谋求更具一般性的根本解决，正是行政性纠纷处理机关的最大优势"。[1]（3）相较于诉讼手段，行政仲裁解决纠纷更及时高效。行政仲裁处理的案件如劳动人事争议案件对争议的处理更为快速便捷。劳动争议的及时处理对于劳动者特别重要，因为这直接关涉劳动者的基本生存需要。行政仲裁对时限要求更为紧凑。

其二，行政仲裁制度特有价值。（1）行政仲裁制度不违背仲裁自愿性原则。仲裁的自愿性原则是仲裁最突出的特点，体现在当事人双方在自愿的基础上，协商确定当事人之间的纠纷是否提交仲裁，交与谁仲裁，仲裁庭如何组成，由谁组成，以及仲裁的审理方式、开庭形式等。[2] 出于对公共利益的考量，行政仲裁采取了带有强制特点的仲裁模式，但仍将仲裁自愿性原则排除。如当事人可以达成和解协议或调解协议申请行政仲裁机构确认以截断行政仲裁裁决的作出；[3] 当事人可以自主选择仲裁员组成合议庭，保证纠纷自主解决。

---

[1] ［日］棚濑孝雄著：《纠纷的解决与审判制度》，中国政法大学出版社 1994 年版，第 87 页。

[2] 江伟、肖建国主编：《仲裁法》，中国人民大学出版社 2016 年版，第 12 页。

[3] 根据《劳动争议调解仲裁法》第 41 条之规定，当事人申请劳动争议仲裁后，可以自行和解。达成和解协议的，可以撤回仲裁申请。第 42 条规定，调解达成协议的，仲裁庭应当制作调解书。调解书应当写明仲裁请求和当事人协议的结果。调解书由仲裁员签名，加盖劳动争议仲裁委员会印章，送达双方当事人。调解书经双方当事人签收后，发生法律效力。

在《仲裁法》颁布前，行政仲裁为人诟病的大部分原因在于行政权的滥用，而现今行政仲裁作为一种准司法解决纠纷方式无疑具有生命力。（2）行政仲裁制度不违背仲裁的公正性价值，具体表现有四：一是行政仲裁机构的公正性。行政仲裁机构下设于行政机关，但是相对独立于设立它的行政机关，有其独立的办事机构，依法独立处理争议。二是仲裁庭的公正性。《农村土地承包经营纠纷调解仲裁法》第 46 条明确规定，仲裁庭依法独立履行职责，不受行政机关、社会团体和个人的干涉。三是仲裁员的公正性。仲裁员的遴选非常严格，依据《农村土地承包经营纠纷调解仲裁法》第 15 条规定，农村土地承包仲裁委员会应当从公道正派的人员中聘任仲裁员，仲裁员应具备专业性、权威性等特质。《劳动人事争议仲裁组织规则》第 20 条规定，仲裁员享有处理案件不受干涉的权利。四是仲裁监督机制。《劳动人事争议仲裁组织规则》第 32 条规定，建立仲裁监督制度，对仲裁全程进行监督。

二、行政仲裁的类型

1994 年《仲裁法》的颁布，将行政机关绝大部分的仲裁职能都转移给了独立的民间仲裁委员会，而现行的行政仲裁主要包括劳动人事争议仲裁和农村土地承包经营纠纷仲裁。

（一）劳动人事争议仲裁

劳动人事争议仲裁是指劳动人事争议仲裁机构根据当事人的申请，依法对劳动人事争议居中进行裁判的活动。劳动人事争议仲裁由其所具有的公平、快速、经济、专业、柔性等特性，因而成为解决劳动人事争议的重要方式。2007 年 12 月颁布的《劳动争议调解仲裁法》在原先《企业劳动争议处理条例》和《人事争议处理规定》的基础上扩大了调整范围，将劳动争议与人事争议全部包括进来。而随后颁行的《劳动人事争议仲裁办案规则》和《劳动人事争议仲裁组织规则》则分别从程序和组织上整合了原先的劳动争议仲裁和人事争议仲裁。

1. 仲裁主体

劳动人事争议仲裁是仲裁机构对劳动人事争议的居中裁断行为，其主体是各级劳动人事争议仲裁委员会。同时，劳动人事争议仲裁委员会下设办事机构，负责日常工作，聘请仲裁员负责具体办案。

其一，劳动人事争议仲裁委员会。劳动人事争议仲裁委员会是在整合原劳动争议仲裁委员会和原人事争议仲裁委员会基础上设立的。从设立原则看，劳动争议调解仲裁法已经改变了过去企业劳动争议处理条例在县、市、市辖区应当设立劳动争议仲裁委员会的规定，而实行按照统筹规划、合理布局和适应实际需要的原则设立，不按行政区划层层设立。《劳动人事争议仲裁组织规则》延续了这一原则。① 从设立主体看，仲裁委员会由省、自治区、直辖市人民政府依法设立，即省、自治区人民政府可以决定在市、县设立，直辖市人民政府可以决定在区、县设立；直辖市、设区的市设立一个或若干个劳动争议仲裁委员会。从内部组成看，《劳动争议调解仲裁法》确立了"三方原则"。② 《劳动人事争议仲裁组织规则》在这个基本原则的指导下，结合人事争议仲裁委员会整合后的实际情况，对劳动人事争议仲裁委员会的组成进行了细化规定。③ 从履行职责来看，劳动人事争议仲裁委员会的职责包括：聘任、解聘专职或者兼职仲裁员；受理争议案件；讨论及重大或者疑难的争议案件；对仲裁活动进行监督。此外，《劳动人事争议仲裁组织规则》还进一步对仲裁委员会的会议制度作出了具体规定。④

其二，办事机构。劳动人事争议仲裁委员会由三方代表所组成，相对虚设，虽然有明确规定的会议制度，但并不能满足日常工作的需要，所以其下设办事机构，负责具体工作。虽然《劳动争议仲裁调解法》已就办事机构的设

① 根据《劳动人事争议仲裁组织规则》第4条之规定，仲裁委员会按照统筹规划、合理布局和适应实际需要的原则设立。

② 根据《劳动争议调解仲裁法》第19条之规定，劳动争议仲裁委员会由劳动行政部门代表、工会代表和企业方面代表组成。

③ 根据《劳动人事争议仲裁组织规则》第5条第1款之规定，仲裁委员会由干部主管部门代表、人力资源社会保障等相关行政部门代表、军队文职人员工作管理部门代表、工会代表和用人单位代表等组成。

④ 根据《劳动人事争议仲裁组织规则》第8条之规定，仲裁委员会应当每年至少召开2次全体会议，研究仲裁委员会职责履行情况和重要工作事项。仲裁委员会主任或者1/3以上的仲裁委员会组成人员提议召开仲裁委员会会议的，应当召开。仲裁委员会的决定实行少数服从多数原则。

立作出规定,① 但这一办事机构设在人力资源社会保障行政部门,② 受行政部门机构编制的限制,在行政部门内部,专门从事争议仲裁工作的机构和人员难以满足仲裁工作的需求,"案多人少"的矛盾突出。因此,《劳动人事争议仲裁组织规则》明确规定仲裁委员会可设立实体化的办事机构,具体承担争议仲裁等日常工作。实践中,各地目前普遍采用"仲裁院"的形式作为实体化的仲裁委员会办事机构。

其三,仲裁员。仲裁员是仲裁工作的具体承担者。为了规范对仲裁员的管理,《劳动人事争议仲裁组织规则》设置了较为严格的仲裁员入职和去职规定。就仲裁员入职而言,仲裁员是由劳动人事争议仲裁委员会聘任,仲裁员可以是专职也可以由特定人员兼职。③ 然而无论是专职还是兼职都应当符合一定的条件,根据《劳动争议调解仲裁法》的相关规定,仲裁员应公道正派并符合下列条件之一:曾任审判员的;从事法律研究、教学工作并具有中级以上职称的;具有法律知识、从事人力资源管理或者工会等专业工作满 5 年的;律师执业满 3 年的。除了对仲裁员的任职资格作出明确要求,为了保证仲裁员能够胜任仲裁工作,《劳动人事争议仲裁组织规则》还规定了要对仲裁员进行聘前培训以及平时的业务培训。④ 就仲裁员去职而言,仲裁员聘期一般为 3 年,由

---

① 根据《劳动争议仲裁调解法》第19条第3款之规定,劳动争议仲裁委员会下设办事机构,负责办理劳动争议仲裁委员会的日常工作。

② 根据《劳动人事争议仲裁组织法》第9条之规定,仲裁委员会下设实体化的办事机构,具体承担争议调解仲裁等日常工作。办事机构称为劳动人事争议仲裁院,设在人力资源社会保障行政部门。仲裁院对仲裁委员会负责并报告工作。

③ 根据《劳动人事争议仲裁组织规则》第19条之规定,仲裁委员会应当依法聘任一定数量的专职仲裁员,也可以根据办案工作需要,依法从干部主管部门、人力资源社会保障行政部门、军队文职人员工作管理部门、工会、企业组织等相关机构的人员以及专家学者、律师中聘任兼职仲裁员。

④ 根据《劳动人事争议仲裁组织规则》第27、28条之规定,人力资源社会保障行政部门负责对拟聘任的仲裁员进行聘前培训。拟聘为省、自治区、直辖市仲裁委员会仲裁员及副省级市仲裁委员会仲裁员的,参加人力资源社会保障部组织的聘前培训;拟聘为地(市)、县(区)仲裁委员会仲裁员的,参加省、自治区、直辖市人力资源社会保障行政部门组织的仲裁员聘前培训。人力资源社会保障行政部门负责每年对本行政区域内的仲裁员进行政治思想、职业道德、业务能力和作风建设培训。仲裁员每年脱产培训的时间累计不少于四十学时。

仲裁委员会负责考核，考核结果作为解聘和续聘的根据。同时，如果仲裁员在聘期内有工作岗位变动、考核不合格以及按照本规则规定应当给予解聘等情形的，仲裁委员会应当予以解聘。

2. 仲裁范围

如前文所述，我国长期以来一直实施劳动争议处理和人事争议处理"分立"的体制，所以劳动争议仲裁和人事争议仲裁有着不同的受理范围。一般来说，劳动争议仲裁解决的是因企业开除、除名、辞退职工和职工辞职、自动离职，因执行国家有关工资、保险、福利、培训、劳动保护的规定，因履行劳动合同发生的争议。人事争议仲裁解决的则是事业单位与其工作人员之间因辞退、辞职及履行聘用合同发生的争议。聘用合同制采用的是事业单位聘用制改革的结果。所谓聘用制是以合同的形式确定事业单位与职工基本人事关系的一种用人制度，通过签订聘用合同，确定单位与个人的聘用关系，明确并履行双方的权利义务。① 聘用关系已不同于以往的人事关系而属于广义上的劳动关系，聘用合同也属于劳动合同的一种形式。因此，劳动争议仲裁和人事争议仲裁应当进行有效整合，并确立一个统一的仲裁范围。对此，可以分别从主体与标的两个方面界定。

其一，仲裁范围之主体界定。《企业劳动争议处理条例》将仲裁所涉及的争议主体限定为企业与职工，而《人事争议处理规定》则将仲裁所涉及的争议主体限定为聘任单位与聘任人员以及聘用单位与聘用人员。然而，根据整合劳动争议仲裁和人事争议仲裁的改革思路，我们应当将仲裁所涉及的争议主体界定为"用人单位"和"劳动者"，从而扩大仲裁的受案范围。《劳动争议调解仲裁法》的相关条款已经体现了这一改革趋势。② 所谓"用人单位"，其并不局限于企业，还可以是企业、个体经济组织、民办非企业单位等组织、国家

---

① 潘晨光：《我国事业单位聘用制改革分析》，载《社会科学管理与评论》2006 年第
3 期。

② 参见《劳动争议调解仲裁法》第 2 条的规定。

机关、军事机关、事业单位、社会团体等。① 所谓"劳动者"是与上述用人单位建立劳动关系、聘用关系或者聘任关系的个人。双方之间发生的特定争议都可以提交劳动人事争议仲裁委员会仲裁。

其二，仲裁范围之标的界定。所谓标的是指当事人之间因权利义务产生的争议而指向的对象。用人单位与劳动者之间的争议并非全部纳入仲裁的范围，但目前呈现出扩大的趋势。劳动立法所遵循的一个原则是"涉及劳动关系运行过程中发生的争议，除了劳动保障监察或者行政渠道能够解决的以外，都尽可能通过调解仲裁的方式来解决。因为劳动争议本身的特点还是决定了应该尽量以柔性化的手段来处理"。② 因此，从《企业劳动争议处理条例》到《劳动人事争议仲裁办案规则》普遍采用列举加兜底条款的方式进行规定并且不断扩大范围。其中，《劳动人事争议仲裁办案规则》在整合劳动争议仲裁与人事争议仲裁的基础上对仲裁范围作出了较为全面和详细的规定。根据该法第 2 条之规定，本规则适用下列争议的仲裁：（1）企业、个体经济组织、民办非企业单位等组织与劳动者之间，以及机关、事业单位、社会团体与其建立劳动关系的劳动者之间，因确认劳动关系、订立、履行、变更、解除和终止劳动合同，工作时间、休息休假、社会保险、福利、培训及劳动保护，劳动报酬、工伤医疗费、经济补偿或者赔偿金等发生的争议。（2）实施公务员法的机关与聘任制公务员之间，参照公务员法管理的机关（单位）与聘任工作人员之间因履行聘任合同发生的争议。（3）事业单位与工作人员之间因除名、辞退、辞职、离职等解除人事关系以及履行聘用合同发生的争议。（4）社会团体与工作人员之间因除名、辞退、辞职、离职等解除人事关系以及履行聘用合同发生的争议。（5）军队文职人员聘用单位与文职人员之间因履行聘用合同发生

---

① 根据《劳动合同法》第 2 条之规定，中华人民共和国境内的企业、个体经济组织、民办非企业单位等组织（以下称用人单位）与劳动者建立劳动关系，订立、履行、变更、解除或者终止劳动合同，适用本法。国家机关、事业单位、社会团体和与其建立劳动关系的劳动者，订立、履行、变更、解除或者终止劳动合同，依照本法执行。

② 王全兴、王文珍：《我国劳动争议处理立法的若干基本选择》，载《中国劳动》2007 年第 1 期。

的争议。（6）法律、法规规定由仲裁委员会处理的其他争议。

（二）农村土地承包经营纠纷仲裁

近年来，随着工业化、城镇化的推进和现代农业建设，农村土地承包经营纠纷呈多发趋势，纠纷表现出来的矛盾十分复杂，已经成为影响农村和谐稳定的因素之一。因此，有效化解矛盾，解决纠纷是保护农民权利，维持农村稳定的关键。其中，建立符合我国实际的农村土地承包经营纠纷仲裁制度，保障农民土地承包经营权，促进农业、农村经济发展和农村社会稳定，具有重要意义。① 2002 年通过的《农村土地承包法》虽然明确了仲裁这一争议解决方式，② 但由于规定较为原则，既没有设定相应的仲裁机构和职权，也没有设定仲裁程序，实际上造成了农村土地承包纠纷仲裁的无法可依。2009 年 6 月 27 日通过、2010 年 1 月 1 日起施行的《农村土地承包经营纠纷调解仲裁法》作为我国农村土地承包经营纠纷解决机制方面的一部重要立法，在农村土地承包经营纠纷仲裁制度的建设上作出了许多重大的改革与创新。本节主要根据《农村土地承包经营纠纷调解仲裁法》以及之后颁行的《农村土地承包经营纠纷仲裁规则》，对我国现有的农村土地承包经营纠纷行政仲裁予以介绍。

1. 仲裁主体

农村土地承包经营纠纷仲裁是仲裁机构对土地承包经营纠纷的居中裁断活动，其主体是农村土地承包仲裁委员会。仲裁委员会的日常工作由当地农村土地承包管理部门，同时聘请仲裁员负责具体办案。

其一，仲裁委员会。农村土地承包仲裁委员会根据解决农村土地承包经营纠纷的实际需要，在当地人民政府的指导下，可以在县和不设区的市设立，也

---

① 董景山：《农村土地承包经营纠纷仲裁相关问题探讨》，载《兰州学刊》2009 年第 7 期。

② 根据 2002 年通过的《农村土地承包法》第 55 条之规定，因土地承包经营发生纠纷的，双方当事人可以通过协商解决，也可以请求村民委员会、乡（镇）人民政府等调解解决。当事人不愿协商、调解或者协商、调解不成的，可以向农村土地承包仲裁机构申请仲裁，也可以直接向人民法院起诉。

可以在设区的市或者其市及区设立。其职责包括聘任、解聘仲裁员,受理仲裁申请及监督仲裁活动。从农村土地承包仲裁委员会的设立特点看,为了适应土地承包经营纠纷的特点,最大限度地满足农民解决纠纷的需要,仲裁委员会的设置具有基层性,即只设立在县一级。农村土地承包仲裁委员会由当地人民政府及其有关部门代表、有关人民团体代表、村集体经济组织代表、农民代表和法律经济等相关专业人员兼任组成,其中农民代表和法律、经济等相关专业人员不得少于组成人员的1/2。仲裁委员会设主任1人、副主任1~2人和委员若干人。主任、副主任应由全体组成人员选举产生。

其二,仲裁员。仲裁委员会应当从公道正派的人员中聘任仲裁员。仲裁员应符合下列条件之一:从事农村土地承包管理工作满5年;从事法律工作或人民调解工作满5年;在当地威信较高并熟悉农村土地承包法律以及国家政策的居民。这些仲裁员可以是专职仲裁员,也可以是兼职仲裁员,实际中一般是兼职仲裁员。为了提高仲裁员的素质,法律还规定了对仲裁员的培训制度。农村土地承包仲裁委员会应当对仲裁员进行农村土地承包法律以及国家政策的培训。省、自治区、直辖市人民政府农村土地承包管理部门应当制订仲裁员培训计划,加强对仲裁员培训工作的组织和指导。

2. 仲裁范围

农村土地承包经营纠纷仲裁的范围具有特定性,其范围是农村土地承包经营过程中发生的纠纷,即当事人之间因承包土地的使用、收益、流转、调整、收回以及承包合同的履行等事项发生的争议。农村土地承包经营纠纷,可能发生在承包土地的农民之间,也可能发生在承包土地的农民与农村集体经济组织或者村民自治组织之间,还有可能发生在农民与有关的人民政府或者人民政府有关部门之间。① 根据《农村土地承包经营纠纷调解仲裁法》第2条第2款的肯定性列举,以及该条第3款的排除规定,仲裁范围主要包括以下纠纷: (1)因订立、履行、变更、解除和终止农村土地承包合同发生的纠纷; (2)因农村

---

① 吴高盛主编:《〈中华人民共和国农村土地承包经营纠纷调解仲裁法〉释义》,人民法院出版社2009年版,第22页。

土地承包经营权转包、出租、互换、转让、入股等流转发生的纠纷;(3)因收回、调整承包地发生的纠纷;(4)因确认农村土地承包经营权发生的纠纷;(5)因侵害农村土地承包经营权发生的纠纷;(6)法律、法规规定的其他农村土地承包经营纠纷。因征收集体所有的土地及其补偿发生的纠纷,不属于农村土地承包仲裁委员会的受理范围,可以通过行政复议或者诉讼等方式解决。

三、行政仲裁的程序

仲裁程序是有关仲裁机构、仲裁庭、仲裁员、仲裁申请人、被申请人、其他关系人(如证人、代理人和鉴定人等)以及法院之间在仲裁案件进行过程中的相互关系和活动方式的规定的总称。① 仲裁程序是仲裁活动得以有效展开的保障,它在很大程度上影响甚至决定着仲裁的公正性。由于行政仲裁的特殊性,我国对其项下劳动人事争议仲裁程序和农村土地承包经营纠纷仲裁程序分别作出了详细的程序规制,并对不服行政仲裁的情况提供了救济途径。

(一)劳动人事争议仲裁程序和救济

如前所述,《劳动争议调解仲裁法》已将人事争议仲裁纳入调整范围,② 所以在劳动争议仲裁与人事争议仲裁整合后,其仲裁程序也应该遵循《劳动争议调解仲裁法》的有关规定。

1. 申请

申请是启动争议仲裁的第一步,争议仲裁机构受理争议案件实行"不告不理"原则:没有当事人的申请,争议仲裁机构无权对争议进行干预、处理。

其一,申请时效。申请时效与当事人的权益保护密切相关,合理的申请时效应该保证当事人,特别是处于相对弱势地位的劳动者能够有充足的时间提出

---

① 肖永平编著:《中国仲裁法教程》,武汉大学出版社1997年版,第119页。
② 根据《劳动争议调解仲裁法》第52条之规定,事业单位实行聘用制的工作人员与本单位发生劳动争议的,依照本法执行。

申请从而获得法律救助的机会。《劳动法》将仲裁申请时效规定为 60 日，① 然而在实践中，60 日的期间过短无法满足当事人权益保护的需求。因此《劳动争议调解仲裁法》将仲裁申请时效延长为 1 年，同时规定了时效中断、中止制度，并且规定在劳动关系存续期间拖欠劳动报酬发生争议的，不受仲裁时效期间的限制。②

其二，申请人。发生争议的劳动者和用人单位都可以向仲裁委员会提出仲裁的申请，且只要一方申请即可进入仲裁，无须双方事先约定，也无须对方当事人同意。

其三，申请条件。根据《劳动争议调解仲裁法》的规定，申请人申请仲裁，应当提交书面仲裁申请，③ 书面仲裁申请确有困难的，可口头申请，由仲裁委员会记入笔录并告知对方当事人。仲裁申请书应当载明下列事项：（1）劳动者的姓名、性别、年龄、职业、工作单位和住所，用人单位的名称、住所和法定代表人或者主要负责人的姓名、职务；（2）仲裁请求和所根据的事实、理由；（3）证据和证据来源、证人姓名和住所。

2. 受理

受理是仲裁委员会根据当事人的申请，对符合条件的争议事项予以立案的程序，主要包括受理时限以及受理条件等内容。

---

① 根据《劳动法》第 82 条之规定，提出仲裁要求的一方应当自劳动争议发生之日起 60 日内向劳动争议仲裁委员会提出书面申请。

② 根据《劳动争议仲裁调解仲裁法》第 27 条之规定，劳动争议申请仲裁的时效期间为一年。仲裁时效期间从当事人知道或者应当知道其权利被侵害之日起计算。前款规定的仲裁时效，因当事人一方向对方当事人主张权利，或者向有关部门请求权利救济，或者对方当事人同意履行义务而中断。从中断时起，仲裁时效期间重新计算。因不可抗力或者有其他正当理由，当事人不能在本条第一款规定的仲裁时效期间申请仲裁的，仲裁时效中止。从中止时效的原因消除之日起，仲裁时效期间继续计算。劳动关系存续期间因拖欠劳动报酬发生争议的，劳动者申请仲裁不受本条第一款规定的仲裁时效期间的限制；但是，劳动关系终止的，应当自劳动关系终止之日起一年内提出。

③ 根据《劳动人事争议仲裁办案规则》第 29 条之规定，申请人的书面仲裁申请材料齐备的，仲裁委员会应当出具收件回执。对于仲裁申请书不规范或者材料不齐备的，仲裁委员会应当当场或者在 5 日内一并告知申请人需要补正的全部材料。

其一，受理时限。根据《劳动争议调解仲裁法》的规定，劳动争议仲裁委员会收到仲裁申请之日起 5 日内，认为符合受理条件的，应受理并通知申请人；认为不符合受理条件的，应书面通知申请人不予受理，并说明理由。对不予受理或逾期未作出决定的，申请人可以就该劳动争议事项向法院提起诉讼。

其二，受理条件。《劳动争议调解仲裁法》对此并没有作详细的规定。根据《劳动人事争议仲裁办案规则》的规定，仲裁委员会受理申请的条件包括：(1) 属于劳动人事争议的范围；(2) 有明确的仲裁请求和事实理由；(3) 在申请仲裁的法定时效期间内；(4) 属于仲裁委员会管辖。① 同时，该规则也对不符合受理条件的仲裁申请规定了相应的处理方式：(1) 不符合上述前 3 项条件的仲裁申请，仲裁委员会不予受理，并在收到仲裁申请之日起 5 日内向申请人出具不予受理通知书；(2) 对不符合第 4 项规定的仲裁申请，仲裁委员会应当在收到仲裁申请之日起 5 日内，向申请人作出书面说明并告知申请人向有管辖权的仲裁委员会申请仲裁。

3. 仲裁庭

仲裁委员会处理争议案件应当组成仲裁庭，实行一案一庭制。仲裁庭的组成是仲裁程序进入实质性阶段的开始，其主要包括仲裁庭的组织形式、产生方式、仲裁员的回避等内容。

其一，仲裁庭的组成。仲裁庭由 3 名仲裁员组成，设首席仲裁员。简单劳动争议案件可以由 1 名仲裁员独任仲裁。② 仲裁庭组成不符合规定的，仲裁委

---

① 根据《劳动争议调解仲裁法》第 21 条第 2 款之规定，劳动争议由劳动合同履行地或者用人单位所在地的劳动争议仲裁委员会管辖。双方当事人分别向劳动合同履行地和用人单位所在地的劳动争议仲裁委员会申请仲裁的，由劳动合同履行地的劳动争议仲裁委员会管辖。又根据《劳动争议仲裁办案规则》第 8 条第 1 款之规定，劳动合同履行地为劳动者实际工作场所地，用人单位所在地为用人单位注册、登记地或者主要办事机构所在地。用人单位未经注册、登记的，其出资人、开办单位或者主管部门所在地为用人单位所在地。

② 根据《劳动人事争议仲裁组织规则》第 13 条第 1 款之规定，处理下列争议案件应当由三名仲裁员组成仲裁庭，设首席仲裁员：(1) 十人以上并有共同请求的争议案件；(2) 履行集体合同发生的争议案件；(3) 有重大影响或者疑难复杂的争议案件；(4) 仲裁委员会认为应当由三名仲裁员组庭处理的其他争议案件。

员会应予以撤销并重新组庭。

其二，仲裁庭的产生方式，即仲裁员的产生方式。《劳动争议调解仲裁法》以及《劳动人事争议仲裁组织规则》并没有对仲裁庭的产生方式作出详细规定，然而根据"劳动争议仲裁委员会应当设仲裁员名单"等条款以及劳动人事争议"去行政化"的理念，我们认为当事人选择仲裁员将是劳动人事争议仲裁的发展趋势。

其三，仲裁员的回避。有特定情形时，仲裁员应当回避，① 当事人也有权以口头或书面方式提出回避申请。当事人提出回避申请，应当说明理由，在案件开始审理时提出；回避事由在案件开始审理后知道的，也可以在庭审辩论终结前提出。仲裁员是否回避由仲裁委主任或其授权的办事机构负责人决定。被申请回避的仲裁员在仲裁委员会作出回避的决定前，应当暂停参与本案的处理，但因案件需要采取紧急措施的除外。

4. 开庭

劳动人事争议仲裁是一种"准司法"的行政活动，所以其庭审过程与诉讼过程类似。仲裁员应当听取申请人的陈述和被申请人的答辩，主持庭审调查、质证和辩论、征询当事人的最后意见，并进行调解。其中，应着重关注以下几方面的内容。

其一，当事人的确定。一般来说，发生争议的劳动者和用人单位是仲裁案件的双方当事人。然而有几种特殊的情况：（1）劳务派遣单位或用工单位与劳动者发生劳动争议的，劳务派遣单位和用工单位为共同当事人。（2）发生争议的用人单位被吊销营业执照、责令关闭、撤销以及用人单位决定提前解散、歇业，不能承担相关责任的，依法将其出资人、开办单位或主管部门作为共同当事人。（3）劳动者与个人承包经营者发生争议的，依法向仲裁委员会

---

① 根据《劳动争议调解仲裁法》第33条之规定，仲裁员有下列情形之一，应当回避，当事人也有权以口头或者书面方式提出回避申请：（1）是本案当事人或者当事人、代理人的近亲属的；（2）与本案有利害关系的；（3）与本案当事人、代理人有其他关系，可能影响公正裁决的；（4）私自会见当事人、代理人，或者接受当事人、代理人的请客送礼的。

申请仲裁的，应当将发包组织和个人承包经营者作为当事人。

其二，举证责任分配。一般来说，仲裁举证责任依照"谁主张、谁举证"的原则分配，即当事人对自己的主张有责任提供证据，承担举证责任的当事人应当在仲裁委员会指定的期限内提供有关证据，当事人在指定的期限内不提供的，应当承担不利后果。然而有以下几种特殊情况：（1）与争议有关的证据属于用人单位掌握管理的，用人单位应当提供；用人单位不提供的，应当承担不利后果。（2）在法律没有具体规定，无法确定举证责任承担时，仲裁庭可以根据公平原则和诚实信用原则，综合当事人举证能力等因素确定举证责任的承担。（3）当事人因客观原因不能自行收集证据，仲裁委员会可以根据当事人的申请，参照《民事诉讼法》的有关规定予以收集；仲裁委员会认为有必要的，也可以决定参照《民事诉讼法》有关规定予以收集。

其三，和解与调解。① 当事人申请仲裁后可以自行和解，达成和解协议的，可以撤回仲裁申请，也可以请求仲裁庭根据和解协议制作调解书。同时，仲裁庭在作出裁决前，应当先进行调解。调解达成协议的，仲裁庭应当制作调解书；② 调解不成或调解书送达前，一方当事人反悔的，仲裁庭应当及时作出裁决。

5. 裁决

如果无法调解或者调解没有产生法律效力，仲裁庭需要作出裁决。其中，应着重关注以下几方面的内容。

其一，裁决的期限。原《企业劳动争议处理条例》规定作出裁决的期限为 60 日，必要时可以再延长 30 日，然而实践中，劳动争议处理周期过长的问题日益凸显。《劳动争议调解仲裁法》将争议裁决的期限缩短为 45 天。案情

---

① 根据《劳动人事争议仲裁办案规则》第 68 条之规定，仲裁委员会处理争议案件，应当坚持调解优先，引导当事人通过协商、调解方式解决争议，给予必要的法律释明以及风险提示。

② 根据《劳动争议调解仲裁法》第 42 条第 3 款之规定，调解书应当写明仲裁请求和当事人协议的结果。调解书由仲裁员签名，加盖劳动争议仲裁委员会印章，送达双方当事人。调解书经双方当事人签收后，发生法律效力。

复杂需要延期的，经仲裁委员会批准，可以延期并书面通知当事人，但延长期限不得超过 15 日。同时，仲裁裁决期限的起算时间为"自仲裁申请受理之日"，然而有几种特殊情形：（1）申请人需要补正材料的，仲裁委员会收到仲裁申请的时间从材料补正之日起计算。（2）增加、变更仲裁申请的，仲裁期限从受理增加、变更仲裁申请之日起重新计算。（3）仲裁申请和反申请合并处理的，仲裁期限从受理反申请之日起重新计算。（4）案件移送管辖的，仲裁期限从接受移送之日起计算。

其二，裁决的方式。裁决应当按大多数仲裁员的意见作出，少数仲裁员的不同意见应记入笔录。仲裁庭不能形成多数意见时，裁决应当按照首席仲裁员的意见作出。裁决应当以裁决书的形式作出，裁决书应当载明仲裁请求、争议事实、裁决理由、裁决结果和裁决日期。

其三，裁决的内容。从内容上看，仲裁裁决可以包括终局性裁决和非终局性裁决。在《劳动争议调解仲裁法》颁行之前，劳动人事争议仲裁的裁决一直具有非终局性。虽然这一制度保障了当事人获得司法救济的途径，然而在实践中却产生了很多弊端，主要体现在两个方面：（1）仲裁的非终局性可能导致当事人（主要是用人单位）恶意诉讼，拖延时间，从而增加另一方当事人（主要是劳动者）的维权成本。（2）仲裁的非终局性导致了仲裁的诉讼化，即经过仲裁裁决的案件，法官仍要进行实体上的审理，这反过来导致仲裁机构纷纷以诉讼标准来规范仲裁，导致仲裁程序诉讼化以及仲裁证据规则诉讼化，使仲裁的优势无法发挥。[1] 从法理意义来说，为了保证裁决的公正性，有必要在一定程度上形成诉讼监督、制约仲裁的格局，但为了保证仲裁的实质有效性、能够发挥其定分止争的社会功能，必须保证诉讼与仲裁之间的合理张力。[2] 因此，应该在一定程度上保证仲裁裁决的终局性，司法救济和监督的方式应该体现为仲裁裁决作出后一定时间内，当事人可以申请法院撤销。《劳动争议调解

---

[1]　翟玉娟：《劳动争议 ADR 研究》，载《法学评论》2009 年第 4 期。

[2]　董保华：《论我国劳动争议处理立法的基本定位》，载《法律科学》2008 年第 2 期。

仲裁法》规定了有限的"一裁终局"制,其中的"有限"体现在两方面:一方面,只有部分争议适用一裁终局;① 另一方面,劳动者对上述争议,在裁决后仍可以向人民法院起诉,但用人单位只能在特定的情形下请求人民法院撤销。

6. 执行

当事人对发生法律效力的裁决书应当依照规定的期限履行。一方当事人逾期不履行的,另一方当事人可以依照《民事诉讼法》的有关规定向人民法院申请执行。仲裁庭对追索劳动报酬、工伤医疗费、经济补偿或赔偿金的案件,根据当事人的申请,可以裁决先予执行。②

7. 不服仲裁裁决的救济

不服劳动人事争议仲裁裁决的救济方式因裁决内容和当事人的不同而有所区别。

其一,不服非终局裁决的救济。当事人对非终局仲裁裁决不服的,可以自收到仲裁裁决书之日起15日内向法院提起诉讼;期满不起诉的,裁决书发生法律效力。

其二,不服终局裁决的救济。不服终局裁决的救济又因当事人的不同而有所区别。对用人单位而言,其只能在有证据证明终局仲裁裁决有下列情形之一,才可自收到仲裁裁决书之日起30日内向仲裁委员会所在地的中级人民法院申请撤销该裁决:(1)适用法律、法规确有错误的;(2)劳动争议仲裁委员会无管辖权的;(3)违反法定程序的;(4)裁决所根据的证据是伪造的;(5)对方当事人隐瞒了足以影响公正裁决的证据的;(6)仲裁员在仲裁该案时有索贿受贿、徇私舞弊、枉法裁决行为的。对劳动者而言,只要对终局仲裁

---

① 根据《劳动争议调解仲裁法》第47条之规定,下列劳动争议,除本法另有规定的外,仲裁裁决为终局裁决,裁决书自作出之日起发生法律效力:(1)追索劳动报酬、工伤医疗费、经济补偿或者赔偿金,不超过当地月最低工资标准十二个月金额的争议;(2)因执行国家的劳动标准在工作时间、休息休假、社会保险等方面发生的争议。

② 根据《劳动争议调解仲裁法》第44条第2款之规定,仲裁庭裁决先予执行的,应当符合下列条件:(1)当事人之间权利义务关系明确;(2)不先予执行将严重影响申请人的生活。

裁决不服，就可以在收到仲裁裁决书之日起 15 日内向人民法院起诉。这一立法区别突出体现了向劳动者利益倾斜、赋予劳动者更多法律保护的指导思想，使最弱势的劳动者不必因一些普遍性、多发性的劳动争议而去面对复杂的诉讼程序。而且，通过劳动者选择是否仲裁终局，既使劳动争议仲裁的权威性变成现实，使其真正成为保护劳动者的利器，也使这些类型的劳动争议能够主要通过仲裁程序解决，从而实现对仲裁的司法监督，减轻劳动争议审判的压力。①

（二）农村土地承包经营纠纷仲裁程序和救济

农村土地承包经营纠纷仲裁的程序既包括一般仲裁程序的环节，又具有与土地承包经营纠纷相适应的特点。

1. 申请

其一，申请的时效。《农村土地承包经营纠纷调解仲裁法》规定，申请仲裁的时效为 2 年，自当事人知道或应知道其权利被侵害之日起算。仲裁时效的规定能够督促权利人及时行使权利，有利于农村土地承包经营纠纷的尽快解决，维护农村经济社会关系的稳定。然而关于仲裁时效的中止和中断，该法并没有作出规定，2009 年 12 月颁布的《农村土地承包经营纠纷仲裁规则》对此作出了详细规定。②

其二，申请人、被申请人及第三人。仲裁申请人是指因可仲裁土地承包经营法律关系发生争议，以自己的名义参加到仲裁程序并受仲裁裁决约束的直接利害关系人。被申请人是指申请人诉称侵害其合法权益或与其就土地承包经营法律关系发生纠纷而由仲裁机构通知参与仲裁的人。仲裁案件的申请人和被申请人是仲裁当事人。同时，与案件处理结果有利害关系的，也可申请作为第三

---

① 肖竹：《〈劳动争议调解仲裁法〉中劳动争议处理体制的适用问题研究》，载《政法论丛》2009 年第 2 期。

② 根据《农村土地承包经营纠纷仲裁规则》第 11 条第 2、3 款之规定，仲裁时效因申请调解、申请仲裁、当事人一方提出要求或者同意履行义务而中断。从中断时起，仲裁时效重新计算。在仲裁时效期间的最后六个月内，因不可抗力或者其他事由，当事人不能申请仲裁的，仲裁时效中止。从中止时效的原因消除之日起，仲裁时效期间继续计算。

人参加仲裁或由仲裁委员会通知其参加仲裁。

其三,申请的条件。除了申请人必须要与纠纷有直接的利害关系从而符合"当事人适格"外,还需要有明确的被申请人、有具体的仲裁请求和事实、理由以及属于农村土地承包仲裁委员会的受理范围等条件。申请仲裁时应向纠纷涉及土地所在地的仲裁委员会递交仲裁申请书。① 书面申请确有困难的,可以口头申请,由仲裁委员会记入笔录,经申请人核实后由其签名、盖章或捺指印。

2. 受理

受理是仲裁委员会根据当事人的申请,对符合条件的争议事项予以立案的程序,主要包括受理时限以及受理条件等内容。

其一,受理时限。仲裁委员会决定是否受理当事人申请的时限为5日。仲裁委员会决定受理的,应将受理通知书、仲裁规则和仲裁员名册自收到仲裁申请之日起5个工作日内送达申请人;决定不予受理,应自收到仲裁申请之日起5个工作日内书面通知申请人,并说明理由。

其二,受理条件。仲裁委员会收到当事人的仲裁申请后,应当对仲裁申请予以审查,认为符合条件的应予受理。有下列情形的不予受理;已受理的,终止仲裁程序:(1)不符合申请条件;②(2)法院已受理该纠纷;(3)法律规定该纠纷应由其他机构处理;(4)对该纠纷已有生效的判决、裁定、仲裁裁决、行政处理决定等。

3. 开庭

农村土地承包仲裁委员会处理土地承包经营争议应当组成仲裁庭,实行一

---

① 根据《农村土地承包经营纠纷仲裁规则》第14条之规定,仲裁申请书应当载明下列内容:(1)申请人和被申请人的姓名、年龄、住所、邮政编码、电话或者其他通讯方式;法人或者其他组织应当写明名称、地址和法定代表人或者主要负责人的姓名、职务、通讯方式;(2)申请人的仲裁请求;(3)仲裁请求所依据的事实和理由;(4)证据和证据来源、证人姓名和联系方式。

② 根据《农村土地承包经营纠纷调解仲裁法》第20条之规定,申请农村土地承包经营纠纷仲裁应当符合下列条件:(1)申请人与纠纷有直接的利害关系;(2)有明确的被申请人;(3)有具体的仲裁请求和事实、理由;(4)属于农村土地承包仲裁委员会的受理范围。

案一庭制。仲裁庭应当依照仲裁规则的规定开庭，除特殊情形外，开庭应当公开进行。① 开庭地点根据当事人的选择确定。② 当事人在开庭过程中有权发表意见、陈述事实和理由、提供证据、进行质证和辩论，仲裁庭应给予双方当事人平等陈述、辩论的机会，并组织当事人进行质证。

其一，仲裁庭。农村土地承包经营纠纷仲裁庭的组成充分体现了对当事人自主选择权的尊重。从组成人员看，仲裁庭一般由 3 名仲裁员组成；事实清楚、权利义务关系明确、争议不大的农村土地承包经营纠纷，经双方当事人同意，可以由 1 名仲裁员仲裁。从组成方式看，如果仲裁庭由 3 名仲裁员组成，则首席仲裁员由当事人共同选定，其他 2 名仲裁员由当事人各自选定；当事人不能选定的，由农村土地承包仲裁委员会主任指定；如果仲裁庭只有 1 名仲裁员，则由当事人共同选定或者由农村土地承包仲裁委员会主任指定。

其二，庭审。仲裁庭应当保障当事人平等陈述的机会，组织当事人、第三人、代理人陈述事实和意见。当事人应对自己的主张提供证据。与纠纷有关的证据由发包方等掌握管理的，该当事人应在仲裁庭指定的期限内提供，逾期不提供的，应承担不利后果。仲裁庭认为有必要收集的证据，可以自行收集。证据应当在开庭时出示，但涉及国家秘密、商业秘密和个人隐私的证据不得在公开开庭时出示。经仲裁庭查证属实的证据，应作为认定事实的根据。在证据可能灭失或以后难以取得的情况下，当事人可以申请证据保全。仲裁庭应当保障双方当事人平等行使辩论权，并对争议焦点组织辩论。辩论终结时，首席仲裁员或者独任仲裁员应当征询双方当事人、第三人的最后意见。仲裁庭应当将开庭情况记入笔录，由仲裁员、记录人员、当事人和其他仲裁参与人签名、盖章或者摁指印。当事人和其他仲裁参与人认为对自己陈述的记录有遗漏或差错的，有权申请补正，如果不予补正，应记录该申请。

---

① 根据《农村土地承包经营纠纷调解仲裁法》第 30 条第 3 款之规定，开庭应当公开，但涉及国家秘密、商业秘密和个人隐私以及当事人约定不公开的除外。

② 根据《农村土地承包经营纠纷调解仲裁法》第 30 条第 2 款之规定，开庭可以在纠纷涉及的土地所在地的乡（镇）或者村进行，也可以在农村土地承包仲裁委员会所在地进行。当事人双方要求在乡（镇）或者村开庭的，应当在该乡（镇）或者村开庭。

4. 裁决

仲裁庭应根据认定的事实和法律以及国家政策作出裁决并制作裁决书。①裁决应当按多数仲裁员的意见作出，少数仲裁员的不同意见可以记入笔录。仲裁庭不能形成多数意见时裁决应当按照首席仲裁员的意见作出。仲裁庭作出裁决的期限为自受理仲裁申请之日起 60 日内，案情复杂需要延长的，经仲裁委员会主任批准可以延长，但延长期限不得超过 30 日。

5. 执行

当事人对发生法律效力的裁决书，应当依照规定的期限履行。一方当事人逾期不履行的，另一方当事人可以向被申请人住所地或者财产所在地的基层人民法院申请执行。仲裁委员会向当事人送达裁决书时也应告知其可以申请法院执行的相关事项。

6. 不服仲裁裁决的救济

农村土地承包经营纠纷仲裁不同于一般民商事仲裁的"一裁终局"，当事人不服仲裁裁决的，可以自收到裁决书之日起 30 日内向人民法院起诉。逾期不起诉的，裁决书即发生法律效力。从法理上理解，仲裁应当具有终局性，只有这样才能确立仲裁的权威性并使仲裁真正发挥其截留诉讼的功能。然而包括农村土地承包经营纠纷仲裁和劳动人事争议仲裁在内的行政仲裁虽然具有一般仲裁的特点和属性，但其更多体现的是行政色彩，属于一种行政活动。既然如此，从行政法的基本原理看，就不应该赋予该行政活动以终局效力，进而阻却当事人通过诉讼获得司法救济的途径。

典型案例 9-1：林某某、吴某某与 S 市 H 区人民政府、S 市人民政府行政裁决二审行政判决书②

【裁判摘要】

农村集体经济组织就本集体的土地所实施的分配建设用地、发包农用地或

① 根据《农村土地承包经营纠纷调解仲裁法》第45条第1款之规定，裁决书应当写明仲裁请求、争议事实、裁决理由、裁决结果、裁决日期以及当事人不服仲裁裁决的起诉权利、期限，由仲裁员签名，加盖农村土地承包仲裁委员会印章。

② 本案裁判文书详见附录15。

重新调整建设用地或农用地承包权等经营管理行为，依法属于村民自治事项，由此引发的争议应通过协商、调解或民事诉讼等途径解决，行政机关无权直接裁决决定土地使用权的归属。

【相关法条】

《土地权属争议调查处理办法》第 2 条

《中华人民共和国土地管理法》第 10 条、第 11 条

《中华人民共和国村民委员会组织法》第 8 条第 2 款

《中华人民共和国行政诉讼法》第 89 条第 1 款

【基本案情】

林某某等 2 人因与龙楼村委会土地使用发生纠纷，于 2019 年 2 月 16 日向 H 区政府提出确权申请。2019 年 6 月 16 日，H 区政府作出 H 府〔2019〕183 号《土地权属争议处理决定书》（以下简称 183 号处理决定），以林某某等 2 人因在本集体经济组织已经依法使用并享用相应的土地权益、不符合申请条件为由，决定"不予以受理，驳回申请"。林某某等 2 人不服，向 S 市政府申请行政复议。2019 年 9 月 25 日，S 市政府作出三府复决字〔2019〕37 号《行政复议决定书》（以下简称 37 号复议决定），维持了上述 183 号处理决定。林某某等 2 人仍不服，提起诉讼。林某某等 2 人为夫妻关系，系龙楼村委会第一村民小组的村民。2019 年 2 月 19 日，林某某等 2 人向 H 区政府提交《土地确权申请书》，请求依法确认位于龙楼村委会的集体土地使用权（四至为：东至林某某槟榔树，南到公厕处老院，西至菠萝蜜树，北至公路边）归其所有。2019 年 6 月 16 日，H 区政府作出 183 号处理决定，以林某某等 2 人在本集体经济组织已经依法使用并享用相应的土地权益，不符合申请条件，驳回林某某等 2 人的确权申请请求。2019 年 9 月 25 日，S 市政府作出 37 号复议决定，维持 H 区政府作出的 183 号处理决定。

【裁判结果】

H 省 S 市中级人民法院作出〔2019〕琼 02 行初 161 号行政判决。原告不服，提起上诉。H 省高级人民法院于 2020 年 4 月 14 日作出〔2020〕琼行终 21 号行政判决，撤销 H 省 S 市中级人民法院〔2019〕琼 02 行初 161 号行政判

决；撤销 S 市 H 区人民政府 2019 年 6 月 16 日作出的 H 府〔2019〕183 号《土地权属争议处理决定书》；撤销 S 市人民政府 2019 年 9 月 25 日作出的三府复决字〔2019〕37 号《行政复议决定书》。

【裁判理由】

人民法院生效裁判认为，本案系林某某等 2 人因其所属的村集体经济组织重新调整本村集体土地用途而引发的争议。《土地权属争议调查处理办法》第 2 条规定，土地权属争议是指土地所有权或使用权归属争议；第 14 条规定，土地侵权案件、行政区域边界争议案件、土地违法案件、农村土地承包经营权争议案件及其他不作为土地权属争议案件不作为争议案件受理。根据上述规定，土地权属争议案件的调查处理结果是由行政机关最终直接确定土地所有权或使用权的归属，由此可见行政机关无权直接决定土地权属归属的案件则不能作为争议案件受理。《中华人民共和国土地管理法》第 11 条（2004 年 8 月修订的《中华人民共和国土地管理法》第 10 条）规定，农民集体所有的土地由农村集体经济组织经营管理；《中华人民共和国村民委员会组织法》第 8 条第 2 款规定，村民委员会依法管理本村属于村农民集体所有的土地和其他财产。根据前述规定，农村集体经济组织就本集体的土地所实施的分配建设用地、发包农用地或重新调整建设用地或农用地承包权等经营管理行为，依法属于村民自治事项，由此引发的争议应通过协商、调解或民事诉讼等途径解决，行政机关无权直接裁决决定土地使用权的归属，此类争议不能作为《土地权属争议调查处理办法》规定的争议案件由行政机关调查处理，即农村集体经济组织经营管理本集体所有土地所导致的土地权属争议案件不属于行政法意义上的土地权属争议案件。本案中，林某某等 2 人与龙楼村委会之间的涉案争议是因该村委会将争议地用作生态文明村建设而起，在争议地未确权到各村内集体经济组织的情况下，该行为属村集体经济组织对所属集体土地实施的经营管理行为，由此引发的争议如前所述不能由行政机关经土地权属争议处理行政程序解决。因此，H 区政府作出 183 号处理决定对涉案争议进行实体处理属超越职权的行为，S 市政府作出 37 号复议决定予以维持属适用法律和处理结果错误，两行政行为依法均应予以撤销。一审适用法律和案件处理结果错误，应予以纠正。

第十章　抚慰·政府责任·国家赔偿

根据《现代汉语大词典》的解释，抚是抚恤、周济的意思，慰是使人心里安适的意思。抚慰合起来是抚恤、安慰的意思。在法学领域，抚慰主要是对违法或者不正当的行为所造成的后果进行补救，以抚恤受害者，使受害者受到损害的人身和财产乃至精神利益得到一定的弥补。在行政领域，行政相对人认为自身权益受到了损害，可以要求国家和政府承担责任，给予赔偿。可见，国家赔偿行为本质上是一种抚慰行为，是政府承担责任的重要方式。

政府责任是指政府及其官员因其享有和行使国家行政权而承担的遵循宪法原则，维护国家法律制度，保护国家安全、发展公共事业、维护公民生命和财产不受侵犯等方面的责任。对公民负责任的政府是责任政府，责任政府作为现代民主社会的基本诉求，意味着宪法和法律是政府及其官员施政的准绳；公民的权利与义务受政府切实的保障；政府的渎职、失职与违法行为必须承担法律责任。各国虽然在政治体制、行政体制方面有一定的差异，但都追求政府责任与责任政府的政治理念和模式，体现了现代政府的责任意识。

"有权利就有救济，有损害就有赔偿"，古希腊的法律谚语为世界各国的国家赔偿制度的建立和国家赔偿法的存在提供了最基本的法律基础。国家赔偿制度是现代各国法律制定的重要组成部分，也是衡量一国民主法制建设水平的重要标志。国家赔偿制度在法治政府建设中具有重要意义，为之提供了政府责任承担机制、受损权益赔偿机制以及国家责任追偿机制。

336

第一节 抚 慰

一、抚慰的基本意涵

有抚慰，必先有损害。抚慰是对损害的弥补。抚慰关系到两个方面的主体，一是损害方，其应给予抚慰之行为；二是受损方，其有权获得抚慰之结果。在权利与义务之间，国家作为第三方主体事实上也存在于抚慰关系之中。作为秩序的制定者和维护者，有义务保障权利并督促相关主体对责任的承担。因此抚慰是国家物质补偿行为，是受损者获得精神补偿的行为，是损害者承担责任的行为。

（一）物质补偿

抚慰的首要意涵为物质补偿。追溯到国家产生以前，没有法律规定，受损方的本能反应就是通过报复损害方，造成其身体伤害或者获得有价值的财物来寻求被损害方所破坏的正义。然而，随着社会财富的增加和早期社会对建立行为规则的尝试，传统的暴力性报复让位于协商和修复。为了国家以及社会的和睦与稳定，古代社会建立了强迫性的赔偿制度，此时的赔偿不再是一种简单粗暴的"以眼还眼，以牙还牙"，而是对渴望报复的平息和满足，早期国家统治者希望能通过这样的措施修复犯罪行为造成的伤害和损失，"设计这些与财物有关的制裁之目的在于，鼓励建立避免进一步损失的、永久的、综合的、满足各方面需要的解决方案"。① 在圣经时代，《摩西律法》要求犯罪人赔偿受害人所有的损失、被抓获的盗窃犯五倍地偿还其所盗窃的财产；《汉谟拉比法典》规定，被害人有权得到被盗财产或损害财产三倍的赔偿；罗马法规定，

---

① ［美］安德鲁卡曼著：《犯罪被害人学导论》，李伟译，北京大学出版社2010年版，第109页。

盗窃犯如在盗窃时被抓获,两倍地偿还其所盗财产或价值,如事后被抓获,三倍地偿还其所盗财产或价值,如在盗窃过程中使用武力,那么被抓获的抢劫犯将四倍地偿还其所抢劫的财产或价值。

从法律基础上来看,作为侵权方的损害方,理所应当对被侵权的受损方享有赔偿的义务,并且这种物质补偿的方式最为直接,也能在私力暴力救济被禁止的当下,最大限度地化解受损方的损失和仇恨,使得破坏的社会关系得以恢复。

(二)精神宽慰

精神宽慰也是抚慰的内涵之意。借鉴情感现象学方法,受损人情感分为感官感受、生命感受、心灵感受、精神感受四种。疼痛等感官感受是人的感官的反馈;虚弱等生命感受则是生命机体的精神表达;心灵感受是指悲伤、绝望、愉快等心灵感知;精神感受是虔诚、安宁、公平等形而上的价值认知。感官感受和生命感受具有生理性、短暂性和可恢复性的特点,心灵感受和精神感受则具有心理性、长期性和不易恢复性的特点。①

对公民权利尤其是对公民精神权益的侵犯,侵害的不仅仅是公民的现实利益,也会使人产生悲伤、绝望和对不公平愤懑的情绪,给其心灵感受和精神感受带来痛苦。这种精神秩序上的损伤不易恢复,对个人的生活安宁和幸福有着破坏性的影响。抚慰不仅仅需要对直观的物质损失进行补偿,也需要深入内里,考量受损人的精神损害情况,并对此予以慰藉。从另一种层面上来说,物质补偿也在一定程度上利于精神宽慰。在物质补偿的情况下,这种金钱给付行为的存在价值之一便是通过强制损害方向受损方支付一定金钱作为补偿方式,使受损方由此获得一种报复感,从而得到抚慰和满足。"金钱给付可使被害人满足,被害人知悉从加害人取去金钱,其内心之愤懑将获平衡,其报复之感情

---

① 宣刚:《抚慰的正义:犯罪被害人导向刑事政策论》,载《河南师范大学学报(哲学社会科学版)》2013年第2期。

将可因此而得到慰藉。"①

但并非上述所有的负面感受都可以获得法律上的救济，出于权利保护适当性上的考量，可获救济的精神损害通常被限定为生理层面的肉体痛苦或心理层面的精神痛苦。从法律上，对精神损害予以救济可以对人从精神上予以抚慰，帮助其恢复心灵和精神的正常秩序。

（三）弥补过错

抚慰对损害方而言，是一种弥补过错的行为。有权利必有救济，有损害应有责任。当损害方对受损方之权利造成侵害后，应当承担相应的责任，对受害方予以抚慰。抚慰通常的路径是"使加害人对其加害行为也付出代价，使受害人感觉加害人因此受到了一定的报复从而得到精神上的抚慰和满足"。② 从受损方的角度来看，损害方需付出的代价由损害的手段和后果决定，这种代价可能会加之于人身，如判处自由刑等；也可能会从财产上予以表达，处以罚金或是对损害予以赔偿等，以此来告慰己方的物质与精神权益的侵犯。从损害方的角度来看，受损方的损失是因其过错所致，这些代价是其弥补过错所必要为之，也是解决其内心因损害他人而不安之抚慰。

二、获得公平抚慰是一项基本人权

人权是人之为人应当享有的权利。在现实生活中，如果受损方的损失得不到补偿、伤害得不到公平抚慰，损害行为造成的伤害就难以平息，获得公平抚慰是一项基本人权，从道德层面、法律层面、社会层面都各有其体现。

（一）道德层面上的抚慰权

康德在《道德形而上学原理》中指出，人，一般来说，每个有理性的存

---

① V. Tuhr, Allgemeiner Teil des Schweizerischen Obligationsrechts I, 1924, S. 106.
② 董惠江、严城：《论我国精神损害赔偿金的功能》，载《甘肃政法学院学报》2012年第 1 期。

在都自在地作为目的而实存着，他不单纯是这个或那个意志所随意使用的工具。在他的一切行为中，不论对于自己还是对其他有理性的存在，任何时候都必须被当作目的。那些不以我们的意志为依据，而以自然的意志为依据的存在叫做物，有理性的存在被称为人。人自身就是目的，不可被当作手段使用，是受尊重的对象。人之存在自身是任何其他目的都不可代替的，物可作为手段为人服务，人本身就是绝对价值，是一切目的的主体。①

人作为目的是道德哲学的应然命题，人在实然世界仍然徘徊于目的与手段之间。在法学领域，虽然人之存在与人权保障作为法律的终极目的自近代立宪以来已获得普遍认同，但是法律体系自身是历史的、具体的。受社会背景条件限制，其往往在人权保障之外还需要兼顾更为多元的目的价值，例如社会稳定、经济发展以及生态保护等。秩序、效率和环境等因素在辅助人权实现的同时，也成了人权保障的制约条件。因此，权利赋予与权利救济并非完全以人为目的，而是一种综合的权衡。

虽然人是目的并未得到完全实现，但是这一道德律令在现实生活中成为了价值要求和价值指引。人作为目的而存在不仅需要从物质上予以保障，还需要从精神上予以认同和肯定。抚慰是既着眼于物质又着眼于人之精神世界的救济方式，将人作为目的来考虑人的具体感受和受到的伤害。这与法律救济通常将行为作为调整对象、将法秩序的恢复作为目的存在差异。当法律将抚慰纳入救济体系时，人不再是抽象的人，只体现在秩序中，化身为权利集合，而是具体的有感情和精神世界的人。这是抚慰带来的重要伦理价值。

对自由与权力的追问，以及寻求合法性基础的理论，大多是建立在普通伦理或道德论基础上的。对抚慰权的追问中，道德理论强调了人们所具有的避免受到他人不正当行为侵害的道德上的权利，同时使得加害人负有道德上的义务和赔偿责任，这就在表面上支持或契合了抚慰的实质内涵。②

---

① 参见［德］康德著：《道德形而上学原理》，苗力田译，上海人民出版社 2007 年版，第 47~50 页。

② ［美］格瑞尔德·J. 波斯特马主编：《哲学与侵权行为法》，陈敏、云建芳译，北京大学出版社 2005 年版，第 iv 页。

（二）法律层面上的抚慰权

总的来说，人类文明的历史是对人的原始冲动加以抑制，并逐渐得以制度性或体制化舒展的过程。对抚慰最早的理解要追溯到古代社会的复仇制度，那个时代，对被造成损害的救济往往由家族或个人提出，采取复仇手段，可谓"以牙还牙、以眼还眼"。后来由习惯法形成了损害人向受损人支付"修正性支付"制度。这一制度，虽是一种原因主义的加害责任，但却具有两个基本功能：一是对损害人的处罚；二是对受损人的补偿。在今天看起来，这只是一种十分平常的法律智识和观念。不过，对于那时的人们来说，将受到的伤害以及由此造成的伤痛与愤怒情绪发泄在某种制度或机制之中，而不是直接施加于损害人的身上，还是需要极大克制力的。这大约是人们从追求生物的快感到寻找精神抚慰的端绪，也是人类从蒙昧走向文明制度建构的开始。①

对抚慰的制度化是为保障人民之自由和其他权利，使其自由或其他权利受到不法侵害时，能得到迅速而适当之补偿与救济，以符宪法保障人权之立法本意。

具体可以追溯至公元前 20 世纪的《苏美尔亲属法》，该法第 6 条规定："倘夫告其妻曰'尔非吾妻'，则彼应给银半明那。"这里的半明那银即是丈夫休妻后对妻子的物质补偿。② 至罗马法时期，《法学阶梯》规定了对人格权损害予以专门保护并明确物质性赔偿的条款。其中人格权包括物质性人格权和精神性人格权，前者主要指生命权、身体权和健康权，后者主要是名誉权、肖像权和隐私权。此后围绕着这两种权利的保护，形成了近代精神损害赔偿制度。1804 年《法国民法典》规定了适用于所有侵权行为的损害赔偿原则，没有对人格权和精神损害赔偿进行专门规定。而后通过判例方式确认只要是损害赔偿，无论是精神上还是财产上，都可共用规则，请求赔偿。此后各主要国家逐

---

① ［美］格瑞尔德·J. 波斯特马主编：《哲学与侵权行为法》，陈敏、云建芳译，北京大学出版社 2005 年版，第 i 页。

② 王启庭：《各国关于精神损害赔偿的法律规定》，载《比较法研究》1989 年第 2 期。

渐通过立法或判例建立了较为完备的损害赔偿制度。①

虽然损害赔偿制度获得了普遍确立，但是在损害赔偿的对象、范围、方式等问题上仍然没有形成统一的共识。不同国家对物质和精神损害赔偿的保障水平和法治化程度也参差不齐。然而，无论如何，这一制度正在不断发展和完善，其存在价值已获得了普遍的认同。从本质上看，损害赔偿制度是抚慰的制度化和法治化，其实质是保障人格尊严和精神利益。这一制度丰富了权利救济体系，实现了对人更为全面的保障。

（三）社会层面的抚慰权（作为社会权利）

抚慰的社会价值主要体现在惩戒、补偿和教育等三个方面。抚慰以损害方的惩戒为基础，代价的形式主要是法律上的否定评价和利益剥夺。这一过程给受损方带来了心理宽慰和利益补偿。损害者付出代价，受损者获得补偿，各得其所。社会秩序得以恢复，社会正义也得以实现。这为其他公民提供了教育素材和行为规范，明确了类似行为的法律代价以及相关责任的承担方式。

三、通过国家赔偿的"抚慰"

随着民主与法治的发展，国家机关对公民权利的侵犯问题开始进入人们的视野，引起了人们的重视，"抚慰"机制也由原来的调整平等民事主体关系的私法领域拓展到调整国家与公民关系的公法领域，国家赔偿也相应产生。

（一）国家赔偿的发展

民主法治国家的国家赔偿制度，就历史发展过程而言，可以分为三个阶段：否定阶段、相对肯定阶段、全面肯定阶段。

公元 18 世纪以前，即第一次世界大战以前的时期，这一阶段法律思想的特点，在公法上是采取主权免责论，在私法上采过失责任主义。在理论上认为

---

① 杨临萍著：《国家赔偿案件中精神损害赔偿制度疑难问题研究》，中国法制出版社 2014 年版，第 20~26 页。

国家与人民的关系，是权力服从关系，即统治者与被统治者的关系，国家行使统治权之行为，被统治者人民有服从的义务。在英国传统上有"国王不能为恶"的法律原则，因为国王代表国家，国家不会犯错，故国家无侵权行为之可能。英国为当时欧洲封建制度国家之一，在封建制度之下，国王系正义与法律之代表者，所有执法者（法院）皆臣属于国王，国王如被法院追诉，为不可思议之事，遂有另一法律原则"不得对国王提起诉讼，过往不能在他所设法院内被诉"。以上理论均主张国家享有绝对主权，公务员执行职务，违法侵害人民权利，由该公务员依法自行负责，国家不负赔偿责任。由此在此阶段之法律，否定国家赔偿，在理论上又称为国家无责任论。

公元19世纪后期至20世纪时期，属于相对肯定阶段，当时由于国家机能与日俱增，人民权利时受侵害，而国家均不予赔偿，社会上对此不公平现象叠加指摘，由此改变以往否定国家责任之观念，即改变以往国家无责任之理论。遂在学说、判例、立法例上，逐渐对国家赔偿责任，采取相对肯定之态度。此一阶段，基于公平正义之观念，将行政行为区分为权力作用之统治行为与非权力作用之管理行为。权力作用之统治行为，如征兵、课税、征收土地等，公务员为此等行为时，纵致人民权利遭受损害，国家不负赔偿责任。反之，公务员所为非权力作用之管理行为，侵害人民权利时，国家应该依民法上关于雇佣人与受雇人，或法人与其代表机关等有关规定，由国家替代公务员负担损害赔偿个人。以上法理，一般学者称之为国家代为责任论，或附有条件之国家有责论。

自第二次世界大战以后，民主法治国家全面肯定公务员违法执行职务之行为，国家应负担损害赔偿责任之阶段。缘自公元20世纪初期，即第一次世界大战以后，已有学者主张国家与人民之关系，并非权力服从关系，而系权利义务的关系，此种主张在第二次世界大战以后，日渐普遍。继有社会保险之思想，认为若个人遭受不测之损害，必以大众力量填补个人之损失。公务员行使公权力执行职务，本为贯彻国家施政，如有故意或过失侵害人民之自由或权利时，国家应对被害人为适当之补偿。即以国民所纳之租税，给予受害人之赔偿，系以社会大众之财力，填补不测之损害，乃为社会保险之精神。由此以上社会保险思想之发展，更进一步肯定国家若有侵害人民之自由或权利时，应负损害赔偿责任。对此阶段之理论，学者称之为国家自己论，或称之为国家有责任论。如此，国家赔偿制度得以在此基础上建立并发展完善。①

(二) 国家赔偿的特点

具体而言，国家赔偿是指国家机关和国家机关工作人员行使职权的行为侵犯公民、法人和其他组织的合法权益造成损害时，根据受害人的请求，国家应当承担的赔偿责任。与其他形式的赔偿责任相比，国家赔偿具有如下特征：

其一，赔偿主体的特定性。国家赔偿责任的承担者只能是国家，而不能是其他人。即所谓的"国家责任，机关负担"。在国家赔偿中侵权行为主体与赔偿主体是相分离的：侵权行为主体是国家机关及国家机关工作人员，而赔偿主体是国家。这里值得注意的是，无论国家机关及国家机关工作人员违法行使职权的行为出于何种主观状态（无论是故意，抑或是过失），国家都应当承担赔偿责任，而不能要求违法行使职权的国家机关及其工作人员自己承担赔偿责任。

其二，赔偿原因的职权性。国家赔偿是因国家机关或国家机关工作人员行使职权的行为所引起的，只能发生在行使职权的过程中。国家机关或国家机关工作人员在行使国家职权时，职权的行使者与相对人之间是一种管理与被管理的关系，双方处于一种权力服从的不平等地位，被管理者处于弱者的地位。正因此，才需要对被管理者加以特殊的保护。

其三，赔偿范围的限定性。国家承担赔偿责任的范围完全由法律事先作出规定。在我国国家赔偿法中，赔偿范围的限定性主要体现在：（1）对财产损害，只赔偿实际损失，即直接损失，而不赔偿可得利益损失，即间接损失。（2）对人身损害，不允许单独提出精神损害赔偿请求。（3）对受害人可以取得赔偿权利的范围有严格限定。（4）对损害赔偿金，法律规定了计算标准。

其四，赔偿费用的专门性。国家承担赔偿责任的费用是由国家财政列支，

---

① 参见张孝昭著：《国家赔偿法逐条论述》，台湾金汤书局有限公司 1987 年版，第6~9 页。

即国家必须预算国家赔偿所需要的费用，不能从国家机关的办公经费或业务经费中列支，更不能由国家机关或工作人员自筹。

其五，赔偿方式和标准法定化。在民事赔偿中当事人双方对赔偿标准和赔偿范围具有一定的自主处分权，只要不违反法律，国家一般不禁止，但国家赔偿的方式和标准在相关法律中有明确规定，不允许自主处分。

（三）国家赔偿的种类

从世界范围来看，国家赔偿原因有二：其一为国家机关及其公务员违法执行职务，行使公权力所生之赔偿责任；另一为公共设施之瑕疵所生之赔偿责任。前者旨在直接贯彻宪法保障人民权利自由之宗旨，并加强行政监督，促进责任政治之稳健发展，此时国家赔偿与赔偿机关的设立有密切关系，每一类机关都可以确定为一类国家赔偿；后者系因国家为积极提供福利性服务，乃广置公共设施，结果其危险性相随而来，为调和公益、私利，国家应予以赔偿，诚属无可旁贷之责任。① 因此，国家赔偿通常分为立法赔偿、行政赔偿、司法赔偿、军事赔偿和因公有公共设施致害赔偿等类型。

其一，立法赔偿。立法赔偿是指国家对立法机关行使立法职权的行为（包括积极立法行为和消极立法不作为）所造成的损害承担的赔偿责任，此处的"立法机关"指狭义的立法机关，而不包括享有行政立法权的行政机关。在传统法学理论上，通常是否定国家应对立法行为承担国家赔偿责任的。其基本理由是国家的立法行为是民主的结果，不会给人们的合法权益造成损害，即使人们的权益受到立法行为的损害，因这种损害是法律所造成的，不存在违法问题，因而国家不承担赔偿责任。尽管各国国家赔偿法一般都不将立法行为纳入国家赔偿的范围，但也有的国家在特定领域规定了立法赔偿。我国没有规定立法赔偿制度。

其二，行政赔偿。行政赔偿是指国家对因国家行政机关及其工作人员在行使职权过程中违法侵害公民、法人或其他组织的合法权益并造成损害时所承担

---

① 施茂林著：《公共设施与国家赔偿责任》，台湾大伟书局 1982 年版，第 1 页。

的赔偿责任。包括国家行政机关以机关的名义所实施的行为造成的损害和行政机关工作人员以公务员身份所实施的行为所造成的损害。行政赔偿是确立国家赔偿制度的国家普遍确认的赔偿制度,也是各国国家赔偿制度最为重要的部分之一。

其三,司法赔偿。司法赔偿是指国家对因国家司法机关及其司法工作人员在行使职权过程中侵犯公民、法人和其他组织合法权益并造成损害时所承担的赔偿责任。司法赔偿是确立国家赔偿制度的国家普遍确认的赔偿制度,但不同的国家司法机关的范围会有不同,因此,司法赔偿的范围也就有所不同。

其四,军事赔偿。军事赔偿是指国家对国家军事机关在履行国防职能过程中侵犯公民、法人或其他组织合法权益并造成损害时国家所承担的赔偿责任。从西方国家经验来看,军事行为造成的损害是否应赔偿,各国规定也不一致,原则上规定了国家不赔偿,但如英国、美国等国也规定了一些例外。而在我国理论界,关于是否将军事赔偿纳入行政赔偿的范围有所争论。但我国实际立法中没有将军事损害纳入国家赔偿的范围,主要原因是军事损害"主要是军队在演习、训练过程中,公民受到损失,需要采取适当方式给予补偿,但由于这不是因违法行为造成的损害,不宜列入国家赔偿的范围"。[①]

其五,公有公共设施致害赔偿。公有公共设施,是指国家为公共使用目的而设置和管理的有体物,如道路、河川、飞机场、港湾、水道、办公场馆、公立学校及医院等,[②] 具有公众性和供用性的特点。公有公共设施致害赔偿是国家对国家设立的公有公共设施因设计、设置或者管理不善给公民、法人或者其他组织的合法权益造成损害时所承担的赔偿责任。我国理论界对公有公共设施致害的赔偿性质问题有三个基本观点:(1)属于国家赔偿;(2)属于民事赔偿;(3)属于行政赔偿。[③] 我国目前的国家赔偿法未将公有公共设施致害的赔偿纳入国家赔偿的范围,理由是公有公共设施的设置和管理欠缺不属于违法行

---

① 胡康生:《关于〈中华人民共和国国家赔偿法(草案)〉的说明》。

② 张正钊主编:《国家赔偿制度研究》,中国人民大学出版社1996年版,第162页。

③ 刘嗣元、石佑启编著:《国家赔偿法要论》,北京大学出版社2005年版,第82页。

使职权的问题，故受害人只能依据民法的相关规定，直接请求作为公有公共设施的管理者进行民事赔偿。①

（四）国家赔偿的抚慰意义

国家赔偿给予抚慰。由于国家机关和国家工作人员侵犯公民权利而受到损失的人，有依照法律规定取得赔偿的权利。在国家组织中，机构和人员最多、职权范围最广的是行政机关，这一特点使得行政机关与民众的联系最为密切、直接。一旦其作出了违法或不当的行政行为，往往会损害行政相对人的权益。如果行政侵害的影响得不到有效消除，那么公民的法定权利就无法得到切实的保障。这一方面要不断规范行政权的行使，减少行政侵权行为的发生；另一方面，要及时救济相对人之受损权益，给予抚慰与赔偿。制定国家赔偿法，既可使公民、法人和其他组织已经遭受侵害的权益得到恢复和补救，也有助于减少和防止国家侵权行为的发生，从根本上保障人权。② 在国家赔偿制度建立初期，侵权行为造成的物质损害成为关注的重点，精神损害则受到了忽略。随着时代的不断发展，人权保护日渐周延，精神损害赔偿制度得到了广泛认可和普遍确立。

抚慰指引国家赔偿。抚慰的本质和价值为国家赔偿制度的构建和完善提供了价值上的指引。首先，国家赔偿制度应当不断完善精神赔偿相关的规范体系。要逐渐扩大精神赔偿的保障范围，提高保障水平，及时更新精神赔偿标准，使之与社会发展水平和当事人之补偿期待相适应，以更好地保障公民合法权利。其次，要坚持以人为根本目的道德伦理。国家机关在行使职权过程中，要坚持以人为本的思想理念。在国家赔偿过程中，要尊重人的情感维度，妥善全面地考虑人的精神损害，及时有效地予以抚慰和补偿。再次，应当完善赔偿追偿机制，赔偿义务机关赔偿损失后，应当责令有故意或重大过失的相关责任人员承担部分或全部赔偿费用，构成其他法律或纪律责任的，依法依规予以追

---

① 参见杨临宏著：《国家赔偿法：原理与制度》，云南大学出版社 2010 年版，第 15～20 页。

② 石佑启、刘嗣元等著：《国家赔偿法新论》，武汉大学出版社 2010 年版，第 23 页。

究。同时要及时向相对人反馈相关处理结果，使其获得精神上安慰。最后，国家赔偿制度应当纳入普法教育的体系中，警示公职人员谨慎行使权力，告知公民在精神利益上应有之权利以及获得救济的渠道。

第二节　政府责任

政府责任是指政府及其官员因其享有和行使国家行政权而承担的遵循宪法原则，维护国家法律制度，保护国家安全、发展公共事业、维护公民生命和财产不受侵犯等方面的责任。对公民负责任的政府是责任政府，责任政府作为现代民主社会的基本诉求，意味着宪法和法律是政府及其官员施政的准绳；公民的权利与义务受政府切实的保障；政府的渎职、失职与违法行为必须承担法律责任。各国虽然在政治体制、行政体制方面有一定的差异，但都追求政府责任与责任政府的政治理念和模式，体现了现代政府的责任意识。

一、政府责任的法理与本质

政府责任由政府和责任二词共同组成，其涵盖面十分广泛，在不同领域其内在含义也不尽相同。要了解政府责任，最基本的便是对其意涵、法理与本质进行考察。

（一）政府责任的意涵

"政府"是一个含义比较模糊的词语，可以在不同的语境中使用，并且具有不同的语义。在最广泛的意义上，政府与一个社会的统治机构或上层建筑具有相同的含义，英语一般用 Government 来表达；而在比较狭窄的意义上，政府仅为社会统治机构的一个组成部分或分支，是与立法分支和司法分支并立的社会统治机构之一，英语一般用 Administration 来表达。① 在我国，政府的两种

---

① 张千帆著：《宪法学讲义》，北京大学出版社 2011 年版，第 24 页。

含义容易产生混淆，很多情形下，这一词语的使用者并不区分"政府"用于指整个政权机关，还是指政权机关中的行政分支。从我国宪法对政府的界定来看，政府是指国家权力机关的执行机关，是国家行政机关，有别于立法机关和司法机关等其他国家机构。也就是说，从宪法和法律确定的含义来看，"政府"应当是指政权机构中的行政分支或机关。

"责任"一词有广义和狭义之分。"广义的责任是指在政治、道德或者法理等方面所应为的行为之程度和范围；狭义的责任则是指违反某种义务所应当承担的后果，这种后果往往与谴责和惩罚联系在一起，因而是不利的后果。广义的责任往往涉及'责任'的形而上的问题，具有抽象性；狭义的责任只注重具体的实在的规范规定及实际的后果。"① 因此，政府责任在法律中也有着广义和狭义的区别，广义中的政府责任是指政府基于职权所应尽的义务，狭义的政府责任是指政府对其违法行为所应当承担的后果。

政府责任是一种责任意识，以人民主权为政治信念，以"法治"治理政务，推崇"负责任的政府"。政府是责任主体，政府对自己的各种行为或制度设计承担相应的责任形式，并对政府的消极行为进行制约，如政府可能因自身的行为或制度设计而承担社会责任、经济责任、制度责任、生态责任等多种形式的责任。② 一般而言，政府责任主要分为三种不同的内容：政府的政治责任、政府的经济和社会责任、政府的法治责任。

作为政府的政治责任，政府应当确定公民的基本权利结构以及政府的权力范围。所谓公民的基本权利结构是指公民在社会中可以做什么、应当做什么以及禁止做什么的具体范围；所谓政府权力范围是指政府在保障公民的基本权利的过程中，可以做什么、应当做什么以及禁止做什么。作为政府的经济与社会责任，政府应当合理分配社会资源或财富，使每个人都能从政府对社会资源或财富的分配中获益。作为获得社会资源或财富的主要手段，政府

---

① 王思睿：《政府行政责任论析》，载《黑龙江社会科学》2012年第4期。
② 转引自吕学静著：《中日社会救助制度比较研究》，首都经济贸易大学出版社2017年版，第78~79页。

还应当合理分配社会职位，保证每个人都有恰当或合理的工作，以获得相应的社会资源或财富。① 而政府的法治责任，其一在于以上的责任形式，须得以法律的形式固定下来，进而保证社会结构和秩序的稳定性，并且法律形式要满足形式正义的要求，法律实践须满足自然正义的要求；其二在于依法治国，将制度落到实处，有法必依，执法必严，违法必究。

在法学领域的日常用语与专业文献中政府责任更多地被称为行政责任。在整个责任体系中，行政责任至少在以下三种意义上使用：行政法律责任、行政政治责任、行政违宪责任。② 在此基础上，本节所指政府责任主要指行政法律责任。何为行政法律责任？随着《行政诉讼法》的制定和实施，行政法学界对此进行了颇为深入的讨论和研究。主要有违反行政法规责任说、行政主体说、行政相对人责任说、行政损害赔偿责任说、行政法律关系主体责任说。其中，违反行政法规责任说、行政主体说、行政相对人责任说随着时间的推移已渐渐退出历史舞台。

行政法律关系主体责任说是我国行政法学界的主流观点，认为行政责任是行政法律关系主体的责任。持这种观点的学者，其各自对行政责任概念的表述，也略有不同，最具代表性的有如下一些：（1）消极后果论，认为行政法律责任是指行政法律关系主体由于违反行政法律规范规定的义务，构成行政违法以及部分的行政不当而依法承担的法律上的消极后果。有学者认为："行政责任是行政主体及其执行公务的人员因行政违法或行政不当，违反法定职责和义务而应依法承担的否定性法律后果。"③（2）责任说。如有学者认为，行政责任是指"行政主体在行使职权的过程中所必须承担的法定义务"。④ 还有的学者将行政责任表述为："国家行政机关（通过国家公务员）依照行政法在法

① 参见李燕凌等著：《公共服务视野下的政府责任法治》，人民出版社2015年版，第38~39页。
② 王成栋著：《政府责任论》，中国政法大学出版社1999年版，第22页。
③ 参见张创新、韩志明：《行政责任概念的比较分析》，载《行政与法》2004年第9期。
④ 张世信、周帆主编：《行政法学》，复旦大学出版社2001年版，第72页。

定权限内，对公民、法人和其他组织的轻微行政违法行为所采取的强制措施和追究的法律责任；以及国家行政机关自身在执法中，因违法或不当而依法应负的法律责任。"[1]

在行政救济领域，政府责任主要是指行政主体及其公务人员因怠于履行职责或者违法履行职责而应当承担的法律责任。

(二) 政府责任的法理基础

国家和政府承担法律责任是近代以来才得以出现的现象，此前即使有国家侵犯民众利益后对损害予以补偿也仅被视为是主权者的恩赐，并非承担法定责任，相对人也没有请求赔偿之法定权利。之所以近代国家会承担政府责任，有如下原因：其一，就国家与人民的关系而言，并非权力服从关系，而是法律上的权利义务关系，国家权力亦应受法律的限制，所以国家在公务员因执行职务，有侵害人民权利的行为时，应负损害赔偿责任。其二，就归责原则而言，已经从过错责任原则发展为无过错责任，即采用结果责任主义，只要对于某一损害结果的发生，具有因果关系就应当负赔偿责任，而不论其有无过失。其三，由国家负赔偿责任能够减少公务人员过失的发生，加重其责任感，提高政府的可信任度，加强人民的向心力。其四，以人民的税收赔偿人民的损害，符合税收"取之于民，用之于民"的宗旨。其五，国家是公法人，在法律上有意思表示能力和行为能力，属于权利义务的主体，因行使权力的结果，致使人民合法权利受损，自然应当负赔偿责任。其六，保障人民权利是法治国家的基本任务之一，负担损害赔偿，属于法治国家责无旁贷之责任。在上述理由的共同支持下，国家在立法中开始承认政府责任。[2]

政府责任得以产生的法理基础应当包括人权保障理论、法治理论以及公平、正义理论。(1) 人权保障理论。现代民主国家最根本的任务和目标之一，

---

[1] 许崇德、皮纯协主编：《新中国行政法学研究综述》，法律出版社 2001 年版，第 526 页。

[2] 杨临宏著：《国家赔偿法：原理与制度》，云南大学出版社 2010 年版，第 35 页。

就是要尊重和保障人权，防止和排除来自任何方面的侵害，包括来自国家的侵害。国家是一个抽象的实体，国家权力的运作是通过具体的国家机关及其工作人员来完成的，这些国家机关及其工作人员受国家的委托，以国家的名义从事各项管理活动，其行为的后果归属于国家，如果国家机关及其工作人员的违法行使职权的行为给公民的合法权益造成损害的，国家就应承担赔偿责任。国家赔偿制度是与人权理论相伴而生、相互促进并相得益彰的，没有人权理论的产生和发展就没有国家赔偿制度的诞生和演进。我国的《国家赔偿法》是一部重要的人权保障立法，国家赔偿制度的建立，既是社会主义人权理论的成果，也是社会主义人权原则的重要保障。（2）法治理论。法治的核心内容是法律面前人人平等。根据我国《宪法》的规定，一切国家机关都必须遵守宪法和法律，一切违反宪法和法律的行为，必须予以追究。任何组织或者个人都不得有超越宪法和法律的特权，一切违法的行为都要承担法律责任，造成损害都要进行赔偿和补救，这是法治原则的基本要求和具体体现。（3）公平、正义理论。在现代民主与法治社会中，公民一律平等。公民平等地享有权利和机会，也平等地承担义务与责任。国家活动的一切费用由全体公民以纳税的方式平等负担。国家因管理活动给某一公民造成损害，就意味着让该公民承担了额外的负担。这种额外的负担由全社会分担才符合公平、正义的要求，如果让受害人个人承担，显失公正。从这一角度考虑，由国家给予受害人救济、赔偿其所受的损害也是极其必要的。①

（三）政府责任的本质

国家应当承担责任已经成为世界范围内的法治共识，但是，国家以何种法律身份来承担赔偿责任仍众说纷纭。既有绕开"国家至上"与"主权豁免"的范式制约，寻找国家在民事法律关系中的适格身份的观点，也有直面公权致害的不可回避性，寻求公法上国家责任的独特体系的尝试。具体观点如下：

① 参见姜明安等主编：《行政法与行政诉讼法》，北京大学出版社、高等教育出版社2005年版，第650页。

其一，国库理论说。国库理论说认为，国家并非主权或统治权的主体，国家亦不具有任何超越私人的特殊地位，国家应以与私人完全相等的地位而存在。对于国家不法行为科以与私法上不法行为同等的责任，应由统一的独立的法院管辖。

其二，国家责任说。国家责任说认为，国库理论说以主权不负责的观念和将过失归属于国家的理论为出发点，认为国家行为负有与私人不法行为同等的责任，是不能自圆其说的。应当从国家主权的性质本身去寻求国家承担责任的根据。此说强调国家机关具有国家强制权，人民仅有单纯服从的义务，而国家应负保证不为不法行为并担负责任的义务。故因国家权力行使的结果而损害人民的权利时，国家自应承担责任。

其三，特别牺牲说。这一学说注重从结果和国家行为的本质来分析国家责任的性质，而不是从表面的适法性出发来追究国家责任。特别牺牲说的提出意味着国家责任不同于私法责任的特性和制度价值已逐渐明确。它从国家与公民关系的角度，分析国家行为对公民的不可回避性和从某种程度上的不可选择性——主要是就干预行政而言——来界定国家责任的范围，引入了公法思维的基本思路，为国家责任理论和实践的发展极大地拓展了空间。[1]

其四，公共负担平等说。该说认为，国家公务活动是为了公民的公共利益同等享受公务活动的利益结果，应由全体成员平等地分担费用。

其五，国家危险责任说。国家危险责任说主张公务员因行使职权所形成的特别危险状态而使人民权利发生损害时，法律上不评价其原因行为的内容，而由国家承担责任。

其六，法律拟制说。法律拟制说主张国家首先是法人，然后才是民族政治实体。[2] 在侵权责任问题上，国家和个人没有任何区别。国家作为法人应当像

---

[1] 马怀德著：《完善国家赔偿法立法基本问题研究》，北京大学出版社 2008 年版，第 30 页。

[2] 江必新著：《国家赔偿法原理》，中国人民公安大学出版社 1994 年版，第 22~23 页。

个人一样，对自己的侵权行为承担责任。① 英国、美国等国家的国家责任承担正是这一理论的产物。事实上，拟人化理论具有较强的虚拟色彩和理想化成分，要求国家对立法、国防、外交等行为造成的损害都像个人一样承担侵权责任，不仅在理论上说不通，而且在实践中也做不到。

二、政府责任的承担

权责统一乃是依法行政，建设法治政府的本质要求。倘若政府没有很好地履行行政职责，就需要为此承担相应的政府责任，接受负面的评价或后果。只有这样，才能体现权责统一，也才能有效地监督行政主体及其公务人员尽职尽责，依法履行行政职责。② 政府责任的承担主要有承担主体、承担范围、承担方式等要素。

（一）政府责任的承担主体

政府责任的承担主体既包括行政主体，也包括行政主体下属的公务人员，不同主体的政府责任构成有所差异。政府责任的承担主体一般具有关联性和双重性。关联性是指行政主体和其公务人员的政府责任往往联系在一起，行政主体的政府责任有时是公务人员政府责任的存在前提。双重性则是指在具有关联性的前提下，行政主体一般是政府责任第一位的承担主体，在一定条件下，行政主体的公务人员也会成为政府责任的承担主体。

就行政主体而言，其政府责任的构成以行政违法为要件，即只要行政主体存在行政违法，包括怠于履行法定的职权、职责和滥用职权，就应当产生相应的政府责任。就行政主体的政府责任而言，原则上不应当有其他的构成要件，至于是否造成实际的损失、造成怎的损失，这些只是确定行政主体应当承担怎么样的政府责任的问题，而不是用以确定行政主体是否应当承担政府责任的要件。

---

① 应松年著：《国家赔偿法研究》，法律出版社 1995 年版，第 57~59 页。
② 城仲模著：《行政法之基础理论》，台湾三民书局 1980 年版，第 566 页。

行政主体的公务人员因对外行使职权而承担政府责任需要具备一定的条件。首先，公务人员因对外行使职权而承担政府责任应当以所在的行政主体应承担政府责任为前提。从行政法的角度看，公务人员的政府责任与行政主体的行政责任紧密相关，只有行政主体因行政违法需要承担政府责任时，才可能会产生公务人员承担政府责任的问题。其次，公务人员以行政主体之名义代表国家对外行使行政职权，公务人员具有双重身份，既是代表国家行使行政权的公职人员，又同时具有普通公民的身份。因此，在确定其是否承担政府责任时就必须明确其是以怎么样的身份从事活动的，如果是以公务人员身份从事活动的，其法律后果归属于所在的行政主体。

（二）政府责任的承担范围

政府责任既包含行政主体对行政相对人所应当承担的责任，也包括行政主体及其公务人员所应承受的负面结果和评价。

关于政府责任的形式，有的观点从最狭义的政府责任概念出发，认为仅限于所谓的外部责任，即对行政相对人承担的责任，而不包含内部责任。① 该观点有一定的合理性，但是如果放弃行政主体及其公务人员所应承受的负面结果和评价，政府责任的范围将显得过窄，并不利于全面构建政府责任的法律体系，也不利于责任政府的建设和理论研究。

事实上，行政主体管理活动的影响并不仅限于行政主体与行政相对人之间，还影响了行政主体与社会公众的关系。行政主体尤其是其公务人员所承担的负面结果和评价，诸如降职、免职等，虽然并不能直接弥补行政相对人所遭受的损失，但这些内部处置行为对行政相对人和社会公众仍旧具有精神抚慰之意义。因而，政府责任的承担范围既包括内部责任也包括外部责任。

（三）政府责任的承担方式

行政法上所讨论的政府责任必然是一种法律责任。按照最宽泛的理解，政

---

① 应松年著：《行政法学新论》，中国方正出版社 1999 年版，第 609 页。

府责任是一个十分宽泛、庞大的理论体系，包括宪法责任、政治责任、行政法律责任和行政道德责任。① 行政法上的政府责任则仅限于行政主体及其公务人员依照法律、法规对行政相对人、授权者所应承担的法律责任。

具体来说行政主体承担政府责任的方式有多种。首先是纠正错误，即采取措施对于本机关作出的行政违法行为进行改正，又包括纠正不作为、履行有关行政管理职责、撤销或变更违法行为、消除不良影响等。其次是赔偿损失，对于因行政违法给行政相对人造成的损失，采取金钱赔偿的办法予以弥补。一定情况下，行政主体在承担了政府责任后还可以对有过错的公务人员进行追偿。而公务人员具有一般过失的，也并不一定不承担任何的责任，而可能会遭受行政处分等纪律处理，这也是政府承担责任的一个方面。

三、作为政府责任的行政赔偿

政府责任可以从两个面向上来看，从正面来看是怎么做和做什么的问题，这些由权力清单予以解决；从反面来看是如果违反政府权力的行使之道需要承担何种具体责任的问题，行政赔偿则是这种政府责任。

（一）行政赔偿的界定

我国行政法学界对行政赔偿含义的界定主要包括以下几种：

其一，广义说。该说将行政赔偿作了更广泛意义上的界定，与其他观点差异较大。如我国台湾地区学者陈敏主张将损害赔偿与损失补偿作为下位概念，纳入国家责任这一上位概念之下。② 高家伟教授认为，可以将学理研究和现行实在法制度设计区分开来，"在学理上借鉴德国将国家赔偿作为集合概念的做法，用广义的国家赔偿概念吸收国家补偿，以便学理上进行整体性研究"。③ 在此，高家伟教授表述的是广义上的国家赔偿，但是行政赔偿是国家赔偿的基

---

① 郑家建：《论行政责任》，载《山西高等学校社会科学学报》2006 年第 9 期。
② 陈敏著：《行政法总论》，台湾三民书局 1999 年版，第 920 页。
③ 高家伟著：《国家赔偿法》，商务印书馆 2004 年版，第 12 页。

本组成部分之一，国家补偿的主要部分也是行政补偿。因此，他们认为行政赔偿和国家赔偿一样，都应当采取广义的做法，既包括人们常说的行政赔偿，也包括行政补偿。将行政赔偿界定为包括行政补偿在内的"广义说"从公共负担平等的角度出发，旨在构建完整的国家责任体系，更全面地保护公民的合法权益，从这个角度来看，有其自身合理性。但其过于繁复，且赔偿与补偿之间具有固有区别的，也不应混为一谈，"损害赔偿和损失补偿的区分在长期的历史中形成，具有实在法制度的合理性，不可能完全打破这个区分，而应当继承……"① 故"广义说"在我国未得到广泛支持。

其二，责任说。也有学者认为行政赔偿是一种责任，如"行政赔偿是指行政主体违法行使职权，侵犯相对人合法权益造成对其损害时由国家承担的一种赔偿责任"。② "行政赔偿，是指国家行政机关及其工作人员，在行使行政职权的过程中，违法侵犯公民、法人或其他组织的合法权益并造成损害时，由国家承担的赔偿责任。"③

其三，制度说。制度说认为行政赔偿是一种制度。如行政赔偿是指"国家行政机关及其工作人员违法行使职权，侵犯公民、法人或其他组织的合法权益并造成损害，由国家承担责任的制度"。④ "行政赔偿是指国家行政机关和行政机关工作人员在行使职权过程中对公民、法人或其他组织的合法权益造成损害的，由国家向受害人承担赔偿责任。"⑤ 此为通说。

在此认为，行政赔偿是指国家行政机关及其工作人员在违法行使职权的过程中侵犯公民、法人和其他组织的合法权益并造成损害，由国家承担责任的制度。行政赔偿制度具有以下特点：

第一，行政赔偿的责任主体是国家。这是行政赔偿区别于民事赔偿的主要

① 高家伟著：《国家赔偿法》，商务印书馆 2004 年版，第 11 页。

② 叶必丰著：《行政法与行政诉讼法》，高等教育出版社 2012 年版，第 351 页。

③ 杨临宏著：《国家赔偿法：原理与制度》，云南大学出版社 2010 年版，第 107 页。

④ 姜明安主编：《行政法与行政诉讼法》，北京大学出版社 2007 年版，第 629 页。

⑤ 方世荣主编：《行政法与行政诉讼法学》，中国政法大学出版社 2010 年版，第 531 页。

特点。行政赔偿责任是国家赔偿责任的一种形式，承担责任的主体是国家，而不是具体行使职权的行政机关及其工作人员。

第二，行政赔偿的侵权主体是行政机关及其工作人员。这是行政赔偿区别于刑事赔偿的主要特点。行政赔偿责任是国家对行政机关及其工作人员的职务侵权行为所承担的一种赔偿责任。由于国家与国家行政机关工作人员之间存在职务委托关系，行政机关及其工作人员在行使职权过程中侵犯公民、法人和其他组织合法权益的，或以职务名义侵犯公民、法人和其他组织合法权益的，应当视为国家侵权行为。[1]

第三，行政赔偿所针对的是行政机关及其工作人员的违法行为。这是行政赔偿区别于行政补偿的主要特点。国家承担行政赔偿责任的前提是行政行为违法。在行政机关及其工作人员的合法行为对公民、法人和其他组织的合法权益造成损害的情况下，国家不负有行政赔偿责任，而仅需承担行政补偿责任。

第四，行政赔偿程序是行政程序和诉讼程序的结合。这是行政赔偿在程序上的主要特点。行政赔偿程序包括行政处理程序和行政赔偿诉讼程序两个部分。行政处理程序又分为两种情况：一是赔偿义务机关先行处理程序，二是行政复议机关受理赔偿请求、确认赔偿义务机关和赔偿责任的程序。行政赔偿诉讼程序则是人民法院对行政赔偿案件进行审理的程序。

（二）行政赔偿的范围

行政赔偿范围，是指国家对行政机关及其工作人员在行使职权时侵犯公民、法人和其他组织合法权益造成损害的哪些行为承担赔偿责任。行政赔偿范围是行政赔偿的首要环节。我国《国家赔偿法》在对行政赔偿范围的规定方式上采取的是权利标准与行为标准相结合的方式，即一方面明确法律予以保护的公民权利的类型——人身权和财产权，另一方面明确国家应承担赔偿责任的侵害行为种类。

1. 侵犯人身权的行为

---

[1] 马怀德著：《国家赔偿法学》，中国政法大学出版社 2007 年版，第 79 页。

根据《国家赔偿法》第 3 条的规定，行政机关及其工作人员在行使行政职权时实施了下列侵犯人身权的行为的，受害人有取得行政赔偿的权利。侵犯人身权的行为主要包括侵犯人身自由权的行为、侵犯生命健康权的行为。

（1）侵犯人身自由权的行为

其一，违法拘留的行为。此处的违法拘留仅指违法的行政拘留，并不包括违法的司法拘留和刑事拘留。行政拘留是指公安机关依法对违反行政管理秩序但尚未构成犯罪的公民所采取的短期内限制其人身自由的行政处罚方式。违法拘留主要包括以下情形：①处罚机关违法；②适用对象或事项错误；③拘留程序违法；④拘留期限违法。

其二，违法采取限制公民人身自由的行政强制措施。行政强制措施是指行政机关在行政管理的过程中，基于制止违法行为、防止证据损毁、避免危害发生、控制危险扩大等目的，依法对公民人身自由实施暂时性限制，或者对公民、法人或者其他组织的财产实施暂时性控制的行为。限制公民人身自由的行政强制措施主要包括以下几类：①强制传唤；②隔离治疗；③强制戒毒；④留置盘查；⑤劳动教养；⑥其他限制人身自由的强制措施。若行政机关在主体不适格、程序不合法或无相应事实和必要性的情况下实施限制公民人身自由的强制措施，即属于违法行政，受害人有权要求行政赔偿。

其三，非法拘禁或者以其他方法非法剥夺公民人身自由的行为，是指行政机关及其工作人员在行使行政职权的过程中，不具有行政拘留或行政强制措施的权限，或者行政机关虽有上述职权但在法律规定的范围以外剥夺或者限制公民人身自由的行为，其主要表现形式为非法拘禁、非法扣留、非法强制紧闭等。①

（2）侵犯生命健康权的行为

其一，殴打行为。殴打行为是指使用工具或不使用工具打击公民身体的行为。不论出于何种意图，行政机关工作人员对公民实施殴打的行为均属于违法行为。

---

① 房绍坤等著：《国家赔偿法学》，北京大学出版社 2004 年版，第 140 页。

其二，虐待行为。虐待行为是以胁迫方式控制另一个人的一种行为模式。这种行为会造成身体上的伤害和心理上的恐惧，使他人不能做其想做的事，或被强迫以不情愿的方式去做事。虐待行为可能表现为人身暴力、威胁和恐吓、情感虐待和经济剥夺等多种形式。

其三，唆使他人的行为。行政机关工作人员唆使他人对公民实施殴打等暴力行为，致使公民伤害或者死亡的，也属于行政赔偿的范围。这种唆使既包括以明示方式作出的命令、指示，也包括以暗示方式作出的挑拨、威胁、利诱等，只要与行政机关工作人员行使职权的行为有关并造成了公民伤害或者死亡的后果，国家就需要承担赔偿责任。

其四，放纵他人的行为。此处的放纵须满足三个条件：首先，行政机关工作人员负有保护公民人身安全的义务，这种义务一般由法律、法规明文加以规定；其次，行政机关工作人员明知公民的人身健康正在遭受殴打、虐待等行为的侵害；最后，行政机关工作人员在客观上具备对这种侵害行为进行阻止的可能性，却未采取任何有效措施，在心态上希望或放任损害结果的发生。

其五，违法使用武器、警械的行为。武器主要是指枪支、弹药等致命性武器，警械主要是指警棍、高压水枪、催泪弹、特种防暴枪、手铐、脚镣、警绳等警用器械。为了维护公共安全和社会秩序，保护公民的人身安全和公司财产不受侵犯，公安机关及其他行政机关可以依法配备武器、警械。由于武器、警械自身具有高度的危险性，极易对公民的人身安全造成威胁，相关法律法规对此也有明确规定，有关部门应严格遵循法定使用程序和要求。

其六，造成公民身体伤害或者死亡的其他违法行为。

2. 侵犯财产权的行为

根据《国家赔偿法》第 4 条的规定，行政机关及其工作人员在行使行政职权时实施了下列侵犯财产权的行为的，受害人有权取得行政赔偿。

（1）侵犯财产权的行政处罚行为

其一，违法罚款。罚款是行政机关强制违反行政管理法规的相对人在一定期限内向国家交纳一定数量的金钱，从而使其遭受一定经济利益损失的处罚形式。罚款是适用最为广泛的处罚形式。但是，在罚款过程中，极易出现违法现象，从而侵害行政相对人的财产权益。违法罚款包括以下情形：①罚款主体违法；②罚款程序违法；③重复罚款。

其二，违法吊销许可证和执照。许可证和执照是行政机关依据公民、法人或者其他组织的申请，依法赋予申请人从事某种活动、行使某种权利的资格的书面凭证。对许可证和执照应当作广义的理解，一切具有行政许可性质的法律文书均应当被视为本法所规定的许可证和执照。对于行政相对人而言，许可证和执照具有直接的经济内容，是一种特殊的财产权，非经法定程序不得吊销许可证和执照。行政机关在作出吊销许可证和执照的处罚决定的过程中，如果没有严格按照《行政处罚法》规定的程序以及单行法规定的权限进行处罚，即属于违法吊销许可证和执照，在此情况下，受害人有权要求国家承担行政赔偿责任。

其三，责令停产停业。责令停产停业是行政机关对违反相关法律规范的生产经营者，强制要求其在一定期限内停止生产经营活动的一种行政处罚行为。责令停产停业主要适用于两种违法情形：一是行政相对人的生产、经营活动或其所生产、经营的物品存在安全问题；二是行政相对人的生产、经营活动或其所生产、经营的物品对人体健康和自然环境具有现实或潜在的危险性。责令停产停业一般附有期限或条件。责令停产停业属于一种较为严重的行政处罚，受罚人由于从事生产、经营的能力受到限制，很可能会遭受较大的经济损失。行政机关违法责令相对人停产停业而侵犯相对人财产权的，国家应当承担赔偿责任。

其四，违法没收财物。依据《行政处罚法》的规定，没收财务的行政处罚主要有没收违法所得和没收非法财物两种形式。违法所得和非法财物是相对人以不法状态获取或占有的财物，其本身不构成合法财产，不受国家法律保护，对违法所得或非法财物进行没收其本质意义上是一种追缴。许多单行法律、法规均对没收财物的行政处罚进行了专门规定，对处罚机关和处罚程序均有具体要求。对违法所得和非法财物必须进行准确的判断和认定。主体不适格、程序违法或者对象错误的没收行为均属于违法没收。

其五，侵犯财产权的其他行政处罚行为。

（2）侵犯财产权的行政强制措施

其一，违法查封、扣押。查封是行政机关对相对人的特定动产或不动产就地封存，待具体行政行为结束后再进行处理的行政强制措施。扣押是行政机关将违禁品留置以防止相对人转移或者藏匿的行政强制措施。查封、扣押针对的均是相对人的涉案财产。违法实施查封、扣押主要包括以下情形：①执法主体违法；②对象错误；③不具备法定条件；④违反法定程序；⑤未妥善保管被查封、扣押的场所、设施和财产。

其二，违法冻结。冻结是指行政机关要求银行暂时禁止相对人动用或者提取其存款的行政强制措施。冻结必须严格依法进行。行政机关违法实施冻结导致公民财产遭受损失的，国家应当依法承担行政赔偿责任。违法冻结主要包括以下几种情形：①执法主体违法；②超额冻结；③超期冻结。

其三，违法征收、征用财产。违法征收、征用财产是指行政机关在没有法律规定的情况下强行运用行政职权向相对人征收、征用财物的行为。我国宪法和法律规定，公民、法人和其他组织的合法财产受到法律保护，禁止一切侵占私有财产的违法行为。包括行政机关在内的任何组织均不得随意要求公民、法人或者其他组织承担交纳财物的义务。行政机关违法征收、征用财产主要表现为以下三种形式：第一，行政机关在没有法律依据的情况下向相对人征收、征用财产；第二，行政机关未依据法律、法规规定的程序、限额进行征收、征用；第三，行政机关未按照法定目的向相对人征收、征用财产。

其四，造成财产损害的其他违法行为。除了行政处罚、行政强制措施和征收、征用以外，尚存在许多可能对公民财产权造成损害的其他类型的行政行为。例如，行政机关违法的裁决行为、检查行为、命令行为以及不作为都有可能侵害公民的财产权益。①

（三）行政赔偿请求人和赔偿义务机关

行政赔偿请求人是指国家行政机关及其工作人员行使行政职权、履行法定

_____

① 参见张红著：《国家赔偿法学》，北京师范大学出版社 2017 年版，第 68~77 页。

职责而遭受损害，有权向国家请求行政赔偿的主体。行政赔偿请求人与行政赔偿诉讼原告是两个不同的概念。进入诉讼阶段后，受害人方可被称为行政赔偿诉讼原告。受害人在行政赔偿程序的不同阶段有不同的身份，我国《国家赔偿法》将其统称为行政赔偿请求人。行政赔偿请求人具有如下特征：（1）行政赔偿请求人是公民、法人和其他组织；（2）行政赔偿请求人是合法权益受到行政行为侵害并遭受实际损失的公民、法人或其他组织；（3）行政赔偿请求人是依法以自己名义请求赔偿义务机关履行国家赔偿责任的公民、法人和其他组织。这是行政赔偿请求人在程序法上的特征。

行政赔偿义务机关是指代替国家履行具体赔偿义务，支付赔偿费用，参加赔偿案件解决的行政机关或者法律、法规授权的组织。行政赔偿义务机关不同于行政赔偿责任主体，行政赔偿的责任主体是国家，国家是一个抽象实体，行政赔偿义务机关实际上是代替国家履行行政赔偿责任的机关。行政赔偿义务机关也不同于行政侵权行为人，在我国，行政侵权行为人为国家行政机关及其工作人员，行政赔偿义务机关则只能是行政机关。在办理赔偿事务、履行赔偿责任的过程中，行政赔偿义务机关一般具有以下义务：（1）及时受理和处理赔偿请求；（2）参加行政复议和行政赔偿诉讼；（3）及时充分地履行赔偿义务。

第三节　国　家　赔　偿

一、国家赔偿的基本宗旨

我国《国家赔偿法》第1条规定，为保障公民、法人和其他组织享有依法取得国家赔偿的权利，促进国家机关依法行使职权，根据宪法，制定本法。这一条款表明，国家赔偿的基本宗旨在于抚慰受害人、承担政府责任和促进国家机关依法行使职权。

其一，抚慰受害人。《国家赔偿法》第3、4、17、18条分别规定了行政赔偿和刑事赔偿的赔偿范围，主要是对因职务行为对公民人身权和财产权造成的损害予以赔偿。第32~36条具体规定了人身自由、生命健康权、精神损害以及财产权损害的赔偿方式。这些规定表明《国家赔偿法》旨在保障公民实体性权利以及要求获得赔偿的救济性权利。对权利予以救济，对损害予以赔偿则着眼于对受害人的抚慰。

其二，承担政府责任。我国《宪法》第5条规定了社会主义法治原则，国家机关必须在宪法和法律的框架内依法行使职权，违反宪法和法律的行为需要承担责任。国家赔偿制度依据宪法建立，其目的在于贯彻宪法的原则和精神，承担政府违法责任。其规定了政府及其工作人员在行使职权的过程中违反宪法和法律规定，对公民合法权益造成损害后，必须承担相应责任并对损害予以赔偿。

其三，促进国家机关依法行使职权。国家赔偿制度对国家机关及其工作人员在职权过程中的行为提出了要求，明确了哪些行为应当由国家承担赔偿责任。在对受害人予以损害赔偿和抚慰之后，对有故意或者重大过失的责任人员，还应责令其承担部分或者全部赔偿费用，并依法给予处分；构成犯罪的，应当依法追究刑事责任。此处的政府责任也强调依据工作人员的过错程度，追偿损失并追究其相应的法律责任。这有利于形成权责一致的行政执法模式，对国家工作人员依法行使职权有着促进作用。

二、国家赔偿的基本构造

任何一个国家都不可能做到将侵权行为的致害后果全部由国家赔偿，这除了涉及国家财政能力外，还有一个重要因素就是国家赔偿责任功能所应达到的法律效应和社会效应。① 因此，国家赔偿制度需要合理构建赔偿的条件、范围和程序，以实现国家赔偿的基本宗旨，这些制度上的设计与限定即为国家赔偿的基本构造。

---

① 江必新著：《国家赔偿法原理》，中国人民公安大学出版社1994年版，第47页。

（一）国家赔偿归责原则

归责原则体系主要有三种模式，一是公务过错原则为主、无过错责任为辅的法国模式，二是主观过错与违法双重归责的英美模式，三是瑞士和奥地利等国采用的违法原则。① 在这三种模式中，违法归责原则、过错归责原则和无过错归责原则运用最为广泛。

其一，违法归责原则是指国家机关及其工作人员在行使职权过程中，违反法律造成他人权益损害的，由国家承担赔偿责任。即凡职权行为违法，则无论有无过错皆应承担责任。违法归责的优势在于避免了对行为人主观过错的认定，便于受害人及时获得国家赔偿；同时还与依法行政的要求相一致，对行政行为作出了合法性上的要求。

其二，过错归责原则包括主观过错原则和客观过错原则。主观过错是指国家工作人员在行使职权过程中具有应受责难的心理状态，主要有故意和过失两种。个人基于自由意志实施的行为一旦侵犯了他人的合法权益即具有主观上的过错。这一原则着眼于对受害人权利和自由之保护。客观过错责任是指职权活动中由于职务行为本身缺乏妥善标准，造成履行水平和效果显著不良引起的责任，如拖延履行、履行效果不良等。该归责原则是对职权行为合理性的审查，有利于保护当事人的主观权利。②

其三，无过错归责原则的出现是对违法归责原则和过错归责原则的补充。一旦职权行为既未违法，也不具有主观上或客观上的过错，即使导致了权利人之损害，国家也无须承担法律责任。这在某些情况下有违公平正义原则，不利于对公民合法权益的保护。在此情况下，无过错责任原则产生，其是指只要国家机关的职权行为致使损害结果产生即应承担责任。这一原则的赔偿范围极为广泛，因此在适用时存在着较多限制条件。

根据我国《国家赔偿法》第 2 条的规定，职权行为、合法权益损害是取

---

① 薛刚凌著：《国家赔偿法》，中国政法大学出版社 2011 年版，第 33 页。

② 王敬波著：《国家赔偿法教程》，对外经济贸易大学出版社 2011 年版，第 35 页。

得赔偿的必要条件。该法在具体的赔偿类型中暗含了应适用的归责原则，行政赔偿适用违法归责原则，刑事赔偿适用违法归责和结果归责的原则，司法赔偿适用违法归责和过错归责相结合的原则。

（二）国家赔偿构成要件

归责原则决定了国家赔偿责任要件的具体构成。

其一，侵权主体。分析构成要件首先应判定主体范围，即确定侵权主体。所谓侵权主体，是指实施侵权行为能够引起国家承担赔偿责任的机关或个人。我国国家赔偿中的侵权主体是国家机关和国家机关工作人员。但是，由于社会事务的纷繁复杂，公权力主体的多元化，《国家赔偿法》也明确了法律、法规授权的组织和受国家机关委托的组织和个人是特殊的侵权主体。

其二，侵权行为。在确定侵权主体之后，还需确定侵权行为。职务侵权行为在现象上主要表现为职务违法行为，在特殊情况下还包括一些合法的致害行为。违法行为还包括怠于行使职权的行为。怠于行使职权的行为也称消极的行为或不作为。此类行为的确定，以法律确定国家机关、国家机关工作人员有作为义务为前提。受害人所遭受的损害可以是因行使职权的行为而产生，也可以是因其他行为而产生。只要损害发生在国家机关、国家机关工作人员行使职权的过程中，并与其职责相关联，那么就属于职务侵权行为所造成的损害。

其三，职务过错。职务过错有时也是构成要件之一。其一般表现为国家机关工作人员的过错，但是职务过错并非完全与执行职务的国家机关工作人员的过错相一致。在特定情况下，即使执行职务的国家机关工作人员并无过错，但同样可以确定职务过错的成立。①

其四，损害事实。损害事实是必要构成要件，在国家赔偿法中一般分为财产权损害和人身权损害两大部分。财产权损害在形态上表现已有财产的毁损、灭失或减少和可得利益的丧失。人身权损害是对公民生命健康权、人身自由

---

① 林准、马原主编：《国家赔偿问题研究》，人民法院出版社 1992 年版，第 84~85 页。

权、人格权等的侵犯并由此而造成损害。侵犯生命健康权主要表现为职务侵权行为致使公民身体受到损害或者死亡；侵犯人身自由权主要表现为对人身自由的非法限制或剥夺；侵犯人格权主要表现为职务侵权行为致使公民遭受精神损害。

其五，因果关系。因果关系是国家赔偿责任的重要构成要件，其意味着侵权行为和损害之间具有引起与被引起的关系。国家赔偿中的因果关系不同于其他法律责任中的因果关系，不能绝对地强调因与果之间的内在的、必然的联系，因为对因果关系要求的程度越高越会限定权利救济的范围。这一点与刑事、民事等法律中的要求有差别。目前大多数国家采用的标准是相当因果关系说，即依照社会一般观念，某行为通常会导致损害后果的发生，即认定为具有相当因果关系。其公式是若无此行为，则不发生损害，若有此行为通常发生损害。①

（三）国家赔偿法定程序

国家赔偿具体分为行政赔偿、刑事赔偿和司法赔偿，在行政救济领域国家赔偿主要指行政赔偿。行政赔偿程序，即行政赔偿请求人向国家行政赔偿义务机关请求行政赔偿，有关行政赔偿义务机关处理赔偿事务，以及通过人民法院解决行政赔偿纠纷的方式、方法和步骤之总称。在我国，依据《国家赔偿法》之规定，行政赔偿程序包括行政赔偿请求人的申请程序、行政先行处理程序、行政赔偿复议程序、行政赔偿诉讼程序以及行政追偿程序。

其一，行政赔偿申请程序。我国国家赔偿制度中的申请程序可划分为单独式和附带式两种形式。其中，单独式指赔偿权利人单独就赔偿问题向行政赔偿义务机关提出赔偿请求，它不涉及行政复议或者行政诉讼，行政赔偿义务机关在接受请求后，即对自身具体行政行为涉及的赔偿问题进行处理。附带式指权利人在行政复议或者行政诉讼时一并提出赔偿请求，复议机关或人民法院在审查原行政行为的合法性的基础上一并解决赔偿问题。

---

① 王敬波著：《国家赔偿法教程》，对外经济贸易大学出版社 2011 年版，第 45 页。

其二，行政先行处理程序。在我国，行政先行处理前置系行政赔偿的一项程序性原则。就其内容而言，先行处理程序包括赔偿请求的提出、受理和决定三个环节。受害人要求赔偿，应当向赔偿义务机关递交申请书，申请书应当载明《国家赔偿法》所要求的事项。赔偿义务机关在接到赔偿申请书后，应进行审查以决定是否受理。经审查认为赔偿申请符合条件的，应当通知请求人，并在 2 个月内作出处理决定。逾期不予赔偿或者请求人对赔偿数额有异议的，请求人自期间届满之日起 3 个月内向人民法院提起诉讼。

其三，行政赔偿复议程序。根据《国家赔偿法》的规定，赔偿义务机关在法定期限内未作出是否赔偿的决定，赔偿请求人可以自期限届满之日起 30 日内向赔偿义务机关的上一级机关申请复议；赔偿请求人对赔偿的方式、项目、数额有异议的，或者赔偿义务机关作出不予赔偿决定的，赔偿请求人也可自赔偿义务机关作出赔偿或者不予赔偿决定之日起 30 日内，向赔偿义务机关的上一级机关申请复议。复议机关应当在收到复议申请书之日起 2 个月内作出复议决定。赔偿请求人不服复议决定的，可以在收到复议决定之日起 30 日内向复议机关所在地的同级人民法院赔偿委员会申请作出赔偿决定；复议机关逾期不作决定的，赔偿请求人可以自期限届满之日起 30 日内向复议机关所在地的同级人民法院赔偿委员会申请作出赔偿决定。

其四，行政赔偿诉讼程序。在我国，行政诉讼是行政赔偿的"最后防线"，它具有民事诉讼的某些特质，但又有别于一般的民事诉讼；它适用行政诉讼程序，但又不同于一般行政诉讼。从起诉条件看，在单独提起赔偿诉讼时，要以行政赔偿义务机关先行处理为前提条件。在一并提起赔偿请求时，通常以行政复议或行政诉讼确认行政行为违法为赔偿先决条件。从诉讼当事人看，赔偿诉讼以行政机关为诉讼被告，实行"国家责任，机关赔偿"制度。致害的公务员不是诉讼被告。从审理形式看，赔偿诉讼不同于行政诉讼，赔偿可以适用调解。从证据规则看，赔偿诉讼不完全采取"被告负举证责任"的原则，而参照民事诉讼，要求赔偿请求人对其诉讼请求和主张举证。为了减轻赔偿请求人的举证负担，有些国家采用"初步证明责任"规则，使举证责任在原被告间相互转换。行政赔偿诉讼原则上适用《行政诉讼法》规定的程序，

《行政诉讼法》没有规定的（如送达等），还可以适用民事诉讼程序。

其五，行政追偿程序。追偿又称为求偿，指国家行政机关向请求人支付赔偿费用或履行赔偿义务后，依法责令有故意或重大过失的公务员或受委托的组织或个人，承担部分或者全部赔偿费用的制度。追偿制度既可以保证受害人及时得到赔偿，避免因公务员资力薄弱难以向受害人支付足额赔偿的情形，又可以监督公务人员依法行使职权，增强其责任心，免除公务人员行使职权时的后顾之忧，鼓励公务员竭智尽忠，同时还可以减轻国家财政负担。追偿是国家基于行政机关与工作人员之间特别权力关系而对公务员实施的制裁形式。追偿需满足两个条件：一是行政赔偿义务机关已经向受害人支付了赔偿金；二是公务员有故意或重大过失。①

三、国家赔偿在法治政府中的定位

国家赔偿制度在法治政府建设中具有重要意义，为之提供了受损权益赔偿机制、政府责任承担机制以及国家责任追偿机制。

（一）受损权益赔偿机制

在国家赔偿责任理论中，国家赔偿责任究竟系代位责任还是自己责任，是一个"陈芝麻、烂谷子"的老旧话题。因为，早在国家机关或国家机关工作人员的职务侵权责任为《中华人民共和国民法通则》确立后不久，即有学者提出国家赔偿是代位责任的观点。而在 1994 年《中华人民共和国国家赔偿法》酝酿之际，国家赔偿责任究竟是国家代位责任还是国家自己责任，一度引起立法参与者的热烈讨论。最终，《国家赔偿法》的制定者和在法律释义中担纲主要角色的绝大部分法律学者，都采纳了国家自己责任说，并以国家是国家赔偿唯一责任主体、国家赔偿义务机关代表国家实际履行赔偿义务的主张，作为对现行国家赔偿制度的通行诠释。

其实，代位责任说和自己责任说之间，并不存在巨大的差异，也并不像许

---

① 杨秋林、宁立成、姚俊著：《国家赔偿制度研究》，江西人民出版社 2016 年版，第136~137 页。

多论者所言的那样是一种后者渐趋替代前者的单线进化关系。回顾世界范围内国家赔偿制度演进的历史线索,这两种学说都是在否定只有公务人员自己对侵权行为负责、国家不承担赔偿责任的制度后,因应国家赔偿责任之确立而产生的。虽然二者对由此产生的国家赔偿责任之性质给出了不同解说,但是,在真正摸清它们的差别之前,还是有必要花费一定笔墨,勾勒出在制度变迁过程中它们所共同面对的核心现实问题。这个问题就是,如何通过制度设计,在国家公务人员与受害人之间寻求或达成一个合理的权责关系,以同时实现四个目标:(1)受害人得到充分或公平的救济;(2)维护公务人员执行公务的积极性;(3)在必要的范围内保持公务人员对侵权行为的应责性,防止其不负责任的恣意妄为;(4)确保国家财政对公务侵权的适当负担,避免为公务人员个人过错而过度"买单"。

首要的目标当然是,受害人遭遇公权力侵害的,其损失应当得到充分的或公平的弥补。否则,不仅受害人对制度的正义性失去认同,而且,每个人也都会从受害人未获足够补救的现实中,移情地知晓自己可能面临的同样境遇。进而,制度正义性认同之缺失会在公众中间形成一定的普遍规模,直至最后扩大到挑战并颠覆传统制度的程度。[1] 重点实现国家赔偿制度的权益保障功能的根源还在于国家赔偿制度是对受害人的事后救济,《国家赔偿法》被定位为事后法。[2]

法治政府的出发点和落脚点都是充分保障公民权利,国家赔偿制度为法治政府提供了受害人受损权益赔偿机制,使政府责任既包括精神上的抚慰和物质上的补偿,又有利于充分实现受害人的救济请求权,在人权保障方面具有重大的现实意义。从现实层面看,国家赔偿在实践中仍面临着诸多现实的困难,其赔偿功能仍有待进一步加强。在实践中,有不少同类案件得到不同赔偿的情形,不利于受害人的权益的平等保障。最高人民法院出台了《关于人民法院赔偿委员会审理国家赔偿案件适用精神损害赔偿若干问题的意见》,其中规定

---

[1] 沈岿:《国家赔偿:代位责任还是自己责任》,载《中国法学》2008 年第 1 期。

[2] 肖登辉、黄聪:《国家赔偿制度的演进:从"分离"到"回归"》,载《理论月刊》2020 年第 4 期。

精神损害抚慰金的具体金额原则上不超过人身自由赔偿金、生命健康赔偿金总额的35%，最低不少于1000元。这一司法解释的制定，明确了精神赔偿的抚慰性质，一定程度上解决了案件精神赔偿金额难以确定的问题。应进一步明确精神抚慰金赔付标准，限缩自由裁量的空间，尽量减少权力运行的不确定性和随意性，对同类案件公平对待。

（二）政府责任承担机制

保障受害人权益的目标是单纯由公务人员负责赔偿的制度最终被改革的决定性因素。因为，完全个人负责制显然在一般意义上无法保证受害人从公务人员有限的腰包中得到应有补救。更何况，为了使公务人员不至于因为赔偿责任的威胁而过分挫伤其执行公务的积极性，这种个人赔偿制度还为公务人员设计了较多的责任豁免规则。受害人希冀仅仅从公务人员那里获得充分或公平救济的可能性，也就因此被进一步限缩。

为了实现上述首要目标，制度设计者就需要在公务人员之外考虑一个更能胜任的侵权赔偿责任主体。这个主体不可避免地落在了国家身上。因为，只有国家才能被法律理论阐释为，与公务人员之间存在委托或授权关系（无论直接还是间接），从而必须为公务人员在委托或授权范围内的侵权后果负责。而且，只有国家才具备提供充分或公平救济的能力。甚至，只有国家"挺身而出"，才能在保证受害人获赔的实效性同时，承继原先公务人员个人负责制中通过诸多责任豁免规则所表现出来的对公务积极性的考虑，使公务人员依旧可以在执行公务时不至于过分地畏首畏尾。

于是，国家责无旁贷地被确立为向受害人赔偿的主体，以往与国家不负赔偿责任制展相随的"国王不能为非""国家主权至上""国家主权豁免"等观念与理论，也就因势而衰微。然而，假如由国家全面取代公务人员承担起公权力损害赔偿责任，又会从一个极端走向另一个极端，会弱化和放松公务人员的行为约束机制，甚至会让公务人员对其侵权行为的后果无所顾忌而恶意行使权力或任意疏忽职责要求。

这样的后果不利于国家对公务人员的有效控制，也不利于善政的形成。更何况，国家财政毕竟是靠全体纳税人支撑的，它不能不分青红皂白地为所有恣意妄为的公务人员支付赔偿金。否则，国家财政有可能负担过重，对全体纳税人而言也是不公平的。基于这些考虑，在世界范围内，许多国家在建构起国家赔偿制度的同时，大致上以三种形式保留了公务人员对公务侵权的个人金钱责任：一是由国家先予赔偿，而后对在法定情形下需要负责的公务人员进行追偿或求偿；二是在一些法定情形下由公务人员直接承担公务侵权赔偿责任；三是在一些法定情形下由国家和公务人员向受害人承担连带责任。国家赔偿制度先发的一些国家，采取了至少让其中两种形式并存的制度，我国大陆则是选择了第一种形式。[①]

"国家赔偿法是一部与宪法相配套、直接保障宪法实施和国家政权运作的法律，它改变了公民被国家侵权后无求偿法律依据的窘境，明确了国家与违法侵权的公民一样需要承担赔偿责任，落实了国家作为侵权主体的法律地位和赔偿责任。"[②] 我国的国家赔偿法律制度是中国民主法治建设的一座里程碑，自制度确立以来，政府责任得到了媒体和公众的广泛关注，人民群众对于法治和正义的诉求也愈加强烈，这极大地推动了国家赔偿制度的完善和发展。国家赔偿法律制度为法治政府建设提供了政府责任承担机制，这与权责一致的法治精神相符。

（三）国家责任追偿机制

国家赔偿法在法治政府建设中还有一个重要的功能，那就是承担国家责任后可以对有过错的相关工作人员进行追偿。国家赔偿制度主要处理的是国家与受害人之间的赔偿与被赔偿的关系，而国家追偿制度处理的是国家赔偿之后，用以解决国家与侵权者（国家机关或公务人员）之间关系的一种制度，可以说是国家赔偿制度的一种延伸。国家追偿为国家赔偿的一种专门制度，国家追

[①] 沈岿：《国家赔偿：代位责任还是自己责任》，载《中国法学》2008 年第 1 期。

[②] 余凌云、高刘畅：《充分发挥国家赔偿法功能 彰显法治社会公平正义》，载《人民法院报》2015 年第 5 期。

偿以国家赔偿为基础和前提，国家赔偿则以国家追偿为后续和保障，完善可操作的国家追偿制度是国家赔偿制度走向成熟的标志。①

根据《国家赔偿法》条款可以看出追偿属于追责的一种形式，是国家赔偿后对符合法定条件的公务人员进行的经济惩戒，发生于国家赔偿之后，具有事后性，广义的追责除追偿外还包括行政处分、刑罚。追偿的归责原则直接体现追偿的目的。归责原则是决定是否承担法律责任，以及在何种情形下承担法律责任的基本准则。从追究法律责任的角度而言，追偿的归责原则的选择和确立是该制度设计的根本目的的直接体现。基于现有《国家赔偿法》的相关规定，追偿的归责原则具有主观归责与客观归责相结合的特点。所谓主观归责的核心在于强调公务人员对其实施的行为具有主观过错，即《国家赔偿法》第16条规定的故意和重大过失，这一归责原则的目的在于以公务人员是否存在"主观过错"，即以"故意"和"重大过失"作为是否应当追偿的基本准则；而客观归责的核心在于将基于自由意志之下的行动视为归责的前提，并作为认定是否应当追偿的基本原则，《国家赔偿法》第31条则是从行为的角度列举应追偿的具体行为，属于客观归责，客观归责的特点在于规避了主观过错认定的不确定性，将追偿的衡量标准建立于对相关公务人员行为违法性的客观判断基础上。据此可见，在追偿的归责原则上，《国家赔偿法》具有两个方面的立法意图：一是，无论是主观归责还是客观归责，公务人员行为违法是构成追偿的基本前提；二是，以被追偿人的行为而非行为的结果，作为追偿的法定事由。将主观过错与行为违法作为追偿的归责原则，体现出我国《国家赔偿法》设立追偿制度的目的就在于督促公务人员依法履行职责。

追偿属于公务人员惩戒制度的组成部分，是基于职务关系而对公务人员的惩戒。作为一种责任追究手段，追偿应当属于追责的组成部分，其目的在于对违法行使职权的公务人员进行经济惩戒。从目的角度而言，建构追偿制度的初衷在于通过完善责任体系，促进公务人员合法履行职责。因此，国家赔偿后对相关公务人员进行追偿追责是一种基于职务关系的惩戒行为。这种惩戒的特殊

---

① 上官丕亮著：《国家赔偿法研究述评》，法律出版社2017年版，第453页。

之处体现在它是建立于特定的职务关系之上，以职务关系为核心的制裁。由于追偿是以公务人员违法履行职务产生国家赔偿为前提，如此就形成了国家赔偿与国家追偿追责等多重法律关系之间的关联性，同时鉴于国家赔偿与后继追偿的归责原则不同，又使得两者之间具有了非统一性，关联性体现为国家赔偿是追偿的前提，而非统一性则体现为国家赔偿并不必然导致对相关公务人员的追偿。这种非统一性恰恰构成追偿的制度空间，何种情形应当进行追偿，如何定位追偿的主体，怎样规范追偿程序，如何保障被追偿人的合法权益等问题都需要通过完善追偿制度给予相应的回应，而上述制度的完善都必须建立于追偿的目的与功能定位的基础上。①

这一规定使得政府责任的承担更为全面，既有利于充分实现对侵犯公民权益行为的责任追究，使相关人员受到惩处；也有利于督促国家工作人员依法履行职权，尊重公民权益。这一机制需要在实践中妥善执行。既要注重依法追究相关工作人员与组织的责任，并不断健全追责、追偿机制；又不能对责任追究进行过度解读，无视执法和审判的内在规律，随意扩大追偿、追责的适用范围，从而增加公务人员不必要的心理压力和履职风险。

典型案例 10-1：D 某某投资有限公司申请 D 市中级人民法院错误执行国家赔偿案②

【裁判摘要】

人民法院执行行为确有错误造成申请执行人损害，因被执行人无清偿能力且不可能再有清偿能力而终结本次执行的，不影响申请执行人依法申请国家赔偿。

【相关法条】

《中华人民共和国国家赔偿法》第 30 条

---

① 李昕：《论功能定位基础上的国家追偿制度建构》，载《法律适用》2019 年第 5期。

② 本案裁判文书详见附录 16。

【基本案情】

1997年11月7日，交通银行D分行与D轮胎厂签订借款合同，约定后者从前者借款422万元，月利率7.92‰。2004年6月7日，该笔债权转让给中国信达资产管理公司沈阳办事处，后经转手由D某某投资有限公司（以下简称D公司）购得。2007年5月10日，D公司提起诉讼，要求D轮胎厂还款。5月23日，D市中级人民法院（以下简称D中院）根据D公司财产保全申请，作出〔2007〕丹民三初字第32-1号民事裁定：冻结D轮胎厂银行存款1050万元或查封其相应价值的财产。次日，D中院向D市国土资源局发出协助执行通知书，要求协助事项为：查封D轮胎厂位于D市Z区振七街134号土地六宗，并注明了各宗地的土地证号和面积。2007年6月29日，D中院作出〔2007〕丹民三初字第32号民事判决书，判决D轮胎厂于判决发生法律效力后10日内偿还D公司欠款422万元及利息6209022.76元（利息暂计至2006年12月20日）。判决生效后，D轮胎厂没有自动履行，D公司向D中院申请强制执行。

2007年11月19日，D市人民政府第51次市长办公会议议定，"关于D轮胎厂变现资产安置职工和偿还债务有关事宜"，"责成市国资委会同市国土资源局、市财政局等有关部门按照会议确定的原则对D轮胎厂所在地块土地挂牌工作形成切实可行的实施方案，确保该地块顺利出让"。11月21日，D市国土资源局在《D日报》刊登将D轮胎厂土地挂牌出让公告。12月28日，D市产权交易中心发布将D轮胎厂锅炉房、托儿所土地挂牌出让公告。2008年1月30日，D中院作出（2007）丹立执字第53-1号、第53-2号民事裁定：解除对D轮胎厂位于D市Z区振七街134号三宗土地的查封。随后，前述六宗土地被一并出让给太平湾电厂，出让款4680万元被D轮胎厂用于偿还职工内债、职工集资、普通债务等，但没有给付D公司。

2009年起，D公司多次向D中院递交国家赔偿申请。D中院于2013年8月13日立案受理，但一直未作出决定。D公司遂于2015年7月16日向L省高级人民法院（以下简称L高院）赔偿委员会申请作出赔偿决定。在L高院赔偿委员会审理过程中，D中院针对D公司申请执行案于2016年3月1日作出〔2016〕辽06执15号执行裁定，认为D轮胎厂现暂无其他财产可供执行，裁定：〔2007〕丹民三初字第 32 号民事判决终结本次执行程序。

【裁判结果】

L 省高级人民法院赔偿委员会于 2016 年 4 月 27 日作出〔2015〕辽法委赔字第 29 号决定，驳回 D 公司的国家赔偿申请。D 公司不服，向最高人民法院赔偿委员会提出申诉。最高人民法院赔偿委员会于 2018 年 3 月 22 日作出〔2017〕最高法委赔监 236 号决定，本案由最高人民法院赔偿委员会直接审理。最高人民法院赔偿委员会于 2018 年 6 月 29 日作出〔2018〕最高法委赔提 3 号国家赔偿决定：1. 撤销 L 省高级人民法院赔偿委员会〔2015〕辽法委赔字第 29 号决定；2. L 省 D 市中级人民法院于本决定生效后 5 日内，支付 D 公司国家赔偿款 300 万元；3. 准许 D 公司放弃其他国家赔偿请求。

【裁判理由】

最高人民法院赔偿委员会认为，本案基本事实清楚，证据确实、充分，申诉双方并无实质争议。双方争议焦点主要在于三个法律适用问题：第一，D 中院的解封行为在性质上属于保全行为还是执行行为？第二，D 中院的解封行为是否构成错误执行，相应的具体法律依据是什么？第三，D 中院是否应当承担国家赔偿责任？

关于第一个焦点问题。D 公司认为，D 中院的解封行为不是该院的执行行为，而是该院在案件之外独立实施的一次违法保全行为。对此，D 中院认为属于执行行为。最高人民法院赔偿委员会认为，D 中院在审理某某公司诉 D 轮胎厂债权转让合同纠纷一案过程中，依法采取了财产保全措施，查封了 D 轮胎厂的有关土地。在民事判决生效进入执行程序后，根据《最高人民法院关于人民法院民事执行中查封、扣押、冻结财产的规定》第 4 条的规定，诉讼中的保全查封措施已经自动转为执行中的查封措施。因此，D 中院的解封行为属于执行行为。

关于第二个焦点问题。D 公司称，D 中院的解封行为未经 D 公司同意且最终造成 D 公司巨额债权落空，存在违法。D 中院辩称，其解封行为是在市政府要求下进行的，且符合最高人民法院的有关政策精神。对此，最高人民法院赔偿委员会认为，D 中院为配合政府部门出让涉案土地，可以解除对涉案土地的查封，但必须有效控制土地出让款，并依法定顺位分配该笔款项，以确保生效判决的执行。但 D 中院在实施解封行为后，并未有效控制土地出让款并依法予以分配，致使 D 公司的债权未受任何清偿，该行为不符合最高人民法院关于依法妥善审理金融不良资产案件的司法政策精神，侵害了 D 公司的合法权益，属于错误执行行为。

至于错误执行的具体法律依据，因 D 中院解封行为发生在 2008 年，故应适用当时有效的司法解释，即 2000 年发布的《最高人民法院关于民事、行政诉讼中司法赔偿若干问题的解释》。由于 D 中院的行为发生在民事判决生效后的执行阶段，属于擅自解封致使民事判决得不到执行的错误行为，故应当适用该解释第 4 条第 7 项规定的违反法律规定的其他执行错误情形。

关于第三个焦点问题。D 公司认为，被执行人 D 轮胎厂并非暂无财产可供执行，而是已经彻底丧失清偿能力，执行程序不应长期保持"终本"状态，而应实质终结，故本案应予受理并作出由 D 中院赔偿 D 公司落空债权本金、利息及相关诉讼费用的决定。D 中院辩称，案涉执行程序尚未终结，被执行人 D 轮胎厂尚有财产可供执行，D 公司的申请不符合国家赔偿受案条件。对此，最高人民法院赔偿委员会认为，执行程序终结不是国家赔偿程序启动的绝对标准。一般来讲，执行程序只有终结以后，才能确定错误执行行为给当事人造成的损失数额，才能避免执行程序和赔偿程序之间的并存交叉，也才能对赔偿案件在穷尽其他救济措施后进行终局性的审查处理。但是，这种理解不应当绝对化和形式化，应当从实质意义上进行理解。在人民法院执行行为长期无任何进展、也不可能再有进展，被执行人实际上已经彻底丧失清偿能力，申请执行人等已因错误执行行为遭受无法挽回的损失的情况下，应当允许其提出国家赔偿申请。否则，有错误执行行为的法院只要不作出执行程序终结的结论，国家赔偿程序就不能启动，这样的理解与《国家赔偿法》以及相关司法解释制定的目的是背道而驰的。本案中，D 中院的执行行为已经长达 11 年没有任何进展，其错误执行行为亦已被证实给 D 公司造成了无法通过其他渠道挽回的实际损失，故应依法承担国家赔偿责任。L 高院赔偿委员会以执行程序尚未终结为由决定驳回 D 公司的赔偿申请，属于适用法律错误，应予纠正。

至于具体损害情况和赔偿金额，经最高人民法院赔偿委员会组织申诉人和被申诉人进行协商，双方就 D 中院〔2007〕丹民三初字第 32 号民事判决的执行行为自愿达成如下协议：（1）D 中院于本决定书生效后 5 日内，支付 D 公司国家赔偿款 300 万元；（2）D 公司自愿放弃其他国家赔偿请求；（3）D 公司自愿放弃对该民事判决的执行，由 D 中院裁定该民事案件执行终结。

综上，最高人民法院赔偿委员会认为，本案 D 中院错误执行的事实清楚，证据确实、充分；L 高院赔偿委员会决定驳回 D 公司的申请错误，应予纠正；D 公司与 D 中院达成的赔偿协议，系双方真实意思表示，且不违反法律规定，应予确认。依照《中华人民共和国国家赔偿法》第 30 条第 1 款、第 2 款和《最高人民法院关于国家赔偿监督程序若干问题的规定》第 11 条第 4 项、18 条、第 21 条第 3 项的规定，遂作出上述决定。

典型案例 10-2：沙某某等诉 M 市 H 区人民政府房屋强制拆除行政赔偿案①

【裁判摘要】

在房屋强制拆除引发的行政赔偿案件中，原告提供了初步证据，但因行政机关的原因导致原告无法对房屋内物品损失举证，行政机关亦因未依法进行财产登记、公证等措施无法对房屋内物品损失举证的，人民法院对原告未超出市场价值的符合生活常理的房屋内物品的赔偿请求，应当予以支持。

【相关法条】

《中华人民共和国行政诉讼法》第 38 条第 2 款

【基本案情】

2011 年 12 月 5 日，A 省人民政府作出皖政地〔2011〕769 号《关于 M 市 2011 年第 35 批次城市建设用地的批复》，批准征收 M 市 H 区 H 街道范围内农民集体建设用地 10.04 公顷，用于城市建设。2011 年 12 月 23 日，M 市人民政府作出 2011 年 37 号《M 市人民政府征收土地方案公告》，将 A 省人民政府的批复内容予以公告，并载明征地方案由 H 区人民政府实施。苏某某名下的 H 区 H 镇丰收村丰收村民组 B11-3 房屋在本次征收范围内。苏某某于 2011 年 9

---

① 本案裁判文书详见附录 17。

月 13 日去世，其生前将该房屋处置给四原告所有。原告古某某系苏某某的女儿，原告沙某某、沙某虎、沙某莉系苏某某的外孙。在实施征迁过程中，征地单位分别制作了《M 市国家建设用地征迁费用补偿表》《M 市征迁住房货币化安置（产权调换）备案表》，对苏某某户房屋及地上附着物予以登记补偿，原告古某某的丈夫领取了安置补偿款。2012 年年初，被告组织相关部门将苏某某户房屋及地上附着物拆除。原告沙某某等四人认为 M 市 H 区人民政府非法将上述房屋拆除，侵犯了其合法财产权，故提起诉讼，请求人民法院判令 M 市 H 区人民政府赔偿房屋损失、装潢损失、房租损失共计 282.7680 万元；房屋内物品损失共计 10 万元，主要包括衣物、家具、家电、手机等 5 万元；实木雕花床 5 万元。

M 市中级人民法院判决驳回原告沙某某等四人的赔偿请求。沙某某等四人不服，上诉称：1. 2012 年年初，M 市 H 区人民政府对案涉农民集体土地进行征收，未征求公众意见，上诉人亦不知以何种标准予以补偿；2. 2012 年 8 月 1 日，M 市 H 区人民政府对上诉人的房屋进行拆除的行为违法，事前未达成协议，未告知何时拆迁，屋内财产未搬离、未清点，所造成的财产损失应由 M 市 H 区人民政府承担举证责任；3. 2012 年 8 月 27 日，上诉人沙某某、沙某虎、沙某莉的父亲沙某金受胁迫在补偿表上签字，但其父沙某金对房屋并不享有权益且该补偿表系房屋被拆后所签。综上，请求二审法院撤销一审判决，支持其赔偿请求。

M 市 H 区人民政府未作书面答辩。

【裁判结果】

M 市中级人民法院于 2015 年 7 月 20 日作出〔2015〕马行赔初字第 00004 号行政赔偿判决：驳回沙某某等四人的赔偿请求。宣判后，沙某某等四人提出上诉，A 省高级人民法院于 2015 年 11 月 24 日作出〔2015〕皖行赔终字第 00011 号行政赔偿判决：撤销 M 市中级人民法院〔2015〕马行赔初字第 00004 号行政赔偿判决；判令 M 市 H 区人民政府赔偿上诉人沙某某等四人房屋内物品损失 8 万元。

【裁判理由】

法院生效裁判认为，根据《中华人民共和国土地管理法实施条例》第 45 条的规定，土地行政主管部门责令限期交出土地，被征收人拒不交出的，申请人民法院强制执行。M 市 H 区人民政府提供的证据不能证明原告自愿交出了被征土地上的房屋，其在土地行政主管部门未作出责令交出土地决定亦未申请人民法院强制执行的情况下，对沙某某等四人的房屋组织实施拆除，行为违法。关于被拆房屋内物品损失问题，根据《中华人民共和国行政诉讼法》第 38 条第 2 款之规定，在行政赔偿、补偿的案件中，原告应当对行政行为造成的损害提供证据。因被告的原因导致原告无法举证的，由被告承担举证责任。M 市 H 区人民政府组织拆除上诉人的房屋时，未依法对屋内物品登记保全，未制作物品清单并交上诉人签字确认，致使上诉人无法对物品受损情况举证，故该损失是否存在、具体损失情况等，依法应由 M 市 H 区人民政府承担举证责任。上诉人主张的屋内物品 5 万元包括衣物、家具、家电、手机等，均系日常生活必需品，符合一般家庭实际情况，且被上诉人亦未提供证据证明这些物品不存在，故对上诉人主张的屋内物品种类、数量及价值应予认定。上诉人主张实木雕花床价值为 5 万元，已超出市场正常价格范围，其又不能确定该床的材质、形成时间、与普通实木雕花床有何不同等，法院不予支持。但出于最大限度保护被侵权人的合法权益考虑，结合目前普通实木雕花床的市场价格，按"就高不就低"的原则，综合酌定该实木雕花床价值为 3 万元。综上，法院作出如上判决。

典型案例 10-3：朱某某申请无罪逮捕赔偿案①

【裁判摘要】

1. 国家机关及其工作人员行使职权时侵犯公民人身自由权，严重影响受害人正常的工作、生活，导致其精神极度痛苦，属于造成精神损害严重后果。

2. 赔偿义务机关支付精神损害抚慰金的数额，应当根据侵权行为的手段、

---

① 本案裁判文书详见附录 18。

场合、方式等具体情节，侵权行为造成的影响、后果，以及当地平均生活水平等综合因素确定。

【相关法条】

《中华人民共和国国家赔偿法》第 35 条

【基本案情】

赔偿请求人朱某某申请称：检察机关的错误羁押致使其遭受了极大的物质损失和精神损害，申请最高人民法院赔偿委员会维持 G 省人民检察院支付侵犯人身自由的赔偿金的决定，并决定由 G 省人民检察院登报赔礼道歉、消除影响、恢复名誉，赔偿精神损害抚慰金 200 万元，赔付被扣押车辆、被拍卖房产等损失。

G 省人民检察院答辩称：朱某某被无罪羁押 873 天，G 省人民检察院依法决定支付侵犯人身自由的赔偿金 124254.09 元，已向朱某某当面道歉，并为帮助朱某某恢复经营走访了相关工商管理部门及向有关银行出具情况说明。G 省人民检察院未参与涉案车辆的扣押，不应对此承担赔偿责任。朱某某未能提供精神损害后果严重的证据，其要求支付精神损害抚慰金的请求不应予支持，其他请求不属于国家赔偿范围。

法院经审理查明：因涉嫌犯合同诈骗罪，朱某某于 2005 年 7 月 25 日被刑事拘留，同年 8 月 26 日被取保候审。2006 年 5 月 26 日，G 省人民检察院以粤检侦监核〔2006〕4 号复核决定书批准逮捕朱某某。同年 6 月 1 日，朱某某被执行逮捕。2008 年 9 月 11 日，G 省 S 市中级人民法院以指控依据不足为由，判决宣告朱某某无罪。同月 19 日，朱某某被释放。朱某某被羁押时间共计 875 天。2011 年 3 月 15 日，朱某某以无罪逮捕为由向 G 省人民检察院申请国家赔偿。同年 7 月 19 日，G 省人民检察院作出粤检赔决〔2011〕1 号刑事赔偿决定：按照 2010 年度全国职工日平均工资标准支付侵犯人身自由的赔偿金 124254.09 元（142.33 元×873 天）；口头赔礼道歉并依法在职能范围内为朱某某恢复生产提供方便；对支付精神损害抚慰金的请求不予支持。

另查明：1. 朱某某之女朱某舟在朱某某被刑事拘留时未满 18 周岁，至 2012 年抑郁症仍未愈。2. S 某某实业有限公司自 2004 年由朱某某任董事长兼法定代表人，2005 年以来未参加年检。3. 朱某某另案申请 S 市公安局赔偿被扣押车辆损失，G 省高级人民法院赔偿委员会以朱某某无证据证明其系车辆所有权人和受到实际损失为由，决定驳回朱某某赔偿申请。4. 2011 年 9 月 5 日，G 省高级人民法院、G 省人民检察院、G 省公安厅联合发布粤高法〔2011〕382 号《关于在国家赔偿工作中适用精神损害抚慰金若干问题的座谈会纪要》。该纪要发布后，G 省人民检察院表示可据此支付精神损害抚慰金。

【裁判结果】

最高人民法院赔偿委员会于 2012 年 6 月 18 日作出〔2011〕法委赔字第 4 号国家赔偿决定：维持 G 省人民检察院粤检赔决〔2011〕1 号刑事赔偿决定第二项；撤销 G 省人民检察院粤检赔决〔2011〕1 号刑事赔偿决定第一、三项；G 省人民检察院向朱某某支付侵犯人身自由的赔偿金 142318.75 元；G 省人民检察院向朱某某支付精神损害抚慰金 50000 元；驳回朱某某的其他赔偿请求。

【裁判理由】

最高人民法院认为：赔偿请求人朱某某于 2011 年 3 月 15 日向赔偿义务机关 G 省人民检察院提出赔偿请求，本案应适用修订后的《中华人民共和国国家赔偿法》。朱某某被实际羁押时间为 875 天，G 省人民检察院计算为 873 天有误，应予纠正。根据《最高人民法院关于人民法院执行〈中华人民共和国国家赔偿法〉几个问题的解释》第 6 条规定，赔偿委员会变更赔偿义务机关尚未生效的赔偿决定，应以作出本赔偿决定时的上年度即 2011 年度全国职工日平均工资 162.65 元为赔偿标准。因此，G 省人民检察院应按照 2011 年度全国职工日平均工资标准向朱某某支付侵犯人身自由 875 天的赔偿金 142318.75 元。朱某某被宣告无罪后，G 省人民检察院已决定向朱某某以口头方式赔礼道歉，并为其恢复生产提供方便，从而在侵权行为范围内为朱某某消除影响、恢复名誉，该项决定应予维持。朱某某另要求 G 省人民检察院以登报方式赔礼道歉，不予支持。

朱某某被羁押 875 天，正常的家庭生活和公司经营也因此受到影响，导致其精神极度痛苦，应认定精神损害后果严重。对朱某某主张的精神损害抚慰金，根据自 2005 年朱某某被羁押以来 S 某某实业有限公司不能正常经营，朱某某之女患抑郁症未愈，以及粤高法〔2011〕382号《关于在国家赔偿工作中适用精神损害抚慰金若干问题的座谈会纪要》明确的G省赔偿精神损害抚慰金的参考标准，结合赔偿协商协调情况以及当地平均生活水平等情况，确定为50000元。朱某某提出的其他请求，不予支持。

典型案例10-4：某某证券股份有限公司H滨海大道（某某酒店）证券营业部申请错误执行赔偿案①

【裁判摘要】

1. 赔偿请求人以人民法院具有《中华人民共和国国家赔偿法》第38条规定的违法侵权情形为由申请国家赔偿的，人民法院应就赔偿请求人诉称的司法行为是否违法，以及是否应当承担国家赔偿责任一并予以审查。

2. 人民法院审理执行异议案件，因原执行行为所依据的当事人执行和解协议侵犯案外人合法权益，对原执行行为裁定予以撤销，并将被执行财产回复至执行之前状态的，该撤销裁定及执行回转行为不属于《中华人民共和国国家赔偿法》第38条规定的执行错误。

【相关法条】

《中华人民共和国国家赔偿法》第38条

【基本案情】

赔偿请求人某某证券股份有限公司H滨海大道（某某酒店）证券营业部（以下简称某某H营业部）申请称：H省高级人民法院（以下简称H高院）在未依法对原生效判决以及该院〔1999〕琼高法执字第9-10、9-11、9-12、9-13号裁定（以下分别简称9-10、9-11、9-12、9-13号裁定）进行再审的情况下，作出〔1999〕琼高法执字第9-16号裁定（以下简称9-16号裁定），并据此执行回转，撤销原9-11、9-12、9-13号裁定，造成某某H营业部已合法取得的房产丧失，应予确认违法，并予以国家赔偿。

H高院答辩称：该院9-16号裁定仅是纠正此前执行裁定的错误，并未改

---

① 本案裁判文书详见附录19。

变原执行依据，无须经过审判监督程序。该院 9-16 号裁定及其执行回转行为，系在审查案外人执行异议成立的基础上，使争议房产回复至执行案件开始时的产权状态，该行为与某某 H 营业部经判决确定的债权，及其尚不明确的损失主张之间没有因果关系。某某 H 营业部赔偿请求不能成立，应予驳回。

法院经审理查明：1998 年 9 月 21 日，H 高院就某某 H 营业部诉 H 国际租赁有限公司（以下简称 H 租赁公司）证券回购纠纷一案作出〔1998〕琼经初字第 8 号民事判决，判决 H 租赁公司向某某 H 营业部支付证券回购款本金 3620 万元和该款截至 1997 年 11 月 30 日的利息 16362296 元；H 租赁公司向某某 H 营业部支付证券回购款本金 3620 万元的利息，计息方法为：从 1997 年 12 月 1 日起至付清之日止按年息 18% 计付。

1998 年 12 月，某某 H 营业部申请 H 高院执行该判决。H 高院受理后，向 H 租赁公司发出执行通知书并查明该公司无财产可供执行。H 租赁公司提出其对第三人 H 中标物业发展有限公司（以下简称中标公司）享有到期债权。中标公司对此亦予以认可，并表示愿意以景瑞大厦部分房产直接抵偿给某某 H 营业部，以偿还其欠 H 租赁公司的部分债务。H 高院遂于 2000 年 6 月 13 日作出 9-10 号裁定，查封景瑞大厦的部分房产，并于当日予以公告。同年 6 月 29 日，某某 H 营业部、H 租赁公司和中标公司共同签订《执行和解书》，约定 H 租赁公司、中标公司以中标公司所有的景瑞大厦部分房产抵偿某某 H 营业部的债务。据此，H 高院于 6 月 30 日作出 9-11 号裁定，对和解协议予以认可。

在办理过户手续过程中，案外人 H 发展银行清算组（以下简称 H 清算组）和 H 创仁房地产有限公司（以下简称创仁公司）以 H 高院 9-11 号裁定抵债的房产属其所有，该裁定损害其合法权益为由提出执行异议。H 高院审查后分别作出 9-12 号、9-13 号裁定，驳回异议。2002 年 3 月 14 日，某某 H 营业部依照 9-11 号裁定将上述抵债房产的产权办理变更登记至自己名下，并缴纳相关税费。H 清算组、创仁公司申诉后，H 高院经再次审查认为：9-11 号裁定将原金通城市信用社（后并入 H 发展银行）向中标公司购买并已支付大部分价款的房产当作中标公司房产抵债给某某 H 营业部，损害了 H 清算组的利益，确属不当，H 清算组的异议理由成立，创仁公司异议主张应通过诉讼程序解决。据此 H 高院于 2003 年 7 月 31 日作出 9-16 号裁定，裁定撤销 9-11 号、9-12 号、9-13 号裁定，将原裁定抵债房产回转过户至执行前状态。

2004 年 12 月 18 日，H 市中级人民法院（以下简称 H 中院）对以 H 清算组为原告、中标公司为被告、创仁公司为第三人的房屋确权纠纷一案作出〔2003〕海中法民再字第 37 号民事判决，确认原抵债房产分属创仁公司和 H 清算组所有。该判决已发生法律效力。2005 年 6 月，某某 H 营业部向 H 市地方税务局申请退税，H 市地方税务局将契税退还某某 H 营业部。2006 年 8 月 4 日，H 高院作出 9-18 号民事裁定，以 H 租赁公司已被裁定破产还债，H 租赁公司清算组请求终结执行的理由成立为由，裁定终结〔1998〕琼经初字第 8 号民事判决的执行。

〔1998〕琼经初字第 8 号民事判决所涉债权，至 2004 年 7 月经协议转让给某某投资管理股份有限公司（以下简称某某投资公司）。2005 年 11 月 29 日，H 租赁公司向 H 中院申请破产清算。破产案件审理中，某某投资公司向 H 租赁公司管理人申报了包含〔1998〕琼经初字第 8 号民事判决确定债权在内的相关债权。2009 年 3 月 31 日，H 中院作出〔2005〕海中法破字第 4-350 号民事裁定，裁定终结破产清算程序，某某投资公司债权未获得清偿。

2010 年 12 月 27 日，某某 H 营业部以 H 高院 9-16 号裁定及其行为违法，并应予返还 9-11 号裁定抵债房产或赔偿相关损失为由向该院申请国家赔偿。2011 年 7 月 4 日，H 高院作出〔2011〕琼法赔字第 1 号赔偿决定，决定对某某 H 营业部的赔偿申请不予赔偿。某某 H 营业部对该决定不服，向最高人民法院赔偿委员会申请作出赔偿决定。

【裁判结果】

最高人民法院赔偿委员会于 2012 年 3 月 23 日作出〔2011〕法委赔字第 3 号国家赔偿决定：维持 H 省高级人民法院〔2011〕琼法赔字第 1 号赔偿决定。

【裁判理由】

最高人民法院认为，被执行人 H 租赁公司没有清偿债务能力，因其对第三人中标公司享有到期债权，中标公司对此未提出异议并认可履行债务，中标公司隐瞒其与案外人已签订售房合同并收取大部分房款的事实，与某某 H 营业部及 H 租赁公司三方达成《执行和解书》，H 高院据此作出 9-11 号裁定。但上述执行和解协议侵犯了案外人的合法权益，某某 H 营业部据此取得的争议房产产权不应受到法律保护。H 高院 9-16 号裁定系在执行程序中对案外人提出的执行异议审查成立的基础上，对原 9-11 号裁定予以撤销，将已被执行的争议房产回复至执行前状态。该裁定及其执行回转行为不违反法律规定，且经生效的 H 中院〔2003〕海中法民再字第 37 号民事判决所认定的内容予以印证，其实体处理并无不当。某某 H 营业部债权未得以实现的实质在于 H 租赁公司没有清偿债务的能力，某某 H 营业部及其债权受让人虽经破产债权申报，仍无法获得清偿，该债权未能实现与 H 高院 9-16 号裁定及其执行行为之间无法律上的因果联系。因此，H 高院 9-16 号裁定及其执行回转行为，不属于《中华人民共和国国家赔偿法》及相关司法解释规定的执行错误情形。

第十一章　公益·官舟·公益诉讼

公共利益简称"公益"，是一个模糊的法律概念，理论上通常指不确定的多数人利益。既代表着多数个体的利益，具备明显的个体集合性，但又不是个体利益的简单相加。公共利益是人权保障的公共基础、社会发展的内在动力，同时也是公共行政的重要判断标准。然而，由于人往往基于自利性特征而无视对公共利益的尊重与保护，导致实践当中"官舟隐喻""公地悲剧"等现象屡见不鲜，公共利益受损但无从救济的局面亟待解决。此时，行政公益诉讼制度应运而生。

行政公益诉讼制度不仅具有传统行政诉讼的一般功能，还兼具对违法行政行为可能造成公共利益受损的事前防御阻滞功能。其主要致力于对生态环境和资源保护、食品药品安全、国有财产保护、国有土地使用权出让等领域公共利益的保护与救济。它不仅是保护公共利益的防火墙，更有助于节约司法资源，实现社会效益最大化。

我国宪法当中规定了法治原则以及权力制约原则。政府只能在法律规定的权限范围之内行使国家权力履行其职能，实现社会治理和公共维护的目标，既不能不作为也不能乱作为。倘若不对权力加以监督，则必然会滋生腐败，因此，必须加强对权力的监督与制约。实现权力监督与制约最好的办法就是用制度和法律规范行政权力，并且赋予公民监督权，及时揭发举报政府的不正当行政行为。从这个层面看，行政公益诉讼制度与法治政府建设联系紧密，其确立对法治政府建设有着重要意义，为之提供了公共利益保护机制、公益侵害预防机制和公益损害诉讼机制。

第一节　公　益

基于人们在对利益进行分类时所依据的标准之不同，可将利益进行不同的划分。其中，依据主体的不同，可将利益分为个人利益与公共利益。何谓公共利益？其在法律利益体系当中处于怎样的地位？扮演何种角色？其边界为何？这是法学界以及其法律适用的过程当中极具现实重要性而又存在理论争议性的问题。[①]无论在任何时期，处于何种社会制度之下，利益都是人们进行一切活动的驱动力和源泉。

一、公益的概念

"公益"是公共利益的简称，相似用语有公众利益、大众福祉、社会福祉、社会福利、公共福利等，这一概念在法学、政治学以及社会学领域当中均有使用。"公共利益是一个不确定的法律概念"，社会发展的整体性以及强国富民的目标要求公共利益必须具备公共性质。一方面，公共利益的实现是公共行政的目标，是行政行为的合法性依据；但另一方面，公共利益更是限制公民基本权利的界限，是保护公民合法权益的"防火墙"。[②]对公共利益这一范畴进行深入的研究具备深刻的理论和实践意义。

(一) 公益的词源解释

"公共利益"是与"私人利益"相对应的一个概念，"私人利益"所指向的是处于社会中的独立个体所拥有之利益，而"公共利益"则侧重于那些涉及全部社会主体共有的整体利益。从构词上对公共利益进行理解的话，可以将

[①]　参见刘光华、张广浩：《祛魅公共利益：基于"价值—工具"法律利益分类范式》，载《兰州大学学报（社会科学版）》2018年第4期。

[②]　胡鸿高：《论公共利益的法律界定——从要素解释的路径》，载《中国法学》2008年第4期。

其分解为"公共"和"利益"两个部分，其词义也与这两个部分密切相关。

"公共"一词的古义与今义存有差别。公共，公为平均，共为合力。其总体意思为：共同进行平均分配。语出《史记·张释之冯唐列传》："释之曰：'法者天子所与天下公共也。今法如此而更重之，是法不信于民也。'"《辞海》中"公"的释义是"公共的，共同的"，《礼记·礼运》有云："大道之行也，天下为公。""共"的释义是"共有，共同使用或承受。"①《现代汉语词典》对"公共"的释义是"属于社会的，公有公用的"，这一意涵是"西学东渐"的产物。

在西方，"公共"的概念存在着明显的变化发展过程。最初是采用范畴学中古典的二分法，将利益分为私人利益和公共利益，在私人利益之外就是公共利益。例如18世纪美国各词典对"公共"的定义是"属于一个州或一个国家的，不是私人的……是公共的……不考虑私人利益，而考虑整个区域的利益"。② 随着实践的发展，"公共"的意涵逐渐丰富，呈现出体系化特点。例如，德国学者将围绕"公共"的概念提出了三种学说："地域基础论""团体之人论""不确定多数人论"。③ （1）"地域基础论"以"地域基础"作为界定"人群"的标准，是德国学者洛厚德所提出的。按照这样的标准进行界定，公益所指代的就是处于某一范围之内的大多数人的利益。也就是说，此范围或者地域是按照地区来进行划分的，而且一般情况下都是以国家组织作为基本单位。所以地区内大多数人的利益，就足以形成公益。④ 但是这种观点侧重于地区范围的计算，倘若利益超出了地区的范围则将其归于"团体利益"而非公益。（2）"团体之人论"将"团体之人"作为公众的相对概念，"团体之人"是指对范围狭窄的团体加以隔离而确定的人，这种人的集合属于少数的群体，

① 《辞海》，上海辞书出版社1989年版，第315页。
② 转引自姚左莲：《公用征收中的公共利益标准——美国判例的发展演变》，载《环球法律评论》2006年第1期。
③ 参见胡锦光、王锴：《论我国宪法中"公共利益"的界定》，载《中国法学》2005年第1期。
④ 参见陈新民著：《德国公法学基础理论》，山东人民出版社2001年版，第184页。

"公众"是非隔离性的、数量上达到一定程度的多数。(3)"不确定多数人论"是德国学者纽曼所提出的,该观点认为公益是不确定多数人的利益。因为"公共"意味着"开放性",任何人可以从中受益,只要存在不特定第三人对此有必要需求,即属公益。① 这一学说是目前被广泛普遍接受的"公益"之标准,弥补了"地域基础"标准在解释跨地域利益方面所存在的不足。

"利益"较为抽象,需要进一步阐释。"所谓利益,就是人们受客观规律制约的,为了满足生存和发展而产生的,对于一定对象的各种客观需求。"② 英国的《牛津法律大辞典》认为利益是"个人或个人的集团寻求得到满足和保护的权利请求、要求、愿望或需求"③。从哲学的角度看,利益表现为某个特定的客体对主体所具有的意义,并且为主体自己或者其他评价者直接认为、合理地假设或者承认对有关主体的存在有价值(有用、必要、值得追求)。④ 利益是实实在在的,真实而又直接地与人们的生活相融合。有学者认为,所谓利益,"就是能够使社会主体的需要获得某种满足的社会资源,而这种资源满足的程度是以客观规律、社会环境和社会制度所认可的范围为限度的"。⑤ 这种观点对利益进行了限制,将利益的范围限制在被社会认可这一框架之下,将利益与合法利益等同起来。实际上,利益首先表现为主观的事实性利益,即特定主体和特定客体之间的实在关联性;还存在客观确定的现实利益,取决于被规定的权利、目的和目标,以及以此为根据作出的判断。⑥ 利益是中性的,是某个特定的客体对主体具有意义。

公共利益是社会主体赖以存在和发展所必需且能够被其中大多数人所认同

---

① 陈新民著:《宪法基本权利之基本理论》,台湾元照出版社1999年版,第138~140页。

② 转引自刘福泉:《民事诉讼目的论构筑之基点》,载《社科纵横》2011年第2期。

③ 《牛津法律大辞典》,光明日报出版社1988年版,第454页。

④ [德]汉斯·J.沃尔夫、奥托·巴霍夫、罗尔夫·施托贝尔著:《行政法》(第1卷),高家伟译,商务印书馆2002年版,第324页。

⑤ 周旺生:《论法律利益》,载《法律科学》2004年第2期。

⑥ [德]汉斯·J.沃尔夫、奥托·巴霍夫、罗尔夫·施拖贝尔著:《行政法》(第一卷),高家伟译,商务印书馆2002年版,第324~325页。

和拥有的价值体。其并非是将个体的利益进行简单的叠加,亦非独立于个体利益之外的特殊利益,二者之间属于普通与特殊的关系。个人利益的实现,离不开公共利益的保障;公共利益也不能脱离个人利益而存在,若公共利益不能为具体的个人所感知、所体会,也就无真正的"利益"可言。① 公共利益乃若干个人利益的有机结合,其在去除了个人利益中所包含的随机性与任意性的同时综合了合理性与普遍性的特征,使之变成了一种具备普遍合理的利益,是法治政府行为之价值追求与目标导向。

(二) 公益"内涵"的历史演变

"公共"与"利益"虽然可以在某种程度上揭示"公共利益"的属性,但后者并非前两者的直接组合。公共利益是某一特定的社会背景之下抑或是一定范围内不特定多数人拥有相同利益的体现,具备主题不确定、利益共享性等特征。公共利益在不同的历史背景之下所体现出的内涵并不相同,其实现途径与程度也均存在差异。对公共利益的内涵进行界定之根本目的是借此对社会秩序的可能性进行探讨,并构建以公序良俗为基准的公共生活。公共利益作为政治与行政领域一个核心的研究范畴,厘清公共利益的内涵对于明确政府职能,改善政府运行机制,维护公民的基本权益有重要作用。② 从行政学产生伊始,公共行政的模式发生了多次变化,不同历史条件之下,人们对于公共利益内涵的认识也不尽相同,存在不同的侧重点。

传统公共行政的范式之下,公共利益观注重的是行政效率。早期由威尔逊、古德诺以及韦伯等行政学家所构建的公共行政模式所强调的是政治与行政二者相互分离,在这一时期,强调的是政府通过高效率地执行公务就能够实现公共利益,不需要对政策的价值取向进行考量。因此,在传统的公共行政模式之下,公共利益观认为应当不断加强行政的规范性以及技术性,从而提升行政

① 江正平、冯洁:《行政法视野下公共利益的界定》,载《兰州学刊》2010 年第 3 期。

② 赵文:《公共利益的历史演变与实现路径》,载《中共乐山市委党校学报》2012 年第 5 期。

效率以完成政府的各项指标，实现公共利益。

新公共行政范式之下，以弗雷德迪克森为代表的人物不认同"行政中立"的价值准则，认为就算政府的办事效率很高，政府的运行机制以及办事程序非常完善，同样不能够确保所有公民均能够享受到基于社会、经济、政治等发展进步所带来的益处。其侧重于对"社会公平与民主"的关注，强调应当偏重于人性以及行政伦理之研究，并非单纯依赖"行政效率"的提升就能够实现公共利益，政府只有同时提高行政效率并承担其实现"社会公平与民主的"的职能，才能够实现公共利益的最终维护。

新公共管理范式以"企业家政府"理论、"公共选择理论"等为代表，进行了完全、周密的"清算"官僚制运动，将公共行政之伦理价值导向转为"效率"与"经济"，构建了"经济人"之理论假设，将私营管理当中的理念与价值观引入公共行政活动当中，形成了以"3E"价值导向，即将经济、效益与效能作为公共行政活动的价值追求。在新公共管理范式之下，将公民所享有的公共利益置于市场竞争机制与思维之下进行思量。尽管在这样的模式之下，公民具备"顾客"的身份，被当成是"上帝"，然而在以市场为导向的公共行政模式当中，不可避免地存在着与民主价值之间的矛盾，使得公共利益当中的核心要素，如公平正义以及民主参与等被忽视，导致公共行政活动失去其行政公共性的价值追求。

新公共服务范式下，公共利益观以公民为导向，其理论从维护公民的民主权利出发，公共行政活动以"公民"为服务对象，而非像新公共管理范式之下一样，以"顾客"为服务对象。在此种模式之下，公民在社会治理体系当中具备重要的地位，其民主参与之权利得到突出，着重提出政府不应当片面追求经济与效率的提升，而应当全面考虑到公民的身份价值，要具备责任意识。在这种公共行政模式之下，政府应当在保证"公民身份"的基础之上，以服务为导向，履行政府的职责，以实现社会公平与正义为价值追求，而不能够单纯地追求经济与效率。也就意味着，政府的公共利益观应当建立在保障公民政治身份、具备服务意识以及对社会发展有着深厚的使命感与强烈的责任感之上。唯有这样，才能对公共利益具备正确的认识，从而实现追求公共利益的目标。

(三) 公益法律关系的构成要素

法律关系所指的是法律规范在调整社会关系的过程当中所形成的人与人之间的权利义务关系。对公共利益法律关系进行界定并非一件易事,其由主体、客体和内容三个方面的要素所构成,这种内部构成上的划分与理解可以进一步阐释公共利益法律关系。厘清公共利益法律关系当中的各个构成要素以及其相互之间的关系有利于对公共利益进行更加科学、合理的判断与维护。

公共利益的主体即公共利益关系中的参与者,包括公共利益权利的享有者以及公共利益义务的承担者。其中:(1) 社会个体即不特定的多数人,是公共利益主要的享有者,是公共利益的重要主体之一,主要包括公民个人、法人组织、非法人组织等公共利益相关人。这些社会个体具有开放性、整体性与不确定性。一般而言,将"过半数"定义为多数人的标准具有一定的便利性,且符合"少数服从多数"的民主原则。但利益属于价值判断的范畴,其本身就有主观性与多重性,因此其开放性以及不确定性应当是判断大多数人利益的最终标准。公共利益既是个人所享有的利益也不仅仅是个人所享有的利益,个人在享有公共利益的同时不得妨碍他人享有公共利益。(2) 国家和政府是公共利益的主要维护者,保障与维护公共利益是国家固有的义务。从某种程度上讲,国家就是为了保护公共利益而产生的。亚里士多德就曾经将公共利益的价值取向作为衡量"正宗政体"和"变态政体"的标准。现代文明社会,国家更是以增进、实现和维护公共利益为己任。就我国而言,立法机关是公共利益的界定主体,行政机关是公共利益的供给主体和代表主体,司法机关是公共利益的最终裁定主体,检察机关是公共利益的监督主体,监察机关是通过监督国家公职人员来保障公共利益的主体。(3) 环保组织、工会、消费者协会、行业协会等社会组织是公共利益的重要提供者和维护者。自 20 世纪 70 年代在世界范围内掀起"社团革命"浪潮以来,社会组织日渐走上了历史的舞台。社会组织作为市民社会—社团社会—政治国家中的重要一极,以其公益性、社会性、自治性等特性弥补了市场机制和国家调控之不足,起到中间协调的作用。

公共利益法律关系中的客体是公共利益的客观表现或者说是其社会载体。从历史上的定义来看，其最初被界定为"公用"，后被定义为"公共事业"，现在被广义地定义为"公共物品"或"公共服务"。公共物品是"私人物品"的对称，即不能由私营部门通过市场提供而必须由公共部门以非市场方式提供的物品或劳务。其效用具有共享性，公共物品是面向整个社会提供的，具有共同受益或联合消费的特点。某一主体对公共物品的享用并不影响其他主体同时享用。公共利益越是普遍化，受益人群便越广泛，其散布范围和影响深度就会成倍增长。

公共利益法律关系的内容是公共利益相关人关于公共利益对象的权利和义务，其主要通过法律的形式得以确定，在本质上属于一种法律权利义务关系。公共利益的权利义务一般包括：公共利益的知情权、公共利益的决定权、公共利益的享有权、公共利益的救济权、公共利益的保护义务等。① 公共利益的内容为社会存在和发展所必需，社会中的任何主体都可以享有这种共有利益。

二、公益的价值

价值，泛指客体对于主体表现出来的积极意义及作用。"传统中国文化与其说是注重公共利益，倒不如说是建立在家族联系之上的家庭利己主义。这种文化实际上造就了中国人对公共事务的冷漠，或缺乏公共精神。"② 2013 年《中共中央关于全面深化改革若干重大问题的决定》中明确提出"推进国家治理体系和治理能力现代化，以促进社会公平正义"。面对新的社会形势和历史机遇，强调公共利益具有更为重要的价值。③ 公共利益作为在立法、行政以及司法领域都愈发常见的概念，其究竟具备怎样的价值属于公共利益概念之价值蕴含问题。只有对公共利益的价值蕴含进行明确才能够对公共利益的本质进行

---

① 王太高：《公共利益范畴研究》，载《南京社会科学》2005 年第 7 期。
② 韩震著：《后自由主义的一种话语》，生活·读书·新知三联书店 1998 年版，第 23 页。
③ 关晓铭：《论公共利益及其当代价值》，载《佳木斯大学社会科学学报》2017 年第 5 期。

识别，才能把握住与公共利益有关的制度之发展方向抑或是立法方向。

（一）公共利益的概念意蕴

从公共利益的概念出发，严格意义上的公共利益是发生冲突的合法需求中需要由公权力来维护的、具有压倒性正义优势的一方需求。① "公共利益"的价值功能在于解决不同主体之间产生的利益冲突。人们之所以在社会发展进程中创造"公共利益"一词，并将其运用于司法与行政领域，其目的在于在不同的利益主体所拥有的利益出现冲突时，便于相应的公共管理机构通过采取资源配置的方式对利益进行衡量与取舍。基于此，从概念功能的角度出发，公共利益是作为在不同主体所拥有的利益产生冲突的情况之下帮助公共管理者进行利益取舍的工具。在我国，无论是宪法还是法律法规中对于公共利益的规定都是为了在发生利益冲突的时候为利益取舍提供相应的依据。

公共利益并非是静止的，其作用于利益冲突之场合，以利益冲突为背景，公共利益的选择是通过比较得出的，不存在绝对的、无比较的公共利益。所以，要对某种利益是否属于公共利益进行判断首先要明确性质，更重要的是要将其与其他利益进行比较。公共利益作为帮助人们作出利益取舍的一种工具，其界定必须符合可操作性的要求，便于进行行政操作与司法操作。

（二）公共利益之社会价值

公共利益作为一个抽象的概念，在客观世界中并不存在一个具体的被命名为公共利益的存在物。从广义上来讲，其是社会需要的形态，其在社会运行过程中的作用主要体现为以下几个方面：

其一，人权保障的公共基础。人权作为公共价值的重要体现，指的是在一定的社会历史条件下每个人按其人格和尊严享有或应该享有的基本权利，尊重和保障人权是民主政治的基本要求。个体权益之集合是公共利益的重要组成部

---

① 刘太刚：《公共利益的认定标准及立法思路——以公共利益的概念功能为视角》，载《国家行政学院学报》2012 年第 1 期。

分，对公益的保护和实现必然意味着对人权的尊重和保障。公共利益所具有的独立价值可以实现对个体权利的适当限制。在多元化的社会环境下，作为特殊公共利益的人权与其他公共利益之间可能产生矛盾和冲突。由于公共资源的有限性，不同主体间难免会存在个人权利优先排序、充分程度和实现方式等方面的冲突。当个人权益与公共利益出现冲突时，并不能因此单独否定某一方面存在之合理性，也不能武断地进行取舍。应当仔细分析冲突并寻求二者之间的妥协和共存。这些冲突实质上是个体权利为了全体福利作出的让步和妥协，是公共利益对个体权利作出的限制和平衡。尽管如此，公共利益与人权保障之间可以相互促进，共同实现。个人权利与公共利益之间不仅存在相互冲突的关系，也存在相互依赖的关系。个人权利的实现要以公共利益的实现作为保障，公共利益的维护可以为人权保障提供良好的社会秩序和社会基础，个体价值在这一公共基础之上才能更好地实现。而公共利益的实现也要以个人权利的实现作为前提。因此，个人权利与公共利益可以和谐共存，只要找到共赢的现实路径，二者就能同步实现。

其二，社会发展的内在动力。"所有的人类活动都取决于这一事实，即人是生活在一起的，但人生活在一起只是一种离开人类社会就无法想象的行动。"① 人依存于共同生活之中，这意味着人类的行动不仅依赖于他人在场，尤其是伴随着市场经济的向前发展和公民意识的不断增强，社会公众更加注重公共产品的数量与质量，这就更加需要以公众的需求和偏好为导向最大限度地实现公共利益，故而更需要一种良好的公共生活秩序和环境，由此形成的公共利益范围为社会发展提供了内在动力。

作为不断变化发展的抽象概念，公共利益的内容具有不确定性。"在什么是公共利益的问题上，永远不能达成一个广泛的共识。公共利益有如一个空盒，每个人都可以往其中注入自身的理解。"② 公共利益内部的矛盾乃至公共

---

① ［美］汉娜·阿伦特著：《人的条件》，竺乾威等译，上海人民出版社1999年版，第18页。

② 转引自张方华：《公共利益观念：一个思想史的考察》，载《社会科学》2012年第5期。

利益与其他利益的矛盾不可避免，矛盾处理方式和处理结果属于社会秩序文明的组成部分。公共利益之意涵不断充实，范围不断扩大，有利于正确处理上述矛盾的内在联系，进而推动矛盾的发展。凡是涉及公共层面的问题，不管其是属于形式上的抑或是实质上的，均依赖于作为分析性概念的公共利益来道德辩护、合法论证和理论支持。① 这种秩序建构上的影响为政治形态、经济生活和社会氛围的更新提供了内生动力，对社会公平正义的实现起到了积极的推动作用，促进了社会发展。

其三，公共行政的价值取向。公权力来源于社会契约，合法的公权力本质上是一定范围内社会成员的部分权利的让渡，或是说一定范围内社会成员的授权。全体公民授予主权者权力的目的在于，维护公民基本权利，对社会公共资源进行保护和管理，维系良好的公共秩序。公民权益、公共资源以及公共秩序是公共利益的核心内容，因此，公民利益的实现与否是判断公权力行使正当性的标准。

国家的根本目标不是实现特定个人或者群体的利益或者幸福，而是全体公民的利益或者幸福。② 公共行政之价值在于保障社会私人领域的基本秩序及其发展，具备强烈的功利主义色彩。然而，公共行政追求的功利不只是公民个人权益，更是社会的整体福利，是整合、服务、增进和实现公共利益。其逻辑起点是公共需求和问题而非为了满足特定社会群体的特定利益需求。正如库珀所言，公共利益概念的主要功能并不是人类社会行为或者公共决策可供使用的有效的标准，而是被放置在社会行为或者公共决策之前的问题标志。③ 由此可知，公共利益作为一个规范性的概念，其不单纯是公共行政所追求的目标、价值取向以及应当遵循的基本宗旨，而且公共利益是对公共行政的基本标准进行

---

① 参见关晓铭：《论公共利益及其当代价值》，载《佳木斯大学社会科学学报》2017年第 5 期。

② ［古希腊］柏拉图著：《理想国》，郭斌和、张竹明译，商务印书馆 1986 年版，第133 页。

③ ［美］特里·L. 库珀著：《行政伦理学：实现行政责任的途径》，张秀琴译，中国人民大学出版社 2010 年版，第 83 页。

评判并对有悖于公共利益发展方向之公共政策进行纠正、衡量公共行政非法性与否的价值标准，是衡量公共行政的价值尺度、行为准则与道德边界。最大限度地创造和追求公共利益是公共行政的逻辑起点及最终目的。通过对公共利益进行界定与维护，使得公共行政秩序化、规则化，具备了基本共识以及追求的价值目标，具体来说，在公共行政的过程中要充分体现公共性和正当性。这要求行政主体必须遵循合法原则、均衡原则以及程序正当原则。合法原则意味着行政机关的职权和行使职权中产生的权利义务必须以法律规定为依据，行政机关的法律能力和行政职权应当来源于法律的授权。均衡原则在于，行政机关需要在行政过程中妥善处理好个人、集体和国家之权益，使公共利益作为三者之集合能够得到更好的实现。程序正当原则要求行政行为的作出应当遵循法定之程序，这是实现合法原则和均衡原则的程序性保障。

三、通过行政公益诉讼的公益保护

关于行政公益诉讼，马怀德教授认为其是指公民为维护公益，就与自己权利及法律利益上无直接利害关系的事项，对行政机关的违法行为提起的行政诉讼。① 颜运秋教授则在此基础之上对行政公益诉讼的起诉主体进行了扩张，认为公民、法人及其他组织均可以向人民法院提起诉讼。由于公共利益归于全体，所以在现实生活中，其往往因为缺乏明确的救济请求权主体和救济渠道而得不到有效保护，行政公益诉讼制度的目的即在于为公共利益提供制度性保障。赋予检察机关提起公益诉讼权是代表国家行使公诉权、监督法律实施，从而保障人权，维护公平与公益的体现。

（一）制度需求

在早期自由市场经济时期，由于商品生产和商品交换都局限在较小的范围内，如果个人利益受到了侵害，采取提起私益诉讼的方式就能够对违法行为进行惩治，进而实现对权利的保护。通过这种微观的经济安全以及个人权利的保

---

① 参见马怀德著：《行政诉讼法原理》，法律出版社 2009 年版，第 139 页。

障也能充分实现保障社会经济安全和社会整体利益的目的。所以，为了节约有限的诉讼资源，防止滥诉，各部门诉讼法一般都对诉的主体资格作出严格的限制，只有法律上的直接利害关系人才有资格提起诉讼。工业革命以后，随着现代社会日趋复杂化，单单一个行动就致使许多人利益蒙受损失的事件频繁发生，鉴于此，仅涉及双方当事人的传统诉讼框架显然已经不能满足日新月异的诉讼需求。面对这种情况，许多国家虽然采取了一些相应的措施，但是，易被忽视的是，大多数情况之下，个体即使有一系列的诉讼理由，也并没有能力为保护公益并将其付诸行动。其中，知识的欠缺和成本的负担是两项主要障碍。① 因此，在公益保护领域，尤其是环境权益保护领域，司法面临的主要问题不是为个人受到侵害提供救济，而是在损害发生之前便阻止危害公益的行为，但是私人救济行为对实现这一目标具备难以避免的局限性。

在公民权利与国家权力二者的关系上，国家权力来源于公民权利并为其服务。从公共信托的角度上来说，公民是委托者与受益者，国家是受托者，具有提供公共物品和服务的义务。当社会的公共利益遭受损害，特别是当因行政机关怠于行使职权或者违法行使职权造成公共利益受损时，倘若没有相应主体提起诉讼，不仅不能体现法律的公平和正义，而且也不符合权利意识日益高涨的公民权利要求。当前，我国生态环境和资源保护、食品药品安全、国有财产保护、国有土地使用权出让等领域行政机关不作为甚至是违法作为的现象时有发生，加大了对行政权的控制难度，故而，强化司法权对行政权的监督与制约是构建法治政府的必然要求。基于弥补传统诉讼模式之缺陷的目的，行政公益诉讼制度作为一项新的损害救济制度应运而生，其正好契合了司法救济公共利益的基本原理。

（二）作用机理

在传统行政诉讼中，原告起诉的目的往往不是为了个案救济，而不是为了

---

① ［意］莫诺·卡佩莱蒂编：《福利国家与接近正义》，徐俊祥等译，法律出版社2000 年版，第 65 页。

维护公共利益。行政公益诉讼制度的确立赋予检察机关提起行政公益诉讼的主体资格、赋予检察机关提起行政公益诉讼的一项全新职能，不仅有效地填补了原有行政诉讼制度下存在的责任空白地带，而且为法治政府建设提供了重要的公共利益保护机制，乃通过法治之方式推进国家治理体系与治理能力现代化的重要制度安排。

现实中，行政机关不作为或者违法作为造成公共利益严重受损的情况时有发生。在此情况之下，如何保障政府依法行政，避免其在权力行使的过程中恣意、任性地乱作为或者不作为显得尤为重要。姜明安教授指出，除采取立法的手段对政府行使权力以及履行职责的行为进行严格的规范以防止其违法、滥用权力以及失职渎职行为的发生外，通过构建监督制约机制以及完善责任追究机制对政府依法行政进行监督，在发生相应的情况时，及时采取有效措施，纠正其违反法治的行为，追究相关相关行政机关及其工作人员的法律责任对于保障行政机关依法行政，从而促进公共利益之维护是更为有效的途径。而构建检察机关提起行政公益诉讼制度是建立和完善监督制约与追责机制的重要一环，赋予检察机关提起公益诉讼的诉权，建立行政公益诉讼制度有利于对行政机关严格执法、依法行政进行监督，加快法治政府建设，保障行政法治的正常运行，具有其他制度所不能替代的作用，用法治的手段为公共利益穿上"护身衣"，为公共利益的保护提供制度保障。

（三）现实路径

当前，无论是英美法系国家还是大陆法系国家，皆形成了各具特色的公益诉讼制度，作为一种普遍的诉讼制度，其对维护公共利益具有不可替代的作用。行政公益诉讼制度的确立有效地遏制了现实中公共利益受侵害日趋严重化的趋势，弥补了公共利益无法得到有效救济的法治漏洞，实现了司法监督体系的完整性，在环境公共利益保护、资源公共利益保护、公共财产保护等方面起到了至关重要的作用。

对于行政不作为或者行政违法行为，检察机关应当在对行政公益诉讼决定立案之日起3个月内进行审查，若发现行政机关存在行政不作为或者违法作为的现象则向行政机关发出检查建议，检察机关在收到检察建议之日起 2 个月内应当依法履行职责并书面回复检察机关相关情况，紧急情况下应当在 15 日内回复。倘若行政机关未纠正违法行为或者未依法履行相应的行政职责，导致公共利益仍处于受侵害的状态，则行政机关可以凭借其公益诉讼起诉人的身份依法提起行政公益诉讼。除此之外，检察机关还能够根据行政诉讼法中的相关规定对行政公益诉讼的审判、执行活动进行监督。

第二节 官 舟

在我国过去的司法实践中存在一个长期备受困扰的问题，环境资源、食品安全等领域中涉及公共利益的案件，由于缺乏明确的受害人，从而导致没有当事人能够提起诉讼，使得违法者逍遥法外，相关的违法行为不能够通过司法的途径得以解决，形成了"官舟隐喻"与"公地悲剧"之现象。根据诉讼法中的相关规定，公民个人有权在自身的合法权益遭受侵害的情况下向人民法院提起私益诉讼，从而获得法律上的救济。但倘若由公民所共有的利益遭受了不法侵害时又当如何进行维护？伴随着社会公共领域的逐渐扩张，公共事务的数量迅速增长，我国建设社会主义法治社会的步伐不断加快，如何更好地对公共利益进行维护？维护公共利益的主张应当由谁提出以及通过何种途径提出主张成为了我国必须解决的现实问题。基于解决传统行政诉讼制度之下"公民权利真空问题"，推进行政诉讼制度的发展与满足公共利益保护的需求之目的，检察机关提起行政公益诉讼制度应运而生，成为司法改革的一项重要内容。

一、"官舟隐喻"与"公地悲剧"

"官舟隐喻"和"公地悲剧"均属于公共资源管理与使用中的现实案例，二者之经验教训对于现代国家在公共资源管理中的角色充当和责任承担发挥着重要的启示作用。

（一）官舟隐喻

《郁离子·官舟》中讲了一则故事：瓠里子要从吴国返回粤地去。吴相国派人送他，说道："派遣的人认识官府的船，可以送你过河。"送的人还未到，停泊在水中的船已有上千只。瓠里子想自己找出官船，但识别不出。送的人来了，瓠里子问他说："有这么多船，怎么挑出官船？"那人回答说："这太容易了，只要看到那破篷断橹而又挂着旧帆的就是官船。"瓠里子按他说的果然找到了官船。瓠里子仰天叹息说："如今治理国政，难道也把民当做'公家的民众'来对待吗？那么爱他们的人就太少了，他们大概就像那破旧的官船一样破败不堪吧。"① 这就是"官舟隐喻"的典故。

官舟隐喻的故事揭示出了：公家的财物无人爱惜，官舟破旧，官民无助。历代统治者常常宣扬"仁政"，标榜"爱民如子"，而实际上百姓却如同官船一样，"敝篷、折橹、破帆"，无人顾及。

（二）公地悲剧

经济学上的"公地悲剧"理论源自加州大学生物学教授哈丁（Garrett Hardin）于1968年发表的《公地的悲剧》（*The Tragedy of Commons*）一文。"公地"制度曾经是英国的一种土地制度——封建主在自己的领地中划出一片尚未耕种的土地作为牧场，无偿提供给当地的牧民放牧。然而，由于是无偿放牧，每一个牧民都想尽可能增加自己的牛羊数量，随着牛羊数量无节制地增加，牧场终因过度放牧而成了不毛之地，此即为"公地悲剧"。②

站在经济学的立场上进行剖析，"公地悲剧"指的就是基于个人所拥有的产权不具有排他性，从而使得在涉及个人对公共资源的使用进行决策时，往往只会对个人的边际收入与边际成本的大小进行比较，使得其收益大于或者等于成本，而忽略了个人行为将会给其他拥有同样不完整产权之个人所造成的

① 何向荣编：《〈郁离子〉寓言新说》，人民出版社2011年版，第79~80页。
② 李晓峰：《从"公地悲剧"到"反公地悲剧"》，载《经济经纬》2004年第3期。

损失或者所增加的社会成本，最终导致"无限制放牧经济系统"的瓦解。基于此，哈丁谈到，从作为公共财产的自然资源来看，人类必将为过度开发、使用空气、水源、海产等表面上看无须付费的资源而无形地承受沉痛的教训。

（三）共同启示

"官舟"隐喻表明，民众应当被爱惜，而不应该像被对待官船一样对待，国家公权力应当为公民的生存发展提供保障，要防止"官舟"破败的现象出现，防止人民被当成"官民"。"公地悲剧"产生的核心原因就是基于个人缺乏公地资源的产权，从而无权将其他人排除在资源使用主体之列，只能像其他人一样尽可能多地对资源进行利用来提升自己的利益或者降低自己的不利益，而这种行为只能使得资源出现过度使用的现象并最终导致资源的衰竭。

无论是"官舟"还是"公地"，究其本质而言都是公共资源的代表。亚里士多德曾说过："参与分享人员最多的公共物品，获得的关心最少。"官舟破败和公地悲剧现象的出现，正是因为公共资源未引起足够的重视和得到有力的保护。一旦公共资源没有被妥善管理，那么必然会出现资源的滥用或者闲置，进而导致公共利益的减损。因此，对公共资源的保护不仅仅需要公民对其进行合理地占有和使用，更重要的是需要通过公权力的有效介入，对其进行合理分配与保护。在公民将公共资源管理权授予给国家之后，国家应当从立法层面对公共资源的保护加以规范，使之既能够满足个人和社会的需要，又能够实现全社会的全面协调可持续的发展。

二、公共信托与国家义务

公共资源归于全体国民，需要国家为之提供保障。公共信托是规范这一关系的理论假说，它认为作为委托人的全体公民将对公共资源的管理权委托给国家，国家作为受托人在享有管理权的同时要履行义务，为维护和增进公共利益而妥善管理公共资源。

（一）公共信托的概念与特征

信托是委托人基于对受托人的信任，将其财产权委托给受托人，由受托人按委托人的意愿以自己的名义，为受益人的利益或特定目的，进行管理和处分的行为。信托起源于英国，法律史学家梅特兰（Mait-land）认为，英国人对法学领域作出的最大贡献就是历经数百年发展起来的信托理念，它是普通法皇冠上的宝石。① 在信托法律关系中，受益人对信托财产享有收益的权利，而受托人对信托财产则享有管理的权力。② 受益人与受托人之间是一种信任关系，一者享有法律上的所有权，另一者享有衡平法上的所有权。

公共信托制度脱胎于信托制度，是在信托理论上形成的一种特殊信托类型，二者的基本原理是一致的。公共信托是指主权国家或州，基于全体公民的委托，作为受托人，为了社会公众的共同利益，对特定自然资源进行保护和管理，社会公众则可以基于信托资源的公共目的和用途对其进行自由利用。为了保护信托人的利益，公共信托延续了信托双方所有权的理念，即受托人享有的主要是一种纯粹管理性权力，受益人则拥有纯粹的收益权利。③ 公共信托明确了政府在公共信托资源上的义务与责任，肯定了社会公众在公共信托资源上的权利，主张对政府的公共信托资源管理权力进行严格限制，对公众利用资源的权利提供法律上的保护和救济。基于此，公共信托在有效解决怎样使得全体公众受益于公共财产方面具有着无法估量的理论与现实意义。

（二）公共信托理论之流变

公共信托理论从产生到发展经历了一个漫长的过程，不同的社会背景形塑了不同的理论形态。简单来说，主要有以下几个阶段：

其一，"公共信托理论"起源于罗马法。公共信托理论是通过法院的司法

① 参见何宝玉著：《英国信托法原理与判例》，法律出版社 2001 年版，第 1 页。
② 黄锡生、夏梓耀：《论环境污染侵权中的环境损害》，载《海峡法学》2011 年第 1期。
③ 侯宇：《美国公共信托理论的形成与发展》，载《中外法学》2009 年第 4 期。

判例而逐渐发展起来的一个普通法原则，但其理论发源于普通法出现之前，即罗马法时期。公共信托思想强调：不能为了私利影响社会公众自由利用公共资源。共有物由全人类共同享有，任何人，包括国家在内，都无权对公有物和共有物进行排他性地占有，侵害社会公众的使用权。①

其二，英国法蕴含了公共信托理论之雏形。1215 年，为了保护商业自由，促进内河运输与贸易发展，英国贵族胁迫英王签署《自由大宪章》，除海岸之外，其他在泰晤士河、美得威河及全英格兰各地所有河流上的堰坝与鱼梁必须拆除。这被视为保护公共利益原则的回归。此后在英国普通法上逐渐形成了一个普遍认同的观念，即国王基于全体国民的信托而占有自然资源，虽然国王在法律上享有土地和水等资源的所有权，但衡平法上的权力——受益权，则属于由议会所代表的全体国民。这一理论的本质在于以保护公益为目的对王权予以限制。但是，这一时期的公共信托理论在实践中仅仅适用于可航行水域的通航和捕鱼权等领域，范围远远小于罗马法时期。

其三，美国法标志着公共信托理论的形成。随着英国在北美建立殖民地，其普通法和公共信托理论也自然随之被输入。最初加入美国的 13 个殖民地和州，基本沿袭了有关国王拥有潮间带的普通法传统。各个州又在各自的主权能力范围内，根据社会需要，通过立法或者习惯，对源自于英国普通的公共权利进行了一定修改与扩张，以保护公共资源避免被过度地开发利用，从而形成了各自的公共信托理论。② 但是，与英国相区别的是，美国的公共信托理论的形成与法院普通法的判例有着密不可分的关系。

其四，公共信托理论在近代有了新的发展。1970 年约瑟夫·萨克斯教授在《密歇根州法律评论》上发表的关于公共信托理论的论文——《自然资源法中的公共信托理论：有效的司法干预》开创了公共信托理论的新纪元，主张复兴这一古老的罗马法原则，并呼吁在未来发展更为广阔的公共信托理论，

---

① 邱秋：《公共信托原则的发展与绿色财产权理论的建构》，载《法学评论》2009 年第 6 期。

② 李冰强：《公共信托理论批判》，中国海洋大学 2012 年博士学位论文。

使该理论能够包含更大范围的自然资源价值。近代公共信托理论的范围得到了很大的拓展。

（三）公共信托内含国家义务

从公共信托产生的根源上来看，公共信托是基于公众的"委托"而产生。公共信托的委托人与受益人为全体公民，其受托人是国家。国家为了公众的共同利益对特定自然资源进行保护和管理。国家和政府充当公共资源的受托人具有无可比拟的优势。一是因为政府有管理和保护的能力。环境保护与治理乃至其他公共信托资源的管理是一项庞大的工作，只有在具备雄厚财力、物力以及完善的组织优势的同时，通过强制性的国家权力才能在真正意义上保障公共利益。二是政府有管理和保护的意愿。马克思在论及政府的社会管理职能时说过："政治统治到处都是以执行某种社会职能为基础，而且政治统治只有在它执行它的社会职能时才能持续下去。"① 自然资源和公共环境等公共利益关乎社会发展与社会稳定，是影响一国政治统治的重要因素。政府为了实现长久稳定的政治统治，必然会着力于公共利益的保护和管理。三是政府有管理和保护的责任。在现代社会，政府是人类命运共同体中的重要参与者，对共同体的存续发展和兴旺发达负有责任，有义务去保障和维护整个人类的共同利益。

尽管在公共信托中，作为委托人的公众和作为受托人的政府之间对特定自然资源进行管理的"委托"并不现实存在，但为了保护社会公众在特定自然资源上的公共权利，理论创造者拟制了该项委托，其意义在于通过信托的基本特征揭示国家对公共资源所负有的义务。国家还应当根据时代发展之需要，满足新的公共利益需求，合理界定公共利益的边界。特定范围内的自然资源并非是一成不变的，这是一个动态的历史性的概念，它伴随着公共信托理论的发展，不断呈现新的变化的趋势。新的社会需求不断产生，公共利益的范畴也不断扩张。目前有判例表明，公共利益已经不仅仅是狭义上的自然资源，它还包括文化古迹等文化资源，以及人力等社会资源等更为广泛的公共利益资源。

---

① 《马克思恩格斯选集》第 3 卷，人民出版社 1995 年版，第 523 页。

国家对公共信托资源的持有和管理权不可转让、不可抛弃。根据公共信托理论，检察机关依据相关法律对公共利益进行保护，当行政机关的不法行政行为导致公共利益受损时，检察机关就能够启动诉讼程序，向法院对没有履行或不完全履行信托义务的行政机关提起诉讼。① "但当公共利益被行政机关渎职行政行为侵害时，检察机关怠于履行保护公共利益的职责，此时公民就可以以原告身份自行向人民法院起诉相应的行政机关，保护公共利益免受侵害。"②由于信托内容的特殊性，政府的信托义务相对于政府的一般义务来说，要更为严格。政府作为受托人，必须对公共资源进行妥善的保护和管理，不得擅自将公共信托资源转让给私人，不得擅自改变公共信托资源的共用用途，不得非法排除公众对公共信托资源的使用权利。

三、通过行政公益诉讼之官舟治理

国家拥有对社会公共事务进行管理的权力之法理基础是公民与国家之间订立的社会契约所形成的公共信托关系。国家对公共资源进行管理的的权力来源于每一个公民的权利让渡，作为公共信托关系中的受托人，国家对公共信托资源享有所有权，能够基于为受托人谋取利益之目的而对其进行管理与处分。因此，基于对滥用公共资源、侵犯公共利益的行为予以校正，实现"官舟治理"之目标，行政公益诉讼制度得以发展并产生了深远影响。

（一）"官舟破败"现象急需改变

在公民与国家之间的公共信托关系中存在着两点隐患。其一，国家在履行公共信托关系中受托人之义务的过程中，公权力的边界在不断地扩张，极易出现权力滥用的现象，使得原本由不特定多数人所享有的利益变成特定群体所享有的利益，导致公共物品以及服务逐渐被缩减与腐蚀，严重影响到公共信托关

---

① 参见王珂瑾著：《行政公益诉讼制度研究》，山东大学出版社 2009 年版，第 142页。

② 齐树洁、郑贤宇：《我国公益诉讼的困境与出路》，载《中国司法》2005 年第 3期。

系的有效存续。其二，公共资源是有限的，而个体又难以脱离自利性的特征。基于此，个体在对公共资源进行利用的过程中往往倾向于使自己能够尽可能多地占用公共资源，这使得其他主体对公共资源的利用受到妨碍。更有甚者，这些权利主体为了追求自身利益的最大化，滥用公共资源，使得公共资源的利用效率降低，且容易造成极其严重的资源浪费甚至破坏。

倘若不对恣意的公权力和自利的私权利进行规范和约束的话，"官舟破败"与"公地悲剧"将会不断重复上演。这说明了公共资源的有效管理需要依赖国家和民众的合力，尤其是公共信托关系的受托者——国家积极履行管理义务。国家应当认真对待公共资源，要不断提升环境和资源的品质，促使其全面协调可持续地发展；要制定公共资源的科学利用规则，防止权利主体毫无节制地分配资源，损害社会公共利益。要培育社会公益精神，引导公民和组织积极参与公共资源的维护和保障行动。要在国家调控与社会自治中寻求平衡，充分发挥国家的调节功能，同时引导和释放社会活力，使公共信托事业实现良性发展。然而这些规范和引导并不能解决一切问题，彻底杜绝公共资源滥用的情况。

（二）行政公益诉讼制度下"官舟治理"何以可能

通过对"官舟隐喻"与"公地悲剧"的分析可知，造成此种现象的根本原因在于缺乏有效的制度对"官舟"与"公地"进行保护，从而导致其最终遭受极大的损害，无法满足公民的利益需求。由此可知，"官舟治理"需要通过政府实施有效的保护措施，积极运用公共管理职权来实现。国家公权力是公共信托关系正常运转的关键因素，需要通过制度化手段监督公权力之行使过程。"行政公益诉讼是指当行政主体的违法行为或不作为对公共利益造成侵害或有侵害之虞时，法律容许无直接利害关系人为维护公共利益而向法院提起行政诉讼的制度。"[①] 行政公益诉讼在监督公权力方面发挥了重大作用，旨在通过对公共利益的维护与救济协调国家与公民的关系，增强公民对国家的信任感

[①] 蔡虹、梁远：《也论行政公益诉讼》，载《法学评论》2002 年第 3 期。

以巩固公共信托关系，是监督和规制国家公权力以维护和发展公共利益的重要方式。

我国《行政诉讼法》第 25 条第 4 款的规定为行政公益诉讼制度的建立提供了法律依据，并明确了行政公益诉讼的目的在于维护国家利益和社会公共利益，其主要的宗旨是对公共利益的救济与保护。检察机关提起行政公益诉讼作为一种法律监督方式，有利于促进行政机关依法行政，推动我国法治政府建设，构建良性互动的"双赢多赢共赢"的关系，① 反映了现代法治的发展方向。行政公益诉讼制度的确立，不仅能够以制度的形式督促政府依法积极作出维护公共利益之"官舟"的行为，同时，又能够通过提起行政公益诉讼的手段对政府依法行使行政职权进行制约和监督，保证作为公共利益之"官舟"得以维护。

（三）行政公益诉讼助力"官舟"治理之路径

构建行政公益诉讼制度是促进依法行政的重要举措，赋予检察机关公益诉讼起诉权是对司法制度的探索与创新，其确立对于加强地方政府的司法监督，强化对行政权力的制约和监督，保障地方各级人民政府依法行政，助推法治政府建设具有非常重要的现实意义。

检察机关提起行政公益诉讼制度的确立，一方面形成了一种倒逼机制，倒逼政府积极作为，促使其增强依法行政意识，保障社会公共利益和公民合法权益，以司法权监督行政权使得行政权行使走上规范化、法治化途径，维护好公益之"官舟"。另一方面，对于公权力侵害公共利益的行为，可以要求政府停止侵害、纠正违法行为，正确履行公共利益受托人之义务，实现了通过诉讼监督行政主体作出的有关公益的行政行为，为公益损害提供救济的目的，助力了"官舟"之治理。行政公益诉讼制度的确立体现了社会主义的本质特征，使得国民通过司法渠道践行当家作主的法律责任，守护了不可或缺的公共利益，培育了公共精神。

---

① 吴文彬：《在维护公共利益中守初心担使命》，载《江苏法治报》2019 年 11 月 28 日。

第三节　行政公益诉讼

现代社会愈来愈依靠政府对公共利益进行维护，随着社会公众对行政权的依赖以及行政权自身的扩张性等因素的影响，行政权迅速膨胀，政府失职或者违法行使行政权都必然导致公共利益受到侵害的结果，此时，通过赋予检察机关提起行政公益诉讼权，构建行政公益诉讼制度，对于规制行政权、保障公共利益以及推进法治政府建设发挥了至关重要的作用。

一、行政公益诉讼的功能预设

关于行政公益诉讼的目的，当前学界的主流理论是"一元主导下的三重目的论"，认为解决行政纠纷是初级目的，监督行政是终极目的，而保护相对人的合法权益则是根本目的。[1] 行政公益诉讼与行政诉讼有相同之处，即监督行政和保护合法权益。[2] 但是二者也存有区别，相较于主观的行政诉讼，行政公益诉讼作为客观诉讼更为重视事前的防御功能。

（一）事前防御

传统诉讼的一个重要功能在于事后的惩戒和补救，即在损害事实发生后通过对违法行为的惩治达到维护社会秩序的目的。从法经济学的角度来看，虽然受害人的损害得到了弥补，但对社会整体而言还是造成了不经济。法律作为统治阶级意志的体现，其所具备的一种重要的价值是对行为的事前警示和防范，有利于节约司法资源，实现社会利益的最大化。

提起行政公益诉讼从本质上来说属于公民对权力进行监督的权利，行政公

---

[1] 马怀德：《保护公民、法人和其他组织的权益应成为行政诉讼的根本目的》，载《行政法学研究》2012 年第 2 期。

[2] 杨海坤、张琳：《行政诉讼制度目的论辨析》，载《学术交流》2016 年第 8 期。

益诉讼制度之存在即警示行政机关，若其损害公益则可能会被诉至法院，此种诉权上的明示可以使行政机关更为自觉和合法地实施公益管理行为。此外，公益诉讼的提起一般不以发生实质的损害为要件，对于可能危害或者已经危害社会公共利益的行为均可以依法提起诉讼，这拓宽了公民向法院提起诉讼的途径，将在客观上起到防患于未然的效果，这一特点不同于传统行政诉讼事后补救的被动性，可以把危害社会公共利益的行为消灭在萌芽阶段，强化了司法权对行政权的监督力度，有力地推动了行政诉讼对行政进行监督之目的的实现。

（二）事中监督

现代社会日趋复杂化，政府的公共事务也日渐繁多，这使得政府的管理不可能面面俱到，难免有遗漏之处。因此，许多学者提出要强化检察机关对行政机关的法律监督作用，对行政机关在行使行政职权实施行政管理的过程中所出现的行政违法行为以及行政不作为进行纠正。为了实现国家维护公共利益的管理目标，将司法监督引入行政公益管理中十分必要。此举不仅有利于弥补国家行政管理中存在的漏洞，也契合检察机关作为法律监督机关的宪法地位。行政公益诉讼制度的确立，使得检察机关可以有效弥补相对人诉讼能力的不足，以国家法律监督机关的名义，向行政机关提出检察建议，责令其履行职责，纠正行政违法行为；而在这种检察建议遭到拒绝之后，检察机关可以直接提起公益诉讼，并出庭支持诉讼，将原来的"民告官"变成"官告官"，有效地督促法院对行政机关的行政违法行为加以审理，并作出责令其履行法律职责的裁判结论。① 行政公益诉讼制度的确立使得检察机关发挥了对行政违法行为进行有力的制衡的作用。

行政公益诉讼制度的确立表明司法机关对行政机关进行监督具备了新的形式，扩大了司法机关法律监督的范围，使其具备了更加丰富的内容。究其本质而言，赋予检察机关提起行政公益诉讼的权力是让国家法律监督机关承担了部分维护公共利益的职责。权力的分立与制约作为一项宪法原则，被普遍认为是

① 陈瑞华：《论检察机关的法律职能》，载《政法论坛》2018年第1期。

监督和控制公权力的有效手段。在行政公益诉讼中，司法机关对行政公益管理行为展开司法审查有助于监督行政机关依法行政，提高依法行政的水平。

（三）事后救济

倘若在事前防御和事中监督之下仍有行政行为对公共利益造成了损害，那么可以通过提起行政公益诉讼的方式实现事后救济。在有关公益的特定领域里，享有诉权的主体可以通过引入司法审查，从而撤销或纠正损害公益的行政行为，以弥补其对公共利益所造成的损害。

公共利益与每一个人都休戚相关，其无法脱离个人利益而存在，二者在本质上是一致的，有时甚至是交织在一起的。普遍的个体利益在获得法律形式之后具有了公共利益的性质，一旦某种"个人利益具有社会普遍性，因而，这就成为社会的公共利益而不仅仅是个人利益"。① 公共利益的实现客观上也就保护了相对人的利益。我国台湾学者陈新民认为，就公益和私益的本质而言，公益的概念并非绝对排斥由基本权利所赋予人们的私益。因此，一切法律都必须建立在维护社会整体利益的同时又能使个别成员的利益也得到满足这一基础之上。一旦失去公共利益这个前提，个人利益便会失去依托；而缺失对个人利益的关怀，公共利益将会失去正当性基础。从根本上来说，对公共利益的救济和保护也有助于促进私益的发展。② 基于谋求社会整体生存和发展之目的，需要对社会中个体的行为进行有机地整合，使其外部性的特征得以消除并主动地创造最大的社会公共利益。

二、行政公益诉讼制度的基本构造

1989 年我国第一部《行政诉讼法》诞生，构建了一套以维护公民、法人和其他组织之合法权益为目的的行政诉讼制度体系，开启了行政法治的篇章。但伴随着社会发展、生产进步，许多新型矛盾日益浮现，在传统的法律框架下

---

① 孙笑侠著：《法的现象与观念》，群众出版社 1995 年版，第 69 页。
② 王太高：《论行政公益诉讼》，载《法学研究》2002 年第 5 期。

却无从解决，譬如日益严重的公共利益损害由于不能满足提起行政诉讼的基本条件而无法通过行政诉讼制度加以救济。无法为了维护国家和社会公共利益而提起行政诉讼，是我国《行政诉讼法》长期存在的制度缺陷。① 因此，自 20 世纪末至本世纪初始，法学学者开始探索研究行政公益诉讼问题，并日渐受到学界的广泛关注，在借鉴国外先进理论经验的基础上，结合本土实践国情，形成了精彩纷呈的理论成果。

2014 年 10 月党的第十八届四中全会审议并通过了《中共中央关于全面推进依法治国若干重大问题的决定》，首次明确提出了"探索建立检察机关提起公益诉讼制度"。自此，行政公益诉讼作为一项新的制度在我国初见雏形。2015 年 7 月 1 日，全国人民代表大会常务委员会授权最高人民检察院在北京、内蒙古、吉林等 13 个省区市开展为期两年的行政公益诉讼试点工作，标志着我国行政公益诉讼制度正式付诸实践。在为期两年的构建检察机关提起公益诉讼制度试点工作当中，在国家利益与社会公共利益保护方面取得了卓越成效，成果颇丰。2017 年 6 月 27 日，在试点工作结束前夕，第十二届全国人民代表大会常务委员会第二十八次会议作出了修改《中华人民共和国行政诉讼法》的决定，在第 25 条中增加检察机关提起行政公益诉讼的规定。2017 年 7 月 1 日，修改后的《行政诉讼法》正式开始实施，这也标志着我国行政公益诉讼制度在法律层面上被正式确立。此后最高人民检察院、最高人民法院也相继发布司法解释。该制度遵循了我国法制的一贯特点，即先试点，后上升为法律，又在实践中不断探索与改进，通过司法解释将其不断完善的发展历程。虽然该项制度在实践过程中也出现了不少问题，但从总体上看来，成果卓然，切实实现了其设计初衷。

根据法律的规定及相关的法学理念，行政公益诉讼的基本构造主要包括受案范围、诉权主体、诉讼标的以及举证责任几个部分。

（一）受案范围

"行政公益诉讼是针对行政主体的作为或不作为对公共利益造成侵害或侵

---

① 马怀德：《新时代行政公益诉讼制度的发展与实践》，载《学术前沿》2019 年第 5 期。

害之虞时，为维护公共利益而向法院提起的行政诉讼。"① 行政公益诉讼的受案范围指的是人民法院依法受理并裁判行政公益诉讼案件的范围或者权限。公共利益是一个"模糊、难以捉摸却压倒一切的考量"，"在诉讼中定义何为公共利益是相当困难的"。② 基于"公共利益"的内涵及其外延具备模糊性的特征，为防止法官在案件的处理过程当中滥用自由裁量权对其进行任意解释，对行政公益诉讼的受案范围进行界定尤为重要，是启动、审理和对行政公益诉讼案件进行裁判的核心。

检察机关作为国家公诉机关，有权对三大诉讼进行监督，且在行政公益诉讼当中具备原告资格，有权代表国家对社会公共利益进行维护，但其诉权的行使受到行政公益诉讼受案范围的限制。2017 年我国《行政诉讼法》修改过程中在第 25 条增加了第 4 款规定："人民检察院在履行职责中发现生态环境和资源保护、食品药品安全、国有财产保护、国有土地使用权出让等领域负有监督管理职责的行政机关违法行使职权或者不作为，致使国家利益或者社会公共利益受到侵害的，应当向行政机关提出检察建议，督促其依法履行职责。行政机关不依法履行职责的，人民检察院依法向人民法院提起诉讼。"除此之外，我国最高人民检察院发布的《关于检察公益诉讼案件适用法律若干问题的解释》第 21 条③也对检察机关提起行政公益诉讼的范围进行了同样的规定。

目前，学界关于行政公益诉讼的受案范围的规定当中之"等"到底属于"等内等"还是"等外等"尚且存在争议，但学者们普遍认为，随着行政公益

---

① 最高人民检察院民事行政检察厅编：《检察机关提起公益诉讼实践与探索》，中国检察出版社 2017 年版，第 9 页。

② ［德］阿斯特丽德・施塔德勒：《德国公益诉讼》，王洪亮、黄化莹译，载汤欣主编：《公共利益与私人诉讼》，北京大学出版社 2009 年版，第 195 页。

③ 《关于检察公益诉讼案件适用法律若干问题的解释》第 21 条规定："人民检察院在履行职责中发现生态环境和资源保护、食品药品安全、国有财产保护、国有土地使用权出让等领域负有监督管理职责的行政机关违法行使职权或者不作为，致使国家利益或者社会公共利益受到侵害的，应当向行政机关提出检察建议，督促其依法履行职责。行政机关应当在收到检察建议书之日起两个月内依法履行职责，并书面回复人民检察院。出现国家利益或者社会公共利益损害继续扩大等紧急情形的，行政机关应当在十五日内书面回复。行政机关不依法履行职责的，人民检察院依法向人民法院提起诉讼。"

诉讼制度逐渐走向成熟，其受案范围也应当得到拓展。从长远的角度出发，不应当将行政公益诉讼的受案范围局限在法律所列举的四个领域当中，随着行政公益诉讼制度的日渐成熟与完善，其受案范围向其他领域进行拓展具备合理性与可行性。

（二）诉权主体

任何一个诉讼案件都离不开原告和被告这两个主体，诉权是公民因自身权利受到不法侵害或者纠纷时，要求司法机构启动审判权来维护自身合法权益的一种请求权。① 诉权是一个私法上的概念，源自民事诉讼领域，② 主要解决"为何可以提起诉讼"的问题，学说上有私权诉权说、权利保护请求权说、判决请求权说等。私权诉权说认为诉权是私权的一种权能。权利保护请求权说认为诉权虽然不是私权的一种权能，但其目的在于保护私权。③ 判决请求权说则认为其目的只是追求纠纷的解决。诉权的理论观点一般以私益诉讼作为基础，以被诉行为对当事人造成不利作为前提条件。虽然公共利益不是私权的客体，但公共利益也是一种利益，当其受到侵害时，国家也应当为其提供公力救济，赋予公益纷争以诉讼上的可诉性。尽管当前对公共利益的性质和范围界定存在诸多争议，但行政公益诉权不以利害关系要件为前提已经达成共识，因而采取主体资格法定主义。

在我国现行的诉讼体系中，对公益的救济除刑事诉讼外，一般公民个人不被认为具有原告资格，无权利即无救济，其原因是没有直接的诉的利益，却将维护公益的公权力赋予了国家和政府。法治国家要求实现有损害必有救济。伴随着社会公共利益所受关注度的不断提升，特别是在我国公益诉讼试点工作开展以后，公益诉讼案件开始逐渐进入社会公众的视野中。在现实案例中，提起行政公益诉讼的主体包括检察机关、社会团体以及公民个人这三大类，但是在

---

① 张翠梅：《环境公益诉讼制度构建的法理分析》，载《河北法学》2011 年第 4 期。
② 李龙：《民事诉权论纲》，载《现代法学》2003 年第 2 期。
③ 段厚省：《环境民事公益诉讼基本理论思考》，载《中外法学》2016 年第 4 期。

实践中，部分案件通常不被法院受理或者最终以败诉收场，主要归因于提起行政公益诉讼的主体非适格主体。

我国行政公益诉讼原告资格的认定标准经历了从一开始的无标准到以利害关系为标准到如今对利害关系标准的突破三个阶段。关于行政公益诉讼原告资格的理论，我国理论界存在不同的观点，主要分为：一元论、二元论以及多元论三种。其中，一元论认为只有国家才拥有提起行政公益诉讼的原告资格（其中大多数学者认为国家机关是指检察机关）。二元论包含两种观点，其中一种观点认为应当由公民个人和检察机关来行使行政公益诉讼的诉权，另一种观点认为能够提起行政公益诉讼的适格主体应当是社会团体和人民检察院。多元论则对一元论和二元论进行了综合考量，认为应当同时赋予检察机关、社会组织以及公民个人提起行政公益诉讼的权利。

就我国目前的立法现状而言，仅检察机关具备提起行政公益诉讼的原告资格。然而根据我国的现状，由检察机关这一单一主体提起行政公益诉讼无法满足社会需求，应当对行政公益诉讼之诉权主体进行扩张，赋予无直接利害关系的主体提起行政公益诉讼的原告资格，不应当仅限于检察机关这一单一主体。可以尝试在立法层面建立以检察机关为先、其他法定组织和公民个人为辅的主体资格序位，即在公益诉讼立法中明确检察机关行政公益诉权优先，其他法定组织和公民个人只有在检察机关不提起的情况下才获得诉权，类似于刑事诉讼中的公诉与自诉之间的诉讼资格序位。这一诉讼序位制度的设立，具有自恰的权力运行逻辑。一是行政公益诉权是客观性权利，其行使依赖于法律赋权。我国宪法确定一切权力属于人民，各级人民代表大会及其常务委员会是人民行使权力的机关。因此，全国人民代表大会及其常务委员会有权根据经济社会发展和法治现状等，将行政公益诉权授权特定机关、组织以及公民个人行使，并确定行使的先后序位。二是宪法规定检察院是国家法律监督机关，其法律地位特殊，[①] 并在长期的司法实践中积累了一定的资源优势。在法律同等授权的情况

---

① 秦前红：《检察机关参与行政公益诉讼理论与实践的若干问题探讨》，载《政治与法律》2016 年第 11 期。

下，相对于在诉讼中会考量成本和诉的利益的其他组织，检察机关更容易提起行政公益诉讼，其具备中立性与独立性，因而其处于事实上的优先地位。因此，将检察机关的行政公益诉权置于优先地位，其他组织和公民作为补充，并以此为基础架构类似于刑事公诉的公益诉讼程序，从诉讼目的正当性、范围法定性、程序规范性上加以多重限定，既体现检察机关的特殊地位达到监督权与诉权的有机统一，又吸收其他组织保护公共利益的积极性，还能够避免因诉权的行使主体不同而要作出不同的诉讼程序安排的困扰，有利于在多个不同诉讼主体间建立起内在协调统一的诉讼程序制度。

（三）诉讼标的

无论由谁提起公益诉讼，都必须在起诉时向法院表明提起诉讼所请求保护的具体内容，涉及诉讼对象以及通过诉讼所要达到的目的。诉讼标的是指当事人争讼的对象，也是法院裁判的对象。① 传统理论以当事人争议的实体法律关系为确定标准，并以实体法律关系的构成要素——诉的声明（当事人起诉所要达到的具体的法律上的效果）和法律事实作为识别标准，分为"一分肢说"和"二分肢说"。一分肢说仅以诉的声明为识别标准，二分肢说以诉的声明和事实作为识别标准。目前行政诉讼法将诉讼标的界定为当事人主张的实体法律关系，采用的是二分肢说。在行政公益诉讼最初试点中，检察机关提起行政公益诉讼须"有具体的诉讼请求、国家和社会公共利益受到侵害的初步证据"，采用的是"诉的声明"结合"法律事实"的识别标准。但因为是初步证据，对法律事实的要求已经有所弱化。随后实施的《人民法院审理人民检察院提起公益诉讼案件试点工作实施办法》规定了立案登记制，仅以诉的声明作为识别标准，未提及"事实"和"理由"，采用了一分肢说，将诉的声明限制在"生态环境和资源、国有资产、国有土地使用权出让"等公益领域。

（四）举证责任

举证责任"是证明主体为了使自己的诉讼主张得到法院裁判确认所承担

---

① 张卫平：《论诉讼标的及识别标准》，载《法学研究》1997年第4期。

的提供和运用证据支持自己的主张以避免对于己方不利的诉讼后果的责任"。①
关于在行政公益诉讼过程中举证责任分配的问题，我国《行政诉讼法》第 34
条规定："被告对作出的行政行为负有举证责任，应当提供作出该行政行为的
证据和所依据的规范性文件。"由此可知，在诉讼过程中，由行政机关承担举
证责任。《行政诉讼法》作出如此规定主要是基于：行政机关在作出某一行政
行为时，必须具备充分的事实理由与法律依据。倘若行政机关在行政公益诉讼
中不能就上述事实与法律依据进行举证，则说明其作出该行政行为系属违法。

　　检察机关提起行政公益诉讼，是基于履行法律监督职责而提出的追究违法
行使职权或者不作为的行政机关责任的一种诉讼类型。② 虽然作为国家公诉机
关，与公民、法人及其他组织相较而言，检察机关在对行政机关作出的行政行
为进行违法性调查以及损害后果调查等方面具有天然的优势。但是，在行政公
益诉讼当中，检察机关只是作为公共利益的代表提起行政公益诉讼，而并非行
政行为的相对人，难以对行政机关违法行使职权或者是行政不作为的全部情况
进行掌握。故而在行政公益诉讼制度当中参照一般行政诉讼的举证责任分配，
仍然将证明行政行为合法性的责任交由行政机关承担。关于检察机关的证明责
任，需按照行政行为的种类进行区别：其一，若属于行政违法行为，则检察机
关需举证证明其在提起行政公益诉讼之前已履行相应的诉前程序，即向作出违
法行政行为的行政机关发出了检察建议且国家利益或者会公共利益正处于受侵
害的状态之下。其二，若属于行政不作为行为，则检察机关不仅应证明其遵循
诉前程序提出了检察建议、国家利益或者社会公共利益正遭受损害，而且应当
对行政机关负有法定的监管职责而拒不纠正其违法行为抑或是不履行其法定职
责，也即不遵照法律的相关规定履行其作为义务承担举证证明责任。

三、行政公益诉讼与法治政府建设

　　当前，我国赋予检察机关公益诉讼起诉权是切实维护国家利益与社会公共

---

　　①　卞建林、谭世贵主编：《证据法学》，中国政法大学出版社 2014 年版，第 436 页。
　　②　徐全兵：《检察机关提起行政公益诉讼的职能定位与制度构建》，载《行政法学研
究》2017 年第 5 期。

利益，对弱势群体进行保护并实现社会公平正义的现实需要，是保障行政机关依法行政，推进法治政府建设的客观需要以及建设中国特色社会主义法治体系的必然要求。法治政府建设作为当代中国发展的一条必经之路，其核心是推进依法行政，也即规范和约束政府对行政权力的行使。倘若在法治政府的建设过程中单纯依赖于行政系统内部的政策进行驱动，可能会导致难以推动或者形式主义等问题的出现，在此过程中应当充分发挥司法权对行政权的外部监督与制约作用。2017 年《行政诉讼法》中正式确立了行政公益诉讼制度，赋予了检察机关在由于行政机关的不作为或者是违法作为导致公共利益遭受损害的情况下向人民法院提起行政公益诉讼的权力，对法治政府建设有着重要的积极意义，是建设法治政府的重要助推器。

（一）助推法治政府制度体系构建

党的十八届四中全指出，要将"深入推进依法行政，加快建设法治政府"作为全面推进依法治国的重大任务之一，而检察机关提起行政公益诉讼是法治政府建设的内在要求。一直以来，我国的法治政府建设都侧重于通过政府自治来实现，党的十八届四中全会提出要"努力形成科学有效的权力运行制约和监督体系，增强监督合力和实效"，其目的在于构建完善的法治政府建设外部机制。

行政公益诉讼制度的确立为法治政府建设提供了一种新的司法监督路径。我国《法治政府建设实施纲要（2015—2020 年）》中明确提出了检察机关对行政机关进行监督和制约的要求。在国家监察体制改革，检察机关职务犯罪侦查职能转隶监察委员会的情况下，确立行政公益诉讼制度使得检察机关能够对行政机关不作为或者是违法作为的行为提出检察建议或提起行政公益诉讼，拓展了检察机关的法律监督职能，赋予检察机关行政公益诉讼起诉权其目的在于利用检察机关的力量，立足行政诉讼，从而加强对行政行为的外部监督，使得司法权发挥对行政行为的监督和制约作用，是完善法治政府建设内外机制的必然要求。

传统的行政诉讼制度侧重于对公民个人利益的保护，将行政诉讼的原告局限于与具体行政行为有利害关系，这种限制导致众多对公共利益造成损害的行政行为由于缺乏特定的受害人而无法进入行政诉讼程序，无从追究其法律责任。检察机关提起行政公益诉讼制度的确立反映了法治社会的发展方向，有效地填补了原有行政诉讼制度之下的责任空白地带以及行政公益诉讼主体的缺位。检察机关作为公诉机关，在充当行政公益诉讼的启动主体上具有天然的制度优势。构建检察机关提起行政公益诉讼制度，改变了传统的行政诉讼模式之下，由审判权对行政权进行监督的局面，开创了检察权、审判权共同监督行政权的新局面，能够形成检察与审判之监督"合力"对行政权力的运行进行监督。行政公益诉讼制度的确立为法治政府建设提供了重要的公共利益保护机制，是法治政府制度体系的有机分子。

（二）完善行政权力监督体系构建

行政公益诉讼制度的确立在制约行政权的行使，监督政府依法作出行政行为，督促其更好地履行行政职责等方面发挥了重要作用。尽管对权力进行制约与监督存在多种途径，但是动用司法权对限制行政权具有天然的制度优势，因为司法的中立性审查有利于对行政机关的监督和约束。① 行政公益诉讼制度的产生本身就大大激发了行政机关自治功能的发挥，而一旦行政机关出现违法作为或者行政不作为的情形，检察机关又可以通过诉前程序并以实质诉讼程序为最后保障，促使行政机关依法作为和纠正其违法作为。② 行政公益诉讼制度的确立为法治政府建设提供了外部监督机制，通过督促行政机关纠正其行政不作为行为或者行政违法行为，从而反馈于行政系统内部并对其产生作用。

当政府机关作出违法行政行为或者是行政不作为时，由检察机关通过提起行政公益诉讼的方式对政府作出的行政行为进行监督，是对行政机关进行监督的最有效的手段。通过确立行政公益诉讼制度能够保障司法权对行政权进行有

---

① 桂萍、贾飞林：《检察机关提起行政公益诉讼制度刍议》，载《行政与法》2019年第6期。

② 黄学贤：《完善行政公益诉讼助推法治政府建设》，载《群言》2019年第5期。

效的监督，有利于提升司法权在我国国家权力格局中的地位。行政公益诉讼作为一项民告官的诉讼制度，以司法权监督、制约行政权，从而保证行政机关依法行政，推进法治政府建设。通过行政公益诉讼制度的确立，使得检察机关对行政行为的监督具备了刚性特征，能够有效预防和制止行政机关滥用行政权、防止政府失灵现象的发生，对促进行政机关践行"法无授权不可为，法定职责必须为"的现代行政法治理念无疑具有显而易见的作用。其保障了政府依法履行行政职责，使行政权始终保持在法治的轨道上运行，加速了地方建设法治政府的进程，是整个权力监督体系中不可或缺的环节。

（三）提供公共利益保护制度保障

在行政公益诉讼制度确立之前，我国行政诉讼制度是针对个人私益设计的，这一制度设计本身没有问题，但是公共利益是众多私人利益的集合，如果不对公益进行保护，那么最终造成的结果必然是对私益的侵害，行政诉讼制度的功能和价值也就无法充分实现。[1] 行政公益诉讼制度的设立有效地弥补了行政诉讼制度的不足之处，为公益损害提供了司法救济的渠道。除此之外，行政公益诉讼还具备鲜明的预防性质，即在某些情况下不需要实际发生侵害事实，只要根据相关情况能够合理地判断其具有发生侵害的可能性就可以提起诉讼。[2] 因为公共利益具有广泛性和开放性，公共利益一旦受损，其影响和损害将难以估计，所以行政公益诉讼制度将有侵害之虞的行为也纳入了司法审查的范围。在公共利益还未切实受到损害前，有权主体即可通过行政公益诉讼对违法行为予以纠正。

将诉讼制度引入公益保护领域，赋予了法院居中裁判相关案件的管辖权，这既有利于贯彻和落实宪法和法律规定的公共利益保护规范，也有利于公平正义地解决争议，提升公益保护之效果。公共利益保护是法治政府的一项重要职

---

① 韩德利著：《行政诉讼法的变革》，中国政法大学出版社 2015 年版，第 81 页。

② 祁志刚著：《纳税人诉讼公法之债下的公权力与私权利》，中央广播电视大学出版社 2016 年版，第 40 页。

能，行政公益诉讼制度的确立，赋予了检察机关公益诉讼人的身份，使得其能够对造成公共利益损害的行政行为或者是行政机关怠于履行行政职责的行政不作为行为提起行政公益诉讼，使作出违法行政行为或者是不作为的行政机关接受法律的制裁，完善了我国行政诉讼制度，是进行公共利益保护的有力手段，乃法治政府职能得以发挥的体现。

典型案例 11-1：Y 省 J 县人民检察院诉 J 县森林公安局怠于履行法定职责环境行政公益诉讼案①

【裁判摘要】

在环境行政公益诉讼中，人民法院应当以相对人的违法行为是否得到有效制止，行政机关是否充分、及时、有效采取法定监管措施，以及国家利益或社会公共利益是否得到有效保护，作为审查行政机关是否履行法定职责的标准。

【相关法条】

《中华人民共和国森林法》第 13 条、第 20 条

《中华人民共和国森林法实施条例》第 43 条

《中华人民共和国行政诉讼法》第 70 条、第 74 条

【基本案情】

2013 年 1 月，J 县居民王某某受某某公司的委托在国有林区开挖公路，被 J 县红旗林业局护林人员发现并制止，J 县林业局接报后交 J 县森林公安局进行查处。J 县森林公安局于 2013 年 2 月 20 日向王某某送达了林业行政处罚听证权利告知书，并于同年 2 月 27 日向王某某送达了 J 县林业局剑林罚书字〔2013〕第（288）号林业行政处罚决定书。行政处罚决定书载明：某某公司在未取得合法的林地征占用手续的情况下，委托王某某于 2013 年 1 月 13 日至 19 日期间，在 13 林班 21、22 小班之间用挖掘机开挖公路长度为 494.8 米、平均宽度为 4.5 米、面积为 2226.6 平方米，共计 3.34 亩。根据《中华人民共和国森林法实施条例》第 43 条第 1 款规定，决定对王某某及某某公司给予如下

---

① 本案裁判文书详见附录 20。

行政处罚：1. 责令限期恢复原状；2. 处非法改变用途林地每平方米 10 元的罚款，即 22266.00 元。2013 年 3 月 29 日某某公司交纳了罚款后，J 县森林公安局即对该案予以结案。其后直到 2016 年 11 月 9 日，J 县森林公安局没有督促某某公司和王某某履行"限期恢复原状"的行政义务，所破坏的森林植被至今没有得到恢复。

2016 年 11 月 9 日，J 县人民检察院向 J 县森林公安局发出检察建议，建议依法履行职责，认真落实行政处罚决定，采取有效措施，恢复森林植被。2016 年 12 月 8 日，J 县森林公安局回复称自接到《检察建议书》后，即刻进行认真研究，采取了积极的措施，并派民警到王某某家对剑林罚书字〔2013〕第（288）号处罚决定第一项责令限期恢复原状进行催告，鉴于王某某死亡，执行终止。对某某公司，J 县森林公安局没有向其发出催告书。

另查明，J 县森林公安局为 J 县林业局所属的正科级机构，2013 年年初，J 县林业局向其授权委托办理本县境内的所有涉及林业、林地处罚的林政处罚案件。2013 年 9 月 27 日，Y 省人民政府《关于 Y 省林业部门相对集中林业行政处罚权工作方案的批复》，授权各级森林公安机关在全省范围内开展相对集中林业行政处罚权工作；同年 11 月 20 日，经 Y 省人民政府授权，Y 省人民政府法制办公室对森林公安机关行政执法主体资格单位及执法权限进行了公告，J 县森林公安局也是具有行政执法主体资格和执法权限的单位之一；同年 12 月 11 日，Y 省林业厅发出通知，决定自 2014 年 1 月 1 日起，各级森林公安机关依法行使省政府批准的 62 项林业行政处罚权和 11 项行政强制权。

【裁判结果】

Y 省 J 县人民法院于 2017 年 6 月 19 日作出〔2017〕云 2931 行初 1 号行政判决：1. 确认被告 J 县森林公安局怠于履行剑林罚书字〔2013〕第（288）号处罚决定第一项内容的行为违法；2. 责令被告 J 县森林公安局继续履行法定职责。宣判后，当事人服判息诉，均未提起上诉，判决已发生法律效力，J 县森林公安局也积极履行了判决。

【裁判理由】

法院生效裁判认为，公益诉讼人提起本案诉讼符合最高人民法院印发的

《人民法院审理人民检察院提起公益诉讼试点工作实施办法》及最高人民检察院下发的《人民检察院提起公益诉讼试点工作实施办法》规定的行政公益诉讼受案范围，符合起诉条件。《中华人民共和国行政诉讼法》第 26 条第 6 款规定："行政机关被撤销或者职权变更的，继续行使其职权的行政机关是被告。"2013 年 9 月 27 日，Y 省人民政府《关于 Y 省林业部门相对集中林业行政处罚权工作方案的批复》授权各级森林公安机关相对集中行使林业行政部门的部分行政处罚权，因此，根据规定 J 县森林公安局行使原来由 J 县林业局行使的林业行政处罚权，是适格的被告主体。本案中，J 县森林公安局在查明某某公司及王某某擅自改变林地用途的事实后，以 J 县林业局名义作出对某某公司和王某某责令限期恢复原状和罚款 22266.00 元的行政处罚决定符合法律规定，但在某某公司缴纳罚款后三年多时间里没有督促某某公司和王某某对破坏的林地恢复原状，也没有代为履行，致使某某公司和王某某擅自改变的林地至今没有恢复原状，且未提供证据证明有相关合法、合理的事由，其行为显然不当，是怠于履行法定职责的行为。行政处罚决定没有执行完毕，J 县森林公安局依法应该继续履行法定职责，采取有效措施，督促行政相对人限期恢复被改变林地的原状。

典型案例 11-2：P 县人民检察院诉 P 县卫生健康局环保行政公益诉讼案①

【裁判摘要】

　　环境行政公益诉讼中，人民法院应当以相对人的违法行为是否得到有效制止，行政机关是否充分、及时、有效采取法定监管措施，以及国家利益或者社会公共利益是否得到有效保护，作为审查行政机关是否履行法定职责的标准。

【相关法条】

　　《医疗废物管理条例》第 47 条

　　《最高人民法院、最高人民检察院关于检察公益诉讼案件适用法律若干问题的解释》第 21 条第 3 款

---

　　①　本案裁判文书详见附录 21。

【基本案情】

P某某医院（以下简称某某医院）成立于2016年6月，设床位20张。2016年7月19日，登记注册并颁发医疗机构执业许可证，属E镇非营利性综合医疗机构，承担着辖区内的公共卫生服务、合作医疗服务等职能。该医院成立后未安装污水处理设施即投入使用，将未经处理的医疗污水排放至城镇污水管网中。2017年5月12日，某某医院在未建设符合环保标准的医疗污水处理设施的情况下向W鸿阳环保水处理设备有限公司购买了"污水消毒设备"，该设备不符合《医院污水处理工程技术规范》（国家环境保护标准HJ2029-2013）的要求，其医疗污水仅经过该设备处理后就排放至城镇污水管网中。根据《S省医疗污染物排放标准》（DB37/596-2006）的规定，排入城镇污水排放系统的医疗污水，应执行三级标准，而某某医院的医疗污水经设备处理后，仅满足《S省医疗污染物排放标准》四级标准的要求，属于超标排放。2017年7月，某某医院向P县卫生和计划生育局提出医疗机构执业许可证校验申请，2017年7月24日，P县卫生和计划生育局认定校验合格。2018年12月26日，某某医院将床位变更为30张并变更了医疗机构执业许可证，有效期限为2018年12月26日至2021年6月30日；2019年6月5日，某某医院向P县卫生健康局（以下简称P县卫健局）提出医疗机构执业许可证校验申请，2019年7月5日，P县卫健局校验为合格。

2019年3月27日，P县卫健局对某某医院下达《卫生监督意见书》，责令其改正医疗废水处理设备未开机运行的行为。2019年4月19日，P县卫健局对某某医院下达《行政处罚决定书》，对其未对医疗用水进行严格消毒排入污水处理系统的行为给予警告并罚款5000元。2019年4月25日，某某医院缴纳了罚款，但仍继续使用原污水消毒设备，排放的医疗污水仍然超标，对此，P县卫健局未按照《医疗废物管理条例》第47条的规定，进一步采取有效措施，监督某某医院整改到位，致使医疗污水超标排放的行为长期存在，给当地的生态环境和人民群众的生命健康造成了威胁，侵害了社会公共利益。

【裁判结果】

S省P县人民法院于2019年11月17日作出〔2019〕鲁1426行初47号行

政判决：被告 P 县卫健局于 60 日内依法履行对 P 某某医院医疗污水达标排放的监管职责。案件受理费 50 元，由被告 P 县卫健局负担。宣判后，当事人服判息诉，均未提起上诉，判决已发生法律效力，P 县卫健局也积极履行了判决。

【裁判理由】

法院生效裁判认为，根据《医疗废物管理条例》第 47 条"医疗卫生机构、医疗废物集中处置单位有下列情形之一的，由县级以上地方人民政府卫生行政主管部门或者环境保护行政主管部门按照各自的职责责令限期改正，给予警告，并处 5000 元以上 1 万元以下的罚款；逾期不改正的，处 1 万元以上 3 万元以下的罚款；造成传染病传播或者环境污染事故的，由原发证部门暂扣或者吊销执业许可证件或者经营许可证件；构成犯罪的，依法追究刑事责任：……（五）未按照本条例的规定对污水、传染病病人或者疑似传染病病人的排泄物，进行严格消毒，或者未达到国家规定的排放标准，排入污水处理系统的"规定，P 县卫健局作为辖区内的卫生行政主管部门，对辖区内的医疗机构负有监督管理的职责。虽然 P 县卫健局对某某医院医疗污水超标排放的行为给予过警告和 5000 元的罚款，但是在某某医院逾期不改正的情况下，P 县卫健局并未采取进一步的有效措施，导致某某医院长期将不达标的医疗污水排放至城镇污水排放系统，给当地的生态环境和人民群众的生命健康造成了威胁，侵害了社会公共利益。

在公益诉讼起诉人向被告 P 县卫健局发出检察建议书后，被告仅向某某医院发出卫生监督意见书，在其前期对某某医院给予警告和罚款 5000 元行政处罚无效的情况下并未采取进一步的有效措施阻止某某医院超标排放医疗污水的行为。被告 P 县卫健局本可以采取进一步的有效措施，监督某某医院限期完成医疗污水的治理，确保医疗污水达标排放，但被告 P 县卫健局怠于全面履行监管职责，导致某某医院的医疗污水长期超标排放。故对公益诉讼起诉人的诉求，本院予以支持。

结语：走向人本法治的中国政府

　　法治应该是为人服务的，当我们研究救济法治时，是在探讨如何用法治化的救济手段更好地为人服务。这本是不言自明的道理，但实践中源源不断的异化会使得"人"偏离核心位置。

　　古希腊的戏剧中有一个著名的"斯芬克斯之谜"，在索福克勒斯的剧作《俄狄浦斯王》中，斯芬克斯是一个怪物，坐在悬崖边问过往行人："什么动物白天四条腿，中午两条腿，晚上三条腿?"行人如果答不出，就会被斯芬克斯吃掉。俄狄浦斯猜出了谜语的答案——"人"，人在婴儿时爬行是四条腿走路，长大了用两条腿走路，老了拄着拐杖用三条腿走路。

　　这是一个很了不起的谜语，"人"这个谜底的分量远比字面意思深刻得多。这个谜语很有深意，看似在描绘一个变化多端的妖魔，而作为谜面的妖魔正是在猜谜的"人"自己。此时此刻，"人"就处在斯芬克斯编织的谜面里，人在复杂的修辞中逐渐变成了怪物。在历史上很长一段时间里，我们的政治生活只是顺着斯芬克斯的修辞方式制造更复杂的谜语，这离人越来越远，让我们经常忽略了，一切谜底早产于谜面，一切谜面通向相同的谜底，制度再复杂，终究也是为人服务的。

　　国家制度与人的生命之间的关系历来是学者们探索的对象。瑞典政治学家科耶伦曾提出"生命政治"的概念，但科耶伦的理论比较简陋，仅仅是通过类比的方式，将国家当成了生命有机体，类似于"人"的生命，一切社会问题都是"人的疾病"。这套理论后来被纳粹整合，将犹太人视为国家这个生命体身上的顽疾予以消除，给人类带来了巨大的灾难。在"二战"后，这套理论便销声匿迹。

直到 20 世纪 70 年代，大名鼎鼎的法国思想家福柯重新定义了"生命政治"的概念，他在《必须保卫社会》一书中，将生命政治定义为"新的权力技术"，前现代的生命权力通过"使你死"的死亡威胁方式发挥作用，现代的权力则指向"使你活"，通过扶植生命来发挥作用。法律是施加于个体的外在律令，而规范（norm）则直接定义了什么是正常的人，扶植生命的权力不仅像前现代那样侧重于否定性（比如摧毁、剥夺、阻碍），也是生产性的，通过规范的力量进行"生命管理"来规训人们。在福柯眼里，现代的权力已经和暴力（至高权力）脱钩，无处不在的微观权力规训着人们。

意大利学者阿甘本受福柯的影响很深，在他的《神圣人——至高权力与赤裸生命》一书中，对生命的概念做了更详细的阐释。阿甘本首先从词源上考察，古希腊有两个词表示生命——ζωή 表示一个简单的事实"活着"，接近汉语中的"生命"，βίος 表示个体或群体的生存方式，接近汉语中的"生活"。生命政治，就是把 ζωή 拉到 βίος 中来，"人权"被主权国家所承诺，这是生命政治化的体现，这时，生命就有可能结构性地变成"神圣人"。"神圣"在阿甘本的理论中并不是一个值得赞美的概念，阿甘本强调，我们恰恰要拒绝"人权神圣不可侵犯"这样的话语，因为这隐藏了另一种特权性的空间——不那么神圣的人就可以被侵犯。在任何时代，有权利，就有权利的例外状态，就有人被规范的力量排除在外，成为赤裸生命。

诺贝尔文学奖得主莫里森有本小说《宠儿》，讲黑人奴隶母亲玛格丽特杀死了自己的两个孩子。这并非是一个禽兽母亲丧心病狂杀死孩子的道德审判故事，恰恰相反，这位母亲非常爱自己的孩子。但那个年代，她意识到自己的孩子只能成为奴隶，去接受无尽的苦难和羞辱，直至死亡。母亲想终结孩子作为黑人奴隶的苦难，就只好杀了他们。黑人作为赤裸生命，和其他人类并没有区别，但在那个年代，他们难以摆脱奴隶身份。黑奴母亲自己知道，奴隶一辈子要受多少苦，生不如死。正因为她非常非常爱自己的孩子，所以必须终结他们的奴隶命运。当母亲不认可孩子必然作为黑人奴隶的政治生命后，孩子就被还原成不受约束也不受保护的赤裸生命，然后被杀死。这件事的原型是历史上真实发生的案件，现实中的法院判了这位黑人母亲无罪。莫里森很敏锐地抓住了这起奇案的内核，写成了极高明的诺奖级文学作品。

索福克勒斯另一部著名悲剧《安提戈涅》中，安提戈涅的哥哥死后，国王下令不许安葬让他暴尸荒野。安提戈涅作为死者的妹妹，按照神的旨意坚持安葬家人，而不顾国王的禁令。国王本想杀死安提戈涅，但考虑到她是王子喜欢的人，就将安提戈涅囚禁在石墓中让她当"活死人"。先知告诉国王他这样做触怒了众神，国王赶紧去赦免安提戈涅，但安提戈涅选择在石墓中自杀。"活死人"的状态几乎就是阿甘本所说的例外状态中的神圣人。安提戈涅既不接受至高权力给她的限制，也不享受至高权力带来的赦免和自由，她就是一个纯粹的赤裸生命。一代大哲黑格尔曾称赞安提戈涅是世上出现过最壮丽的角色，在戏剧中，赤裸生命是极度坚韧也是极度脆弱的，坚韧到可以奋不顾身迎接一切狂风暴雨，脆弱到失去了政治的保护以至于轻易就会走向死亡。赤裸生命以极端逻辑进行的反抗虽然是人性的高光时刻，但我们不希望这种高光时刻经常发生。

《宠儿》中杀死孩子的奴隶母亲也不必过于悲观，觉得孩子一辈子只能当奴隶，马丁·路德·金代表的黑人即通过权利斗争和运动，唤起了人们对于黑人人权的重视，赋予了他们非奴隶的政治生命。赤裸生命的状态很难有尊严地存活着，我们应该寻求的是用救济手段给这些痛苦的赤裸生命找到有尊严的活法，解除他们的例外状态。

赋予赤裸生命新的权利也会让新的一部分人变成无法立足的赤裸生命。2018 年奥斯卡最佳影片《绿皮书》讲述了一个很深刻的故事，故事里的主角唐是一名美国著名钢琴家，他是黑人，却西装革履地按照那个年代白人的方式在生活，这导致他不管在哪个身份归属中都格格不入，他不够白，也不够黑，不知道自己是谁，无法融入任何政治生命中，成为了新的赤裸生命。但至少，这位黑人钢琴家无须像过去的黑人那样终生为奴，他的赤裸生命尽管也在面对苦难，但比之过去的黑人已经大有改观。人类就是这样发展的，赤裸生命用极端方式遭遇苦难，有同理心的人类反思他们的苦难，通过救济途径让赤裸生命回归我们的政治社会。

这也正是救济法治的意义，社会无时无刻不在发展变化，哪怕水平再高的立法、执法，也总有一些人会被规范排除在外，成为赤裸生命。当精确到个案时，这当然是概率事件，但在庞大的国家和复杂的现实中，就必然会结构性地产生需要救济的赤裸生命，这在任何地方、任何时代都无法避免。我们需要救济手段让这些悬置的赤裸生命回归到正常的秩序中，这些救济手段本身不可以造成比所救济的法益更大的伤害，需要在规范下运行，因此，救济法治永远都是社会不可或缺的一环。

"法治应该包含两重意义：已成立的法律获得普遍的服从，而大家所服从的法律又应该本身是制定得良好的法律。"[①] 在现代社会，治理社会的主体是政府，政府通过法律治理社会，应达到一种理想化的状态，理想化的社会治理状态所匹配的政府状态，称之为法治政府。[②] 可见，法治的关键在于良法善治。法治政府的构建需要结合各国的国情、文化传统、社会习惯和民众情感等因素，因而，各国建设法治政府的标准、路径和模式并不是统一的。应立足本国，去探索和实践适宜本国的法治政府模式。

法治政府是有限政府。在现代社会，一部确定的宪法意味着在形式上确认政府是受制约的，因而是有限的。其又包括两层内容：其一，有限政府基于履行行政管理职能、提供公共服务而需要具有一定的权力；其二，有限政府的权力、职能和规模等又是有限的，要严格遵守法律优先、法律保留原则，不能超越法律赋予其权力的界限。政府的权力来源于人民的授予，公民让渡给政府的权力是有限的，因而政府的权力理应是有限的。在现代社会，不宜无限扩大政府的职能打造万能政府，一切享有权力的人都容易滥用权力，权力本身也具有天然的扩张性，如果分配给政府过多权力，其势必会凭借其优势地位干预甚至侵害其他机关、组织以及公民等主体的合法权益。良好的政府运转必须是机构简易、人员精干、办事高效的政府，最忌机构冗杂、人浮于事、效率低下、不

---

① ［古希腊］亚里士多德著：《政治学》，吴寿彭译，商务印书馆 1965 年版，第 189 页。

② 王勇著：《法治政府建设》，国家行政学院出版社 2010 年版，第 9 页。

务正业、不办实事。随着国家机构改革的推进，政府部门间的分工会更加明确，职权职责界限也明确清晰，会减少相互推诿等情况的发生，从而逐步向相互配合、相互补充、相互监督的有限型政府迈进。

法治政府是透明政府。政府权力的运行过程应当达致一种公开透明的状态。除去涉及国家秘密等法律明确规定不得公开的事项外，政府的组织形式和行政行为应当为社会、公民所知晓。其包含三层含义：其一，政府组织透明，即政府机关的设置体系公开，各部门职权职责明确，办事规则与流程公开，公务人员职权范围透明。其二，政府管理透明，即行政行为的作出要坚持公开透明原则，保证行政行为的运行程序可为公众监督。其三，政府决策透明，政府决策的结果向社会公众公开是毫无疑问的，重要的是政府决策的依据、方式、顺序、步骤等也需要向社会公开，只有这样，才能提高政府的公信力，提高公民对政府的信任感，推动法治政府的建设。

法治政府是服务政府。"公民与政府的关系可以看成是一种委托—代理关系，公民同意推举某人以其名义进行代理，但是必须满足公民的利益并且为公民服务。"[1] 服务型政府就是指在社会本位理念的指导下，在社会民主秩序的背景下，通过法定程序，按照公民意志组建起来的以为公民服务为宗旨并承担服务责任的政府。即建设服务政府的目的在于维护社会公平正义、增进社会福祉、确保实现公共利益。

法治政府是责任政府。"责任政府既是现代民主政治的一种基本理念，又是一种对这个政府公共行政进行民主控制的制度安排。"[2] 责任政府就是政府积极回应并满足社会、公民的关切与诉求，认真踏实地办实事，做到情为民所系，权为民所用，利为民所谋，其不负责任实施地各种行为将会受到制裁。责任政府主要通过内外两部分来保障实现：其一，外在约束。立法机关通过制定法律为政府配置职权职责职能，政府应当严格依据法律的规定进行行政活动，

① ［澳］欧文·E. 休斯著：《公共管理导论》，彭和平、周明德、金竹青等译，中国人民大学出版社 2001 年版，第 268 页。
② 张成福：《政府责任论》，载《中国人民大学学报》2000 年第 2 期。

严格遵循法无授权不可为原则，当政府违反法律规定的义务和责任时，必须承担相应的责任和制裁。其二，内部约束。应该构建一套政府内部监督、纠错和制裁体系，要充分意识到"欲使责任有效，责任还必须是个人的责任"，"所有人都有责任，也就是没有人有责任"。① 只有将责任落实到个人，行政工作人员才能树立起强烈的责任意识，合法认真地行使行政职权，履行好行政管理职责，充分发挥法律希望其实现的职能，防止行政恣意和行政侵权。将行政活动建立在责任行政的基础上，这是法治政府现代化、文明化的集中体现，一个认真负责任的政府，一个敢于承担责任的政府，既能获得公众的理解、信任和配合，也能加快法治政府建设的进程，推动国家法治文明的进步。

法治政府是生态政府。生态政府要求在尊重自然规律的基础上，统筹人与自然全面、协调、可持续发展的要求，遵循自然生态发展规律和经济社会发展规律，依法行使对生态环境的管理权力，全面加强生态建设、维持生态平衡、保护生态安全的职能，并实施综合管理的行政行为的政府。政府应当进行合理的研究和规划，在紧守生态发展红线的前提下领导指挥经济、文化、科技等的发展。因此，政府应该紧跟主旋律，在树立和强化社会生态意识和生态伦理价值观上，在培养绿色发展理念和环境意识上，在贯彻可持续发展的道路上，要积极发挥带头示范作用和主导先锋作用。

通过以上分析，现阶段我们对法治政府的追求主要是将政府建设成有限、透明、服务、责任、生态政府，尽管这些方面不能涵盖法治政府的全部，但至少为现阶段法治政府的建设提供了目标，同时也为实现法治政府描绘了宏伟的蓝图和布局。②

---

① 转引自王勇：《我国社会管理创新的基本原则探究——从行政法学的视野》，载《行政法学研究》2012 年第 2 期。

② 王勇著：《法治政府建设》，国家行政学院出版社 2010 年版，第 11~16 页。

参 考 文 献

一、中国著作类

[1] 张载宇著：《行政法要论》，台湾翰林出版社 1978 年版。

[2] 林纪东著：《诉愿及行政诉讼》，台湾正中书局 1983 年版。

[3] 荆知仁著：《美国宪法与宪政》，台湾三民书局 1984 年版。

[4] 龚祥瑞著：《比较宪法与行政法》，法律出版社 1985 年版。

[5] 王名扬著：《英国行政法》，中国政法大学出版社 1987 年版。

[6] 周辅成著：《西方伦理学选辑（下册）》，商务印书馆 1987 年版。

[7] 朱光磊著：《以权力制约权力》，四川人民出版社 1987 年版。

[8] 城仲模著：《行政法之基础理论》，台湾三民书局 1988 年版。

[9] 许崇德、皮纯协主编：《新中国行政法学研究综述》，法律出版社 1991 年版。

[10] 张树义主编：《行政法学新论》，时事出版社 1991 年版。

[11] 夏勇著：《人权概念起源》，中国政法大学出版社 1992 年版。

[12] 应松年主编：《行政行为法——中国行政法制建设的理论与实践》，人民出版社 1992 年版。

[13] 杨海坤著：《中国行政法基本理论》，南京大学出版社 1992 年版。

[14] 孙国华主编：《法理学教程》，中国人民大学出版社 1994 年版。

[15] 陈新民著：《行政法总论》，台湾三民书局 1995 年版。

[16] 王名扬著：《美国行政法》，中国法制出版社 1995 年版。

[17] 崔卓兰、季洪涛主编：《行政法学》，中国政法大学出版社 1996 年版。

[18] 罗豪才主编：《行政法学》，中国政法大学出版社 1996 年版。

[19] 张载宇著：《行政法要论》，台湾汉林出版社 1997 年版。

[20] 刘军宁著:《从法治国到法治》,三联书店 1997 年版。

[21] 张家洋著:《行政法》,台湾三民书局 1998 年版。

[22] 罗豪才主编:《行政法论丛》(第 2 卷),法律出版社 1998 年版。

[23] 胡建淼著:《比较行政法:20 国行政法评述》,法律出版社 1998 年版。

[24] 杨建顺著:《日本行政法通论》,中国法制出版社 1998 年版。

[25] 刘善春著:《行政诉讼价值论》,法律出版社 1998 年版。

[26] 罗豪才主编:《行政法论丛》(第 1 卷),法律出版社 1999 年版。

[27] 吴庚著:《行政争讼法论》,台湾三民书局 1999 年版。

[28] 季卫东著:《法治程序的建构》,中国政法大学出版社 1999 年版。

[29] 张正钊著:《行政法与行政诉讼法》,中国人民大学出版社 1999 年版。

[30] 薛刚凌著:《行政诉权研究》,华文出版社 1999 年版。

[31] 孙笑侠著:《法律对行政的控制——现代行政法的法理解释》,山东人民出版社 1999 年版。

[32] 林莉红著:《中国行政救济理论与实务》,武汉大学出版社 2000 年版。

[33] 曾世雄著:《损害赔偿法原理》,中国政法大学出版社 2001 年版。

[34] 王利明著:《民商法研究》(第 1 辑),法律出版社 2001 年版。

[35] 李惠宗著:《行政法要义》,台湾五南图书出版公司 2002 年版。

[36] 陈新民著:《中国行政法学原理》,中国政法大学出版社 2002 年版。

[37] 沈岿著:《行政法与行政诉讼法》,人民法院出版社 2002 年版。

[38] 王名扬著:《法国行政法》,中国政法大学出版社 2003 年版。

[39] 胡建淼主编:《行政法学》,复旦大学出版社 2003 年版。

[40] 马怀德主编:《行政诉讼原理》,法律出版社 2003 年版。

[41] 杨伟东著:《行政行为司法审查强度研究——行政审判权纵向范围分析》,中国人民大学出版社 2003 年版。

[42] 孙琬钟、江必新主编:《行政管理相对人的权益保护》,人民法院出版社 2003 年版。

[43] 马怀德主编:《行政诉讼法学》,北京大学出版社 2004 年版。

[44] 袁朝圣、罗文燕著:《行政救济法原理》,中国政法大学出版社 2004

年版。

［45］章剑生主编、王万华副主编：《行政程序法学》，中国政法大学出版社
2004 年版。

［46］周世中著：《法的合理性研究》，山东人民出版社 2004 年版。

［47］应松年主编：《外国行政程序法汇编》，中国法制出版社 2004 年版。

［48］杨海坤、章志远：《行政法学基本论》，中国政法大学出版社 2004 年版。

［49］徐亚文著：《程序正义论》，山东人民出版社 2004 年版。

［50］毕可志著：《论行政救济》，北京大学出版社 2005 年版。

［51］张树义主编：《行政程序法教程》，中国政法大学出版社 2005 年版。

［52］湛中乐著：《现代行政过程论——法治理念、原则与制度》，北京大学出
版社 2005 年版。

［53］胡建淼主编：《论公法原则》，浙江大学出版社 2005 年版。

［54］周佑勇著：《行政法原论》（第二版），中国方正出版社 2005 年版。

［55］朱新力、金伟峰、唐明良著：《行政法学》，清华大学出版社 2005 年版。

［56］关保英著：《行政法教科书之总论行政法》，中国政法大学出版社 2005
年版。

［57］朱维究、王成栋主编：《一般行政法原理》，高等教育出版社 2005 年版。

［58］吴庚著：《行政法之理论与实用》，中国人民大学出版社 2005 年版。

［59］徐昕著：《纠纷解决与社会冲突》，法律出版社 2006 年版。

［60］郭建主编：《中国法律思想史》，复旦大学出版社 2007 年版。

［61］朱新力著：《法治社会与行政裁量的基本准则研究》，法律出版社 2007
年版。

［62］胡建淼主编：《行政法与行政诉讼法》，清华大学出版社 2008 年版。

［63］马怀德主编：《完善国家赔偿法立法基本问题研究》，北京大学出版社
2008 年版。

［64］周佑勇主编：《行政法学》，武汉大学出版社 2009 年版。

［65］应松年主编：《行政程序法》，法律出版社 2009 年版。

［66］关保英著：《行政法教科书之总论行政法》，中国政法大学出版社 2009

年版。

[67] 哈书菊著:《人权视域中的俄罗斯行政救济制度》,中国社会科学出版社
2009 年版。

[68] 王勇著:《法治政府建设》,国家行政学院出版社 2010 年版。

[69] 石佑启、刘嗣元等著:《国家赔偿法新论》,武汉大学出版社 2010 年版。

[70] 周叶中主编:《宪法》,高等教育出版社 2011 年版。

[71] 王周户著:《行政法学》,中国政法大学出版社 2011 年版。

[72] 张文显著:《权利与人权》,法律出版社 2011 年版。

[73] 张文显主编:《法理学》(第四版),高等教育出版社、北京大学出版社
2011 年版。

[74] 黄启辉著:《行政救济构造研究——以司法权与行政权之关系为路径》,
武汉大学出版社 2012 年版。

[75] 饶志静著:《基本权利的原理与运用》,上海人民出版社 2012 年版。

[76] 张千帆著:《宪法学》(第三版),法律出版社 2014 年版。

[77] 杨临萍著:《国家赔偿案件中精神损害赔偿制度疑难问题研究》,中国法
制出版社 2014 年版。

[78] 李洪雷著:《行政法释义学:行政法学理的更新》,中国人民大学出版社
2014 年版。

[79] 彭中礼:《法律渊源论》,方志出版社 2014 年版。

[80] 姜明安著:《行政法与行政诉讼法》,北京大学出版社 2015 年版。

[81] 汪全胜著:《法的结构规范化研究》,中国政法大学出版社 2015 年版。

[82] 王名扬著:《美国行政法》,北京大学出版社 2016 年版。

[83] 罗豪才、湛中乐著:《行政法学》(第四版),北京大学出版社 2016
年版。

[84] 邢鸿飞等著:《行政法专论》,法律出版社 2016 年版。

[85] 孙笑侠著:《法治思维》,山东人民出版社 2016 年版。

[86] 江国华著:《中国行政法总论》,武汉大学出版社 2017 年版。

二、中国译著类

[1]〔荷〕克拉勃著:《近代国家观念》,王检译,商务印书馆1936年版。

[2]〔古希腊〕亚里士多德著:《政治学》,吴寿彭译,商务印书馆1983年版。

[3]〔古希腊〕亚里士多德著:《尼各马可伦理学》,廖申白译,商务印书馆
2003年版。

[4]〔古希腊〕柏拉图著:《政治家篇》,剑桥政治思想史原系列(影印本),
中国政法大学出版社2003年版。

[5]〔法〕孟德斯鸠著:《论法的精神》,张雁深译,商务印书馆1961年版。

[6]〔法〕摩莱里著:《自然法典》,黄建华等译,商务印书馆1982年版。

[7]〔法〕勒内·达维德著:《当代主要法律体系》,漆竹生译,上海译文出版
社1984年版。

[8]〔法〕孟德斯鸠著:《论法的精神》,孙立坚等译,陕西人民出版社2001
年版。

[9]〔法〕卢梭著:《社会契约论》,何兆武译,商务印书馆2002年版。

[10]〔德〕黑格尔著:《法哲学原理》,范扬等译,商务印书馆1961年版。

[11]〔德〕马克斯·韦伯著:《经济与社会》(下卷),林荣远译,商务印书
馆1998年版。

[12]〔德〕平特纳著:《德国普通行政法》,朱林译,中国政法大学出版社
1999年版。

[13]〔德〕哈特穆特·毛雷尔著:《行政法学总论》,高家伟译,法律出版社
2000年版。

[14]〔德〕汉斯·J. 沃尔夫、奥托·巴霍夫、罗尔夫·施拖贝尔著:《行政
法》(第一卷),高家伟译,商务印书馆2002年版。

[15]〔德〕哈特穆特·毛雷尔著:《行政法学总论》,高家伟译,法律出版社
2007年版。

[16]〔俄〕顾尔维奇著:《诉权》,中国人民大学出版社1958年版。

[17]〔英〕彼得·斯坦著:《西方社会的法律价值》,王献平译,中国人民大

学出版社 1990 年版。

[18] ［英］米尔恩著：《人的权利与人的多样性》，夏勇、张志铭译，中国大百科全书出版社 1995 年版。

[19] ［英］哈特著：《法律的概念》，张文显、郑成良译，中国大百科全书出版社 1996 年版。

[20] ［英］威廉·韦德著：《行政法》，徐炳等译，中国大百科全书出版社 1997 年版。

[21] ［英］威廉·葛德文著：《政治正义论》（第 1 卷），何慕李译，商务印书馆 1997 年版。

[22] ［英］丹宁著：《法律的训诫》，杨百揆等译，法律出版社 1999 年版。

[23] ［英］戴雪著：《英宪精义》，雷宾南译，中国法制出版社 2001 年版。

[24] ［英］卡罗尔·哈洛、理查德·罗林斯著：《法律与行政》，杨伟东等译，商务印书馆 2004 版。

[25] ［英］约翰·穆勒著：《功利主义》，徐大建译，上海人民出版社 2008 年版。

[26] ［美］F. 卡斯特、J. 罗森茨韦克著：《组织与管理系统方法与权变方法》，中国社会科学出版社 1985 年版。

[27] ［美］施瓦茨著：《行政法》，徐炳译，群众出版社 1986 年版。

[28] ［美］E. 博登海默著：《法理学—法哲学及其方法》，邓正来译，华夏出版社 1987 年版。

[29] ［美］赫伯特·西蒙著：《管理行为》，杨砾、韩春立、徐立译，北京经济学院出版社 1988 年版。

[30] ［美］伯纳德·施瓦茨著：《美国法律史》，王军等译，中国政法大学出版社 1990 年版。

[31] ［美］伯尔曼著：《法律与宗教》，梁治平译，三联书店 1991 年版。

[32] ［美］诺内特、塞尔兹尼克著：《转变中的法律与社会》，张志铭译，中国政法大学出版社 1994 年版。

[33] ［美］亨金著：《权利的时代》，信春鹰译，知识出版社 1997 年版。

［34］［美］汉娜·阿伦特著：《人的条件》，竺乾威等译，上海人民出版社1999年版。

［35］［美］文森特·奥斯特洛姆著：《美国公共行政的思想危机》，毛寿龙译，上海三联出版社1999年版。

［36］［美］布莱克著：《社会学视野中的司法》，郭星华等译，法律出版社2002年版。

［37］［美］戴维·H.罗森布鲁姆、罗伯特·S.克拉夫丘克：《公共行政学：管理、政治和法律的途径》，张成福译，中国人民大学出版社2002年版。

［38］［美］詹姆斯·W.费斯勒、唐纳德·F.凯特尔：《行政过程的政治——公共行政学新论》，陈振明、朱芳芳等校译，中国人民大学出版社2002年版。

［39］［美］E.博登海默著：《法理学：法律哲学与法律方法》，邓正来译，中国政法大学出版社2004年版。

［40］［美］汉密尔顿等著：《联邦党人文集》，程逢如等译，商务印书馆2004年版。

［41］［美］麦基文著：《宪政古今》，翟小波译，贵州人民出版社2004年版。

［42］［美］贝勒斯著：《程序正义：向个人的分配》，邓海平译，高等教育出版社2005年版。

［43］［美］约翰·罗尔斯著：《正义论》，何怀宏、何包钢、廖申白译，中国社会科学出版社2009年版。

［44］［意］莫诺·卡佩莱蒂编：《福利国家与接近正义》，徐俊祥等译，法律出版社2000年版。

［45］［日］田中二郎著：《新版行政法》（上卷，全订第二版），弘文堂1976年版。

［46］［日］田中二郎著：《行政法总论》，有斐阁1979年版。

［47］［日］和田莫夫著：《现代行政法》，倪建民等译，中国广播电视出版社1993年版。

［48］［日］室井力主编：《日本现代行政法》，吴微译，中国政法大学出版社
1995 年版。

［49］［日］盐野宏著：《行政法》，杨建顺译，法律出版社 2001 年版。

［50］［日］三浦隆著：《实践宪法学》，李力、白云海译，中国人民公安大学
出版社 2002 年版。

［51］［日］田村悦一著：《自由裁量及其界限》，李哲范译，中国政法大学出
版社 2016 版。

［52］［澳］欧文·E. 休斯著：《公共管理导论》，彭和平、周明德、金竹青等
译，中国人民大学出版社 2001 年版。

三、中国期刊类

［1］徐显明：《生存权论》，载《中国社会科学》1992 年第 5 期。

［2］季卫东：《法律程序的意义》，载《中国社会科学》1993 年第 1 期。

［3］王荣清、姜彬：《论司法终裁权及其完善》，载《现代法学》1995 年第
2 期。

［4］傅国云：《再论行政执法的合法性原则》，载《法商研究——中南政法学
院学报》1996 年第 6 期。

［5］应松年：《依法行政论纲》，载《中国法学》1997 年第 1 期。

［6］杨解军：《当代中国行政法学的两大主题》，载《中国法学》1997 年第
5 期。

［7］叶必丰：《二十世纪中国法学的回顾与定位》，载《法学评论》1998 年第
4 期。

［8］谢石松：《再论马克思主义关于法的起源观》，载《法学评论》1998 年第
6 期。

［9］林莉红：《行政救济基本理论问题研究》，载《中国法学》1999 年第
1 期。

［10］宋炉安：《司法最终权——行政诉讼引发的思考》，载《行政法学研究》
1999 年第 4 期。

[11] 周永胜：《论公民不服从》，载《法制与社会发展》1999 年第 5 期。

[12] 叶必丰、刘轶：《西方行政法治理论演进的经济学基础》，载《法商研究》2000 年第 5 期。

[13] 吴建依：《论行政信息公开原则》，载《中国法学》2000 年第 3 期。

[14] 关保英：《论行政合理性原则的合理条件》，载《中国法学》2000 年第 6 期。

[15] 章剑生：《论行政程序法的行政公开原则》，载《浙江大学学报（人文社会科学版）》2000 年第 6 期。

[16] 袁曙宏、赵永伟：《西方国家依法行政比较研究——兼论对我国依法行政的启示》，载《中国法学》2000 年第 5 期。

[17] 张成福：《政府责任论》，载《中国人民大学学报》2000 年第 2 期。

[18] 徐显明、曲相霏：《人权主体界说》，载《中国法学》2001 年第 2 期。

[19] 杨海坤：《现代行政的公共性理论初探》，载《法学论坛》2001 年第 2 期。

[20] 吴英姿：《诉权理论重构》，载《南京大学法律评论》2001 年第 1 期。

[21] 杨临宏：《特别权力关系理论研究》，载《法学论坛》2001 年第 4 期。

[22] 严存生：《法的合理性研究》，载《法制与社会发展》2002 年第 4 期。

[23] 蔡虹、梁远：《也论行政公益诉讼》，载《法学评论》2002 年第 3 期。

[24] 王锡锌：《正当法律程序与"最低限度的公正"——基于行政程序角度之考察》，载《法学评论》2002 年第 2 期。

[25] 周佑勇：《西方两大法系行政法基本原则之比较》，载《环球法律评论》2002 年冬季号。

[26] 王太高：《论行政公益诉讼》，载《法学研究》2002 年第 5 期。

[27] 郭道晖：《知情权与信息公开制度》，载《江海学刊》2003 年第 1 期。

[28] 徐昕：《私力救济的正当性及其限度——一种以社会契约论为核心的解说》，载《法学家》2004 年第 2 期。

[29] 周佑勇：《完善对行政规范的复议审查制度》，载《法学研究》2004 年第 2 期。

［30］周佑勇：《行政法的正当程序原则》，载《中国社会科学》2004 年第
4 期。

［31］丁以升、李清春：《公民为什么遵守法律？（下）——评析西方学者关于
公民守法理由的理论》，载《法学评论》2004 年第 1 期。

［32］石佑启：《征收、征用与私有财产权保护》，载《法商研究》2004 年第
3 期。

［33］徐忠明：《权利与伸冤》，载《中山大学学报（社会科学版）》2004 年
第 6 期。

［34］范利平：《侵权法上因果关系研究》，载《现代法学》2004 年第 3 期。

［35］伍劲松：《论特别权力关系》，载《华东师范大学学报》2004 年第 4 期。

［36］周佑勇、王青斌：《论行政规划》，载《中南民族大学学报（人文社会科
学版）》2005 年第 1 期。

［37］吴小龙、王族臻：《特别权力关系理论与我国的"引进"》，载《法学》
2005 年第 4 期。

［38］陈驰：《正当行政程序之价值基础》，载《现代法学》2005 年第 2 期。

［39］朱新力、宋华琳：《现代行政法学的建构与政府规制研究的兴起》，载
《法律科学》2005 年第 5 期。

［40］胡建淼、马良骥：《政府管理与信息公开之法理基础》，载《法学论坛》
2005 年第 4 期。

［41］朱维究、徐文星：《英国公法传统中的"功能主义学派"及其启示——
兼论中国二十一世纪"统一公法学"的走向》，载《浙江学刊》2005 年
第 6 期。

［42］姚左莲：《公用征收中的公共利益标准——美国判例的发展演变》，载
《环球法律评论》2006 年第 1 期。

［43］章剑生：《从自然正义到正当法律程序——兼论我国行政程序立法中的
"法律思想移植"》，载《法学论坛》2006 年第 5 期。

［44］张艺、廖晓明：《论民主行政对我国行政改革的启示意义》，载《行政与
法》2006 年第 3 期。

［45］袁曙宏：《服务型政府呼唤公法转型》，载《中国法学》2006 年第 3 期。

［46］彭贵才：《行政法学二十年来的反思与前瞻》，载《行政与法》2006 年第 5 期。

［47］孙祥生：《论自然正义原则在当代的发展趋势》，载《西南政法大学学报》2006 年第 2 期。

［48］江国华：《行政立法的合法性审查探析》，载《武汉大学学报（哲学社会科学版）》2007 年第 5 期。

［49］杨冬艳：《西方公共行政及其正义价值》，载《伦理学研究》2007 年第 2 期。

［50］王太高、邹焕聪：《论给付行政中行政私法行为的法律约束》，载《南京大学法律评论》2008 年第 1 期。

［51］王景斌、张勤琰：《论我国行政救济的原则》，载《东北师大学报（哲学社会科学版）》2008 年第 2 期。

［52］李春燕：《行政征收的法律规制论纲》，载《行政法学研究》2008 年第 2 期。

［53］李春成：《从官僚行政到民主行政——文森特·奥斯特洛姆的民主行政理论》，载《甘肃行政学院学报》2008 年第 5 期。

［54］董保华：《论我国劳动争议处理立法的基本定位》，载《法律科学》2008 年第 2 期。

［55］韦森：《欧洲近现代历史上宪政民主政制的生成、建构与演进》，载《法制与社会发展》2008 第 4 期。

［56］王国峰：《国际法上的个人诉愿制度对国家豁免理论的影响》，载《中州学刊》2008 年第 3 期。

［57］廖奕：《正义镜像的缝合——法律救济与救济法律》，载《同济大学学报（社会科学版）》2008 年第 5 期。

［58］李集合、彭立峰：《土地征收：正当程序的缺失和构建》，载《理论导刊》2008 年第 8 期。

［59］蔡乐渭：《论公共行政变迁背景下行政法发展的新趋势》，载《国家行政

学院学报》2009 年第 1 期。

[60] 应松年：《中国行政法学 60 年》，载《行政法学研究》2009 年第 4 期。

[61] 章剑生：《行政征收程序论——以集体土地征收为例》，载《东方法学》2009 年第 3 期。

[62] 邱秋：《公共信托原则的发展与绿色财产权理论的建构》，载《法学评论》2009 年第 6 期。

[63] 邓志：《有限可诉性：司法监督内部行政行为的一种路径》，载《南京大学法律评论》2009 年第 2 期。

[64] 张步峰：《论行政程序的功能——一种行政过程论的视角》，载《中国人民大学学报》2009 年第 1 期。

[65] 翟玉娟：《劳动争议 ADR 研究》，载《法学评论》2009 年第 4 期。

[66] 郭延军：《行政强制执行权分配首先要解决好合宪问题——〈行政强制法〉（草案）相关条文评析》，载《政治与法律》2009 年第 11 期。

[67] 于力深：《概念法学和政府管制背景下的新行政法》，载《法学家》2009 年第 3 期。

[68] 江国华、周海源：《论行政法规之审查基准》，载《南都学坛》2010 年第 5 期。

[69] 张康之、程倩：《民主行政理论的产生及其实践价值》，载《行政论坛》2010 年第 4 期。

[70] 应松年：《把行政复议制度建设成为我国解决行政争议的主渠道》，载《法学论坛》2011 年第 5 期。

[71] 莫于川：《中国行政调查制度的若干问题与完善路向》，载《学习论坛》2011 年第 4 期。

[72] 马怀德：《保护公民、法人和其他组织的权益应成为行政诉讼的根本目的》，载《行政法学研究》2012 年第 2 期。

[73] 应松年：《行政救济制度之完善》，载《行政法学研究》2012 年第 2 期。

[74] 朱维究、刘永林：《论行政检查与行政法实施——以确保行政规范性文件得到真正落实为视角》，载《政治与法律》2012 年第 7 期。

［75］ 王万华：《重构公正行政复议程序制度，保障行政复议制度公正解决行政争议》，载《行政法学研究》2012 年第 4 期。

［76］ 张方华：《公共利益观念：一个思想史的考察》，载《社会科学》2012 年第 5 期。

［77］ 余凌云：《论行政复议法的修改》，载《清华法学》2013 年第 4 期。

［78］ 许传玺、成协中：《以公共听证为核心的行政程序建构》，载《国家检察官学院学报》2013 年第 3 期。

［79］ 杨东升：《行政给付程序论》，载《政法论丛》2014 年第 1 期。

［80］ 刘国乾：《行政信访处理纠纷的预设模式检讨》，载《法学研究》2014 年第 4 期。

［81］ 胡建淼、吴欢：《中国行政诉讼法制百年变迁》，载《法制与社会发展》2014 年第 1 期。

［82］ 黄学贤：《行政调查及其程序原则》，载《政治与法律》2015 年第 6 期。

［83］ 吴英姿：《论诉权的人权属性——以历史演进为视角》，载《中国社会科学》2015 年第 6 期。

［84］ 黄先雄：《行政首次判断权理论及其适用》，载《行政法学研究》2017 年第 5 期。

［85］ 梁迎修：《我国行政信访的制度困境及其改革逻辑》，载《政法论丛》2018 年第 5 期。

［86］ 江国华：《正当性、权限与边界——特别权力关系理论与党内法规之证成》，载《法律科学（西北政法大学学报）》2019 年第 1 期。

四、外国专著类

［1］ Caldwell L. K. , *The Administrative Theories of Hamilton and Jefferson：Their Contribution to Thought on Public Administration*, Chicago：University of Chicago Press, 1944.

［2］ Michael W. Spicer, *The Constitution and Public Administration：A Conflict in World Views*, Georgetown University Press, 1995.

［3］ Jack Rabin, W. Bartley Hidreth, Gerald J. Miller, *Handbook of Public Administration*, New York: Marcel Dekker, Inc. , 1998.

［4］ Amartya Sen, *Development as Freedom*, Oxford University Press, Delhi, 2000.

［5］ Kuldeep Mathur, *A Survey of Research in Public Administration*, New Delhi, 1986.

［6］ Miriam K. Mills, Stuart S. Nagel, *Public Administration in China*, Greenwood Press, 1993.

［7］ Robert Alexy, *A Theory of Constitutional Right*, Oxford University Press, 2002.

［8］ David H. Rosenbloom, *Administrative Law for Public Managers: Essentials of Public Policy and Administration*, Westview Press, 2003.

［9］ Christopher F. Edley, Jr, *Administrative Law: Rethinking Judicial Control of Bureaucracy*, Yale University Press, 1990.

［10］ William F. Fox, Jr, *Understanding Administrative Law*, Lexis Publishing, 2000.

［11］ Kenneth F. Warren, *Administrative Law in the Political System*, Westview Press, 2011.

［12］ Carol Harlow and Richard Rawlings, *Law and Administration*, George Weidenfed and Nicolson Ltd. , 1988.

［13］ H. W. R. Wade, Christopher Forsyth, C. F. Forsyth, *Administrative Law*, Clarendon Press, 1994.

［14］ Benjam Barber, *Strong Democracy*, University of California Press, 1984.

［15］ H. W. R. Wade, *Administrative Law*, Oxford University Press, 1988.

［16］ H. W. R. Wade, *Administrative Law*, Oxford: Clarendon Press, 2000.

五、外国期刊类

［1］ Vincent Ostrom, Charles M. Tiebout, and Robert Warren（1961）, "The Organization of Government in Metropolitan Areas", *American Political Science Review*, 55.

［2］ David Easton, "The New Revolution in Political Science", *The American Political Science Review*, Vol. LXIII, No. 4, December 1969.

［3］ Beverly Hills, "Identify the Facts of Democratic Administration", *Administration & Society*, Vol. 30, No. 4, September 1998.

［4］ Linda Deleon, Peter Deleon, "The Democratic Ethos and Public Management", *Administration & Society*, Vol. 34, No. 2, May 2002.

［5］ Martin Redish, Lawrence Marshall, "Adjudicatory Independence and the Value of Procedural Due Process", 95 *Yale Law Journal*.

［6］ Chao Zhou, Dan Banik, "Access to Justice and Social Unrest in China's Countryside: Disputes on Land Acquisition and Compensation", *Hague Journal on the Rule of Law*, 2014（2）.

附　　录

附录1：薛某某等诉S省人民政府土地资源管理案裁判文书

中华人民共和国最高人民法院
行政裁定书

〔2019〕最高法行申 1890 号

再审申请人（一审原告、二审上诉人）：薛某某，男，1971 年 12 月 14 日出生，汉族，住 S 省 X 市 C 区。

再审申请人（一审原告、二审上诉人）：曾某某，女，1941 年 2 月 1 日出生，汉族，住 S 省 X 市 C 区。

再审申请人（一审原告、二审上诉人）：张某某，女，1954 年 9 月 30 日出生，汉族，住 S 省 X 市 C 区。

再审申请人（一审原告、二审上诉人）：王某某，女，1955 年 11 月 19 日出生，汉族，住 S 省 X 市 C 区。

再审申请人（一审原告、二审上诉人）：李某某，男，1945 年 2 月 12 日出生，汉族，住 S 省 X 市碑林区。

以上五再审申请人共同委托诉讼代理人：吴律师，B 京航律师事务所律师。

再审被申请人（一审被告、二审被上诉人）：S 省 X 市人民政府。住所地：S 省 X 市未央区凤城八路×××号。

法定代表人：李某某，该市人民政府市长。

再审申请人薛某某、曾某某、张某某、王某某、李某某（以下简称薛某某等 5 人）因诉 S 省 X 市人民政府（以下简称 X 市政府）土地行政审批一案，不服 S 省高级人民法院〔2018〕陕行终 99 号行政裁定，向本院申请再审。本院依法组成合议庭，对本案进行了审查。现已审查终结。

薛某某等 5 人向本院申请再审，请求撤销 X 铁路运输中级法院〔2017〕陕 71 行初 294 号行政裁定和 S 省高级人民法院〔2018〕陕行终 99 号行政裁定，责令一审法院依法对本案进行实体性审查。主要事实和理由为：一、二审法院以 X 市政府作出的具体行政行为对其不产生实际影响，裁定驳回起诉，属事实认定和法律适用错误。1. X 市政府作出的被诉行政行为无论是土地征收行为，还是对《征地补偿安置方案》的批复行为，均会影响到失地农民将来的生产、生活，系独立的具体行政行为，具有可诉性。2. 其提起本案之诉，是针对被诉行政行为在作出过程中主体超越职权，程序违法，并非对安置补偿标准不服提起的诉讼。根据《中华人民共和国土地管理法》等相关法律法规的规定，征地补偿安置方案需要单独报批，履行相应程序，并非一、二审法院所称的内部批复行为。3. 一、二审法院认定被诉行政行为包含对征收土地的转发，以及依据征地批复作出的《征地补偿安置方案》批复两部分内容。S 省人民政府的批复文件是被诉批复行为存在的基础，国务院尚未作出处理前应中止本案的审理。

本院认为，本案的核心争议是再审申请人薛某某等 5 人对再审被申请人 X 市政府所作市国土字〔2012〕第 613 号审批土地件《关于征收 C 区 W 街道办事处 F 村等有关村组集体土地和收回国有土地的批复》提起本案诉讼是否符合法定起诉条件。经一、二审法院查明，该批复的主要内容是对 S 省人民政府陕政土批〔2012〕684 号审批土地件内容的转发和对 S 省 X 市国土资源局 F 新区分局呈报的《征地补偿安置方案》的批复行为。前项内容显然不构成可诉的行政行为，后项内容是再审被申请人依据《中华人民共和国土地管理法实施条例》第二十五条第三款的规定行使法定职权作出。对于经市、县人民政府批准的征地补偿、安置方案不服的，可依照《中华人民共和国土地管理法实施条例》第二十五条第三款、《国务院法制办公室关于依法做好征地补偿安置争议行政复议工作的通知》（国法〔2011〕35 号）第一条、《最高人民法院关于审理涉及农村集体土地行政案件若干问题的规定》第十条等规定寻求权利救济，再审被申请人对 S 省 X 市国土资源局 F 新区分局呈报的《征地补偿安置方案》批复同意亦不构成可诉的行政行为。本案一审诉讼时有效的《最高人民法院关于执行〈中华人民共和国行政诉讼法〉若干问题的解释》第五十一条第一款第六项规定："在诉讼过程中，有下列情形之一的，中止诉讼：……（六）案件的审判须以相关民事、刑事或者其他行政案件的审理结果为依据，而相关案件尚未审结的。"由于本案尚未进入实体审理，故一、二审法院对再审申请人提出的中止本案审理的请求未予支持，并无不当。

综上，薛某某等 5 人的再审申请不符合《中华人民共和国行政诉讼法》第九十一条规定的情形。依照《最高人民法院关于适用〈中华人民共和国行政诉讼法〉的解释》第一百一十六条第二款之规定，裁定如下：

驳回再审申请人薛某某、曾某某、张某某、王某某、李某某的再审申请。

审 判 长　李某某

审 判 员　华某某

审 判 员　夏某某

二〇一九年二月二十八日

法官助理　易某某

书 记 员　赵某某

附录 2：华某诉 W 市 L 区人力资源和社会保障局
行政给付案裁判文书

J 省 W 市中级人民法院
行政裁定书

〔2019〕苏 02 行终 399 号

上诉人（原审原告）：华某，××××年××月××日生，×族。

被上诉人（原审被告）：W 市 L 区人力资源和社会保障局，住所地 W 市 L 区通扬南路××。

法定代表人：过某某，该局局长。

委托代理人：肖律师，JL 律师事务所律师。

上诉人华某因与被上诉人 W 市 L 区人力资源和社会保障局（以下简称 L 人社局）劳动和社会保障其他行政行为上诉一案，不服 J 省 W 市 B 区人民法院〔2019〕苏 0211 行初 82 号行政裁定，向本院提起上诉。本院受理后，依法组成合议庭，对本案进行了审理，现已审理终结。

原审裁定认定如下事实：华某因要求对 1978 年 12 月到 1986 年 3 月期间在 C 区某街道所属的某蓄电池厂工作的工作年限进行确认，2016 年 5 月写信至相关行政机关要求处理。原 W 市 C 区人力资源和社会保障局（以下简称原 C 人社局）收到转办事宜后，于 2016 年 5 月 10 日依据《信访条例》的规定予以受理，并于 2016 年 5 月 12 日作出崇人社信复〔2016〕1 号《信访事项处理意见书》（以下简称《信访事项处理意见书》），认为："经查原 C 区某某街道所属的某蓄电池厂，企业性质为街道集体，我市全民、集体企业是 1985 年 1 月参加养老保险，街道集体是 1989 年 1 月参加养老保险，因您在该企业参加养老保险前就离开了单位，所以诉求的 1986 年 3 月前的工作年限都不能予以计算。"2017 年 5 月，华某向多部门写信反映其工作年限问题。

另查明，2018 年 7 月 13 日华某的《W 市企业参保人员退休（职）审批及

451

待遇核定表》载明：出生年月 1958 年 7 月，参加工作（参保）时间 1987 年 3 月，退休（职）时间 2018 年 7 月，退休（职）年龄 60 周岁，退休审批及待遇意见栏载明"经审核，同意 2018 年 7 月办理退休"，并告知如对基本养老待遇核定结果有异议，可以在 60 日内提起行政复议或 6 个月内提起行政诉讼，该表退休审批栏中有 W 市人力资源和社会保障局（以下简称市人社局）的盖章确认。

再查明，2018 年 12 月 18 日，J 省高级人民法院作出〔2018〕苏行再 13 号《行政裁定书》，指令原审法院立案受理。

原审法院认为，《J 省企业职工基本养老保险规定》第五条规定，县级以上地方人民政府劳动和社会保障行政部门主管本行政区域内的企业职工养老保险工作。锡人社发〔2015〕292 号《关于规范参加企业职工基本养老保险人员缴费年限审（复）核工作的通知》中，规定受理相关事项的地点为 W 市人力资源市场养老保险处办事窗口。锡社保发〔2017〕20 号《关于调整企业职工基本养老保险退休（职）审批及待遇核定流程的通知》规定，企业职工基本养老保险参保人员达到国家、省规定的退休年龄，向办理单位提出申请，填写《企业职工基本养老保险退休（职）申请表》并提交相关材料……市社保中心受理窗口工作人员审核单位提交的申请及相关材料……社保中心养老保险待遇核定人员打印并发送《W 市企业参保人员退休（职）审批及待遇核定表》等。本案中，华某提出的工龄衔接问题，属于企业职工基本养老保险的核定范围。华某的退休时间为 2018 年 7 月，2018 年 7 月 13 日《W 市企业参保人员退休（职）审批及待遇核定表》中记载了华某参加工作年限的核定结果，市人社局予以审核盖章。华某如对于工龄核定有异议，应依法提出行政复议或行政诉讼。华某自 2016 年 5 月向相关部门及人员反映其工龄计算和衔接问题，原 C 人社局作出的《信访事项处理意见书》，实质为属地人社部门对当事人提出的诉求给予的信访答复，并非履行工龄审核的行政职能，该意见书不能取代《W 市企业参保人员退休（职）审批及待遇核定表》中对华某工作年限的核定意见的法律效力，对华某的权利义务不产生实质影响。华某要求撤销《信访事项处理意见书》，并同时要求 L 人社局履行行政职责，即从 1978 年 12 月至 1987 年 2 月的工龄同意华某衔接，并承担因工龄未能衔接致其补缴医疗金的意见，于法无据，依法不予支持。综上，依照《最高人民法院关于适用〈中华人民共和国行政诉讼法〉的解释》第六十九条第一款第（八）项、第九十三条第二款之规定，裁定驳回华某的起诉。

上诉人华某上诉称：1. 原审法院适用法律错误，应当适用市人社局 2008 年 7 月颁布的《企业职工基本养老保险手册政策问答》第六十八条、第七十七条的规定，对于经过批准的辞职人员，又重新参加工作的，其辞职前和重新工作后的工龄可以合并计算为连续工龄。如果档案资料缺失或者档案遗失的，可以到相关部门查找并复印录取通知书存根，经批准的历年调整档案工资的花名册，也可以作为补正材料。市人社局工作人员此前也称经过补正的材料可以作为审核的依据。2. 原审认定事实错误，其向法院提交了四份历年调整工资的花名册，但原审法院认定为三份。请求撤销原裁定，依法改判。

被上诉人 L 人社局答辩称：1. 其并无对华某的工龄进行核定的职责。2. 案涉《信访处理意见书》对华某的权利义务不产生实际影响。因此，原审裁定认定事实清楚，适用法律正确。请求驳回上诉，维持原裁定。

各方当事人提交的证据均已随卷移交本院。

经审查，原审法院对证据的认定正确，本院据此查明的事实与原审法院无异。

本院认为，本案中，华某实际上是要求 L 人社局为其解决工龄衔接问题。根据 W 市的相关规定，L 人社局并不具有上述职责。同时，原 C 人社局作出的《信访事项处理意见书》是属地人社部门对当事人提出的诉求给予的信访答复，并非履行工龄审核的职责，该意见书不能取代《W 市企业参保人员退休（职）审批及待遇核定表》中对华某工作年限的核定意见的法律效力。因此，原 C 人社局作出的《信访事项处理意见书》对华某的权利义务不产生实质影响。华某如对工龄核定有异议，应当依法对上述核定表提起行政诉讼或者行政复议。因此，华某的原审诉讼请求缺乏法律依据。原审法院裁定驳回华某的起诉，结论正确，应予维持。据此，依照《中华人民共和国行政诉讼法》第八十六条、第八十九条第一款第一项之规定，裁定如下：

驳回上诉，维持原裁定。

本裁定为终审裁定。

审判长　马某某

审判员　卢某某

审判员　崔某某

二〇一九年十二月三十日

法官助理　陈某某

书记员　黄某某

附录3：张某某、陶某等诉S省J市人民政府侵犯客运人力三轮车经营权案裁判文书

中华人民共和国最高人民法院
行政判决书

〔2016〕最高法行再81号

再审申请人（一审原告、二审上诉人）：张某某，男，汉族，1951年×月××日出生，S省J市人，住S省J市。

再审申请人（一审原告、二审上诉人）：陶某，男，汉族，1952年×月××日出生，S省J市人，住S省J市。

再审被申请人（一审被告、二审被上诉人）：S省J市人民政府，住所地J市J镇政府街138号。

法定代表人：赵某某，该市市长。

行政机关负责人：谢某，S省J市人民政府副市长。

委托代理人：张律师，S毫达律师事务所（B）分所律师。

委托代理人：唐律师，S毫达律师事务所（B）分所律师。

一审原告、二审上诉人：杨文春等112人（名单附后）。

一审原告：邓某某等173人（名单附后）。

再审申请人张某某、陶某因诉S省J市人民政府（以下简称市政府）侵犯客运人力三轮车经营权一案，不服S省高级人民法院〔2002〕川行监字第4号驳回再审申请通知书，向本院申请再审。本院于2016年5月18日作出〔2010〕行监字第427-1号裁定提审本案，依法由审判员梁法官、代理审判员王法官、代理审判员全法官组成合议庭，于2016年12月14日对本案进行了开庭审理。再审申请人张某某、陶某，行政机关负责人、再审被申请人S省J市人民政府副市长谢某以及委托代理人张律师、唐律师到庭参加诉讼。本案现已审理终结。

张某某、陶某等 182 名人力三轮车主认为市政府于 1999 年 7 月 15 日、7 月 28 日作出的《关于整顿城区小型车辆营运秩序的公告》（以下简称《公告》）和《关于整顿城区小型车辆营运秩序的补充公告》（以下简称《补充公告》），形成重复收费，侵犯其合法经营权，向 S 省 J 市人民法院提起行政诉讼，要求判决撤销市政府作出的上述《公告》和《补充公告》。

S 省 J 市人民法院一审查明：1994 年 12 月 12 日，市政府以通告的形式，对本市区（含 J 镇、S 镇、X 镇、D 镇）范围内客运人力三轮车实行了限额管理。1996 年 8 月，市政府对人力客运老年车改型为人力客运三轮车（240 辆）的经营者每人收取了有偿使用费 3500 元。1996 年 11 月，对原有的 161 辆客运人力三轮车经营者每人收取了有偿使用费 2000 元。从 1996 年 11 月开始，市政府开始实行经营权的有偿使用，有关部门也对限额的 401 辆客运人力三轮车收取了相关的规费。1999 年 7 月 15 日、7 月 28 日，市政府针对有偿使用期限已届满两年的客运人力三轮车，发布《公告》和《补充公告》。其中，《公告》要求"原已具有合法证照的客运人力三轮车经营者必须在 1999 年 7 月 19 日至 7 月 20 日到市交警大队办公室重新登记"；《补充公告》要求"经审查，取得经营权的登记者，每辆车按 8000 元的标准（符合《公告》第六条规定的每辆车按 7200 元的标准）交纳经营权有偿使用费"。张某某等 182 名经营者认为市政府作出的《公告》第六条和《补充公告》第二条的规定侵犯其经营自主权，向 J 市人民法院提起行政诉讼。

一审法院经审理认为，市政府在宪法、法律授权范围内，依照行政法规、地方性法规、规章对本辖区内的客运人力三轮车实行额度管理，经营权有偿使用。在行政法规、地方性法规、规章对经营权有偿使用期限未作明确规定的情况下，执行上级行政主管部门 S 省交通厅川交运〔1994〕359 号文件即《S 省小型车辆营运管理规定》中"有偿使用期限一次不得超过两年"的规定，对已实行经营权有偿使用期限超过两年的原告，以公告形式决定其重新登记并支付有偿使用费的行为，并无不当。虽然 S 省交通厅川交运〔1994〕359 号文件属于其他规范性文件，不是《行政诉讼法》规定的判决依据，但鉴于在本案中 S 省交通厅川交运〔1994〕359 号文件与行政法规、地方性法规、规章并无抵触，故一审法院予以采纳。市政府于 1999 年 7 月 15 日、7 月 28 日发出的《公告》第六条"原已具有合法证照的客运人力三轮车经营者必须在 1999 年 7 月 19 日至 7 月 20 日到市交警大队办公室重新登记"和《补充公告》第二条"经审查，取得经营权的登记者，每辆车按 8000 元的标准（符合《公告》第六条规定的每辆车按 7200 元的标准）交纳经营权有偿使用费"的决定，证据充分，适用法规正确，符合法定程序，应予维持。据此，1999 年 11 月 9 日，一审法院依照《中华人民共和国行政诉讼法》第五十四条第一项之规定，以〔1999〕J 行初字第 36 号判决维持市政府 1999 年 7 月 15 日、1999 年 7 月 28 日作出的行政行为。

张某某等不服，向 S 省 Z 地区中级人民法院提起上诉。

S 省 Z 地区中级人民法院二审查明，1994 年 8 月 8 日，S 省交通厅制定了《S 省小型车辆客运管理规定》（川交运〔1994〕359 号）。该文件第四条有"各地原则上对小型客运车辆运力投放实行额度管理，适度控制投放量"，第八条有"各市、地、州运管部门对小型客运车辆实行额度管理时，经当地政府批准可采用营运证有偿使用的办法，但有偿使用期限一次不得超过两年"的规定。1996 年 4 月 16 日，S 省人大常委会发布《S 省道路运输管理条例》，该条例于 1996 年 7 月 1 日起实施。其中第二十四条规定："经县级以上人民政府批准，客运经营权可以实行有偿使用。"1997 年 2 月 28 日、S 省人民代表大会财政经济委员会制发川人财〔1997〕7 号"关于印发《S 省道路运输管理条例》条文释义的通知"，该通知第二十四条第二项规定："客运经营权有偿使用是指经县级以上人民政府批准，道路运输管理机构对申请从事道路旅客运输的经营者有偿审批经营权，并按使用时限计收客运经营权使用费的一种道路旅客运输管理方式。客运经营权使用费的计收形式包括拍卖、投标、固定收取等。"1999 年 7 月 15 日，市政府发布的《公告》规定，"城区人力三轮车按 500 个指标进行竞标。原具有合法证照的人力三轮车经营者必须重新登记，并按中标金额平均价约 90% 缴纳经营权有偿使用费，否则自动失去经营权。有偿使用期限从 1999 年 8 月 13 日起至 2001 年 8 月 12 日止"。1999 年 7 月 28 日，市政府又发布《补充公告》规定："城区客运人力三轮车经营权有偿使用不采用竞标办法。经审查，原具有合法证照的人力三轮车经营者每人须交纳经营权有偿使用费 7200 元。"

S 省 Z 地区中级人民法院二审认为，《中华人民共和国宪法》第一百零七条规定："县级以上地方人民政府依照法律规定的权限，管理本行政区域内的经济等行政工作，发布决定和命令。"《中华人民共和国地方各级人民代表大会和地方各级人民政府组织法》第五十九条规定，县级以上地方各级人民政府行使"规定行政措施，发布决定和命令"的职权。根据上述法律规定，市政府具有发布《公告》和《补充公告》的行政主体资格。同时依照《S 省道路运输管理条例》第二十四条和省人大财政经济委员会对该条例的"条文释义"第二十四条第二项的规定，并参考 S 省交通厅制发的《S 省小型车辆营运管理规定》第八条的规定，市政府有权向张某某等人经营的客运人力三轮车收取经营权有偿使用费，其收取形式合法，程序合法。张某某等的上诉理由不能成立。2000 年 3 月 2 日，S 省 Z 地区中级人民法院以〔2000〕资行终字第 6号行政判决驳回上诉，维持原判。

2001 年 6 月 13 日，S 省高级人民法院以〔2001〕川行监字第 1 号行政裁定指令 S 省 Z 市（原 Z 地区）中级人民法院进行再审。

Z 市中级人民法院经再审认为，根据《中华人民共和国宪法》和《中华人民共和国地方各级人民代表大会和地方各级人民政府组织法》的规定，市政府具有发布《公告》和《补充公告》的行政主体资格。在《公告》和《补充公告》中，对原已具有合法证照的客运人力三轮车经营者实行重新登记，经审查合格者支付有偿使用费，逾期未登记者自动弃权的措施，是市政府根据该市历届人代会、政协会关于整顿人力三轮车秩序的批评和议案，并在广泛深入调查研究的基础上作出的符合当地实际并且在行政权限范围内的具体行政行为。市政府的行为符合《S 省道路运输管理条例》第二十四条和省人大财政经济委员会对该条例的"条文释义"第二十四条第二项的规定，以及 S 省交通厅制发的《S 省小型车辆营运管理规定》第八条的规定，且上述规定并未与当时的法律法规相抵触。市政府虽然在 1996 年对客运三轮车经营者收取有偿使用费时未告知其有偿使用期限，但是于 1999 年 8 月再次实行有偿使用时，已经超过了 2 年的期限，原审被告的行为并未损害原告的合法权益。原审判决认定事实清楚，适用法律正确。但是因二审判决中未列原审未上诉的原审原告，违反了法定程序，应当改判。2001 年 11 月 5 日，S 省 Z 市中级人民法院以〔2001〕资行再终字第 1 号判决撤销原一审、二审判决，驳回原审原告的诉讼请求。

张某某等不服，向 S 省高级人民法院提出申诉。2002 年 7 月 11 日，S 省高级人民法院作出〔2002〕川行监字第 4 号驳回再审申请通知书。张某某等人不服，向本院申请再审。2016 年 5 月 18 日，本院裁定提审本案。

再审申请人张某某、陶某不服 S 省高级人民法院作出〔2002〕川行监字第 4 号驳回再审申请通知书，请求本院依法纠正错误的行政行为，恢复城区 401 辆客运人力三轮车的合法经营权。其申请再审的主要事实和理由是：1. 1996 年 11 月 20 日，再审申请人根据《S 省道路交通管理条例》第二十四条、S 省人民代表大会财政经济委员会"关于印发《S 省道路交通运输管理条例》条文释义的通知"规定，已经缴纳 2000 元经营权有偿使用费，是无期限的。2. 被诉《公告》和《补充公告》要求申请人重新登记和缴纳经营权有偿使用费 7200 元，无事实和法律根据。3. 2002 年 3 月 2 日，Z 市中级人民法院作出的司法建议明确告知被申请人的行政行为是错误的，已经证明被告的行政行为于法无据。

市政府答辩称：1. 市政府对人力三轮车客运经营权实行有偿使用管理有地方性法规和规范性文件依据。1996 年 11 月 7 日，J 市城市管理委员会决定对老年车改型人力客运三轮车每辆征收 3500 元的经营权有偿使用费；对 J 市 1—161 号人力客运三轮车每辆征收 2000 元的经营权有偿使用费。至此，由原 J 市城区人力客运老年车改型人力客运三轮车 240 辆，原有人力客运三轮车 161 辆，共计 401 辆人力客运三轮车，在交纳经营权有偿使用费后取得了经营许可。但在实施本次经营权许可时，市政府未通过书面形式明确告知张某某等人其人力客运三轮车两年的经营权有偿使用期限。市政府对 J 市城区内的人力客运三轮车实行经营权有偿使用时，有地方性法规和规范性文件作为依据。
《S 省道路运输管理条例》第四条规定"各级交通行政主管部门负责本行政区
域内营业性车辆类型的调整、数量的投放"和第二十四条规定"经县级以上
人民政府批准，客运经营权可以实行有偿使用"。《S 省小型车辆客运管理规
定》第八条规定："对小型客运车辆实行额度管理时，经当地政府批准，可采
用营运证的有偿使用办法，但有偿使用期限一次不得超过两年。"市政府据此
对人力客运三轮车实行额度管理、经营权实行有偿使用且经营期限一次不得超
过两年，于法有据。2. 市政府整顿城区小型车辆营运秩序，是社会公共利益
的客观需要，整顿并未实质侵犯张某某等人的合法权益。1997 年年底，J 城区
道路严重超负荷，空气和噪声污染十分严重，"脏、乱、差""挤、堵、窄"
问题严重，导致城市管理难度加大，安全隐患突出，群众反映强烈。对此，
1999 年 7 月 15 日、7 月 28 日，市政府先后发布《公告》及《补充公告》，决
定对城区客运人力三轮车实行额度管理。综合比较 J 市历次人力客运三轮车经
营权有偿使用费交费标准，市政府于 1996 年交纳的经营权有偿使用费，对应
经营期限实质上也应为两年，而非长期。市政府实际上仅按照两年期限收取了
有偿使用费，其收费标准亦符合当时市场条件下两年期经营权的价格水平。
3. 市政府整顿城区小型车辆营运秩序后，对张某某等人给予了充足的补偿，
其合法权益已得到全面保护。为了保障张某某等信访人权益，2015 年 6 月 5
日，市政府按照人力客运三轮车退市的优惠政策，对张某某等人延续采取惠民
政策。2015 年 6 月 30 日，张某某、陶某等信访人进行了城区人力客运三轮车
配置出租车经营登记，并作出接受《J 市城区现有出租车经营权到期处置和人
力客运三轮车退市营运的运力配置方案》规定条件的书面承诺，从 2015 年 7
月 16 日起，该批信访人置换的出租车已经开始营运。综上，市政府请求本院
依法驳回被答辩人的再审申请请求。

　　本院经审理，对一、二审判决认定的事实予以确认。本院另查明，2015
年 6 月 30 日，张某某等接受市政府《J 市城区现有出租车经营权到期处置和
人力客运三轮车退市营运的运力配置方案》相关条件，并作出法律责任自行

承担的书面承诺。

本院认为，根据《中华人民共和国行政诉讼法》第六条的规定，人民法院审理行政案件，对行政行为是否合法进行审查。据此，S省J市人民政府作出的《公告》和《补充公告》的合法性是本案的主要问题。根据张某某、陶某的再审申请理由和J市人民政府的答辩意见，本案的争议焦点涉及以下三个方面：

一、关于被诉的《公告》和《补充公告》的合法性问题

根据《中华人民共和国行政诉讼法》第六十九条的规定，人民法院对被诉的《公告》和《补充公告》的合法性进行审查，不仅要审查被诉的《公告》和《补充公告》适用法律法规是否正确等，还要审查是否违反法定程序。在适用法律法规方面，《S省道路运输管理条例》第四条规定"各级交通行政主管部门负责本行政区域内营业性车辆类型的调整、数量的投放"和第二十四条规定"经县级以上人民政府批准，客运经营权可以实行有偿使用。"S省交通厅制定的《S省小型车辆客运管理规定》（川交运〔1994〕359号）第八条规定："各市、地、州运管部门对小型客运车辆实行额度管理时，经当地政府批准可采用营运证有偿使用的办法，但有偿使用期限一次不得超过两年。"可见，S省地方性法规已经明确对客运经营权可以实行有偿使用。S省交通厅制定规范性文件的时间虽然早于地方性法规，但该规范性文件对营运证实行有期限有偿使用与地方性法规并不冲突。从行政执法和行政管理需要来看，客运经营权也需要设定一定的期限。

从被诉的《公告》和《补充公告》作出程序上看，被诉的行政行为存在程序瑕疵。该《公告》和《补充公告》的内容是对原已具有合法证照的客运人力三轮车经营者实行重新登记，经审查合格者支付有偿使用费，逾期未登记者自动弃权的措施。该《公告》和《补充公告》是对既有的已经取得合法证照的客运人力三轮车经营者收取有偿使用费，而上述客运人力三轮车经营者的权利是在1996年通过经营权许可取得的。前后两个行政行为之间存在承继和连接关系。对于1996年的经营权许可行为，行政机关作出行政许可等授益性

461

行政行为时，应当明确告知行政许可的期限。行政机关在作出行政许可时，行政相对人也有权知晓行政许可的期限。明确行政许可的期限，既是为了保障公共利益的需要，也是为了保障许可申请人的选择权利。本案中，市政府在1996年实施人力客运三轮车经营权许可之前，尚未实行过经营权有偿使用。在1996年实施人力客运三轮车经营权许可之时，未告知张某某等人人力客运三轮车两年的经营权有偿使用期限。张某某等人并不知道其经营权有偿使用的期限。市政府在答辩中对此事实亦予认可。由于市政府在作出行政许可行为的过程中未履行相应的告知义务，致使张某某等人误认为其获得的经营权没有期限限制，并据此作出选择。因此，市政府1996年的经营权许可在程序上存在明显不当，直接导致与其存在前后承继关系的本案被诉的《公告》和《补充公告》的程序明显不当。

二、关于客运人力三轮车经营权的期限问题

申请人主张，因市政府在1996年实施人力客运三轮车经营权许可时未告知许可期限，据此认为经营许可是无期限的。本院认为，市政府实施人力客运三轮车经营权许可，目的在于规范人力客运三轮车经营秩序。人力客运三轮车是涉及公共利益的公共资源配置方式，设定一定的期限是必要的。客观上，S省交通厅制定的《S省小型车辆客运管理规定》（川交运〔1994〕359号）也明确了许可期限。市政府没有告知许可期限，存在程序上的瑕疵，但申请人据此认为行政许可没有期限限制，本院不予支持。

三、关于张某某等实际享受"惠民"政策的问题

市政府在答辩中还提出，为了解决张某某等人的信访问题、保障其合法权益，市政府在整顿城区小型车辆营运秩序后，按照人力客运三轮车退市的优惠政策，对张某某等人给予了充足的补偿，其利益已得到全面保护。本院对张某某等人接受退市营运的运力配置方案并作出承诺的事实予以确认。本案被诉的行政行为是市政府作出的《公告》和《补充公告》，张某某等人在诉讼中亦未提出补偿的诉讼请求，据此，有关补偿事项不属于本案审理范围。

市政府还提出，市政府通过"惠民"进行补偿，已经对被诉行政行为进

行了否定或者补充，该补偿行为已经涵盖了过去的有瑕疵的行政行为。本院认为，被诉的行政行为未经人民法院、行政机关或者其他有权机关撤销，应当认定其没有改变。况且，根据《最高人民法院关于执行〈中华人民共和国行政诉讼法〉若干问题的解释》第五十条第二款关于"被告改变原具体行政行为，原告不撤诉，人民法院经审查认为原具体行政行为违法的，应当作出确认其违法的判决"的规定，行政机关即便改变行政行为，行政相对人对原行政行为不服并且不撤诉的，人民法院应当就原行政行为的合法性作出相应的判决。市政府以此主张被诉行政行为合法，缺乏事实和法律依据，本院不予支持。

需要指出的是，S省J市人民政府根据当地实际存在的道路严重超负荷、空气和噪声污染严重、"脏、乱、差""挤、堵、窄"等问题进行整治，符合城市管理的需要，符合人民群众的意愿，其正当性应予肯定。J市人民政府为了解决因本案诉讼遗留的信访问题，先后作出两次"惠民"行动，为实质性化解本案争议作出了积极的努力，其后续行为也应予以肯定。但是，行政机关在作出行政行为时必须恪守依法行政的原则，确保行政权力依照法定程序行使。S省J市人民政府应当从本案中吸取经验和教训，深入推进依法行政，严格规范公正文明执法，加快推进法治政府建设进程。

综上，市政府作出的《公告》和《补充公告》在程序上存在瑕疵。但是，虑及本案被诉行政行为作出之后，J市城区交通秩序得到好转，城市道路运行能力得到提高，城区市容市貌持续改善，以及通过两次"惠民"行动，绝大多数原401辆三轮车已经分批次完成置换，如果判决撤销被诉行政行为，将会给行政管理秩序和社会公共利益带来不利影响。本院依照《中华人民共和国行政诉讼法》第八十九条第一款第二项、《最高人民法院关于执行〈中华人民共和国行政诉讼法〉若干问题的解释》第五十八条、第七十六条第一款、第七十八条之规定，判决如下：

一、撤销S省Z市中级人民法院〔2001〕资行再终字第1号判决；

二、确认S省J市人民政府作出的《关于整顿城区小型车辆营运秩序的公告》和《关于整顿城区小型车辆营运秩序的补充公告》违法。

一审受理费 18200 元，由 S 省 J 市人民政府负担；二审受理费 12400 元，由 S 省 J 市人民政府负担；

本判决为终审判决。

审　判　长　梁某某

代理审判员　王某某

代理审判员　仝某某

二〇一七年五月三日

书　记　员　徐某某

附录4：张某某诉S市人民政府等确认行政违法案裁判文书

J省S市中级人民法院
行政判决书

原告：张某某，男，1964年2月4日生，汉族，个体户，现系S市N区某某镇某某养殖场经营者。

诉讼代理人：翟某某，B市盛廷律师事务所律师。

法定代表人：于某，市长。

委托代理人：张某，S市司法局行政复议应诉科科员。

委托代理人：耿某某，S市土地监察支队科员。

法定代表人：金某某，局长。

委托代理人：××勇，S市自然资源局行政审批督查科科员。

委托代理人：车律师，J车某某律师事务所律师。

法定代表人：高某某，区长。

委托代理人：曹某某，N区某某镇人民政府工作人员。

委托代理人：张律师，J车某某律师事务所律师。

原告张某某因要求确认被告S市人民政府、S市自然资源局、S市N区人民政府于2019年4月23日实施的强制拆除其养殖场的行政行为违法一案，于2019年6月3日向本院提起行政诉讼。本院于2019年6月4日立案后，于2019年6月10日向被告送达了起诉状副本及应诉通知书。本院依法组成合议庭，于2019年7月19日公开开庭审理了本案。原告张某某及其委托诉讼代理人翟某某，S市人民政府的委托代理人张某、耿某某，被告S市自然资源局的委托诉讼代理人××勇、车律师，S市N区人民政府的委托诉讼代理人曹某某、张律师到庭参加诉讼。本案现已审理终结。

2019年4月23日，被告S市人民政府组织S市自然资源局、S市N区人民政府等单位，将原告张某某位于S市垃圾填埋场附近的某某养殖场强制拆除。

原告张某某诉称，2007年12月1日，原告张某某和N区某某镇B村签订了《养殖承包合同》，将老果园鸡场东查风李果树地承包给张某某，期限30年（承包时该果树地已被改成养鸡场）。原告在原有养鸡场的基础上开办某某养殖场，并自筹资金，在承包地上建猪舍开始养猪。2018年10月12日，S市人民政府下发《S市人民政府关于开展整治江南垃圾填埋场周边违法用地的通告》，要求江南垃圾填埋场周边违法建筑限期拆除；2019年4月10日，被告又作出了《关于限期拆除江南垃圾填埋场周边违法建筑的通知》（已提起行政复议），要求原告于2019年4月20日前自行拆除，逾期不拆除的由市政府组织强制拆除。2019年4月23日由S市人民政府组织，N区政府、S市自然资源局共同参与将涉案养殖场强制拆除。原告认为，本案被告S市自然资源局作出《关于限期拆除江南垃圾填埋场周边违法建筑的通知》，在当事人行政复议或者行政诉讼期限内，未依法定程序向人民法院申请强制执行，便强制拆除，既无职权，也无依据，从实体到程序，皆存在严重违法。为此，依据《行政诉讼法》的规定，提出行政诉讼，请求依法确认被告强拆原告某某养殖场的行为违法，恳请贵院查明事实，依法维护原告的合法权益。

原告张某某为证明其主张向本院提交如下证据：1. 养殖承包合同与营业执照，证明涉案土地的是流转而来及与原告的利害关系，不属于违法用地；2. S市人民政府关于开展整治江南垃圾填埋场周边违法用地的公告，证明拆迁行动是由市政府组织决定；3. 关于限期拆除江南垃圾填埋场周边违法建筑的通知，证明强拆通知是由S市自然资源局作出的；4. 强拆视频光盘一份（2019年4月23日在拆迁现场录制，录制人是原告及家属，为手机录制）。证明被诉行政行为的存在以及参与主体。证明内容：（1）现场强拆内容；（2）里面有区政府区长作为总指挥的内容；（3）有自然资源局的领导在其中负责指挥强拆，该证据也是将三被告作为被告的原因。

被告S市人民政府辩称，原告张某某未经批准擅自占用S市N区某某镇B村土地建养殖场，没有依法办理用地手续，构成违法占地事实。被告市政府根据《中华人民共和国城乡规划法》第六十四条、六十五条的规定，以及《中共中央办公厅、国务院办公厅关于印发环保保护督查方案的通知》对原告下发责令限期拆除违法建筑物的通知，在规定的期限内原告未自行拆除，被告市政府依据《中华人民共和国城乡规划法》第六十八条的规定强制拆除事实清楚、证据充分、程序合法、适用法律正确。综上，请求驳回原告的各项诉讼请求。被告 S 市人民政府向本院提交了以下证据、依据：1. S 市人民政府关于召开"落实环保督查整改工作拆除违法建筑专项行动"的会议通知。2. 关于江南垃圾处理厂周边用地情况的说明。3. 江南垃圾处理厂周边用地情况统计表。证明：对证据 2 的细化说明。4. S 市人民政府关于拆除中央环保督查 6745 号信访案件违法建筑的实施方案。5. S 市人民政府关于拆除江南垃圾填埋场周边违法建筑的工作方案。6. S 市国土局提请印发整治江南垃圾填埋场周边违法用地公告的请示。7. S 市人民政府关于整治江南垃圾填埋场周边违法用地的公告。8. S 市人民政府关于开展整治江南垃圾填埋场周边违法用地的通告。9. 关于拆除江南垃圾填埋场周边建筑的实施方案。10. S 市国土局提请印发《责令限期内拆除违法建筑的通知》的请示。11. 责令限期拆除违法建筑物的通知。12. 送达回证。以上 12 份证据证明 S 市政府作出的强拆行为合法。

被告 S 市自然资源局辩称：1. 原告在江南垃圾填埋场周围违法用地情况清楚，原告所说涉案建筑属于设施农用地不需要规划建筑部门审批，原告这一主张没有法律依据。2. 被告 S 市自然资源局不是拆除行为主体，起诉被告作为主体不适格。原告提到过国土资源局下发的通知及国土资源局副局长作为副总指挥参与强拆，应当推定违法拆除单位作为被告是错误的。首先第一被告与我方均提交了市政府拆除方案及公告，说明拆除行为是市政府主导，无论是区政府还是自然资源局都属于市政府下属部门，在市政府的领导下，副区长行为及副局长行为都是职务行为，都是代表市政府实施的强拆行为，不能因为各部门人员参加就认定是各部门的行为，实际上是职务行为，故本案认定自然资源局作为被告不适格。3. S 市政府作出的强拆方案通告以及强拆行为系合法行政行为，原告违法使用土地事实清楚，土地上建筑物属于违建。市政府作出的强拆行为是依据国家环保督查提出的整改要求，要求对环保督查问题举一反三，工作重点是对影响到环保督查的违建进行拆除，拆除对象不仅仅是原告，故无论是拆除行为还是过程，均是合法的。原告主张告诉确认违法，没有事实依据，请求法院予以驳回。被告 S 市自然资源局向本院提交了以下证据、依据：所举证据 1-11 同市政府提供的证据相同，此处不再重复；证据 12-13 是询问笔录，是由国土资源局调取，证明原告占用土地没经过审批是违法占地；证据 14 是现场勘察笔录；证据 15 是勘测定界图；证据 16 是土地地类认定书；证据 11-16 证明原告属于违法占地，建筑物属于违法建筑物。

被告 S 市 N 区人民政府辩称，区政府不是本案适格被告，作出强制执行的机关是市政府而不是区政府。虽然副区长刘某某任总指挥，但是由市政府的决定任命为总指挥，代表的是市政府进行强拆现场的协调指挥，不是代表区政府，因此区政府不是本案强制拆除被告。原告代理人认为参与人员都是被告是错误的，如果按照该观点，应将参与人列为被告，且区政府不属于成员单位，请求法庭驳回原告诉求。N 区人民政府提供证据同前二被告提供证据一致，着重强调的是自然资源局的证据 8，是由市政府进行拆除，成员单位没有 N 区政府，故我方不是本案适格被告。

经庭审质证，原告对被告 S 市政府提交证据的质证意见如下：对证据 1 真实性认可，关联性认可，合法性不认可。该文件目的是治理垃圾填埋场对周边环境污染的问题。执法目的不当，且这个文件属于越权，故合法性与证明问题不认可。证据 2、3 没有制作单位，没有调查人员，且该文件不属于证据，故对其真实性和合法性不认可。对证据 4、5 真实性认可，合法性与证明问题不认可。实施方案，执法目的不当，本应是对周边房屋进行搬迁，结果变成查处违法占地，该文件证明拆迁主体是三被告，是由市政府组织研究的，成员单位有区政府与自然资源局，且有具体分工，是由自然资源局组织人员进行拆除，故强拆行为主体有自然资源局。且该决定违反相关法律。证据 6、7、8 是公告，由 S 市政府作出，违背土地管理法与行政强制法内容。根据土地管理法规定，行政处罚是国土局权限，作出期限内不起诉、不复议又不拆除的由国土资源局向人民法院申请强制执行。所以国土违法案件执行权在人民法院，人民政府和国土资源部门没有强制执行权，因此对证据 6 合法性不认可。证据 6 是对证据 7 的请示。证据 9 质证意见同证据 4、5。证据 10、11、12 中的证据 10、

11 是国土资源局对原告单独作出的决定,本案中市政府承认强制行为是由自己作出,市政府提供的证据 10、11、12 的证明目的与作出强拆决定无关系,如被告不对该问题作出说明,我方认为该三份证据与本案市政府作出强拆决定没有关联性,对其合法性不认可,该三份证据违背行政强制法与土地管理法。被告 S 市自然资源局、S 市 N 区人民政府对 S 市人民政府提供的证据均无异议。

原告对被告 S 市自然资源局提交证据的质证意见如下:1. 对与市政府相同的证据不做重复。证据 8 中组织领导有 N 区领导,总指挥长是 N 区副区长刘某某,这也是把区政府作为被告的原因。自然资源局领导高某某、戴某任副总指挥并且作出限拆决定,这是把自然资源局作为被告的原因。2. 自然资源局证据 11 中的照片不是原告照片。3. 自然资源局提供的证据 10 证明原告是违法用地,涉案建筑是违法建筑,该文件中引用 S 市人民政府关于开展整治的通告。该证据没有认定原告属于违法建筑与违法用地,因此自然资源局 16 份证据中,特别是证据 10 没有对原告违法用地情况进行认定,故对其证明问题不认可。4. 自然资源局证据 12-16 是认定违法建筑的相关程序和内容,与限期拆除决定有关,而与强拆行为无关,故与本案不具有关联性。被告 S 市人民政府、N 区人民政府对市自然资源局提供的证据均无异议。

原告对 N 区人政府的证据质证意见如下:同市政府证据 9 一致。被告 S 市人民政府、市自然资源局:对 N 区人政府提供的证据的真实性及证明问题都没有异议。

被告 S 市政府对原告证据的质证意见如下:对证据 1 只能证明承包与转包的合法性,但是无法证明用地和建筑物的合法性;对证据 2、3 的真实性没有异议,证明市政府是按照法律规定下达公告;证据 4 证明我方拆迁行为合法,不管是哪位领导参加都只是职务行为。

被告 S 市自然资源局对原告证据的质证意见如下:对证据 1 只能证明原告有承包与转包土地行为,并不能证明建设建筑物的行为合法性,建筑物是要经过规划与国土等建设部门出具相关审批手续这样建设的建筑物才能具有合法性。证据 2、3 能证明拆迁行为的合法性。对证据 4 的真实性没有异议,参与拆迁行为的领导是职务行为，不能证明自然资源局与区政府是本案适格被告主体。被告 N 区人民政府同市政府与自然资源局质证意见一致。

本院对上述证据认证如下：原告张某某对被告 S 市政府提供的证据 1、4-12 的真实性无异议，本院予以采信。对证据 2、3 有异议，认为无制作单位，无调查人员，本院认为，该证据系有权机关对江南垃圾处理厂周边 13 宗用地情况的统计，对其真实性予以采信。原告张某某对 S 市自然资源局提供的证据 1-11 同市政府，对证据 12-16 认为是认定违法建筑相关程序和内容，与本案无关联性，本院认为，证据 12-16 是 S 市土地监察支队对原告张某某的养殖场占地情况的现场调查，客观真实，本院予以采信。原告张某某对被告 N 区政府的质证意见同上，不再赘述。被告 S 市政府对原告张某某提供的证据 1-4 真实性无异议，但认为证明不了建筑物的合法性，本院对证据 1-4 的真实性予以采信。被告 S 市自然资源局、N 区政府对原告张某某提供的证据意见同上，不再赘述。

经审理查明，2018 年 7 月 31 日，S 市人民政府下发关于召开"落实环保督查整改工作拆除违法建筑专项行动"的会议通知，并于 8 月 1 日召开了此次会议（附：关于江南垃圾处理厂周边用地情况的说明；江南垃圾处理厂周边用地情况统计表），同日 S 市人民政府下发了《关于拆除中央环保督查 6745 号信访案件违法建筑的实施方案》，并制定了《S 市人民政府关于拆除江南垃圾填埋场周边违法建筑的工作方案》，2018 年 10 月 12 日，S 市人民政府下发《S 市人民政府关于开展整治江南垃圾填埋场周边违法用地的通告》，要求将江南垃圾填埋场周边维护距离内的违法建筑物和构筑物限期拆除，恢复该区域土地原有的属性，达到环保验收标准，于 2018 年 10 月 15 日发布了该公告；2019 年 4 月 10 日，S 市自然资源局下发了《关于限期拆除江南垃圾填埋场周边违法建筑的通知》，要求原告张某某等 10 户违建户于 2019 年 4 月 20 日前自行拆除，逾期不拆除的由市政府组织强制拆除。2019 年 4 月 17 日制定了关于拆除江南垃圾填埋场周边建筑的实施方案，2019 年 4 月 23 日由 S 市人民政府组织 N 区政府、S 市自然资源局等 17 个部门共同参与将原告养殖场强制拆除，拆除时原告养殖场无用地审批手续，未养殖。

本院认为：1. 关于本案被告的确定问题。原告将 S 市人民政府、S 市自然资源局、N 区人民政府均作为被告提起诉讼，经庭审调查，S 市政府下达了《整治江南垃圾填埋场周边违法用地的通告》并进行了公告，主导并组织实施了强制拆除原告养殖场的行政行为，N 区人民政府和 S 市自然资源局作为参加单位，不是本案被告，本案被告应为 S 市人民政府。2. 关于被告 S 市人民政府强制拆除原告养殖场的行政行为合法性问题。被告 S 市人民政府认为其拆除原告的养殖场是违法建筑，实施的强制拆除行为符合《中华人民共和国城乡规划法》第六十四条、第六十五条、第六十八条的规定。本院认为，被告实施的拆除养殖场的行为属于行政强制执行行为，该强制执行行为应当符合《中华人民共和国行政强制法》第三十五条、第三十六条、第三十七条、第四十四条规定的法定程序，而被告 S 市政府未履行上述法律规定的"催告、听取当事人的陈述和申辩、作出行政强制决定、告知当事人享有申请行政复议或者提起行政诉讼的权利、当事人在法定期限内不申请行政复议或者提起行政诉讼，又不拆除的，方可强制拆除"法定程序，属于违法行政行为。对于原告要求确认被告强制拆除行为违法的诉讼请求，本院予以支持。综上，依据《中华人民共和国行政诉讼法》第七十四条第二款第一项的规定，判决如下：

确认被告 S 市人民政府于 2019 年 4 月 23 日实施的强制拆除原告张某某养殖场的行政行为违法。

一审案件受理费 50 元，由被告 S 市人民政府负担。

如不服本判决，可以在判决书送达之日起十五日内向本院递交上诉状，并按对方当事人的人数提出副本，上诉于 J 省高级人民法院。

审　判　长　薛某某

审　判　员　刘某某

代理审判员　张某某

二〇一九年九月六日

书　记　员　陈某某

附录5：D市某某蛋鸡养殖专业合作社诉
D市人民政府不履行法定职责案裁判文书

J省高级人民法院
行政判决书

〔2019〕吉行赔终12号

上诉人（原审原告）：D市某某蛋鸡养殖专业合作社，住所地D市。

法定代表人：李某某。

委托代理人：王律师，B在明律师事务所律师。

委托代理人：河律师，B市京师律师事务所律师。

被上诉人（原审被告）：D市人民政府，住所地J省D市某某路某某号。

法定代表人：赵某某，市长。

委托代理人：李某，D市司法局工作人员。

委托代理人：王律师，J浪淘沙律师事务所律师。

上诉人D市某某蛋鸡养殖专业合作社（以下简称养殖场）因与被上诉人D市人民政府（以下简称D市政府）不履行法定职责一案，不服J省C市中级人民法院（2019）吉01行赔初8号行政判决，向本院提起上诉。本院依法组成合议庭，公开开庭对本案进行了审理，养殖场的委托代理人王律师、河律师，D市政府的委托代理人李某、王律师到庭参加诉讼。本案现已审理终结。

一审法院经审理查明：2012年8月22日，原告在D市工商行政管理局登记成立。2018年6月8日，D市人民政府发布《关于畜禽养殖禁养区养殖户关闭或搬迁的通告》，规定禁养区内养殖户需在2018年6月30日前自行关闭或搬迁，根据畜禽存栏量不同给予资金补助。同日，D市环境保护督查反馈问题整改工作领导小组通过《D市畜禽养殖禁养区规模养殖户关闭或搬迁工作实施方案》，其中规定了禁养区划定的原则、范围、关闭或搬迁原则，明确了奖励标准，明确依法依规、适当奖励。此后，原告法定代表人李某某的妻子丁某某与 D 市某某镇政府签订《养殖业户关闭或搬迁协议书》，奖励原告 2.04 万元。丁某某于 2018 年 8 月 20 日签订承诺书，表示市政府给予了 2.04 万元奖励补助金，保证不再恢复养殖。对该养殖场蛋鸡存栏情况、奖励情况，某某镇政府于 2018 年 9 月 6 日予以公示。原告认为该款项系奖励款，D 市政府应再依据《畜禽规模养殖污染防治条例》第二十五条之规定给予补偿。原告于 2019 年 1 月 8 日向 D 市政府提交了行政补偿申请。D 市政府收到申请书后，未给予答复。养殖场于 2019 年 5 月 17 日提起诉讼。

一审法院认为：1. 依据《畜禽规模养殖污染防治条例》第二十五条进行补偿的前提是养殖场合法经营。虽然 D 市政府自认若存在真实损失，能够作为《畜禽规模养殖污染防治条例》第二十五条规定的补偿主体。但是，补偿的前提是合法经营。畜禽养殖系易污染经营项目，国家有严格的日常监管。取得营业执照、税务登记、检验检疫登记并不代表经营完全合法，还应符合环境保护法规要求。原告登记设立于 2012 年，当时各项环保法律法规已经较为健全。《中华人民共和国环境保护法》第六条、第四十一条、第四十五条，《中华人民共和国环境影响评价法》第十六条，《中华人民共和国畜牧法》第六条、第三十七条有明确规定。特别是，原告所依据的主要法规《畜禽养殖污染防治管理办法》第十二条、第十三条、第十四条、第二十条、第二十二条，明确规定了养殖场应如何建设、如何管理、如何运转经营。原告在起诉状中自称符合环保要求，但在庭审中未提供任何证据证明其日常生产经营符合上述法律法规规定，也未能说明是否有正当理由不办理相关环保证照或备案的适当理由。D 市政府显然不能对不合法事项进行依法补偿。2. D 市政府已对原告养殖场进行了合理补偿。尽管原告养殖行为并不完全符合环境保护规定，但其中有客观的经营利益，关闭养殖场必然会有一定客观损失。《D 市畜禽养殖禁养区规模养殖户关闭或搬迁工作实施方案》中明确给予适当奖励，应视为 D 市政府在原告不完全符合环保法律法规的情况下，鉴于其客观损失而给予的适当补偿，符合行政合理性原则。原告将其建场时的所有投资、不分新旧、不论成新的方式来要求补偿，于法无据，也不符合客观事实。养殖场搬迁关闭不同于集体土地征收，房屋不会被拆除，土地不会灭失或移交他人。原告将其未来经营损失提出补偿强求，忽略了其目前经营并不完全合法。仅依据自己测算的经营损失来要求补偿亦不客观。某某镇政府系代表 D 市政府发放奖励补助，丁某某在承诺书中明确表示收到市政府奖励补助金，故应认定 D 市政府已给予了适当补偿。综上，原告诉讼请求缺乏法律和事实依据，依据《中华人民共和国行政诉讼法》第六十九条之规定，判决驳回原告 D 市某某蛋鸡养殖专业合作社的诉讼请求。案件受理费 50 元，由原告 D 市某某蛋鸡养殖专业合作社负担。

养殖场上诉称：1. 本案提起的诉讼属于履职之诉，养殖场在养殖期间是否符合环保要求本就不应在本案的审理范围内，若 D 市政府认为养殖场不符合环保要求，应承担举证责任，现一审法院超越审理范围、颠倒举证责任分配，以养殖场未向法院提交环保相关证据为由进而直接认定养殖场养殖不合法，不能依法获得补偿，明显事实认定错误、适用法律错误。养殖场在 D 市从事蛋鸡养殖多年，粪便全部还田，完全符合环保要求，从未受到环保部门的查处。环保是否符合要求与本案 D 市政府应承担的补偿职责，二者不能相互抵销。依据《畜禽规模养殖污染防治条例》第二十五条规定，在因政府原因导致养殖户确需关闭或搬迁的情况下，作为县级以上政府的 D 市政府必须对养殖户遭受的经济损失进行补偿，而养殖户是否存有污染问题与是否应该得到补偿没有任何联系。2. 一审法院将养殖场获得的某某镇政府给予的奖励，视为 D 市政府给予的补偿，将某某镇政府的行为直接视为 D 市政府履行了法定职责给予养殖场适当补偿，于法无据。奖励和行政补偿本就是两个不同的法律概念，不能相互等同或替代，《D 市畜禽养殖禁养区规模养殖业户关闭或搬迁工作实施方案》只字未提补偿款等相关事宜。退一步讲，假设该笔奖励款系补偿款，那么也只是补偿款中的一部分，养殖场从事养殖需投入厂房、设备、鸡苗、土地等，本次关闭养殖场的行为给其造成的经济损失远远大于此奖励款，因此 D 市政府未完全履行补偿之法定职责，对于二者之间的差额 D 市政府亦应当给予养殖场。综上，请求二审法院撤销一审判决，将本案发回重审或改判支持养殖场的诉讼请求。

D 市政府答辩称：1. 养殖场是按照协议自行关闭的，D 市政府没有强制关闭行为,养殖场并未遭受经济损失。2. 畜禽养殖应当符合国家环境标准,养殖企业应当在环保部门进行环境影响评价并备案,养殖场并未向环保部门备案,违反法律规定,不应得到补偿。

本院查明的案件事实与原审判决认定的事实一致,本院予以确认。

本院认为,2006 年 7 月 1 日实施的《中华人民共和国畜牧法》第四十条规定,禁止在生活饮用水的水源保护区建设畜禽养殖场、养殖小区。2008 年 1 月 1 日实施的《中华人民共和国动物防疫法》第十九条规定,动物饲养场(养殖小区)场所位置与居民生活区、生活饮用水源地、学校、医院等公共场所的距离符合国务院兽医主管部门规定的标准。根据国务院兽医主管部门规定距离至少为 500 米。第二十条规定,兴办动物饲养场应当向县级以上人民政府兽医主管部门提出申请,经审查合格,发给动物防疫条件合格证。2008 年 6 月 1 日实施的《中华人民共和国水污染防治法》第十七条规定:"新建、改建、扩建直接或者间接向水体排放污染物的建设项目和其他水上设施,应当依法进行环境影响评价。"本案上诉人的养殖场于 2012 年取得工商登记进行经营,但其没有办理环评手续,违反了上述规定。营业损失补偿应当以合法经营为前提,养殖场在禁养区养殖畜禽,没有进行环境影响评价,养殖场主张其为合法经营者,应当由 D 市政府对其预期经营损失等予以补偿的请求,不予支持。尽管上诉人养殖行为并不完全符合环境保护规定,但其中有对政府的信赖利益和客观经营利益,关闭养殖场必然会有一定客观损失。《畜禽规模养殖污染防治条例》第二十五条规定了县级以上地方人民政府依法对养殖者进行补偿,但未对补偿标准及条件进行明确规定,现《D 市畜禽养殖禁养区规模养殖户关闭或搬迁工作实施方案》中明确给予适当奖励,应视为 D 市政府在养殖场不完全符合环保法律法规的情况下,鉴于其客观损失而给予的适当补偿,符合行政合理性原则。关于养殖场所主张的鸡舍、鸡笼、机械设备损失的问题,因案涉养殖场为自行关闭,政府未对其基础设施进行拆除,在此情况下,养殖场主张的上述损失,于法无据,本院不予支持。

综上,养殖场的上诉请求缺乏事实和法律依据,本院不予支持。依照《中华人民共和国行政诉讼法》第八十九条第一款第一项之规定,判决如下:

驳回上诉，维持原判。

二审案件受理费 50 元，由上诉人 D 市某某蛋鸡养殖专业合作社负担。

本判决为终审判决。

审判长　许某某

审判员　王某某

审判员　孙某某

二〇一九年十二月三十日

书记员　王某某

附录 6：高某诉 Q 市公安局 S 分局公安行政管理案裁判文书

S 省 Q 市中级人民法院
行政判决书

〔2019〕鲁 02 行终 700 号

上诉人（原审原告）：高某，男，1981 年 1 月 10 日出生，汉族，住 Q 市。

委托代理人：丛律师，S 恒信通律师事务所律师。

被上诉人（原审被告）：Q 市公安局 S 分局，住所地 Q 市栖霞路。

法定负责人：荆某某，局长。

委托代理人：陈某某，Q 市公安局 S 分局法制大队工作人员。

委托代理人：罗某，Q 市公安局 S 分局 Y 路派出所工作人员。

被上诉人（原审被告）：Q 市 S 区人民政府，住所地 Q 市宁夏路。

法定代表人：高某，区长。

委托代理人：毛某某，Q 市 S 区人民政府行政复议委员会办公室工作人员。

委托代理人：刘律师，S 万润律师事务所律师。

上诉人高某因诉被上诉人 Q 市公安局 S 分局、被上诉人 Q 市 S 区人民政府行政处罚及行政复议一案，不服 Q 市 S 区人民法院作出的〔2018〕鲁 0202 行初 159 号行政判决，在法定期限内向本院提起上诉。本院受理后，依法组成合议庭，于 2019 年 11 月 21 日在本院第二十七法庭进行法庭调查。上诉人高某的委托代理人丛律师，被上诉人 Q 市公安局 S 分局（以下简称 S 公安分局）的委托代理人陈某某、罗某，被上诉人 Q 市 S 区人民政府（以下简称 S 区政府）的委托代理人毛某某、刘律师到庭参加法庭调查。本案现已审理终结。

原审法院经审理查明，蓝石海景公寓位于 Q 市 S 区某某路某某号，西北临海，西南为一条无名道路，道路西北尽头为海。原告系 Q 某某水上运动有限公司（以下简称某某公司）法定代表人，其经营的某某公司与蓝石海景公寓分别位于上述无名道路两侧。蓝石海景公寓在该无名道路上并排设置了人员通道门和挡车杆。

2018 年 5 月 9 日 14 时左右，原告高某与他人通过某某路某某号蓝石海景公寓人员通道门口时，因案外人田帅阻止，双方发生言语冲突，之后原告将蓝石海景公寓设置的挡车杆掰弯（掰了两次）从车辆通道进入。被告 S 公安分局下属 Y 路派出所接到 110 指令后，于当日进行行政案件受案登记并在当日 16 时对原告进行询问，原告称其公司在蓝石海景公寓院内，需要通过该公寓人员通道门进入公司，因田帅阻拦其进入，原告自另一侧掰弯挡车杆后进入。2018 年 5 月 10 日 19 时，被告 S 公安分局因原告涉嫌故意损毁财物，通过口头传唤对原告进行询问。2018 年 5 月 10 日，被告 S 公安分局作出青南公（云）行罚决字〔2018〕268 号《行政处罚决定书》，认为原告故意损毁财物违法行为成立，决定给予行政拘留七日的行政处罚，该拘留决定已于 2018 年 5 月 17 日执行完毕。原告不服，于 2018 年 5 月 21 日向被告 S 区政府提出复议申请。2018 年 5 月 23 日，被告 S 区政府作出《受理通知书》《提出答复通知书》，受理原告申请并要求被告 S 公安分局提出答复。2018 年 5 月 28 日，被告 S 公安分局作出《行政复议答复书》并提交相关证据材料。2018 年 7 月 3 日，被告 S 区政府作出青南政复决字〔2018〕19 号《行政复议决定书》，维持了被告 S 公安分局的行政处罚决定，以上文书皆送达各方当事人。原告不服，遂提起行政诉讼。

另查明，庭审中，原告主张其平时是通过蓝石海景公寓在该无名道路上设置的人员通道门进入公司，事发当日因案外人田帅阻挡而掰弯挡车杆从车辆通道进入。被告 S 公安分局对此予以认可。原告主张进入某某公司有两条通行道路，除涉案无名道路外的另一条道路须绕行很远。在被告 S 公安分局作出涉案处罚决定时，该掰弯的挡车杆仍在使用。庭审中，原告主张目前该挡车杆还在使用。

再查明，2018 年 5 月 9 日 15 时，案外人田帅在接受 S 公安分局 Y 路派出所询问时称其为蓝石海景公寓业委会成员，因"某某游艇俱乐部开在我们小区内，蔡主任认为某某俱乐部开门违法，所以业委会蔡主任和我们商量阻止某某俱乐部的人进入小区"。2018 年 5 月 10 日 14 时，蓝石海景公寓业委会主任蔡某在接受询问时亦称"因某某俱乐部的人乱挖地基，也不解决，所以就不让某某俱乐部拍婚纱的人进出小区"。

原审法院认为，《中华人民共和国治安管理处罚法》第七条第一款规定："国务院公安部门负责全国的治安管理工作。县级以上地方各级人民政府公安机关负责本行政区域内的治安管理工作。"据此，被告 S 公安分局作为 Q 市 S 区公安机关，负责辖区内的治安管理工作，被告主体适格。

根据《中华人民共和国治安管理处罚法》第四十九条规定："盗窃、诈骗、哄抢、抢夺、敲诈勒索或者故意损毁公私财物的，处五日以上十日以下拘留，可以并处五百元以下罚款；情节较重的，处十日以上十五日以下拘留，可以并处一千元以下罚款。"本案案外人阻拦原告进入小区人员通道确有过错在先，但原告在受到阻拦后未采取合法、适当的方式处理问题，而是掰弯挡车杆（掰了两次）从车辆通道进入，亦具有一定的过错和损毁财物的主观故意，该行为构成上述第四十九条规定的"故意损毁公私财物"。原告主张其不具有损毁的故意，没有事实和法律依据，原审法院不予以支持。关于原告主张，蓝石海景公寓设置的挡车杆及门禁为非法建设，侵害了原告的通行权，因而原告行为系为制止不法侵害发生，不构成违反治安管理的行为。对此，原审法院认为，涉案挡车杆设置的合法性并非本案审查范围，原告的行为亦非是针对正在进行的违反治安管理行为的侵害而采取。因此，原告的上述主张无事实和法律依据，原审法院不予以支持。

基于上述分析，原告两次掰挡车杆，故意损毁财物的违法事实成立，被告 S 公安分局适用《中华人民共和国治安管理处罚法》第四十九条关于故意损毁财物的一般规定处以七日拘留，属于被告 S 公安分局的裁量权，在并无"明显不当"的情况下，法院一般予以认可。被告 S 区政府行政复议程序合法，原审法院予以确认。综上，此案经审判委员会讨论，依照《中华人民共和国行政诉讼法》第六十九条之规定，判决驳回原告高某的诉讼请求。案件受理费人民币 50 元，由原告高某负担。

上诉人高某不服原审判决，提出上诉称：1. 原审法院认定"挡车杆设置的合法性并非本案审查范围，原告的行为亦非是针对正在进行的违反治安管理行为的侵害而采取"无事实与法律依据。首先，被上诉人 S 公安分局对上诉人给予行政处罚的法律依据是《中华人民共和国治安管理处罚法》第四十九条规定，而该法第一条明确规定："保护公民、法人和其他组织的合法权益"；第二条规定："扰乱公共秩序，妨害公共安全，侵犯人身权利、财产权利，妨害社会管理，具有社会危害性"。根据上诉人原审提交的蓝石海景公寓规划设计图档案材料可知，涉案无名道路并不是蓝石海景小区内道路，属于城市公共的无名道路，蓝石海景公寓在未经政府管理部门批准与许可的情况下设置挡车杆及门禁，拦截道路占为私有，阻碍他人在无名道路的通行，侵害了社会大众的通行权，因此该挡车杆系非法设施，不属于《中华人民共和国治安管理处罚法》所保护的合法权益，上诉人损毁非法设施并未侵犯他人的合法权益。其次，蓝石海景公寓在涉案城市公共道路上未经政府管理部门批准、许可，私自以设置挡车杆、门禁的方式将该无名道路拦截占有，其行为不仅违反了《中华人民共和国道路交通安全法》第三十一条及《城市道路管理条例》第二十七条、第三十条的规定，而且也违反了《中华人民共和国治安管理处罚法》第二十六条的规定。综上，原审法院上述认定错误。2. 上诉人是针对正在进行的非法拦截行为所实施的行为，不具有社会危害性，属于正当防卫，不应负法律责任，原审法院认定错误。上诉人的公司位于涉案挡车杆内的城市道路一侧，要进入上诉人的公司必须要通过门禁或挡车杆。蓝石海景公寓不仅占用城市道路违法私设挡车杆、门禁阻碍了广大民众通行，同时还在案发当日指派社会人员强行阻拦上诉人及其公司员工通过该城市道路，严重侵害了上诉人及其公司员工的合法权益。上诉人为使自己及他人免受不法侵害而将挡车杆掰弯，目的是为了制止不法侵害行为，顺利通过城市道路进入公司。因此，上诉人根本不存在故意损毁他人财物的故意，而是制止不法侵害行为，不具有社会危害性，更不属于侵权行为。另外，上诉人亦仅仅是将该挡车杆掰弯并没有严重损害，且该挡车杆至今仍一直在使用，经淘宝网查询可见挡车杆的价值仅为 75元，因此上诉人制止不法行为并没有超过一定限度，综上，上诉人实施的行为属于制止违法行为，而非故意损毁财物，依法构成正当防卫。3. 上诉人是针对非法设置的挡车杆及蓝石海景公寓工作人员的违法拦截行为而采取的行为，未侵害他人合法权益，不具有社会危害性，不应受到拘留行政处罚，被上诉人S公安分局作出的行政处罚行为明显不当，原审法院认定错误。首先，被上诉人S公安分局在作出被诉行政处罚决定时未考虑该案的起因经过，直接作出拘留七日的行政处罚，明显与该事件发生起因及社会危害程度不相符。其次，被上诉人S公安分局在作出被诉行政处罚决定时未考虑上诉人行为造成的财物实际损害程度，处罚内容与造成的损害后果不相符。本案中，上诉人仅是为了通行而将挡车杆掰弯，并没有折断，且一直在使用。即使更换新的挡车杆，价值也很低。最后，被诉行政处罚决定不符合《中华人民共和国治安管理处罚法》的立法目的。根据该法第一条规定，立法目的是为保护公民、法人和其他组织的合法权益，但蓝石海景公寓属于非法设置挡车杆，该行为持续损害他人在市政道路上的合法通行权，因此上诉人将该挡车杆掰弯不存在侵犯他人合法权益的情形，被上诉人所作被诉行政处罚决定显然不符合上述立法目的。综上，根据《中华人民共和国治安管理处罚法》第五条规定，治安管理处罚必须以事实为依据，与违反治安管理行为的性质、情节以及社会危害程度相当，而被上诉人作出的被诉行政处罚决定明显存在不当，违背了行政行为要合理、合情、适度的行政合理性原则。

综上，为维护自身合法权益，上诉人提起上诉，请求：1. 依法撤销Q市S区人民法院〔2018〕鲁0202行初159号行政判决，改判撤销被上诉人S区政府作出的青南政复决字〔2018〕19号行政复议决定；2. 撤销被上诉人S公安分局作出的青南公（云）行罚决字〔2018〕268号行政处罚决定；3. 被上诉人承担一、二审诉讼费。

被上诉人S公安分局答辩称：1. 上诉人高某故意损毁财物的违法行为，事实清楚、证据确凿。2018年5月9日14时许，上诉人等人经过S区某某路某某号蓝石海景公寓人员通道门口时与他人发生争吵，后上诉人将小区挡车杆故意掰弯进入小区。上述事实有当事人的陈述、证人证言、现场照片、视听资料等证据证实。2. 对上诉人的行政处罚适用法律正确，程序合法。被上诉人所辖的Y路派出所经过调查证实，上诉人故意损毁财物的违法行为，事实清楚，证据确凿。据此，被上诉人依据《中华人民共和国治安管理处罚法》第四十九条规定，于 2018 年 5 月 10 日对上诉人作出行政拘留七日的处罚，并履行了法定的程序，对其他相关违法行为人也作出了行政处罚。3. 被上诉人对上诉人违反治安管理的行为依法行使职权，不存在对其赔偿的情形。综上，请求法院依法驳回上诉人的上诉请求，维持原判。

被上诉人 S 区政府答辩称：1. 被上诉人作出的青南政复决字〔2018〕19 号《行政复议决定书》程序合法。2018 年 5 月 21 日，上诉人向被上诉人提出行政复议申请，2018 年 5 月 23 日，被上诉人制作《受理通知书》《提出答复通知书》，并于当日分别向上诉人、S 公安分局送达。S 公安分局在法定期限内提交了《行政复议答复书》及相关证据材料。经审查，被上诉人于 2018 年 7 月 3 日作出青南政复决字〔2018〕19 号《行政复议决定书》，并于 2018 年 7 月 5 日向上诉人及 S 公安分局送达。因此，被上诉人作出行政复议决定的程序和期限符合相关法律规定，程序合法。2. 被上诉人作出的青南政复决字〔2018〕19 号《行政复议决定书》认定事实清楚，适用法律正确。S 公安分局提交的对上诉人等人所作《询问笔录》、现场照片、视频资料等证据显示，2018 年 5 月 9 日上诉人在经过某某路某某号蓝石海景公寓人员通道门口时遇到阻拦，上诉人遂将挡车杆掰弯进入小区。S 公安分局作为治安管理行政主管部门，于 2018 年 5 月 9 日立案，经调查后于 2018 年 5 月 10 日作出《行政处罚告知笔录》，告知上诉人享有陈述、申辩权，在上诉人明确作出不提出陈述和申辩的回复后，于同日作出青南公（云）行罚决字〔2018〕268 号《行政处罚决定书》，认定上诉人违反了《中华人民共和国治安管理处罚法》第四十九条规定，构成故意损毁财物的违法行为，给予上诉人行政拘留七日的行政处罚，事实清楚，证据确凿，适用依据正确，程序合法，内容适当，被上诉人根据《中华人民共和国行政复议法》第二十八条第一款第一项的规定作出维持决定，适用法律正确。3. 上诉人主张其行为不具有社会危害性，属于正当防卫，不应负法律责任的理由不能成立。本案中，上诉人在明知涉案挡车杆是蓝石海景公寓物业所设置的情况下故意损毁，其行为具有违法性。上诉人提出挡车杆及人员通道系非法设立侵害其合法权益，亦应通过合法途径予以解决，而不应由个人故意损毁。上诉人主张其掰弯挡车杆是为使自己和他人免受不法侵害，目的是制止不法侵害行为的理由不能成立。上诉人的行为构成故意损毁财物。综上，原审法院认定事实清楚，适用法律正确，请二审法院驳回上诉，维持原判。

关于原审法院的审判程序，上诉人二审调查时明确表示不持异议。经审查，本院确认原审法院审判程序合法。

各方当事人原审时提交的证据均经原审法院庭审质证，并随案移送本院。经审查，本院同意原审法院对证据的认证意见，并据此确认原审判决认定的事实成立。

本院认为，《中华人民共和国治安管理处罚法》第四十九条规定："盗窃、诈骗、哄抢、抢夺、敲诈勒索或者故意损毁公私财物的，处五日以上十日以下拘留，可以并处五百元以下罚款；情节较重的，处十日以上十五日以下拘留，可以并处一千元以下罚款。"本案中，上诉人设立的公司与蓝石海景公寓分列在涉案无名道路的两侧，上诉人及其工作人员到公司上班虽有两条通道，但从涉案无名道路上通行更为便捷。事发当日，虽然蓝石海景公寓物业人员在该小区于涉案无名道路上设置的人员通道门及挡车杆处阻拦了上诉人及同行人员进入，但上诉人在受到该案外人阻拦后，未通过法定途径解决，却采取自行掰弯挡车杆的措施后从车辆通道进入，处理方式不适当，且具有损毁公私财物的主观故意，因此上诉人的该行为已经构成上述法律规定的"故意损毁公私财物"的违法情形，被上诉人S公安分局据此作出被诉行政处罚决定事实清楚，适用法律正确。关于被诉行政处罚决定的处罚幅度问题，上诉人主张被上诉人S公安分局作出拘留七日的处罚明显不当。对此，本院认为，根据《中华人民共和国治安管理处罚法》第四十九条规定，只要故意损毁财物的事实成立，公安机关即可作出处五日以上十日以下的拘留，且可并处罚款，本案中，被上诉人S公安分局仅对上诉人作出拘留七日的行政处罚，而未处以罚款，系在上述法律规定的裁量幅度内。因此，上诉人主张被上诉人S公安分局存在"明显不当"证据不足，本院不予支持。

另外，庭审调查时上诉人还主张涉案挡车杆系非法设立，上诉人予以掰弯系制止不法侵害行为，属于正当防卫，不应受到行政拘留处罚。对此，本院认为，上诉人认为涉案挡车杆设置非法且影响其通行，可以通过合法、适当方式向有权部门进行反映，而非通过自行掰弯的方式予以解决，且上诉人采取的措施亦非系针对正在进行的违反治安管理行为的侵害而实施的正当防卫行为，故上诉人的上述主张不能成立。

庭审调查时，上诉人对被上诉人S区政府的行政复议程序未提出异议。经本院审查，该行政复议程序合法，本院依法予以确认。

综上，原审判决认定事实清楚、适用法律正确、审判程序合法，本院依法予以维持。上诉人的上诉请求及理由均不能成立，本院依法不予支持。依照《中华人民共和国行政诉讼法》第八十九条第一款第一项之规定，判决如下：

驳回上诉，维持原判。

二审案件受理费人民币50元，由上诉人高某负担。

本判决为终审判决。

审　判　长　孙某某

审　判　员　李某某

审　判　员　高某某

二〇一九年十二月三十日

法官助理　杨某某

书　记　员　赵某某

书　记　员　王某某

附录7：梅某某诉C市生态环境局、C市人民政府
行政复议案裁判文书

J省C市中级人民法院
行政判决书

〔2019〕苏04行终309号

上诉人（原审原告）：梅某某，女，1940年××月××日生，汉族。

被上诉人（原审被告）：C市生态环境局，住所地C市龙城大道。

法定代表人：吴某某，该局局长。

委托代理人：李某某，该局工作人员。

委托代理人：姜律师，J常联律师事务所律师。

被上诉人（原审被告）：C市人民政府，住所地C市龙城大道。

法定代表人：陈某某，该市市长。

上诉人梅某某与被上诉人C市生态环境局政府信息公开及与被上诉人C市人民政府行政复议决定一案，不服X区人民法院〔2019〕苏0411行初117号行政判决，向本院提起上诉。本院受理后依法组成合议庭并根据《中华人民共和国行政诉讼法》第八十六条之规定对本案进行了审理。本案现已审理终结。

原审法院经审理认定，梅某某于2019年2月27日向C市生态环境局书面申请公开"位于北塘河路南侧、丁塘港路东侧的某某智造园的环评审批手续"。C市生态环境局同日收到前述申请，于2019年3月15日作出书面答复并送达申请人，该答复的主要内容为："原某某区环保局于2017年2月8日审批通过《C麒祥健康管理有限公司元其大健康产业园项目（一期）建设项目环境影响报告表》，其环评批复文件可由申请人持合法证件到C市T区环保局（原T区环保局）查阅或复印。主要建设内容为：厂房6幢、门卫2个、水泵房1个。待厂房具体实施内容确定后，另行办理环保审批手续。"梅某某不服

前述答复,于 2019 年 5 月 14 日向 C 市人民政府申请行政复议,复议机关于 2019 年 5 月 15 日受理。2019 年 8 月 28 日,复议机关 C 市人民政府作出维持原行政机关的上述答复。梅某某仍不服,提起本案诉讼,请求撤销 C 市生态环境局的涉案答复及 C 市人民政府的涉案行政复议决定;被上诉人承担本案诉讼费。

原审法院认为 C 市生态环境局无法按照梅某某要求的形式提供政府信息,且已通过其他适当方式提供,故驳回了梅某某的诉讼请求,案件受理费 50 元由梅某某负担。

上诉人梅某某上诉称,C 市生态环境局没有明确答复上诉人要求获取的信息,侵犯了上诉人的知情权、监督权。复议机关未依法履职,一审法院判决不公。综上,请求支持上诉人在一审中提出的全部诉讼请求。

被上诉人 C 市生态环境局、C 市人民政府在二审时均未向本院提交答辩意见。

本院经审理认定的案件事实与原审判决书所认定的基本事实一致。

本院认为,本案中,梅某某于 2019 年 2 月 27 日向 C 市生态环境局书面申请公开"位于北塘河路南侧、丁塘港路东侧的天宁智造园的环评审批手续"。C 市生态环境局答复梅某某"原 T 区环保局于 2017 年 2 月 8 日审批通过《C 麒祥健康管理有限公司元其大健康产业园项目(一期)建设项目环境影响报告表》,其环评批复文件可由申请人持合法证件到 C 市某某环保局(原 T 区环保局)查阅或复印"。本院认为,C 市生态环境局答复的信息与梅某某申请公开的信息之间的关系问题 C 市生态环境局未进行说明,并且原 T 区环保局根据常政办发〔2018〕7 号文件的规定自 2018 年 1 月 19 日起已经调整为 C 市环境保护局的派出机构,由 C 市环境保护局直接管理。2019 年机构改革后 C 市环境保护局改名为 C 市生态环境局。因此,C 市生态环境局答复梅某某向其派出机构查阅或复印涉案信息不妥当。复议机关 C 市人民政府于 2019 年 5 月 15 日受理上诉人提出的行政复议申请后向当事人送达行政复议申请受理通知书、行政复议答复通知书,经审查后依法延期,并于 2019 年 8 月 28 日作出涉案被诉行政复议决定书并送达各方当事人,其作出涉案行政复议决定的程序符合

《中华人民共和国行政复议法》第三十一条的规定，但是复议机关作出的涉案复议决定结果不符合法律规定。

综上，依照《中华人民共和国行政诉讼法》第八十九条第一款第二项之规定，判决如下：

一、撤销 C 市 X 区人民法院〔2019〕苏 0411 行初 117 号行政判决；

二、撤销 C 市生态环境局于 2019 年 3 月 15 日作出的常环依〔2019〕3 号政府信息公开告知书；

三、撤销 C 市人民政府于 2019 年 8 月 8 日作出的〔2019〕常行复第 073 号行政复议决定；

四、C 市生态环境局自收到本判决书之日起 20 个工作日内重新作出答复。

上诉案件受理费及一审诉讼费各 50 元，均由 C 市生态环境局负担。

本判决为终审判决。

审判长　李某某

审判员　王某某

审判员　孙某某

二〇二〇年一月二十一日

书记员　张某某

附录 8：姚某某诉 S 市公安局 P 分局行政复议案裁判文书

S 市第二中级人民法院
行政判决书

〔2019〕沪 02 行终 408 号

上诉人（原审原告）：姚某某，男，1996 年 9 月 18 日出生，汉族，住 S 市 S 区。

被上诉人（原审被告）：S 市公安局 P 分局，住所地 S 市 P 新区。

法定代表人：徐某某。

上诉人姚某某因行政复议申请不予受理决定一案，不服 S 市 J 区人民法院〔2019〕沪 0106 行初 539 号行政判决，向本院提起上诉。本院依法组成合议庭审理了本案，现已审理终结。

原审法院查明：2016 年 11 月 12 日，姚某某向 S 市公安局 P 分局（以下简称"P 公安分局"）下属 H 派出所报警称被五人殴打，H 派出所予以受案处理。2019 年 6 月 2 日，姚某某就要求派出所履职一事向 P 公安分局提出行政复议申请，P 公安分局于次日收悉。P 公安分局经审查，于 2019 年 6 月 5 日作出编号为沪公（浦）复不受字〔2019〕第 547 号行政复议申请不予受理决定书，认定姚某某的行政复议申请的提出已超过行政复议申请期限，根据《中华人民共和国行政复议法》（以下简称《行政复议法》）第九条第一款、第十七条第一款之规定，决定不予受理。该决定书邮寄送达姚某某后其不服，遂诉至原审法院，请求撤销 P 公安分局作出的上述行政复议申请不予受理决定书。

原审法院认为：根据《行政复议法》第十五条第一款第二项的规定，P 公安分局具有受理和处理向其提出的行政复议申请的法定职权。2019 年 6 月 3 日，P 公安分局收到姚某某的行政复议申请后，在法定期限内作出答复，行政程序合法。《行政复议法》第九条规定："公民、法人或者其他组织认为具体行政行为侵犯其合法权益的，可以自知道该具体行政行为之日起六十日内提出行政复议申请；但是法律规定的申请期限超过六十日的除外。因不可抗力或者其他正当理由耽误法定申请期限的，申请期限自障碍消除之日起继续计算。"行政复议的申请期限是申请人自知道侵犯合法权益的行政行为之日起六十日内。本案中，姚某某首次报案时间是 2016 年 11 月 12 日，其一直认为派出所未履职，但直至 2019 年 6 月 2 日才向 P 公安分局就派出所履职一事提出行政复议申请，且也没有延期申请行政复议的正当理由。因姚某某的行政复议申请超过法定的复议申请期限，P 公安分局遂根据《行政复议法》第九条第一款、第十七条第一款之规定作出被诉行政复议申请不予受理决定，认定事实清楚、适用法律正确。综上，姚某某的诉讼请求缺乏事实和法律依据，不予支持。原审法院遂判决：驳回姚某某的诉讼请求。判决后，姚某某不服，上诉于本院。

上诉人姚某某上诉称：某某派出所在接到上诉人报案后未对相关人员作出处理，上诉人为此曾拨打过 12345 热线电话，提起过民事诉讼，并到相关部门信访，一直积极主张权利，属于有正当理由的情形，故根据《中华人民共和国行政诉讼法》及相关规定，上诉人未超过六个月的起诉期限。被上诉人所做的行政复议不予受理决定错误，请求撤销原审判决，判令 P 公安分局履行法定职责。

被上诉人 P 公安分局辩称：上诉人提出涉案行政复议申请已经超过行政复议法规定的申请期限，被上诉人作出被诉行政复议不予受理决定于法有据。且针对上诉人在申请中提及的曾到被上诉人处信访一事，被上诉人在收到申请后也曾进行过核实，但均未查实。原审判决正确，上诉人的上诉请求无依据，故请求二审法院驳回上诉，维持原判。

经审理查明，原审判决认定的事实清楚，本院予以确认。

本院认为，根据《行政复议法》第十二条规定，被上诉人 P 公安分局具有对行政复议事项进行审查，并作出处理的职权。根据《行政复议法》第九条的规定，行政复议的申请期限应为申请人知道侵犯合法权益的行政行为之日起的六十日内。同理，履行法定职责案件的复议申请期限应为行政机关的法定履职期限届满后的六十日内。本案中，上诉人自述于 2016 年 11 月 12 日报警，其于 2019 年 6 月 3 日向被上诉人提出要求 H 派出所履行法定职责的请求，已经超过了《行政复议法》第九条规定的申请期限，且无不可抗力或者正当理由，被上诉人据此于 2019 年 6 月 5 日作出被诉行政复议不予受理决定，认定事实清楚，适用法律正确，执法程序合法。上诉人以《中华人民共和国行政诉讼法》中关于起诉期限的规定作为上诉理由，系对法律规定的误解，本院不予采信。原审判决驳回上诉人的诉讼请求并无不当。上诉人的上诉请求及理由缺乏事实证据和法律依据，本院不予支持。据此，依据《中华人民共和国行政诉讼法》第八十九条第一款第一项之规定，判决如下：

驳回上诉，维持原判。

二审案件受理费人民币 50 元，由上诉人姚某某负担。

本判决为终审判决。

审 判 长　李某某

审 判 员　姚某某

审 判 员　沈某某

二〇二〇年一月十日

法官助理　翁某某

书 记 员　翁某某

附录 9：何某诉 B 市 F 区人民政府案裁判文书

B 市第二中级人民法院
行政判决书

〔2020〕京 02 行终 213 号

上诉人（一审原告）：何某，女，1963 年××月××日出生，汉族，户籍所在地 S 省西充县。

被上诉人（一审被告）：B 市 F 区民政局，住所地 B 市 F 区 B 西站南路。

法定代表人：裴某某，局长。

委托代理人：高某某，B 市 F 区民政局工作人员。

委托代理人：王律师，B 市嘉安律师事务所律师。

被上诉人（一审被告）：B 市 F 区人民政府，住所地 B 市 F 区 F 镇文体路。

法定代表人：王某某，区长。

委托代理人：李某某，B 市 F 区人民政府工作人员。

委托代理人：孟律师，B 市慧海天合律师事务所律师。

上诉人何某因诉 B 市 F 区民政局（以下简称 F 区民政局）行政告知及 B 市 F 区人民政府（以下简称 F 区政府）行政复议一案，不服 B 市 F 区人民法院（以下简称一审法院）所作〔2019〕京 0106 行初 407 号行政判决（以下简称一审判决），向本院提起上诉。本院依法组成合议庭审理了本案，现已审理终结。

2019 年 5 月 13 日，F 区民政局对何某作出《告知书》（以下简称被诉告知书），主要内容为：您所反映的列车救治群众一事发生在 2010 年，应适用修改前的《〈B 市见义勇为人员奖励和保护条例〉实施办法》，即"应当在行为发生之日起 30 个工作日内向行为发生地的区、县民政部门提出"。因此，您的申请事宜已超过法定申请期限，特此告知。何某不服被诉告知书，于 2019 年

5月31日向F区政府申请行政复议。2019年7月24日，F区政府作出丰政复字〔2019〕150号《行政复议决定书》（以下简称被诉复议决定书），维持了被诉告知书。

何某向一审法院诉称，2010年2月21日晚10时许，何某在重庆—B西站L102次长途列车上，听到列车喇叭上响起求救声称有人需要医治。何某作为医务工作者义不容辞上前援救。病人是一名30岁左右男子，重度腰痛，无法起身。何某通过一系列的救治，男子病情得到缓解。此时何某已筋疲力尽，后回到自己座位上。喇叭第二次响起，依然是有人求助，因何某之前的救人举动，列车长带着病人家属亲自来到何某座位前请求何某再次相救。虽然何某因为之前1个多小时的救助，已全身湿透、身体状态欠佳，但看到病人家属的求助眼神，何某不顾自己的身体状况再次上前援救。那名女乘客情况危急，好多旅客劝何某不要救助以免担责，何某依然出手救助。何某运用多年累积的经验全力抢救病人，并一直守在病人身边不敢离开，并用自己的防寒物给病人升温。7个多小时后，列车到站，病人已脱离危险，何某却因心力交瘁、劳累过度，高烧43度。何某的朋友帮忙向F区政府反映此事，并于2010年3月13日向F区民政局申请认定见义勇为，但F区民政局不接受申请，称不是海啸和火烧救援就不属于见义勇为且不属于F区管辖范围。此次救援导致何某两年不能行走，2012年国家给何某颁发了四级残疾证，何某的两个孩子当年停学，未完成学业。请求法院撤销被诉告知书和被诉复议决定书。

F区民政局向一审法院辩称，2019年5月9日，F区民政局收到何某申请见义勇为行为认定《申请书》，何某称其见义勇为行为发生在2010年2月20日。《〈B市见义勇为人员奖励和保护条例〉实施办法》（2000年8月1日起施行）第六条第一款规定，个人或者组织反映见义勇为情况或者申请确认见义勇为，应当在行为发生之日起30个工作日内向行为发生地的区、县民政部门提出；反映情况或者申请确认时，应当提供有关线索或者证明材料。虽然此后《B市人民政府关于修改〈B市见义勇为人员奖励和保护条例实施办法〉的决定》（2014年8月1日起施行）删除了申请见义勇为的时间限制，但依据《中华人民共和国立法法》第九十三条规定，"法律、行政法规、地方性法规、自治条例、规章不溯及既往，但为了更好地保护公民、法人和其他组织的权利和利益而作的特别规定除外"，何某反映的事情发生在 2010 年，应适用修改前的《〈B 市见义勇为人员奖励和保护条例〉实施办法》，因此何某的申请事宜已超过法定申请期限。此外，何某称曾于 2010 年 3 月 13 日申请见义勇为，F 区民政局查询了本单位档案，没有资料显示何某曾于 2010 年 3 月向 F 区民政局申请见义勇为事宜。F 区民政局于 2019 年 5 月 13 日作出被诉告知书，程序及内容均符合法律规定，请求法院驳回何某的诉讼请求。

F 区政府向一审法院辩称，F 区政府于 2019 年 6 月 4 日收到何某提交的行政复议申请。F 区政府受理后，依法送达了行政复议申请书、答复通知书。2019 年 7 月 24 日，F 区政府作出被诉复议决定书并依法送达。F 区政府认为，F 区民政局对何某反映的见义勇为行为具有确认职权，依据修改前的《〈B 市见义勇为人员奖励和保护条例〉实施办法》，何某申请见义勇为确认应当在行为发生之日起 30 个工作日内提出，何某就 2010 年 2 月 20 日在重庆至 B 西列车上救治群众的行为，于 2019 年 5 月 9 日向 F 区民政局提出见义勇为认定申请，已明显超过《〈B 市见义勇为人员奖励和保护条例〉实施办法》第六条规定的法定申请期限。F 区政府据此作出被诉复议决定书，维持了被诉告知书。被诉复议决定书认定事实清楚，证据确凿，适用法律正确，请求法院驳回何某的诉讼请求。

一审法院经审理认为：《B 市见义勇为人员奖励和保护条例》第八条第一款规定，区、县民政部门接到组织或者个人关于见义勇为情况的反映或者申请，应当及时组织核实、确认。了解情况的组织和公民应当积极配合核实和确认工作。《〈B 市见义勇为人员奖励和保护条例〉实施办法》第五条第一款规定，见义勇为由行为发生地的区、县民政部门确认；本市居民在本市行政区域外见义勇为的，由其户籍所在地的区、县民政部门确认。根据上述规定，F 区民政局是负责 B 市 F 区民政工作的政府组成部门，负有对发生在 B 市 F 区辖区范围内的见义勇为行为进行核实、确认的法定职权。

《中华人民共和国立法法》第九十三条规定，法律、行政法规、地方性法规、自治条例和单行条例、规章不溯及既往，但为了更好地保护公民、法人和其他组织的权利和利益而作的特别规定除外。法律的溯及力，也称法律溯及既往的效力，是指法律对其生效以前的事件和行为是否适用。"法不溯及既往"是一项基本的法治原则，意指新法不得适用于其施行前已终结的事实和法律关系。它是法的安定性和人民信赖利益的基本保障，因而也是现代法治原则不可或缺的重要内涵。《〈B市见义勇为人员奖励和保护条例〉实施办法》自2000年8月1日起施行，其中第六条规定，个人或者组织反映见义勇为情况或者申请确认见义勇为，应当在行为发生之日起30个工作日内向行为发生地的区、县民政部门提出；反映情况或者申请确认时，应当提供有关线索或者证明材料。修改后的《〈B市见义勇为人员奖励和保护条例〉实施办法》于2014年8月1日起施行，取消了申请确认见义勇为的时间限制。本案中，何某于2019年5月9日向F区民政局申请要求确认其救治病人的行为系见义勇为。F区民政局收到何某的申请后经审查认为，何某反映的事情发生在2010年2月20日，根据《中华人民共和国立法法》的立法精神及相关法律法规之规定，不能溯及既往予以适用，因此应适用修改前的规定，何某的申请已超过法定申请期限。F区民政局在法定期限内作出被诉告知书，认定事实清楚，程序合法，并无不当。F区政府在接到何某行政复议申请后，依法受理并进行了审查，在法定期限内作出被诉复议决定书，并无不当。何某的诉讼请求，缺乏事实和法律依据，依法不予支持。综上，一审法院依照《中华人民共和国行政诉讼法》第六十九条、第七十九条之规定，判决驳回何某的诉讼请求。

何某不服一审判决，向本院提起上诉，要求撤销一审判决，重新审理。何某的上诉理由为：其曾于2010年3月提出过见义勇为认定申请，没有超过法定期限；事发当时其受列车长邀请进行救援，救援活动导致其身体残疾及子女停学，F区民政局应对其作出见义勇为的认定。

F区民政局及F区政府均未向本院提起上诉。

在一审诉讼期间，F区民政局在法定举证期限内提交并在庭审中出示如下证据，证明被诉告知书的合法性：

1. 2019年5月9日何某提交的《申请书》；

2. 被诉告知书；

3. 送达回证。

在一审诉讼中，F 区政府在法定举证期限内提交并在庭审中出示如下证据，证明被诉复议决定书的合法性：

1. 何某提交的行政复议申请及相关材料；

2. 行政复议答复通知书及送达回证；

3. 行政复议答复书及证据清单；

4. 被诉复议决定书及送达材料；

5. 更正说明。

在一审期间，何某提交以下证据证明诉讼主张：

1. 2010 年 3 月 13 日《申请书》；

2. 〔2015〕丰民初字第 21948 号《民事裁定书》；

3. 被诉告知书；

4. 被诉复议决定书。

经过庭审质证，一审法院对上述证据作如下认证：何某的证据 1、2，证明目的不成立，不予采用。何某的证据 3、4 和 F 区民政局、F 区政府的证据具备真实性、合法性和与本案的关联性，予以采信。

一审法院已将上述证据材料全部移送本院，本院审查后认定：一审法院对上述证据材料所作认证符合《最高人民法院关于行政诉讼证据若干问题的规定》的有关规定，是正确的，本院作相同认定。

根据上述被认定合法有效的证据，本院认定如下案件事实：2019 年 5 月 9 日，F 区民政局收到何某提交的申请书，申请书主要内容为：何某于 2010 年 2 月 20 日晚在重庆—B 西站的 L102 次列车上救治两位患者，导致身负重伤，国家发给残疾证，现申请见义勇为行为认定，享受国家见义勇为政策。2019 年 5 月 13 日，F 区民政局作出被诉告知书，告知内容如前所述。何某不服，于 2019 年 6 月 4 日向 F 区政府申请行政复议。2019 年 7 月 24 日，F 区政府作出被诉复议决定书，维持了被诉告知书。何某仍不服，向一审法院提起本案诉讼。

另查明，《B 市见义勇为人员奖励和保护条例》和《〈B 市见义勇为人员奖励和保护条例〉实施办法》于 2000 年 8 月 1 日起施行。2014 年 6 月 19 日，

B 市人民政府作出《B 市人民政府关于修改〈B 市见义勇为人员奖励和保护条例实施办法〉的决定》，对《〈B 市见义勇为人员奖励和保护条例〉实施办法》作出修改，修改后的《〈B 市见义勇为人员奖励和保护条例〉实施办法》于 2014 年 8 月 1 日起施行。

本院认为，依据《中华人民共和国立法法》第九十三条所确立的法不溯及既往原则，新法不得适用于其施行前已终结的事实和法律关系。本案中，何某于 2019 年 5 月向 F 区民政局提出见义勇为认定申请，请求将其 2010 年在火车上救助病人的行为认定为见义勇为。但依据 2010 年有效实施的《〈B 市见义勇为人员奖励和保护条例〉实施办法》第六条之规定，申请人反映见义勇为情况或者申请确认见义勇为，应当在行为发生之日起 30 个工作日内，携有关线索或者证明材料，向行为发生地的区、县民政部门提出。故何某所提此次申请，超出前述 30 个工作日的申请期限。F 区民政局作出被诉告知书对其进行告知，认定事实清楚，适用法律正确，程序合法，并无不当。F 区政府收到何某的行政复议申请后，依法履行复议职责，所作被诉复议决定书合法，本院予以认可。

综上，一审法院判决驳回何某的诉讼请求是正确的，本院应予维持。何某所持上诉意见不能成立，本院不予支持。依照《中华人民共和国行政诉讼法》第八十九条第一款第一项之规定，判决如下：

驳回上诉，维持一审判决。

一、二审案件受理费各 50 元，均由何某负担（已交纳）。

本判决为终审判决。

审　判　长　杨某某

审　判　员　周某某

审　判　员　刘某某

二〇二〇年三月二十四日

法官助理　李某某

书　记　员　范某某

附录10：C市某某生态陵园有限责任公司与A省C市人民政府、A省C市民政局不履行行政协议案裁判文书

A省高级人民法院
行政裁定书

〔2019〕皖行终99号

上诉人（一审原告）：C市某某生态陵园有限责任公司，住所地A省C市J区某某镇某某村。

法定代表人：张某某，执行董事。

委托代理人：王律师，B金诚同达（H）律师事务所律师。

委托代理人：刘律师，B金诚同达（H）律师事务所律师。

被上诉人（一审被告）：A省C市人民政府，住所地A省C市某某路某某号。

法定代表人：张某，市长。

被上诉人（一审被告）：A省C市民政局，住所地A省C市某某路某某巷。

法定代表人：朱某某，局长。

上诉人C市某某生态陵园有限责任公司（以下简称某某陵园公司）因诉A省C市人民政府（以下简称C市人民政府）、A省C市民政局（以下简称C市民政局）不履行行政协议一案，不服A省H市中级人民法院〔2018〕皖01行初205号行政裁定，向本院提起上诉。本院受理后，依法组成合议庭审理了本案。

一审原告某某陵园公司向一审法院诉称，2006年5月30日，原C市J区人民政府向社会公众发布《J区殡仪馆及西山公墓迁址扩建工程项目招商简介》（以下简称《招商简介》），声明J区殡仪馆及西山公墓迁址扩建工程项目已经通过J区发改委批准立项，并经规划许可，该项目为J区重点招商项目，并作出相应承诺和要求。同日，由政府及下属多部门人员组成的C市J区

497

殡仪馆及西山公墓迁址扩建工程指挥部向社会公众发布《J区某某生态陵园工程项目招商说明》（以下简称《招商说明》），承诺：项目规划面积约350亩及甲方暂定地方工作费用的起始价为3.5万元/亩，其余主要事项与上述招商简介一致。某某陵园公司依据上述招商简介和招商说明内容投标后中标。2006年9月14日，原C市J区人民政府授权原C市J区民政局作为甲方与某某陵园公司作为乙方签订了《J区某某生态陵园建设协议书》，原C市J区人民政府以鉴证单位名义在该协议上盖章。2006年10月18日，原C市J区人民政府下达《关于同意兴建J区某某生态陵园的批复》，要求严格按照规划设计的方案进行建设，确保项目如期建成，并尽快发挥效益。2006年11月15日，A省民政厅下达《关于同意C市J区某某陵园立项的批复》，同意J区某某陵园的立项计划，项目占地230亩，C市J区某某陵园由原C市J区民政局主管。2007年4月21日，由原C市J区人民政府及其民政局、财政局、国土资源局、夏阁镇政府委派人员参加的C市J区人民政府区长办公会会议纪要中关于某某陵园项目情况议案载明：鉴于投资方已预交900万元费用到项目指挥部，土地出让金缴纳事宜由夏阁镇按照有关规定操作，不足部分由投资方补齐，契税按照实际成交价缴纳，高于标的价3.5万元/亩部分返还给投资方，报批等规费按照协议约定处理。2007年4月26日，某某陵园公司与原C市J区国土资源局签订了《国有土地使用权出让合同》，约定某某陵园公司受让某某镇某某村84821平方米（127.23亩）土地，土地条件达到三通，土地出让金为158.4元/平方米，主体建筑物性质为陵园建设。2007年5月20日，C市夏阁镇人民政府向当时的原J区建设局报送《关于请求批准C市某某生态陵园详细规划的报告》，请求区建设局对该详细规划予以批准；6月3日，J区建设局向夏阁镇政府作出《关于同意C市某某生态陵园详细规划的批复》，同意了该详细规划，并要求督促某某陵园公司制定实施方案，严格按照规划组织建设。此后，某某陵园公司履行了《J区某某生态陵园建设协议书》约定的付款义务，按照协议约定内容投资项目建设，如期完成协议约定的墓穴建设数量和正常经营目标。截至目前某某陵园公司已向本项目投入建设资金102991887.68元，经投入大量的人力、物力，现该项目基本趋于成熟。然而，原J区政府和区民政局向某某陵园公司实际交付 300 亩陵园项目用地后，仅由国土局为公司办理了第一批 127.13 亩土地使用权证，但未为公司申请办理陵园项目后续土地证手续。2017 年 2 月 10 日，某某陵园公司向现 C 市人民政府提交《关于要求办理某某生态陵园土地证的申请》，要求 C 市政府履行协议约定的义务和承诺，将余下的土地使用权证办理至某某陵园公司名下，以便本案陵园项目能够顺利实施。C 市政府收悉上述申请后，于 2017 年 5 月 11 日由 C 市常务副市长夏群山批示"请国土局本着尊重历史，实事求是的原则，解决好此历史遗留问题"。然而，此后 C 市政府未给予公司任何书面答复。2018 年 5 月 25 日，C 市民政局向某某陵园公司发出《关于终止履行〈J 区某某陵园建设协议书〉部分条款的函》称，鉴于近年来 C 市发展规划发生重大调整，后期 102.64 亩无法继续供地，《J 区某某陵园建设协议书》第一条失去继续履行的条件，C 市民政局作为协议一方当事人，自 2018 年 5 月 25 日起不再履行此款规定的义务。某某陵园公司认为，C 市政府及其组建的公墓迁址指挥部发布的《招商简介》和《招商说明》载明了本案陵园项目的供地亩数、供地价格、项目完成时间、墓地经营期限以及费用承担等具体内容，该《招商简介》和《招商说明》中约定的甲方的权利和义务，与公司与 C 市民政局签订的《C 市 J 区某某生态陵园建设协议书》中甲方的权利义务一致，因此，该《招商简介》和《招商说明》应为 J 区政府及其组建的指挥部发出的要约，而原告某某陵园公司通过竞标的方式进行了承诺后中标，双方的合同成立并生效。原 J 区政府发布的上述《招商简介》和《招商说明》，是政府对涉案陵园项目建设实施行政管理的行为，该陵园项目具有社会公益性质。C 市民政局作为陵园项目的主管单位，其受 C 市政府委托实际操作陵园招商建设，并与某某陵园公司签订建设协议，代为 C 市政府履行该协议约定的各项义务。某某陵园公司和 C 市政府、C 市民政局均应受《C 市 J 区某某生态陵园建设协议书》的约束，协议双方均应严格履行协议。某某陵园项目经政府及政府各部门审批并报送上级主管部门审核并批准立项，该项目合法合规。某某陵园公司与 C 市政府及其所属行政机关签订的各份合同亦为双方真实意思表示，内容不违反法律或行政法规的强制性规定，均为合法有效，项目招标方 C 市政府和协议各方当事人均应严格履行合同义务。根据《招商说明》和涉案陵园建设协议书第一条约定，C 市政府和 C 市民政局，应当分批为某某陵园公司报批陵园项目建设所需土地使用权手续，使公司取得国有土地使用权证。但是，自 2007 年后，两被告拒不履行陵园项目使用土地的报批义务，致使某某陵园公司对其使用的 300 亩土地仅办理 127.13 亩土地证，尚有 172.87 亩土地至今未能取得土地证。C 市政府、C 市民政局这一行为已构成违约。综上，请求：1. 判令 C 市人民政府按照其 2006 年 5 月 30 日发布的《招商简介》履行法定职责，即立即为某某陵园公司办理案涉项目剩余 172.87 亩土地使用权出让手续；2. 确认 2018 年 5 月 25 日被告 C 市民政局代表 C 市人民政府向原告 C 市某某陵园公司发送的《关于终止履行〈J 区某某陵园建设协议书〉部分条款的函》不发生法律效力；3. 判令两被告继续履行 2006 年 9 月 14 日其与原告签订的《C 市 J 区某某生态陵园建设协议书》；4. 判令两被告向原告支付违约金 5149594.384 元；5. 本案诉讼费用由两被告负担。

　　一审法院经审理查明，2006 年 5 月 30 日，原 C 市 J 区人民政府向社会公众发布《招商简介》，声明 J 区殡仪馆及西山公墓迁址扩建工程项目已经通过 J 区发改委批准立项，并经规划许可，该项目为 J 区重点招商项目，并作出相应承诺和要求。同日，由原 C 市 J 区人民政府及下属多部门人员组成的 C 市 J 区殡仪馆及西山公墓迁址扩建工程指挥部（以下简称公墓迁址指挥部）向社会公众发布《招商说明》，承诺：项目规划面积约 350 亩及甲方暂定地方工作费用的起始价为 3.5 万元/亩。其余主要事项与 C 市政府发布的《招商简介》一致。原告某某陵园公司依据上述《招商简介》和《招商说明》内容投标后中标。2006 年 9 月 14 日原 C 市 J 区民政局作为甲方与某某陵园公司作为乙方签订了《J 区某某生态陵园建设协议书》，原 C 市 J 区人民政府以鉴证单位名义在该协议上盖章。2006 年 10 月 18 日，原 C 市 J 区人民政府下达《关于同意兴建 J 区某某生态陵园的批复》，要求严格按照规划设计的方案进行建设，确保项目如期建成，并尽快发挥效益。2006 年 11 月 15 日，A 省民政厅下达《关于同意 C 市 J 区某某陵园立项的批复》，同意 J 区某某陵园的立项计划，项目占地 230 亩，C 市 J 区某某陵园由 J 区民政局主管。2007 年 4 月 26 日，原告某某陵园公司与原 C 市 J 区国土资源局签订了《国有土地使用权出让合同》，约定某某陵园公司受让某某镇某某村 84821 平方米（127.23 亩）土地，土地条件达到三通，土地出让金为 158.4 元/平方米，主体建筑物性质为陵园建设。

2017 年 2 月 10 日，原告某某陵园公司向现 C 市人民政府提交《关于要求办理某某生态陵园土地证的申请》，要求 C 市人民政府履行协议约定的义务和承诺，将余下的土地使用权证办理至某某陵园公司名下，以便该公司能够顺利实施本案陵园项目。C 市人民政府收悉上述申请后，于 2017 年 5 月 11 日由 C 市常务副市长夏群山批示"请国土局本着尊重历史，实事求是的原则，解决好此历史遗留问题"。2018 年 5 月 25 日，被告 C 市民政局向原告某某陵园公司发出《关于终止履行〈J 区某某陵园建设协议书〉部分条款的函》称，鉴于近年来 C 市发展规划发生重大调整，后期 102.64 亩无法继续供地，《J 区某某陵园建设协议书》第一条失去继续履行的条件，C 市民政局作为协议一方当事人，自 2018 年 5 月 25 日起不再履行此款规定的义务。原告不服，诉至法院，请求判如所请。

一审法院认为，从《J 区某某生态陵园建设协议书》的签订主体来看，协议的双方系 C 市民政局和某某陵园公司，C 市人民政府仅系作为鉴证单位在上面盖章，但并不能因此成为协议的一方当事人。另从 C 市民政局向某某陵园公司发出的《关于终止履行〈J 区某某陵园建设协议书〉部分条款的函》来看，亦系 C 市民政局作出的行政行为，并没有证据表明其系受 C 市人民政府的委托而实施上述行为。因此，C 市人民政府并非本案适格被告，一审法院对此亦向原告予以释明，原告仍坚持起诉 C 市人民政府。综上，依据《最高人民法院关于适用〈中华人民共和国行政诉讼法〉的解释》第二十六条第一款之规定，裁定驳回原告 C 市某某生态陵园有限责任公司的起诉。

某某陵园公司上诉称：1. C 市人民政府发布的《招商简介》是涉案项目发生的前提和依据。该《招商简介》发布当天，由 C 市人民政府组建的指挥部发布《招商说明》载明：项目规划面积约 350 亩及甲方暂定地方工作费用的起始价为 3.5 万元/亩，其余事项与《招商简介》内容基本一致。涉案陵园项目是 C 市人民政府的重点项目，该项目招商主体为该政府，涉案项目权利义务的享有和承担主体也是该政府。《招商说明》载明的项目基本情况、供地亩数、供地价格、项目完成时间、墓地经营期限以及费用承担等项目建设中明确具体的指标。该《招标说明》约定的甲乙双方权利义务明确具体，属 C 市人民政府发出的要约范畴，某某陵园公司通过竞标方式中标，由此双方合同成立并生效。C 市民政局在招投标期间从未与某某陵园公司洽谈、协商，是 C 市人民政府安排 C 市民政局与某某陵园公司签订涉案《J 区某某生态陵园建设协议书》（以下简称《协议书》）。该《协议书》中约定的甲乙双方权利义务，与《招商说明》《招商简介》中载明的权利义务基本一致。因此，C 市民政局系受 C 市人民政府委托，与某某陵园公司签订涉案《协议书》。2. 涉案《协议书》中约定的内容中有土地供应、优惠政策的实施和兑现，均属 C 市人民政府行政职权范围，C 市民政局只能按该政府授权与某某陵园公司签订合同，该政府对《协议书》的鉴证行为即为书面授权的表现形式，由此产生的法律后果应由授权机关承担；3. C 市人民政府、C 市民政局存在明显违约行为，侵犯了某某陵园公司合法权益。综上，C 市人民政府系本案适格被告，一审裁定错误，请求撤销一审裁定，指令继续审理。

C 市人民政府答辩称，1. C 市民政局与某某陵园公司签订的涉案《协议书》，内容上不可能包括《招商简介》《招商说明》的内容。《招商简介》《招商说明》系对涉案项目的公开介绍，是向社会公布招商引资的相关政策，并非要约。C 市人民政府不是涉案《协议书》的相对人。2. C 市人民政府并未委托或授权 C 市民政局与某某陵园公司签订涉案协议。3. 某某陵园公司诉讼请求涉及多个不同行政行为，经一审法院释明其仍拒绝变更，依法应被裁定驳回起诉。综上，一审裁定认定事实清楚，适用法律正确，请求依法驳回上诉。

C 市民政局答辩称，涉案《协议书》是上诉人与 C 市民政局签署，仅对该双方具有约束力。C 市民政局发出的《关于终止履行〈J 区某某陵园建设协议书〉部分条款的函》合法有效，与 C 市人民政府无关。上诉人依法仅与国土部门签订了 127.13 亩土地使用权合同，对于其所称的剩余土地，上诉人长期不向民政局申请协助办理国有土地使用权证书。答辩人承担的是民政管理方面的法定职责，没有提供给上诉人土地的法定职权和职责。另，H 市人民政府已将剩余土地纳入名胜风景区规划，上诉人违法使用已被 C 市相关职能部门查处。上诉人一案提出两个诉请，违反法律规定。综上，请求驳回上诉，维持原判。

本院认为，本案上诉人某某陵园公司系针对行政协议提起诉讼，故本案不但可以适用行政法律规范，还可以适用不违反行政法和行政诉讼法强制性规定的民事法律规范。根据《中华人民共和国合同法》《中华人民共和国招标投标法》的相关规定，原 C 市 J 区人民政府及其成立的公墓迁址指挥部对外发布的案涉《招商简介》《招商说明》属于要约邀请的范畴，某某陵园公司据此予以投标，系向原 C 市 J 区人民政府发出要约，后该公司中标，即该公司被招标人原 C 市 J 区人民政府选定为中标人，是该政府对某某陵园公司发出的要约所作出的承诺，此时，双方合同关系即已成立。C 市民政局与某某陵园公司签订《协议书》只是具体落实上述合同关系内容的行为，故原 C 市 J 区人民政府是本案涉案协议的相对方之一。再者，从《协议书》约定内容看，一是该协议部分内容与《招商简介》《招商说明》主要内容基本一致，二是协议中约定的除墓地管理等属于 C 市民政局法定职责范围内的事项外，其他约定的有关征地拆迁、出让土地等权利义务，均超出了该民政局权限范围，其也无法实际履行涉案协议该部分内容。综上，在原 C 市 J 区人民政府被撤销后，C 市人民政府继续行使其职权的情况下，某某陵园公司以 C 市人民政府、C 市民政局为被告，提起本案诉讼，不仅符合合同相对性原则、职权法定性原则，而且符合《中华人民共和国行政诉讼法》第二十六条第六款"行政机关被撤销或者职权变更的，继续行使其职权的行政机关是被告"的规定。故一审裁定虽认定事实清楚，但裁定驳回上诉人某某陵园公司的起诉不当。某某陵园公司的上诉理由能够成立，本院予以支持。依照《最高人民法院关于适用〈中华人民共和国行政诉讼法〉的解释》第一百零九条第一款之规定，裁定如下：

一、撤销 A 省 H 市中级人民法院〔2018〕皖 01 行初 205 号行政裁定；
二、本案指令 A 省 H 市中级人民法院继续审理。

本裁定为终审裁定。

审判长 周某某

审判员 王某某

审判员 钟某某

二〇一九年四月三日

书记员 潘某某

附录 11：刘某某诉 J 省人民政府人事处理行政申诉及行政复议案裁判文书

J 省高级人民法院
行政裁定书

〔2017〕吉行终 322 号

上诉人（原审原告）：刘某某。

委托代理人：刘某（系刘某某哥哥）。

被上诉人（原审被告）：J 省人民政府，住所地 J 省 C 市 K 区某某路某某号。

法定代表人：刘某某，省长。

委托代理人：王某某，J 省人民政府法制办公室工作人员。

上诉人刘某某因诉被上诉人 J 省人民政府人事处理行政申诉及行政复议一案，不服 J 省 C 市中级人民法院〔2017〕吉 01 行初 162 号行政裁定，向本院提起上诉。本院依法组成合议庭对本案进行了审理，现已审理终结。

原审法院查明，刘某某因其与 J 省某某学校之间的人事争议，向 J 省体育局提出申诉，2017 年 6 月 2 日 J 省体育局对刘某某提出的申诉作出答复。针对该答复，刘某某向 J 省人民政府申请行政复议，J 省人民政府行政复议办公室于 2017 年 7 月 19 日对刘某某作出告知，告知内容如下："你因与原单位人事争议不服 J 省体育局申诉处理，已于 2016 年 2 月 26 日向我机关提出行政复议申请，我机关以该事项不属于行政复议范围作出不予受理决定。现你对 2017 年 6 月 2 日 J 省体育局作出的《关于对刘某某行政申诉事项的答复》不服，又提出行政复议申请，该复议事项仍为不服 J 省体育局的申诉处理。是否属于行政复议范围，法院正在审理过程中。"刘某某对该告知不服，向原审法院提起行政诉讼，请求撤销 2017 年 7 月 19 日作出的告知书。

原审法院认为，《中华人民共和国行政复议法》第八条第一款规定："不服行政机关作出的行政处分或者其他人事处理决定的，依照有关法律、行政法规的规定提出申诉。"本案中，刘某某与 J 省体育学校之间的争议属于人事争议范畴，刘某某为了解决该人事争议，向 J 省某某学校的主管单位 J 省体育局提出申诉。其后，刘某某向被告 J 省人民政府申请行政复议，但由于其向 J 省体育局提出的申诉事项仍属人事争议范畴，根据《中华人民共和国行政复议法》第八条第一款的规定，刘某某对人事争议申请行政复议，不属于行政复议受案范围。另外，因刘某某曾向 J 省体育局提出过申诉，并向 J 省人民政府申请过行政复议，J 省人民政府对刘某某的行政复议申请作出过不予受理决定。故刘某某再次针对人事争议处理事项向 J 省人民政府申请行政复议，J 省人民政府对其作出的告知并未影响到刘某某的实体权利义务。依照《最高人民法院关于适用〈中华人民共和国行政诉讼法〉若干问题的解释》第三条第一款第八项规定，裁定驳回原告刘某某的起诉。

刘某某上诉称，刘某某向 J 省体育局提出行政申诉属于不服教育行政申诉决定，是可复议、可诉性申诉，而非公务员申诉、监察申诉。《行政复议法》第八条第二款规定所指向的"其他人事处理争议"，是专门指向行政机关对内部公务员的人事处理决定行为，J 省人民政府认为本案不可复议，是适用法律错误。J 省体育局在复议、诉讼期间改变原行政行为，刘某某有权针对改变后的行政行为提起行政复议。新《行政复议法》对复议范围有扩大，本案属于侵犯《教师法》所保护的教师权利，属于可复议范围。因此，请求撤销原审判决，发回原审法院继续审理。

二审双方均未提交新证据，二审查明事实与原审一致，本院予以确认。

本院认为，《中华人民共和国行政诉讼法》第四十九条第四项规定，提起行政诉讼的法定条件之一是，所诉事项应当属于行政诉讼的受案范围。《最高人民法院关于执行〈中华人民共和国行政诉讼法〉若干问题的解释》第一条第二款第六项规定，对公民、法人或者其他组织权利义务不产生实际影响的行为，不属于行政诉讼的受案范围。本案中，J 省人民政府行政复议办公室于 2017 年 7 月 19 日对刘某某作出的告知，没有对刘某某的权利义务作出新的处理，未对其权利义务产生实际影响，不属于行政诉讼的受案范围。原审裁定驳回起诉并无不当。但原审法院以刘某某与 J 省某某学校之间的人事争议不属于行政复议范围为由作出裁定，理由不当，本院予以指正。

综上，刘某某的上诉请求无事实及法律依据，本院不予支持。依照《中华人民共和国行政诉讼法》第八十九条第一款的规定，裁定如下：

驳回上诉，维持原裁定。

本裁定为终审裁定。

审　判　长　孙某某

审　判　员　郭某某

代理审判员　孔某某

二〇一七年十二月十五日

书　记　员　张某某

附录12：何某某诉H大学拒绝授予学位案裁判文书

H省W市中级人民法院
行政判决书

〔2009〕武行终字第61号

上诉人（原审原告）：何某某，男，1985年×月×日出生，汉族，H大学W分校2003级某某专业本科毕业生，住H省S市Z区南郊办事处某某南路某某号。

委托代理人：何某，男，1950年11月27日出生，汉族，H省S市某某化工厂职工，住H省S市Z区南郊办事处某某南路某某号。

被上诉人（原审被告）：H大学，住所地H省W市H区某某路某某号。

法定代表人：李某某，该校校长。

委托代理人：李律师，H多能律师事务所律师。

委托代理人：周律师，H多能律师事务所律师。

第三人：H大学W分校，住所地H省W市某某街某某号。

法定代表人：金某某，该校董事长。

委托代理人：李律师，H多能律师事务所律师。

委托代理人：周律师，H多能律师事务所律师。

上诉人何某某因诉H大学履行法定职责一案，不服W市H区人民法院〔2008〕洪行初字第81号行政判决，向本院提起上诉。本院于2009年2月24日立案受理后，依法组成合议庭，于2009年3月10日公开开庭进行了审理。上诉人何某某的委托代理人何某，被上诉人H大学和第三人H大学W分校共同的委托代理人李律师、周律师到庭参加诉讼。本案现已审理终结。

原审法院经审理查明：原告何某某系第三人H大学W分校2003级某某专业的本科毕业生。第三人H大学W分校是独立的事业法人单位，无授予学士学位的资格。1982年1月12日，国务院学位委员会、教育部〔82〕学位字

001 号《关于下达首批授予学士学位的高等学校名单的通知》中载明，H 工学院是国务院首批授予学士学位的高等学校。1988 年 1 月，H 工学院更名为 H 理工大学。2000 年 5 月 26 日，H 理工大学、同济医科大学、W 城市建设学院合并，科技部管理学院并入，组建 H 大学。2003 年 5 月 12 日，第三人颁发的《H 大学 W 分校授予本科毕业生学士学位实施细则》第二条规定，"凡具有我校学籍的本科毕业生，符合本《实施细则》中授予条件者，均可向 H 大学学位评定委员会申请授予学士学位"；第三条规定，"……达到下述水平和要求，经学术评定委员会审核通过者，可授予学士学位：……（三）通过全国大学英语四级统考"。2003 年 6 月 27 日，《H 大学本科学分制学籍管理条例》第五十七条规定："凡有下列情况之一，学校不授予学士学位：……2. 国家大学生英语四级考试不及格。"2006 年 12 月，H 大学作出《关于 W 分校、文华学院申请学士学位的规定》，确定非外国语专业的申请者须通过全国大学外语四级考试，是授予学士学位的必备条件之一。2007 年 6 月 30 日，原告何某某获得 H 大学 W 分校颁发的普通高等学校毕业证书。但原告何某某本科学习期间，没有通过全国英语四级考试，H 大学 W 分校根据《H 大学 W 分校本科毕业生学士学位实施细则》的规定，以原告何某某不符合学士学位授予条件为由，未向被告 H 大学推荐申请授予学士学位。2007 年 8 月 26 日，原告何某某向被告 H 大学和第三人 H 大学 W 分校提出授予工学学士学位的申请。2008 年 5 月 21 日，第三人 H 大学 W 分校书面答复原告，因其没有通过全国大学英语四级考试，不符合授予条件，被告 H 大学不能向其颁发学士学位。

　原审法院认为，依据《中华人民共和国学位条例》《中华人民共和国学位条例暂行实施办法》《国务院批准首批授予学士学位高等学校名单》的授权，H 大学具有授予学士学位的法定职责。何某某以 H 大学在收到申请之日起 60 日内未授予其工学学士学位，向人民法院提起行政诉讼，符合《最高人民法院关于执行〈中华人民共和国行政诉讼法〉若干问题的解释》第三十九条第一款的规定，H 大学是本案适格的被告。原告何某某是第三人 H 大学 W 分校的本科毕业生，第三人 H 大学 W 分校是非授予学士学位的高等院校，依据《中华人民共和国学位条例暂行实施办法》第四条第二款"非授予学士学位的高等学校，对达到学士学术水平的本科毕业生，应当由系向学校提出名单，经学校同意后，由学校就近向本系统、本地区的授予学士学位的高等学校推荐。授予学士学位的高等学校有关的系，对非授予学士学位的高等学校推荐的本科毕业生进行审查考核，认为符合本暂行办法第三条及有关规定的，可向学校学位评定委员会提名，列入学士学位获得者的名单"的规定，第三人对该校达到学士学术水平的本科毕业生，向被告推荐，由被告审核是否授予学士学位。被告及第三人均将通过全国大学英语四级考试作为学士学位授予的具体条件之一，没有违反《中华人民共和国学位条例》第四条、《中华人民共和国学位条例暂行实施办法》第二十五条的规定。第三人以原告没有通过全国大学英语四级考试，不符合学士学位授予条件为由，没有向被告推荐审核是否授予学士学位，原告要求被告为其颁发工学学士学位证书的诉讼请求，无事实和法律依据。被告在收到原告邮寄送达的申请书后，转交原告所在学校处理，并由第三人书面告知了原告不能授予学位的原因，原告起诉被告不作为的理由不成立，依法不予支持。原审法院依据《最高人民法院关于执行〈中华人民共和国行政诉讼法〉若干问题的解释》第三十九条第一款、第五十六条第一项之规定，作出如下判决：驳回原告何某某要求被告 H 大学为其颁发工学学士学位的诉讼请求。

上诉人何某某不服原审判决，向本院提起上诉称：第一，依据《中华人民共和国教育法》的规定，国家教育考试由国务院教育行政部门确定种类。在本案中，被上诉人没有拿出全国大学英语四级考试被教育部批准为教育考试的批文，所以英语四级为非法考试。被上诉人也没有任何证据证明第三人发放了英语四级教科书和教学了英语四级课程，所以被上诉人以第三人没有实施教学的英语四级为依据，来确定颁发学位证的标准是被上诉人自行制定的土政策。第二，原审判决认为英语四级作为学位授予具体条件之一，没有违反国务院《中华人民共和国学位条例》第四条的规定是错误的，因为，英语四级考试和会计考试、资格考试、托福考试一样是一种职业考试，而非教育考试。《中华人民共和国学位条例》没有明确规定英语四级为授予学士学位条件之一。依据国务院《全面推进依法行政实施纲要》（2004 年 3 月 22 日国发

〔2004〕10号）第五条第一款的规定："行政机关实施行政管理，应当依照法律、法规、规章的规定进行；没有法律、法规、规章的规定，行政机关不得作出影响公民、法人和其他组织合法权益或者增加公民、法人和其他组织义务的决定。"所以被上诉人以法律没有规定的英语四级为颁发学位证的必要条件是违法的，同时也增加了上诉人的义务。第三，英语四级考试超出法定学术水平范围，是另外组织的学位考试。从《关于做好应届本科毕业生授予学士学位准备工作的通知》第四条可以看出，"成绩优良"的标准是指审核准予毕业，进而可以理解为凡审核准予毕业者，均可授予学士学位。被上诉人没有拿出英语四级是第三人教学计划的证据，所以英语四级是另外超出法定范围违法组织的学位考试。而且 H 工业大学、中南财经政法大学等学校都不与英语四级挂钩，只和本校的教学、考试挂钩，这说明本校的教学、考试才是正确执行法定的学术标准。第四，以通过英语四级考试作为获得学位条件的程序违法。依据《规章制定程序条例》（2001 年 11 月 16 日国务院令第 322 号公布）第三十六条、第三十一条、第二条之规定，被上诉人应把通过英语四级考试作为获得学位的条件，在考生填报志愿之前，公布在考生能够看到的《招生简章》和新闻媒体上，以满足考生的知情权，使考生知道被上诉人授予学位的标准，但被上诉人只是公布在校内红头文件上，所以被上诉人将通过英语四级考试作为获得学位条件的程序违法，应为无效。第五，《招生简章》按照政策规定是由学校制定，报省教育厅审批后，才可向新闻媒体公布，是向广大考生和人民群众的一种承诺。第三人 H 大学 W 分校的《招生简章》没有写明学位与英语四级考试挂钩，就应视为不挂钩。被上诉人将学士学位授予标准与英语四级考试挂钩的事实违法。原审判决认定事实不清、证据违法，适用法律错误。请求二审法院依法撤销原审判决，直接改判被上诉人依据法定学位条件颁发学士学位暨判决通过英语四级考试为非获得学位的条件。

被上诉人 H 大学答辩称：首先，上诉人就读的 H 大学 W 分校是具有独立法人资格的单位，H 大学 W 分校与我校并无行政隶属关系，H 大学 W 分校与我校二者之间是委托与受委托审查、授予 H 大学学士学位证书的关系。根据《中华人民共和国学位条例暂行实施办法》第四条和《H 省学位委员会关于授予学士学位办法（试行）》第十二条的规定，H 大学只是接受"非学士学位授予单位"第三人 H 大学 W 分校的委托，代为审查和授予本校本科毕业生的学士学位证书。因此，H 大学与本案无关，不应列为本案一审被告。我校在当时根本没有收到过 H 大学 W 分校提交的上诉人申请学士学位的任何资料。H 大学 W 分校在法庭上也证实由于没有收到上诉人的申请，根本就没有委托 H 大学对上诉人进行审查和授予学士学位证书工作；上诉人也当庭承认，上诉人在 H 大学 W 分校毕业时没有向 H 大学 W 分校申报学士学位。根据这一事实，H 大学根本不存在行政不作为之事实。所以，H 大学依法不应当是本行政诉讼案件适格的被告，上诉人的诉讼请求不能成立。其次，国务院学位委员会、教育部《关于做好应届本科毕业生授予学士学位准备工作的通知》《首批授予学士学位高等学校名单》中明确赋予我校拥有授予学士学位的权利。我校作为国家重点一本高校，有权对自己所培养的学生质量作出规定和要求，有权利自行制定授予学位的规则。依据《中华人民共和国学位条例》第四条的规定："高等学校本科毕业生，成绩优良，达到下述学术水平者，授予学士学位：（一）较好地掌握本门学科的基础理论、专门知识和基本技能……"这是一个原则性的规定，至于哪些是基础理论、专门知识并未明确表述，实际上也不可能明确表述，此规定的目的就是要各高校灵活根据自身条件制定具体的要求；《中华人民共和国学位条例暂行实施办法》第二十五条明确规定了"学位授予单位可根据本暂行条例实施办法，制定本单位授予学位的工作细则"。因此，我校将英语四级考试成绩与学士学位挂钩，是在法律的授权之内，符合法律规定的；且我校已向全体学生公布了这一要求，例如：《H 大学关于转发〈H 省学位委员会关于授予学士学位办法（试行）〉的通知》《H 大学普通本科生学籍管理细则》《H 大学关于 H 大学 W 分校、文华学院申请学士学位的规定》等，都对英语的重要性一再重申，并公布在学生手册和学校网站之中。老师在日常教学中也是反复多次强调，已尽到了告知义务。上诉人在三本院校就读，虽取得 H 大学 W 分校毕业证，但未达到申请授予学士学位的条件，上诉人本人也没有向 H 大学 W 分校提出申请。学位证不同于毕业证，我校作为国家重点高校也不会出于任何目的（包括为了学生的日后就业）任意非法批量发放学士学位。上诉人错误理解法律规定，把本科教育毕业证的取得条件与学士学位授予条件相混同，因此，上诉人不符合 H 大学学士学位的授予条件。最后，上诉人毕业于 2007 年 7 月，上诉人毕业时明知同班同学有人取得了我校学士学位证，而自己由于四级英语考试没及格就根本没有申报学士学位证。根据《中华人民共和国行政诉讼法》第三十九条规定："公民、法人或者其他组织直接向人民法院提起诉讼的，应当在知道作出具体行政行为之日起三个月内提出。"所以，上诉人的诉讼时效应从毕业时起算，上诉人于 2008 年 5 月 21 日才提起诉讼，因此早已超过诉讼时效。请求驳回上诉，维持原判。

H 大学 W 分校述称：我校目前没有授予学士学位的法定职责，根据《H 大学 W 分校授予本科毕业生学士学位实施细则》规定，只有通过全国大学英语四级考试的 H 大学 W 分校本科毕业生，才有资格申请授予 H 大学学士学位。我校在收到上诉人要求颁发学士学位证书的申请后，已书面告知因其没有通过全国大学英语四级考试，没有向被上诉人推荐审核是否授予上诉人学士学位。请求驳回上诉，维持原判。

H 大学向原审法院提供的证据有：

1. 《中华人民共和国学位条例》（1980 年版）。

2. 《中华人民共和国学位条例暂行实施办法》。

3. 国务院学位委员会、教育部《关于做好应届本科毕业生授予学士学位准备工作的通知》。

4. 国务院学位委员会《首批授予学士学位高等学校名单》。

以上法律依据说明 H 大学具有学士学位授予权，第三人 H 大学 W 分校对该校符合授予条件的本科毕业生，选择委托具有学位授予权的被告来授予学士学位证书。

5. H 工学院更名证明，证明 H 工学院于 1988 年更名为 H 理工大学，于 2000 年更名为 H 大学。

6. H 大学 W 分校《事业单位法人证书》，证明 H 大学 W 分校是独立的事业法人单位。

7. H 大学 W 分校的证明书，证明第三人以原告不具备学位授予条件为由没有向被告申请授予学士学位。

8. H 大学关于转发《H 省学位委员会关于授予学士学位办法（试行）》的通知，证明被告依据法律授权，有权制定本单位学位授予实施细则。

9.《H 大学本科学分制学籍管理条例》，证明 H 大学授予学士学位必须通过全国大学英语四级考试。

10. H 大学关于 W 分校、文华学院申请学士学位的规定，证明被告要求 W 分校和文华学院申请授予学士学位必须符合被告的有关规定。

11.《H 大学 W 分校本科毕业生学士学位实施细则》，证明第三人制定的学士学位授予规定适用该校全体学生。

12. H 大学 W 分校关于制定 2003 级本科专业学分制人才培养计划的指导性意见，证明第三人在培养计划中已对英语教学及标准提出明确要求。

13. 2003 级某某专业本科人才培养计划，证明第三人对原告所学专业的英语教学目标提出要求。

何某某向原审法院提供的法律法规依据有：

1. 身份证复印件、H 大学 W 分校普通高等学校毕业证书，证明原告具有行政诉讼原告主体资格。

2. H 大学 W 分校、H 师范大学汉口分校、昆明医学院海源学院、三峡大学科技学院、W 科技大学城市学院、中南民族大学国际工商学院等院校的招生广告，证明上述各校颁发的毕业证各不相同，但只要符合学位授予条件就能颁发学位证书。

3. 要求颁发学士学位证书的申请、挂号函件收据及答复查询邮件通知单，证明原告向被告和第三人提出要求颁发学士学位证书申请事实。

H 大学 W 分校未向原审法院提供证据。

经庭审质证，一审法院对原审原告和原审被告方提交的证据作如下确认：原审被告提交的证据 1 是已失效的法律规范，不能作为定案依据；原审被告提交的证据 7，是原审被告在诉讼中收集的证据，依据《最高人民法院〈关于行政诉讼证据若干问题的规定〉》第六十条第一项的规定，不能作为定案依据；原审被告提交的证据 5、6、8、9、10、11、12、13 的收集方式及表现形式符合法律规定，能客观证实被诉具体行政行为，依法予以采信；原审被告提交的依据 2、3、4 是被告履行法定职责的法律、法规、规章及规范性文件依据，可以作为本案定案的依据，依法予以采信。原审原告提交的证据 1、3 能证明原审原告行政诉讼的主体资格及向原审被告提出申请的事实，上述证据具有证据的关联性、合法性、真实性，可以作为本案定案的依据，依法予以确认；原审原告提交的证据 2 不具有证据的关联性，依法不予采信。

以上诉讼证据均随案卷移送本院，经审查上述一审诉讼证据、各方诉讼参加人在一审庭审中发表的质证和辩论意见，以及一审法院对行政诉讼证据的认定，结合本院二审审理查明的事实，本院审理查明事实如下：

1981 年 12 月 19 日，国务院学位委员会、教育部〔81〕学位字 022 号《关于做好应届本科毕业生授予学士学位准备工作的通知》附件 1《首批授予学士学位高等学校名单》中载明，H 工学院是国务院首批授予学士学位的高等学校。1988 年 1 月 H 工学院更名为 H 理工大学。2000 年 5 月 26 日，H 理工大学、同济医科大学、W 城市建设学院合并，科技部管理学院并入，组建 H 大学。因此，H 大学是具有国务院授权授予学士学位的高等学校。H 大学 W 分校由 W 军威企业集团有限公司与 H 大学合作开办，该校自开办即是独立学院性质，属于国家承认的民办普通高等学校，是独立的事业法人单位。H 大学 W 分校自开办到本案诉讼时尚未取得授予普通高等学校学士学位的资格。由于 H 大学 W 分校尚未取得授予普通高等学校学士学位的资格，根据国家对于民办高校学士学位授予的相关政策规定，2003 年 5 月 12 日，在 H 大学与 W 军威企业集团有限公司签订的补充协议中约定，H 大学同意对 H 大学 W 分校的本科毕业生中符合学士学位条件的授予学士学位，并在协议附件载明了授予学士学位实施细则。因此，H 大学与 H 大学 W 分校之间是一种接受委托审查授予学士学位的关系。

2003 年 4 月 13 日，H 大学 W 分校在其校发〔2003〕026 号文件《关于印发〈H 大学 W 分校授予本科生学士学位实施细则〉的通知》附件《H 大学授予 H 大学 W 分校本科毕业生学士学位实施细则》第二条规定："凡具有我校学籍的本科毕业生，符合本《实施细则》中授予条件者，均可向 H 大学学位评定委员会申请授予学士学位"；第三条规定"……达到下述水平和要求，经学术评定委员会审核通过者，可授予学士学位：……（三）通过全国大学英语四级统考"。该规定明确将通过全国大学生英语四级考试确定为 H 大学 W 分校本科应届毕业生向 H 大学申请审查授予学士学位的必备条件。2003 年 6 月 27 日，《H 大学本科学分制学籍管理条例》第五十七条规定，"凡有下列情况之一，学校不授予学士学位：……2. 国家大学生英语四级考试不及格"。该条例明确将国家大学生英语四级考试及格作为 H 大学授予应届本科毕业生学士学位的必要条件。《H 大学本科学分制学籍管理条例》载于 H 大学学生手册和 H 大学网站供学生和公众查询。2006 年 12 月，H 大学作出《关于 W 分校、文华学院申请学士学位的规定》，确定非外国语专业的申请者须通过全国大学英语四级考试，该规定再次明确了通过全国大学英语四级考试是 H 大学接受民办高校委托审查授予学士学位的必备条件之一。上诉人何某某于 2003 年 9 月至 2007 年 6 月在第三人 H 大学 W 分校某某专业四年制本科学习，并于 2007 年 6 月 30 日取得国家承认学历的 H 大学 W 分校颁发的普通高等学校本科毕业证书。H 大学 W 分校根据《H 大学授予 H 大学 W 分校本科毕业生学士学位实施细则》的规定，以上诉人何某某在 H 大学 W 分校本科学习期间没有通过全国大学生英语四级考试不符合普通高等学校学士学位授予条件为由，未向被上诉人 H 大学推荐申请授予学士学位。2007 年 8 月 26 日，上诉人何某某向被上诉人 H 大学和第三人 H 大学 W 分校提出授予工学学士学位的申请。2008 年 5 月 21 日，第三人 H 大学 W 分校书面答复上诉人何某某，因其没有通过全国大学英语四级考试，不符合授予学士学位条件，被上诉人 H 大学不能向其颁发学士学位。

本院认为，根据《中华人民共和国学位条例》《中华人民共和国学位条例暂行实施办法》《国务院批准首批授予学士学位高等学校名单》等法规、规章的授权，H 大学具有审查授予普通高校学士学位的法定职权。根据国家法律法规和国家促进民办高校办学的政策的相关规定，H 大学可以接受民办高校委托对于符合本校学士学位授予条件的民办高校应届本科毕业生经审查合格授予普通高校学士学位。上诉人何某某是第三人 H 大学 W 分校的本科毕业生，第三人 H 大学 W 分校是没有取得授予学士学位的民办普通高等院校，依据《中华人民共和国学位条例暂行实施办法》第四条第二款"非授予学士学位的高等学校，对达到学士学术水平的本科毕业生，应当由系向学校提出名单，经学校同意后，由学校就近向本系统、本地区的授予学士学位的高等学校推荐。授予学士学位的高等学校有关的系，对非授予学士学位的高等学校推荐的本科毕业生进行审查考核，认为符合本暂行办法第三条及有关规定的，可向学校学位评定委员会提名，列入学士学位获得者的名单"的规定，第三人 H 大学 W 分校对该校达到学士学术水平的本科毕业生，向被上诉人 H 大学推荐，由被上诉人 H 大学审核是否授予学士学位。上诉人何某某虽然不是被上诉人 H 大学本校的大学生，但作为与 H 大学有委托授予学士学位关系的 H 大学 W 分校的大学生，基于被上诉人 H 大学与第三人 H 大学 W 分校开办者 W 军威企业集团有限公司之间合作办学协议的实际约定、H 大学实际接受第三人 H 大学 W 分校委托审查授予该校应届本科毕业生学士学位的历史事实和现实操作情况，以及基于信赖利益保护原则，上诉人何某某以 H 大学在收到申请之日起 60 日内未授予其工学学士学位，向人民法院提起行政诉讼，符合《最高人民法院关于执行〈中华人民共和国行政诉讼法〉若干问题的解释》第三十九条第一款的规定，因此，被上诉人 H 大学是本案适格的被告。因此，对于被上诉人 H 大学提出其不应当是本行政诉讼案件适格被告的诉辩理由不予采纳。

上诉人何某某于 2007 年 8 月 26 日向被上诉人 H 大学和第三人 H 大学 W 分校均提出授予工学学士学位的申请，被上诉人 H 大学转由第三人 H 大学 W 分校答复，第三人 H 大学 W 分校于 2008 年 5 月 21 日作出书面答复，上诉人何某某当天即提起行政诉讼，依照法律规定并未超过起诉期限。被上诉人 H 大学以上诉人何某某起诉超过起诉期限的辩称意见不予采纳。

《中华人民共和国学位条例》对于授予学士学位的标准做了原则性的规定，该条例第四条规定："高等学校本科毕业生，成绩优良，达到下述学术水平者，授予学士学位：（一）较好地掌握本门学科的基础理论、专门知识和基本技能……"《中华人民共和国学位条例暂行实施办法》第二十五条规定："学位授予单位可根据本暂行实施办法，制定本单位授予学位的工作细则。"

该办法赋予学位授予单位在不违反《中华人民共和国学位条例》所规定授予学士学位基本原则的基础上可自行制定学士学位授予标准的权力和职责。H大学作为有学士学位授予权的国家教育部部属重点高等院校，其在国家学士学位授予基本原则范围内自行对其所培养的本科生教育质量和学术水平作出具体的规定和要求，有权自行制定授予学士学位的学术标准和规则。全国大学英语四级考试是目前全国大多数高等院校普遍用于检验大学英语课程教学学习水平的一种标准化外语考试，这种标准化外语考试的目的在于通过考试检测本科生大学英语课程的学习水平和实际掌握运用英语开展学术研究的能力。被上诉人H大学将英语四级考试成绩与学士学位挂钩，是在法律法规的授权范围之内，并没有违反《中华人民共和国学位条例》第四条和《中华人民共和国学位条例暂行实施办法》第二十五条的原则性规定。因此，全国大学英语四级考试既不是非法考试，也不是被上诉人H大学自行制定的土政策。目前全国有很多高等院校均将通过全国大学英语四级考试作为学士学位授予必备的学术水平衡量标准，这一标准并未超出法定的学术水平范围，属于高等院校的学术自治范畴。对于《关于做好应届本科毕业生授予学士学位准备工作的通知》第四条关于"成绩优良"的标准也应当是指符合高等院校根据学术自治原则确定的学术水平衡量标准才能授予学士学位。全国大学英语四级考试是一种衡量标准，主要是检验大学英语课程和本科生经过大学英语课程教学学习后实际运用外语开展学术研究和进行工作的实际能力。其他高等院校授予学士学位不与全国大学英语四级考试挂钩，而只和本校的教学、考试挂钩，同样也是高等院校学术自治原则的体现，并不能说明只有本校的教学、考试才是唯一正确执行法定的学术标准。各高等院校根据自身的教学水平和实际情况在法定的基本原则范围内确定各自学士学位授予的学术标准，是学术自治原则在高等院校办学过程中的具体体现，坚持确定较高的学士学位授予学术标准或适当放宽学士学位授予学术标准均应由各高等院校根据各自的办学理念、教学实际情况和对学术水平的理想追求自行决定，对学士学位授予的司法审查不能干涉和影响高等院校的学术自治原则，学位授予类行政诉讼案件司法审查的深度和广度应当以合法性审查为基本原则。由于被上诉人H大学长期坚持只有通过全国大学英语四级考试才能授予学士学位这一较为严格学士学位授予的学术标准和要求，且被上诉人 H 大学和第三人 H 大学 W 分校均通过颁发文件并在学校互联网网站上予以公布、发放大学生学生手册和在日常教学过程中予以反复强调等多种方式向全体大学生和社会公众公布了这一学术标准和要求，两高校在《H 大学关于转发〈H 省学位委员会关于授予学士学位办法（试行）〉的通知》《H 大学普通本科生学籍管理细则》《H 大学关于 H 大学 W 分校、文华学院申请学士学位的规定》等规定中都对英语四级考试的重要性进行一再重申。因此，这一学术标准已经成为众所周知的常识。上诉人何某某虽取得 H 大学 W 分校的毕业证，但因上诉人何某某未通过全国大学英语四级考试不符合 H 大学学士学位的授予条件，故第三人科技大学 W 分校未向 H 大学推荐申请，被上诉人 H 大学并不存在不作为的事实。此外，高等院校的《招生简章》是一种面向高考考生和社会公众的招生宣传方式，不可能穷尽所有的教学内容和学术标准。对被上诉人 H 大学关于将通过全国大学英语四级考试作为学士学位授予条件符合法律规定的答辩意见予以部分采纳。上诉人何某某的上诉请求缺乏事实依据和法律依据，本院不予支持。一审判决认定事实清楚，适用法律正确，审理程序合法。依照《中华人民共和国行政诉讼法》第六十一条第一项的规定，判决如下：

驳回上诉，维持原判。

二审案件受理费人民币 50 元，由上诉人何某某负担。

本判决为终审判决。

审　判　长　吴某某

审　判　员　杨某某

代理审判员　巩某某

二○○九年五月三十一日

书　记　员　李某某

附录 13：成某某诉 H 省 T 县人民政府不履行信访答复法定职责案裁判文书

中华人民共和国最高人民法院
行政裁定书

〔2016〕最高法行申 5105 号

再审申请人（一审原告、二审上诉人）：成某某，男，1948 年××月××日出生，汉族，住 H 省 T 县。

再审被申请人（一审被告、二审被上诉人）：H 省 T 县人民政府，住所地 H 省 T 县通羊镇洋都大道×××号。

法定代表人：陈某某，该县人民政府代县长。

再审申请人成某某因诉 H 省 T 县人民政府（以下简称 T 县政府）不履行信访答复法定职责一案，不服 H 省高级人民法院〔2016〕鄂行终 557 号行政裁定，向本院申请再审。本院受理后，依法由审判员贺法官、代理审判员麻法官、代理审判员陈法官组成合议庭，对本案进行了审查，现已审查终结。

成某某向 H 省 X 市中级人民法院提起行政诉讼，请求：1. 判令 T 县政府不履行信访复查与书面回复职责行为违法；2. 判令 T 县政府限期履行复查与书面回复职责。

一审法院查明：成某某等人因 H 省 T 县 Y 乡某柑橘场有关问题多年上访。T 县 Y 乡信访办公室、Y 乡人民政府、T 县政府法制办公室分别于 2010 年至 2015 年期间，对其反映的问题作出了书面回复。成某某自 2010 年起至 2015 年期间，多次向 T 县信访局及 T 县政府县长以快递方式寄送复查申请书，请求进行信访复查并书面答复，但一直未收到 T 县政府作出的书面复查意见。成某某认为 T 县人民政府未履行法定职责，遂提起诉讼。

一审法院认为，成某某以 T 县政府未按国务院《信访条例》第三十四条的规定履行对其请求依法进行信访复查并书面答复的职责，对成某某的权利义务不产生实际影响，根据《最高人民法院关于执行〈中华人民共和国行政诉讼法〉若干问题的解释》第一条第二款第六项的规定，依法不属于人民法院行政审判受案范围。该院依照《最高人民法院关于适用〈中华人民共和国行政诉讼法〉若干问题的解释》第三条第一款第一项的规定，裁定驳回成某某的起诉。

成某某不服一审裁定，向 H 省高级人民法院提起上诉，请求撤销一审裁定，由人民法院依法审理本案并支持其一审中提出的诉讼请求。

二审法院认为，成某某通过信访途径反映问题，应当按照《信访条例》规定的程序进行。T 县政府依据《信访条例》作出的行为，对信访人不具有强制力，对信访人的实体权利义务不产生实质影响。成某某对 T 县政府不履行《信访条例》规定的职责不服提起行政诉讼，不属于人民法院的受案范围。该院依照《中华人民共和国行政诉讼法》第八十九条第一款第一项的规定，裁定驳回上诉，维持原裁定。

成某某不服原审裁定，向本院申请再审，请求撤销原审裁定，依法再审本案并支持其一审提出的诉讼请求。主要事实和理由为：《信访条例》赋予公民信访的权利，人民法院应当对行政机关包括信访在内的行政行为予以审查，原审法院驳回其起诉错误。

本院认为，信访是公民、法人和其他组织通过信函、电话等方式反映问题、表达诉求的一种重要方式。由于信访工作本身并不设定、改变相对人的权利义务，故信访事项一般不属于行政诉讼的受案范围。本案中，成某某以 T 县政府不履行信访复查与书面回复职责为由提起行政诉讼，不属于行政诉讼的受案范围。根据《信访条例》第三十五条、第三十六条的规定，信访人对行政机关作出的信访事项处理意见不服的，可以请求原办理行政机关的上一级行政机关复查；对复查意见不服的，可以向复查机关的上一级行政机关请求复核。据此，成某某若对行政机关处理信访相关事项不服的，应当按照《信访条例》的规定向有关行政机关提出。原审法院裁定驳回陈某某的起诉并无不当。

　　综上，成某某的再审申请不符合《中华人民共和国行政诉讼法》第九十一条规定的情形，本院依照《中华人民共和国行政诉讼法》第一百零一条、《中华人民共和国民事诉讼法》第二百零四条第一款之规定，裁定如下：

　　驳回再审申请人成某某的再审申请。

审　判　长　　贺某某

代理审判员　　麻某某

代理审判员　　陈某某

二〇一六年十二月二十八日

书　记　员　　宋某某

附录 14：黄某某诉 P 县人民政府行政登记案裁判文书

S 省 Y 市中级人民法院
行政判决书

〔2020〕川 15 行终 9 号

上诉人（一审原告）：黄某某，男，1968 年 7 月出生，汉族，住 S 省 P 县。

被上诉人（一审被告）：P 县人民政府，住所地 S 省 P 县 P 镇金沙江大道西段。

负责人：代某，副县长。

出庭负责人：王某某，副县长。

委托代理人：江某某，P 县农业农村局副局长。

委托代理人：聂律师，S 宏成律师事务所律师。

上诉人黄某某因诉 P 县人民政府农村土地经营权登记颁证一案，不服 S 省 P 县人民法院〔2019〕川 1529 行初 28 号行政判决，向本院提起上诉。本院受理后，依法组成合议庭对本案进行了审理，现已审理终结。

一审法院经审理查明，黄某某为 P 县 S 镇（原楼东乡）沙坝村一组村民，因向家坝水电站的建设成为了库区移民。2011 年黄某某与 S 镇（原楼东乡）人民政府签订《向家坝水电站 P 库区农村移民搬迁安置协议》。2012 年，黄某某履行协议完成了搬迁。2014 年年底，P 县人民政府根据 Y 市人民政府《关于印发向家坝水电站 P 库区农村移民安置暂行办法的通知》等文件规定，在向家坝水库淹没线上本村民小组剩余土地中调整 5.25 亩作为黄某某承包土地。2015 年 2 月 10 日，黄某某与 P 县 S 镇某某村一组签订了《农村土地承包经营权合同》，之后经沙坝村村委、S 镇人民政府、P 县农业农村局逐级审核进行确权登记。2015 年 3 月 3 日，P 县人民政府向黄某某颁发农村土地经营权证。黄某某认为，按照 P 县委办公室、P 县人民政府办公室《关于开展农村土地承

522

包经营权确权登记工作的意见》，P县人民政府应当在2014年内全面完成确权登记工作，但P县人民政府至今没有按照上述规定执行，故请求判决P县人民政府对黄某某土地承包经营权依法确权登记，并颁发农村土地经营权证。

一审法院认为，按照《农村土地承包经营权证管理办法》第四条第一款规定"实行家庭承包经营的承包方，由县级以上地方人民政府颁发农村土地承包经营权证"，在庭审过程中，P县人民政府当庭出示的《农村土地承包经营合同》、地调草图、土地承包经营权证登记簿，以及黄某某提供的P县人民政府于2015年3月3日颁发的农村土地承包经营权证等，足以证明P县人民政府已经履行颁证义务，黄某某以承包地存在耕作纠纷、农村土地承包经营权证版本不同，要求P县人民政府再次确权、颁证的请求无法律依据，依法不予支持。故依照《中华人民共和国行政诉讼法》第六十九条规定，判决驳回黄某某的诉讼请求。案件受理费50元由黄某某负担。

黄某某不服一审判决提起上诉称，一审判决认定事实不清，适用法律错误。上诉人一审请求的是要求P县人民政府按照P县委办公室、P县人民政府办公室《关于开展农村土地承包经营权确权登记工作的意见》规定对上诉人承包土地进行确权登记，而一审判决偷换概念，认为"原告以承包地存在耕作纠纷、农村土地承包经营权证版本不同"，这与事实不符。P县人民政府于2015年颁发的农村土地承包经营权证与确权登记颁发中华人民共和国农村土地经营权证是两个不同的法律证书，其法律效力完全不同。P县人民政府没有按照S省人民政府办公厅《转发农业厅等六部门关于稳步扩大农村土地承包经营权确权登记试点工作意见的通知》（川办函〔2012〕172号）第二款第一项的规定将上诉人承包地块、面积、合同、权属证书全面落实到户。两证不是版本差别，而是法律保护的差别。确权登记后将受《中华人民共和国物权法》和《农村土地承包法》的保护，没有经过确权登记不受《中华人民共和国物权法》保护。P县人民政府2015年颁发的证书四至边界、空间位置很模糊。综上，P县人民政府根本就没有依照上述规定依法对上诉人的承包土地确权登记，没有履行法定职责。请求撤销一审判决，判决P县人民政府依法对上诉人土地承包经营权进行确权登记并颁发农村土地经营权证。

被上诉人 P 县人民政府答辩认为，一审庭审中，P 县人民政府所举示的地调草图、土地承包经营权证登记簿及黄某某举示的农村土地承包经营权证等证据，均能证明被上诉人已对上诉人的承包地面积、四界进行了丈量，并绘制了地调图，进行了确权登记，颁发了证书，已经履行了《农村承包经营权证管理办法规定》第四条规定的颁证义务。上诉人所持农村土地承包经营权证在未经任何有权机关依法撤销之前，该证均合法有效。综上，一审判决认定事实清楚，适用法律正确，请求驳回上诉，维持原判。

二审查明的事实与一审认定的事实一致，本院予以确认。

本院认为，根据《农村土地承包经营权证管理办法》第二条第一款的规定，农村土地承包经营权证是农村土地承包合同生效后，国家依法确认承包方享有土地承包经营权的法律凭证。本案中，P 县人民政府根据黄某某与村组签订的《农村土地承包经营合同》，于 2015 年 3 月 3 日颁发了屏府农地承包权证〔2015〕第×××××××××号农村土地承包经营权证，对其承包的 7.24 亩土地进行了确权登记，同时结合土地承包经营权证登记簿、农村土地承包合同等证据，可以证明 P 县人民政府已经履行了相应的确权颁证义务。黄某某请求颁发中华人民共和国农村土地经营权证实际是要求以现有农村土地承包经营权证、土地承包合同、集体土地所有权为基础予以细化，明确权属，解决争议。由于黄某某现有农村土地承包经营权证是 P 县人民政府确认其土地承包经营权的凭证，虽与其诉请颁发的中华人民共和国农村土地经营权证存在新旧版本不同的情形，但在效力上并无差别，该证未经有权机关依法撤销前，均具有法律效力，受法律平等保护。根据《中华人民共和国物权法》第一百二十五条"土地承包经营权人依法对其承包经营的耕地、林地、草地等享有占有、使用和收益的权利，有权从事种植业、林业、畜牧业等农业生产"和第一百二十七条"土地承包经营权自土地承包经营权合同生效时设立。县级以上地方人民政府应当向土地承包经营权人发放土地承包经营权证、林权证、草原使用权证，并登记造册，确认土地承包经营权"的规定，黄某某所享有的本案土地承包经营权自其与 S 镇沙坝村一组签订的土地承包经营权合同生效时就已设立，依法受《中华人民共和国物权法》保护。本案的争议实质是承包地耕作纠纷，如黄某某认为案外人对其合法承包地具有强占、抢收抢种等侵权行为，可以通过民事诉讼等途径主张权益。综上所述，P 县人民政府已经履行了确权颁证义务，一审判决认定事实清楚，适用法律法规正确。黄某某的上诉理由不能成立，其上诉请求本院不予支持。据此，依照《中华人民共和国行政诉讼法》第八十九条第一款第一项之规定，判决如下：

驳回上诉，维持原判。

二审案件受理费 50 元，由上诉人黄某某负担。

本判决为终审判决。

审　判　长　何某某

审　判　员　窦某某

审　判　员　骆某某

二〇二〇年一月十五日

法官助理　张某某

书　记　员　万某某

附录 15：林某某、吴某某与 S 市 H 区人民政府、
S 市人民政府行政裁决案裁判文书

H 省高级人民法院
行政判决书

〔2020〕琼行终 21 号

上诉人（一审原告）：林某某，男，1964 年××月××日出生，汉族，住 S 市。

上诉人（一审原告）：吴某某，女，1965 年××月×日出生，汉族，住 S 市。

上列两上诉人的共同委托代理人：朗律师，B 市佳法律师事务所律师。

上列两上诉人的共同委托代理人：朗律师，B 市佳法律师事务所律师。

被上诉人（一审被告）：S 市 H 区人民政府，住所地 S 市 H 区政府大院。

法定代表人：孙某，区长。

委托代理人：李某，S 市 H 区人民政府工作人员。

委托代理人：叶律师，H 琼亚律师事务所律师。

被上诉人（一审被告）：S 市人民政府，住所地 S 市新风路。

法定代表人：阿某，市长。

委托代理人：陈某某，S 市司法局工作人员。

一审第三人：S 市 H 区某某村民委员会，住所地 S 市 H 区某某村。

法定代表人：梁某，主任。

委托代理人：占某某，某某村民委员会调解主任。

委托代理人：林某某，某某村第三村民小组组长。

上诉人林某某、吴某某（以下简称林某某等 2 人）因其诉被上诉人 S 市 H 区人民政府（以下简称 H 区政府）、S 市人民政府（以下简称 S 市政府）、一审第三人 S 市 H 区龙楼村民委员会（以下简称龙楼村委会）土地行政裁决及

行政复议一案，不服 H 省 S 市中级人民法院〔2019〕琼 02 行初 161 号行政判决，向本院提起上诉。本院依法组成合议庭，对本案进行了审理，现已审理终结。

林某某等 2 人因与龙楼村委会土地使用发生纠纷，于 2019 年 2 月 16 日向 H 区政府提出确权申请。2019 年 6 月 16 日，H 区政府作出 H 府〔2019〕183 号《土地权属争议处理决定书》（以下简称 183 号处理决定），以林某某等 2 人因在本集体经济组织已经依法使用并享用相应的土地权益、不符合申请条件为由，决定"不予以受理，驳回申请"。林某某等 2 人不服，向 S 市政府申请行政复议。2019 年 9 月 25 日，S 市政府作出三府复决字〔2019〕37 号《行政复议决定书》（以下简称 37 号复议决定），维持了上述 183 号处理决定。林某某等 2 人仍不服，提起本案诉讼，请求：1. 撤销 183 号处理决定；2. 撤销 37 号复议决定；3. 责令 H 区政府在法定期限内重新作出处理意见。

一审查明，林某某等 2 人为夫妻关系，系龙楼村委会第一村民小组的村民。2019 年 2 月 19 日，林某某等 2 人向 H 区政府提交《土地确权申请书》，请求依法确认位于龙楼村委会的集体土地使用权（四至为：东至林某某槟榔树，南到公厕处老院，西至菠萝蜜树，北至公路边）归其所有。2019 年 6 月 16 日，H 区政府作出 183 号处理决定，以林某某等 2 人在本集体经济组织已经依法使用并享用相应的土地权益，不符合申请条件，驳回林某某等 2 人的确权申请请求。2019 年 9 月 25 日，S 市政府作出 37 号复议决定，维持 H 区政府作出的 183 号处理决定。

一审另查，争议地位于龙楼村，土地面积约 1 亩，四至为东至林某某槟榔树，南至某某村委会集体公厕处（敬）老院，西至陈进福菠萝蜜树，北至村道，土地性质为农业用地，地上有部分村民种植的林木。

在一审庭审中，H 区政府明确 183 号处理决定是对林某某等 2 人的诉求作出了实体处理，该决定的处理结果为驳回林某某等 2 人申请争议地权归其所有的申请请求，"不予受理"是表述有误。

一审认为，《H 省土地权属确定与争议处理条例》第二十六条规定："下列证据材料经查证属实后，可以作为确定土地权属的依据：（一）人民政府依法颁发的确定土地权属的凭证；（二）人民政府或者主管部门依法批准征收、征用、划拨、出让土地或者以其他方式批准使用土地的文件；（三）县级以上人民政府及有关部门关于组建、合并、分立国有农场的批准文件；（四）国有农场与周边农村集体经济组织签订的用地协议书；（五）土地权属争议双方当事人依法达成的书面协议；（六）人民政府和有关部门、司法机关、仲裁机构处理权属争议的调解书、处理决定书、判决书、裁决书等文书或者附图；（七）地形图、航片、影像资料及其他有关证明文件；（八）法律、法规规定的其他证据。对土地权属争议一方或者双方均无法提供前款规定的书面证据的，应当以查明的争议土地的历史使用情况和使用现状，根据有关法律、法规和本条例规定，作为确定土地权属的依据。"本案中，林某某等2人既未能提供争议地使用权归其所有的任何书面证据，对历史和现状使用情况也未能提供足够证据证明其对争议地拥有合法使用权益。其仅以其父亲林某海曾经使用过该争议地为由，主张争议地使用权归其所有的理由，实际上是以"祖宗地"为由，要求确认争议地权属，属于被《H省土地权属确定与争议处理条例》第二十七条规定所禁止之情形。故H区政府所作的183号处理决定及S市政府所作的37号复议决定，证据确凿，适用法律、法规正确，符合法定程序。综上，林某某等2人的诉讼请求和事实理由依法不能成立，依照《中华人民共和国行政诉讼法》第六十九条之规定，判决驳回林某某、吴某某的诉讼请求。案件受理费50元，由林某某等2人负担。

林某某等2人共同上诉称：1.林某某等2人申请土地确权具有事实根据。H区政府在2018年7月10日作出的H府〔2018〕53号《关于吴某某信访事项答复意见书》（以下简称53号答复意见）第二条第三项中称，林某海1982年之后在树下空隙间种一些香蕉、槟榔树等作物。由此可见，林某海曾经在争议地有过开垦和种植行为，足以证明林某某等2人与争议地具有利害关系。另外，同村村民徐某昌、庞某春的证人证言亦可以证明争议地曾经由林某某开垦和种植。2.H区政府作出的183号处理决定认定事实和适用法律错误。（1）如前所述，林某某等2人与争议地具有利害关系，有明确的对方当事人，也具有明确的请求处理对象、具体的处理请求和事实根据，其确权申请符合

《H 省土地权属确定与争议处理条例》第三十八条的规定，故 H 区政府作出
183 号处理决定不予受理属适用法律错误。（2）现有法律、法规并未对村集体
经济组织成员对承包本村集体土地的数量、面积等条件进行限制或禁止，林某
某等 2 人主张争议地权利与其享有的其他土地权益并不冲突。（3）争议地确
权之前，某某村委会无权对争议地进行处置或处分，故某某村委会就争议地作
出的表决应认定为无效。H 区政府认定事实错误，采信证据不当。（4）H 区
政府在 183 号处理决定中关于 1949 年至 1982 年第一次分产（田）到户期间不
允许村民私自开荒种植养殖的认定无相关政策文件予以佐证，无事实和法律依
据。综上，请求撤销一审判决，发回重审或改判支持林某某等 2 人的诉讼
请求。

H 区政府未提交书面答辩意见。

S 市政府答辩称，林某某等 2 人未能提供证据证明对争议地享有使用权，
其仅以父亲林某海曾经使用过争议地而主张土地权属，实质上是以"祖宗地"
为由要求确认土地权属，属于被《H 省土地权属确定与争议处理条例》第二
十七条所禁止之情形，故 S 市政府作出 37 号复议决定证据确凿、适用法律正
确。综上，一审判决认定事实清楚、证据充分、适用法律正确、程序合法，请
求驳回上诉，维持原判。

某某村委会未提交书面意见。

一审期间双方当事人提交的证据均已移送至本院。经审查，本院确认一审
对上述证据的认证意见正确。根据上述有效证据，一审关于土地性质为农业用
地的事实认定缺乏证据支持，本院对该事实不予以确认，对一审认定的其他事
实予以确认。本院二审另查明：1. 2006 年，龙楼村委会在生态文明村建设时
拟将争议地建作公园并进行了平整，亦由此引发涉案争议及吴某某屡次信访。
2011 年 8 月 5 日，龙楼村委会就涉案争议组织了"两委"、村小组长及第一、
二、三（竹根园）村民小组部分村民（户代表）参加的听证会，会议议定，
"（1）某某一组村民吴某某上访说村集体占用她家的开荒地内容严重失实。
（2）竹根园小组对该地块不可改变土地权属。（3）吴某某的父亲只是在竹根
园小组的椰子树底下和空隙间种一些作物，树属你（吴某某）家的，但土地

权属是集体的。" 2. 2018 年 5 月，吴某某向国家信访局提起信访，要求解决包括涉案争议在内的问题。2018 年 7 月 10 日，H 区政府办公室作出 53 号答复意见，对吴某某的请求不予支持，并建议其向 H 区政府申请土地确权。林某某等 2 人由此申请土地确权。

本院认为，本案系林某某等 2 人因其所属的村集体经济组织重新调整本村集体土地用途而引发的争议。《土地权属争议调查处理办法》第二条规定，土地权属争议是指土地所有权或使用权归属争议；第十四条规定，土地侵权案件、行政区域边界争议案件、土地违法案件、农村土地承包经营权争议案件及其他不作为土地权属争议案件不作为争议案件受理。根据上述规定，土地权属争议案件的调查处理结果是由行政机关最终直接确定土地所有权或使用权的归属，由此可见行政机关无权直接决定土地权属归属的案件则不能作为争议案件受理。《中华人民共和国土地管理法》第十一条（2004 年 8 月修订的《中华人民共和国土地管理法》第十条）规定，农民集体所有的土地由农村集体经济组织经营管理；《中华人民共和国村民委员会组织法》第八条第二款规定，村民委员会依法管理本村属于村农民集体所有的土地和其他财产。根据前述规定，农村集体经济组织就本集体的土地所实施的分配建设用地、发包农用地或重新调整建设用地或农用地承包权等经营管理行为，依法属于村民自治事项，由此引发的争议应通过协商、调解或民事诉讼等途径解决，行政机关无权直接裁决决定土地使用权的归属，此类争议不能作为《土地权属争议调查处理办法》规定的争议案件由行政机关调查处理，即农村集体经济组织经营管理本集体所有土地所导致的土地权属争议案件不属于行政法意义上的土地权属争议案件。本案中，林某某等 2 人与龙楼村委会之间的涉案争议是因该村委会将争议地用作生态文明村建设而起，在争议地未确权到各村内集体经济组织的情况下，该行为属村集体经济组织对所属集体土地实施的经营管理行为，由此引发的争议如前所述不能由行政机关经土地权属争议处理行政程序解决。因此，H 区政府作出 183 号处理决定对涉案争议进行实体处理属超越职权的行为，S 市政府作出 37 号复议决定予以维持属适用法律和处理结果错误，两行政行为依法均应予以撤销。一审适用法律和案件处理结果错误，应予以纠正。依照

《中华人民共和国行政诉讼法》第八十九条第一款第二项、第三款和第七十条第四项、第七十九条之规定，判决如下：

一、撤销 H 省 S 市中级人民法院〔2019〕琼 02 行初 161 号行政判决；

二、撤销 S 市 H 区人民政府 2019 年 6 月 16 日作出的 H 府〔2019〕183 号《土地权属争议处理决定书》；

三、撤销 S 市人民政府 2019 年 9 月 25 日作出的三府复决字〔2019〕37 号《行政复议决定书》。

一、二审案件受理费各 50 元，由 S 市 H 区人民政府负担。

本判决为终审判决。

审 判 长　王某某

审 判 员　黄某某

审 判 员　赵某某

二〇二〇年四月十四日

法官助理　王某某

书 记 员　王某某

附录16：D某某投资有限公司申请D市中级人民 法院错误执行国家赔偿案裁判文书

最高人民法院

最高人民法院赔偿委员会国家赔偿决定书

〔2018〕最高法委赔提 3 号

申诉人（赔偿请求人）：D某某投资有限公司。住所地 L 省 D 市 Y 区某某小区某某号。

法定代表人：王某某，该公司执行董事。

委托代理人：王律师，L凡响律师事务所律师。

被申诉人（赔偿义务机关）：L省 D 市中级人民法院。住所地 L 省 D 市 Z 区某某路某某号。

法定代表人：王某某，该院院长。

委托代理人：姜某某，该院工作人员。

委托代理人：王某某，该院工作人员。

申诉人D某某投资有限公司（以下简称D公司）因申请L省 D 市中级人民法院（以下简称D中院）错误执行赔偿一案，不服L省高级人民法院（以下简称L高院）赔偿委员会〔2015〕辽法委赔字第 29 号决定，向本院赔偿委员会提出申诉。本院赔偿委员会于 2018 年 3 月 22 日作出〔2017〕最高法委赔监 236 号决定，本案由本院赔偿委员会直接审理。本院赔偿委员会依法组成由副院长陶法官担任审判长，审判员祝法官、黄法官、高法官、梁法官参加的合议庭审理本案，法官助理徐助理协助办案，书记员韩书记员担任记录。2018年 6 月 29 日，合议庭对本案进行了公开质证。本案现已审理终结。

2015 年 7 月 16 日，D公司向 L 高院赔偿委员会提出赔偿申请称：D中院在 D 公司诉 D 轮胎厂债权转让合同纠纷一案执行过程中，未经 D 公司同意即擅自解除对涉案土地的查封，导致已查封土地被拍卖，D 公司 1000 多万元的借款无法收回，损失巨大。故请求：依法确认 D 中院擅自解封行为违法，并决定由 D 中院赔偿 D 公司损失本金 10429022.76 元、利息 9826676.78 元（计算至 2014 年 9 月 4 日）、案件受理费 84374 元、保全费 5000 元。D 中院未答辩。

L 高院赔偿委员会经审理，于 2016 年 4 月 27 日作出〔2015〕辽法委赔字第 29 号决定，认定事实如下：D 公司诉 D 轮胎厂债权转让合同纠纷一案，D 中院根据 D 公司的财产保全申请，于 2007 年 5 月 23 日作出〔2007〕丹民三初字第 32-1 号民事裁定：冻结 D 轮胎厂银行存款 1050 万元或查封其相应价值的财产。次日，D 中院向 D 市国土资源局发出协助执行通知书，要求协助事项为：查封 D 轮胎厂位于 D 市 Z 区振七街 134 号土地六宗，分别是：土地证号 061412002、面积 15168.8m^2，土地证号 061412003、面积 1817.5m^2，土地证号 061412004、面积 551.9m^2，土地证号 061412005、面积 221.5m^2，土地证号 061205002、面积 182.4m^2，土地证号 061205004、面积 333.5m^2。2007 年 6 月 29 日，D 中院作出〔2007〕丹民三初字第 32 号民事判决书，判决 D 轮胎厂偿还 D 公司欠款 422 万元及利息 6209022.76 元（利息暂时计算至 2006 年 12 月 20 日，2006 年 12 月 21 日至上述欠款付清之日止的利息按借款合同的约定计算）。案件受理费 84374 元、财产保全费 5000 元，由 D 轮胎厂承担。判决发生法律效力后，D 公司向 D 中院申请强制执行。在执行过程中，D 中院于 2008 年 1 月 30 日作出〔2007〕丹立执字第 53-1 号、第 53-2 号民事裁定：解除对 D 轮胎厂位于 D 市 Z 区振七街 134 号土地证号 061412002、面积 15168.8m^2，土地证号 061412003、面积 1817.5m^2，土地证号 061412005、面积 221.5m^2 土地的查封。上述土地已被 D 市国土资源局挂牌出让给太平湾电厂。自 2009 年起，D 公司多次向 D 中院递交国家赔偿申请。D 中院于 2013 年 8 月 13 日立案受理，但一直未作出决定。D 公司遂向 L 高院赔偿委员会申请作出赔偿决定。

L 高院赔偿委员会认为，《最高人民法院关于适用〈中华人民共和国国家赔偿法〉若干问题的解释（一）》第八条规定："赔偿请求人认为人民法院有修正的国家赔偿法第三十八条规定情形的，应当在民事、行政诉讼程序或者执行程序终结后提出赔偿请求……" D 公司向 D 中院申请强制执行〔2007〕丹民三初字第 32 号民事判决的案件，执行程序尚未终结，D 公司认为 D 中院错误执行给其造成损害，应当在执行程序终结后提出赔偿请求。2016 年 4 月 27 日，L 高院赔偿委员会依照《最高人民法院关于人民法院赔偿委员会审理国家赔偿案件程序的规定》第三条第一款的规定，决定：驳回赔偿请求人 D 公司的国家赔偿申请。

　　D 公司不服，向本院赔偿委员会提出申诉，请求：依法撤销〔2015〕辽法委赔字第 29 号决定书，责令 L 高院赔偿委员会对本案作出予以赔偿的决定。主要理由：（1）〔2015〕辽法委赔字第 29 号决定书认定事实及适用法律错误。其一，D 中院已于 2016 年 3 月 1 日裁定〔2007〕丹民三初字第 32 号民事判决终结本次执行程序，但 L 省高院在收到此裁定书后却没有将其作为认定事实的依据，仍认为执行程序尚未终结，适用法律错误。其二，《中华人民共和国民事诉讼法》第二十二章只规定了执行中止和终结，没有规定终结本次执行程序。《最高人民法院关于适用〈中华人民共和国民事诉讼法〉的解释》第五百一十九条规定的终结本次执行，但只能理解为《民事诉讼法》规定的执行终结，不能理解为执行中止，也不能理解为在执行终结之外，还有一种独立的终结本次执行的程序，否则就与《民事诉讼法》的规定相抵触。而且，根据该法第五百一十九条第二款的规定，如果 D 公司不再申请执行，则终结本次执行程序后也不可能再次执行。因此，终结本次执行程序就是执行终结。（2）〔2015〕辽法委赔字第 29 号决定书混淆"违法解除查封"与"错误执行"两个不同的概念并作出错误决定，损害 D 公司合法权益。该决定书认为，"D 公司认为 D 中院错误执行给其造成的损害，应当在执行程序终结后提出赔偿请求"。但 D 公司是基于 D 中院违法解封涉案土地并最终造成 D 公司巨额债权落空这一事实提起国家赔偿请求的。在这个过程中，D 中院的解封行为并不是 D 公司申请的执行案件中的错误执行行为，而是 D 中院在案件之外独立实施的一起职务侵权行为。因此，对于这一行为的处理，当然也就不适用"在执行程序终结后提出赔偿请求"这一规定。（3）〔2015〕辽法委赔字第 29 号决定书与 D 中院的行为遥相呼应，利用司法解释漏洞损害 D 公司合法权益，其结果是将 D 公司永远排除在赔偿程序之外。按照 L 高院赔偿委员会的观点，根据《最高人民法院关于适用〈中华人民共和国国家赔偿法〉若干问题的解释（一）》第八条"赔偿请求人认为人民法院有修正的国家赔偿法第三十八条规定情形的，应当在民事、行政诉讼程序或者执行程序终结后提出赔偿请求……"的规定，本案似乎应当等待 D 中院执行程序终结、确认被执行人 D 轮胎厂确无其他财产可供执行后再提出国家赔偿申请。但实际上，D 中院擅自解除土地查封，导致相关土地立即被以 4600 万元的价格出售，所得款项全部被 D 轮胎厂用以清偿对其他债权人的债务，而 D 公司作为合法的查封权人却分文没有得到。被执行人 D 轮胎厂在土地被出售之后，早已没有任何其他可以用来清偿债务的有效资产，之所以没有注销或破产，唯一的目的就是以 D 轮胎厂之名继续扛债。这也是 D 中院长期未对 D 轮胎厂采取任何后续执行措施的原因。既然没有财产可供执行，就应当下达执行终结裁定。但如果下达执行终结裁定，则 D 公司必然会据此提出国家赔偿申请，而且必然会胜诉，D 中院对此十分清楚。为了敷衍 D 公司，D 中院在 L 高院赔偿委员会审理本案件期间向 D 公司送达了一份"终结本次执行"的裁定，这更加明确地体现出 D 中院试图逃避法律责任的主观意图。上述法律规定以及具体情况，L 高院赔偿委员会也十分清楚，但仍以执行程序未终结为由驳回 D 公司的赔偿申请，这实际上将 D 公司排除在正常维权途径之外。

对于 D 公司的申诉，D 中院答辩称：（1）D 公司提出的赔偿申请不符合立案条件。本案所涉执行案件尚未执行终结，D 公司提出国家赔偿申请不符合《最高人民法院关于适用〈中华人民共和国国家赔偿法〉若干问题的解释（一）》第八条的规定。L 高院赔偿委员会根据《最高人民法院关于人民法院赔偿委员会审理国家赔偿案件程序的规定》第三条的规定，在立案后决定驳回 D 公司的赔偿申请正确。（2）D 中院解除查封符合当时最高人民法院有关政策精神。根据最高人民法院当时电话通知精神要求，对购买债权的诉讼案件不予受理，已经受理的应当中止审理，进入执行程序的案件不能采取强制执行措施。此时 D 公司与 D 轮胎厂的诉讼案件已进入执行阶段，D 中院已对涉案土地进行了查封，按照电话通知精神的要求，D 中院遂解除了涉案土地的查封。（3）D 轮胎厂尚有财产可供执行。在 D 轮胎厂工会申请执行 D 市轮胎厂一案中，D 中院相继查封了该厂所有的丹国用九三字第 063204006 号、第 061213015 号土地使用权，位于 D 市 Z 区振七街 52 号 700 平方米仓库及土地使用权等其他财产，D 市轮胎厂同意在解决所欠职工债务的过程中挤出 100 万元偿还给 D 公司。四、D 中院解封涉案土地的目的是妥善安置职工，维护社会稳定。截至 2007 年 3 月 7 日，D 轮胎厂仍有离休老干部 30 人，退休职工 1014 人，参加并轨职工 2426 人，在岗在册职工 76 人，其他人员 115 人，其中调离 11 人，遗属 37 人，死亡 67 人，计全厂债务人员 3661 人，企业拖欠 3661 人的生活费、取暖费、医药费等债务达 4600 万元，大量职工上访。为了维护社会稳定，切实解决职工安置问题，根据 2007 年 11 月 19 日市长办公会议的要求，按照最高人民法院电话通知精神，D 中院于 2008 年 1 月 31 日解除了涉案土地的查封，使涉案土地顺利挂牌出售，初步缓解了职工困难，避免了大规模上访事件的发生。综上，请求驳回 D 公司的申诉请求。

　　本院赔偿委员会对 L 高院赔偿委员会审理查明的事实予以确认。另查明：（1）1997 年 11 月 7 日，交通银行 D 分行与 D 轮胎厂签订借款合同，约定后者从前者借款 422 万元，月利率 7.92‰。2004 年 6 月 7 日，该笔债权被转让给中国信达资产管理公司沈阳办事处，后经转手由 D 公司购得。（2）2007 年 11 月 19 日，D 市人民政府第 51 次市长办公会议议定，"关于 D 轮胎厂变现资产安置职工和偿还债务有关事宜"，"责成市国资委会同市国土资源局、市财政局等有关部门按照会议确定的原则对 D 轮胎厂所在地块土地挂牌工作形成切实可行的实施方案，确保该地块顺利出让"。同月 21 日，D 市国土资源局在《D 日报》刊登将 D 轮胎厂总厂土地挂牌出让公告。同年 12 月 28 日，D 市产权交易中心发布将 D 轮胎厂锅炉房、托儿所土地挂牌出让公告。土地出让款 4680 万元，均被 D 轮胎厂用于偿还职工内债、职工集资、医药费、普通债务等，没有给付 D 公司。（3）在 L 高院赔偿委员会审理过程中，D 中院针对 D 公司申请执行案于 2016 年 3 月 1 日作出〔2016〕辽 06 执 15 号执行裁定，认为 D 轮胎厂现暂无其他财产可供执行，裁定：〔2007〕丹民三初字第 32 号民事判决终结本次执行程序。对于以上事实，D 公司与 D 中院在质证时均明确表示无异议。

　　本院赔偿委员会认为，本案基本事实清楚，证据确实、充分，申诉双方并无实质争议。双方争议焦点主要在于三个法律适用问题：第一，D 中院的解封行为在性质上属于保全行为还是执行行为？第二，D 中院的解封行为是否构成错误执行，相应的具体法律依据是什么？第三，D 中院是否应当承担国家赔偿责任？

　　关于第一个焦点问题。D 公司认为，D 中院的解封行为不是该院的执行行为，而是该院在案件之外独立实施的一次违法保全行为。对此，D 中院认为属于执行行为。本院赔偿委员会认为，D 中院在审理某某公司诉 D 轮胎厂债权转让合同纠纷一案过程中，依法采取了财产保全措施，查封了 D 轮胎厂的有关土地。在民事判决生效进入执行程序后，根据《最高人民法院关于人民法院民事执行中查封、扣押、冻结财产的规定》第四条的规定，诉讼中的保全查封措施已经自动转为执行中的查封措施。因此，D 中院的解封行为属于执行行为。

　　关于第二个焦点问题。D 公司称，D 中院的解封行为未经 D 公司同意且最终造成 D 公司巨额债权落空，存在违法。D 中院辩称，其解封行为是在市政府要求下进行的，且符合最高人民法院的有关政策精神。对此，本院赔偿委员会认为，D 中院为配合政府部门出让涉案土地，可以解除对涉案土地的查封，但必须有效控制土地出让款，并依法定顺位分配该笔款项，以确保生效判决的执行。但 D 中院在实施解封行为后，并未有效控制土地出让款并依法予以分配，致使 D 公司的债权未受任何清偿，该行为不符合最高人民法院关于依法妥善审理金融不良资产案件的司法政策精神，侵害了 D 公司的合法权益，属于错误执行行为。

　　至于错误执行的具体法律依据，因 D 中院解封行为发生在 2008 年，故应适用当时有效的司法解释，即 2000 年发布的《最高人民法院关于民事、行政诉讼中司法赔偿若干问题的解释》。由于 D 中院的行为发生在民事判决生效后的执行阶段，属于擅自解封致使民事判决得不到执行的错误行为，故应当适用该解释第四条第七项规定的违反法律规定的其他执行错误情况。

　　关于第三个焦点问题。D 公司认为，被执行人 D 轮胎厂并非暂无财产可供执行，而是已经彻底丧失清偿能力，执行程序不应长期保持"终本"状态，而应实质终结，故本案应予受理并作出由 D 中院赔偿 D 公司落空债权本金、利息及相关诉讼费用的决定。D 中院辩称，案涉执行程序尚未终结，被执行人 D 轮胎厂尚有财产可供执行，D 公司的申请不符合国家赔偿受案条件。对此，本院赔偿委员会认为，执行程序终结不是国家赔偿程序启动的绝对标准。一般来讲，执行程序只有终结以后，才能确定错误执行行为给当事人造成的损失数额，才能避免执行程序和赔偿程序之间的并存交叉，也才能对赔偿案件在穷尽其他救济措施后进行终局性的审查处理。但是，这种理解不应当绝对化和形式化，应当从实质意义上进行理解。在人民法院执行行为长期无任何进展、也不可能再有进展，被执行人实际上已经彻底丧失清偿能力，申请执行人等已因错误执行行为遭受无法挽回的损失的情况下，应当允许其提出国家赔偿申请。否则，有错误执行行为的法院只要不作出执行程序终结的结论，国家赔偿程序就不能启动，这样的理解与《国家赔偿法》以及相关司法解释制定的初衷是背道而驰的。本案中，D 中院的执行行为已经长达十一年没有任何进展，其错误执行行为亦已被证实给 D 公司造成了无法通过其他渠道挽回的实际损失，故应依法承担国家赔偿责任。L 高院赔偿委员会以执行程序尚未终结为由决定驳回 D 公司的赔偿申请，属于适用法律错误，应予纠正。

至于具体损害情况和赔偿金额，经本院赔偿委员会组织申诉人和被申诉人进行协商，双方就 D 中院〔2007〕丹民三初字第 32 号民事判决的执行行为自愿达成如下协议：（1）D 中院于本决定书生效后 5 日内，支付 D 公司国家赔偿款 300 万元；（2）D 公司自愿放弃其他国家赔偿请求；（3）D 公司自愿放弃对该民事判决的执行，由 D 中院裁定该民事案件执行终结。

综上，本案 D 中院错误执行的事实清楚，证据确实、充分；L 高院赔偿委员会决定驳回 D 公司的申请错误，应予纠正；D 公司与 D 中院达成的赔偿协议，系双方真实意思表示，且不违反法律规定，应予确认。依照《中华人民共和国国家赔偿法》第三十条第一款、第二款和《最高人民法院关于国家赔偿监督程序若干问题的规定》第十一条第四项、第十八条、第二十一条第三项的规定，本院赔偿委员会决定如下：

一、撤销 L 省高级人民法院赔偿委员会〔2015〕辽法委赔字第 29 号决定；

二、L 省 D 市中级人民法院于本决定生效后 5 日内，支付 D 公司国家赔偿款 300 万元；

三、准许 D 公司放弃其他国家赔偿请求。

本决定为发生法律效力的决定。

审　判　长　陶某某

审　判　员　祝某某

审　判　员　黄某某

审　判　员　高某某

审　判　员　梁某某

二〇一八年六月二十九日

法庭助理　徐某某

书　记　员　韩某某

附录 17：沙某某等诉 M 市 H 区人民政府房屋强制拆除行政赔偿案裁判文书

A 省高级人民法院
行政赔偿判决书

〔2015〕皖行赔终字第 00011 号

上诉人（一审原告）：沙某某，男，汉族，1973 年×月××日出生，住 A 省 M 市 H 区。

上诉人（一审原告）：沙某虎，男，汉族，1974 年×月××日出生，住 A 省 M 市 H 区。

上诉人（一审原告）：沙某莉，女，汉族，1976 年×月××日出生，住 A 省 M 市 H 区。

上诉人（一审原告）：古某某，女，汉族，1952 年××月××日出生，住 A 省 M 市 H 区。

被上诉人（一审被告）：M 市 H 区人民政府，住所地 M 市 H 区某某路。

法定代表人：倪某某，该区区长。

委托代理人：唐某某，M 市 H 区土地和房屋征迁安置事务管理局副局长。

委托代理人：徐律师，A 明博律师事务所律师。

沙某某、沙某虎、沙某莉、古某某（以下简称沙某某等 4 人）因诉 M 市 H 区人民政府房屋拆迁行政赔偿一案，不服 M 市中级人民法院于 2015 年 7 月 20 日作出的〔2015〕马行赔初字第 00004 号行政赔偿判决，向本院提起上诉。本院受理后，依法组成合议庭审理了本案，现已审理终结。

一审法院审理查明，2011 年 12 月 5 日，A 省人民政府作出皖政地〔2011〕769 号《关于 M 市 2011 年第 35 批次城市建设用地的批复》，批准征收 H 区 H 街道范围内农民集体建设用地 10.04 公顷，用于城市建设。2011 年 12 月 23 日，M 市人民政府作出 2011 年 37 号《M 市人民政府征收土地方案公告》，将 A 省人民政府的批复内容予以公告，并载明征地方案由 H 区人民政府实施。苏某某名下的 H 区 H 镇丰收村丰收村民组 B11-3 房屋在本次征收范围内。苏某某于 2011 年 9 月 13 日去世，其生前将该房屋处置给四原告所有。原告古某某系苏某某的女儿，原告沙某某、沙某虎、沙某莉系苏某某的外孙。在实施征迁过程中，征地单位分别制作了《M 市国家建设用地征迁费用补偿表》《M 市征迁住房货币化安置（产权调换）备案表》，对苏某某户房屋及地上附着物予以登记补偿，原告古某某的丈夫领取了安置补偿款。2012 年年初，被告组织相关部门将苏某某户房屋及地上附着物拆除。原告沙某某等四人认为 M 市 H 区政府非法将上述房屋拆除，侵犯了其合法财产权，故提起诉讼，请求人民法院判令：1. 被告赔偿原告房屋毁损损失 2064000 元（258 平方×8000元/平方）；2. 装潢损失 516000（258 平方×2000 元/平方）；3. 财产损失100000 元；4. 房租损失 247680 元（10320 元/月×24 月）等。以上各项经济损失共 2927680 元。

　　一审法院认为，沙某某、沙某虎、沙某莉、古某某对涉案房屋享有一定的权益，与 M 市 H 区政府拆除该房屋的行为有利害关系，具有本案原告主体资格。根据《中华人民共和国土地管理法实施条例》第四十五条的规定，土地行政主管部门责令限期交出土地，被征收人拒不交出的，申请人民法院强制执行。M 市 H 区政府提供的证据不能证明原告自愿交出了被征土地上的房屋，其在土地行政主管部门没有作出责令交出土地的决定，也没有申请人民法院强制执行的情况下，于 2012 年年初强制拆除原告居住的 H 区 H 镇丰收村丰收村民组 B11-3 房屋行为违法。根据《中华人民共和国国家赔偿法》第二条第一款、第四条第（四）项的规定：行政机关及其工作人员在行使行政职权时有侵犯他人合法财产权的，受害人有取得赔偿的权利。但涉案房屋被合法征收，被告依照征收政策已经给予补偿，原告要求赔偿拆除行为造成的涉案房屋毁损损失 2064000 元、装潢损失 516000 元的赔偿请求不能成立，依法不予支持。原告要求被告赔偿拆除行为造成的物品损失 100000 元，根据《中华人民共和国国家赔偿法》第十五条第一款的规定，人民法院审理行政赔偿案件，赔偿请求人和赔偿义务机关对自己提出的主张，应当提供证据。本案原告仅提供赔偿物品清单一份，未提供其他证据佐证，故该请求缺乏证据支持，不予采纳；原告要求赔偿房租损失 247680 元，根据《中华人民共和国国家赔偿法》第三十六条第八项的规定，对财产权造成其他损害的，按照直接损失给予赔偿，故原告该项诉请缺乏法律依据，亦不予支持。依照《最高人民法院关于审理行政赔偿案件若干问题的规定》第三十三条的规定，判决驳回原告沙某某、沙某虎、沙某莉、古某某的赔偿请求。

沙某某等四人上诉称：1. 2012 年年初，M 市 H 区人民政府对案涉农民集体土地进行征收，未征求公众意见，上诉人亦不知以何种标准予以补偿；2. 2012 年 8 月 1 日，M 市 H 区人民政府对上诉人的房屋进行拆除的行为违法，事前未达成协议，未告知何时拆迁，屋内财产未搬离、未清点，所造成的财产损失应由 M 市 H 区人民政府承担举证责任；3. 2012 年 8 月 27 日，上诉人沙某某、沙某虎、沙某莉的父亲沙某金受胁迫在补偿表上签字，但其父沙某金对房屋并不享有权益且该表系房屋被拆后所签。综上，请求二审法院撤销一审判决，判如所请。

M 市 H 区人民政府未作书面答辩。

一审被告 M 市 H 区人民政府向一审法院提举的主要证据材料为：1. A 省人民政府于 2011 年 12 月 5 日作出的皖政地〔2011〕769 号《关于 M 市 2011 年第 35 批次城市建设用地的批复》；2. M 市人民政府于 2011 年 12 月 23 日作出的 2011 年第 37 号《M 市人民政府征收土地方案公告》；3. 苏某某、古某某、沙某金的户口证明复印件各一份；4. 迁移证复印件一份；5.《M 市国家建设用地征迁费用补偿表》；6. 生活困难、大病救助等发放表；7.《宁安城际铁路站前广场房屋拆迁补偿发放表》；8.《住房货币化安置备案表》。以上证据证明被告在实施整个征迁过程中征迁行为合法，被告对原告依法进行了补偿。

一审原告沙某某等四人向一审法院提举的主要证据材料为：1. 身份证复印件四份，证明原告的身份；2. 房屋产权情况说明一份、死亡证明一份、房屋照片十六张，证明涉案房屋归原告所有以及房屋被拆除前的使用状况；3. 诉求信一份、收条一份，证明涉案房屋遭被告拆除后，原告即向被告提出诉求；4. 答复意见、处理意见各一份，证明原告不断提出要求处理，被告所属征管局对原告请求给予的答复、复核、处理意见；5. 行政裁定书一份，证明原告以 H 区征管局为被告向 H 区人民法院提起诉讼；6. 财产损失清单一份，证明原告房屋毁损、装饰装修、物品损失、房租损失共计 2927680 元。

上述证据均已随案移送本院。经审查，一审法院对证据的审核认定符合法律规定。对一审法院认定的案件事实，本院依法予以确认。

本院认为，根据《中华人民共和国土地管理法实施条例》第四十五的规定，违反土地管理法律、法规规定，阻挠国家建设征收土地的，由县级以上人民政府土地行政主管部门责令交出土地；拒不交出土地的，申请人民法院强制执行。M 市 H 区人民政府并无证据证明沙某某等四人已自愿交出被征土地及其地上房屋，其在土地行政主管部门未作出责令交出土地决定亦未申请人民法院强制执行的情况下，对涉案房屋组织实施拆除的行为违法。根据《中华人民共和国国家赔偿法》第二条第一款、第四条第四项的规定，行政机关及其工作人员在行使行政职权时侵犯他人合法财产权的，受害人有取得赔偿的权利。上诉人沙某某等四人提出四项赔偿请求。关于被拆房屋及其装潢损失问题，根据《中华人民共和国土地管理法》第四十七条的规定，征收土地的，按照被征收土地的原用途给予补偿，其中包括对地上附着物的补偿。上诉人主张的房屋及其装潢损失，属于土地征收补偿范畴，依法应由征地实施机关给予补偿安置，其房屋虽被拆除，但并不影响其依法获得补偿的权利，且其已经获得了补偿，故对其该项赔偿请求，依法不予支持；关于房租损失问题，根据《中华人民共和国国家赔偿法》第三十六条第八项的规定，违法行为给公民、法人或者其他组织的财产权造成其他损害的，按照直接损失给予赔偿。上诉人主张的房租损失并非直接损失，依法亦不予支持。关于被拆房屋内物品损失问题，根据《中华人民共和国行政诉讼法》第三十八条第二款的规定，在行政赔偿、补偿的案件中，原告应当对行政行为造成的损害提供证据。因被告的原因导致原告无法举证的，由被告承担举证责任。本案中，M 市 H 区人民政府组织拆除上诉人的房屋时，未依法对屋内物品登记保全，未制作物品清单并交上诉人签字确认，致使上诉人无法对物品受损情况举证，故该损失是否存在、具体损失情况等，依法应由 M 市 H 区人民政府承担举证责任。一审判决要求上诉人承担举证责任，适用法律不当，本院依法予以纠正。上诉人主张的屋内物品包括衣服、家具、手机等，均系日常生活必需品，符合一般家庭实际情况，且被上诉人亦未提供证据证明这些物品不存在，故对上诉人主张的屋内物品种类、数量及价值应予认定。在上诉人主张的物品价值方面，除实木雕花床外，其他均未超出正常、合理的市场价格范围，依法亦应予以采信。上诉人主张其实木雕花床价值为 5 万元，已超出市场正常价格范围，其又不能确定该床的材质、形成时间、与普通实木雕花床有何不同等，本院不予支持。但出于最大限度保护被侵权人的合法权益考虑，结合目前普通实木雕花床的市场价格，按"就高不就低"的原则，本院综合酌定该实木雕花床价值为 3 万元。据此，M 市 H 区人民政府应当赔偿上诉人沙某某等四人被拆房屋内各类物品损失共 8 万元。

综上，一审判决认定事实清楚，但适用法律部分不当。上诉人沙某某等四人关于被上诉人应赔偿其物品损失的上诉理由部分成立，本院依法予以支持。依照《中华人民共和国行政诉讼法》第八十九条第一款第二项的规定判决如下：

一、撤销 M 市中级人民法院〔2015〕马行赔初字第 00004 号行政赔偿判决；

二、被上诉人 M 市 H 区人民政府于本判决生效之日起三十日内赔偿上诉人沙某某、沙某虎、沙某莉、古某某被拆房屋内物品损失 8 万元。

三、驳回沙某某、沙某虎、沙某莉、古某某其他诉讼请求。本判决为终审判决。

审　判　长　王某某

代理审判员　宋某某

代理审判员　阮某某

二〇一五年十一月二十四日

书　记　员　刘某某

附录 18：朱某某申请无罪逮捕赔偿案裁判文书

最高人民法院赔偿委员会
国家赔偿决定书

〔2011〕法委赔字第 4 号

赔偿请求人：朱某某。

委托代理人：李律师，G 诚公律师事务所律师。

委托代理人：许律师助理，G 诚公律师事务所律师助理。

赔偿义务机关：G 省人民检察院，住所地 G 省 G 市 T 区某某路某某号。

法定代表人：郑某，该院检察长。

委托代理人：沈某某，该院国家赔偿工作办公室主任。

复议机关：中华人民共和国最高人民检察院，住所地 B 市 D 区某某街某某号。

法定代表人：曹某某，该院检察长。

赔偿请求人朱某某申请无罪逮捕国家赔偿一案，不服 G 省人民检察院 2011 年 7 月 19 日作出的粤检赔决〔2011〕1 号刑事赔偿决定，向最高人民检察院申请复议。最高人民检察院逾期未作复议决定，朱某某向本院赔偿委员会申请作出赔偿决定。本院赔偿委员会依法对本案进行了审理，现已审理终结。

朱某某申请称：其任 S 某某实业有限公司（以下简称 S 某某公司）董事长兼法定代表人，并经营有 W 某某机电有限公司，被羁押前收入丰厚且有较高社会地位及声誉。检察机关的错误羁押致使其被扣押宝马轿车报废，个人房产和公司厂房被法院错误拍卖，银行信用卡欠款逾期未还，社会保险、专利权失效，公司无法上市，工程账款未收取，所持公司股权被冻结；其年迈母亲因无人照顾摔成重伤，时年 18 岁女儿患抑郁症至今未愈；其遭受了极大的物质损失和精神损害，但 G 省人民检察院仅决定赔偿侵犯人身自由的赔偿金，对其他赔偿请求未予支持。

故申请本院赔偿委员会作出赔偿决定：1. 维持 G 省人民检察院支付侵犯人身自由 873 天的赔偿金 124254.09 元的决定；2. G 省人民检察院在 S、W 市以登报方式赔礼道歉、消除影响、恢复名誉，并赔偿精神损害抚慰金 200 万元；3. G 省人民检察院赔付被扣押车辆损失、被拍卖房产损失、职务工资损失、银行信用卡欠款本息、社会保险费、公司无法上市损失、应收工程账款损失共计 2931.077 万元；4. 对 S 某某公司解除股权查封，恢复专利权，免除 4 年税赋，延长特种产品许可期 4 年，解除与刑事案件举报人万某红的投资关系。

G 省人民检察院答辩称：朱某某被无罪羁押 873 天，G 省人民检察院依法决定支付侵犯人身自由的赔偿金 124254.09 元，已向朱某某当面道歉，并为帮助朱某某恢复经营走访了相关工商管理部门及向有关银行出具情况说明。G 省人民检察院未参与涉案车辆的扣押，不应对此承担赔偿责任。朱某某未能提供精神损害后果严重的证据，其要求支付精神损害抚慰金的请求不应予支持。其他请求不属于国家赔偿范围。G 省人民检察院作出的粤检赔决〔2011〕1 号刑事赔偿决定并无不当，应予维持。

本院赔偿委员会经审理查明：2005 年 7 月 25 日，G 省 S 市公安局以涉嫌犯合同诈骗罪将朱某某刑事拘留。同年 8 月 24 日，G 省 S 市人民检察院作出不予批准逮捕决定。同月 26 日。朱某某被取保候审。2006 年 5 月 26 日，G 省人民检察院以粤检侦监核〔2006〕4 号复核决定书批准逮捕朱某某。同年 6 月 1 日，朱某某被执行逮捕。2007 年 2 月 13 日，S 市人民检察院以深检公二刑诉〔2007〕31 号起诉书向 G 省 S 市中级人民法院提起公诉，指控朱某某犯合同诈骗罪。2008 年 9 月 11 日，S 市中级人民法院以指控依据不足为由作出〔2007〕深中法刑二初字第 74 号刑事判决，宣告朱某某无罪。同月 19 日，朱某某被释放。同月 25 日，S 市人民检察院以深检公二刑抗〔2008〕16 号刑事抗诉书向 G 省高级人民法院提出抗诉。案件审理过程中，G 省人民检察院认为抗诉不当，向 G 省高级人民法院撤回抗诉。2010 年 3 月 25 日，G 省高级人民法院作出〔2008〕粤高法刑二终字第 326 号刑事裁定，准许 G 省人民检察院撤回抗诉。朱某某被羁押时间共计 875 天。

2011 年 3 月 15 日，朱某某以无罪逮捕为由向 G 省人民检察院申请国家赔偿，要求赔偿侵犯人身自由 873 天的赔偿金 10.95 万元。精神损害抚慰金 200 万元，其他损失 2933.477 万元。G 省人民检察院认为，对朱某某申请赔礼道歉、消除影响、恢复名誉，支付侵犯人身自由的赔偿金和精神损害抚慰金的请求，应予受理；其他请求不属于该院赔偿范围，不予受理。遂于同年 7 月 19 日作出粤检赔决〔2011〕1 号刑事赔偿决定：1. 按照 2010 年度全国职工日平均工资标准支付侵犯人身自由的赔偿金 124254.09 元（142.33 元×873 天）；2. 口头赔礼道歉并依法在职能范围内为朱某某恢复生产提供方便；3. 对支付精神损害抚慰金的请求不予支持。朱某某不服，于 2011 年 8 月 2 日向最高人民检察院邮寄申请复议书，最高人民检察院逾期未作复议决定。

另查：1. 朱某某之女朱某舟生于 1987 年 7 月 29 日，其于朱某某被刑事拘留时未满 18 周岁。朱某某提供的苏州市广济医院病历、W 市精神卫生中心疾病证明等记载，朱某舟 2001 年出现肠易激惹综合征，2012 年 2 月 21 日抑郁症未愈。2. S 某某公司自 2004 年 4 月 4 日由朱某某任董事长兼法定代表人，2005 年以来未参加年检，2009 年经营期限届满未申请延期，但因其股东涉诉被冻结股权，暂未被吊销营业执照。3. 关于被扣押车辆损失，朱某某另案申请 S 市公安局赔偿，G 省高级人民法院赔偿委员会以朱某某无证据证明其系车辆所有权人和受有实际损失为由，决定驳回朱某某赔偿申请。4. 2011 年 9 月 5 日，G 省高级人民法院、G 省人民检察院、G 省公安厅联合发布粤高法〔2011〕382 号《关于在国家赔偿工作中适用精神损害抚慰金若干问题的座谈会纪要》。该纪要发布后，G 省人民检察院表示可据此支付精神损害抚慰金。

上述事实，有深公经字〔2005〕082 号拘留证、粤检侦监核〔2006〕4 号复核决定书、深公经逮字〔2006〕061 号逮捕证、深公预诉字〔2006〕211 号起诉意见书、深检公二刑诉〔2007〕31 号起诉书、（2007）深中法刑二初字第 74 号刑事判决书、深公释字〔2008〕2008073 号释放证明书、深检公二刑抗〔2008〕16 号刑事抗诉书、（2008）粤高法刑二终字第 326 号刑事裁定书、粤检赔决〔2011〕1 号刑事赔偿决定书、邮政快递查询单、朱某舟身份证明、苏州市广济医院等的病历和疾病证明、深市监企函〔2012〕6 号复函、S 某某公司工商档案材料、〔2011〕粤高法委赔字第 8 号决定书、粤高法〔2011〕382号座谈会纪要等为证。

本院赔偿委员会认为：赔偿请求人朱某某于 2011 年 3 月 15 日向赔偿义务机关 G 省人民检察院提出赔偿请求，本案应适用修订后的《中华人民共和国国家赔偿法》。

关于 G 省人民检察院向朱某某支付侵犯人身自由的赔偿金 124254.09 元的决定。朱某某被实际羁押时间为 875 天，G 省人民检察院计算为 873 天有误，应予纠正。根据最高人民法院《关于人民法院执行〈中华人民共和国国家赔偿法〉几个问题的解释》第六条规定，G 省人民检察院以作出刑事赔偿决定时的上年度即 2010 年度全国职工日平均工资 142.33 元为赔偿标准，并无不当，但本院赔偿委员会变更赔偿义务机关尚未生效的赔偿决定，应以作出本赔偿决定时的上年度即 2011 年度全国职工日平均工资 162.65 元为赔偿标准。因此，G 省人民检察院应按照 2011 年度全国职工日平均工资标准向朱某某支付侵犯人身自由 875 天的赔偿金 142318.75 元。

关于朱某某提出 G 省人民检察院在 S、W 以登报方式赔礼道歉、消除影响、恢复名誉，并支付精神损害抚慰金 200 万元的请求。朱某某经出 S 市中级人民法院判决宣告无罪，G 省人民检察院已决定向朱某某以口头方式赔礼道歉，并为其恢复生产提供方便，从而在侵权行为范围内为朱某某消除影响、恢复名誉，该项决定应予维持。朱某某另要求 G 省人民检察院以登报方式赔礼道歉，不予支持。朱某某被羁押 875 天，正常的家庭生活和公司经营也因此受到影响，应认定精神损害后果严重。G 省人民检察院在粤高法〔2011〕382 号《关于在国家赔偿工作中适用精神损害抚慰金若干问题的座谈会纪要》发布后表示可按照该纪要支付精神损害抚慰金。对朱某某主张的精神损害抚慰金，本院赔偿委员会根据本案实际情况确定为 50000 元。

朱某某申请 G 省人民检察院赔偿被扣押车辆损失，由于 G 省人民检察院未实施扣押车辆的行为，且 G 省高级人民法院赔偿委员会另案审理认为朱某某并非车辆所有权人，其申请于法无据。朱某某提出赔偿被拍卖房产损失的请求，与 G 省人民检察院职权行为无涉，不予支持。朱某某提出赔付职务工资损失、银行信用卡欠款本息、社会保险费、公司无法上市损失、应收工程账款损失，对公司解除股权查封、恢复专利权、免除税赋，延长特种产品许可期、解除投资关系等其他请求，不属于国家赔偿法规定的赔偿范围，不予支持。

综上，根据《中华人民共和国国家赔偿法》第二十五条、第二十九条第三款、第三十三条、第三十五条，最高人民法院《关于适用〈中华人民共和国国家赔偿法〉若干问题的解释（一）》第二条第二项，最高人民法院《关于人民法院赔偿委员会审理国家赔偿案件程序的规定》第十九条、第二十条，最高人民法院《关于人民法院执行〈中华人民共和国国家赔偿法〉几个问题的解释》第六条之规定，本院赔偿委员会决定如下：

一、维持 G 省人民检察院粤检赔决〔2011〕1 号刑事赔偿决定第二项；

二、撤销 G 省人民检察院粤检赔决〔2011〕1 号刑事赔偿决定第一、三项；

三、G 省人民检察院向朱某某支付侵犯人身自由的赔偿金 142318.75 元；

四、G 省人民检察院向朱某某支付精神损害抚慰金 50000 元；

五、驳回朱某某的其他赔偿请求。

本决定为发生法律效力的决定。

二〇一二年六月十八日

附录 19：某某证券股份有限公司 H 滨海大道（某某酒店）证券营业部申请错误执行赔偿案裁判文书

最高人民法院赔偿委员会
国家赔偿决定书

〔2011〕法委赔字第 3 号

赔偿请求人：某某证券股份有限公司 H 滨海大道（某某酒店）证券营业部，住所地 H 市龙某某路某某号龙珠大厦某层 B 座。

负责人：童某某，该营业部总经理。

委托代理人：闫律师，H 东方国信律师事务所律师。

委托代理人：巫某，某某投资管理股份有限公司职员。

赔偿义务机关：H 省高级人民法院，住所地 H 市龙某某路某某号。

法定代表人：董某某，该院院长。

委托代理人：王某某，该院干部。

委托代理人：胡某某，该院干部。

赔偿请求人某某证券股份有限公司 H 滨海大道（某某酒店）证券营业部（以下简称某某 H 营业部）不服 H 省高级人民法院（以下简称 H 高院）2011 年 7 月 4 日作出的〔2011〕琼法赔字第 1 号赔偿决定，向本院赔偿委员会申请作出赔偿决定。本院赔偿委员会依法对本案进行了审理，现已审理终结。

某某 H 营业部向本院赔偿委员会提出的请求为：1. 撤销 H 高院〔2011〕琼法赔字第 1 号赔偿决定；2. 依法确认 H 高院〔1999〕琼高法执字第 9-16 号民事裁定及其执行行为违法〔因 2003 年 9 月 16 日，H 高院作出的〔1999〕琼高法执字第 9-17 号民事裁定将该案原以〔1999〕琼高法执字第 13 号作出的裁定文号均变更为〔1999〕琼高法执字第 9 号，故本决定涉及的原〔1999〕琼高法执字第 13-10、13-11、13-12、13-13、13-16 号民事裁定，均统一表述为〔1999〕琼高法执字第 9-10、9-11、9-12、9-13、9-16 号民事裁定，并分别简称为 9-10、9-11、9-12、9-13、9-16 号裁定〕；3. 请求返还被违法执行回转的 H 市景瑞大厦 7049.94 平方米的房产及其孳息，并赔偿损失。其主要理由是：

1. 根据《民事诉讼法》第二百一十条的规定，人民法院已执行完毕的判决、裁定和调解书被依法撤销后，方可进行执行回转。H 高院 9-16 号裁定作出时，该院琼民一终字第 2 号民事判决和 H 市中级人民法院（以下简称 H 中院）〔2001〕海中法民初字第 77 号民事判决尚具有法律效力。因此，H 高院在未依法对原生效判决以及该院 9-11、9-12、9-13 号裁定进行再审的情况下，作出 9-16 号裁定并据此执行回转，违反法律规定，应予确认违法。

2. 根据《H 省高级人民法院执行工作若干问题的暂行规定》第四条"执行标的物已处理完毕，案外人再对标的物提出异议的，执行法院不再审查，但应告知案外人可按新争议，通过诉讼程序处理"之规定，H 高院 9-16 号裁定认定案外人异议理由成立，在本案执行标的物已处理完毕的情况下，撤销 9-11、9-12、9-13 号裁定，将已执行到某某 H 营业部名下的房产予以执行回转的行为，违反该规定。

3. 某某 H 营业部申请 H 高院执行已生效的〔1998〕琼经初字第 8 号民事判决，至某某 H 营业部依照 H 高院 9-11 号裁定将抵债房产的产权办理变更登记至自己名下并缴纳相关税费后，某某 H 营业部已合法取得该抵债房产的所有权，其物权应受法律保护。而案外人关闭 H 发展银行清算组（以下简称海发行清算组）和 H 创仁房地产有限公司（以下简称创仁公司）所拥有的普通债权不能对抗该项物权。

4. 根据《国家赔偿法》第三十八条的规定，H 高院 9-16 号裁定违法撤销原正确、合法、有效的 9-11、9-12、9-13 号裁定，造成某某 H 营业部已合法取得的房产丧失，对此应予以国家赔偿。

5. 根据最高人民法院《关于人民法院赔偿委员会审理国家赔偿案件程序的规定》第十三条之规定，请求依法指令 H 高院对其作出 9-16 号裁定的合法性予以举证。

H 高院向本院赔偿委员会答辩认为：1. 某某 H 营业部认为该院 9-16 号裁定违法及应予赔偿的理由不能成立；2. 该院 9-16 号裁定，实际上并未以 H 中院〔2003〕海中法民再字第 37 号民事判决为依据；3. 某某 H 营业部的债权已转让并由某某投资管理股份有限公司（以下简称某某投资公司）在 H 国际租赁有限公司（以下简称 H 租赁公司）破产清算案中申报债权，不应再申请国家赔偿。其主要理由是：

1. 某某 H 营业部认为该院 9-16 号裁定违法及应予赔偿的理由不能成立。（1）该院 9-16 号裁定仅是纠正此前执行裁定的错误，并未改变原执行依据，无须经过审判监督程序。（2）某某 H 营业部申请执行的依据是该院〔1998〕琼经初字第 8 号判决，该判决确定的证券回购款及利息是其合法债权及申请执行标的。而本案原执行程序所涉及的景瑞大厦的部分房产（以下简称争议房产），并非某某 H 营业部经判决确定的债权。（3）第三人 H 中标物业发展有限公司（以下简称中标公司）向该院提供的争议房产，是其早已转让给原金通城市信用社（该信用社于 1997 年 12 月并入 H 发展银行，1998 年 H 发展银行被关闭，其债权债务由海发行清算组负责）的房产。后经海发行清算组多次申诉，该院发现并以 9-16 号裁定对原执行行为予以纠正。因此，该院 9-16 号裁定及其执行行为，只是使争议房产回复至执行案件开始时的产权状态，该行为与某某 H 营业部经判决确定的债权，及其尚不明确的损失主张之间没有因果关系。

2. 该院 9-16 号裁定及其执行行为，并未以 H 中院〔2003〕海中法民再字第 37 号民事判决为依据，仅是在统一司法原则下的吻合。该院赔偿决定表述中的"理当"二字，不应理解为"依据"。

3. 某某 H 营业部经判决确定的债权，在该院 2006 年 8 月 4 日作出〔1999〕琼高法执字第 9-18 号终结执行裁定前，即已转让给某某投资公司，且某某投资公司在 H 租赁公司破产清算案中已就该债权依法进行了申报，故某某 H 营业部不应再申请国家赔偿。

本院赔偿委员会经审理查明：

1998 年 9 月 21 日，H 高院针对该院受理的原告某某证券有限公司 H 营业部（赔偿请求人某某 H 营业部的前身，以下统称为某某 H 营业部）诉被告 H 租赁公司证券回购纠纷一案，作出〔1998〕琼经初字第 8 号民事判决。该判决主文如下：1. H 租赁公司向某某 H 营业部支付证券回购款本金人民币 3620 万元和该款截至 1997 年 11 月 30 日的利息人民币 16362296 元；2. H 租赁公司向某某 H 营业部支付证券回购款本金 3620 万元的利息，计息方法为：从 1997 年 12 月 1 日起至付清之日止按年息 18% 计付；3. 驳回某某 H 营业部的其他诉讼请求。

1998 年 12 月，某某 H 营业部申请 H 高院执行该判决。H 高院受理该案后，向 H 租赁公司发出执行通知书。经查，H 租赁公司无财产可供执行。H 租赁公司向 H 高院提供其对第三人中标公司享有到期债权的线索。H 高院遂向中标公司送达履行到期债务通知书。中标公司在指定的 15 日履行期限内未提出异议，且予以认可，并表示愿意以其所有的景瑞大厦部分房产直接抵偿给某某 H 营业部，以偿还其欠被执行人 H 租赁公司的部分债务。H 高院遂于 2000 年 6 月 13 日作出 9-10 号裁定，查封中标公司所有的位于景瑞大厦的部分房产，并于当日予以公告。

2000 年 6 月 29 日，某某 H 营业部、H 租赁公司和中标公司共同签订《执行和解书》。约定内容如下：1. H 租赁公司、中标公司以中标公司所有的位于 H 市国贸大道 1 号景瑞大厦部分房产抵偿某某 H 营业部的债务；2. 抵债房产包括：景瑞大厦写字楼第七层、第八层、第九层、第十七层共计面积 4440.61 平方米，公寓楼第五层、第六层、第七层、第八层及第九层 901 号房共计面积 2759.45 平方米，公寓楼一楼营业厅面积 882.36 平方米，以上总面积为 8082.42 平方米；3. 抵债价格为均价每平方米人民币 5737 元，抵债总额为 4636.76 万元；4. 本协议经 H 高院裁定认可后，抵债房产权归属某某 H 营业部所有，某某 H 营业部办理房产手续时，H 租赁公司、中标公司负有协助义务。

2000 年 6 月 30 日，H 高院作出 9-11 号裁定。该裁定认为："本院依据已经发生法律效力的 H 省高级人民法院〔1998〕琼经初字第 8 号民事判决书，于 1999 年 1 月 18 日向被执行人发出执行通知书，责令被执行人于 1999 年 1 月 23 日前履行，但被执行人至今未履行生效法律文书所确定的义务，经查，被执行人无财产可供执行，但其向本院提供对第三人享有到期债权人民币 2 亿多元的证据材料,据此,本院依照最高人民法院《关于人民法院执行工作若干问题的规定(试行)》第六十一条之规定,于 2000 年 6 月 14 日向第三人送达本院〔1999〕琼高法执字第 13-4 号履行到期债务通知书,责令第三人在收到通知之日起 15 天内向申请执行人履行其对被执行人所负的债务人民币 6900万元。第三人在通知指定的 15 天的期限内未提出异议,且承认欠被执行人 2亿多元人民币债务,第三人表示愿意将其位于 H 市国贸大道 1 号景瑞大厦部分房产直接抵偿给申请执行人,以偿还其欠被执行人的部分债务。2000 年 6月 29 日,申请执行人、被执行人和第三人三方当事人自愿达成了和解协议。根据此协议,依照《中华人民共和国民事诉讼法》第二百二十一条以及最高人民法院《关于人民法院执行工作若干问题的规定(试行)》第六十五条之规定,裁定如下:1. 强制执行被执行人对第三人享有的到期债权人民币 6900万元。2. 按照申请执行人、被执行人、第三人三方当事人的协议,将第三人H 中标物业发展有限公司位于 H 市国贸大道 1 号(国贸大道与龙昆北路交接口处)H 景瑞大厦(原名 H 糖烟酒大厦)下列房产:A 座(写字楼)第七层、第八层、第九层,每层面积均为 1150.09m²,第十七层面积 990.34m²,A 座面积共计 4440.61m²;B 座(公寓楼):一楼营业厅面积 882.36m²,第五层面积625.03m²,第六层、第七层、第八层,每层面积均为 647.02m²,第九层 901房面积 151.22m²,B 座面积共计 3599.67m²。上述房产总面积为 8040.28m²(以房管部门核准的面积为准)。按每平方米均价人民币 5766.9 元的价格,共计人民币 4636.76 万元,抵偿给申请执行人某某证券股份有限公司 H 滨海大道(某某酒店)证券营业部。3. 解除对上述房产以及 B 座 902、903、904 房的查封。"该裁定作出后,鉴于其中部分房产已被其他法院执行的情况,H 高院执行该裁定时实际抵债房产面积为 7049.94 平方米,每平方米均价人民币5766.90 元,抵债金额为 40656298 元。

在办理过户手续过程中,案外人海发行清算组和创仁公司以 H 高院 9-11号裁定抵债的房产属其所有,该裁定损害其合法权益为由,向 H 高院提出执行异议。H 省人民检察院也向 H 高院发出〔2001〕琼检民行意字第 1 号检察意见书,认为中标公司、H 租赁公司在与某某 H 营业部达成的《执行和解书》

中，隐瞒真实情况，将已售于他人的房产用于抵债，属中标公司与海国租公司恶意串通，严重损害了海发行清算组的合法权益，建议 H 高院对 9-11 号裁定进行复查。H 高院经审查，分别于 2000 年 9 月 6 日、2001 年 5 月 16 日作出 9-12 号、9-13 号裁定，驳回了海发行清算组和创仁公司的异议。2002 年 3 月 14 日，某某 H 营业部依照 H 高院 9-11 号裁定将上述抵债房产的产权办理变更登记至自己名下，并缴纳相关税费 1530647.19 元。

海发行清算组、创仁公司不服 H 高院 9-12 号、9-13 号裁定，向 H 高院申诉。H 高院经复查后于 2003 年 7 月 31 日作出 9-16 号裁定。该裁定认为：创仁公司作为发展商将景瑞大厦的房产出售给中标公司，中标公司将购得的景瑞大厦房产又部分出售给 H 发展银行（原金通城市信用社），H 发展银行（以下简称海发行）已向中标公司支付了购房总款的 69% 即 44830018.96 元。根据《民法通则》并结合 H 省审理房地产高潮时期商品房预售纠纷案件的审判实践，合同不能履行，买方付了大部分价款，卖方又无力退款的，应按所付价款给付房屋的原则处理。9-11 号裁定将海发行向中标公司购买并已付大部分价款的房产当作中标公司房产抵债归某某 H 营业部，损害了海发行的利益，确属不当。海发行清算组的异议理由成立，9-11 号、9-13 号裁定应予撤销，已执行到某某 H 营业部名下的景瑞大厦房产应予回转。关于创仁公司的异议，由于 9-11 号裁定应予撤销，9-12 号裁定自应随之撤销，创仁公司异议主张需通过诉讼程序解决。因 H 高院针对海发行清算组诉中标公司购房确权纠纷一案已发回 H 中院重审，故创仁公司可以第三人参加该诉讼，请求一并解决。综上认定，裁定如下：1. 撤销 9-11 号、9-12 号、9-13 号裁定；2. 将产权证已办理至某某 H 营业部名下的位于 H 市龙昆北路国贸大道 1 号景瑞大厦 A 座（写字楼）第七、八、九层，B 座（公寓楼）一楼营业厅，第五、六、七、八、九层（仅 901）面积共计 7049.94 平方米的房产回转过户至创仁公司名下。

因 H 高院 9-16 号裁定将争议房产回转至创仁公司名下。2005 年 6 月，某某 H 营业部向 H 市地方税务局申请退税，H 市地方税务局将契税 1219692.25 元退还某某 H 营业部。

2006 年 8 月 4 日，H 高院作出〔1999〕琼高法执字第 9-18 号民事裁定，以 H 租赁公司已被裁定破产还债，H 租赁公司清算组请求终结执行的理由成立为由，裁定该院〔1998〕琼经初字第 8 号民事判决终结执行。

另查明：2001 年 7 月 9 日，海发行清算组就原金通城市信用社向中标公司购房一事向 H 中院提起房屋确权之诉。H 中院作出〔2001〕海中法民初字第 77 号民事判决，判决售房合同有效并予以解除，由中标公司向海发行清算组返还购房款、利息及违约金。海发行清算组不服提出上诉。H 高院于 2002 年 7 月 3 日作出〔2002〕琼民一终字 2 号民事判决，驳回上诉，维持原判。

2003 年 10 月 20 日，H 高院作出〔2003〕琼民再终字第 29-2 号民事裁定，撤销该院〔2002〕琼民一终字第 2 号民事判决和 H 中院〔2001〕海中法民初字第 77 号民事判决，将房屋确权案件发回 H 中院重审。H 中院经重审后，针对以海发行清算组为原告，中标公司为被告，创仁公司为第三人的房屋确权纠纷一案，于 2004 年 12 月 18 日作出〔2003〕海中法民再字第 37 号民事判决。判决主文如下：1. 确认创仁公司享有景瑞大厦 A 座（写字楼）七、八层全部、九层 1085 平方米，共 3385 平方米房屋的所有权；2. 确认海发行清算组享有景瑞大厦一楼商场建筑面积 882.86 平方米，A 座（写字楼）第九层 65 平方米、第十、十五、十六层，B 座（公寓楼）第五、六、七、八层和第九层 901 号房屋的所有权。创仁公司在本判决生效之日起 30 日内直接将上述房屋交付给海发行清算组，并协助办理房屋产权过户手续；3. 驳回海发行清算组的其他诉讼请求。该判决已发生法律效力。

再查明：2001 年 12 月 12 日，某某证券股份有限公司（以下简称某某证券公司）与 S 国有资产经营有限公司（以下简称 S 国资公司）签订了债权转让协议，约定由某某证券公司将其拥有的，账面值约为 31.25 亿元的债权，包括债权所附带的利息、违约金、损失赔偿等权利一并转让给 S 国资公司。债权转让价格以评估价值为依据，为 18 亿元。S 国资公司向某某证券公司支付 14 亿元，剩余的 4 亿元记为 S 国资公司对某某证券公司的负债，协议生效的 5 年内还清。经某某 H 营业部的委托代理人巫某证实，该转让债权中包含某某 H 营业部因〔1998〕琼经初字第 8 号民事判决确定的债权。2004 年 7 月 27 日，

S 国资公司、某某证券公司以及某某投资公司三方签订协议，约定由某某证券公司将原转让给 S 国资公司的债权转让给某某投资公司。

2005 年 11 月 29 日，H 租赁公司向 H 中院申请破产清算。2006 年 3 月 17 日，H 中院裁定其破产清算。在 H 租赁公司破产清算过程中，某某证券公司、某某证券公司天津赤峰道营业部、某某投资公司，分别向 H 租赁公司管理人申报了债权，申报金额分别为 9598800 元、91120 元、145091724 元。某某投资公司申报的债权中，包含了其受让的某某 H 营业部因〔1998〕琼经初字第 8 号民事判决确定的债权。H 中院针对上述申报的债权分别作出〔2005〕海中法破字第 4-140 号、第 4-156 号、第 4-332 号民事裁定，裁定确认某某证券公司债权为 8538080 元，某某证券公司天津赤峰道营业部债权为 91120 元，某某投资公司债权为 142604197.72 元。

根据 H 租赁公司破产财产分配方案显示，H 租赁公司破产清偿第三顺序的普通破产债权 225 家，分配金额为零，比例为零。2009 年 3 月 31 日，H 中院作出〔2005〕海中法破字第 4-350 号民事裁定，以破产人 H 租赁公司的破产财产已分配完结，目前已无财产可供分配，依法应终结破产程序为由，裁定终结破产人海国租公司破产清算程序。

2010 年 12 月 27 日，某某 H 营业部以 H 高院错误执行为由向该院申请国家赔偿。2011 年 7 月 4 日，H 高院作出〔2011〕琼法赔字第 1 号赔偿决定。该决定认为，根据《国家赔偿法》第三十八条的规定，执行行为错误才能要求国家赔偿。本案中，某某 H 营业部提出的三项请求，实际上均是对 H 高院 9-16 号裁定不服，也就是认为 9-16 号裁定错误。对此，某某 H 营业部只能依法通过申诉途径解决，事实上，某某 H 营业部已就此向最高人民法院提出申诉。其以 9-16 号裁定错误为由请求赔偿没有法律依据。此外，某某 H 营业部认为 9-16 号裁定之所以错误，是因为其撤销了 H 高院 9-11 号、9-12 号及 9-13 号裁定，并与 H 中院作出的〔2001〕海中法民初字第 77 号民事判决和 H 高院作出的〔2002〕琼民一终字第 2 号民事判决认定的事实相矛盾，且 9-11 号、9-12 号及 9-13 号裁定均是正确的。H 高院已查明的事实表明，尽管 H 中院作出的〔2001〕海中法民初字第 77 号民事判决未支持海发行有关将本案所涉部分房产产权确认归其所有的请求，且 H 高院作出的〔2002〕琼民一终字第 2 号民事判决也维持了该判决。但该两项判决均已经依法再审，被 H 中院作出的〔2003〕海中法民再字第 37 号民事判决予以撤销，〔2003〕海中法民再字第 37 号民事判决并已确认本案所涉房产产权分别归属于创仁公司和海发行，该判决已生效。依据《民事诉讼法》第二百一十条的规定，执行完毕后，据以执行的判决、裁定和其他法律文书确有错误，被人民法院撤销的，对已被执行的财产，人民法院应当作出裁定，责令取得财产的人返还；拒不返还的，强制执行。据此，H 高院在〔2001〕海中法民初字第 77 号民事判决和〔2002〕琼民一终字第 2 号民事判决被依法撤销，且〔2003〕海中法民再字第 37 号民事判决生效后，理当依法作出执行回转的裁定，将涉案房产予以执行回转。某某 H 营业部主张 H 高院执行回转错误没有事实和法律依据。现 H 租赁公司已被裁定破产还债，某某 H 营业部可依法行使权利，主张权益。综上，某某 H 营业部请求 H 高院予以国家赔偿的理由不能成立。据此决定，对某某 H 营业部提出的赔偿申请予以驳回，不予赔偿。

上述事实，某某 H 营业部及 H 高院均无异议，并有〔1998〕琼经初字第 8 号民事判决书，〔1999〕琼高法执字第 9-10 号、第 9-11 号、第 9-12 号、9-13 号、第 9-16 号、第 9-17 号、第 9-18 号民事裁定书，〔2001〕琼检民行意字第 1 号检察意见书，〔2003〕海中法民再字第 37 号民事判决书，〔2005〕海中法破字第 4-140 号、第 4-156 号、第 4-332 号、第 4-350 号民事裁定书，〔2011〕琼法赔字第 1 号赔偿决定书等文书；以及某某 H 营业部、H 租赁公司、中标公司三方签订的《执行和解书》，某某证券公司、S 资产公司签订的《债权转让协议》，某某证券公司、S 资产公司、某某投资公司签订的《协议书》，某某 H 营业部《关于某某证券有限公司债权置换的情况说明》《关于景瑞大厦抵债房产缴税及退税情况的说明》等材料在案佐证。

本院赔偿委员会认为，本案争议焦点在于 H 高院 9-16 号裁定之性质，某某 H 营业部所称损害结果之实质，以及该结果与 H 高院 9-16 号裁定及其行为之间是否具有因果关系。本院赔偿委员会基于上述事实，认定如下：

1. H 高院 9-16 号裁定之性质审查。

　　H高院在执行〔1998〕琼经初字第8号民事判决过程中，根据被执行人H租赁公司提供的线索，在第三人中标公司对到期债务予以认可，且隐瞒其与案外人已签订售房合同并收取大部分房款的事实，以及某某H营业部、H租赁公司及中标公司达成《执行和解书》的情况下，以裁定形式对三方和解协议予以认可，并将争议房产予以执行。嗣后，案外人海发行清算组、创仁公司提出执行异议，经H高院裁定驳回后对争议房产提出房屋确权之诉，并多次提出执行异议的申诉，H高院经重新审查，认为海发行清算组、创仁公司提出的执行异议理由成立，作出9-16号裁定，对原执行行为予以纠正，将争议房产回复至执行之前状态。以上执行行为发生在1998年至2003年之间，应当适用1991年《中华人民共和国民事诉讼法》及最高人民法院《关于人民法院执行工作若干问题的规定（试行）》的相关规定。根据1991年《中华人民共和国民事诉讼法》第二百零八条，最高人民法院《关于人民法院执行工作若干问题的规定（试行）》第七十条、第七十三条的规定，H高院9-16号裁定系在执行程序中对案外人提出的执行异议审查成立的基础上，对原执行裁定予以撤销，将不属于法律文书指定交付特定物的争议房产回复至执行之前状态。1991年《中华人民共和国民事诉讼法》第二百零八条"判决、裁定确有错误"中的判决、裁定，是指作为执行依据的原生效判决或者裁定，不包括执行程序中作出的裁定。H高院9-16号裁定，未改变原执行依据，无须经过审判监督程序，且该裁定及其行为，亦不属于1991年《中华人民共和国民事诉讼法》第二百一十四条规定的执行回转情形。虽然H高院在作出9-16号裁定及该院对原房屋确权之诉启动再审程序的前后衔接及具体操作上有所不妥，但综观全案情况，该裁定及其行为不违反1991年《中华人民共和国民事诉讼法》及相关司法解释规定，且经生效的H中院〔2003〕海中法民再字第37号民事判决所认定的内容予以印证，其实体处理并无不当。因此，H高院9-16号裁定及其行为，不属于《国家赔偿法》及其司法解释规定的违法侵权情形，某某H营业部提出的该裁定应予确认违法的理由不成立。

　　2. 某某H营业部所称损害结果之实质，以及该结果与H高院9-16号裁定及其行为之间是否具有因果关系。

H 高院〔1998〕琼经初字第 8 号民事判决书判决 H 租赁公司向某某 H 营业部承担的是金钱给付义务，而非争议房产的给付义务。即某某 H 营业部依法享有的债权是证券回购款本金及利息，而非争议房产。对争议房产的执行，是 H 高院在认可三方《执行和解书》的情况下，为实现某某 H 营业部的合法债权而采取的具体执行措施。被执行人 H 租赁公司没有清偿债务的能力，因其对第三人中标公司享有到期债权，中标公司对此未提出异议并认可履行该债务，且隐瞒其与案外人已签订售房合同并收取大部分房款的事实，与某某 H 营业部及 H 租赁公司三方达成《执行和解书》，因侵犯案外人合法权益而存在重大瑕疵，H 高院据此作出的 9-11 号裁定，以及某某 H 营业部据此取得的争议房产产权不应受到法律保护。H 高院 9-16 号裁定对 9-11 号裁定予以撤销，将争议房产回复至执行之前状态，该行为亦经生效的 H 中院〔2003〕海中法民再字第 37 号民事判决所认定的内容予以印证，其实体处理并无不当。因此，某某 H 营业部申请认为其已合法取得争议房产的物权，H 高院 9-16 号裁定侵犯其合法物权的理由不成立。某某 H 营业部经判决确定的债权未得以实现的实质在于，被执行人 H 租赁公司没有清偿债务的能力，某某 H 营业部及其债权受让人虽经破产债权申报，仍无法获得清偿，第三人中标公司在履行到期债务时存在过错，三方《执行和解书》因侵犯案外人合法权益而存在重大瑕疵，据此作出的原执行行为应依法纠正。因此，某某 H 营业部经判决确定的债权未得以实现，与 H 高院 9-16 号裁定及其执行行为之间无法律上的因果联系。

综上，H 高院 9-16 号裁定及其执行行为，不属于《国家赔偿法》及其司法解释规定的违法侵权情形。某某 H 营业部申请的相关事项及理由，缺乏法律依据，不应予以支持。H 高院〔2011〕琼法赔字第 1 号赔偿决定书认定事实清楚，适用法律正确，应予维持。根据《中华人民共和国国家赔偿法》第二十四条第三款、第二十九条、第三十八条，最高人民法院《关于民事、行政诉讼中司法赔偿若干问题的解释》第四条，最高人民法院《关于适用〈中华人民共和国国家赔偿法〉若干问题的解释（一）》第二条，最高人民法院《关于人民法院赔偿委员会审理国家赔偿案件程序的规定》第十九条第一项、

第二十条之规定，本院赔偿委员会决定如下：

维持 H 省高级人民法院〔2011〕琼法赔字第 1 号赔偿决定。

本决定为发生法律效力的决定。

二〇一二年三月二十三日

附录20：Y省J县人民检察院诉J县森林公安局怠于履行法定职责环境行政公益诉讼案裁判文书

Y省J县人民法院
行政判决书

〔2017〕云2931行初1号

公益诉讼人：J县人民检察院。

被告：J县森林公安局，住所地J县J镇某某路东段。

法定代表人：方某某，系J县森林公安局局长。

委托代理人：王某某，女，系J县森林公安局政工法制室主任；代理权限为一般授权代理。

公益诉讼人J县人民检察院诉被告J县森林公安局怠于履行法定职责一案，本院于2017年1月13日立案后，于2017年1月20日向被告送达了起诉书副本及应诉通知书。本院依法组成合议庭，于2017年4月20日公开开庭审理了本案。公益诉讼人指派副检察长杨某某、检察员张某，被告的法定代表人方某某、委托代理人王某某到庭参加诉讼。本案现已审理终结。

公益诉讼人J县人民检察院诉称：我院在履行职责中发现，2013年1月中旬，J县Y乡Y村王某某受J县某某综合开发有限公司（以下简称"某某公司"）法人代表王某某的委托，在J县Y乡Y村金子沟国有林区开挖公路，被J县红旗林业局Y天然林管护所护林人员发现并制止其正在实施的挖路行为。红旗局随后将情况报送J县林业局并移送J县森林公安局红旗派出所进行查处。经查，某某公司在未取得合法的林地征占用手续的情况下，委托王某某，于2013年1月13日至19日期间，在13林班21、22小班之间用挖掘机开挖公路长度为494.8米、平均宽度为4.5米、面积为2226.6平方米，共计3.34亩。2013年2月27日，J县林业局作出剑林罚书字〔2013〕第（288）号《林业行政处罚决定书》，对王某某及某某公司给予以下行政处罚：1. 责令限期恢复原状；2. 处非法改变用途林地每平方米 10 元的罚款，即 22266.00元。2013 年 3 月 29 日某某公司交纳了罚款后被告即对该案予以结案，2016 年12 月 13 日我院对该案现场进行了查看，发现王某某所开挖的公路依然存在，森林资源被破坏的状况仍未恢复，国家利益仍处于受侵害状态。为切实保护好国家森林资源，我院于 2016 年 11 月 9 日向被告发出检察建议，督促被告履行法定职责。被告于 2016 年 12 月 8 日回复我院，称自接到《检察建议书》后，及时安排落实具体工作，并发出了《催告书》催促王某某限期恢复原状，但由于王某某死亡，被告作出了执行终止决定。本院认为，被告在剑林罚书字〔2013〕第（288）号林业处罚一案中没有依法履行职责，导致森林自然环境遭受破坏后长期得不到恢复。《中华人民共和国森林法》第二十条规定："依照国家有关规定在林区设立的森林公安机关，负责维护辖区社会治安秩序，保护辖区内的森林资源，并可以依照本法规定，在国务院林业主管部门授权的范围内，代行本法第三十九条、第四十二条、第四十三条、第四十四条规定的行政处罚权。"按照上述规定，被告依法行使处罚权，其应督促行政相对人按照处罚决定履行义务，但其在长达三年多的时间内都未督促相对人将毁坏的林木恢复原状。同时，根据《中华人民共和国行政处罚法》第五十一条的规定，被告依法应当行使有效的手段使被毁坏的森林植被得到恢复。但被告作为该林地的管理者和保护者，在长达数年的时间内未依法履职，既未依法催告执行，又未依法申请人民法院强制执行，致使国家利益和社会公共利益仍处于受侵害状态。经本院发出检察建议后，被告仍未依法履行法定职责，致使国家利益和社会公共利益处于持续受侵害状态。现根据《全国人民代表大会常务委员关于授权最高人民检察院在部分地区开展公益诉讼试点工作的决定》和《人民检察院提起公益诉讼试点工作实施办法》第四十一条的规定，向你院提起诉讼，请求依法确认 J 县森林公安局怠于履行法定职责的行为违法；请求判令 J县森林公安局在一定期限内履行法定职责。

为证明上述主张，公益诉讼人向本院提供了如下证据：

第一组：1. J 县林业局、J 县森林公安局统一社会信用代码证书；2. J 县森林公安局情况说明 1 份；3. 中共 J 县委办公室文件《J 县森林公安局主要职责内设机构和人员编制规定》；4. Y省人民政府法制办公室《关于森林公安机关行政执法主体资格及执法权限的公告》及J县森林公安局权力清单；5. 剑森公林勘字〔2013〕第（288）号林业行政处罚勘验、检查笔录；6. 王某某现场指认笔录及现场指认照片；7. 剑林鉴派字〔2013〕第（288）号鉴定指派通知书及鉴定结论；8. 国有林权证及J县红旗林业局的证明材料；9. J县森林公安局对王某某的两次询问笔录；10. J县森林公安局对王某某的询问笔录；11. 剑林罚书字〔2013〕第（288）号林业行政处罚决定书；12. 某某公司延期缴纳罚款的申请材料；13. J县森林公安局非税收入收款收据；14. J县森林公安局对某某公司擅自改变林地用途案调查终结报告及结案审批表。

上述第一组证据证明：一是被毁坏的林地属于国有林区，即"天保工程"范围，国家级生态公益林。二是被告对某某公司及王某某擅自改变林地用途一案的处罚为：1. 责令限期恢复原状；2. 处非法改变用途林地每平方米10元的罚款，即22266.00元。2013年3月29日某某公司交纳了罚款22266.00元后被告即对该案以结案办结处理，而对行政处罚第一项"责令限期恢复原状"没有采取措施执行就进行结案。三是由于被告未依法、全面履职，没有督促某某公司及王某某恢复林地原状，导致被破坏的公益林在长达三年多的时间里未能得到恢复。

第二组：1. 检察建议书及送达回证；2. J县林业局办公室文件处理件；3. J县森林公安局的回复函及相关材料。

上述第二组证据证明：J县人民检察院已经履行诉前程序，于2016年11月9日向被告发出了检察建议，要求被告履行职责督促某某公司及王某某恢复林地。被告于2016年12月8日对检察建议进行了回复，以王某某已死亡为由，作出了执行终止决定，而对目前尚处于正常运行的某某公司却没有进行催告，致使森林资源被破坏的状况仍未恢复，国家利益仍处于受侵害状态。

第三组：1. 回复函和催告书、户口注销证明、情况说明；2. 检察院对马某剑的询问笔录；3. 检察院对王某某的询问笔录；4. 某某公司的组织机构代码、营业执照、采矿许可证等证明材料；5. 检察院勘验、检查笔录及照片（2016年12月13日）；6. 林地卫星云图片及林业证明；7. Y管护所证明；8. 检察院现场勘察笔录及照片（2016年10月27日）。

上述第三组证据证明：本院向被告发出检察建议后，被告仍未履行监管职责，某某公司及王某某所开挖的公路依然存在，森林资源被破坏的状况仍未恢复。在本院向法院提起诉讼后，被告仍未积极履行监管职责，导致公益林生态环境破坏的状态仍在持续。

被告J县森林公安局辩称：1.我局的行政行为不具有违法性。某某公司及王某某擅自改变林地用途一案，J县林业局于2013年1月23日移交给我局后，我局在立案、调查、听证、审查和决定、送达、执行等程序中严格按法律规定实施，法律适用准确，作出的行政行为符合法定程序。2.我局已依法履行法定职责。2016年11月9日，接到J县人民检察院检察建议书后，我局高度重视，并积极开展工作，并于次日到王某某家对"责令限期恢复原状"的行政处罚进行了催告，但因王某某已死亡，导致恢复原状目前尚未执行。下一步我局将继续开展工作，督促某某公司限期恢复林地的原状。同时，我局认为要求责任人恢复原状并未超出合理期限，且法律、政策对"恢复原状"也没具体、明确的规定。综上，我局的行政行为不具有违法性，所以一是请求J县人民法院驳回J县人民检察院"确认J县森林公安局怠于履行法定职责的行为违法"的诉讼请求，判定我局的行为是合法的；二是请求对"期限""原状"进行明确、具体的判定。

为证明上述主张，被告向本院提供了如下证据：

第一组：1.处警登记表、林业行政处罚立案登记表；2.林业行政处罚意见书、决定书、送达回证、收款收据；3.当事人权利义务告知书、林业行政处罚听证权利告知书、放弃听证权利声明，以及行政处罚事实、理由、依据告知书；4.鉴定指派通知书；5.案件调查终结报告、呈请延期缴纳罚款报告、林业行政案件结案审批表；6.查获经过、身份证明；7.对王某某、龚某城、刘某、屈某才、吴某春等人的询问笔录；8.林业行政处罚勘验、检查笔录、实物照片、鉴定结论告知笔录、现场指认笔录；9.红旗林业局情况报告、国有山林权证、红旗林业局证明；10.授权委托书、某某公司企业法人营业执照、组织机构代码等材料。

上述第一组证据证明：J县森林公安局对某某公司及王某某擅自改变林地用途一案的行政处罚事实清楚、证据确定充分、定性准确、程序合法，是依法依规办理，不存在违法的事实。

上述第二组证据：J县森林公安局催告书，证明J县森林公安局已经向王某某发出恢复植被的催告书，积极履行了职责。

上述第三组证据：王某某户口注销证明，证明王某某已死亡的事实。

上述第四组证据：《国家林业局关于〈森林法实施条例〉第四十三条"责令限期恢复原状"规定具体应用有关问题的复函》，证明对"限期恢复原状"没有具体、明确规定。

经庭前交换证据，被告对公益诉讼人提供的证据没有异议。公益诉讼人对被告提供的第一组证据没有异议，对第二、三、四组证据的真实性没有异议，但对证据的证明方向有异议，认为第二、三组证据不能规避被告怠于履行职责的事实，认为第四组证据已经明确规定了"恢复原状"，即恢复到破坏之前的状态，恢复原状的期限也可以参照相关法规及结合本地的实际情况来确定，而且被告应该制定相关的实施办法来实行。

本院对上述证据认证如下：对公益诉讼人提供的证据，被告没有异议，且证据客观真实，来源合法，本院予以采信。对被告提供的第一组证据，公益诉讼人没有异议，且该组证据客观真实，本院予以采信。对被告提供的第二、三、四组证据的真实性本院予以认可，但被告是在王某某死亡后才向其发出催告书，同时国家林业局的复函明确具体，因此对证据证明方向不予认可。

经审理查明，2013年1月，J县Y乡Y村居民王某某受某某公司的委托，在J县Y乡Y村金子沟国有林区开挖公路，被J县红旗林业局Y天然林管护所护林人员发现并制止其正在实施的挖路行为。2013年1月21日J县红旗林业局将情况报送J县林业局，J县林业局接到报告后交办被告进行查处，2013年1月25日J县森林公安局红旗派出所予以立案。经调查核实后，被告于2013年2月20日向王某某送达了林业行政处罚听证权利告知书，并于同年2月27日向王某某送达了J县林业局剑林罚书字〔2013〕第（288）号林业行政处罚决定书。行政处罚决定书载明：某某公司在未取得合法的林地征占用手续的情况下，委托王某某，于2013年1月13日至19日期间，在13林班21、22小班之间用挖掘机开挖公路长度为494.8米、平均宽度为4.5米、面积为2226.6平方米，共计3.34亩。根据《中华人民共和国森林法实施条例》第四十三条第一款规定，决定对王某某及某某公司给予如下行政处罚：1. 责令限期恢复原状；2. 处非法改变用途林地每平方米 10 元的罚款，即 22266.00 元。2013 年 3 月 29 日某某公司交纳了罚款后被告即对该案予以结案。其后一直到 2016 年 11 月 9 日，被告没有督促某某公司和王某某履行"限期恢复原状"的行政义务，所破坏的森林植被至今没有得到恢复。

2016 年 11 月 9 日公益诉讼人向被告发出检察建议，建议被告依法履行职责，认真落实行政处罚决定，采取有效措施，恢复森林植被。2016 年 12 月 8 日被告回复公益诉讼人，称自接到《检察建议书》后，即刻进行认真研究，采取了积极的措施，并派民警到王某某家对剑林罚书字〔2013〕第（288）号处罚决定第一项责令限期恢复原状进行催告，鉴于王某某死亡，执行终止。对某某公司，被告没有向其发出催告书。2017 年 1 月 13 日公益诉讼人起诉至我院，请求确认 J 县森林公安局怠于履行法定职责的行为违法，判令 J 县森林公安局在一定期限内履行法定职责。

另查明，被告为 J 县林业局所属的正科级机构，2013 年年初，J 县林业局向被告颁发了"授权委托书"，授权委托被告办理本县境内的所有涉及林业、林地处罚的林政处罚案件。2013 年 9 月 27 日 Y 省人民政府《关于 Y 省林业部门相对集中林业行政处罚权工作方案的批复》，授权各级森林公安机关在全省范围内开展相对集中林业行政处罚权工作，同年 11 月 20 日，经 Y 省人民政府授权，Y 省人民政府法制办公室对森林公安机关行政执法主体资格单位及执法权限进行了公告，被告也是具有行政执法主体资格和执法权限的单位之一，同年 12 月 11 日 Y 省林业厅发出通知，决定自 2014 年 1 月 1 日起各级森林公安机关依法行使省政府批准的 62 项林业行政处罚权和 11 项行政强制权。

本院认为，公益诉讼人提起本案诉讼符合最高人民法院印发的《人民法院审理人民检察院提起公益诉讼试点工作实施办法》及最高人民检察院下发的《人民检察院提起公益诉讼试点工作实施办法》规定的行政公益诉讼受案范围，符合起诉条件。《中华人民共和国行政诉讼法》第二十六条第六款规定："行政机关被撤销或者职权变更的，继续行使其职权的行政机关是被告。"2013 年 9 月 27 日，Y 省人民政府《关于 Y 省林业部门相对集中林业行政处罚权工作方案的批复》授权各级森林公安机关相对集中行使林业行政部门的部分行政处罚权，因此，根据规定被告行使原来由 J 县林业局行使的林业行政处罚权，是适格的被告主体。本案中，被告在查明某某公司及王某某擅自改变林地用途的事实后，以 J 县林业局名义作出对某某公司和王某某责令限期恢复原状和罚款 22266.00 元的行政处罚决定符合法律规定，但被告在某某公司缴纳罚款后三年多时间里没有督促某某公司和王某某对破坏的林地恢复原状，也没有代为履行，致使某某公司和王某某擅自改变用途的林地至今没有恢复原状，且被告未提供证据证明有相关合法、合理的事由，其行为显然不当，是怠于履行法定职责的行为。行政处罚决定没有执行完毕，被告依法应该继续履行法定职责，采取有效措施，督促行政相对人限期恢复被改变林地的原状。被告要求驳回公益诉讼人诉讼请求的意见不符合法律规定，本院不予采纳。综上，为保护森林资源，维护国家和社会公共利益，依照《中华人民共和国森林法》第十三条、第二十条，《中华人民共和国森林法实施条例》第四十三条第一款，《中华人民共和国行政诉讼法》第二十六条第六款、第七十条、第七十四条第二款第一项之规定，判决如下：

一、确认被告 J 县森林公安局怠于履行剑林罚书字〔2013〕第（288）号处罚决定第一项内容的行为违法。

二、责令被告 J 县森林公安局继续履行法定职责。

如不服本判决，可以在判决书送达之日起十五日内向本院递交上诉状，并按对方当事人的人数提出副本，上诉于 Y 省大理白族自治州中级人民法院。

审　判　长　赵某某

审　判　员　白某某

人民陪审员　张某某

二〇一七年六月十九日

书　记　员　李某某

附录21：P县人民检察院诉P县卫生健康局环保行政公益诉讼案裁判文书

S省P县人民法院
行政判决书

〔2019〕鲁1426行初47号

公益诉讼起诉人：P县人民检察院，住所地P县。

法定代表人：安某某，检察长。

委托代理人：张某某，P县人民检察院检察员。

委托代理人：董某某，P县人民检察院检察员助理。

被告：P县卫生健康局，住所地P县。

法定代表人：任某某，局长。

出庭负责人：赵某某，P县卫生健康局党组副书记。

委托代理人：王某，P县卫生健康局执法大队大队长。

委托代理人：王律师，S指南针律师事务所律师。

公益诉讼起诉人P县人民检察院诉被告P县卫生健康局环保行政公益诉讼一案，于2019年9月17日向本院提起行政诉讼。本院受理后，于2019年9月22日向被告送达了起诉状副本及应诉通知书。后P县人民检察院于2019年10月15日向本院提交了变更诉讼请求决定书，本院于2019年10月18日向被告送达了变更诉讼请求决定书。本院依法组成合议庭于2019年11月4日公开开庭审理了本案。公益诉讼起诉人P县人民检察院法定代表人安某某、委托代理人张某某、董某某，被告P县卫生健康局出庭负责人赵某某、委托代理人王某、王律师到庭参加诉讼。本案现已审理终结。

公益诉讼起诉人P县人民检察院诉称：P某某医院（以下简称某某医院）成立于2016年6月，设床位20张。2016年7月19日，登记注册并颁发医疗机构执业许可证，属E镇非营利性综合医疗机构，承担着辖区内的公共卫生服务、合作医疗服务等职能。该医院成立后未安装污水处理设施即投入使用，将未经处理的医疗污水排放至城镇污水管网中。2017 年 5 月 12 日，某某医院在未建设符合环保标准的医疗污水处理设施的情况下向 W 鸿阳环保水处理设备有限公司购买了"污水消毒设备"，该设备不符合《医院污水处理工程技术规范》（国家环境保护标准 HJ2029—2013）的要求，其医疗污水仅经过该设备处理后就排放至城镇污水管网中。根据《S 省医疗污染物排放标准》（DB37/596—2006）的规定，排入城镇污水排放系统的医疗污水，应执行三级标准，而某某医院的医疗污水经设备处理后，仅满足《S 省医疗污染物排放标准》四级标准的要求，属于超标排放。2017 年 7 月，某某医院向 P 县卫生和计划生育局提出医疗机构执业许可证校验申请，2017 年 7 月 24 日，P 县卫生和计划生育局认定校验合格。2018 年 12 月 26 日，某某医院将床位变更为 30 张并变更了医疗机构执业许可证，有效期限为 2018 年 12 月 26 日至 2021 年 6 月 30 日；2019 年 6 月 5 日，某某医院向 P 县卫生健康局（以下简称 P 县卫健局）提出医疗机构执业许可证校验申请，2019 年 7 月 5 日，P 县卫健局校验为合格。

2019 年 3 月 27 日，P 县卫健局对某某医院下达《卫生监督意见书》，责令其改正医疗废水处理设备未开机运行的行为。2019 年 4 月 19 日，P 县卫健局对某某医院下达《行政处罚决定书》，对其未对医疗用水进行严格消毒排入污水处理系统的行为给予警告并罚款 5000 元。2019 年 4 月 25 日，某某医院缴纳了罚款，但仍继续使用原污水消毒设备，排放的医疗污水仍然超标，对此，P 县卫健局未按照《医疗废物管理条例》第四十七条的规定，进一步采取有效措施，监督某某医院整改到位，致使医疗污水超标排放的行为长期存在，给当地的生态环境和人民群众的生命健康造成了威胁，侵害了社会公共利益。

另查明，2019 年 1 月 9 日，《中共 P 县委 P 县人民政府关于 P 县县级机构改革的实施意见》通过，整合县卫生和计划生育局的职责，组建县卫生健康局，作为县政府工作部门，负责监督管理公共卫生、医疗服务和卫生应急等，不再保留县卫生和计划生育局。

2019 年 5 月 14 日，P 县人民检察院向 P 县卫健局发出平检行公〔2019〕3714260000X 号检察建议书，建议该局：1. 全面依法履行职责，对坊子乡等

13 家医疗机构（包括某某医院）非法排放医疗污水的行为进行监管查处，确保医疗污水达标排放。2. 在医疗机构的设置审批、执业登记和校验中，依法依规严格审核，确保环境保护设施符合规定，运转正常。

2019 年 7 月 26 日，P 县卫健局书面回复称：1. 对包括某某医院在内的 23 家医疗卫生机构进行了督导检查。2. 对 23 家医疗卫生机构安装医疗污水处理设备的企业进行资质认定，均符合企业生产标准。3. 对 23 家医疗机构均下达了卫生监督意见书，督促它们全部开通污水处理设备，并按要求投放消毒药品进行消毒。并对某某医院、P 洛北眼科医院检查时设备未运转情况进行了处罚，各给予 5000 元的罚款。4. 已联系德州市爱科特检验服务有限公司按月、季度、半年、一年对医疗污水进行检测，合同正在洽谈中。

2019 年 8 月 9 日，P 县人民检察院对医疗污水的排放情况进行了跟进调查，委托 S 蓝城分析测试有限公司对某某医院医疗污水进行检测，检测结果显示，某某医院的医疗污水 COD 为 461mg/L（三级标准最高值为 120mg/L）、氨氮为 122mg/L（三级标准最高值为 30mg/L）、粪大肠菌群 5.4×10^7 MPN/L（三级标准最高值为 500MPN/L），三个检测项目均超过《S 省医疗污染物排放标准》（DB37/596—2006）三级标准的规定，其中粪大肠菌群超过标准 1.08×10^5 倍，存在造成细菌传播的重大隐患，社会公共利益仍处于受侵害的状态。

P 县卫健局作为辖区内的卫生行政主管部门，对辖区内的医疗机构负有监督管理的职责，P 县卫健局在某某医院未建设符合环评标准的医疗污水处理设施的情况下，依法不应为其颁发医疗机构执业许可证并校验合格。P 县卫健局虽然对某某医院医疗污水超标排放的行为作出过行政处罚，但在某某医院逾期不改正的情况下，未进一步采取有效措施，导致违法排放医疗污水的行为长期存在，损害了社会公共利益。P 县人民检察院发出检察建议后，P 县卫健局仍未依法全面履职，某某医院违法排放医疗污水的行为依然存在，社会公共利益仍处于受侵害的状态。根据《中华人民共和国行政诉讼法》第二十五条第四款和《最高人民法院、最高人民检察院关于检察公益诉讼案件适用法律若干问题的解释》第二十一条第三款的规定，向 P 县人民法院提起行政公益诉讼，请求人民法院依法判决：1. 确认 P 县卫健局为 P 某某医院颁发医疗机构执业许可证，并校验合格的行为违法；2. 判令 P 县卫健局依法全面履行监管职责，对某某医院违法排放医疗污水的行为给予查处，监督某某医院限期完成医疗污水的治理，确保医疗污水达标排放。

2019 年 10 月 15 日，公益诉讼起诉人申请变更诉讼请求为：判令 P 县卫健局依法全面履行监管职责，对某某医院违法排放医疗污水的行为给予查处，监督某某医院限期完成医疗污水的治理，确保医疗污水达标排放。

公益诉讼起诉人为证明自己的主张，向本院提交以下三组证据：

第一组证据：公益诉讼起诉人于 2019 年 5 月 14 日向 P 县卫健局发出检察建议，履行了诉前程序。

1. P 县人民检察院平检行公建〔2019〕3714260000X 号检察建议及送达回证。

2. P 县卫健局的回复。

第二组证据：证明 P 县卫健局未依法履职的证据。

1. 某某医院设置医疗机构申请材料（2016 年 6 月 17 日批准设立），证明某某医院经批准正式设立。

2. 某某医院设备购销合同 1 份，证明购买了设备，但该设备仅为污水消毒设备，污水处理后，仅满足四级标准的要求。

3. 2019 年 3 月 27 日 P 县卫健局对某某医院下达的《卫生监督意见书》1 份、2019 年 4 月 19 日 P 县卫健局对某某医院下达的《行政处罚决定书》及《S 省非税收入通用票据》各 1 份，证明 P 县卫健局对某某医院进行了检查，对污水未进行严格消毒排入污水处理系统的行为进行了处罚。

4. 2019 年 4 月 17 日，公益诉讼起诉人对李某利的询问笔录。

李某利证言证明：某某医院于 2016 年 6 月成立，有床位 30 张，污水处理设备从建院就安装了，花了 6000 多块钱。卫生局来检查过污水处理设备，下发了卫生监督意见书。刘某强、陈某平负责污水处理设备的运行维护。

5. 2019 年 4 月 22 日公益诉讼起诉人对刘某强的询问笔录。

刘某强证言证明：今年 3 月卫生局来过，要求按规定运行。对相关部门是否验收并不了解，但设备档案里没有验收资料。卫生局询问安装后，相关单位是否检测过？我来了之后，没检测过。卫生局询问是否检测 pH 值和余氯？不检测。

6. 某某医院消毒设备照片显示，消毒设备为二氧化氯投放器，证明 P 县卫健局在某某医院未建设符合环保标准的医疗污水处理设施的情况下，为某某医院颁发医疗机构执业许可证并校验合格。同时，虽然对某某医院未严格消毒的行为作出过行政处罚，但在某某医院逾期未改正的情况下，未进一步采取有效措施。

第三组证据：证明 P 县卫健局在收到检察建议后仍未依法全面履职，导致社会公共利益仍处于受侵害状态的证据。

1. 2019 年 8 月 5 日公益诉讼起诉人对刘某强的询问笔录。

刘某强证言：我们安装的污水处理设备，加上消毒剂后，经过这个机器混合后，把消毒液打入楼后的化粪池里了，然后就排到镇里的污水管网里了。今年 7 月 3 日，卫生局杨科长来查过一次，看了看设备运行情况，看了看运行记录。并询问：运行的时候，是否检测 pH 值和余氯？不检测，我们没有检测过。并问这样加药，效果怎么样呢？具体的效果不知道。

2. 2019 年 8 月 9 日，S 蓝城分析测试有限公司对某某医院的检测报告 1 份。检测结果显示，某某医院的医疗污水 COD 为 461mg/L（三级标准最高标准值为 120mg/L）、氨氮为 122mg/L（三级标准最高标准值为 30mg/L）、粪大肠菌群 $5.4×10^7$ MPN/L（三级标准最高标准值为 500MPN/L），三个检测项目均超过《S 省医疗污染物排放标准》（DB37/596—2006）三级标准的规定，其中粪大肠菌群超过标准 $1.08×10^5$ 倍。

以上证据证明，在公益诉讼起诉人向 P 县卫健局发出检察建议以后，P 县卫健局还未全面履职，某某医院现在依然使用原污水消毒设备，该设备不符合《医院污水处理工程技术规范》（国家环境保护标准 HJ2029—2013）的要求，对污水处理后，达不到《S 省医疗污染物排放标准》要求的三级标准。公益诉讼起诉人委托 S 蓝城分析测试有限公司对某某医院的医疗污水进行检测，检测结果显示，COD、粪大肠菌群、氨氮三个项目仍不同程度地超标，社会公共利益仍处于受侵害状态。

被告 P 县卫健局辩称，2019 年 5 月 14 日，答辩人收到公益诉讼起诉人的平检行公〔2019〕3714260000X 号检察建议书后，对包括某某医院在内的 23

家医疗卫生机构进行了督导检查，对 23 家医疗卫生机构安装医疗废水处理设备的企业进行了资质认定，同时对 23 家医疗卫生机构均下达了卫生监督意见书，督促它们全部开通污水处理设备，并按要求投放消毒药品进行消毒。因答辩人工作人员少，有执法权的工作人员更少，公务车仅有 1 辆，没有单独的执法队伍，没有执法用车，而需要监督检查的医疗卫生机构、公共场所有 607家，其中：公立医院 4 家，民营医院 6 家，卫生院、社区卫生服务中心 15 家，卫生室、诊所、服务站 293 家，公共场所 289 家，而且大部分都在乡镇，还有的比较偏远，因此无法全面开展监督检查工作。今后，答辩人会加大执法力度，尽全力履行好监管职责，督促医疗机构污水达标排放，确保当地居民的生产和生活用水安全。

被告 P 县卫健局在法定举证期限内向本院提交了以下两份证据：

证据一：2019 年 5 月 20 日编号为 201900305X 号卫生监督意见书 1 份，该意见书是对某某医院的污水处理设备需正常运转的证明。

证据二：2019 年 7 月 26 日 P 县卫生健康局向 P 县人民检察院回复的关于P 县人民检察院检察建议书整改落实情况的报告 1 份，通过以上证据证实被告在收到检察建议书后履行了部分监管职责。

经庭审质证，被告对于公益诉讼起诉人提交证据的质证意见：对公益诉讼起诉人提交证据的真实性均无异议，通过以上证据也能够证实被告履行了部分监管职责。公益诉讼起诉人对被告提交证据的真实性予以认可。

本院对上述证据认证如下：被告对公益诉讼起诉人提交的证据真实性无异议，公益诉讼起诉人提交的证据能够证明被告未全面履行法定职责，被告认可履行了部分监管职责，本院对于公益诉讼起诉人提交的证据予以确认。公益诉讼起诉人对于被告提交证据的真实性予以认可，本院予以确认。

经审理查明：

某某医院于 2016 年 6 月 17 日经被告 P 县卫健局审核批准，于 2018 年 12月 26 日经被告 P 县卫健局颁发证书准予执业，有限期限自 2018 年 12 月 26 日至 2021 年 6 月 30 日。2017 年 5 月 12 日，某某医院与 W 鸿阳环保水处理设备有限公司签订污水消毒设备购销合同。2019 年 3 月 27 日，被告 P 县卫健局给某某医院下达卫生监督意见书，对某某医院提出如下监督意见：1. 医疗废水处理设备开机运行；2. 禁止挂证行为。2019 年 4 月 19 日，被告 P 县卫健局给某某医院下达行政处罚决定书，给予警告和罚款 5000 元。某某医院于 2019 年 4 月 25 日缴纳罚款 5000 元。

2019 年 5 月 14 日，公益诉讼起诉人向被告 P 县卫健局发出平检行公〔2019〕3714260000X 号检察建议书，要求被告 P 县卫健局全面依法履行职责，对坊子乡等 13 家医疗机构非法排放医疗污水的行为进行监管查处，确保医疗污水达标排放。2019 年 5 月 20 日，被告 P 县卫健局向某某医院出具编号为〔2019〕00305X 号的卫生监督意见书，提出如下监督意见：依据《医疗废物管理条例》的管理规定，医疗废水处理设备须进行正常运转，保证排放的医疗污水达到要求。

2019 年 7 月 26 日，被告 P 县卫健局回复公益诉讼起诉人整改落实的情况，对包括某某医院在内的 23 家医疗卫生机构进行督导检查。对 23 家医疗卫生机构安装医疗污水处理设备的企业进行资质认定，均符合企业生产标准。对 23 家医疗卫生机构均下达了卫生监督意见书，督促其全部开通污水处理设备，并按要求投放消毒药品进行消毒。并对某某医院、P 洛北眼科医院检查时设备未运转情况进行了处罚，各给予 5000 元的罚款。已联系德州市爱科特检验服务有限公司按月、季度、半年、一年对医疗污水进行检测，合同正在洽谈中。

公益诉讼起诉人委托 S 蓝城分析测试有限公司对某某医院医疗污水进行检测。2019 年 8 月 9 日 S 蓝城分析测试有限公司出具的检测报告检测结果显示：检测点位为某某医院废水总排口，采样日期为 08.05-08.06，CODcr 为 461mg/L，SS 为 45mg/L，氨氮 122mg/L，粪大肠菌群 $5.4×10^7$ MPN/L，总余氯 ND。

本院认为，根据《医疗废物管理条例》第四十七条"医疗卫生机构、医疗废物集中处置单位有下列情形之一的，由县级以上地方人民政府卫生行政主管部门或者环境保护行政主管部门按照各自的职责责令限期改正，给予警告，并处 5000 元以上 1 万元以下的罚款；逾期不改正的，处 1 万元以上 3 万元以下的罚款；造成传染病传播或者环境污染事故的，由原发证部门暂扣或者吊销执业许可证件或者经营许可证件；构成犯罪的，依法追究刑事责任；……（五）未按照本条例的规定对污水、传染病病人或者疑似传染病病人的排泄物，进行严格消毒，或者未达到国家规定的排放标准，排入污水处理系统的"

规定，P 县卫健局作为辖区内的卫生行政主管部门，对辖区内的医疗机构负有监督管理的职责。虽然 P 县卫健局对某某医院医疗污水超标排放的行为给予过警告和 5000 元的罚款，但是在某某医院逾期不改正的情况下，P 县卫健局并未采取进一步的有效措施，导致某某医院长期将不达标的医疗污水排放至城镇污水排放系统，给当地的生态环境和人民群众的生命健康造成了威胁，侵害了社会公共利益。

在公益诉讼起诉人向被告 P 县卫健局发出检察建议书后，被告仅向某某医院发出卫生监督意见书，在其前期对某某医院给予警告和罚款 5000 元行政处罚无效的情况下并未采取进一步的有效措施阻止某某医院超标排放医疗污水的行为。被告 P 县卫健局本可以采取进一步的有效措施，监督某某医院限期完成医疗污水的治理，确保医疗污水达标排放，但被告 P 县卫健局怠于全面履行监管职责，导致某某医院的医疗污水长期超标排放。故对公益诉讼起诉人的诉求，本院予以支持。

综上，对公益诉讼起诉人要求被告 P 县卫健局依法全面履行监管职责，对某某医院违法排放医疗污水的行为给予查处，监督某某医院限期完成医疗污水的治理，确保医疗污水达标排放的主张，本院予以认可。依照《最高人民法院、最高人民检察院关于检察公益诉讼案件适用法律若干问题的解释》第二十一条第三款之规定，判决如下：

被告 P 县卫健局于 60 日内依法履行对某某医院医疗污水达标排放的监管职责。

案件受理费 50 元，由被告 P 县卫健局负担。

如不服本判决，可在收到判决书之日起十五日内，向本院递交上诉状，并按对方当事人人数提供副本，上诉于 S 省德州市中级人民法院。

审判长　厚某某

审判员　姜某某

审判员　刘某某

二〇一九年十一月十七日

后 记

本丛书中的《法治政府要论——基本原理》《法治政府要论——组织法治》《法治政府要论——程序法治》《法治政府要论——行为法治》《法治政府要论——救济法治》是在武汉大学人文社会科学首批次"70 后"学者科研项目资助计划"服务型政府研究团队"（2009）系列研究成果的基础上，修改补充而成。在这近 10 年的漫长过程中，我所指导的研究生参与了书稿的修改、补充、校对等工作，在此，特别感谢他们所作的贡献；感谢武汉大学人文社会科学院的课题资助，感谢时任院长肖永平教授对课题的支持；感谢团队成员的精诚合作。

《法治政府要论——责任法治》是在中国法学会 2010 年度部级课题《行政责任法研究》（CLS-B1007）最终成果基础上，经反复修改补充所形成的。在此，感谢中国法学会的课题资助，感谢课题组成员的精诚合作，感谢丁安然、童丽两位博士生的参与。

另外，特别感谢钱静博士在出版基金申报中所提供的宝贵支持；感谢美丽的胡荣编辑细致的编辑工作和武汉大学出版社对本丛书的支持；感谢国家出版基金的资助。

尽管成书历时漫长，但书中缺漏和不足仍让我心怀忐忑。恳切希望得到学界同仁的批评指正。

江国华

2020 年 5 月 1 日